2025

年 版

法律法规全书系列

中华人民共和国

执行法律法规全书

ENFORCEMENT LAWS AND REGULATIONS

·含典型案例·

法律出版社法规中心 编

法律出版社
LAW PRESS·CHINA

北京

图书在版编目（CIP）数据

中华人民共和国执行法律法规全书：含典型案例／法律出版社法规中心编. -- 北京：法律出版社，2025.（法律法规全书系列）. -- ISBN 978-7-5197-9748-5

Ⅰ. D925.09

中国国家版本馆 CIP 数据核字第 2024HQ8863 号

中华人民共和国执行法律法规全书(含典型案例)
ZHONGHUA RENMIN GONGHEGUO ZHIXING FALÜ FAGUI QUANSHU(HAN DIANXING ANLI)

法律出版社法规中心 编

责任编辑 陈昱希
装帧设计 臧晓飞

出版发行 法律出版社
编辑统筹 法规出版分社
责任校对 张红蕊
责任印制 耿润瑜
经　　销 新华书店
开本 787 毫米×960 毫米 1/16
印张 28.25　**字数** 673 千
版本 2025 年 1 月第 1 版
印次 2025 年 1 月第 1 次印刷
印刷 三河市龙大印装有限公司

地址：北京市丰台区莲花池西里 7 号(100073)
网址：www.lawpress.com.cn
投稿邮箱：info@lawpress.com.cn
举报盗版邮箱：jbwq@lawpress.com.cn
销售电话：010-83938349
客服电话：010-83938350
咨询电话：010-63939796

书号：ISBN 978-7-5197-9748-5　**定价**：80.00 元

凡购买本社图书，如有印装错误，我社负责退换。电话：010-83938349

编辑出版说明

司法是维护社会公平正义的"最后一道防线"，执行是保障生效法律文书落实的"最后一公里"。人民法院执行工作是依靠国家强制力确保法律全面、正确实施的重要手段，是维护人民群众合法权益、实现社会公平正义的关键环节，对我国经济社会发展具有十分重要的意义。为此我们精心编辑出版了这本《中华人民共和国执行法律法规全书(含典型案例)》。本书具有以下特点：

一、全面收录，创新编排，便利查询

收录改革开放以来至 2024 年 11 月公布的现行有效的与执行领域相关的法律、行政法规、部门规章、司法解释以及重要的政策性文件，全面覆盖执行法律制度的方方面面。

全书分为综合、执行基本工作规范(含执行立案、执行管辖、委托执行、协助执行、追加被执行人、执行费用、执行对象、执行措施、财产保全与先予执行、执行担保、暂缓执行与迟延履行、执行复议与异议、执行和解、执行回转、执行中止和终结、执转破)、妨碍执行的措施(含拒不执行判决、裁定罪，其他妨碍规避执行的规定)、执行监督、其他领域的执行(含刑事案件财产部分的执行、行政案件的执行、仲裁案件的执行、涉港澳台案件的执行、公证案件的执行、国家赔偿案件的执行)等部分。创新体例更有利于读者根据工作、事务需求查询对应类别相关规定。

二、特设条旨，收录典型案例，实用性强

对相关核心主体法附加条旨，指引读者迅速找到自己需要的条文。本书特别收录了最高人民法院公报公布的大部分民事执行相关典型案例，这些案例在实践中起到指引法官"同案同判"的作用，具有很高的可读性和参照性。

三、特色服务，动态增补

为保持本书与新法的同步更新，避免读者在一定周期内重复购书，特结合法律出版社法规中心的资源优势提供动态增补服务。(1)为方便读者一次性获取版本更新后的全部增补文件，本书特设封底增补材料二维码，供读者扫描查看、下载版本更新后的全部法律文件增补材料。(2)鉴于本书出版后至下一版本出版前不免有新文件发布或失效文件更新，为了方便广大读者及时获取该领域的新法律文件，本书创新推出动态增补服务，读者可扫描侧边动态增补二维码，查看、阅读本书出版后一段时间内更新的或新发布的法律文件。

动态增补二维码

由于编者水平有限，还望读者在使用过程中不吝赐教，提出您的宝贵意见(邮箱地址：faguizhongxin@163.com)，以便本书继续修订完善。

法律出版社法规中心

2024 年 12 月

总 目 录

目　　录

一、综　　合

中华人民共和国民事诉讼法（1991.4.9）（2023.9.1 修正）[①] …………………………（3）
最高人民法院关于适用《中华人民共和国民事诉讼法》的解释（2015.1.30）（2022.4.1 修正）…………………………………（35）
最高人民法院关于民事诉讼证据的若干规定（节录）（2001.12.21）（2019.12.25 修正）………………………………（87）
全国法院民商事审判工作会议纪要（节录）（2019.11.8）…………………………（90）
最高人民法院关于适用《中华人民共和国民事诉讼法》执行程序若干问题的解释（2008.11.3）（2020.12.29 修正）………（93）
最高人民法院关于审理涉执行司法赔偿案件适用法律若干问题的解释（2022.2.8）……………………………………………（95）
最高人民法院关于人民法院执行工作若干问题的规定（试行）（1998.7.8）（2020.12.29 修正）……………………………（98）
最高人民法院关于《最高人民法院关于人民法院执行工作若干问题的规定（试行）》第 88 条、第 90 条如何理解适用等问题的请示答复（2013.6.28）…………（105）
最高人民法院关于执行权合理配置和科学运行的若干意见（2011.10.19）………（106）
最高人民法院关于执行工作中正确适用修改后民事诉讼法第 202 条、第 204 条规定的通知（2008.11.28）………………（108）
＊最高人民法院关于人民法院办理仲裁裁决执行案件若干问题的规定（2018.2.22）[②] ……………………………………（381）
＊最高人民法院关于执行款物管理工作的规定（2017.2.27 修订）………………（209）
最高人民法院关于在审判执行工作中切实规范自由裁量权行使保障法律统一适用的指导意见（2012.2.28）…………（109）
最高人民法院关于人民法院执行公开的若干规定（2006.12.23）…………………（111）
最高人民法院关于人民法院办理执行案件若干期限的规定（2006.12.23）………（113）
中央政法委、最高人民法院关于规范集中清理执行积案结案标准的通知（2009.3.19）……………………………………（114）
最高人民法院关于应对国际金融危机做

① 目录中对有修改的文件，将其第一次公布的时间和最近一次修改的时间一并列出，在正文中收录的是最新修改后的文本。特此说明。

② 加星号的文件为重见件，本处不收录，收录在本书其他地方，请读者见文件后页码标注，下同。

好当前执行工作的若干意见(2009.5.25)……(117)
最高人民法院关于进一步加强和规范执行工作的若干意见(2009.7.17)……(119)
关于加强综合治理从源头切实解决执行难问题的意见(2019.7.14)……(123)
最高人民法院关于建立健全执行信访案件“接访即办”工作机制的意见(2021.11.4)……(126)
最高人民法院、司法部、中华全国律师协会关于深入推进律师参与人民法院执行工作的意见(2019.12.25)……(127)
最高人民法院关于在执行工作中进一步强化善意文明执行理念的意见(2019.12.16)……(131)
最高人民法院关于进一步规范近期执行工作相关问题的通知(2018.5.28)……(138)
最高人民法院关于加强中级人民法院协同执行基层人民法院执行实施案件的通知(2017.5.23)……(139)
最高人民法院关于建立执行约谈机制的若干规定(2016.3.8)……(141)
最高人民法院关于人民法院执行流程公开的若干意见(2014.9.3)……(142)
最高人民法院关于人民法院预防和处理执行突发事件的若干规定(试行)(2009.9.22)……(146)

二、执行基本工作规范

1. 执行立案

最高人民法院关于仲裁机构“先予仲裁”裁决或者调解书立案、执行等法律适用问题的批复(2018.6.5)……(151)
最高人民法院关于人民法院立案、审判与执行工作协调运行的意见(2018.5.28)……(151)
最高人民法院关于执行案件立案、结案若干问题的意见(2014.12.17)……(154)
最高人民法院关于判决书主文已经判明担保人承担担保责任后有权向被担保人追偿,该追偿权是否须另行诉讼问题请示的答复(2009.5.8)……(161)
*最高人民法院关于人民法院办理执行案件若干期限的规定(2006.12.23)……(113)
最高人民法院关于当事人对人民法院生效法律文书所确定的给付事项超过申请执行期限后又重新就其中的部分给付内容达成新的协议的应否立案的批复(2002.1.30)……(161)
最高人民法院关于民事诉讼委托代理人在执行程序中的代理权限问题的批复(1997.1.23)……(161)
最高人民法院关于判决中已确定承担连带责任的一方向其他连带责任人追偿数额的可直接执行问题的复函(1996.3.20)……(162)
最高人民法院经济审判庭关于生效判决的连带责任人代偿债务后应以何种诉讼程序向债务人追偿问题的复函(1992.7.29)……(162)

2. 执行管辖

最高人民法院关于进一步规范跨省、自治区、直辖市执行案件协调工作的通知(2006.9.30)……(163)

最高人民法院关于高级人民法院统一管理执行工作若干问题的规定(2000.1.14) ……………… (163)
最高人民法院关于涉外案外人执行异议之诉案件是否实行集中管辖的请示的复函(2012.10.29) ……………… (165)
最高人民法院执行局关于法院能否以公司证券登记结算地为财产所在地获得管辖权问题的复函(2010.7.15) ……… (165)

3. 委托、协助执行

(1)委托执行

最高人民法院关于委托执行若干问题的规定(2020.12.29 修正) ……………… (166)
最高人民法院关于严格规范执行事项委托工作的管理办法(试行)(2017.9.8) ……………… (168)

(2)协助执行

最高人民法院、公安部关于建立快速查询信息共享及网络执行查控协作工作机制的意见(2016.1.31) ……………… (169)
最高人民法院关于转发住房和城乡建设部《关于无证房产依据协助执行文书办理产权登记有关问题的函》的通知(2012.6.15) ……………… (171)
最高人民法院、中国人民银行关于人民法院查询和人民银行协助查询被执行人人民币银行结算账户开户银行名称的联合通知(2010.7.14) ……………… (171)
中央纪律检查委员会等关于建立和完善执行联动机制若干问题的意见(2010.7.7) ……………… (173)
最高人民法院、国土资源部、建设部关于依法规范人民法院执行和国土资源房地产管理部门协助执行若干问题的通知(2004.2.10) ……………… (176)
*最高人民法院执行办公室关于对案外人未协助法院冻结债权应如何处理问题的复函(2003.6.14) ……………… (333)
*最高人民法院关于对注册商标专用权进行财产保全和执行等问题的复函(2002.1.9) ……………… (282)
最高人民法院、中国人民银行关于依法规范人民法院执行和金融机构协助执行的通知(2000.9.4) ……………… (179)
最高人民法院执行工作办公室关于能否委托军事法院执行的复函(1997.5.9) ……………… (180)
*最高人民法院关于银行擅自划拨法院已冻结的款项如何处理问题的函(1989.3.26) ……………… (286)

4. 追加被执行人

最高人民法院关于民事执行中变更、追加当事人若干问题的规定(2016.11.7)(2020.12.29 修正) ……………… (182)
最高人民法院关于对林业行政机关依法作出具体行政行为申请人民法院强制执行问题的复函(1993.12.24)(2020.12.29 修正) ……………… (185)
最高人民法院关于能否在执行程序中确定夫妻共同债务的答复(2012.6.12) …… (185)
最高人民法院关于机关法人作为被执行人在执行程序中变更问题的复函(2005.8.3) ……………… (186)
最高人民法院关于在执行程序中能否将

被执行人享有到期债权的第三人的开办单位裁定追加为被执行主体的请示的答复(2005.1.25) …………………… (186)
最高人民法院执行工作办公室关于股东因公司设立后的增资瑕疵应否对公司债权人承担责任问题的复函(2003.12.11) ……………………………………… (187)
最高人民法院执行工作办公室关于股份有限公司转让其正在被执行的独资开办的企业能否追加该股份有限公司为被执行人问题的复函(2003.7.30) …… (187)
最高人民法院执行工作办公室关于被执行企业产权转让其上级主管部门应否承担责任问题的复函(2003.6.2) ……… (188)
最高人民法院对《关于非诉执行案件中作为被执行人的法人终止,人民法院是否可以直接裁定变更被执行人的请示》的答复(2000.5.29) ……………………… (188)
最高人民法院关于企业法人无力偿还债务时可否执行其分支机构财产问题的复函(1991.4.2) ……………………… (189)

5. 执行费用

诉讼费用交纳办法(2006.12.19) ………… (190)
最高人民法院关于对经济确有困难的当事人提供司法救助的规定(2005.4.5修订) ……………………………………… (196)
最高人民法院关于安徽省高级人民法院《关于对执行异议之诉案件如何收取案件受理费的请示》的答复(2014.7.25) …… (197)

6. 执行对象

* 最高人民法院关于人民法院能否对信用证开证保证金采取冻结和扣划措施问题的规定(1997.9.3)(2020.12.29修正) …………………………………… (215)
* 最高人民法院关于产业工会、基层工会是否具备社团法人资格和工会经费集中户可否冻结划拨问题的批复(1997.5.16)(2020.12.29 修正) ……………… (215)
* 最高人民法院关于对被执行人存在银行的凭证式国库券可否采取执行措施问题的批复(1998.2.10)(2020.12.29修正) …………………………………… (220)
* 最高人民法院关于人民法院办理仲裁裁决执行案件若干问题的规定(2018.2.22) …………………………………… (381)
* 最高人民法院关于公证债权文书执行若干问题的规定(2018.9.30) ………… (403)
最高人民法院关于“岩矿归原告经营”的判决能否执行及如何执行的请示的答复(2014.10.28) ………………………… (198)
最高人民法院关于中国信托商业银行股份有限公司申请认可台湾地区法院支付令案的请示的复函(2010.12.15) …… (198)
最高人民法院、司法部关于公证机关赋予强制执行效力的债权文书执行有关问题的联合通知(2000.9.1) ……………… (199)
最高人民法院关于在审理和执行民事、经济纠纷案件时不得查封、冻结和扣划社会保险基金的通知(2000.2.18) ……… (200)
* 最高人民法院关于不得对中国人民银行及其分支机构的办公楼、运钞车、营业场所等进行查封的通知(1999.3.4) ………………………………………………… (223)
最高人民法院关于未被续聘的仲裁员在

原参加审理的案件裁决书上签名人民法院应当执行该仲裁裁决书的批复(1998.8.31) …………………………… (201)
最高人民法院关于劳动争议仲裁委员会的复议仲裁决定书可否作为执行依据问题的批复(1996.7.21) ……………… (201)
* 最高人民法院关于对粮棉油政策性收购资金形成的粮棉油不宜采取财产保全措施和执行措施的通知(2000.11.16) ………………………………………… (280)
最高人民法院关于强制执行中不应将企业党组织的党费作为企业财产予以冻结或划拨的通知(2005.11.22) ………… (201)
最高人民法院研究室关于执行程序中能否扣划离退休人员离休金退休金清偿其债务问题的答复(2002.1.30) ……… (202)
最高人民法院关于船东所有的船舶能否因期租人对第三方负有责任而被扣押等问题的复函(2001.1.3) ……………… (202)
最高人民法院关于人民法院能否提取投保人在保险公司所投的第三人责任险应得的保险赔偿款问题的复函(2000.7.13) ……………………………………… (203)
最高人民法院执行办公室关于人身可否强制执行问题的复函(1999.10.15) …… (203)
最高人民法院执行工作办公室关于股民保证金不宜作为证券公司财产执行的函(1997.9.5) ………………………… (203)
最高人民法院关于转卖人民法院查封房屋行为无效问题的复函(1997.4.7) …… (204)
最高人民法院执行工作办公室关于股民保证金属于股民所有问题的函(1997.9.10) ……………………………………… (204)
最高人民法院执行工作办公室关于企业职工建房集资款不属企业所得问题的函(1997.1.27) ………………………… (205)
最高人民法院关于能否扣划被执行单位投资开办的企业法人的资金偿还被执行单位债务问题的复函(1991.4.29) …… (205)

7. 执行措施

(1)一般执行措施规范

* 最高人民法院关于人民法院强制执行股权若干问题的规定(2021.12.20) …… (264)
最高人民法院关于民事执行中财产调查若干问题的规定(2017.2.28)(2020.12.29 修正) …………………………………… (206)
最高人民法院关于执行款物管理工作的规定(2017.2.27 修订) ……………… (209)
最高人民法院关于诉讼代理人查阅民事案件材料的规定(2002.11.15)(2020.12.29 修正) …………………………………… (212)
国家土地管理局关于人民法院裁定转移土地使用权问题对最高人民法院经〔1997〕18 号函的复函(1997.8.18) …… (213)
最高人民法院关于执行案件中车辆登记单位与实际出资购买人不一致应如何处理问题的复函(2000.11.21) ………… (213)
最高人民法院执行工作办公室关于确定外资企业清算的裁决执行问题的复函(2003.10.10) ……………………………… (214)

(2)冻结、划拨

最高人民法院关于人民法院能否对信用证开证保证金采取冻结和扣划措施问题的规定(1997.9.3)(2020.12.29 修正) ………………………………………… (215)

最高人民法院关于产业工会、基层工会是否具备社团法人资格和工会经费集中户可否冻结划拨问题的批复(1997.5.16)(2020.12.29 修正) ……………………(215)
*最高人民法院关于人民法院民事执行中查封、扣押、冻结财产的规定(2004.11.4)(2020.12.29 修正) ………………(217)
最高人民法院关于能否要求社保机构协助冻结、扣划被执行人的养老金问题的复函(2014.6.26) ……………………(216)
*最高人民法院关于冻结、拍卖上市公司国有股和社会法人股若干问题的规定(2001.9.21) ……………………………(262)
(3)查封、扣押
最高人民法院关于人民法院民事执行中查封、扣押、冻结财产的规定(2004.11.4)(2020.12.29 修正)……………………(217)
最高人民法院关于对被执行人存在银行的凭证式国库券可否采取执行措施问题的批复(1998.2.10)(2020.12.29 修正) ……………………………………(220)
最高人民法院关于人民法院扣押铁路运输货物若干问题的规定(1997.4.22)(2020.12.29 修正)…………………………(221)
*最高人民法院关于人民法院确定财产处置参考价若干问题的规定(2018.8.28) ……………………………………(243)
最高人民法院关于首先查封法院与优先债权执行法院处分查封财产有关问题的批复(2016.4.12) ……………………(222)
最高人民法院关于人民法院查封的财产被转卖是否保护善意取得人利益问题的复函(1999.11.17) …………………(222)
最高人民法院关于不得对中国人民银行及其分支机构的办公楼、运钞车、营业场所等进行查封的通知(1999.3.4) ……(223)
(4)轮候查封
最高人民法院关于正确处理轮候查封效力相关问题的通知(2022.4.14) ………(223)
最高人民法院关于查封法院全部处分标的物后轮候查封的效力问题的批复(2007.9.11) ……………………………(224)
最高人民法院关于同一法院在不同案件中是否可以对同一财产采取轮候查封、扣押、冻结保全措施问题的答复(2006.1.10) ……………………………………(224)
(5)失信被执行人
最高人民法院关于公布失信被执行人名单信息的若干规定(2013.7.16)(2017.2.28 修正) ……………………………(225)
中共中央办公厅、国务院办公厅关于加快推进失信被执行人信用监督、警示和惩戒机制建设的意见(2016.9.14) ………(227)
最高人民法院等关于在招标投标活动中对失信被执行人实施联合惩戒的通知(2016.8.30) ……………………………(233)
最高人民法院关于限制被执行人高消费及有关消费的若干规定(2010.7.1)(2015.7.20 修正) ………………………(235)
(6)拍卖、变卖
最高人民法院关于进一步规范网络司法拍卖工作的指导意见(2024.10.29) ……(236)
最高人民法院关于人民法院司法拍卖房产竞买人资格若干问题的规定(2021.12.17) ……………………………………(239)
最高人民法院关于人民法院民事执行中

拍卖、变卖财产的规定(2004.11.15)(2020.12.29修正) …………………… (240)
最高人民法院关于人民法院确定财产处置参考价若干问题的规定(2018.8.28) …… (243)
最高人民法院关于人民法院网络司法拍卖若干问题的规定(2016.8.2) ………… (248)
最高人民法院关于人民法院委托评估、拍卖工作的若干规定(2011.9.7) ………… (253)
最高人民法院关于实施最高人民法院《关于人民法院委托评估、拍卖工作的若干规定》有关问题的通知(2012.2.6) …… (254)
最高人民法院关于人民法院委托评估、拍卖和变卖工作的若干规定(2009.11.12) …………………………………… (255)
最高人民法院对外委托鉴定、评估、拍卖等工作管理规定(2007.8.23) ………… (256)
最高人民法院关于冻结、拍卖上市公司国有股和社会法人股若干问题的规定(2001.9.21) ………………………… (262)
(7)股权执行
最高人民法院关于人民法院强制执行股权若干问题的规定(2021.12.20) ……… (264)
最高人民法院关于人民法院在强制执行程序中处分被执行人国有资产适用法律问题的请示报告的复函(2001.12.27) …………………………………… (266)
最高人民法院执行工作办公室关于执行股份有限公司发起人股份问题的复函(2000.1.10) ………………………… (267)
最高人民法院关于对中外合资企业股份执行问题的复函(1998.8.26) ………… (267)
最高人民法院关于被执行人以其全部资产作股本与外方成立合资企业的应当如何执行问题的复函(1992.9.7) ……… (267)
(8)不动产执行
＊最高人民法院关于人民法院司法拍卖房产竞买人资格若干问题的规定(2021.12.17) ………………………………… (239)
国家发展改革委、最高人民法院、国土资源部关于对失信被执行人实施限制不动产交易惩戒措施的通知(2018.3.1) …………………………………… (268)
最高人民法院关于认真做好网络司法拍卖与网络司法变卖衔接工作的通知(2017.7.18) ………………………… (269)
最高人民法院关于如何确定生效法律文书确定的抵押权优先受偿范围的请示答复(2013.11.27) ……………………… (270)
最高人民法院关于转发住房和城乡建设部《关于无证房产依据协助执行文书办理产权登记有关问题的函》的通知(2012.6.15) ………………………… (270)
最高人民法院执行局关于人民法院能否在执行程序中以被执行人擅自出租查封房产为由认定该租赁合同无效或解除该租赁合同的答复(2009.12.22) …… (271)
最高人民法院关于不动产所有权发生转移的时间如何确定的请示的答复(2008.10.6) …………………………… (271)
最高人民法院关于执行程序中被执行人无偿转让抵押财产人民法院应如何处理的请示的答复(2006.10.27) ………… (272)
最高人民法院执行工作办公室关于执行案件中车辆登记单位与实际出资购买人不一致应如何处理问题的复函(2000.11.21) …………………………… (272)

8. 财产保全与先予执行

最高人民法院关于生态环境侵权案件适用禁止令保全措施的若干规定(2021.12.27) …………………………………… (273)
最高人民法院关于人民法院办理财产保全案件若干问题的规定(2016.11.7)(2020.12.29 修正) ……………………… (274)
最高人民法院关于人民法院对注册商标权进行财产保全的解释(2001.1.2)(2020.12.29 修正) ……………………… (278)
最高人民法院关于当事人申请财产保全错误造成案外人损失应否承担赔偿责任问题的解释(2005.8.15) …………… (279)
最高人民法院关于人民法院发现本院作出的诉前保全裁定和在执行程序中作出的裁定确有错误以及人民检察院对人民法院作出的诉前保全裁定提出抗诉人民法院应当如何处理的批复(1998.7.30) ……………………………………… (279)
最高人民法院关于诉前财产保全几个问题的批复(1998.11.27) ………………… (279)
最高人民法院关于对粮棉油政策性收购资金形成的粮棉油不宜采取财产保全措施和执行措施的通知(2000.11.16) ……………………………………………… (280)
最高人民法院关于在实体处理合同纠纷案件以前可以依法裁定终止合同履行的复函(1991.6.7) ……………………… (280)
最高人民法院关于对粮棉油政策性收购资金是否可以采取财产保全措施问题的复函(1997.8.14) …………………… (280)
最高人民法院对国家知识产权局《关于如何协助执行法院财产保全裁定的函》的答复意见(2000.1.28) …………………… (281)
最高人民法院对国家知识产权局《关于征求对协助执行专利申请权财产保全裁定的意见的函》的答复意见(2001.10.25) ……………………………………… (281)
最高人民法院关于对注册商标专用权进行财产保全和执行等问题的复函(2002.1.9) ……………………………………… (282)
最高人民法院关于审查知识产权纠纷行为保全案件适用法律若干问题的规定(2018.12.12) ………………………………… (283)
最高人民法院关于银行擅自划拨法院已冻结的款项如何处理问题的函(1989.3.26) ……………………………………… (286)
最高人民法院关于军队单位作为经济纠纷案件的当事人可否对其银行账户上的存款采取诉讼保全和军队费用能否强行划拨偿还债务问题的批复(1990.10.9) ……………………………………… (286)

9. 执行担保

最高人民法院关于执行担保若干问题的规定(2018.2.22)(2020.12.29 修正) …… (288)
最高人民法院、住房和城乡建设部、中国人民银行关于规范人民法院保全执行措施　确保商品房预售资金用于项目建设的通知(2022.1.11) ………………… (289)
最高人民法院执行工作办公室关于执行担保问题的函(1996.12.11) …………… (290)

10. 暂缓执行与迟延履行

(1)暂缓执行

最高人民法院关于正确适用暂缓执行措

施若干问题的规定(2002.9.28) ……… (291)
最高人民法院关于如何处理人民检察院提出的暂缓执行建议问题的批复(2000.7.10) …………………………………… (292)
(2)迟延履行
最高人民法院关于执行程序中计算迟延履行期间的债务利息适用法律若干问题的解释(2014.7.7) …………………… (292)
最高人民法院关于在执行工作中如何计算迟延履行期间的债务利息等问题的批复(2009.5.11) ……………………… (294)
最高人民法院关于在民事判决书中增加向当事人告知民事诉讼法第二百三十二条规定内容的通知(2007.2.7) ……… (294)

11. 执行复议与异议

最高人民法院关于人民法院办理执行异议和复议案件若干问题的规定(2015.5.5)(2020.12.29 修正) ………………… (295)
最高人民法院关于对人民法院终结执行行为提出执行异议期限问题的批复(2016.2.14) ………………………………… (300)
最高人民法院关于执行权合理配置和科学运行的若干意见(2011.10.19) ……… (300)
最高人民法院关于执行工作中正确适用修改后民事诉讼法第202条、第204条规定的通知(2008.11.28) ……………… (302)
最高人民法院关于处理案外人异议问题的函(1998.1.4) ………………………… (303)
最高人民法院关于案外人对执行标的提出异议问题的复函(1992.5.5) ………… (303)
【指导案例】
最高人民法院指导案例155号——中国建设银行股份有限公司怀化市分行诉中国华融资产管理股份有限公司湖南省分公司等案外人执行异议之诉案 …… (304)
最高人民法院指导案例156号——王岩岩诉徐意君、北京市金陛房地产发展有限责任公司案外人执行异议之诉案 …… (305)

12. 执行和解

最高人民法院关于执行和解若干问题的规定(2018.2.22)(2020.12.29 修正) …… (307)
最高人民法院关于当事人对迟延履行和解协议的争议应当另诉解决的复函(2005.6.24) …………………………… (308)
最高人民法院执行办公室关于如何处理因当事人达成和解协议致使逾期申请执行问题的复函(1999.4.21) ………… (309)
最高人民法院关于当事人在执行中达成和解协议且已履行完毕的不应恢复执行的函(1995.2.5) …………………… (309)
最高人民法院执行工作办公室关于和解协议已经履行完毕的不应再恢复执行原生效法律文书问题的函(1996.1.9) ……… (310)

13. 执行回转

最高人民法院关于祁某某申请执行回转中国农业银行张掖市分行一案的复函(2013.8.8) ……………………………… (311)
最高人民法院执行工作办公室关于原执行裁定被撤销后能否对第三人从债权人处买受的财产进行回转的请示的答复(2007.9.10) …………………………… (312)
最高人民法院执行工作办公室关于执行回转案件的申请执行人在被执行人破

产案件中能否得到优先受偿保护的请示的答复(2006.12.14) …………………… (312)
最高人民法院执行工作办公室关于石油工业出版社申请执行回转一案的复函(2002.9.12) ………………………………… (312)

14. 执行中止和终结

最高人民法院关于严格规范终结本次执行程序的规定(试行)(2016.10.29) …… (314)
最高人民法院关于中止审理、中止执行涉及场外非法股票交易经济纠纷案件的通知(1998.12.4) ………………………… (316)

15. 执转破

最高人民法院关于做好“执转破”有关工作的通知(2018.6.8) ……………………… (317)
最高人民法院关于执行案件移送破产审查若干问题的指导意见(2017.1.20) …… (318)

三、妨碍执行的措施

1. 拒不执行判决、裁定罪

最高人民法院、最高人民检察院关于办理拒不执行判决、裁定刑事案件适用法律若干问题的解释(2024.10.30) ………… (323)
最高人民法院关于审理拒不执行判决、裁定刑事案件适用法律若干问题的解释(2015.7.20)(2020.12.29 修正) ……… (325)
最高人民法院关于拒不执行判决、裁定罪自诉案件受理工作有关问题的通知(2018.5.30) ………………………………… (326)
最高人民法院、最高人民检察院、公安部关于依法严肃查处拒不执行判决、裁定和暴力抗拒法院执行犯罪行为有关问题的通知(2007.8.30) …………………… (327)
最高人民法院研究室关于拒不执行人民法院调解书的行为是否构成拒不执行判决、裁定罪的答复(2000.12.14) …… (328)

【指导案例】

最高人民法院指导案例 71 号——毛建文拒不执行判决、裁定案 …………………… (329)

2. 其他妨碍规避执行的规定

最高人民法院关于依法制裁规避执行行为的若干意见(2011.5.27) ……………… (331)
最高人民法院执行办公室关于对案外人未协助法院冻结债权应如何处理问题的复函(2003.6.14) …………………… (333)
最高人民法院执行办公室关于已执行完毕的案件被执行人又恢复到执行前的状况应如何处理问题的复函(2001.1.2) ……………………………………………… (334)
最高人民法院关于工商行政管理局以收取查询费为由拒绝人民法院无偿查询企业登记档案人民法院是否应予民事制裁的复函(2000.6.29) ……………… (334)
最高人民法院关于第二审人民法院在审理过程中可否对当事人的违法行为径行制裁等问题的批复(1990.7.25) …… (335)
最高人民法院经济审判庭关于银行不根据法院通知私自提取人民法院冻结在银行的存款应如何处理问题的电话答复(1988.3.8) ……………………………… (335)

四、执行监督

最高人民法院关于办理申请执行监督案

件若干问题的意见(2023.1.19) ……… (339)
最高人民法院关于进一步完善执行权制约机制加强执行监督的意见(2021.12.6) ……… (341)
最高人民法院关于执行案件督办工作的规定(试行)(2006.5.18) ……… (348)
最高人民法院、最高人民检察院关于民事执行活动法律监督若干问题的规定(2016.11.2) ……… (349)
最高人民法院关于人民法院办理执行信访案件若干问题的意见(2016.6.27) …… (351)
最高人民法院研究室关于对有义务协助执行单位拒不协助予以罚款后又拒不执行应如何处理问题的答复(1993.9.27) ……… (354)
【指导案例】
最高人民法院指导案例125号——陈载果与刘荣坤、广东省汕头渔业用品进出口公司等申请撤销拍卖执行监督案 …… (354)
最高人民法院指导案例126号——江苏天宇建设集团有限公司与无锡时代盛业房地产开发有限公司执行监督案 …… (356)

五、其他领域的执行

1. 刑事案件财产部分的执行

最高人民法院关于办理减刑、假释案件审查财产性判项执行问题的规定(2024.4.29) ……… (361)
最高人民法院、最高人民检察院、公安部、司法部关于办理黑恶势力刑事案件中财产处置若干问题的意见(2019.4.9) …… (363)
最高人民法院关于刑事裁判涉财产部分执行的若干规定(2014.10.30) ……… (366)
最高人民法院关于适用财产刑若干问题的规定(2000.12.13) ……… (368)
扣押、追缴、没收物品估价管理办法(1997.4.22) ……… (369)

2. 行政案件的执行

最高人民法院关于办理申请人民法院强制执行国有土地上房屋征收补偿决定案件若干问题的规定(2012.3.26) …… (373)
最高人民法院关于认真贯彻执行《关于办理申请人民法院强制执行国有土地上房屋征收补偿决定案件若干问题的规定》的通知(2012.4.5) ……… (374)
最高人民法院对《当事人对人民法院强制执行生效具体行政行为的案件提出申诉人民法院应如何受理和处理的请示》的答复(1995.8.22) ……… (376)
最高人民法院关于违法的建筑物、构筑物、设施等强制拆除问题的批复(2013.3.27) ……… (377)
最高人民法院关于办理行政机关申请强制执行案件有关问题的通知(1998.8.18) ……… (377)
最高人民法院关于转发住房和城乡建设部《关于无证房产依据协助执行文书办理产权登记有关问题的函》的通知(2012.6.15) ……… (377)
最高人民法院关于行政机关依法申请强制执行,被申请人拒不搬迁,人民法院予以强制执行是否正确问题的函(1989.7.4) ……… (378)
最高人民法院关于对林业行政机关依法

作出具体行政行为申请人民法院强制执行问题的复函(1993.12.24)(2020.12.29 修正) …………………………… (378)
最高人民法院行政审判庭关于对山东高院《沙德兰诉曹县人民政府土地行政确权一案适用法律问题的请示》的答复(1995.8.24) ………………………… (379)
最高人民法院关于劳动行政部门作出责令用人单位支付劳动者工资报酬、经济补偿和赔偿金的劳动监察指令书是否属于可申请法院强制执行的具体行政行为(1998.5.17) ……………………… (379)
最高人民法院对《关于非诉执行案件中作为被执行人的法人终止,人民法院是否可以直接裁定变更被执行人的请示》的答复(2000.5.29) ……………………… (379)
最高人民法院对如何执行《关于执行〈中华人民共和国行政诉讼法〉若干问题的解释》第九十二条的请示的答复(2000.12.14) ………………………………… (380)
最高人民法院关于判决驳回原告诉讼请求行政案件执行问题的答复(2008.12.15) ……………………………………… (380)

3. 仲裁案件的执行

最高人民法院关于人民法院办理仲裁裁决执行案件若干问题的规定(2018.2.22) ……………………………………… (381)
*最高人民法院关于仲裁机构“先予仲裁”裁决或者调解书立案、执行等法律适用问题的批复(2018.6.5) …………… (151)
劳动和社会保障部关于劳动争议仲裁委员会作出仲裁裁决后不再变更被执行主体的复函(2003.5.16) ……………… (384)
最高人民法院关于内地与香港特别行政区相互执行仲裁裁决的安排(2000.1.24) ……………………………………… (385)
最高人民法院关于内地与香港特别行政区相互执行仲裁裁决的补充安排(2020.11.26) ……………………………………… (386)
最高人民法院关于内地与澳门特别行政区相互认可和执行仲裁裁决的安排(2007.12.12) ………………………… (387)
最高人民法院关于认可和执行台湾地区仲裁裁决的规定(2015.6.29) ………… (389)
最高人民法院关于劳动争议仲裁委员会的复议仲裁决定书可否作为执行依据问题的批复(1996.7.21) ……………… (392)

4. 涉港澳台案件的执行

最高人民法院、香港特别行政区政府关于内地与香港特别行政区法院相互认可和执行民商事案件判决的安排(2019.1.18) ……………………………………… (393)
最高人民法院关于内地与澳门特别行政区相互认可和执行民商事判决的安排(2006.3.21) ………………………… (397)
最高人民法院关于认可和执行台湾地区法院民事判决的规定(2015.6.29) …… (399)

5. 公证案件的执行

最高人民法院关于公证债权文书执行若干问题的规定(2018.9.30) …………… (403)
最高人民法院、司法部、中国银监会关于充分发挥公证书的强制执行效力服务银行金融债权风险防控的通知(2017.

7.13） ……………………………………（405）
最高人民法院关于公证机关赋予强制执行效力的包含担保的公证债权文书强制执行的批复(2014.9.18） ……………（407）

6. 国家赔偿案件的执行

中华人民共和国国家赔偿法(1994.5.12)(2012.10.26 修正) ………………………（408）
最高人民法院关于适用《中华人民共和国国家赔偿法》若干问题的解释(一)(2011.2.28） ……………………………（414）
最高人民法院关于审理行政赔偿案件若干问题的规定(2022.3.20） ……………（415）
最高人民法院关于审理涉执行司法赔偿案件适用法律若干问题的解释(2022.2.8） ……………………………………（419）
最高人民法院关于人民法院赔偿委员会审理国家赔偿案件适用精神损害赔偿若干问题的意见(2014.7.29） …………（422）
最高人民法院关于行政机关工作人员执行职务致人伤亡构成犯罪的赔偿诉讼程序问题的批复(2002.8.23） …………（424）

附　　录

《民事诉讼法》新旧条文序号对照表 ………（429）

一、综合

资料补充栏

中华人民共和国民事诉讼法

1. 1991年4月9日第七届全国人民代表大会第四次会议通过

2. 根据2007年10月28日第十届全国人民代表大会常务委员会第三十次会议《关于修改〈中华人民共和国民事诉讼法〉的决定》第一次修正

3. 根据2012年8月31日第十一届全国人民代表大会常务委员会第二十八次会议《关于修改〈中华人民共和国民事诉讼法〉的决定》第二次修正

4. 根据2017年6月27日第十二届全国人民代表大会常务委员会第二十八次会议《关于修改〈中华人民共和国民事诉讼法〉和〈中华人民共和国行政诉讼法〉的决定》第三次修正

5. 根据2021年12月24日第十三届全国人民代表大会常务委员会第三十二次会议《关于修改〈中华人民共和国民事诉讼法〉的决定》第四次修正

6. 根据2023年9月1日第十四届全国人民代表大会常务委员会第五次会议《关于修改〈中华人民共和国民事诉讼法〉的决定》第五次修正

目　录

第一编　总　　则

第一章　任务、适用范围和基本原则

第一条　【立法依据】[①]中华人民共和国民事诉讼法以宪法为根据，结合我国民事审判工作的经验和实际情况制定。

第二条　【立法任务】中华人民共和国民事诉讼法的任务，是保护当事人行使诉讼权利，保证人民法院查明事实，分清是非，正确适用法律，及时审理民事案件，确认民事权利义务关系，制裁民事违法行为，保护当事人的合法权益，教育公民自觉遵守法律，维护社会秩序、经济秩序，保障社会主义建设事业顺利进行。

第三条　【适用范围】人民法院受理公民之间、法人之间、其他组织之间以及他们相互之间因财产关系和人身关系提起的民事诉讼，适用本法的规定。

第四条　【空间效力】凡在中华人民共和国领域内进行民事诉讼，必须遵守本法。

第五条　【涉外民诉同等原则、对等原则】外国人、无国籍人、外国企业和组织在人民法院起诉、应诉，同中华人民共和国公民、法人和其他组织有同等的诉讼权利义务。

外国法院对中华人民共和国公民、法人和其他组织的民事诉讼权利加以限制的，中华人民共和国人民法院对该国公民、企业和组织的民事诉讼权利，实行对等原则。

第六条　【审判权】民事案件的审判权由人民法院行使。

人民法院依照法律规定对民事案件独立进行审判，不受行政机关、社会团体和个人的干涉。

第七条　【审理原则】人民法院审理民事案件，必须以事实为根据，以法律为准绳。

第八条　【诉讼权利平等原则】民事诉讼当事人有平等的诉讼权利。人民法院审理民事案件，应当保障和便利当事人行使诉讼权利，对当事人在适用法律上一律平等。

第九条　【调解原则】人民法院审理民事案件，应当根据自愿和合法的原则进行调解；调解不成的，应当及时判决。

第十条　【审判制度】人民法院审理民事案件，依照法律规定实行合议、回避、公开审判和两审终审制度。

第十一条　【语言文字】各民族公民都有用本民族语言、文字进行民事诉讼的权利。

在少数民族聚居或者多民族共同居住的地区，人民法院应当用当地民族通用的语言、文字进行审理和发布法律文书。

人民法院应当对不通晓当地民族通用的语言、文字的诉讼参与人提供翻译。

第十二条　【辩论权】人民法院审理民事案件时，当事人有权进行辩论。

第十三条　【诚信原则、当事人处分原则】民事诉讼应当遵循诚信原则。

当事人有权在法律规定的范围内处分自己

① 条文主旨为编者所加，下同。——编者注

的民事权利和诉讼权利。

第十四条 【法律监督权】人民检察院有权对民事诉讼实行法律监督。

第十五条 【支持起诉】机关、社会团体、企业事业单位对损害国家、集体或者个人民事权益的行为，可以支持受损害的单位或者个人向人民法院起诉。

第十六条 【在线诉讼的法律效力】经当事人同意，民事诉讼活动可以通过信息网络平台在线进行。

民事诉讼活动通过信息网络平台在线进行的，与线下诉讼活动具有同等法律效力。

第十七条 【变通规定】民族自治地方的人民代表大会根据宪法和本法的原则，结合当地民族的具体情况，可以制定变通或者补充的规定。自治区的规定，报全国人民代表大会常务委员会批准。自治州、自治县的规定，报省或者自治区的人民代表大会常务委员会批准，并报全国人民代表大会常务委员会备案。

第二章 管 辖

第一节 级别管辖

第十八条 【基层法院管辖】基层人民法院管辖第一审民事案件，但本法另有规定的除外。

第十九条 【中级法院管辖】中级人民法院管辖下列第一审民事案件：

（一）重大涉外案件；

（二）在本辖区有重大影响的案件；

（三）最高人民法院确定由中级人民法院管辖的案件。

第二十条 【高级法院管辖】高级人民法院管辖在本辖区有重大影响的第一审民事案件。

第二十一条 【最高法院管辖】最高人民法院管辖下列第一审民事案件：

（一）在全国有重大影响的案件；

（二）认为应当由本院审理的案件。

第二节 地域管辖

第二十二条 【一般地域管辖】对公民提起的民事诉讼，由被告住所地人民法院管辖；被告住所地与经常居住地不一致的，由经常居住地人民法院管辖。

对法人或者其他组织提起的民事诉讼，由被告住所地人民法院管辖。

同一诉讼的几个被告住所地、经常居住地在两个以上人民法院辖区的，各该人民法院都有管辖权。

第二十三条 【特别规定】下列民事诉讼，由原告住所地人民法院管辖；原告住所地与经常居住地不一致的，由原告经常居住地人民法院管辖：

（一）对不在中华人民共和国领域内居住的人提起的有关身份关系的诉讼；

（二）对下落不明或者宣告失踪的人提起的有关身份关系的诉讼；

（三）对被采取强制性教育措施的人提起的诉讼；

（四）对被监禁的人提起的诉讼。

第二十四条 【合同纠纷管辖】因合同纠纷提起的诉讼，由被告住所地或者合同履行地人民法院管辖。

第二十五条 【保险合同纠纷管辖】因保险合同纠纷提起的诉讼，由被告住所地或者保险标的物所在地人民法院管辖。

第二十六条 【票据纠纷管辖】因票据纠纷提起的诉讼，由票据支付地或者被告住所地人民法院管辖。

第二十七条 【公司诉讼管辖】因公司设立、确认股东资格、分配利润、解散等纠纷提起的诉讼，由公司住所地人民法院管辖。

第二十八条　【运输合同纠纷管辖】因铁路、公路、水上、航空运输和联合运输合同纠纷提起的诉讼，由运输始发地、目的地或者被告住所地人民法院管辖。

第二十九条　【侵权纠纷管辖】因侵权行为提起的诉讼，由侵权行为地或者被告住所地人民法院管辖。

第三十条　【交通事故管辖】因铁路、公路、水上和航空事故请求损害赔偿提起的诉讼，由事故发生地或者车辆、船舶最先到达地、航空器最先降落地或者被告住所地人民法院管辖。

第三十一条　【海损事故管辖】因船舶碰撞或者其他海事损害事故请求损害赔偿提起的诉讼，由碰撞发生地、碰撞船舶最先到达地、加害船舶被扣留地或者被告住所地人民法院管辖。

第三十二条　【海难救助费用管辖】因海难救助费用提起的诉讼，由救助地或者被救助船舶最先到达地人民法院管辖。

第三十三条　【共同海损管辖】因共同海损提起的诉讼，由船舶最先到达地、共同海损理算地或者航程终止地的人民法院管辖。

第三十四条　【专属管辖】下列案件，由本条规定的人民法院专属管辖：

（一）因不动产纠纷提起的诉讼，由不动产所在地人民法院管辖；

（二）因港口作业中发生纠纷提起的诉讼，由港口所在地人民法院管辖；

（三）因继承遗产纠纷提起的诉讼，由被继承人死亡时住所地或者主要遗产所在地人民法院管辖。

第三十五条　【协议管辖】合同或者其他财产权益纠纷的当事人可以书面协议选择被告住所地、合同履行地、合同签订地、原告住所地、标的物所在地等与争议有实际联系的地点的人民法院管辖，但不得违反本法对级别管辖和专属管辖的规定。

第三十六条　【共同管辖】两个以上人民法院都有管辖权的诉讼，原告可以向其中一个人民法院起诉；原告向两个以上有管辖权的人民法院起诉的，由最先立案的人民法院管辖。

第三节　移送管辖和指定管辖

第三十七条　【移送管辖】人民法院发现受理的案件不属于本院管辖的，应当移送有管辖权的人民法院，受移送的人民法院应当受理。受移送的人民法院认为受移送的案件依照规定不属于本院管辖的，应当报请上级人民法院指定管辖，不得再自行移送。

第三十八条　【指定管辖】有管辖权的人民法院由于特殊原因，不能行使管辖权的，由上级人民法院指定管辖。

人民法院之间因管辖权发生争议，由争议双方协商解决；协商解决不了的，报请它们的共同上级人民法院指定管辖。

第三十九条　【管辖权转移】上级人民法院有权审理下级人民法院管辖的第一审民事案件；确有必要将本院管辖的第一审民事案件交下级人民法院审理的，应当报请其上级人民法院批准。

下级人民法院对它所管辖的第一审民事案件，认为需要由上级人民法院审理的，可以报请上级人民法院审理。

第三章　审判组织

第四十条　【一审审判组织】人民法院审理第一审民事案件，由审判员、人民陪审员共同组成合议庭或者由审判员组成合议庭。合议庭的成员人数，必须是单数。

适用简易程序审理的民事案件，由审判员一人独任审理。基层人民法院审理的基本事实清楚、权利义务关系明确的第一审民事案件，可以由审判员一人适用普通程序独任审理。

人民陪审员在参加审判活动时，除法律另有规定外，与审判员有同等的权利义务。

第四十一条　【二审、重审、再审审判组织】人民法院审理第二审民事案件，由审判员组成合议庭。合议庭的成员人数，必须是单数。

中级人民法院对第一审适用简易程序审结或者不服裁定提起上诉的第二审民事案件，事实清楚、权利义务关系明确的，经双方当事人同意，可以由审判员一人独任审理。

发回重审的案件，原审人民法院应当按照第一审程序另行组成合议庭。

审理再审案件，原来是第一审的，按照第一审程序另行组成合议庭；原来是第二审的或者是上级人民法院提审的，按照第二审程序另行组成合议庭。

第四十二条　【不得适用独任制的案件】人民法院审理下列民事案件，不得由审判员一人独任审理：

（一）涉及国家利益、社会公共利益的案件；

（二）涉及群体性纠纷，可能影响社会稳定的案件；

（三）人民群众广泛关注或者其他社会影响较大的案件；

（四）属于新类型或者疑难复杂的案件；

（五）法律规定应当组成合议庭审理的案件；

（六）其他不宜由审判员一人独任审理的案件。

第四十三条　【向合议制转换】人民法院在审理过程中，发现案件不宜由审判员一人独任审理的，应当裁定转由合议庭审理。

当事人认为案件由审判员一人独任审理违反法律规定的，可以向人民法院提出异议。人民法院对当事人提出的异议应当审查，异议成立的，裁定转由合议庭审理；异议不成立的，裁定驳回。

第四十四条　【审判长】合议庭的审判长由院长或者庭长指定审判员一人担任；院长或者庭长参加审判的，由院长或者庭长担任。

第四十五条　【评议原则】合议庭评议案件，实行少数服从多数的原则。评议应当制作笔录，由合议庭成员签名。评议中的不同意见，必须如实记入笔录。

第四十六条　【依法办案】审判人员应当依法秉公办案。

审判人员不得接受当事人及其诉讼代理人请客送礼。

审判人员有贪污受贿，徇私舞弊，枉法裁判行为的，应当追究法律责任；构成犯罪的，依法追究刑事责任。

第四章　回　　避

第四十七条　【回避情形】审判人员有下列情形之一的，应当自行回避，当事人有权用口头或者书面方式申请他们回避：

（一）是本案当事人或者当事人、诉讼代理人近亲属的；

（二）与本案有利害关系的；

（三）与本案当事人、诉讼代理人有其他关系，可能影响对案件公正审理的。

审判人员接受当事人、诉讼代理人请客送礼，或者违反规定会见当事人、诉讼代理人的，当事人有权要求他们回避。

审判人员有前款规定的行为的，应当依法追究法律责任。

前三款规定，适用于法官助理、书记员、司法技术人员、翻译人员、鉴定人、勘验人。

第四十八条　【回避申请】当事人提出回避申请，应当说明理由，在案件开始审理时提出；回避事由在案件开始审理后知道的，也可以在法庭辩论终结前提出。

被申请回避的人员在人民法院作出是否回避的决定前，应当暂停参与本案的工作，但案件需要采取紧急措施的除外。

第四十九条　【回避决定权人】院长担任审判长或者独任审判员时的回避，由审判委员会决定；审判人员的回避，由院长决定；其他人员的回避，由审判长或者独任审判员决定。

第五十条　【回避申请决定程序】人民法院对当事人提出的回避申请，应当在申请提出的三日内，以口头或者书面形式作出决定。申请人对决定不服的，可以在接到决定时申请复议一次。复议期间，被申请回避的人员，不停止参与本案的工作。人民法院对复议申请，应当在三日内作出复议决定，并通知复议申请人。

第五章　诉讼参加人

第一节　当　事　人

第五十一条　【诉讼当事人】公民、法人和其他组织可以作为民事诉讼的当事人。

法人由其法定代表人进行诉讼。其他组织由其主要负责人进行诉讼。

第五十二条　【诉讼权利义务】当事人有权委托代理人，提出回避申请，收集、提供证据，进行辩论，请求调解，提起上诉，申请执行。

当事人可以查阅本案有关材料，并可以复制本案有关材料和法律文书。查阅、复制本案有关材料的范围和办法由最高人民法院规定。

当事人必须依法行使诉讼权利，遵守诉讼秩序，履行发生法律效力的判决书、裁定书和调解书。

第五十三条　【和解】双方当事人可以自行和解。

第五十四条　【诉讼请求、反诉】原告可以放弃或者变更诉讼请求。被告可以承认或者反驳诉讼请求，有权提起反诉。

第五十五条　【共同诉讼】当事人一方或者双方为二人以上，其诉讼标的是共同的，或者诉讼标的是同一种类、人民法院认为可以合并审理并经当事人同意的，为共同诉讼。

共同诉讼的一方当事人对诉讼标的有共同权利义务的，其中一人的诉讼行为经其他共同诉讼人承认，对其他共同诉讼人发生效力；对诉讼标的没有共同权利义务的，其中一人的诉讼行为对其他共同诉讼人不发生效力。

第五十六条　【人数确定的代表人诉讼】当事人一方人数众多的共同诉讼，可以由当事人推选代表人进行诉讼。代表人的诉讼行为对其所代表的当事人发生效力，但代表人变更、放弃诉讼请求或者承认对方当事人的诉讼请求，进行和解，必须经被代表的当事人同意。

第五十七条　【人数不确定的代表人诉讼】诉讼标的是同一种类、当事人一方人数众多在起诉时人数尚未确定的，人民法院可以发出公告，说明案件情况和诉讼请求，通知权利人在一定期间向人民法院登记。

向人民法院登记的权利人可以推选代表人进行诉讼；推选不出代表人的，人民法院可以与参加登记的权利人商定代表人。

代表人的诉讼行为对其所代表的当事人发生效力，但代表人变更、放弃诉讼请求或者承认对方当事人的诉讼请求，进行和解，必须经被代表的当事人同意。

人民法院作出的判决、裁定，对参加登记的全体权利人发生效力。未参加登记的权利人在诉讼时效期间提起诉讼的，适用该判决、裁定。

第五十八条　【民事公益诉讼】对污染环境、侵害众多消费者合法权益等损害社会公共利益的行为，法律规定的机关和有关组织可以向人民法院提起诉讼。

人民检察院在履行职责中发现破坏生态环境和资源保护、食品药品安全领域侵害众多消费者合法权益等损害社会公共利益的行为，在没有前款规定的机关和组织或者前款规定的机关和组织不提起诉讼的情况下，可以向人民法院提起诉讼。前款规定的机关或者组织提起诉讼的，人民检察院可以支持起诉。

第五十九条　【诉讼第三人、第三人撤销之诉】对当事人双方的诉讼标的，第三人认为有独立请求权的，有权提起诉讼。

对当事人双方的诉讼标的，第三人虽然没有独立请求权，但案件处理结果同他有法律上的利害关系的，可以申请参加诉讼，或者由人民法院通知他参加诉讼。人民法院判决承担民事责任的第三人，有当事人的诉讼权利义务。

前两款规定的第三人，因不能归责于本人的事由未参加诉讼，但有证据证明发生法律效力的判决、裁定、调解书的部分或者全部内容错误，损害其民事权益的，可以自知道或者应当知道其民事权益受到损害之日起六个月内，向作出该判决、裁定、调解书的人民法院提起诉讼。人民法院经审理，诉讼请求成立的，应当改变或者撤销原判决、裁定、调解书；诉讼请求不成立的，驳回诉讼请求。

第二节　诉讼代理人

第六十条　【法定代理人】无诉讼行为能力人由他的监护人作为法定代理人代为诉讼。法定代理人之间互相推诿代理责任的，由人民法院指定其中一人代为诉讼。

第六十一条　【委托代理人】当事人、法定代理人可以委托一至二人作为诉讼代理人。

下列人员可以被委托为诉讼代理人：

（一）律师、基层法律服务工作者；

（二）当事人的近亲属或者工作人员；

（三）当事人所在社区、单位以及有关社会团体推荐的公民。

第六十二条　【委托程序】委托他人代为诉讼，必须向人民法院提交由委托人签名或者盖章的授权委托书。

授权委托书必须记明委托事项和权限。诉讼代理人代为承认、放弃、变更诉讼请求，进行和解，提起反诉或者上诉，必须有委托人的特别授权。

侨居在国外的中华人民共和国公民从国外寄交或者托交的授权委托书，必须经中华人民共和国驻该国的使领馆证明；没有使领馆的，由与中华人民共和国有外交关系的第三国驻该国的使领馆证明，再转由中华人民共和国驻该第三国使领馆证明，或者由当地的爱国华侨团体证明。

第六十三条　【代理权变更、解除】诉讼代理人的权限如果变更或者解除，当事人应当书面告知人民法院，并由人民法院通知对方当事人。

第六十四条　【诉讼代理人权利】代理诉讼的律师和其他诉讼代理人有权调查收集证据，可以查阅本案有关材料。查阅本案有关材料的范围和办法由最高人民法院规定。

第六十五条　【离婚诉讼代理】离婚案件有诉讼代

理人的，本人除不能表达意思的以外，仍应出庭；确因特殊情况无法出庭的，必须向人民法院提交书面意见。

第六章　证　　据

第六十六条　【证据种类】证据包括：

（一）当事人的陈述；

（二）书证；

（三）物证；

（四）视听资料；

（五）电子数据；

（六）证人证言；

（七）鉴定意见；

（八）勘验笔录。

证据必须查证属实，才能作为认定事实的根据。

第六十七条　【举证责任】当事人对自己提出的主张，有责任提供证据。

当事人及其诉讼代理人因客观原因不能自行收集的证据，或者人民法院认为审理案件需要的证据，人民法院应当调查收集。

人民法院应当按照法定程序，全面地、客观地审查核实证据。

第六十八条　【及时提供证据义务】当事人对自己提出的主张应当及时提供证据。

人民法院根据当事人的主张和案件审理情况，确定当事人应当提供的证据及其期限。当事人在该期限内提供证据确有困难的，可以向人民法院申请延长期限，人民法院根据当事人的申请适当延长。当事人逾期提供证据的，人民法院应当责令其说明理由；拒不说明理由或者理由不成立的，人民法院根据不同情形可以不予采纳该证据，或者采纳该证据但予以训诫、罚款。

第六十九条　【证据收据】人民法院收到当事人提交的证据材料，应当出具收据，写明证据名称、页数、份数、原件或者复印件以及收到时间等，并由经办人员签名或者盖章。

第七十条　【人民法院调查取证】人民法院有权向有关单位和个人调查取证，有关单位和个人不得拒绝。

人民法院对有关单位和个人提出的证明文书，应当辨别真伪，审查确定其效力。

第七十一条　【法庭质证】证据应当在法庭上出示，并由当事人互相质证。对涉及国家秘密、商业秘密和个人隐私的证据应当保密，需要在法庭出示的，不得在公开开庭时出示。

第七十二条　【公证证据效力】经过法定程序公证证明的法律事实和文书，人民法院应当作为认定事实的根据，但有相反证据足以推翻公证证明的除外。

第七十三条　【书证、物证】书证应当提交原件。物证应当提交原物。提交原件或者原物确有困难的，可以提交复制品、照片、副本、节录本。

提交外文书证，必须附有中文译本。

第七十四条　【视听资料】人民法院对视听资料，应当辨别真伪，并结合本案的其他证据，审查确定能否作为认定事实的根据。

第七十五条　【证人义务、资格】凡是知道案件情况的单位和个人，都有义务出庭作证。有关单位的负责人应当支持证人作证。

不能正确表达意思的人，不能作证。

第七十六条　【证人出庭作证】经人民法院通知，证人应当出庭作证。有下列情形之一的，经人民法院许可，可以通过书面证言、视听传输技术或者视听资料等方式作证：

（一）因健康原因不能出庭的；

（二）因路途遥远，交通不便不能出庭的；

（三）因自然灾害等不可抗力不能出庭的；

（四）其他有正当理由不能出庭的。

第七十七条　【证人出庭费用负担】证人因履行出庭作证义务而支出的交通、住宿、就餐等必要费用以及误工损失，由败诉一方当事人负担。当事人申请证人作证的，由该当事人先行垫付；当事人没有申请，人民法院通知证人作证的，由人民法院先行垫付。

第七十八条　【当事人陈述】人民法院对当事人的陈述，应当结合本案的其他证据，审查确定能否作为认定事实的根据。

当事人拒绝陈述的，不影响人民法院根据证据认定案件事实。

第七十九条　【鉴定程序启动和鉴定人选任】当事人可以就查明事实的专门性问题向人民法院申请鉴定。当事人申请鉴定的，由双方当事人协商确定具备资格的鉴定人；协商不成的，由人民法院指定。

当事人未申请鉴定，人民法院对专门性问题认为需要鉴定的，应当委托具备资格的鉴定人进行鉴定。

第八十条　【鉴定人权利义务】鉴定人有权了解进行鉴定所需要的案件材料，必要时可以询问当事人、证人。

鉴定人应当提出书面鉴定意见，在鉴定书上签名或者盖章。

第八十一条　【鉴定人出庭作证】当事人对鉴定意见有异议或者人民法院认为鉴定人有必要出庭的，鉴定人应当出庭作证。经人民法院通知，鉴定人拒不出庭作证的，鉴定意见不得作为认定事实的根据；支付鉴定费用的当事人可以要求返还鉴定费用。

第八十二条　【有专门知识的人出庭】当事人可以申请人民法院通知有专门知识的人出庭，就鉴定人作出的鉴定意见或者专业问题提出意见。

第八十三条　【勘验笔录】勘验物证或者现场，勘验人必须出示人民法院的证件，并邀请当地基层组织或者当事人所在单位派人参加。当事人或者当事人的成年家属应当到场，拒不到场的，不影响勘验的进行。

有关单位和个人根据人民法院的通知，有义务保护现场，协助勘验工作。

勘验人应当将勘验情况和结果制作笔录，由勘验人、当事人和被邀参加人签名或者盖章。

第八十四条　【证据保全】在证据可能灭失或者以后难以取得的情况下，当事人可以在诉讼过程中向人民法院申请保全证据，人民法院也可以主动采取保全措施。

因情况紧急，在证据可能灭失或者以后难以取得的情况下，利害关系人可以在提起诉讼或者申请仲裁前向证据所在地、被申请人住所地或者对案件有管辖权的人民法院申请保全证据。

证据保全的其他程序，参照适用本法第九章保全的有关规定。

第七章　期间、送达

第一节　期　　间

第八十五条　【期间种类、计算】期间包括法定期间和人民法院指定的期间。

期间以时、日、月、年计算。期间开始的时和日，不计算在期间内。

期间届满的最后一日是法定休假日的，以法定休假日后的第一日为期间届满的日期。

期间不包括在途时间，诉讼文书在期满前交邮的，不算过期。

第八十六条　【期间顺延】当事人因不可抗拒的事由或者其他正当理由耽误期限的，在障碍消除后的十日内，可以申请顺延期限，是否准许，由人民法院决定。

第二节　送　　达

第八十七条　【送达回证】送达诉讼文书必须有送达回证，由受送达人在送达回证上记明收到日期，签名或者盖章。

受送达人在送达回证上的签收日期为送达日期。

第八十八条　【直接送达】送达诉讼文书，应当直接送交受送达人。受送达人是公民的，本人不在交他的同住成年家属签收；受送达人是法人或者其他组织的，应当由法人的法定代表人、其他组织的主要负责人或者该法人、组织负责收件的人签收；受送达人有诉讼代理人的，可以送交其代理人签收；受送达人已向人民法院指定代收人的，送交代收人签收。

受送达人的同住成年家属，法人或者其他组织的负责收件的人，诉讼代理人或者代收人在送达回证上签收的日期为送达日期。

第八十九条　【留置送达】受送达人或者他的同住成年家属拒绝接收诉讼文书的，送达人可以邀请有关基层组织或者所在单位的代表到场，说明情况，在送达回证上记明拒收事由和日期，由送达人、见证人签名或者盖章，把诉讼文书留在受送达人的住所；也可以把诉讼文书留在受送达人的住所，并采用拍照、录像等方式记录送达过程，即视为送达。

第九十条　【简易送达】经受送达人同意，人民法院可以采用能够确认其收悉的电子方式送达诉讼文书。通过电子方式送达的判决书、裁定书、调解书，受送达人提出需要纸质文书的，人民法院应当提供。

采用前款方式送达的，以送达信息到达受送达人特定系统的日期为送达日期。

第九十一条　【委托送达、邮寄送达】直接送达诉讼文书有困难的，可以委托其他人民法院代为送达，或者邮寄送达。邮寄送达的，以回执上注明的收件日期为送达日期。

第九十二条　【转交送达之一】受送达人是军人的，通过其所在部队团以上单位的政治机关转交。

第九十三条　【转交送达之二】受送达人被监禁的，通过其所在监所转交。

受送达人被采取强制性教育措施的，通过其所在强制性教育机构转交。

第九十四条　【转交送达日期】代为转交的机关、单位收到诉讼文书后，必须立即交受送达人签收，以在送达回证上的签收日期，为送达日期。

第九十五条　【公告送达】受送达人下落不明，或者用本节规定的其他方式无法送达的，公告送达。自发出公告之日起，经过三十日，即视为送达。

公告送达，应当在案卷中记明原因和经过。

第八章　调　　解

第九十六条　【调解原则】人民法院审理民事案件，根据当事人自愿的原则，在事实清楚的基础上，分清是非，进行调解。

第九十七条　【调解组织形式】人民法院进行调解，可以由审判员一人主持，也可以由合议庭主持，并尽可能就地进行。

人民法院进行调解，可以用简便方式通知当事人、证人到庭。

第九十八条　【协助调解】人民法院进行调解，可以邀请有关单位和个人协助。被邀请的单位和个人，应当协助人民法院进行调解。

第九十九条　【调解协议】调解达成协议，必须双方自愿，不得强迫。调解协议的内容不得违反法律规定。

第一百条　【调解书】调解达成协议，人民法院应当制作调解书。调解书应当写明诉讼请求、案件的事实和调解结果。

调解书由审判人员、书记员署名，加盖人民法院印章，送达双方当事人。

调解书经双方当事人签收后，即具有法律效力。

第一百零一条　【不制作调解书的情形】下列案件调解达成协议，人民法院可以不制作调解书：

（一）调解和好的离婚案件；

（二）调解维持收养关系的案件；

（三）能够即时履行的案件；

（四）其他不需要制作调解书的案件。

对不需要制作调解书的协议，应当记入笔录，由双方当事人、审判人员、书记员签名或者盖章后，即具有法律效力。

第一百零二条　【调解失败】调解未达成协议或者调解书送达前一方反悔的，人民法院应当及时判决。

第九章　保全和先予执行

第一百零三条　【诉讼中保全】人民法院对于可能因当事人一方的行为或者其他原因，使判决难以执行或者造成当事人其他损害的案件，根据对方当事人的申请，可以裁定对其财产进行保全、责令其作出一定行为或者禁止其作出一定行为；当事人没有提出申请的，人民法院在必要时也可以裁定采取保全措施。

人民法院采取保全措施，可以责令申请人提供担保，申请人不提供担保的，裁定驳回申请。

人民法院接受申请后，对情况紧急的，必须在四十八小时内作出裁定；裁定采取保全措施的，应当立即开始执行。

第一百零四条　【诉前保全】利害关系人因情况紧急，不立即申请保全将会使其合法权益受到难以弥补的损害的，可以在提起诉讼或者申请仲裁前向被保全财产所在地、被申请人住所地或者对案件有管辖权的人民法院申请采取保全措施。申请人应当提供担保，不提供担保的，裁定驳回申请。

人民法院接受申请后，必须在四十八小时内作出裁定；裁定采取保全措施的，应当立即开始执行。

申请人在人民法院采取保全措施后三十日内不依法提起诉讼或者申请仲裁的，人民法院应当解除保全。

第一百零五条　【保全范围】保全限于请求的范围，或者与本案有关的财物。

第一百零六条　【财产保全措施】财产保全采取查封、扣押、冻结或者法律规定的其他方法。人民法院保全财产后，应当立即通知被保全财产的人。

财产已被查封、冻结的，不得重复查封、冻结。

第一百零七条　【保全解除】财产纠纷案件，被申请人提供担保的，人民法院应当裁定解除保全。

第一百零八条　【保全错误补救】申请有错误的，申请人应当赔偿被申请人因保全所遭受的损失。

第一百零九条　【先予执行】人民法院对下列案件，根据当事人的申请，可以裁定先予执行：

（一）追索赡养费、扶养费、抚养费、抚恤金、医疗费用的；

（二）追索劳动报酬的；

（三）因情况紧急需要先予执行的。

第一百一十条　【先予执行条件】人民法院裁定先

予执行的，应当符合下列条件：

（一）当事人之间权利义务关系明确，不先予执行将严重影响申请人的生活或者生产经营的；

（二）被申请人有履行能力。

人民法院可以责令申请人提供担保，申请人不提供担保的，驳回申请。申请人败诉的，应当赔偿被申请人因先予执行遭受的财产损失。

第一百一十一条 【复议】当事人对保全或者先予执行的裁定不服的，可以申请复议一次。复议期间不停止裁定的执行。

第十章 对妨害民事诉讼的强制措施

第一百一十二条 【拘传】人民法院对必须到庭的被告，经两次传票传唤，无正当理由拒不到庭的，可以拘传。

第一百一十三条 【对妨害法庭秩序的强制措施】诉讼参与人和其他人应当遵守法庭规则。

人民法院对违反法庭规则的人，可以予以训诫，责令退出法庭或者予以罚款、拘留。

人民法院对哄闹、冲击法庭，侮辱、诽谤、威胁、殴打审判人员，严重扰乱法庭秩序的人，依法追究刑事责任；情节较轻的，予以罚款、拘留。

第一百一十四条 【对某些妨害诉讼行为的强制措施】诉讼参与人或者其他人有下列行为之一的，人民法院可以根据情节轻重予以罚款、拘留；构成犯罪的，依法追究刑事责任：

（一）伪造、毁灭重要证据，妨碍人民法院审理案件的；

（二）以暴力、威胁、贿买方法阻止证人作证或者指使、贿买、胁迫他人作伪证的；

（三）隐藏、转移、变卖、毁损已被查封、扣押的财产，或者已被清点并责令其保管的财产，转移已被冻结的财产的；

（四）对司法工作人员、诉讼参加人、证人、翻译人员、鉴定人、勘验人、协助执行的人，进行侮辱、诽谤、诬陷、殴打或者打击报复的；

（五）以暴力、威胁或者其他方法阻碍司法工作人员执行职务的；

（六）拒不履行人民法院已经发生法律效力的判决、裁定的。

人民法院对有前款规定的行为之一的单位，可以对其主要负责人或者直接责任人员予以罚款、拘留；构成犯罪的，依法追究刑事责任。

第一百一十五条 【对虚假诉讼、调解行为的司法处罚】当事人之间恶意串通，企图通过诉讼、调解等方式侵害国家利益、社会公共利益或者他人合法权益的，人民法院应当驳回其请求，并根据情节轻重予以罚款、拘留；构成犯罪的，依法追究刑事责任。

当事人单方捏造民事案件基本事实，向人民法院提起诉讼，企图侵害国家利益、社会公共利益或者他人合法权益的，适用前款规定。

第一百一十六条 【对恶意串通逃避执行行为的司法处罚】被执行人与他人恶意串通，通过诉讼、仲裁、调解等方式逃避履行法律文书确定的义务的，人民法院应当根据情节轻重予以罚款、拘留；构成犯罪的，依法追究刑事责任。

第一百一十七条 【不协助调查、执行的强制措施】有义务协助调查、执行的单位有下列行为之一的，人民法院除责令其履行协助义务外，并可以予以罚款：

（一）有关单位拒绝或者妨碍人民法院调查取证的；

（二）有关单位接到人民法院协助执行通知书后，拒不协助查询、扣押、冻结、划拨、变价财产的；

（三）有关单位接到人民法院协助执行通知书后，拒不协助扣留被执行人的收入、办理有关财产权证照转移手续、转交有关票证、证照或者其他财产的；

（四）其他拒绝协助执行的。

人民法院对有前款规定的行为之一的单位，可以对其主要负责人或者直接责任人员予以罚款；对仍不履行协助义务的，可以予以拘留；并可以向监察机关或者有关机关提出予以纪律处分的司法建议。

第一百一十八条　【罚款、拘留】对个人的罚款金额，为人民币十万元以下。对单位的罚款金额，为人民币五万元以上一百万元以下。

拘留的期限，为十五日以下。

被拘留的人，由人民法院交公安机关看管。在拘留期间，被拘留人承认并改正错误的，人民法院可以决定提前解除拘留。

第一百一十九条　【拘传、罚款、拘留程序】拘传、罚款、拘留必须经院长批准。

拘传应当发拘传票。

罚款、拘留应当用决定书。对决定不服的，可以向上一级人民法院申请复议一次。复议期间不停止执行。

第一百二十条　【强制措施决定权】采取对妨害民事诉讼的强制措施必须由人民法院决定。任何单位和个人采取非法拘禁他人或者非法私自扣押他人财产追索债务的，应当依法追究刑事责任，或者予以拘留、罚款。

第十一章　诉讼费用

第一百二十一条　【诉讼费用的交纳】当事人进行民事诉讼，应当按照规定交纳案件受理费。财产案件除交纳案件受理费外，并按照规定交纳其他诉讼费用。

当事人交纳诉讼费用确有困难的，可以按照规定向人民法院申请缓交、减交或者免交。

收取诉讼费用的办法另行制定。

第二编　审判程序

第十二章　第一审普通程序

第一节　起诉和受理

第一百二十二条　【起诉条件】起诉必须符合下列条件：

（一）原告是与本案有直接利害关系的公民、法人和其他组织；

（二）有明确的被告；

（三）有具体的诉讼请求和事实、理由；

（四）属于人民法院受理民事诉讼的范围和受诉人民法院管辖。

第一百二十三条　【起诉方式】起诉应当向人民法院递交起诉状，并按照被告人数提出副本。

书写起诉状确有困难的，可以口头起诉，由人民法院记入笔录，并告知对方当事人。

第一百二十四条　【起诉状】起诉状应当记明下列事项：

（一）原告的姓名、性别、年龄、民族、职业、工作单位、住所、联系方式，法人或者其他组织的名称、住所和法定代表人或者主要负责人的姓名、职务、联系方式；

（二）被告的姓名、性别、工作单位、住所等信息，法人或者其他组织的名称、住所等信息；

（三）诉讼请求和所根据的事实与理由；

（四）证据和证据来源，证人姓名和住所。

第一百二十五条　【先行调解】当事人起诉到人民法院的民事纠纷，适宜调解的，先行调解，但当事人拒绝调解的除外。

第一百二十六条　【立案期限】人民法院应当保障当事人依照法律规定享有的起诉权利。对符合本法第一百二十二条的起诉，必须受理。符合起诉条件的，应当在七日内立案，并通知当事人；不符合起诉条件的，应当在七日内作出裁定书，不予受理；原告对裁定不服的，可以提起上诉。

第一百二十七条 【审查起诉】人民法院对下列起诉，分别情形，予以处理：

（一）依照行政诉讼法的规定，属于行政诉讼受案范围的，告知原告提起行政诉讼；

（二）依照法律规定，双方当事人达成书面仲裁协议申请仲裁、不得向人民法院起诉的，告知原告向仲裁机构申请仲裁；

（三）依照法律规定，应当由其他机关处理的争议，告知原告向有关机关申请解决；

（四）对不属于本院管辖的案件，告知原告向有管辖权的人民法院起诉；

（五）对判决、裁定、调解书已经发生法律效力的案件，当事人又起诉的，告知原告申请再审，但人民法院准许撤诉的裁定除外；

（六）依照法律规定，在一定期限内不得起诉的案件，在不得起诉的期限内起诉的，不予受理；

（七）判决不准离婚和调解和好的离婚案件，判决、调解维持收养关系的案件，没有新情况、新理由，原告在六个月内又起诉的，不予受理。

第二节 审理前的准备

第一百二十八条 【答辩状提出】人民法院应当在立案之日起五日内将起诉状副本发送被告，被告应当在收到之日起十五日内提出答辩状。答辩状应当记明被告的姓名、性别、年龄、民族、职业、工作单位、住所、联系方式；法人或者其他组织的名称、住所和法定代表人或者主要负责人的姓名、职务、联系方式。人民法院应当在收到答辩状之日起五日内将答辩状副本发送原告。

被告不提出答辩状的，不影响人民法院审理。

第一百二十九条 【权利义务告知】人民法院对决定受理的案件，应当在受理案件通知书和应诉通知书中向当事人告知有关的诉讼权利义务，或者口头告知。

第一百三十条 【管辖权异议、应诉管辖】人民法院受理案件后，当事人对管辖权有异议的，应当在提交答辩状期间提出。人民法院对当事人提出的异议，应当审查。异议成立的，裁定将案件移送有管辖权的人民法院；异议不成立的，裁定驳回。

当事人未提出管辖异议，并应诉答辩或者提出反诉的，视为受诉人民法院有管辖权，但违反级别管辖和专属管辖规定的除外。

第一百三十一条 【告知审判人员组成】审判人员确定后，应当在三日内告知当事人。

第一百三十二条 【审核取证】审判人员必须认真审核诉讼材料，调查收集必要的证据。

第一百三十三条 【法院调查程序】人民法院派出人员进行调查时，应当向被调查人出示证件。

调查笔录经被调查人校阅后，由被调查人、调查人签名或者盖章。

第一百三十四条 【委托调查】人民法院在必要时可以委托外地人民法院调查。

委托调查，必须提出明确的项目和要求。受委托人民法院可以主动补充调查。

受委托人民法院收到委托书后，应当在三十日内完成调查。因故不能完成的，应当在上述期限内函告委托人民法院。

第一百三十五条 【当事人追加】必须共同进行诉讼的当事人没有参加诉讼的，人民法院应当通知其参加诉讼。

第一百三十六条　【开庭准备程序】人民法院对受理的案件，分别情形，予以处理：

（一）当事人没有争议，符合督促程序规定条件的，可以转入督促程序；

（二）开庭前可以调解的，采取调解方式及时解决纠纷；

（三）根据案件情况，确定适用简易程序或者普通程序；

（四）需要开庭审理的，通过要求当事人交换证据等方式，明确争议焦点。

第三节　开庭审理

第一百三十七条　【审理方式】人民法院审理民事案件，除涉及国家秘密、个人隐私或者法律另有规定的以外，应当公开进行。

离婚案件，涉及商业秘密的案件，当事人申请不公开审理的，可以不公开审理。

第一百三十八条　【巡回审理】人民法院审理民事案件，根据需要进行巡回审理，就地办案。

第一百三十九条　【开庭通知及公告】人民法院审理民事案件，应当在开庭三日前通知当事人和其他诉讼参与人。公开审理的，应当公告当事人姓名、案由和开庭的时间、地点。

第一百四十条　【庭前准备】开庭审理前，书记员应当查明当事人和其他诉讼参与人是否到庭，宣布法庭纪律。

开庭审理时，由审判长或者独任审判员核对当事人，宣布案由，宣布审判人员、法官助理、书记员等的名单，告知当事人有关的诉讼权利义务，询问当事人是否提出回避申请。

第一百四十一条　【法庭调查顺序】法庭调查按照下列顺序进行：

（一）当事人陈述；

（二）告知证人的权利义务，证人作证，宣读未到庭的证人证言；

（三）出示书证、物证、视听资料和电子数据；

（四）宣读鉴定意见；

（五）宣读勘验笔录。

第一百四十二条　【当事人庭审权利】当事人在法庭上可以提出新的证据。

当事人经法庭许可，可以向证人、鉴定人、勘验人发问。

当事人要求重新进行调查、鉴定或者勘验的，是否准许，由人民法院决定。

第一百四十三条　【诉的合并】原告增加诉讼请求，被告提出反诉，第三人提出与本案有关的诉讼请求，可以合并审理。

第一百四十四条　【法庭辩论】法庭辩论按照下列顺序进行：

（一）原告及其诉讼代理人发言；

（二）被告及其诉讼代理人答辩；

（三）第三人及其诉讼代理人发言或者答辩；

（四）互相辩论。

法庭辩论终结，由审判长或者独任审判员按照原告、被告、第三人的先后顺序征询各方最后意见。

第一百四十五条　【法庭辩论后的调解】法庭辩论终结，应当依法作出判决。判决前能够调解的，还可以进行调解，调解不成的，应当及时判决。

第一百四十六条　【按撤诉处理】原告经传票传唤，无正当理由拒不到庭的，或者未经法庭许可中途退庭的，可以按撤诉处理；被告反诉的，可以缺席判决。

第一百四十七条　【缺席判决】被告经传票传唤，

无正当理由拒不到庭的,或者未经法庭许可中途退庭的,可以缺席判决。

第一百四十八条　【撤诉】宣判前,原告申请撤诉的,是否准许,由人民法院裁定。

人民法院裁定不准许撤诉的,原告经传票传唤,无正当理由拒不到庭的,可以缺席判决。

第一百四十九条　【延期审理】有下列情形之一的,可以延期开庭审理:

(一)必须到庭的当事人和其他诉讼参与人有正当理由没有到庭的;

(二)当事人临时提出回避申请的;

(三)需要通知新的证人到庭,调取新的证据,重新鉴定、勘验,或者需要补充调查的;

(四)其他应当延期的情形。

第一百五十条　【法庭笔录】书记员应当将法庭审理的全部活动记入笔录,由审判人员和书记员签名。

法庭笔录应当当庭宣读,也可以告知当事人和其他诉讼参与人当庭或者在五日内阅读。当事人和其他诉讼参与人认为对自己的陈述记录有遗漏或者差错的,有权申请补正。如果不予补正,应当将申请记录在案。

法庭笔录由当事人和其他诉讼参与人签名或者盖章。拒绝签名盖章的,记明情况附卷。

第一百五十一条　【宣判】人民法院对公开审理或者不公开审理的案件,一律公开宣告判决。

当庭宣判的,应当在十日内发送判决书;定期宣判的,宣判后立即发给判决书。

宣告判决时,必须告知当事人上诉权利、上诉期限和上诉的法院。

宣告离婚判决,必须告知当事人在判决发生法律效力前不得另行结婚。

第一百五十二条　【审限】人民法院适用普通程序审理的案件,应当在立案之日起六个月内审结。有特殊情况需要延长的,经本院院长批准,可以延长六个月;还需要延长的,报请上级人民法院批准。

第四节　诉讼中止和终结

第一百五十三条　【中止诉讼】有下列情形之一的,中止诉讼:

(一)一方当事人死亡,需要等待继承人表明是否参加诉讼的;

(二)一方当事人丧失诉讼行为能力,尚未确定法定代理人的;

(三)作为一方当事人的法人或者其他组织终止,尚未确定权利义务承受人的;

(四)一方当事人因不可抗拒的事由,不能参加诉讼的;

(五)本案必须以另一案的审理结果为依据,而另一案尚未审结的;

(六)其他应当中止诉讼的情形。

中止诉讼的原因消除后,恢复诉讼。

第一百五十四条　【终结诉讼】有下列情形之一的,终结诉讼:

(一)原告死亡,没有继承人,或者继承人放弃诉讼权利的;

(二)被告死亡,没有遗产,也没有应当承担义务的人的;

(三)离婚案件一方当事人死亡的;

(四)追索赡养费、扶养费、抚养费以及解除收养关系案件的一方当事人死亡的。

第五节　判决和裁定

第一百五十五条　【判决书】判决书应当写明判决结果和作出该判决的理由。判决书内容包括:

(一)案由、诉讼请求、争议的事实和理由;

（二）判决认定的事实和理由、适用的法律和理由；

（三）判决结果和诉讼费用的负担；

（四）上诉期间和上诉的法院。

判决书由审判人员、书记员署名，加盖人民法院印章。

第一百五十六条　【先行判决】人民法院审理案件，其中一部分事实已经清楚，可以就该部分先行判决。

第一百五十七条　【裁定】裁定适用于下列范围：

（一）不予受理；

（二）对管辖权有异议的；

（三）驳回起诉；

（四）保全和先予执行；

（五）准许或者不准许撤诉；

（六）中止或者终结诉讼；

（七）补正判决书中的笔误；

（八）中止或者终结执行；

（九）撤销或者不予执行仲裁裁决；

（十）不予执行公证机关赋予强制执行效力的债权文书；

（十一）其他需要裁定解决的事项。

对前款第一项至第三项裁定，可以上诉。

裁定书应当写明裁定结果和作出该裁定的理由。裁定书由审判人员、书记员署名，加盖人民法院印章。口头裁定的，记入笔录。

第一百五十八条　【生效裁判】最高人民法院的判决、裁定，以及依法不准上诉或者超过上诉期没有上诉的判决、裁定，是发生法律效力的判决、裁定。

第一百五十九条　【裁判文书公开】公众可以查阅发生法律效力的判决书、裁定书，但涉及国家秘密、商业秘密和个人隐私的内容除外。

第十三章　简易程序

第一百六十条　【适用范围】基层人民法院和它派出的法庭审理事实清楚、权利义务关系明确、争议不大的简单的民事案件，适用本章规定。

基层人民法院和它派出的法庭审理前款规定以外的民事案件，当事人双方也可以约定适用简易程序。

第一百六十一条　【起诉方式】对简单的民事案件，原告可以口头起诉。

当事人双方可以同时到基层人民法院或者它派出的法庭，请求解决纠纷。基层人民法院或者它派出的法庭可以当即审理，也可以另定日期审理。

第一百六十二条　【简便方式传唤、送达和审理】基层人民法院和它派出的法庭审理简单的民事案件，可以用简便方式传唤当事人和证人、送达诉讼文书、审理案件，但应当保障当事人陈述意见的权利。

第一百六十三条　【简单民事案件的审理方式】简单的民事案件由审判员一人独任审理，并不受本法第一百三十九条、第一百四十一条、第一百四十四条规定的限制。

第一百六十四条　【简易程序案件的审理期限】人民法院适用简易程序审理案件，应当在立案之日起三个月内审结。有特殊情况需要延长的，经本院院长批准，可以延长一个月。

第一百六十五条　【小额诉讼程序】基层人民法院和它派出的法庭审理事实清楚、权利义务关系明确、争议不大的简单金钱给付民事案件，标的额为各省、自治区、直辖市上年度就业人员年平均工资百分之五十以下的，适用小额诉讼的程序审理，实行一审终审。

基层人民法院和它派出的法庭审理前款规

定的民事案件，标的额超过各省、自治区、直辖市上年度就业人员年平均工资百分之五十但在二倍以下的，当事人双方也可以约定适用小额诉讼的程序。

第一百六十六条　【不适用小额诉讼程序的案件】人民法院审理下列民事案件，不适用小额诉讼的程序：

（一）人身关系、财产确权案件；

（二）涉外案件；

（三）需要评估、鉴定或者对诉前评估、鉴定结果有异议的案件；

（四）一方当事人下落不明的案件；

（五）当事人提出反诉的案件；

（六）其他不宜适用小额诉讼的程序审理的案件。

第一百六十七条　【小额诉讼案件的审理方式】人民法院适用小额诉讼的程序审理案件，可以一次开庭审结并且当庭宣判。

第一百六十八条　【小额诉讼案件的审理期限】人民法院适用小额诉讼的程序审理案件，应当在立案之日起两个月内审结。有特殊情况需要延长的，经本院院长批准，可以延长一个月。

第一百六十九条　【当事人程序异议权】人民法院在审理过程中，发现案件不宜适用小额诉讼的程序的，应当适用简易程序的其他规定审理或者裁定转为普通程序。

当事人认为案件适用小额诉讼的程序审理违反法律规定的，可以向人民法院提出异议。人民法院对当事人提出的异议应当审查，异议成立的，应当适用简易程序的其他规定审理或者裁定转为普通程序；异议不成立的，裁定驳回。

第一百七十条　【简易程序转普通程序】人民法院在审理过程中，发现案件不宜适用简易程序的，裁定转为普通程序。

第十四章　第二审程序

第一百七十一条　【上诉】当事人不服地方人民法院第一审判决的，有权在判决书送达之日起十五日内向上一级人民法院提起上诉。

当事人不服地方人民法院第一审裁定的，有权在裁定书送达之日起十日内向上一级人民法院提起上诉。

第一百七十二条　【上诉状】上诉应当递交上诉状。上诉状的内容，应当包括当事人的姓名，法人的名称及其法定代表人的姓名或者其他组织的名称及其主要负责人的姓名；原审人民法院名称、案件的编号和案由；上诉的请求和理由。

第一百七十三条　【上诉方式】上诉状应当通过原审人民法院提出，并按照对方当事人或者代表人的人数提出副本。

当事人直接向第二审人民法院上诉的，第二审人民法院应当在五日内将上诉状移交原审人民法院。

第一百七十四条　【受理上诉】原审人民法院收到上诉状，应当在五日内将上诉状副本送达对方当事人，对方当事人在收到之日起十五日内提出答辩状。人民法院应当在收到答辩状之日起五日内将副本送达上诉人。对方当事人不提出答辩状的，不影响人民法院审理。

原审人民法院收到上诉状、答辩状，应当在五日内连同全部案卷和证据，报送第二审人民法院。

第一百七十五条　【审查范围】第二审人民法院应当对上诉请求的有关事实和适用法律进行审查。

第一百七十六条　【二审审理方式】第二审人民法院对上诉案件应当开庭审理。经过阅卷、调查和询问当事人，对没有提出新的事实、证据或者理由,人民法院认为不需要开庭审理的,可以不开庭审理。

第二审人民法院审理上诉案件,可以在本院进行,也可以到案件发生地或者原审人民法院所在地进行。

第一百七十七条　【二审裁判】第二审人民法院对上诉案件,经过审理,按照下列情形,分别处理:

(一)原判决、裁定认定事实清楚,适用法律正确的,以判决、裁定方式驳回上诉,维持原判决、裁定;

(二)原判决、裁定认定事实错误或者适用法律错误的,以判决、裁定方式依法改判、撤销或者变更;

(三)原判决认定基本事实不清的,裁定撤销原判决,发回原审人民法院重审,或者查清事实后改判;

(四)原判决遗漏当事人或者违法缺席判决等严重违反法定程序的,裁定撤销原判决,发回原审人民法院重审。

原审人民法院对发回重审的案件作出判决后,当事人提起上诉的,第二审人民法院不得再次发回重审。

第一百七十八条　【裁定上诉处理】第二审人民法院对不服第一审人民法院裁定的上诉案件的处理,一律使用裁定。

第一百七十九条　【二审调解】第二审人民法院审理上诉案件,可以进行调解。调解达成协议,应当制作调解书,由审判人员、书记员署名,加盖人民法院印章。调解书送达后,原审人民法院的判决即视为撤销。

第一百八十条　【撤回上诉】第二审人民法院判决宣告前,上诉人申请撤回上诉的,是否准许,由第二审人民法院裁定。

第一百八十一条　【二审适用程序】第二审人民法院审理上诉案件,除依照本章规定外,适用第一审普通程序。

第一百八十二条　【二审裁判效力】第二审人民法院的判决、裁定,是终审的判决、裁定。

第一百八十三条　【二审审限】人民法院审理对判决的上诉案件,应当在第二审立案之日起三个月内审结。有特殊情况需要延长的,由本院院长批准。

人民法院审理对裁定的上诉案件,应当在第二审立案之日起三十日内作出终审裁定。

第十五章　特别程序

第一节　一般规定

第一百八十四条　【适用范围】人民法院审理选民资格案件、宣告失踪或者宣告死亡案件、指定遗产管理人案件、认定公民无民事行为能力或者限制民事行为能力案件、认定财产无主案件、确认调解协议案件和实现担保物权案件,适用本章规定。本章没有规定的,适用本法和其他法律的有关规定。

第一百八十五条　【审级及审判组织】依照本章程序审理的案件,实行一审终审。选民资格案件或者重大、疑难的案件,由审判员组成合议庭审理;其他案件由审判员一人独任审理。

第一百八十六条　【特别程序转化】人民法院在依照本章程序审理案件的过程中,发现本案属于民事权益争议的,应当裁定终结特别程序,并告知利害关系人可以另行起诉。

第一百八十七条　【审限】人民法院适用特别程序审理的案件,应当在立案之日起三十日内或者公告期满后三十日内审结。有特殊情况需要延长的,由本院院长批准。但审理选民资格的案件除外。

第二节 选民资格案件

第一百八十八条 【起诉与受理】公民不服选举委员会对选民资格的申诉所作的处理决定，可以在选举日的五日以前向选区所在地基层人民法院起诉。

第一百八十九条 【审限与判决】人民法院受理选民资格案件后，必须在选举日前审结。

审理时，起诉人、选举委员会的代表和有关公民必须参加。

人民法院的判决书，应当在选举日前送达选举委员会和起诉人，并通知有关公民。

第三节 宣告失踪、宣告死亡案件

第一百九十条 【宣告失踪】公民下落不明满二年，利害关系人申请宣告其失踪的，向下落不明人住所地基层人民法院提出。

申请书应当写明失踪的事实、时间和请求，并附有公安机关或者其他有关机关关于该公民下落不明的书面证明。

第一百九十一条 【宣告死亡】公民下落不明满四年，或者因意外事件下落不明满二年，或者因意外事件下落不明，经有关机关证明该公民不可能生存，利害关系人申请宣告其死亡的，向下落不明人住所地基层人民法院提出。

申请书应当写明下落不明的事实、时间和请求，并附有公安机关或者其他有关机关关于该公民下落不明的书面证明。

第一百九十二条 【公告与判决】人民法院受理宣告失踪、宣告死亡案件后，应当发出寻找下落不明人的公告。宣告失踪的公告期间为三个月，宣告死亡的公告期间为一年。因意外事件下落不明，经有关机关证明该公民不可能生存的，宣告死亡的公告期间为三个月。

公告期间届满，人民法院应当根据被宣告失踪、宣告死亡的事实是否得到确认，作出宣告失踪、宣告死亡的判决或者驳回申请的判决。

第一百九十三条 【判决撤销】被宣告失踪、宣告死亡的公民重新出现，经本人或者利害关系人申请，人民法院应当作出新判决，撤销原判决。

第四节 指定遗产管理人案件

第一百九十四条 【申请指定遗产管理人】对遗产管理人的确定有争议，利害关系人申请指定遗产管理人的，向被继承人死亡时住所地或者主要遗产所在地基层人民法院提出。

申请书应当写明被继承人死亡的时间、申请事由和具体请求，并附有被继承人死亡的相关证据。

第一百九十五条 【遗产管理人的确定】人民法院受理申请后，应当审查核实，并按照有利于遗产管理的原则，判决指定遗产管理人。

第一百九十六条 【另行指定遗产管理人】被指定的遗产管理人死亡、终止、丧失民事行为能力或者存在其他无法继续履行遗产管理职责情形的，人民法院可以根据利害关系人或者本人的申请另行指定遗产管理人。

第一百九十七条 【撤销遗产管理人资格】遗产管理人违反遗产管理职责，严重侵害继承人、受遗赠人或者债权人合法权益的，人民法院可以根据利害关系人的申请，撤销其遗产管理人资格，并依法指定新的遗产管理人。

第五节 认定公民无民事行为能力、限制民事行为能力案件

第一百九十八条 【管辖与申请】申请认定公民无民事行为能力或者限制民事行为能力，由利害关系人或者有关组织向该公民住所地基层人民法院提出。

申请书应当写明该公民无民事行为能力或者限制民事行为能力的事实和根据。

第一百九十九条　【医学鉴定】人民法院受理申请后，必要时应当对被请求认定为无民事行为能力或者限制民事行为能力的公民进行鉴定。申请人已提供鉴定意见的，应当对鉴定意见进行审查。

第二百条　【代理人、审理与判决】人民法院审理认定公民无民事行为能力或者限制民事行为能力的案件，应当由该公民的近亲属为代理人，但申请人除外。近亲属互相推诿的，由人民法院指定其中一人为代理人。该公民健康情况许可的，还应当询问本人的意见。

人民法院经审理认定申请有事实根据的，判决该公民为无民事行为能力或者限制民事行为能力人；认定申请没有事实根据的，应当判决予以驳回。

第二百零一条　【判决撤销】人民法院根据被认定为无民事行为能力人、限制民事行为能力人本人、利害关系人或者有关组织的申请，证实该公民无民事行为能力或者限制民事行为能力的原因已经消除的，应当作出新判决，撤销原判决。

第六节　认定财产无主案件

第二百零二条　【管辖与申请书】申请认定财产无主，由公民、法人或者其他组织向财产所在地基层人民法院提出。

申请书应当写明财产的种类、数量以及要求认定财产无主的根据。

第二百零三条　【公告与判决】人民法院受理申请后，经审查核实，应当发出财产认领公告。公告满一年无人认领的，判决认定财产无主，收归国家或者集体所有。

第二百零四条　【撤销判决】判决认定财产无主后，原财产所有人或者继承人出现，在民法典规定的诉讼时效期间可以对财产提出请求，人民法院审查属实后，应当作出新判决，撤销原判决。

第七节　确认调解协议案件

第二百零五条　【申请与管辖】经依法设立的调解组织调解达成调解协议，申请司法确认的，由双方当事人自调解协议生效之日起三十日内，共同向下列人民法院提出：

（一）人民法院邀请调解组织开展先行调解的，向作出邀请的人民法院提出；

（二）调解组织自行开展调解的，向当事人住所地、标的物所在地、调解组织所在地的基层人民法院提出；调解协议所涉纠纷应当由中级人民法院管辖的，向相应的中级人民法院提出。

第二百零六条　【裁定与执行】人民法院受理申请后，经审查，符合法律规定的，裁定调解协议有效，一方当事人拒绝履行或者未全部履行的，对方当事人可以向人民法院申请执行；不符合法律规定的，裁定驳回申请，当事人可以通过调解方式变更原调解协议或者达成新的调解协议，也可以向人民法院提起诉讼。

第八节　实现担保物权案件

第二百零七条　【申请与管辖】申请实现担保物权，由担保物权人以及其他有权请求实现担保物权的人依照民法典等法律，向担保财产所在地或者担保物权登记地基层人民法院提出。

第二百零八条　【裁定与执行】人民法院受理申请后，经审查，符合法律规定的，裁定拍卖、变卖担保财产，当事人依据该裁定可以向人民法院申请执行；不符合法律规定的，裁定驳回申请，当事人可以向人民法院提起诉讼。

第十六章 审判监督程序

第二百零九条 【法院依职权提起再审】各级人民法院院长对本院已经发生法律效力的判决、裁定、调解书，发现确有错误，认为需要再审的，应当提交审判委员会讨论决定。

最高人民法院对地方各级人民法院已经发生法律效力的判决、裁定、调解书，上级人民法院对下级人民法院已经发生法律效力的判决、裁定、调解书，发现确有错误的，有权提审或者指令下级人民法院再审。

第二百一十条 【当事人申请再审】当事人对已经发生法律效力的判决、裁定，认为有错误的，可以向上一级人民法院申请再审；当事人一方人数众多或者当事人双方为公民的案件，也可以向原审人民法院申请再审。当事人申请再审的，不停止判决、裁定的执行。

第二百一十一条 【申请再审的条件】当事人的申请符合下列情形之一的，人民法院应当再审：

（一）有新的证据，足以推翻原判决、裁定的；

（二）原判决、裁定认定的基本事实缺乏证据证明的；

（三）原判决、裁定认定事实的主要证据是伪造的；

（四）原判决、裁定认定事实的主要证据未经质证的；

（五）对审理案件需要的主要证据，当事人因客观原因不能自行收集，书面申请人民法院调查收集，人民法院未调查收集的；

（六）原判决、裁定适用法律确有错误的；

（七）审判组织的组成不合法或者依法应当回避的审判人员没有回避的；

（八）无诉讼行为能力人未经法定代理人代为诉讼或者应当参加诉讼的当事人，因不能归责于本人或者其诉讼代理人的事由，未参加诉讼的；

（九）违反法律规定，剥夺当事人辩论权利的；

（十）未经传票传唤，缺席判决的；

（十一）原判决、裁定遗漏或者超出诉讼请求的；

（十二）据以作出原判决、裁定的法律文书被撤销或者变更的；

（十三）审判人员审理该案件时有贪污受贿，徇私舞弊，枉法裁判行为的。

第二百一十二条 【对调解书申请再审】当事人对已经发生法律效力的调解书，提出证据证明调解违反自愿原则或者调解协议的内容违反法律的，可以申请再审。经人民法院审查属实的，应当再审。

第二百一十三条 【离婚判决、调解不得再审】当事人对已经发生法律效力的解除婚姻关系的判决、调解书，不得申请再审。

第二百一十四条 【当事人申请再审程序】当事人申请再审的，应当提交再审申请书等材料。人民法院应当自收到再审申请书之日起五日内将再审申请书副本发送对方当事人。对方当事人应当自收到再审申请书副本之日起十五日内提交书面意见；不提交书面意见的，不影响人民法院审查。人民法院可以要求申请人和对方当事人补充有关材料，询问有关事项。

第二百一十五条 【再审申请的审查与再审案件的审级】人民法院应当自收到再审申请书之日起三个月内审查，符合本法规定的，裁定再审；不符合本法规定的，裁定驳回申请。有特殊情况需要延长的，由本院院长批准。

因当事人申请裁定再审的案件由中级人民法院以上的人民法院审理，但当事人依照本法第二百一十条的规定选择向基层人民法院申请再审的除外。最高人民法院、高级人民法院裁定再审的案件，由本院再审或者交其他人民法院再审，也可以交原审人民法院再审。

第二百一十六条　【当事人申请再审期限】当事人申请再审，应当在判决、裁定发生法律效力后六个月内提出；有本法第二百一十一条第一项、第三项、第十二项、第十三项规定情形的，自知道或者应当知道之日起六个月内提出。

第二百一十七条　【中止执行及例外】按照审判监督程序决定再审的案件，裁定中止原判决、裁定、调解书的执行，但追索赡养费、扶养费、抚养费、抚恤金、医疗费用、劳动报酬等案件，可以不中止执行。

第二百一十八条　【再审审理程序】人民法院按照审判监督程序再审的案件，发生法律效力的判决、裁定是由第一审法院作出的，按照第一审程序审理，所作的判决、裁定，当事人可以上诉；发生法律效力的判决、裁定是由第二审法院作出的，按照第二审程序审理，所作的判决、裁定，是发生法律效力的判决、裁定；上级人民法院按照审判监督程序提审的，按照第二审程序审理，所作的判决、裁定是发生法律效力的判决、裁定。

人民法院审理再审案件，应当另行组成合议庭。

第二百一十九条　【检察院提出抗诉或者检察建议】最高人民检察院对各级人民法院已经发生法律效力的判决、裁定，上级人民检察院对下级人民法院已经发生法律效力的判决、裁定，发现有本法第二百一十一条规定情形之一的，或者发现调解书损害国家利益、社会公共利益的，应当提出抗诉。

地方各级人民检察院对同级人民法院已经发生法律效力的判决、裁定，发现有本法第二百一十一条规定情形之一的，或者发现调解书损害国家利益、社会公共利益的，可以向同级人民法院提出检察建议，并报上级人民检察院备案；也可以提请上级人民检察院向同级人民法院提出抗诉。

各级人民检察院对审判监督程序以外的其他审判程序中审判人员的违法行为，有权向同级人民法院提出检察建议。

第二百二十条　【当事人申请检察建议或者抗诉】有下列情形之一的，当事人可以向人民检察院申请检察建议或者抗诉：

（一）人民法院驳回再审申请的；

（二）人民法院逾期未对再审申请作出裁定的；

（三）再审判决、裁定有明显错误的。

人民检察院对当事人的申请应当在三个月内进行审查，作出提出或者不予提出检察建议或者抗诉的决定。当事人不得再次向人民检察院申请检察建议或者抗诉。

第二百二十一条　【检察院的调查权】人民检察院因履行法律监督职责提出检察建议或者抗诉的需要，可以向当事人或者案外人调查核实有关情况。

第二百二十二条　【抗诉案件的审理】人民检察院提出抗诉的案件，接受抗诉的人民法院应当自收到抗诉书之日起三十日内作出再审的裁定；有本法第二百一十一条第一项至第五项规定情形之一的，可以交下一级人民法院再审，但经该下一级人民法院再审的除外。

第二百二十三条　【抗诉书】人民检察院决定对人

民法院的判决、裁定、调解书提出抗诉的,应当制作抗诉书。

第二百二十四条 【检察员出庭】人民检察院提出抗诉的案件,人民法院再审时,应当通知人民检察院派员出席法庭。

第十七章 督促程序

第二百二十五条 【支付令申请】债权人请求债务人给付金钱、有价证券,符合下列条件的,可以向有管辖权的基层人民法院申请支付令:

(一)债权人与债务人没有其他债务纠纷的;

(二)支付令能够送达债务人的。

申请书应当写明请求给付金钱或者有价证券的数量和所根据的事实、证据。

第二百二十六条 【受理】债权人提出申请后,人民法院应当在五日内通知债权人是否受理。

第二百二十七条 【支付令的审理、异议和执行】人民法院受理申请后,经审查债权人提供的事实、证据,对债权债务关系明确、合法的,应当在受理之日起十五日内向债务人发出支付令;申请不成立的,裁定予以驳回。

债务人应当自收到支付令之日起十五日内清偿债务,或者向人民法院提出书面异议。

债务人在前款规定的期间不提出异议又不履行支付令的,债权人可以向人民法院申请执行。

第二百二十八条 【终结督促程序】人民法院收到债务人提出的书面异议后,经审查,异议成立的,应当裁定终结督促程序,支付令自行失效。

支付令失效的,转入诉讼程序,但申请支付令的一方当事人不同意提起诉讼的除外。

第十八章 公示催告程序

第二百二十九条 【适用范围】按照规定可以背书转让的票据持有人,因票据被盗、遗失或者灭失,可以向票据支付地的基层人民法院申请公示催告。依照法律规定可以申请公示催告的其他事项,适用本章规定。

申请人应当向人民法院递交申请书,写明票面金额、发票人、持票人、背书人等票据主要内容和申请的理由、事实。

第二百三十条 【公告及期限】人民法院决定受理申请,应当同时通知支付人停止支付,并在三日内发出公告,催促利害关系人申报权利。公示催告的期间,由人民法院根据情况决定,但不得少于六十日。

第二百三十一条 【停止支付】支付人收到人民法院停止支付的通知,应当停止支付,至公示催告程序终结。

公示催告期间,转让票据权利的行为无效。

第二百三十二条 【申报票据权利】利害关系人应当在公示催告期间向人民法院申报。

人民法院收到利害关系人的申报后,应当裁定终结公示催告程序,并通知申请人和支付人。

申请人或者申报人可以向人民法院起诉。

第二百三十三条 【公示催告判决】没有人申报的,人民法院应当根据申请人的申请,作出判决,宣告票据无效。判决应当公告,并通知支付人。自判决公告之日起,申请人有权向支付人请求支付。

第二百三十四条 【利害关系人起诉】利害关系人因正当理由不能在判决前向人民法院申报的,自知道或者应当知道判决公告之日起一年内,可以向作出判决的人民法院起诉。

第三编 执行程序

第十九章 一般规定

第二百三十五条 【执行根据、管辖】发生法律效力的民事判决、裁定，以及刑事判决、裁定中的财产部分，由第一审人民法院或者与第一审人民法院同级的被执行的财产所在地人民法院执行。

法律规定由人民法院执行的其他法律文书，由被执行人住所地或者被执行的财产所在地人民法院执行。

第二百三十六条　【对违法执行行为的异议】当事人、利害关系人认为执行行为违反法律规定的，可以向负责执行的人民法院提出书面异议。当事人、利害关系人提出书面异议的，人民法院应当自收到书面异议之日起十五日内审查，理由成立的，裁定撤销或者改正；理由不成立的，裁定驳回。当事人、利害关系人对裁定不服的，可以自裁定送达之日起十日内向上一级人民法院申请复议。

第二百三十七条　【变更执行法院】人民法院自收到申请执行书之日起超过六个月未执行的，申请执行人可以向上一级人民法院申请执行。上一级人民法院经审查，可以责令原人民法院在一定期限内执行，也可以决定由本院执行或者指令其他人民法院执行。

第二百三十八条　【案外人异议】执行过程中，案外人对执行标的提出书面异议的，人民法院应当自收到书面异议之日起十五日内审查，理由成立的，裁定中止对该标的的执行；理由不成立的，裁定驳回。案外人、当事人对裁定不服，认为原判决、裁定错误的，依照审判监督程序办理；与原判决、裁定无关的，可以自裁定送达之日起十五日内向人民法院提起诉讼。

第二百三十九条　【执行机构、程序】执行工作由执行员进行。

采取强制执行措施时，执行员应当出示证件。执行完毕后，应当将执行情况制作笔录，由在场的有关人员签名或者盖章。

人民法院根据需要可以设立执行机构。

第二百四十条　【委托执行】被执行人或者被执行的财产在外地的，可以委托当地人民法院代为执行。受委托人民法院收到委托函件后，必须在十五日内开始执行，不得拒绝。执行完毕后，应当将执行结果及时函复委托人民法院；在三十日内如果还未执行完毕，也应当将执行情况函告委托人民法院。

受委托人民法院自收到委托函件之日起十五日内不执行的，委托人民法院可以请求受委托人民法院的上级人民法院指令受委托人民法院执行。

第二百四十一条　【执行和解】在执行中，双方当事人自行和解达成协议的，执行员应当将协议内容记入笔录，由双方当事人签名或者盖章。

申请执行人因受欺诈、胁迫与被执行人达成和解协议，或者当事人不履行和解协议的，人民法院可以根据当事人的申请，恢复对原生效法律文书的执行。

第二百四十二条　【执行担保】在执行中，被执行人向人民法院提供担保，并经申请执行人同意的，人民法院可以决定暂缓执行及暂缓执行的期限。被执行人逾期仍不履行的，人民法院有权执行被执行人的担保财产或者担保人的财产。

第二百四十三条　【执行承担】作为被执行人的公民死亡的，以其遗产偿还债务。作为被执行人的法人或者其他组织终止的，由其权利义务承受人履行义务。

第二百四十四条　【执行回转】执行完毕后，据以执行的判决、裁定和其他法律文书确有错误，被人民法院撤销的，对已被执行的财产，人民法院应当作出裁定，责令取得财产的人返还；拒不返还的，强制执行。

第二百四十五条　【调解书执行】人民法院制作的调解书的执行，适用本编的规定。

第二百四十六条　【民事执行法律监督】人民检察院有权对民事执行活动实行法律监督。

第二十章　执行的申请和移送

第二百四十七条　【申请执行和移送执行】发生法律效力的民事判决、裁定，当事人必须履行。一方拒绝履行的，对方当事人可以向人民法院申请执行，也可以由审判员移送执行员执行。

调解书和其他应当由人民法院执行的法律文书，当事人必须履行。一方拒绝履行的，对方当事人可以向人民法院申请执行。

第二百四十八条　【仲裁裁决执行】对依法设立的仲裁机构的裁决，一方当事人不履行的，对方当事人可以向有管辖权的人民法院申请执行。受申请的人民法院应当执行。

被申请人提出证据证明仲裁裁决有下列情形之一的，经人民法院组成合议庭审查核实，裁定不予执行：

（一）当事人在合同中没有订有仲裁条款或者事后没有达成书面仲裁协议的；

（二）裁决的事项不属于仲裁协议的范围或者仲裁机构无权仲裁的；

（三）仲裁庭的组成或者仲裁的程序违反法定程序的；

（四）裁决所根据的证据是伪造的；

（五）对方当事人向仲裁机构隐瞒了足以影响公正裁决的证据的；

（六）仲裁员在仲裁该案时有贪污受贿，徇私舞弊，枉法裁决行为的。

人民法院认定执行该裁决违背社会公共利益的，裁定不予执行。

裁定书应当送达双方当事人和仲裁机构。

仲裁裁决被人民法院裁定不予执行的，当事人可以根据双方达成的书面仲裁协议重新申请仲裁，也可以向人民法院起诉。

第二百四十九条　【公证债权文书执行】对公证机关依法赋予强制执行效力的债权文书，一方当事人不履行的，对方当事人可以向有管辖权的人民法院申请执行，受申请的人民法院应当执行。

公证债权文书确有错误的，人民法院裁定不予执行，并将裁定书送达双方当事人和公证机关。

第二百五十条　【申请执行期间】申请执行的期间为二年。申请执行时效的中止、中断，适用法律有关诉讼时效中止、中断的规定。

前款规定的期间，从法律文书规定履行期间的最后一日起计算；法律文书规定分期履行的，从最后一期履行期限届满之日起计算；法律文书未规定履行期间的，从法律文书生效之日起计算。

第二百五十一条　【执行通知】执行员接到申请执行书或者移交执行书，应当向被执行人发出执行通知，并可以立即采取强制执行措施。

第二十一章　执 行 措 施

第二百五十二条　【被执行人报告义务】被执行人未按执行通知履行法律文书确定的义务，应当报告当前以及收到执行通知之日前一年的财产情况。被执行人拒绝报告或者虚假报告的，人民法院可以根据情节轻重对被执行人或者其法定代理人、有关单位的主要负责人或者直接责任人员予以罚款、拘留。

第二百五十三条　【查询、扣押、冻结、划拨、变价金融资产】被执行人未按执行通知履行法律文书确定的义务，人民法院有权向有关单位查询被执行人的存款、债券、股票、基金份额等财产情况。人民法院有权根据不同情形扣押、冻结、划拨、变价被执行人的财产。人民法院查询、扣押、冻结、划拨、变价的财产不得超出被执行人应当履行义务的范围。

人民法院决定扣押、冻结、划拨、变价财产，应当作出裁定，并发出协助执行通知书，有关单位必须办理。

第二百五十四条　【扣留、提取收入】被执行人未按执行通知履行法律文书确定的义务，人民法院有权扣留、提取被执行人应当履行义务部分的收入。但应当保留被执行人及其所扶养家属的生活必需费用。

人民法院扣留、提取收入时，应当作出裁定，并发出协助执行通知书，被执行人所在单位、银行、信用合作社和其他有储蓄业务的单位必须办理。

第二百五十五条　【查封、扣押、冻结、拍卖、变卖被执行人财产】被执行人未按执行通知履行法律文书确定的义务，人民法院有权查封、扣押、冻结、拍卖、变卖被执行人应当履行义务部分的财产。但应当保留被执行人及其所扶养家属的生活必需品。

采取前款措施，人民法院应当作出裁定。

第二百五十六条　【查封、扣押财产程序】人民法院查封、扣押财产时，被执行人是公民的，应当通知被执行人或者他的成年家属到场；被执行人是法人或者其他组织的，应当通知其法定代表人或者主要负责人到场。拒不到场的，不影响执行。被执行人是公民的，其工作单位或者财产所在地的基层组织应当派人参加。

对被查封、扣押的财产，执行员必须造具清单，由在场人签名或者盖章后，交被执行人一份。被执行人是公民的，也可以交他的成年家属一份。

第二百五十七条　【查封财产保管】被查封的财产，执行员可以指定被执行人负责保管。因被执行人的过错造成的损失，由被执行人承担。

第二百五十八条　【拍卖、变卖财产】财产被查封、扣押后，执行员应当责令被执行人在指定期间履行法律文书确定的义务。被执行人逾期不履行的，人民法院应当拍卖被查封、扣押的财产；不适于拍卖或者当事人双方同意不进行拍卖的，人民法院可以委托有关单位变卖或者自行变卖。国家禁止自由买卖的物品，交有关单位按照国家规定的价格收购。

第二百五十九条　【搜查被执行人财产】被执行人不履行法律文书确定的义务，并隐匿财产的，人民法院有权发出搜查令，对被执行人及其住所或者财产隐匿地进行搜查。

采取前款措施，由院长签发搜查令。

第二百六十条　【指定交付】法律文书指定交付的财物或者票证，由执行员传唤双方当事人当面交付，或者由执行员转交，并由被交付人签收。

有关单位持有该项财物或者票证的，应当根据人民法院的协助执行通知书转交，并由被交付人签收。

有关公民持有该项财物或者票证的，人民法院通知其交出。拒不交出的，强制执行。

第二百六十一条　【强制迁出】强制迁出房屋或者强制退出土地，由院长签发公告，责令被执行人在指定期间履行。被执行人逾期不履行的，由执行员强制执行。

强制执行时，被执行人是公民的，应当通知被执行人或者他的成年家属到场；被执行人是法人或者其他组织的，应当通知其法定代表人或者主要负责人到场。拒不到场的，不影响执行。被执行人是公民的，其工作单位或者房屋、土地所在地的基层组织应当派人参加。执行员应当将强制执行情况记入笔录，由在场人签名或者盖章。

强制迁出房屋被搬出的财物，由人民法院派人运至指定处所，交给被执行人。被执行人是公民的，也可以交给他的成年家属。因拒绝接收而造成的损失，由被执行人承担。

第二百六十二条　【财产权证照转移】在执行中，需要办理有关财产权证照转移手续的，人民法院可以向有关单位发出协助执行通知书，有关单位必须办理。

第二百六十三条　【行为的执行】对判决、裁定和其他法律文书指定的行为，被执行人未按执行通知履行的，人民法院可以强制执行或者委托有关单位或者其他人完成，费用由被执行人承担。

第二百六十四条　【迟延履行】被执行人未按判决、裁定和其他法律文书指定的期间履行给付金钱义务的，应当加倍支付迟延履行期间的债务利息。被执行人未按判决、裁定和其他法律文书指定的期间履行其他义务的，应当支付迟延履行金。

第二百六十五条　【继续履行】人民法院采取本法第二百五十三条、第二百五十四条、第二百五十五条规定的执行措施后，被执行人仍不能偿还债务的，应当继续履行义务。债权人发现被执行人有其他财产的，可以随时请求人民法院执行。

第二百六十六条　【对被执行人的限制措施】被执行人不履行法律文书确定的义务的，人民法院可以对其采取或者通知有关单位协助采取限制出境，在征信系统记录、通过媒体公布不履行义务信息以及法律规定的其他措施。

第二十二章　执行中止和终结

第二百六十七条　【执行中止】有下列情形之一的，人民法院应当裁定中止执行：

（一）申请人表示可以延期执行的；

（二）案外人对执行标的提出确有理由的异议的；

（三）作为一方当事人的公民死亡，需要等待继承人继承权利或者承担义务的；

（四）作为一方当事人的法人或者其他组织终止，尚未确定权利义务承受人的；

（五）人民法院认为应当中止执行的其他情形。

中止的情形消失后，恢复执行。

第二百六十八条　【执行终结】有下列情形之一的，人民法院裁定终结执行：

（一）申请人撤销申请的；

（二）据以执行的法律文书被撤销的；

（三）作为被执行人的公民死亡，无遗产可供执行，又无义务承担人的；

（四）追索赡养费、扶养费、抚养费案件的权利人死亡的；

（五）作为被执行人的公民因生活困难无力偿还借款，无收入来源，又丧失劳动能力的；

（六）人民法院认为应当终结执行的其他情形。

第二百六十九条　【中止、终结裁定效力】中止和终结执行的裁定，送达当事人后立即生效。

第四编　涉外民事诉讼程序的特别规定

第二十三章　一般原则

第二百七十条　【适用本国法】在中华人民共和国领域内进行涉外民事诉讼，适用本编规定。本编没有规定的，适用本法其他有关规定。

第二百七十一条　【国际条约优先】中华人民共和

国缔结或者参加的国际条约同本法有不同规定的，适用该国际条约的规定，但中华人民共和国声明保留的条款除外。

第二百七十二条　【外交特权与豁免】对享有外交特权与豁免的外国人、外国组织或者国际组织提起的民事诉讼，应当依照中华人民共和国有关法律和中华人民共和国缔结或者参加的国际条约的规定办理。

第二百七十三条　【语言文字】人民法院审理涉外民事案件，应当使用中华人民共和国通用的语言、文字。当事人要求提供翻译的，可以提供，费用由当事人承担。

第二百七十四条　【中国律师代理】外国人、无国籍人、外国企业和组织在人民法院起诉、应诉，需要委托律师代理诉讼的，必须委托中华人民共和国的律师。

第二百七十五条　【公证和认证】在中华人民共和国领域内没有住所的外国人、无国籍人、外国企业和组织委托中华人民共和国律师或者其他人代理诉讼，从中华人民共和国领域外寄交或者托交的授权委托书，应当经所在国公证机关证明，并经中华人民共和国驻该国使领馆认证，或者履行中华人民共和国与该所在国订立的有关条约中规定的证明手续后，才具有效力。

第二十四章　管　　辖

第二百七十六条　【特殊地域管辖】因涉外民事纠纷，对在中华人民共和国领域内没有住所的被告提起除身份关系以外的诉讼，如果合同签订地、合同履行地、诉讼标的物所在地、可供扣押财产所在地、侵权行为地、代表机构住所地位于中华人民共和国领域内的，可以由合同签订地、合同履行地、诉讼标的物所在地、可供扣押财产所在地、侵权行为地、代表机构住所地人民法院管辖。

除前款规定外，涉外民事纠纷与中华人民共和国存在其他适当联系的，可以由人民法院管辖。

第二百七十七条　【书面协议选择管辖】涉外民事纠纷的当事人书面协议选择人民法院管辖的，可以由人民法院管辖。

第二百七十八条　【应诉或者反诉管辖】当事人未提出管辖异议，并应诉答辩或者提出反诉的，视为人民法院有管辖权。

第二百七十九条　【专属管辖】下列民事案件，由人民法院专属管辖：

（一）因在中华人民共和国领域内设立的法人或者其他组织的设立、解散、清算，以及该法人或者其他组织作出的决议的效力等纠纷提起的诉讼；

（二）因与在中华人民共和国领域内审查授予的知识产权的有效性有关的纠纷提起的诉讼；

（三）因在中华人民共和国领域内履行中外合资经营企业合同、中外合作经营企业合同、中外合作勘探开发自然资源合同发生纠纷提起的诉讼。

第二百八十条　【涉外民事案件管辖法院】当事人之间的同一纠纷，一方当事人向外国法院起诉，另一方当事人向人民法院起诉，或者一方当事人既向外国法院起诉，又向人民法院起诉，人民法院依照本法有管辖权的，可以受理。当事人订立排他性管辖协议选择外国法院管辖且不违反本法对专属管辖的规定，不涉及中华人民共和国主权、安全或者社会公共利益的，人民法院可以裁定不予受理；已经受理的，裁定驳回起诉。

第二百八十一条　【涉外管辖优先及例外】人民法院依据前条规定受理案件后，当事人以外国法院已经先于人民法院受理为由，书面申请人民法院中止诉讼的，人民法院可以裁定中止诉讼，但是存在下列情形之一的除外：

（一）当事人协议选择人民法院管辖，或者纠纷属于人民法院专属管辖；

（二）由人民法院审理明显更为方便。

外国法院未采取必要措施审理案件，或者未在合理期限内审结的，依当事人的书面申请，人民法院应当恢复诉讼。

外国法院作出的发生法律效力的判决、裁定，已经被人民法院全部或者部分承认，当事人对已经获得承认的部分又向人民法院起诉的，裁定不予受理；已经受理的，裁定驳回起诉。

第二百八十二条　【涉外民事案件驳回起诉】人民法院受理的涉外民事案件，被告提出管辖异议，且同时有下列情形的，可以裁定驳回起诉，告知原告向更为方便的外国法院提起诉讼：

（一）案件争议的基本事实不是发生在中华人民共和国领域内，人民法院审理案件和当事人参加诉讼均明显不方便；

（二）当事人之间不存在选择人民法院管辖的协议；

（三）案件不属于人民法院专属管辖；

（四）案件不涉及中华人民共和国主权、安全或者社会公共利益；

（五）外国法院审理案件更为方便。

裁定驳回起诉后，外国法院对纠纷拒绝行使管辖权，或者未采取必要措施审理案件，或者未在合理期限内审结，当事人又向人民法院起诉的，人民法院应当受理。

第二十五章　送达、调查取证、期间

第二百八十三条　【送达方式】人民法院对在中华人民共和国领域内没有住所的当事人送达诉讼文书，可以采用下列方式：

（一）依照受送达人所在国与中华人民共和国缔结或者共同参加的国际条约中规定的方式送达；

（二）通过外交途径送达；

（三）对具有中华人民共和国国籍的受送达人，可以委托中华人民共和国驻受送达人所在国的使领馆代为送达；

（四）向受送达人在本案中委托的诉讼代理人送达；

（五）向受送达人在中华人民共和国领域内设立的独资企业、代表机构、分支机构或者有权接受送达的业务代办人送达；

（六）受送达人为外国人、无国籍人，其在中华人民共和国领域内设立的法人或者其他组织担任法定代表人或者主要负责人，且与该法人或者其他组织为共同被告的，向该法人或者其他组织送达；

（七）受送达人为外国法人或者其他组织，其法定代表人或者主要负责人在中华人民共和国领域内的，向其法定代表人或者主要负责人送达；

（八）受送达人所在国的法律允许邮寄送达的，可以邮寄送达，自邮寄之日起满三个月，送达回证没有退回，但根据各种情况足以认定已经送达的，期间届满之日视为送达；

（九）采用能够确认受送达人收悉的电子方式送达，但是受送达人所在国法律禁止的除外；

（十）以受送达人同意的其他方式送达，但是受送达人所在国法律禁止的除外。

不能用上述方式送达的，公告送达，自发出公告之日起，经过六十日，即视为送达。

第二百八十四条　【域外调查取证】当事人申请人民法院调查收集的证据位于中华人民共和国领

域外，人民法院可以依照证据所在国与中华人民共和国缔结或者共同参加的国际条约中规定的方式，或者通过外交途径调查收集。

在所在国法律不禁止的情况下，人民法院可以采用下列方式调查收集：

（一）对具有中华人民共和国国籍的当事人、证人，可以委托中华人民共和国驻当事人、证人所在国的使领馆代为取证；

（二）经双方当事人同意，通过即时通讯工具取证；

（三）以双方当事人同意的其他方式取证。

第二百八十五条　【答辩期间】被告在中华人民共和国领域内没有住所的，人民法院应当将起诉状副本送达被告，并通知被告在收到起诉状副本后三十日内提出答辩状。被告申请延期的，是否准许，由人民法院决定。

第二百八十六条　【上诉期间】在中华人民共和国领域内没有住所的当事人，不服第一审人民法院判决、裁定的，有权在判决书、裁定书送达之日起三十日内提起上诉。被上诉人在收到上诉状副本后，应当在三十日内提出答辩状。当事人不能在法定期间提起上诉或者提出答辩状，申请延期的，是否准许，由人民法院决定。

第二百八十七条　【审理期限】人民法院审理涉外民事案件的期间，不受本法第一百五十二条、第一百八十三条规定的限制。

第二十六章　仲　　裁

第二百八十八条　【涉外仲裁与诉讼关系】涉外经济贸易、运输和海事中发生的纠纷，当事人在合同中订有仲裁条款或者事后达成书面仲裁协议，提交中华人民共和国涉外仲裁机构或者其他仲裁机构仲裁的，当事人不得向人民法院起诉。

当事人在合同中没有订有仲裁条款或者事后没有达成书面仲裁协议的，可以向人民法院起诉。

第二百八十九条　【涉外仲裁保全】当事人申请采取保全的，中华人民共和国的涉外仲裁机构应当将当事人的申请，提交被申请人住所地或者财产所在地的中级人民法院裁定。

第二百九十条　【涉外仲裁效力】经中华人民共和国涉外仲裁机构裁决的，当事人不得向人民法院起诉。一方当事人不履行仲裁裁决的，对方当事人可以向被申请人住所地或者财产所在地的中级人民法院申请执行。

第二百九十一条　【涉外仲裁裁决不予执行】对中华人民共和国涉外仲裁机构作出的裁决，被申请人提出证据证明仲裁裁决有下列情形之一的，经人民法院组成合议庭审查核实，裁定不予执行：

（一）当事人在合同中没有订有仲裁条款或者事后没有达成书面仲裁协议的；

（二）被申请人没有得到指定仲裁员或者进行仲裁程序的通知，或者由于其他不属于被申请人负责的原因未能陈述意见的；

（三）仲裁庭的组成或者仲裁的程序与仲裁规则不符的；

（四）裁决的事项不属于仲裁协议的范围或者仲裁机构无权仲裁的。

人民法院认定执行该裁决违背社会公共利益的，裁定不予执行。

第二百九十二条　【救济途径】仲裁裁决被人民法院裁定不予执行的，当事人可以根据双方达成的书面仲裁协议重新申请仲裁，也可以向人民法院起诉。

第二十七章　司法协助

第二百九十三条　【协助原则】根据中华人民共和国缔结或者参加的国际条约，或者按照互惠原则，人民法院和外国法院可以相互请求，代为送达文书、调查取证以及进行其他诉讼行为。

外国法院请求协助的事项有损于中华人民共和国的主权、安全或者社会公共利益的，人民法院不予执行。

第二百九十四条　【协助途径】请求和提供司法协助，应当依照中华人民共和国缔结或者参加的国际条约所规定的途径进行；没有条约关系的，通过外交途径进行。

外国驻中华人民共和国的使领馆可以向该国公民送达文书和调查取证，但不得违反中华人民共和国的法律，并不得采取强制措施。

除前款规定的情况外，未经中华人民共和国主管机关准许，任何外国机关或者个人不得在中华人民共和国领域内送达文书、调查取证。

第二百九十五条　【文字要求】外国法院请求人民法院提供司法协助的请求书及其所附文件，应当附有中文译本或者国际条约规定的其他文字文本。

人民法院请求外国法院提供司法协助的请求书及其所附文件，应当附有该国文字译本或者国际条约规定的其他文字文本。

第二百九十六条　【协助程序】人民法院提供司法协助，依照中华人民共和国法律规定的程序进行。外国法院请求采用特殊方式的，也可以按照其请求的特殊方式进行，但请求采用的特殊方式不得违反中华人民共和国法律。

第二百九十七条　【申请外国法院承认和执行】人民法院作出的发生法律效力的判决、裁定，如果被执行人或者其财产不在中华人民共和国领域内，当事人请求执行的，可以由当事人直接向有管辖权的外国法院申请承认和执行，也可以由人民法院依照中华人民共和国缔结或者参加的国际条约的规定，或者按照互惠原则，请求外国法院承认和执行。

在中华人民共和国领域内依法作出的发生法律效力的仲裁裁决，当事人请求执行的，如果被执行人或者其财产不在中华人民共和国领域内，当事人可以直接向有管辖权的外国法院申请承认和执行。

第二百九十八条　【提出申请对外国法院判决的承认和执行】外国法院作出的发生法律效力的判决、裁定，需要人民法院承认和执行的，可以由当事人直接向有管辖权的中级人民法院申请承认和执行，也可以由外国法院依照该国与中华人民共和国缔结或者参加的国际条约的规定，或者按照互惠原则，请求人民法院承认和执行。

第二百九十九条　【审查对外国法院裁判的承认执行的申请】人民法院对申请或者请求承认和执行的外国法院作出的发生法律效力的判决、裁定，依照中华人民共和国缔结或者参加的国际条约，或者按照互惠原则进行审查后，认为不违反中华人民共和国法律的基本原则且不损害国家主权、安全、社会公共利益的，裁定承认其效力；需要执行的，发出执行令，依照本法的有关规定执行。

第三百条　【不予承认和执行外国法院作出的发生法律效力的判决、裁定】对申请或者请求承认和执行的外国法院作出的发生法律效力的判决、裁定，人民法院经审查，有下列情形之一的，裁定不予承认和执行：

（一）依据本法第三百零一条的规定，外国法院对案件无管辖权；

（二）被申请人未得到合法传唤或者虽经合法传唤但未获得合理的陈述、辩论机会，或者无诉讼行为能力的当事人未得到适当代理；

（三）判决、裁定是通过欺诈方式取得；

（四）人民法院已对同一纠纷作出判决、裁定，或者已经承认第三国法院对同一纠纷作出的判决、裁定；

（五）违反中华人民共和国法律的基本原则或者损害国家主权、安全、社会公共利益。

第三百零一条　【外国法院无管辖权】有下列情形之一的，人民法院应当认定该外国法院对案件无管辖权：

（一）外国法院依照其法律对案件没有管辖权，或者虽然依照其法律有管辖权但与案件所涉纠纷无适当联系；

（二）违反本法对专属管辖的规定；

（三）违反当事人排他性选择法院管辖的协议。

第三百零二条　【中止诉讼】当事人向人民法院申请承认和执行外国法院作出的发生法律效力的判决、裁定，该判决、裁定涉及的纠纷与人民法院正在审理的纠纷属于同一纠纷的，人民法院可以裁定中止诉讼。

外国法院作出的发生法律效力的判决、裁定不符合本法规定的承认条件的，人民法院裁定不予承认和执行，并恢复已经中止的诉讼；符合本法规定的承认条件的，人民法院裁定承认其效力；需要执行的，发出执行令，依照本法的有关规定执行；对已经中止的诉讼，裁定驳回起诉。

第三百零三条　【复议】当事人对承认和执行或者不予承认和执行的裁定不服的，可以自裁定送达之日起十日内向上一级人民法院申请复议。

第三百零四条　【外国仲裁裁决的承认和执行】在中华人民共和国领域外作出的发生法律效力的仲裁裁决，需要人民法院承认和执行的，当事人可以直接向被执行人住所地或者其财产所在地的中级人民法院申请。被执行人住所地或者其财产不在中华人民共和国领域内的，当事人可以向申请人住所地或者与裁决的纠纷有适当联系的地点的中级人民法院申请。人民法院应当依照中华人民共和国缔结或者参加的国际条约，或者按照互惠原则办理。

第三百零五条　【法律适用】涉及外国国家的民事诉讼，适用中华人民共和国有关外国国家豁免的法律规定；有关法律没有规定的，适用本法。

第三百零六条　【施行日期】本法自公布之日起施行，《中华人民共和国民事诉讼法（试行）》同时废止。

最高人民法院关于适用《中华人民共和国民事诉讼法》的解释

1. 2014年12月18日最高人民法院审判委员会第1636次会议通过、2015年1月30日公布、自2015年2月4日起施行（法释〔2015〕5号）

2. 根据2020年12月23日最高人民法院审判委员会第1823次会议通过、2020年12月29日公布、自2021年1月1日起施行的《最高人民法院关于修改〈最高人民法院关于人民法院民事调解工作若干问题的规定〉等十九件民事诉讼类司法解释的决定》（法释〔2020〕20号）第一次修正

3. 根据2022年3月22日最高人民法院审判委员会第1866次会议通过、2022年4月1日公布、自2022年4月10日起施行的《最高人民法院关于修改〈最高人民法院关于适用《中华人民共和国民事诉讼法》的解释〉的决定》（法释〔2022〕11号）第二次修正

目　录

2012年8月31日，第十一届全国人民代表大会常务委员会第二十八次会议审议通过了《关于修改〈中华人民共和国民事诉讼法〉的决定》。根据修改后的民事诉讼法，结合人民法院民事审判和执行工作实际，制定本解释。

一、管　　辖

第一条　民事诉讼法第十九条第一项规定的重大涉外案件，包括争议标的额大的案件、案情复杂的案件，或者一方当事人人数众多等具有重大影响的案件。

第二条　专利纠纷案件由知识产权法院、最高人民法院确定的中级人民法院和基层人民法院管辖。

海事、海商案件由海事法院管辖。

第三条　公民的住所地是指公民的户籍所在地，法人或者其他组织的住所地是指法人或者其他组织的主要办事机构所在地。

法人或者其他组织的主要办事机构所在地不能确定的，法人或者其他组织的注册地或者登记地为住所地。

第四条　公民的经常居住地是指公民离开住所地至起诉时已连续居住一年以上的地方，但公民住院就医的地方除外。

第五条　对没有办事机构的个人合伙、合伙型联营体提起的诉讼，由被告注册登记地人民法院管辖。没有注册登记，几个被告又不在同一辖区的，被告住所地的人民法院都有管辖权。

第六条　被告被注销户籍的，依照民事诉讼法第二十三条规定确定管辖；原告、被告均被注销户籍的，由被告居住地人民法院管辖。

第七条　当事人的户籍迁出后尚未落户，有经常居住地的，由该地人民法院管辖；没有经常居住地的，由其原户籍所在地人民法院管辖。

第八条　双方当事人都被监禁或者被采取强制性教育措施的，由被告原住所地人民法院管辖。被告被监禁或者被采取强制性教育措施一年以上的，由被告被监禁地或者被采取强制性教育措施地人民法院管辖。

第九条　追索赡养费、扶养费、抚养费案件的几个被告住所地不在同一辖区的，可以由原告住所地人民法院管辖。

第十条　不服指定监护或者变更监护关系的案件，可以由被监护人住所地人民法院管辖。

第十一条　双方当事人均为军人或者军队单位的民事案件由军事法院管辖。

第十二条　夫妻一方离开住所地超过一年，另一方起诉离婚的案件，可以由原告住所地人民法院管辖。

夫妻双方离开住所地超过一年，一方起诉离婚的案件，由被告经常居住地人民法院管辖；没有经常居住地的，由原告起诉时被告居住地人民法院管辖。

第十三条　在国内结婚并定居国外的华侨，如定居国法院以离婚诉讼须由婚姻缔结地法院管辖为由不予受理，当事人向人民法院提出离婚诉讼的，由婚姻缔结地或者一方在国内的最后居住地人民法院管辖。

第十四条　在国外结婚并定居国外的华侨，如定居国法院以离婚诉讼须由国籍所属国法院管辖为由不予受理，当事人向人民法院提出离婚诉讼的，由一方原住所地或者在国内的最后居住地人民法院管辖。

第十五条　中国公民一方居住在国外，一方居住在国内，不论哪一方向人民法院提起离婚诉讼，国内一方住所地人民法院都有权管辖。国外一方在居住国法院起诉，国内一方向人民法院起诉的，受诉人民法院有权管辖。

第十六条　中国公民双方在国外但未定居，一方向人民法院起诉离婚的，应由原告或者被告原住所地人民法院管辖。

第十七条　已经离婚的中国公民，双方均定居国外，仅就国内财产分割提起诉讼的，由主要财产所在地人民法院管辖。

第十八条　合同约定履行地点的，以约定的履行地点为合同履行地。

合同对履行地点没有约定或者约定不明确，争议标的为给付货币的，接收货币一方所在地为合同履行地；交付不动产的，不动产所在地为合同履行地；其他标的，履行义务一方所在地为合同履行地。即时结清的合同，交易行为地为合同履行地。

合同没有实际履行，当事人双方住所地都不在合同约定的履行地的，由被告住所地人民法院管辖。

第十九条　财产租赁合同、融资租赁合同以租赁物使用地为合同履行地。合同对履行地有约定的，从其约定。

第二十条　以信息网络方式订立的买卖合同，通过信息网络交付标的的，以买受人住所地为合同履行地；通过其他方式交付标的的，收货地为合同履行地。合同对履行地有约定的，从其约定。

第二十一条　因财产保险合同纠纷提起的诉讼，如果保险标的物是运输工具或者运输中的货物，可以由运输工具登记注册地、运输目的地、保险事故发生地人民法院管辖。

因人身保险合同纠纷提起的诉讼，可以由被保险人住所地人民法院管辖。

第二十二条　因股东名册记载、请求变更公司登记、股东知情权、公司决议、公司合并、公司分立、公司减资、公司增资等纠纷提起的诉讼，依照民事诉讼法第二十七条规定确定管辖。

第二十三条　债权人申请支付令，适用民事诉讼法第二十二条规定，由债务人住所地基层人民法院管辖。

第二十四条　民事诉讼法第二十九条规定的侵权行为地，包括侵权行为实施地、侵权结果发生地。

第二十五条　信息网络侵权行为实施地包括实施被诉侵权行为的计算机等信息设备所在地，侵权结果发生地包括被侵权人住所地。

第二十六条　因产品、服务质量不合格造成他人财产、人身损害提起的诉讼，产品制造地、产品销售地、服务提供地、侵权行为地和被告住所地人民法院都有管辖权。

第二十七条 当事人申请诉前保全后没有在法定期间起诉或者申请仲裁，给被申请人、利害关系人造成损失引起的诉讼，由采取保全措施的人民法院管辖。

当事人申请诉前保全后在法定期间内起诉或者申请仲裁，被申请人、利害关系人因保全受到损失提起的诉讼，由受理起诉的人民法院或者采取保全措施的人民法院管辖。

第二十八条 民事诉讼法第三十四条第一项规定的不动产纠纷是指因不动产的权利确认、分割、相邻关系等引起的物权纠纷。

农村土地承包经营合同纠纷、房屋租赁合同纠纷、建设工程施工合同纠纷、政策性房屋买卖合同纠纷，按照不动产纠纷确定管辖。

不动产已登记的，以不动产登记簿记载的所在地为不动产所在地；不动产未登记的，以不动产实际所在地为不动产所在地。

第二十九条 民事诉讼法第三十五条规定的书面协议，包括书面合同中的协议管辖条款或者诉讼前以书面形式达成的选择管辖的协议。

第三十条 根据管辖协议，起诉时能够确定管辖法院的，从其约定；不能确定的，依照民事诉讼法的相关规定确定管辖。

管辖协议约定两个以上与争议有实际联系的地点的人民法院管辖，原告可以向其中一个人民法院起诉。

第三十一条 经营者使用格式条款与消费者订立管辖协议，未采取合理方式提请消费者注意，消费者主张管辖协议无效的，人民法院应予支持。

第三十二条 管辖协议约定由一方当事人住所地人民法院管辖，协议签订后当事人住所地变更的，由签订管辖协议时的住所地人民法院管辖，但当事人另有约定的除外。

第三十三条 合同转让的，合同的管辖协议对合同受让人有效，但转让时受让人不知道有管辖协议，或者转让协议另有约定且原合同相对人同意的除外。

第三十四条 当事人因同居或者在解除婚姻、收养关系后发生财产争议，约定管辖的，可以适用民事诉讼法第三十五条规定确定管辖。

第三十五条 当事人在答辩期间届满后未应诉答辩，人民法院在一审开庭前，发现案件不属于本院管辖的，应当裁定移送有管辖权的人民法院。

第三十六条 两个以上人民法院都有管辖权的诉讼，先立案的人民法院不得将案件移送给另一个有管辖权的人民法院。人民法院在立案前发现其他有管辖权的人民法院已先立案的，不得重复立案；立案后发现其他有管辖权的人民法院已先立案的，裁定将案件移送给先立案的人民法院。

第三十七条 案件受理后，受诉人民法院的管辖权不受当事人住所地、经常居住地变更的影响。

第三十八条 有管辖权的人民法院受理案件后，不得以行政区域变更为由，将案件移送给变更后有管辖权的人民法院。判决后的上诉案件和依审判监督程序提审的案件，由原审人民法院的上级人民法院进行审判；上级人民法院指令再审、发回重审的案件，由原审人民法院再审或者重审。

第三十九条 人民法院对管辖异议审查后确定有管辖权的，不因当事人提起反诉、增加或者变更诉讼请求等改变管辖，但违反级别管辖、专属管辖规定的除外。

人民法院发回重审或者按第一审程序再审的案件，当事人提出管辖异议的，人民法院不予审查。

第四十条　依照民事诉讼法第三十八条第二款规定，发生管辖权争议的两个人民法院因协商不成报请它们的共同上级人民法院指定管辖时，双方为同属一个地、市辖区的基层人民法院的，由该地、市的中级人民法院及时指定管辖；同属一个省、自治区、直辖市的两个人民法院的，由该省、自治区、直辖市的高级人民法院及时指定管辖；双方为跨省、自治区、直辖市的人民法院，高级人民法院协商不成的，由最高人民法院及时指定管辖。

依照前款规定报请上级人民法院指定管辖时，应当逐级进行。

第四十一条　人民法院依照民事诉讼法第三十八条第二款规定指定管辖的，应当作出裁定。

对报请上级人民法院指定管辖的案件，下级人民法院应当中止审理。指定管辖裁定作出前，下级人民法院对案件作出判决、裁定的，上级人民法院应当在裁定指定管辖的同时，一并撤销下级人民法院的判决、裁定。

第四十二条　下列第一审民事案件，人民法院依照民事诉讼法第三十九条第一款规定，可以在开庭前交下级人民法院审理：

（一）破产程序中有关债务人的诉讼案件；

（二）当事人人数众多且不方便诉讼的案件；

（三）最高人民法院确定的其他类型案件。

人民法院交下级人民法院审理前，应当报请其上级人民法院批准。上级人民法院批准后，人民法院应当裁定将案件交下级人民法院审理。

二、回　　避

第四十三条　审判人员有下列情形之一的，应当自行回避，当事人有权申请其回避：

（一）是本案当事人或者当事人近亲属的；

（二）本人或者其近亲属与本案有利害关系的；

（三）担任过本案的证人、鉴定人、辩护人、诉讼代理人、翻译人员的；

（四）是本案诉讼代理人近亲属的；

（五）本人或者其近亲属持有本案非上市公司当事人的股份或者股权的；

（六）与本案当事人或者诉讼代理人有其他利害关系，可能影响公正审理的。

第四十四条　审判人员有下列情形之一的，当事人有权申请其回避：

（一）接受本案当事人及其受托人宴请，或者参加由其支付费用的活动的；

（二）索取、接受本案当事人及其受托人财物或者其他利益的；

（三）违反规定会见本案当事人、诉讼代理人的；

（四）为本案当事人推荐、介绍诉讼代理人，或者为律师、其他人员介绍代理本案的；

（五）向本案当事人及其受托人借用款物的；

（六）有其他不正当行为，可能影响公正审理的。

第四十五条　在一个审判程序中参与过本案审判工作的审判人员，不得再参与该案其他程序的审判。

发回重审的案件，在一审法院作出裁判后又进入第二审程序的，原第二审程序中审判人员不受前款规定的限制。

第四十六条　审判人员有应当回避的情形，没有自行回避，当事人也没有申请其回避的，由院长或者审判委员会决定其回避。

第四十七条　人民法院应当依法告知当事人对合

议庭组成人员、独任审判员和书记员等人员有申请回避的权利。

第四十八条 民事诉讼法第四十七条所称的审判人员，包括参与本案审理的人民法院院长、副院长、审判委员会委员、庭长、副庭长、审判员和人民陪审员。

第四十九条 书记员和执行员适用审判人员回避的有关规定。

三、诉讼参加人

第五十条 法人的法定代表人以依法登记的为准，但法律另有规定的除外。依法不需要办理登记的法人，以其正职负责人为法定代表人；没有正职负责人的，以其主持工作的副职负责人为法定代表人。

法定代表人已经变更，但未完成登记，变更后的法定代表人要求代表法人参加诉讼的，人民法院可以准许。

其他组织，以其主要负责人为代表人。

第五十一条 在诉讼中，法人的法定代表人变更的，由新的法定代表人继续进行诉讼，并应向人民法院提交新的法定代表人身份证明书。原法定代表人进行的诉讼行为有效。

前款规定，适用于其他组织参加的诉讼。

第五十二条 民事诉讼法第五十一条规定的其他组织是指合法成立、有一定的组织机构和财产，但又不具备法人资格的组织，包括：

（一）依法登记领取营业执照的个人独资企业；

（二）依法登记领取营业执照的合伙企业；

（三）依法登记领取我国营业执照的中外合作经营企业、外资企业；

（四）依法成立的社会团体的分支机构、代表机构；

（五）依法设立并领取营业执照的法人的分支机构；

（六）依法设立并领取营业执照的商业银行、政策性银行和非银行金融机构的分支机构；

（七）经依法登记领取营业执照的乡镇企业、街道企业；

（八）其他符合本条规定条件的组织。

第五十三条 法人非依法设立的分支机构，或者虽依法设立，但没有领取营业执照的分支机构，以设立该分支机构的法人为当事人。

第五十四条 以挂靠形式从事民事活动，当事人请求由挂靠人和被挂靠人依法承担民事责任的，该挂靠人和被挂靠人为共同诉讼人。

第五十五条 在诉讼中，一方当事人死亡，需要等待继承人表明是否参加诉讼的，裁定中止诉讼。人民法院应当及时通知继承人作为当事人承担诉讼，被继承人已经进行的诉讼行为对承担诉讼的继承人有效。

第五十六条 法人或者其他组织的工作人员执行工作任务造成他人损害的，该法人或者其他组织为当事人。

第五十七条 提供劳务一方因劳务造成他人损害，受害人提起诉讼的，以接受劳务一方为被告。

第五十八条 在劳务派遣期间，被派遣的工作人员因执行工作任务造成他人损害的，以接受劳务派遣的用工单位为当事人。当事人主张劳务派遣单位承担责任的，该劳务派遣单位为共同被告。

第五十九条 在诉讼中，个体工商户以营业执照上登记的经营者为当事人。有字号的，以营业执照上登记的字号为当事人，但应同时注明该字号经营者的基本信息。

营业执照上登记的经营者与实际经营者不一致的，以登记的经营者和实际经营者为共同诉讼人。

第六十条　在诉讼中，未依法登记领取营业执照的个人合伙的全体合伙人为共同诉讼人。个人合伙有依法核准登记的字号的，应在法律文书中注明登记的字号。全体合伙人可以推选代表人；被推选的代表人，应由全体合伙人出具推选书。

第六十一条　当事人之间的纠纷经人民调解委员会或者其他依法设立的调解组织调解达成协议后，一方当事人不履行调解协议，另一方当事人向人民法院提起诉讼的，应以对方当事人为被告。

第六十二条　下列情形，以行为人为当事人：

（一）法人或者其他组织应登记而未登记，行为人即以该法人或者其他组织名义进行民事活动的；

（二）行为人没有代理权、超越代理权或者代理权终止后以被代理人名义进行民事活动的，但相对人有理由相信行为人有代理权的除外；

（三）法人或者其他组织依法终止后，行为人仍以其名义进行民事活动的。

第六十三条　企业法人合并的，因合并前的民事活动发生的纠纷，以合并后的企业为当事人；企业法人分立的，因分立前的民事活动发生的纠纷，以分立后的企业为共同诉讼人。

第六十四条　企业法人解散的，依法清算并注销前，以该企业法人为当事人；未依法清算即被注销的，以该企业法人的股东、发起人或者出资人为当事人。

第六十五条　借用业务介绍信、合同专用章、盖章的空白合同书或者银行账户的，出借单位和借用人为共同诉讼人。

第六十六条　因保证合同纠纷提起的诉讼，债权人向保证人和被保证人一并主张权利的，人民法院应当将保证人和被保证人列为共同被告。保证合同约定为一般保证，债权人仅起诉保证人的，人民法院应当通知被保证人作为共同被告参加诉讼；债权人仅起诉被保证人的，可以只列被保证人为被告。

第六十七条　无民事行为能力人、限制民事行为能力人造成他人损害的，无民事行为能力人、限制民事行为能力人和其监护人为共同被告。

第六十八条　居民委员会、村民委员会或者村民小组与他人发生民事纠纷的，居民委员会、村民委员会或者有独立财产的村民小组为当事人。

第六十九条　对侵害死者遗体、遗骨以及姓名、肖像、名誉、荣誉、隐私等行为提起诉讼的，死者的近亲属为当事人。

第七十条　在继承遗产的诉讼中，部分继承人起诉的，人民法院应通知其他继承人作为共同原告参加诉讼；被通知的继承人不愿意参加诉讼又未明确表示放弃实体权利的，人民法院仍应将其列为共同原告。

第七十一条　原告起诉被代理人和代理人，要求承担连带责任的，被代理人和代理人为共同被告。

原告起诉代理人和相对人，要求承担连带责任的，代理人和相对人为共同被告。

第七十二条　共有财产权受到他人侵害，部分共有权人起诉的，其他共有权人为共同诉讼人。

第七十三条　必须共同进行诉讼的当事人没有参加诉讼的，人民法院应当依照民事诉讼法第一百三十五条的规定，通知其参加；当事人也可以向人民法院申请追加。人民法院对当事人提出的申请，应当进行审查，申请理由不成立的，裁定驳回；申请理由成立的，书面通知被追加的当事人参加诉讼。

第七十四条　人民法院追加共同诉讼的当事人时，

应当通知其他当事人。应当追加的原告,已明确表示放弃实体权利的,可不予追加;既不愿意参加诉讼,又不放弃实体权利的,仍应追加为共同原告,其不参加诉讼,不影响人民法院对案件的审理和依法作出判决。

第七十五条　民事诉讼法第五十六条、第五十七条和第二百零六条规定的人数众多,一般指十人以上。

第七十六条　依照民事诉讼法第五十六条规定,当事人一方人数众多在起诉时确定的,可以由全体当事人推选共同的代表人,也可以由部分当事人推选自己的代表人;推选不出代表人的当事人,在必要的共同诉讼中可以自己参加诉讼,在普通的共同诉讼中可以另行起诉。

第七十七条　根据民事诉讼法第五十七条规定,当事人一方人数众多在起诉时不确定的,由当事人推选代表人。当事人推选不出的,可以由人民法院提出人选与当事人协商;协商不成的,也可以由人民法院在起诉的当事人中指定代表人。

第七十八条　民事诉讼法第五十六条和第五十七条规定的代表人为二至五人,每位代表人可以委托一至二人作为诉讼代理人。

第七十九条　依照民事诉讼法第五十七条规定受理的案件,人民法院可以发出公告,通知权利人向人民法院登记。公告期间根据案件的具体情况确定,但不得少于三十日。

第八十条　根据民事诉讼法第五十七条规定向人民法院登记的权利人,应当证明其与对方当事人的法律关系和所受到的损害。证明不了的,不予登记,权利人可以另行起诉。人民法院的裁判在登记的范围内执行。未参加登记的权利人提起诉讼,人民法院认定其请求成立的,裁定适用人民法院已作出的判决、裁定。

第八十一条　根据民事诉讼法第五十九条的规定,有独立请求权的第三人有权向人民法院提出诉讼请求和事实、理由,成为当事人;无独立请求权的第三人,可以申请或者由人民法院通知参加诉讼。

第一审程序中未参加诉讼的第三人,申请参加第二审程序的,人民法院可以准许。

第八十二条　在一审诉讼中,无独立请求权的第三人无权提出管辖异议,无权放弃、变更诉讼请求或者申请撤诉,被判决承担民事责任的,有权提起上诉。

第八十三条　在诉讼中,无民事行为能力人、限制民事行为能力人的监护人是他的法定代理人。事先没有确定监护人的,可以由有监护资格的人协商确定;协商不成的,由人民法院在他们之中指定诉讼中的法定代理人。当事人没有民法典第二十七条、第二十八条规定的监护人的,可以指定民法典第三十二条规定的有关组织担任诉讼中的法定代理人。

第八十四条　无民事行为能力人、限制民事行为能力人以及其他依法不能作为诉讼代理人的,当事人不得委托其作为诉讼代理人。

第八十五条　根据民事诉讼法第六十一条第二款第二项规定,与当事人有夫妻、直系血亲、三代以内旁系血亲、近姻亲关系以及其他有抚养、赡养关系的亲属,可以当事人近亲属的名义作为诉讼代理人。

第八十六条　根据民事诉讼法第六十一条第二款第二项规定,与当事人有合法劳动人事关系的职工,可以当事人工作人员的名义作为诉讼代理人。

第八十七条　根据民事诉讼法第六十一条第二款第三项规定,有关社会团体推荐公民担任诉讼代理人的，应当符合下列条件：

（一）社会团体属于依法登记设立或者依法免予登记设立的非营利性法人组织；

（二）被代理人属于该社会团体的成员，或者当事人一方住所地位于该社会团体的活动地域；

（三）代理事务属于该社会团体章程载明的业务范围；

（四）被推荐的公民是该社会团体的负责人或者与该社会团体有合法劳动人事关系的工作人员。

专利代理人经中华全国专利代理人协会推荐，可以在专利纠纷案件中担任诉讼代理人。

第八十八条　诉讼代理人除根据民事诉讼法第六十二条规定提交授权委托书外，还应当按照下列规定向人民法院提交相关材料：

（一）律师应当提交律师执业证、律师事务所证明材料；

（二）基层法律服务工作者应当提交法律服务工作者执业证、基层法律服务所出具的介绍信以及当事人一方位于本辖区内的证明材料；

（三）当事人的近亲属应当提交身份证件和与委托人有近亲属关系的证明材料；

（四）当事人的工作人员应当提交身份证件和与当事人有合法劳动人事关系的证明材料；

（五）当事人所在社区、单位推荐的公民应当提交身份证件、推荐材料和当事人属于该社区、单位的证明材料；

（六）有关社会团体推荐的公民应当提交身份证件和符合本解释第八十七条规定条件的证明材料。

第八十九条　当事人向人民法院提交的授权委托书，应当在开庭审理前送交人民法院。授权委托书仅写“全权代理”而无具体授权的，诉讼代理人无权代为承认、放弃、变更诉讼请求，进行和解，提出反诉或者提起上诉。

适用简易程序审理的案件，双方当事人同时到庭并径行开庭审理的，可以当场口头委托诉讼代理人，由人民法院记入笔录。

四、证　　据

第九十条　当事人对自己提出的诉讼请求所依据的事实或者反驳对方诉讼请求所依据的事实，应当提供证据加以证明，但法律另有规定的除外。

在作出判决前，当事人未能提供证据或者证据不足以证明其事实主张的，由负有举证证明责任的当事人承担不利的后果。

第九十一条　人民法院应当依照下列原则确定举证证明责任的承担，但法律另有规定的除外：

（一）主张法律关系存在的当事人，应当对产生该法律关系的基本事实承担举证证明责任；

（二）主张法律关系变更、消灭或者权利受到妨害的当事人，应当对该法律关系变更、消灭或者权利受到妨害的基本事实承担举证证明责任。

第九十二条　一方当事人在法庭审理中，或者在起诉状、答辩状、代理词等书面材料中，对于己不利的事实明确表示承认的，另一方当事人无需举证证明。

对于涉及身份关系、国家利益、社会公共利益等应当由人民法院依职权调查的事实，不适用前款自认的规定。

自认的事实与查明的事实不符的，人民法院不予确认。

第九十三条　下列事实，当事人无须举证证明：

（一）自然规律以及定理、定律；

（二）众所周知的事实；

（三）根据法律规定推定的事实；

（四）根据已知的事实和日常生活经验法则推定出的另一事实；

（五）已为人民法院发生法律效力的裁判所确认的事实；

（六）已为仲裁机构生效裁决所确认的事实；

（七）已为有效公证文书所证明的事实。

前款第二项至第四项规定的事实，当事人有相反证据足以反驳的除外；第五项至第七项规定的事实，当事人有相反证据足以推翻的除外。

第九十四条 民事诉讼法第六十七条第二款规定的当事人及其诉讼代理人因客观原因不能自行收集的证据包括：

（一）证据由国家有关部门保存，当事人及其诉讼代理人无权查阅调取的；

（二）涉及国家秘密、商业秘密或者个人隐私的；

（三）当事人及其诉讼代理人因客观原因不能自行收集的其他证据。

当事人及其诉讼代理人因客观原因不能自行收集的证据，可以在举证期限届满前书面申请人民法院调查收集。

第九十五条 当事人申请调查收集的证据，与待证事实无关联、对证明待证事实无意义或者其他无调查收集必要的，人民法院不予准许。

第九十六条 民事诉讼法第六十七条第二款规定的人民法院认为审理案件需要的证据包括：

（一）涉及可能损害国家利益、社会公共利益的；

（二）涉及身份关系的；

（三）涉及民事诉讼法第五十八条规定诉讼的；

（四）当事人有恶意串通损害他人合法权益可能的；

（五）涉及依职权追加当事人、中止诉讼、终结诉讼、回避等程序性事项的。

除前款规定外，人民法院调查收集证据，应当依照当事人的申请进行。

第九十七条 人民法院调查收集证据，应当由两人以上共同进行。调查材料要由调查人、被调查人、记录人签名、捺印或者盖章。

第九十八条 当事人根据民事诉讼法第八十四条第一款规定申请证据保全的，可以在举证期限届满前书面提出。

证据保全可能对他人造成损失的，人民法院应当责令申请人提供相应的担保。

第九十九条 人民法院应当在审理前的准备阶段确定当事人的举证期限。举证期限可以由当事人协商，并经人民法院准许。

人民法院确定举证期限，第一审普通程序案件不得少于十五日，当事人提供新的证据的第二审案件不得少于十日。

举证期限届满后，当事人对已经提供的证据，申请提供反驳证据或者对证据来源、形式等方面的瑕疵进行补正的，人民法院可以酌情再次确定举证期限，该期限不受前款规定的限制。

第一百条 当事人申请延长举证期限的，应当在举证期限届满前向人民法院提出书面申请。

申请理由成立的，人民法院应当准许，适当延长举证期限，并通知其他当事人。延长的举证期限适用于其他当事人。

申请理由不成立的，人民法院不予准许，并通知申请人。

第一百零一条 当事人逾期提供证据的，人民法院应当责令其说明理由，必要时可以要求其提供相应的证据。

当事人因客观原因逾期提供证据，或者对方当事人对逾期提供证据未提出异议的，视为未逾期。

第一百零二条　当事人因故意或者重大过失逾期提供的证据，人民法院不予采纳。但该证据与案件基本事实有关的，人民法院应当采纳，并依照民事诉讼法第六十八条、第一百一十八条第一款的规定予以训诫、罚款。

当事人非因故意或者重大过失逾期提供的证据，人民法院应当采纳，并对当事人予以训诫。

当事人一方要求另一方赔偿因逾期提供证据致使其增加的交通、住宿、就餐、误工、证人出庭作证等必要费用的，人民法院可予支持。

第一百零三条　证据应当在法庭上出示，由当事人互相质证。未经当事人质证的证据，不得作为认定案件事实的根据。

当事人在审理前的准备阶段认可的证据，经审判人员在庭审中说明后，视为质证过的证据。

涉及国家秘密、商业秘密、个人隐私或者法律规定应当保密的证据，不得公开质证。

第一百零四条　人民法院应当组织当事人围绕证据的真实性、合法性以及与待证事实的关联性进行质证，并针对证据有无证明力和证明力大小进行说明和辩论。

能够反映案件真实情况、与待证事实相关联、来源和形式符合法律规定的证据，应当作为认定案件事实的根据。

第一百零五条　人民法院应当按照法定程序，全面、客观地审核证据，依照法律规定，运用逻辑推理和日常生活经验法则，对证据有无证明力和证明力大小进行判断，并公开判断的理由和结果。

第一百零六条　对以严重侵害他人合法权益、违反法律禁止性规定或者严重违背公序良俗的方法形成或者获取的证据，不得作为认定案件事实的根据。

第一百零七条　在诉讼中，当事人为达成调解协议或者和解协议作出妥协而认可的事实，不得在后续的诉讼中作为对其不利的根据，但法律另有规定或者当事人均同意的除外。

第一百零八条　对负有举证证明责任的当事人提供的证据，人民法院经审查并结合相关事实，确信待证事实的存在具有高度可能性的，应当认定该事实存在。

对一方当事人为反驳负有举证证明责任的当事人所主张事实而提供的证据，人民法院经审查并结合相关事实，认为待证事实真伪不明的，应当认定该事实不存在。

法律对于待证事实所应达到的证明标准另有规定的，从其规定。

第一百零九条　当事人对欺诈、胁迫、恶意串通事实的证明，以及对口头遗嘱或者赠与事实的证明，人民法院确信该待证事实存在的可能性能够排除合理怀疑的，应当认定该事实存在。

第一百一十条　人民法院认为有必要的，可以要求当事人本人到庭，就案件有关事实接受询问。在询问当事人之前，可以要求其签署保证书。

保证书应当载明据实陈述、如有虚假陈述愿意接受处罚等内容。当事人应当在保证书上签名或者捺印。

负有举证证明责任的当事人拒绝到庭、拒绝接受询问或者拒绝签署保证书，待证事实又欠缺其他证据证明的，人民法院对其主张的事实不予认定。

第一百一十一条　民事诉讼法第七十三条规定的提交书证原件确有困难，包括下列情形：

（一）书证原件遗失、灭失或者毁损的；

（二）原件在对方当事人控制之下，经合法通知提交而拒不提交的；

（三）原件在他人控制之下，而其有权不提交的；

（四）原件因篇幅或者体积过大而不便提交的；

（五）承担举证证明责任的当事人通过申请人民法院调查收集或者其他方式无法获得书证原件的。

前款规定情形，人民法院应当结合其他证据和案件具体情况，审查判断书证复制品等能否作为认定案件事实的根据。

第一百一十二条　书证在对方当事人控制之下的，承担举证证明责任的当事人可以在举证期限届满前书面申请人民法院责令对方当事人提交。

申请理由成立的，人民法院应当责令对方当事人提交，因提交书证所产生的费用，由申请人负担。对方当事人无正当理由拒不提交的，人民法院可以认定申请人所主张的书证内容为真实。

第一百一十三条　持有书证的当事人以妨碍对方当事人使用为目的，毁灭有关书证或者实施其他致使书证不能使用行为的，人民法院可以依照民事诉讼法第一百一十四条规定，对其处以罚款、拘留。

第一百一十四条　国家机关或者其他依法具有社会管理职能的组织，在其职权范围内制作的文书所记载的事项推定为真实，但有相反证据足以推翻的除外。必要时，人民法院可以要求制作文书的机关或者组织对文书的真实性予以说明。

第一百一十五条　单位向人民法院提出的证明材料，应当由单位负责人及制作证明材料的人员签名或者盖章，并加盖单位印章。人民法院就单位出具的证明材料，可以向单位及制作证明材料的人员进行调查核实。必要时，可以要求制作证明材料的人员出庭作证。

单位及制作证明材料的人员拒绝人民法院调查核实，或者制作证明材料的人员无正当理由拒绝出庭作证的，该证明材料不得作为认定案件事实的根据。

第一百一十六条　视听资料包括录音资料和影像资料。

电子数据是指通过电子邮件、电子数据交换、网上聊天记录、博客、微博客、手机短信、电子签名、域名等形成或者存储在电子介质中的信息。

存储在电子介质中的录音资料和影像资料，适用电子数据的规定。

第一百一十七条　当事人申请证人出庭作证的，应当在举证期限届满前提出。

符合本解释第九十六条第一款规定情形的，人民法院可以依职权通知证人出庭作证。

未经人民法院通知，证人不得出庭作证，但双方当事人同意并经人民法院准许的除外。

第一百一十八条　民事诉讼法第七十七条规定的证人因履行出庭作证义务而支出的交通、住宿、就餐等必要费用，按照机关事业单位工作人员差旅费用和补贴标准计算；误工损失按照国家上年度职工日平均工资标准计算。

人民法院准许证人出庭作证申请的，应当通知申请人预缴证人出庭作证费用。

第一百一十九条　人民法院在证人出庭作证前应当告知其如实作证的义务以及作伪证的法律后果，并责令其签署保证书，但无民事行为能力人和限制民事行为能力人除外。

证人签署保证书适用本解释关于当事人签

署保证书的规定。

第一百二十条　证人拒绝签署保证书的，不得作证，并自行承担相关费用。

第一百二十一条　当事人申请鉴定，可以在举证期限届满前提出。申请鉴定的事项与待证事实无关联，或者对证明待证事实无意义的，人民法院不予准许。

人民法院准许当事人鉴定申请的，应当组织双方当事人协商确定具备相应资格的鉴定人。当事人协商不成的，由人民法院指定。

符合依职权调查收集证据条件的，人民法院应当依职权委托鉴定，在询问当事人的意见后，指定具备相应资格的鉴定人。

第一百二十二条　当事人可以依照民事诉讼法第八十二条的规定，在举证期限届满前申请一至二名具有专门知识的人出庭，代表当事人对鉴定意见进行质证，或者对案件事实所涉及的专业问题提出意见。

具有专门知识的人在法庭上就专业问题提出的意见，视为当事人的陈述。

人民法院准许当事人申请的，相关费用由提出申请的当事人负担。

第一百二十三条　人民法院可以对出庭的具有专门知识的人进行询问。经法庭准许，当事人可以对出庭的具有专门知识的人进行询问，当事人各自申请的具有专门知识的人可以就案件中的有关问题进行对质。

具有专门知识的人不得参与专业问题之外的法庭审理活动。

第一百二十四条　人民法院认为有必要的，可以根据当事人的申请或者依职权对物证或者现场进行勘验。勘验时应当保护他人的隐私和尊严。

人民法院可以要求鉴定人参与勘验。必要时，可以要求鉴定人在勘验中进行鉴定。

五、期间和送达

第一百二十五条　依照民事诉讼法第八十五条第二款规定，民事诉讼中以时起算的期间从次时起算；以日、月、年计算的期间从次日起算。

第一百二十六条　民事诉讼法第一百二十六条规定的立案期限，因起诉状内容欠缺通知原告补正的，从补正后交人民法院的次日起算。由上级人民法院转交下级人民法院立案的案件，从受诉人民法院收到起诉状的次日起算。

第一百二十七条　民事诉讼法第五十九条第三款、第二百一十二条以及本解释第三百七十二条、第三百八十二条、第三百九十九条、第四百二十条、第四百二十一条规定的六个月，民事诉讼法第二百三十条规定的一年，为不变期间，不适用诉讼时效中止、中断、延长的规定。

第一百二十八条　再审案件按照第一审程序或者第二审程序审理的，适用民事诉讼法第一百五十二条、第一百八十三条规定的审限。审限自再审立案的次日起算。

第一百二十九条　对申请再审案件，人民法院应当自受理之日起三个月内审查完毕，但公告期间、当事人和解期间等不计入审查期限。有特殊情况需要延长的，由本院院长批准。

第一百三十条　向法人或者其他组织送达诉讼文书，应当由法人的法定代表人、该组织的主要负责人或者办公室、收发室、值班室等负责收件的人签收或者盖章，拒绝签收或者盖章的，适用留置送达。

民事诉讼法第八十九条规定的有关基层组织和所在单位的代表，可以是受送达人住所地的居民委员会、村民委员会的工作人员以及受送达人所在单位的工作人员。

第一百三十一条　人民法院直接送达诉讼文书的，可以通知当事人到人民法院领取。当事人到达人民法院，拒绝签署送达回证的，视为送达。审判人员、书记员应当在送达回证上注明送达情况并签名。

人民法院可以在当事人住所地以外向当事人直接送达诉讼文书。当事人拒绝签署送达回证的，采用拍照、录像等方式记录送达过程即视为送达。审判人员、书记员应当在送达回证上注明送达情况并签名。

第一百三十二条　受送达人有诉讼代理人的，人民法院既可以向受送达人送达，也可以向其诉讼代理人送达。受送达人指定诉讼代理人为代收人的，向诉讼代理人送达时，适用留置送达。

第一百三十三条　调解书应当直接送达当事人本人，不适用留置送达。当事人本人因故不能签收的，可由其指定的代收人签收。

第一百三十四条　依照民事诉讼法第九十一条规定，委托其他人民法院代为送达的，委托法院应当出具委托函，并附需要送达的诉讼文书和送达回证，以受送达人在送达回证上签收的日期为送达日期。

委托送达的，受委托人民法院应当自收到委托函及相关诉讼文书之日起十日内代为送达。

第一百三十五条　电子送达可以采用传真、电子邮件、移动通信等即时收悉的特定系统作为送达媒介。

民事诉讼法第九十条第二款规定的到达受送达人特定系统的日期，为人民法院对应系统显示发送成功的日期，但受送达人证明到达其特定系统的日期与人民法院对应系统显示发送成功的日期不一致的，以受送达人证明到达其特定系统的日期为准。

第一百三十六条　受送达人同意采用电子方式送达的，应当在送达地址确认书中予以确认。

第一百三十七条　当事人在提起上诉、申请再审、申请执行时未书面变更送达地址的，其在第一审程序中确认的送达地址可以作为第二审程序、审判监督程序、执行程序的送达地址。

第一百三十八条　公告送达可以在法院的公告栏和受送达人住所地张贴公告，也可以在报纸、信息网络等媒体上刊登公告，发出公告日期以最后张贴或者刊登的日期为准。对公告送达方式有特殊要求的，应当按要求的方式进行。公告期满，即视为送达。

人民法院在受送达人住所地张贴公告的，应当采取拍照、录像等方式记录张贴过程。

第一百三十九条　公告送达应当说明公告送达的原因；公告送达起诉状或者上诉状副本的，应当说明起诉或者上诉要点，受送达人答辩期限及逾期不答辩的法律后果；公告送达传票，应当说明出庭的时间和地点及逾期不出庭的法律后果；公告送达判决书、裁定书的，应当说明裁判主要内容，当事人有权上诉的，还应当说明上诉权利、上诉期限和上诉的人民法院。

第一百四十条　适用简易程序的案件，不适用公告送达。

第一百四十一条　人民法院在定期宣判时，当事人拒不签收判决书、裁定书的，应视为送达，并在宣判笔录中记明。

六、调　　解

第一百四十二条　人民法院受理案件后，经审查，认为法律关系明确、事实清楚，在征得当事人双方同意后，可以径行调解。

第一百四十三条　适用特别程序、督促程序、公示催告程序的案件，婚姻等身份关系确认案件以及其他根据案件性质不能进行调解的案件，不得调解。

第一百四十四条 人民法院审理民事案件，发现当事人之间恶意串通，企图通过和解、调解方式侵害他人合法权益的，应当依照民事诉讼法第一百一十五条的规定处理。

第一百四十五条 人民法院审理民事案件，应当根据自愿、合法的原则进行调解。当事人一方或者双方坚持不愿调解的，应当及时裁判。

人民法院审理离婚案件，应当进行调解，但不应久调不决。

第一百四十六条 人民法院审理民事案件，调解过程不公开，但当事人同意公开的除外。

调解协议内容不公开，但为保护国家利益、社会公共利益、他人合法权益，人民法院认为确有必要公开的除外。

主持调解以及参与调解的人员，对调解过程以及调解过程中获悉的国家秘密、商业秘密、个人隐私和其他不宜公开的信息，应当保守秘密，但为保护国家利益、社会公共利益、他人合法权益的除外。

第一百四十七条 人民法院调解案件时，当事人不能出庭的，经其特别授权，可由其委托代理人参加调解，达成的调解协议，可由委托代理人签名。

离婚案件当事人确因特殊情况无法出庭参加调解的，除本人不能表达意志的以外，应当出具书面意见。

第一百四十八条 当事人自行和解或者调解达成协议后，请求人民法院按照和解协议或者调解协议的内容制作判决书的，人民法院不予准许。

无民事行为能力人的离婚案件，由其法定代理人进行诉讼。法定代理人与对方达成协议要求发给判决书的，可根据协议内容制作判决书。

第一百四十九条 调解书需经当事人签收后才发生法律效力的，应当以最后收到调解书的当事人签收的日期为调解书生效日期。

第一百五十条 人民法院调解民事案件，需由无独立请求权的第三人承担责任的，应当经其同意。该第三人在调解书送达前反悔的，人民法院应当及时裁判。

第一百五十一条 根据民事诉讼法第一百零一条第一款第四项规定，当事人各方同意在调解协议上签名或者盖章后即发生法律效力的，经人民法院审查确认后，应当记入笔录或者将调解协议附卷，并由当事人、审判人员、书记员签名或者盖章后即具有法律效力。

前款规定情形，当事人请求制作调解书的，人民法院审查确认后可以制作调解书送交当事人。当事人拒收调解书的，不影响调解协议的效力。

七、保全和先予执行

第一百五十二条 人民法院依照民事诉讼法第一百零三条、第一百零四条规定，在采取诉前保全、诉讼保全措施时，责令利害关系人或者当事人提供担保的，应当书面通知。

利害关系人申请诉前保全的，应当提供担保。申请诉前财产保全的，应当提供相当于请求保全数额的担保；情况特殊的，人民法院可以酌情处理。申请诉前行为保全的，担保的数额由人民法院根据案件的具体情况决定。

在诉讼中，人民法院依申请或者依职权采取保全措施的，应当根据案件的具体情况，决定当事人是否应当提供担保以及担保的数额。

第一百五十三条 人民法院对季节性商品、鲜活、易腐烂变质以及其他不宜长期保存的物品采取保全措施时，可以责令当事人及时处理，由人民法院保存价款；必要时，人民法院可予以变卖，保存价款。

第一百五十四条 人民法院在财产保全中采取查封、扣押、冻结财产措施时，应当妥善保管被查封、扣押、冻结的财产。不宜由人民法院保管的，人民法院可以指定被保全人负责保管；不宜由被保全人保管的，可以委托他人或者申请保全人保管。

查封、扣押、冻结担保物权人占有的担保财产，一般由担保物权人保管；由人民法院保管的，质权、留置权不因采取保全措施而消灭。

第一百五十五条 由人民法院指定被保全人保管的财产，如果继续使用对该财产的价值无重大影响，可以允许被保全人继续使用；由人民法院保管或者委托他人、申请保全人保管的财产，人民法院和其他保管人不得使用。

第一百五十六条 人民法院采取财产保全的方法和措施，依照执行程序相关规定办理。

第一百五十七条 人民法院对抵押物、质押物、留置物可以采取财产保全措施，但不影响抵押权人、质权人、留置权人的优先受偿权。

第一百五十八条 人民法院对债务人到期应得的收益，可以采取财产保全措施，限制其支取，通知有关单位协助执行。

第一百五十九条 债务人的财产不能满足保全请求，但对他人有到期债权的，人民法院可以依债权人的申请裁定该他人不得对本案债务人清偿。该他人要求偿付的，由人民法院提存财物或者价款。

第一百六十条 当事人向采取诉前保全措施以外的其他有管辖权的人民法院起诉的，采取诉前保全措施的人民法院应当将保全手续移送受理案件的人民法院。诉前保全的裁定视为受移送人民法院作出的裁定。

第一百六十一条 对当事人不服一审判决提起上诉的案件，在第二审人民法院接到报送的案件之前，当事人有转移、隐匿、出卖或者毁损财产等行为，必须采取保全措施的，由第一审人民法院依当事人申请或者依职权采取。第一审人民法院的保全裁定，应当及时报送第二审人民法院。

第一百六十二条 第二审人民法院裁定对第一审人民法院采取的保全措施予以续保或者采取新的保全措施的，可以自行实施，也可以委托第一审人民法院实施。

再审人民法院裁定对原保全措施予以续保或者采取新的保全措施的，可以自行实施，也可以委托原审人民法院或者执行法院实施。

第一百六十三条 法律文书生效后，进入执行程序前，债权人因对方当事人转移财产等紧急情况，不申请保全将可能导致生效法律文书不能执行或者难以执行的，可以向执行法院申请采取保全措施。债权人在法律文书指定的履行期间届满后五日内不申请执行的，人民法院应当解除保全。

第一百六十四条 对申请保全人或者他人提供的担保财产，人民法院应当依法办理查封、扣押、冻结等手续。

第一百六十五条 人民法院裁定采取保全措施后，除作出保全裁定的人民法院自行解除或者其上级人民法院决定解除外，在保全期限内，任何单位不得解除保全措施。

第一百六十六条 裁定采取保全措施后，有下列情形之一的，人民法院应当作出解除保全裁定：

（一）保全错误的；

（二）申请人撤回保全申请的；

（三）申请人的起诉或者诉讼请求被生效裁

判驳回的；

（四）人民法院认为应当解除保全的其他情形。

解除以登记方式实施的保全措施的，应当向登记机关发出协助执行通知书。

第一百六十七条 财产保全的被保全人提供其他等值担保财产且有利于执行的，人民法院可以裁定变更保全标的物为被保全人提供的担保财产。

第一百六十八条 保全裁定未经人民法院依法撤销或者解除，进入执行程序后，自动转为执行中的查封、扣押、冻结措施，期限连续计算，执行法院无需重新制作裁定书，但查封、扣押、冻结期限届满的除外。

第一百六十九条 民事诉讼法规定的先予执行，人民法院应当在受理案件后终审判决作出前采取。先予执行应当限于当事人诉讼请求的范围，并以当事人的生活、生产经营的急需为限。

第一百七十条 民事诉讼法第一百零九条第三项规定的情况紧急，包括：

（一）需要立即停止侵害、排除妨碍的；

（二）需要立即制止某项行为的；

（三）追索恢复生产、经营急需的保险理赔费的；

（四）需要立即返还社会保险金、社会救助资金的；

（五）不立即返还款项，将严重影响权利人生活和生产经营的。

第一百七十一条 当事人对保全或者先予执行裁定不服的，可以自收到裁定书之日起五日内向作出裁定的人民法院申请复议。人民法院应当在收到复议申请后十日内审查。裁定正确的，驳回当事人的申请；裁定不当的，变更或者撤销原裁定。

第一百七十二条 利害关系人对保全或者先予执行的裁定不服申请复议的，由作出裁定的人民法院依照民事诉讼法第一百一十一条规定处理。

第一百七十三条 人民法院先予执行后，根据发生法律效力的判决，申请人应当返还因先予执行所取得的利益的，适用民事诉讼法第二百四十条的规定。

八、对妨害民事诉讼的强制措施

第一百七十四条 民事诉讼法第一百一十二条规定的必须到庭的被告，是指负有赡养、抚育、扶养义务和不到庭就无法查清案情的被告。

人民法院对必须到庭才能查清案件基本事实的原告，经两次传票传唤，无正当理由拒不到庭的，可以拘传。

第一百七十五条 拘传必须用拘传票，并直接送达被拘传人；在拘传前，应当向被拘传人说明拒不到庭的后果，经批评教育仍拒不到庭的，可以拘传其到庭。

第一百七十六条 诉讼参与人或者其他人有下列行为之一的，人民法院可以适用民事诉讼法第一百一十三条规定处理：

（一）未经准许进行录音、录像、摄影的；

（二）未经准许以移动通信等方式现场传播审判活动的；

（三）其他扰乱法庭秩序，妨害审判活动进行的。

有前款规定情形的，人民法院可以暂扣诉讼参与人或者其他人进行录音、录像、摄影、传播审判活动的器材，并责令其删除有关内容；拒不删除的，人民法院可以采取必要手段强制删除。

第一百七十七条 训诫、责令退出法庭由合议庭或者独任审判员决定。训诫的内容、被责令退出法庭者的违法事实应当记入庭审笔录。

第一百七十八条 人民法院依照民事诉讼法第一百一十三条至第一百一十七条的规定采取拘留措施的，应经院长批准，作出拘留决定书，由司法警察将被拘留人送交当地公安机关看管。

第一百七十九条 被拘留人不在本辖区的，作出拘留决定的人民法院应当派员到被拘留人所在地的人民法院，请该院协助执行，受委托的人民法院应当及时派员协助执行。被拘留人申请复议或者在拘留期间承认并改正错误，需要提前解除拘留的，受委托人民法院应当向委托人民法院转达或者提出建议，由委托人民法院审查决定。

第一百八十条 人民法院对被拘留人采取拘留措施后，应当在二十四小时内通知其家属；确实无法按时通知或者通知不到的，应当记录在案。

第一百八十一条 因哄闹、冲击法庭，用暴力、威胁等方法抗拒执行公务等紧急情况，必须立即采取拘留措施的，可在拘留后，立即报告院长补办批准手续。院长认为拘留不当的，应当解除拘留。

第一百八十二条 被拘留人在拘留期间认错悔改的，可以责令其具结悔过，提前解除拘留。提前解除拘留，应报经院长批准，并作出提前解除拘留决定书，交负责看管的公安机关执行。

第一百八十三条 民事诉讼法第一百一十三条至第一百一十六条规定的罚款、拘留可以单独适用，也可以合并适用。

第一百八十四条 对同一妨害民事诉讼行为的罚款、拘留不得连续适用。发生新的妨害民事诉讼行为的，人民法院可以重新予以罚款、拘留。

第一百八十五条 被罚款、拘留的人不服罚款、拘留决定申请复议的，应当自收到决定书之日起三日内提出。上级人民法院应当在收到复议申请后五日内作出决定，并将复议结果通知下级人民法院和当事人。

第一百八十六条 上级人民法院复议时认为强制措施不当的，应当制作决定书，撤销或者变更下级人民法院作出的拘留、罚款决定。情况紧急的，可以在口头通知后三日内发出决定书。

第一百八十七条 民事诉讼法第一百一十四条第一款第五项规定的以暴力、威胁或者其他方法阻碍司法工作人员执行职务的行为，包括：

（一）在人民法院哄闹、滞留，不听从司法工作人员劝阻的；

（二）故意毁损、抢夺人民法院法律文书、查封标志的；

（三）哄闹、冲击执行公务现场，围困、扣押执行或者协助执行公务人员的；

（四）毁损、抢夺、扣留案件材料、执行公务车辆、其他执行公务器械、执行公务人员服装和执行公务证件的；

（五）以暴力、威胁或者其他方法阻碍司法工作人员查询、查封、扣押、冻结、划拨、拍卖、变卖财产的；

（六）以暴力、威胁或者其他方法阻碍司法工作人员执行职务的其他行为。

第一百八十八条 民事诉讼法第一百一十四条第一款第六项规定的拒不履行人民法院已经发生法律效力的判决、裁定的行为，包括：

（一）在法律文书发生法律效力后隐藏、转移、变卖、毁损财产或者无偿转让财产、以明显不合理的价格交易财产、放弃到期债权、无偿为他人提供担保等，致使人民法院无法执行的；

（二）隐藏、转移、毁损或者未经人民法院允许处分已向人民法院提供担保的财产的；

（三）违反人民法院限制高消费令进行消费的；

（四）有履行能力而拒不按照人民法院执行

通知履行生效法律文书确定的义务的；

（五）有义务协助执行的个人接到人民法院协助执行通知书后，拒不协助执行的。

第一百八十九条　诉讼参与人或者其他人有下列行为之一的，人民法院可以适用民事诉讼法第一百一十四条的规定处理：

（一）冒充他人提起诉讼或者参加诉讼的；

（二）证人签署保证书后作虚假证言，妨碍人民法院审理案件的；

（三）伪造、隐藏、毁灭或者拒绝交出有关被执行人履行能力的重要证据，妨碍人民法院查明被执行人财产状况的；

（四）擅自解冻已被人民法院冻结的财产的；

（五）接到人民法院协助执行通知书后，给当事人通风报信，协助其转移、隐匿财产的。

第一百九十条　民事诉讼法第一百一十五条规定的他人合法权益，包括案外人的合法权益、国家利益、社会公共利益。

第三人根据民事诉讼法第五十九条第三款规定提起撤销之诉，经审查，原案当事人之间恶意串通进行虚假诉讼的，适用民事诉讼法第一百一十五条规定处理。

第一百九十一条　单位有民事诉讼法第一百一十五条或者第一百一十六条规定行为的，人民法院应当对该单位进行罚款，并可以对其主要负责人或者直接责任人员予以罚款、拘留；构成犯罪的，依法追究刑事责任。

第一百九十二条　有关单位接到人民法院协助执行通知书后，有下列行为之一的，人民法院可以适用民事诉讼法第一百一十七条规定处理：

（一）允许被执行人高消费的；

（二）允许被执行人出境的；

（三）拒不停止办理有关财产权证照转移手续、权属变更登记、规划审批等手续的；

（四）以需要内部请示、内部审批，有内部规定等为由拖延办理的。

第一百九十三条　人民法院对个人或者单位采取罚款措施时，应当根据其实施妨害民事诉讼行为的性质、情节、后果，当地的经济发展水平，以及诉讼标的额等因素，在民事诉讼法第一百一十八条第一款规定的限额内确定相应的罚款金额。

九、诉 讼 费 用

第一百九十四条　依照民事诉讼法第五十七条审理的案件不预交案件受理费，结案后按照诉讼标的额由败诉方交纳。

第一百九十五条　支付令失效后转入诉讼程序的，债权人应当按照《诉讼费用交纳办法》补交案件受理费。

支付令被撤销后，债权人另行起诉的，按照《诉讼费用交纳办法》交纳诉讼费用。

第一百九十六条　人民法院改变原判决、裁定、调解结果的，应当在裁判文书中对原审诉讼费用的负担一并作出处理。

第一百九十七条　诉讼标的物是证券的，按照证券交易规则并根据当事人起诉之日前最后一个交易日的收盘价、当日的市场价或者其载明的金额计算诉讼标的金额。

第一百九十八条　诉讼标的物是房屋、土地、林木、车辆、船舶、文物等特定物或者知识产权，起诉时价值难以确定的，人民法院应当向原告释明主张过高或者过低的诉讼风险，以原告主张的价值确定诉讼标的金额。

第一百九十九条　适用简易程序审理的案件转为普通程序的，原告自接到人民法院交纳诉讼费用通知之日起七日内补交案件受理费。

原告无正当理由未按期足额补交的，按撤诉处理，已经收取的诉讼费用退还一半。

第二百条　破产程序中有关债务人的民事诉讼案件，按照财产案件标准交纳诉讼费，但劳动争议案件除外。

第二百零一条　既有财产性诉讼请求，又有非财产性诉讼请求的，按照财产性诉讼请求的标准交纳诉讼费。

有多个财产性诉讼请求的，合并计算交纳诉讼费；诉讼请求中有多个非财产性诉讼请求的，按一件交纳诉讼费。

第二百零二条　原告、被告、第三人分别上诉的，按照上诉请求分别预交二审案件受理费。

同一方多人共同上诉的，只预交一份二审案件受理费；分别上诉的，按照上诉请求分别预交二审案件受理费。

第二百零三条　承担连带责任的当事人败诉的，应当共同负担诉讼费用。

第二百零四条　实现担保物权案件，人民法院裁定拍卖、变卖担保财产的，申请费由债务人、担保人负担；人民法院裁定驳回申请的，申请费由申请人负担。

申请人另行起诉的，其已经交纳的申请费可以从案件受理费中扣除。

第二百零五条　拍卖、变卖担保财产的裁定作出后，人民法院强制执行的，按照执行金额收取执行申请费。

第二百零六条　人民法院决定减半收取案件受理费的，只能减半一次。

第二百零七条　判决生效后，胜诉方预交但不应负担的诉讼费用，人民法院应当退还，由败诉方向人民法院交纳，但胜诉方自愿承担或者同意败诉方直接向其支付的除外。

当事人拒不交纳诉讼费用的，人民法院可以强制执行。

十、第一审普通程序

第二百零八条　人民法院接到当事人提交的民事起诉状时，对符合民事诉讼法第一百二十二条的规定，且不属于第一百二十七条规定情形的，应当登记立案；对当场不能判定是否符合起诉条件的，应当接收起诉材料，并出具注明收到日期的书面凭证。

需要补充必要相关材料的，人民法院应当及时告知当事人。在补齐相关材料后，应当在七日内决定是否立案。

立案后发现不符合起诉条件或者属于民事诉讼法第一百二十七条规定情形的，裁定驳回起诉。

第二百零九条　原告提供被告的姓名或者名称、住所等信息具体明确，足以使被告与他人相区别的，可以认定为有明确的被告。

起诉状列写被告信息不足以认定明确的被告的，人民法院可以告知原告补正。原告补正后仍不能确定明确的被告的，人民法院裁定不予受理。

第二百一十条　原告在起诉状中有谩骂和人身攻击之辞的，人民法院应当告知其修改后提起诉讼。

第二百一十一条　对本院没有管辖权的案件，告知原告向有管辖权的人民法院起诉；原告坚持起诉的，裁定不予受理；立案后发现本院没有管辖权的，应当将案件移送有管辖权的人民法院。

第二百一十二条　裁定不予受理、驳回起诉的案件，原告再次起诉，符合起诉条件且不属于民事诉讼法第一百二十七条规定情形的，人民法院应予受理。

第二百一十三条　原告应当预交而未预交案件受理费，人民法院应当通知其预交，通知后仍不预交或者申请减、缓、免未获批准而仍不预交的，裁定按撤诉处理。

第二百一十四条　原告撤诉或者人民法院按撤诉处理后，原告以同一诉讼请求再次起诉的，人民法院应予受理。

原告撤诉或者按撤诉处理的离婚案件，没有新情况、新理由，六个月内又起诉的，比照民事诉讼法第一百二十七条第七项的规定不予受理。

第二百一十五条　依照民事诉讼法第一百二十七条第二项的规定，当事人在书面合同中订有仲裁条款，或者在发生纠纷后达成书面仲裁协议，一方向人民法院起诉的，人民法院应当告知原告向仲裁机构申请仲裁，其坚持起诉的，裁定不予受理，但仲裁条款或者仲裁协议不成立、无效、失效、内容不明确无法执行的除外。

第二百一十六条　在人民法院首次开庭前，被告以有书面仲裁协议为由对受理民事案件提出异议的，人民法院应当进行审查。

经审查符合下列情形之一的，人民法院应当裁定驳回起诉：

（一）仲裁机构或者人民法院已经确认仲裁协议有效的；

（二）当事人没有在仲裁庭首次开庭前对仲裁协议的效力提出异议的；

（三）仲裁协议符合仲裁法第十六条规定且不具有仲裁法第十七条规定情形的。

第二百一十七条　夫妻一方下落不明，另一方诉至人民法院，只要求离婚，不申请宣告下落不明人失踪或者死亡的案件，人民法院应当受理，对下落不明人公告送达诉讼文书。

第二百一十八条　赡养费、扶养费、抚养费案件，裁判发生法律效力后，因新情况、新理由，一方当事人再行起诉要求增加或者减少费用的，人民法院应作为新案受理。

第二百一十九条　当事人超过诉讼时效期间起诉的，人民法院应予受理。受理后对方当事人提出诉讼时效抗辩，人民法院经审理认为抗辩事由成立的，判决驳回原告的诉讼请求。

第二百二十条　民事诉讼法第七十一条、第一百三十七条、第一百五十九条规定的商业秘密，是指生产工艺、配方、贸易联系、购销渠道等当事人不愿公开的技术秘密、商业情报及信息。

第二百二十一条　基于同一事实发生的纠纷，当事人分别向同一人民法院起诉的，人民法院可以合并审理。

第二百二十二条　原告在起诉状中直接列写第三人的，视为其申请人民法院追加该第三人参加诉讼。是否通知第三人参加诉讼，由人民法院审查决定。

第二百二十三条　当事人在提交答辩状期间提出管辖异议，又针对起诉状的内容进行答辩的，人民法院应当依照民事诉讼法第一百三十条第一款的规定，对管辖异议进行审查。

当事人未提出管辖异议，就案件实体内容进行答辩、陈述或者反诉的，可以认定为民事诉讼法第一百三十条第二款规定的应诉答辩。

第二百二十四条　依照民事诉讼法第一百三十六条第四项规定，人民法院可以在答辩期届满后，通过组织证据交换、召集庭前会议等方式，作好审理前的准备。

第二百二十五条　根据案件具体情况，庭前会议可以包括下列内容：

（一）明确原告的诉讼请求和被告的答辩意见；

（二）审查处理当事人增加、变更诉讼请求的申请和提出的反诉，以及第三人提出的与本案有关的诉讼请求；

（三）根据当事人的申请决定调查收集证据，委托鉴定，要求当事人提供证据，进行勘验，进行证据保全；

（四）组织交换证据；

（五）归纳争议焦点；

（六）进行调解。

第二百二十六条　人民法院应当根据当事人的诉讼请求、答辩意见以及证据交换的情况，归纳争议焦点，并就归纳的争议焦点征求当事人的意见。

第二百二十七条　人民法院适用普通程序审理案件，应当在开庭三日前用传票传唤当事人。对诉讼代理人、证人、鉴定人、勘验人、翻译人员应当用通知书通知其到庭。当事人或者其他诉讼参与人在外地的，应当留有必要的在途时间。

第二百二十八条　法庭审理应当围绕当事人争议的事实、证据和法律适用等焦点问题进行。

第二百二十九条　当事人在庭审中对其在审理前的准备阶段认可的事实和证据提出不同意见的，人民法院应当责令其说明理由。必要时，可以责令其提供相应证据。人民法院应当结合当事人的诉讼能力、证据和案件的具体情况进行审查。理由成立的，可以列入争议焦点进行审理。

第二百三十条　人民法院根据案件具体情况并征得当事人同意，可以将法庭调查和法庭辩论合并进行。

第二百三十一条　当事人在法庭上提出新的证据的，人民法院应当依照民事诉讼法第六十八条第二款规定和本解释相关规定处理。

第二百三十二条　在案件受理后，法庭辩论结束前，原告增加诉讼请求，被告提出反诉，第三人提出与本案有关的诉讼请求，可以合并审理的，人民法院应当合并审理。

第二百三十三条　反诉的当事人应当限于本诉的当事人的范围。

反诉与本诉的诉讼请求基于相同法律关系、诉讼请求之间具有因果关系，或者反诉与本诉的诉讼请求基于相同事实的，人民法院应当合并审理。

反诉应由其他人民法院专属管辖，或者与本诉的诉讼标的及诉讼请求所依据的事实、理由无关联的，裁定不予受理，告知另行起诉。

第二百三十四条　无民事行为能力人的离婚诉讼，当事人的法定代理人应当到庭；法定代理人不能到庭的，人民法院应当在查清事实的基础上，依法作出判决。

第二百三十五条　无民事行为能力的当事人的法定代理人，经传票传唤无正当理由拒不到庭，属于原告方的，比照民事诉讼法第一百四十六条的规定，按撤诉处理；属于被告方的，比照民事诉讼法第一百四十七条的规定，缺席判决。必要时，人民法院可以拘传其到庭。

第二百三十六条　有独立请求权的第三人经人民法院传票传唤，无正当理由拒不到庭的，或者未经法庭许可中途退庭的，比照民事诉讼法第一百四十六条的规定，按撤诉处理。

第二百三十七条　有独立请求权的第三人参加诉讼后，原告申请撤诉，人民法院在准许原告撤诉后，有独立请求权的第三人作为另案原告，原案原告、被告作为另案被告，诉讼继续进行。

第二百三十八条　当事人申请撤诉或者依法可以按撤诉处理的案件，如果当事人有违反法律的行为需要依法处理的，人民法院可以不准许撤诉或者不按撤诉处理。

法庭辩论终结后原告申请撤诉,被告不同意的,人民法院可以不予准许。

第二百三十九条　人民法院准许本诉原告撤诉的,应当对反诉继续审理;被告申请撤回反诉的,人民法院应予准许。

第二百四十条　无独立请求权的第三人经人民法院传票传唤,无正当理由拒不到庭,或者未经法庭许可中途退庭的,不影响案件的审理。

第二百四十一条　被告经传票传唤无正当理由拒不到庭,或者未经法庭许可中途退庭的,人民法院应当按期开庭或者继续开庭审理,对到庭的当事人诉讼请求、双方的诉辩理由以及已经提交的证据及其他诉讼材料进行审理后,可以依法缺席判决。

第二百四十二条　一审宣判后,原审人民法院发现判决有错误,当事人在上诉期内提出上诉的,原审人民法院可以提出原判决有错误的意见,报送第二审人民法院,由第二审人民法院按照第二审程序进行审理;当事人不上诉的,按照审判监督程序处理。

第二百四十三条　民事诉讼法第一百五十二条规定的审限,是指从立案之日起至裁判宣告、调解书送达之日止的期间,但公告期间、鉴定期间、双方当事人和解期间、审理当事人提出的管辖异议以及处理人民法院之间的管辖争议期间不应计算在内。

第二百四十四条　可以上诉的判决书、裁定书不能同时送达双方当事人的,上诉期从各自收到判决书、裁定书之日计算。

第二百四十五条　民事诉讼法第一百五十七条第一款第七项规定的笔误是指法律文书误写、误算,诉讼费用漏写、误算和其他笔误。

第二百四十六条　裁定中止诉讼的原因消除,恢复诉讼程序时,不必撤销原裁定,从人民法院通知或者准许当事人双方继续进行诉讼时起,中止诉讼的裁定即失去效力。

第二百四十七条　当事人就已经提起诉讼的事项在诉讼过程中或者裁判生效后再次起诉,同时符合下列条件的,构成重复起诉:

(一)后诉与前诉的当事人相同;

(二)后诉与前诉的诉讼标的相同;

(三)后诉与前诉的诉讼请求相同,或者后诉的诉讼请求实质上否定前诉裁判结果。

当事人重复起诉的,裁定不予受理;已经受理的,裁定驳回起诉,但法律、司法解释另有规定的除外。

第二百四十八条　裁判发生法律效力后,发生新的事实,当事人再次提起诉讼的,人民法院应当依法受理。

第二百四十九条　在诉讼中,争议的民事权利义务转移的,不影响当事人的诉讼主体资格和诉讼地位。人民法院作出的发生法律效力的判决、裁定对受让人具有拘束力。

受让人申请以无独立请求权的第三人身份参加诉讼的,人民法院可予准许。受让人申请替代当事人承担诉讼的,人民法院可以根据案件的具体情况决定是否准许;不予准许的,可以追加其为无独立请求权的第三人。

第二百五十条　依照本解释第二百四十九条规定,人民法院准许受让人替代当事人承担诉讼的,裁定变更当事人。

变更当事人后,诉讼程序以受让人为当事人继续进行,原当事人应当退出诉讼。原当事人已经完成的诉讼行为对受让人具有拘束力。

第二百五十一条　二审裁定撤销一审判决发回重

审的案件，当事人申请变更、增加诉讼请求或者提出反诉，第三人提出与本案有关的诉讼请求的，依照民事诉讼法第一百四十三条规定处理。

第二百五十二条 再审裁定撤销原判决、裁定发回重审的案件，当事人申请变更、增加诉讼请求或者提出反诉，符合下列情形之一的，人民法院应当准许：

（一）原审未合法传唤缺席判决，影响当事人行使诉讼权利的；

（二）追加新的诉讼当事人的；

（三）诉讼标的物灭失或者发生变化致使原诉讼请求无法实现的；

（四）当事人申请变更、增加的诉讼请求或者提出的反诉，无法通过另诉解决的。

第二百五十三条 当庭宣判的案件，除当事人当庭要求邮寄发送裁判文书的外，人民法院应当告知当事人或者诉讼代理人领取裁判文书的时间和地点以及逾期不领取的法律后果。上述情况，应当记入笔录。

第二百五十四条 公民、法人或者其他组织申请查阅发生法律效力的判决书、裁定书的，应当向作出该生效裁判的人民法院提出。申请应当以书面形式提出，并提供具体的案号或者当事人姓名、名称。

第二百五十五条 对于查阅判决书、裁定书的申请，人民法院根据下列情形分别处理：

（一）判决书、裁定书已经通过信息网络向社会公开的，应当引导申请人自行查阅；

（二）判决书、裁定书未通过信息网络向社会公开，且申请符合要求的，应当及时提供便捷的查阅服务；

（三）判决书、裁定书尚未发生法律效力，或者已失去法律效力的，不提供查阅并告知申请人；

（四）发生法律效力的判决书、裁定书不是本院作出的，应当告知申请人向作出生效裁判的人民法院申请查阅；

（五）申请查阅的内容涉及国家秘密、商业秘密、个人隐私的，不予准许并告知申请人。

十一、简易程序

第二百五十六条 民事诉讼法第一百六十条规定的简单民事案件中的事实清楚，是指当事人对争议的事实陈述基本一致，并能提供相应的证据，无须人民法院调查收集证据即可查明事实；权利义务关系明确是指能明确区分谁是责任的承担者，谁是权利的享有者；争议不大是指当事人对案件的是非、责任承担以及诉讼标的争执无原则分歧。

第二百五十七条 下列案件，不适用简易程序：

（一）起诉时被告下落不明的；

（二）发回重审的；

（三）当事人一方人数众多的；

（四）适用审判监督程序的；

（五）涉及国家利益、社会公共利益的；

（六）第三人起诉请求改变或者撤销生效判决、裁定、调解书的；

（七）其他不宜适用简易程序的案件。

第二百五十八条 适用简易程序审理的案件，审理期限到期后，有特殊情况需要延长的，经本院院长批准，可以延长审理期限。延长后的审理期限累计不得超过四个月。

人民法院发现案件不宜适用简易程序，需要转为普通程序审理的，应当在审理期限届满前作出裁定并将审判人员及相关事项书面通知双方当事人。

案件转为普通程序审理的，审理期限自人民

法院立案之日计算。

第二百五十九条　当事人双方可就开庭方式向人民法院提出申请，由人民法院决定是否准许。经当事人双方同意，可以采用视听传输技术等方式开庭。

第二百六十条　已经按照普通程序审理的案件，在开庭后不得转为简易程序审理。

第二百六十一条　适用简易程序审理案件，人民法院可以依照民事诉讼法第九十条、第一百六十二条的规定采取捎口信、电话、短信、传真、电子邮件等简便方式传唤双方当事人、通知证人和送达诉讼文书。

以简便方式送达的开庭通知，未经当事人确认或者没有其他证据证明当事人已经收到的，人民法院不得缺席判决。

适用简易程序审理案件，由审判员独任审判，书记员担任记录。

第二百六十二条　人民法庭制作的判决书、裁定书、调解书，必须加盖基层人民法院印章，不得用人民法庭的印章代替基层人民法院的印章。

第二百六十三条　适用简易程序审理案件，卷宗中应当具备以下材料：

（一）起诉状或者口头起诉笔录；

（二）答辩状或者口头答辩笔录；

（三）当事人身份证明材料；

（四）委托他人代理诉讼的授权委托书或者口头委托笔录；

（五）证据；

（六）询问当事人笔录；

（七）审理（包括调解）笔录；

（八）判决书、裁定书、调解书或者调解协议；

（九）送达和宣判笔录；

（十）执行情况；

（十一）诉讼费收据；

（十二）适用民事诉讼法第一百六十五条规定审理的，有关程序适用的书面告知。

第二百六十四条　当事人双方根据民事诉讼法第一百六十条第二款规定约定适用简易程序的，应当在开庭前提出。口头提出的，记入笔录，由双方当事人签名或者捺印确认。

本解释第二百五十七条规定的案件，当事人约定适用简易程序的，人民法院不予准许。

第二百六十五条　原告口头起诉的，人民法院应当将当事人的姓名、性别、工作单位、住所、联系方式等基本信息，诉讼请求，事实及理由等准确记入笔录，由原告核对无误后签名或者捺印。对当事人提交的证据材料，应当出具收据。

第二百六十六条　适用简易程序案件的举证期限由人民法院确定，也可以由当事人协商一致并经人民法院准许，但不得超过十五日。被告要求书面答辩的，人民法院可在征得其同意的基础上，合理确定答辩期间。

人民法院应当将举证期限和开庭日期告知双方当事人，并向当事人说明逾期举证以及拒不到庭的法律后果，由双方当事人在笔录和开庭传票的送达回证上签名或者捺印。

当事人双方均表示不需要举证期限、答辩期间的，人民法院可以立即开庭审理或者确定开庭日期。

第二百六十七条　适用简易程序审理案件，可以简便方式进行审理前的准备。

第二百六十八条　对没有委托律师、基层法律服务工作者代理诉讼的当事人，人民法院在庭审过程中可以对回避、自认、举证证明责任等相关内容向其作必要的解释或者说明，并在庭审过程中适当提示当事人正确行使诉讼权利、履行诉讼义务。

第二百六十九条 当事人就案件适用简易程序提出异议,人民法院经审查,异议成立的,裁定转为普通程序;异议不成立的,裁定驳回。裁定以口头方式作出的,应当记入笔录。

转为普通程序的,人民法院应当将审判人员及相关事项以书面形式通知双方当事人。

转为普通程序前,双方当事人已确认的事实,可以不再进行举证、质证。

第二百七十条 适用简易程序审理的案件,有下列情形之一的,人民法院在制作判决书、裁定书、调解书时,对认定事实或者裁判理由部分可以适当简化:

(一)当事人达成调解协议并需要制作民事调解书的;

(二)一方当事人明确表示承认对方全部或者部分诉讼请求的;

(三)涉及商业秘密、个人隐私的案件,当事人一方要求简化裁判文书中的相关内容,人民法院认为理由正当的;

(四)当事人双方同意简化的。

十二、简易程序中的小额诉讼

第二百七十一条 人民法院审理小额诉讼案件,适用民事诉讼法第一百六十五条的规定,实行一审终审。

第二百七十二条 民事诉讼法第一百六十五条规定的各省、自治区、直辖市上年度就业人员年平均工资,是指已经公布的各省、自治区、直辖市上一年度就业人员年平均工资。在上一年度就业人员年平均工资公布前,以已经公布的最近年度就业人员年平均工资为准。

第二百七十三条 海事法院可以适用小额诉讼的程序审理海事、海商案件。案件标的额应当以实际受理案件的海事法院或者其派出法庭所在的省、自治区、直辖市上年度就业人员年平均工资为基数计算。

第二百七十四条 人民法院受理小额诉讼案件,应当向当事人告知该类案件的审判组织、一审终审、审理期限、诉讼费用交纳标准等相关事项。

第二百七十五条 小额诉讼案件的举证期限由人民法院确定,也可以由当事人协商一致并经人民法院准许,但一般不超过七日。

被告要求书面答辩的,人民法院可以在征得其同意的基础上合理确定答辩期间,但最长不得超过十五日。

当事人到庭后表示不需要举证期限和答辩期间的,人民法院可立即开庭审理。

第二百七十六条 当事人对小额诉讼案件提出管辖异议的,人民法院应当作出裁定。裁定一经作出即生效。

第二百七十七条 人民法院受理小额诉讼案件后,发现起诉不符合民事诉讼法第一百二十二条规定的起诉条件的,裁定驳回起诉。裁定一经作出即生效。

第二百七十八条 因当事人申请增加或者变更诉讼请求、提出反诉、追加当事人等,致使案件不符合小额诉讼案件条件的,应当适用简易程序的其他规定审理。

前款规定案件,应当适用普通程序审理的,裁定转为普通程序。

适用简易程序的其他规定或者普通程序审理前,双方当事人已确认的事实,可以不再进行举证、质证。

第二百七十九条 当事人对按照小额诉讼案件审理有异议的,应当在开庭前提出。人民法院经审查，异议成立的，适用简易程序的其他规定审理或者裁定转为普通程序；异议不成立的，裁定驳回。裁定以口头方式作出的，应当记入笔录。

第二百八十条　小额诉讼案件的裁判文书可以简化，主要记载当事人基本信息、诉讼请求、裁判主文等内容。

第二百八十一条　人民法院审理小额诉讼案件，本解释没有规定的，适用简易程序的其他规定。

十三、公益诉讼

第二百八十二条　环境保护法、消费者权益保护法等法律规定的机关和有关组织对污染环境、侵害众多消费者合法权益等损害社会公共利益的行为，根据民事诉讼法第五十八条规定提起公益诉讼，符合下列条件的，人民法院应当受理：

（一）有明确的被告；

（二）有具体的诉讼请求；

（三）有社会公共利益受到损害的初步证据；

（四）属于人民法院受理民事诉讼的范围和受诉人民法院管辖。

第二百八十三条　公益诉讼案件由侵权行为地或者被告住所地中级人民法院管辖，但法律、司法解释另有规定的除外。

因污染海洋环境提起的公益诉讼，由污染发生地、损害结果地或者采取预防污染措施地海事法院管辖。

对同一侵权行为分别向两个以上人民法院提起公益诉讼的，由最先立案的人民法院管辖，必要时由它们的共同上级人民法院指定管辖。

第二百八十四条　人民法院受理公益诉讼案件后，应当在十日内书面告知相关行政主管部门。

第二百八十五条　人民法院受理公益诉讼案件后，依法可以提起诉讼的其他机关和有关组织，可以在开庭前向人民法院申请参加诉讼。人民法院准许参加诉讼的，列为共同原告。

第二百八十六条　人民法院受理公益诉讼案件，不影响同一侵权行为的受害人根据民事诉讼法第一百二十二条规定提起诉讼。

第二百八十七条　对公益诉讼案件，当事人可以和解，人民法院可以调解。

当事人达成和解或者调解协议后，人民法院应当将和解或者调解协议进行公告。公告期间不得少于三十日。

公告期满后，人民法院经审查，和解或者调解协议不违反社会公共利益的，应当出具调解书；和解或者调解协议违反社会公共利益的，不予出具调解书，继续对案件进行审理并依法作出裁判。

第二百八十八条　公益诉讼案件的原告在法庭辩论终结后申请撤诉的，人民法院不予准许。

第二百八十九条　公益诉讼案件的裁判发生法律效力后，其他依法具有原告资格的机关和有关组织就同一侵权行为另行提起公益诉讼的，人民法院裁定不予受理，但法律、司法解释另有规定的除外。

十四、第三人撤销之诉

第二百九十条　第三人对已经发生法律效力的判决、裁定、调解书提起撤销之诉的，应当自知道或者应当知道其民事权益受到损害之日起六个月内，向作出生效判决、裁定、调解书的人民法院提出，并应当提供存在下列情形的证据材料：

（一）因不能归责于本人的事由未参加诉讼；

（二）发生法律效力的判决、裁定、调解书的全部或者部分内容错误；

（三）发生法律效力的判决、裁定、调解书内容错误损害其民事权益。

第二百九十一条　人民法院应当在收到起诉状和证据材料之日起五日内送交对方当事人，对方当事人可以自收到起诉状之日起十日内提出书面意见。

人民法院应当对第三人提交的起诉状、证据材料以及对方当事人的书面意见进行审查。必要时，可以询问双方当事人。

经审查，符合起诉条件的，人民法院应当在收到起诉状之日起三十日内立案。不符合起诉条件的，应当在收到起诉状之日起三十日内裁定不予受理。

第二百九十二条　人民法院对第三人撤销之诉案件，应当组成合议庭开庭审理。

第二百九十三条　民事诉讼法第五十九条第三款规定的因不能归责于本人的事由未参加诉讼，是指没有被列为生效判决、裁定、调解书当事人，且无过错或者无明显过错的情形。包括：

（一）不知道诉讼而未参加的；

（二）申请参加未获准许的；

（三）知道诉讼，但因客观原因无法参加的；

（四）因其他不能归责于本人的事由未参加诉讼的。

第二百九十四条　民事诉讼法第五十九条第三款规定的判决、裁定、调解书的部分或者全部内容，是指判决、裁定的主文，调解书中处理当事人民事权利义务的结果。

第二百九十五条　对下列情形提起第三人撤销之诉的，人民法院不予受理：

（一）适用特别程序、督促程序、公示催告程序、破产程序等非讼程序处理的案件；

（二）婚姻无效、撤销或者解除婚姻关系等判决、裁定、调解书中涉及身份关系的内容；

（三）民事诉讼法第五十七条规定的未参加登记的权利人对代表人诉讼案件的生效裁判；

（四）民事诉讼法第五十八条规定的损害社会公共利益行为的受害人对公益诉讼案件的生效裁判。

第二百九十六条　第三人提起撤销之诉，人民法院应当将该第三人列为原告，生效判决、裁定、调解书的当事人列为被告，但生效判决、裁定、调解书中没有承担责任的无独立请求权的第三人列为第三人。

第二百九十七条　受理第三人撤销之诉案件后，原告提供相应担保，请求中止执行的，人民法院可以准许。

第二百九十八条　对第三人撤销或者部分撤销发生法律效力的判决、裁定、调解书内容的请求，人民法院经审理，按下列情形分别处理：

（一）请求成立且确认其民事权利的主张全部或部分成立的，改变原判决、裁定、调解书内容的错误部分；

（二）请求成立，但确认其全部或部分民事权利的主张不成立，或者未提出确认其民事权利请求的，撤销原判决、裁定、调解书内容的错误部分；

（三）请求不成立的，驳回诉讼请求。

对前款规定裁判不服的，当事人可以上诉。

原判决、裁定、调解书的内容未改变或者未撤销的部分继续有效。

第二百九十九条　第三人撤销之诉案件审理期间，人民法院对生效判决、裁定、调解书裁定再审的，受理第三人撤销之诉的人民法院应当裁定将第三人的诉讼请求并入再审程序。但有证据证明原审当事人之间恶意串通损害第三人合法权益的，人民法院应当先行审理第三人撤销之诉案件，裁定中止再审诉讼。

第三百条　第三人诉讼请求并入再审程序审理的，按照下列情形分别处理：

（一）按照第一审程序审理的，人民法院应当对第三人的诉讼请求一并审理，所作的判决可以上诉；

（二）按照第二审程序审理的，人民法院可以调解，调解达不成协议的，应当裁定撤销原判决、裁定、调解书，发回一审法院重审，重审时应当列明第三人。

第三百零一条　第三人提起撤销之诉后，未中止生效判决、裁定、调解书执行的，执行法院对第三人依照民事诉讼法第二百三十四条规定提出的执行异议，应予审查。第三人不服驳回执行异议裁定，申请对原判决、裁定、调解书再审的，人民法院不予受理。

案外人对人民法院驳回其执行异议裁定不服，认为原判决、裁定、调解书内容错误损害其合法权益的，应当根据民事诉讼法第二百三十四条规定申请再审，提起第三人撤销之诉的，人民法院不予受理。

十五、执行异议之诉

第三百零二条　根据民事诉讼法第二百三十四条规定，案外人、当事人对执行异议裁定不服，自裁定送达之日起十五日内向人民法院提起执行异议之诉的，由执行法院管辖。

第三百零三条　案外人提起执行异议之诉，除符合民事诉讼法第一百二十二条规定外，还应当具备下列条件：

（一）案外人的执行异议申请已经被人民法院裁定驳回；

（二）有明确的排除对执行标的执行的诉讼请求，且诉讼请求与原判决、裁定无关；

（三）自执行异议裁定送达之日起十五日内提起。

人民法院应当在收到起诉状之日起十五日内决定是否立案。

第三百零四条　申请执行人提起执行异议之诉，除符合民事诉讼法第一百二十二条规定外，还应当具备下列条件：

（一）依案外人执行异议申请，人民法院裁定中止执行；

（二）有明确的对执行标的继续执行的诉讼请求，且诉讼请求与原判决、裁定无关；

（三）自执行异议裁定送达之日起十五日内提起。

人民法院应当在收到起诉状之日起十五日内决定是否立案。

第三百零五条　案外人提起执行异议之诉的，以申请执行人为被告。被执行人反对案外人异议的，被执行人为共同被告；被执行人不反对案外人异议的，可以列被执行人为第三人。

第三百零六条　申请执行人提起执行异议之诉的，以案外人为被告。被执行人反对申请执行人主张的，以案外人和被执行人为共同被告；被执行人不反对申请执行人主张的，可以列被执行人为第三人。

第三百零七条　申请执行人对中止执行裁定未提起执行异议之诉，被执行人提起执行异议之诉的，人民法院告知其另行起诉。

第三百零八条　人民法院审理执行异议之诉案件，适用普通程序。

第三百零九条　案外人或者申请执行人提起执行异议之诉的，案外人应当就其对执行标的享有足以排除强制执行的民事权益承担举证证明责任。

第三百一十条　对案外人提起的执行异议之诉，人民法院经审理，按照下列情形分别处理：

（一）案外人就执行标的享有足以排除强制执行的民事权益的，判决不得执行该执行标的；

（二）案外人就执行标的不享有足以排除强制执行的民事权益的，判决驳回诉讼请求。

案外人同时提出确认其权利的诉讼请求的，人民法院可以在判决中一并作出裁判。

第三百一十一条 对申请执行人提起的执行异议之诉，人民法院经审理，按照下列情形分别处理：

（一）案外人就执行标的不享有足以排除强制执行的民事权益的，判决准许执行该执行标的；

（二）案外人就执行标的享有足以排除强制执行的民事权益的，判决驳回诉讼请求。

第三百一十二条 对案外人执行异议之诉，人民法院判决不得对执行标的执行的，执行异议裁定失效。

对申请执行人执行异议之诉，人民法院判决准许对该执行标的执行的，执行异议裁定失效，执行法院可以根据申请执行人的申请或者依职权恢复执行。

第三百一十三条 案外人执行异议之诉审理期间，人民法院不得对执行标的进行处分。申请执行人请求人民法院继续执行并提供相应担保的，人民法院可以准许。

被执行人与案外人恶意串通，通过执行异议、执行异议之诉妨害执行的，人民法院应当依照民事诉讼法第一百一十六条规定处理。申请执行人因此受到损害的，可以提起诉讼要求被执行人、案外人赔偿。

第三百一十四条 人民法院对执行标的裁定中止执行后，申请执行人在法律规定的期间内未提起执行异议之诉的，人民法院应当自起诉期限届满之日起七日内解除对该执行标的采取的执行措施。

十六、第二审程序

第三百一十五条 双方当事人和第三人都提起上诉的，均列为上诉人。人民法院可以依职权确定第二审程序中当事人的诉讼地位。

第三百一十六条 民事诉讼法第一百七十三条、第一百七十四条规定的对方当事人包括被上诉人和原审其他当事人。

第三百一十七条 必要共同诉讼人的一人或者部分人提起上诉的，按下列情形分别处理：

（一）上诉仅对与对方当事人之间权利义务分担有意见，不涉及其他共同诉讼人利益的，对方当事人为被上诉人，未上诉的同一方当事人依原审诉讼地位列明；

（二）上诉仅对共同诉讼人之间权利义务分担有意见，不涉及对方当事人利益的，未上诉的同一方当事人为被上诉人，对方当事人依原审诉讼地位列明；

（三）上诉对双方当事人之间以及共同诉讼人之间权利义务承担有意见的，未提起上诉的其他当事人均为被上诉人。

第三百一十八条 一审宣判时或者判决书、裁定书送达时，当事人口头表示上诉的，人民法院应告知其必须在法定上诉期间内递交上诉状。未在法定上诉期间内递交上诉状的，视为未提起上诉。虽递交上诉状，但未在指定的期限内交纳上诉费的，按自动撤回上诉处理。

第三百一十九条 无民事行为能力人、限制民事行为能力人的法定代理人，可以代理当事人提起上诉。

第三百二十条 上诉案件的当事人死亡或者终止的，人民法院依法通知其权利义务承继者参加诉讼。

需要终结诉讼的，适用民事诉讼法第一百五十四条规定。

第三百二十一条　第二审人民法院应当围绕当事人的上诉请求进行审理。

当事人没有提出请求的，不予审理，但一审判决违反法律禁止性规定，或者损害国家利益、社会公共利益、他人合法权益的除外。

第三百二十二条　开庭审理的上诉案件，第二审人民法院可以依照民事诉讼法第一百三十六条第四项规定进行审理前的准备。

第三百二十三条　下列情形，可以认定为民事诉讼法第一百七十七条第一款第四项规定的严重违反法定程序：

（一）审判组织的组成不合法的；

（二）应当回避的审判人员未回避的；

（三）无诉讼行为能力人未经法定代理人代为诉讼的；

（四）违法剥夺当事人辩论权利的。

第三百二十四条　对当事人在第一审程序中已经提出的诉讼请求，原审人民法院未作审理、判决的，第二审人民法院可以根据当事人自愿的原则进行调解；调解不成的，发回重审。

第三百二十五条　必须参加诉讼的当事人或者有独立请求权的第三人，在第一审程序中未参加诉讼，第二审人民法院可以根据当事人自愿的原则予以调解；调解不成的，发回重审。

第三百二十六条　在第二审程序中，原审原告增加独立的诉讼请求或者原审被告提出反诉的，第二审人民法院可以根据当事人自愿的原则就新增加的诉讼请求或者反诉进行调解；调解不成的，告知当事人另行起诉。

双方当事人同意由第二审人民法院一并审理的，第二审人民法院可以一并裁判。

第三百二十七条　一审判决不准离婚的案件，上诉后，第二审人民法院认为应当判决离婚的，可以根据当事人自愿的原则，与子女抚养、财产问题一并调解；调解不成的，发回重审。

双方当事人同意由第二审人民法院一并审理的，第二审人民法院可以一并裁判。

第三百二十八条　人民法院依照第二审程序审理案件，认为依法不应由人民法院受理的，可以由第二审人民法院直接裁定撤销原裁判，驳回起诉。

第三百二十九条　人民法院依照第二审程序审理案件，认为第一审人民法院受理案件违反专属管辖规定的，应当裁定撤销原裁判并移送有管辖权的人民法院。

第三百三十条　第二审人民法院查明第一审人民法院作出的不予受理裁定有错误的，应当在撤销原裁定的同时，指令第一审人民法院立案受理；查明第一审人民法院作出的驳回起诉裁定有错误的，应当在撤销原裁定的同时，指令第一审人民法院审理。

第三百三十一条　第二审人民法院对下列上诉案件，依照民事诉讼法第一百七十六条规定可以不开庭审理：

（一）不服不予受理、管辖权异议和驳回起诉裁定的；

（二）当事人提出的上诉请求明显不能成立的；

（三）原判决、裁定认定事实清楚，但适用法律错误的；

（四）原判决严重违反法定程序，需要发回重审的。

第三百三十二条　原判决、裁定认定事实或者适用法律虽有瑕疵，但裁判结果正确的，第二审人民法院可以在判决、裁定中纠正瑕疵后，依照民事诉讼法第一百七十七条第一款第一项规定予以维持。

第三百三十三条 民事诉讼法第一百七十七条第一款第三项规定的基本事实，是指用以确定当事人主体资格、案件性质、民事权利义务等对原判决、裁定的结果有实质性影响的事实。

第三百三十四条 在第二审程序中，作为当事人的法人或者其他组织分立的，人民法院可以直接将分立后的法人或者其他组织列为共同诉讼人；合并的，将合并后的法人或者其他组织列为当事人。

第三百三十五条 在第二审程序中，当事人申请撤回上诉，人民法院经审查认为一审判决确有错误，或者当事人之间恶意串通损害国家利益、社会公共利益、他人合法权益的，不应准许。

第三百三十六条 在第二审程序中，原审原告申请撤回起诉，经其他当事人同意，且不损害国家利益、社会公共利益、他人合法权益的，人民法院可以准许。准许撤诉的，应当一并裁定撤销一审裁判。

原审原告在第二审程序中撤回起诉后重复起诉的，人民法院不予受理。

第三百三十七条 当事人在第二审程序中达成和解协议的，人民法院可以根据当事人的请求，对双方达成的和解协议进行审查并制作调解书送达当事人；因和解而申请撤诉，经审查符合撤诉条件的，人民法院应予准许。

第三百三十八条 第二审人民法院宣告判决可以自行宣判，也可以委托原审人民法院或者当事人所在地人民法院代行宣判。

第三百三十九条 人民法院审理对裁定的上诉案件，应当在第二审立案之日起三十日内作出终审裁定。有特殊情况需要延长审限的，由本院院长批准。

第三百四十条 当事人在第一审程序中实施的诉讼行为，在第二审程序中对该当事人仍具有拘束力。

当事人推翻其在第一审程序中实施的诉讼行为时，人民法院应当责令其说明理由。理由不成立的，不予支持。

十七、特 别 程 序

第三百四十一条 宣告失踪或者宣告死亡案件，人民法院可以根据申请人的请求，清理下落不明人的财产，并指定案件审理期间的财产管理人。公告期满后，人民法院判决宣告失踪的，应当同时依照民法典第四十二条的规定指定失踪人的财产代管人。

第三百四十二条 失踪人的财产代管人经人民法院指定后，代管人申请变更代管的，比照民事诉讼法特别程序的有关规定进行审理。申请理由成立的，裁定撤销申请人的代管人身份，同时另行指定财产代管人；申请理由不成立的，裁定驳回申请。

失踪人的其他利害关系人申请变更代管的，人民法院应当告知其以原指定的代管人为被告起诉，并按普通程序进行审理。

第三百四十三条 人民法院判决宣告公民失踪后，利害关系人向人民法院申请宣告失踪人死亡，自失踪之日起满四年的，人民法院应当受理，宣告失踪的判决即是该公民失踪的证明，审理中仍应依照民事诉讼法第一百九十二条规定进行公告。

第三百四十四条 符合法律规定的多个利害关系人提出宣告失踪、宣告死亡申请的，列为共同申请人。

第三百四十五条　寻找下落不明人的公告应当记载下列内容：

（一）被申请人应当在规定期间内向受理法院申报其具体地址及其联系方式。否则，被申请人将被宣告失踪、宣告死亡；

（二）凡知悉被申请人生存现状的人，应当在公告期间内将其所知道情况向受理法院报告。

第三百四十六条　人民法院受理宣告失踪、宣告死亡案件后，作出判决前，申请人撤回申请的，人民法院应当裁定终结案件，但其他符合法律规定的利害关系人加入程序要求继续审理的除外。

第三百四十七条　在诉讼中，当事人的利害关系人或者有关组织提出该当事人不能辨认或者不能完全辨认自己的行为，要求宣告该当事人无民事行为能力或者限制民事行为能力的，应由利害关系人或者有关组织向人民法院提出申请，由受诉人民法院按照特别程序立案审理，原诉讼中止。

第三百四十八条　认定财产无主案件，公告期间有人对财产提出请求的，人民法院应当裁定终结特别程序，告知申请人另行起诉，适用普通程序审理。

第三百四十九条　被指定的监护人不服居民委员会、村民委员会或者民政部门指定，应当自接到通知之日起三十日内向人民法院提出异议。经审理，认为指定并无不当的，裁定驳回异议；指定不当的，判决撤销指定，同时另行指定监护人。判决书应当送达异议人、原指定单位及判决指定的监护人。

有关当事人依照民法典第三十一条第一款规定直接向人民法院申请指定监护人的，适用特别程序审理，判决指定监护人。判决书应当送达申请人、判决指定的监护人。

第三百五十条　申请认定公民无民事行为能力或者限制民事行为能力的案件，被申请人没有近亲属的，人民法院可以指定经被申请人住所地的居民委员会、村民委员会或者民政部门同意，且愿意担任代理人的个人或者组织为代理人。

没有前款规定的代理人的，由被申请人住所地的居民委员会、村民委员会或者民政部门担任代理人。

代理人可以是一人，也可以是同一顺序中的两人。

第三百五十一条　申请司法确认调解协议的，双方当事人应当本人或者由符合民事诉讼法第六十一条规定的代理人依照民事诉讼法第二百零一条的规定提出申请。

第三百五十二条　调解组织自行开展的调解，有两个以上调解组织参与的，符合民事诉讼法第二百零一条规定的各调解组织所在地人民法院均有管辖权。

双方当事人可以共同向符合民事诉讼法第二百零一条规定的其中一个有管辖权的人民法院提出申请；双方当事人共同向两个以上有管辖权的人民法院提出申请的，由最先立案的人民法院管辖。

第三百五十三条　当事人申请司法确认调解协议，可以采用书面形式或者口头形式。当事人口头申请的，人民法院应当记入笔录，并由当事人签名、捺印或者盖章。

第三百五十四条　当事人申请司法确认调解协议，应当向人民法院提交调解协议、调解组织主持调解的证明，以及与调解协议相关的财产权利证明等材料，并提供双方当事人的身份、住所、联系方式等基本信息。

当事人未提交上述材料的，人民法院应当要求当事人限期补交。

第三百五十五条　当事人申请司法确认调解协议，有下列情形之一的，人民法院裁定不予受理：

（一）不属于人民法院受理范围的；

（二）不属于收到申请的人民法院管辖的；

（三）申请确认婚姻关系、亲子关系、收养关系等身份关系无效、有效或者解除的；

（四）涉及适用其他特别程序、公示催告程序、破产程序审理的；

（五）调解协议内容涉及物权、知识产权确权的。

人民法院受理申请后，发现有上述不予受理情形的，应当裁定驳回当事人的申请。

第三百五十六条　人民法院审查相关情况时，应当通知双方当事人共同到场对案件进行核实。

人民法院经审查，认为当事人的陈述或者提供的证明材料不充分、不完备或者有疑义的，可以要求当事人限期补充陈述或者补充证明材料。必要时，人民法院可以向调解组织核实有关情况。

第三百五十七条　确认调解协议的裁定作出前，当事人撤回申请的，人民法院可以裁定准许。

当事人无正当理由未在限期内补充陈述、补充证明材料或者拒不接受询问的，人民法院可以按撤回申请处理。

第三百五十八条　经审查，调解协议有下列情形之一的，人民法院应当裁定驳回申请：

（一）违反法律强制性规定的；

（二）损害国家利益、社会公共利益、他人合法权益的；

（三）违背公序良俗的；

（四）违反自愿原则的；

（五）内容不明确的；

（六）其他不能进行司法确认的情形。

第三百五十九条　民事诉讼法第二百零三条规定的担保物权人，包括抵押权人、质权人、留置权人；其他有权请求实现担保物权的人，包括抵押人、出质人、财产被留置的债务人或者所有权人等。

第三百六十条　实现票据、仓单、提单等有权利凭证的权利质权案件，可以由权利凭证持有人住所地人民法院管辖；无权利凭证的权利质权，由出质登记地人民法院管辖。

第三百六十一条　实现担保物权案件属于海事法院等专门人民法院管辖的，由专门人民法院管辖。

第三百六十二条　同一债权的担保物有多个且所在地不同，申请人分别向有管辖权的人民法院申请实现担保物权的，人民法院应当依法受理。

第三百六十三条　依照民法典第三百九十二条的规定，被担保的债权既有物的担保又有人的担保，当事人对实现担保物权的顺序有约定，实现担保物权的申请违反该约定的，人民法院裁定不予受理；没有约定或者约定不明的，人民法院应当受理。

第三百六十四条　同一财产上设立多个担保物权，登记在先的担保物权尚未实现的，不影响后顺位的担保物权人向人民法院申请实现担保物权。

第三百六十五条　申请实现担保物权，应当提交下列材料：

（一）申请书。申请书应当记明申请人、被申请人的姓名或者名称、联系方式等基本信息，具体的请求和事实、理由；

（二）证明担保物权存在的材料，包括主合同、担保合同、抵押登记证明或者他项权利证书，权利质权的权利凭证或者质权出质登记证明等；

（三）证明实现担保物权条件成就的材料；

（四）担保财产现状的说明；

（五）人民法院认为需要提交的其他材料。

第三百六十六条　人民法院受理申请后，应当在五日内向被申请人送达申请书副本、异议权利告知书等文书。

被申请人有异议的，应当在收到人民法院通知后的五日内向人民法院提出，同时说明理由并提供相应的证据材料。

第三百六十七条　实现担保物权案件可以由审判员一人独任审查。担保财产标的额超过基层人民法院管辖范围的，应当组成合议庭进行审查。

第三百六十八条　人民法院审查实现担保物权案件，可以询问申请人、被申请人、利害关系人，必要时可以依职权调查相关事实。

第三百六十九条　人民法院应当就主合同的效力、期限、履行情况，担保物权是否有效设立、担保财产的范围、被担保的债权范围、被担保的债权是否已届清偿期等担保物权实现的条件，以及是否损害他人合法权益等内容进行审查。

被申请人或者利害关系人提出异议的，人民法院应当一并审查。

第三百七十条　人民法院审查后，按下列情形分别处理：

（一）当事人对实现担保物权无实质性争议且实现担保物权条件成就的，裁定准许拍卖、变卖担保财产；

（二）当事人对实现担保物权有部分实质性争议的，可以就无争议部分裁定准许拍卖、变卖担保财产；

（三）当事人对实现担保物权有实质性争议的，裁定驳回申请，并告知申请人向人民法院提起诉讼。

第三百七十一条　人民法院受理申请后，申请人对担保财产提出保全申请的，可以按照民事诉讼法关于诉讼保全的规定办理。

第三百七十二条　适用特别程序作出的判决、裁定，当事人、利害关系人认为有错误的，可以向作出该判决、裁定的人民法院提出异议。人民法院经审查，异议成立或者部分成立的，作出新的判决、裁定撤销或者改变原判决、裁定；异议不成立的，裁定驳回。

对人民法院作出的确认调解协议、准许实现担保物权的裁定，当事人有异议的，应当自收到裁定之日起十五日内提出；利害关系人有异议的，自知道或者应当知道其民事权益受到侵害之日起六个月内提出。

十八、审判监督程序

第三百七十三条　当事人死亡或者终止的，其权利义务承继者可以根据民事诉讼法第二百零六条、第二百零八条的规定申请再审。

判决、调解书生效后，当事人将判决、调解书确认的债权转让，债权受让人对该判决、调解书不服申请再审的，人民法院不予受理。

第三百七十四条　民事诉讼法第二百零六条规定的人数众多的一方当事人，包括公民、法人和其他组织。

民事诉讼法第二百零六条规定的当事人双方为公民的案件，是指原告和被告均为公民的案件。

第三百七十五条　当事人申请再审，应当提交下列材料：

（一）再审申请书，并按照被申请人和原审其他当事人的人数提交副本；

（二）再审申请人是自然人的，应当提交身份证明；再审申请人是法人或者其他组织的，应当提交营业执照、组织机构代码证书、法定代表人或者主要负责人身份证明书。委托他人代为申请的，应当提交授权委托书和代理人身份证明；

（三）原审判决书、裁定书、调解书；

（四）反映案件基本事实的主要证据及其他材料。

前款第二项、第三项、第四项规定的材料可以是与原件核对无异的复印件。

第三百七十六条　再审申请书应当记明下列事项：

（一）再审申请人与被申请人及原审其他当事人的基本信息；

（二）原审人民法院的名称，原审裁判文书案号；

（三）具体的再审请求；

（四）申请再审的法定情形及具体事实、理由。

再审申请书应当明确申请再审的人民法院，并由再审申请人签名、捺印或者盖章。

第三百七十七条　当事人一方人数众多或者当事人双方为公民的案件，当事人分别向原审人民法院和上一级人民法院申请再审且不能协商一致的，由原审人民法院受理。

第三百七十八条　适用特别程序、督促程序、公示催告程序、破产程序等非讼程序审理的案件，当事人不得申请再审。

第三百七十九条　当事人认为发生法律效力的不予受理、驳回起诉的裁定错误的，可以申请再审。

第三百八十条　当事人就离婚案件中的财产分割问题申请再审，如涉及判决中已分割的财产，人民法院应当依照民事诉讼法第二百零七条的规定进行审查，符合再审条件的，应当裁定再审；如涉及判决中未作处理的夫妻共同财产，应当告知当事人另行起诉。

第三百八十一条　当事人申请再审，有下列情形之一的，人民法院不予受理：

（一）再审申请被驳回后再次提出申请的；

（二）对再审判决、裁定提出申请的；

（三）在人民检察院对当事人的申请作出不予提出再审检察建议或者抗诉决定后又提出申请的。

前款第一项、第二项规定情形，人民法院应当告知当事人可以向人民检察院申请再审检察建议或者抗诉，但因人民检察院提出再审检察建议或者抗诉而再审作出的判决、裁定除外。

第三百八十二条　当事人对已经发生法律效力的调解书申请再审，应当在调解书发生法律效力后六个月内提出。

第三百八十三条　人民法院应当自收到符合条件的再审申请书等材料之日起五日内向再审申请人发送受理通知书，并向被申请人及原审其他当事人发送应诉通知书、再审申请书副本等材料。

第三百八十四条　人民法院受理申请再审案件后，应当依照民事诉讼法第二百零七条、第二百零八条、第二百一十一条等规定，对当事人主张的再审事由进行审查。

第三百八十五条　再审申请人提供的新的证据，能够证明原判决、裁定认定基本事实或者裁判结果错误的，应当认定为民事诉讼法第二百零七条第一项规定的情形。

对于符合前款规定的证据，人民法院应当责令再审申请人说明其逾期提供该证据的理由；拒不说明理由或者理由不成立的，依照民事诉讼法第六十八条第二款和本解释第一百零二条的规定处理。

第三百八十六条　再审申请人证明其提交的新的证据符合下列情形之一的，可以认定逾期提供证据的理由成立：

（一）在原审庭审结束前已经存在，因客观原因于庭审结束后才发现的；

（二）在原审庭审结束前已经发现，但因客观原因无法取得或者在规定的期限内不能提供的；

（三）在原审庭审结束后形成，无法据此另行提起诉讼的。

再审申请人提交的证据在原审中已经提供，原审人民法院未组织质证且未作为裁判根据的，视为逾期提供证据的理由成立，但原审人民法院依照民事诉讼法第六十八条规定不予采纳的除外。

第三百八十七条　当事人对原判决、裁定认定事实的主要证据在原审中拒绝发表质证意见或者质证中未对证据发表质证意见的，不属于民事诉讼法第二百零七条第四项规定的未经质证的情形。

第三百八十八条　有下列情形之一，导致判决、裁定结果错误的，应当认定为民事诉讼法第二百零七条第六项规定的原判决、裁定适用法律确有错误：

（一）适用的法律与案件性质明显不符的；

（二）确定民事责任明显违背当事人约定或者法律规定的；

（三）适用已经失效或者尚未施行的法律的；

（四）违反法律溯及力规定的；

（五）违反法律适用规则的；

（六）明显违背立法原意的。

第三百八十九条　原审开庭过程中有下列情形之一的，应当认定为民事诉讼法第二百零七条第九项规定的剥夺当事人辩论权利：

（一）不允许当事人发表辩论意见的；

（二）应当开庭审理而未开庭审理的；

（三）违反法律规定送达起诉状副本或者上诉状副本，致使当事人无法行使辩论权利的；

（四）违法剥夺当事人辩论权利的其他情形。

第三百九十条　民事诉讼法第二百零七条第十一项规定的诉讼请求，包括一审诉讼请求、二审上诉请求，但当事人未对一审判决、裁定遗漏或者超出诉讼请求提起上诉的除外。

第三百九十一条　民事诉讼法第二百零七条第十二项规定的法律文书包括：

（一）发生法律效力的判决书、裁定书、调解书；

（二）发生法律效力的仲裁裁决书；

（三）具有强制执行效力的公证债权文书。

第三百九十二条　民事诉讼法第二百零七条第十三项规定的审判人员审理该案件时有贪污受贿、徇私舞弊、枉法裁判行为，是指已经由生效刑事法律文书或者纪律处分决定所确认的行为。

第三百九十三条　当事人主张的再审事由成立，且符合民事诉讼法和本解释规定的申请再审条件的，人民法院应当裁定再审。

当事人主张的再审事由不成立，或者当事人申请再审超过法定申请再审期限、超出法定再审事由范围等不符合民事诉讼法和本解释规定的申请再审条件的，人民法院应当裁定驳回再审申请。

第三百九十四条　人民法院对已经发生法律效力的判决、裁定、调解书依法决定再审，依照民事诉讼法第二百一十三条规定，需要中止执行的，应当在再审裁定中同时写明中止原判决、裁定、调解书的执行；情况紧急的，可以将中止执行裁定口头通知负责执行的人民法院，并在通知后十日内发出裁定书。

第三百九十五条　人民法院根据审查案件的需要决定是否询问当事人。新的证据可能推翻原判决、裁定的，人民法院应当询问当事人。

第三百九十六条　审查再审申请期间，被申请人及原审其他当事人依法提出再审申请的，人民法院应当将其列为再审申请人，对其再审事由一并审查，审查期限重新计算。经审查，其中一方再审申请人主张的再审事由成立的，应当裁定再审。各方再审申请人主张的再审事由均不成立的，一并裁定驳回再审申请。

第三百九十七条　审查再审申请期间，再审申请人申请人民法院委托鉴定、勘验的，人民法院不予准许。

第三百九十八条　审查再审申请期间，再审申请人撤回再审申请的，是否准许，由人民法院裁定。

再审申请人经传票传唤，无正当理由拒不接受询问的，可以按撤回再审申请处理。

第三百九十九条　人民法院准许撤回再审申请或者按撤回再审申请处理后，再审申请人再次申请再审的，不予受理，但有民事诉讼法第二百零七条第一项、第三项、第十二项、第十三项规定情形，自知道或者应当知道之日起六个月内提出的除外。

第四百条　再审申请审查期间，有下列情形之一的，裁定终结审查：

（一）再审申请人死亡或者终止，无权利义务承继者或者权利义务承继者声明放弃再审申请的；

（二）在给付之诉中，负有给付义务的被申请人死亡或者终止，无可供执行的财产，也没有应当承担义务的人的；

（三）当事人达成和解协议且已履行完毕的，但当事人在和解协议中声明不放弃申请再审权利的除外；

（四）他人未经授权以当事人名义申请再审的；

（五）原审或者上一级人民法院已经裁定再审的；

（六）有本解释第三百八十一条第一款规定情形的。

第四百零一条　人民法院审理再审案件应当组成合议庭开庭审理，但按照第二审程序审理，有特殊情况或者双方当事人已经通过其他方式充分表达意见，且书面同意不开庭审理的除外。

符合缺席判决条件的，可以缺席判决。

第四百零二条　人民法院开庭审理再审案件，应当按照下列情形分别进行：

（一）因当事人申请再审的，先由再审申请人陈述再审请求及理由，后由被申请人答辩、其他原审当事人发表意见；

（二）因抗诉再审的，先由抗诉机关宣读抗诉书，再由申请抗诉的当事人陈述，后由被申请人答辩、其他原审当事人发表意见；

（三）人民法院依职权再审，有申诉人的，先由申诉人陈述再审请求及理由，后由被申诉人答辩、其他原审当事人发表意见；

（四）人民法院依职权再审，没有申诉人的，先由原审原告或者原审上诉人陈述，后由原审其他当事人发表意见。

对前款第一项至第三项规定的情形，人民法院应当要求当事人明确其再审请求。

第四百零三条　人民法院审理再审案件应当围绕再审请求进行。当事人的再审请求超出原审诉讼请求的，不予审理；符合另案诉讼条件的，告知当事人可以另行起诉。

被申请人及原审其他当事人在庭审辩论结束前提出的再审请求，符合民事诉讼法第二百一十二条规定的，人民法院应当一并审理。

人民法院经再审，发现已经发生法律效力的判决、裁定损害国家利益、社会公共利益、他人合法权益的，应当一并审理。

第四百零四条　再审审理期间，有下列情形之一的，可以裁定终结再审程序：

（一）再审申请人在再审期间撤回再审请求，人民法院准许的；

（二）再审申请人经传票传唤，无正当理由拒不到庭的，或者未经法庭许可中途退庭，按撤回再审请求处理的；

（三）人民检察院撤回抗诉的；

（四）有本解释第四百条第一项至第四项规定情形的。

因人民检察院提出抗诉裁定再审的案件，申请抗诉的当事人有前款规定的情形，且不损害国家利益、社会公共利益或者他人合法权益的，人民法院应当裁定终结再审程序。

再审程序终结后，人民法院裁定中止执行的原生效判决自动恢复执行。

第四百零五条　人民法院经再审审理认为，原判决、裁定认定事实清楚、适用法律正确的，应予维持；原判决、裁定认定事实、适用法律虽有瑕疵，但裁判结果正确的，应当在再审判决、裁定中纠正瑕疵后予以维持。

原判决、裁定认定事实、适用法律错误，导致裁判结果错误的，应当依法改判、撤销或者变更。

第四百零六条　按照第二审程序再审的案件，人民法院经审理认为不符合民事诉讼法规定的起诉条件或者符合民事诉讼法第一百二十七条规定不予受理情形的，应当裁定撤销一、二审判决，驳回起诉。

第四百零七条　人民法院对调解书裁定再审后，按照下列情形分别处理：

（一）当事人提出的调解违反自愿原则的事由不成立，且调解书的内容不违反法律强制性规定的，裁定驳回再审申请；

（二）人民检察院抗诉或者再审检察建议所主张的损害国家利益、社会公共利益的理由不成立的，裁定终结再审程序。

前款规定情形，人民法院裁定中止执行的调解书需要继续执行的，自动恢复执行。

第四百零八条　一审原告在再审审理程序中申请撤回起诉，经其他当事人同意，且不损害国家利益、社会公共利益、他人合法权益的，人民法院可以准许。裁定准许撤诉的，应当一并撤销原判决。

一审原告在再审审理程序中撤回起诉后重复起诉的，人民法院不予受理。

第四百零九条　当事人提交新的证据致使再审改判，因再审申请人或者申请检察监督当事人的过错未能在原审程序中及时举证，被申请人等当事人请求补偿其增加的交通、住宿、就餐、误工等必要费用的，人民法院应予支持。

第四百一十条　部分当事人到庭并达成调解协议，其他当事人未作出书面表示的，人民法院应当在判决中对该事实作出表述；调解协议内容不违反法律规定，且不损害其他当事人合法权益的，可以在判决主文中予以确认。

第四百一十一条　人民检察院依法对损害国家利益、社会公共利益的发生法律效力的判决、裁定、调解书提出抗诉，或者经人民检察院检察委员会讨论决定提出再审检察建议的，人民法院应予受理。

第四百一十二条 人民检察院对已经发生法律效力的判决以及不予受理、驳回起诉的裁定依法提出抗诉的，人民法院应予受理，但适用特别程序、督促程序、公示催告程序、破产程序以及解除婚姻关系的判决、裁定等不适用审判监督程序的判决、裁定除外。

第四百一十三条 人民检察院依照民事诉讼法第二百一十六条第一款第三项规定对有明显错误的再审判决、裁定提出抗诉或者再审检察建议的，人民法院应予受理。

第四百一十四条 地方各级人民检察院依当事人的申请对生效判决、裁定向同级人民法院提出再审检察建议，符合下列条件的，应予受理：

（一）再审检察建议书和原审当事人申请书及相关证据材料已经提交；

（二）建议再审的对象为依照民事诉讼法和本解释规定可以进行再审的判决、裁定；

（三）再审检察建议书列明该判决、裁定有民事诉讼法第二百一十五条第二款规定情形；

（四）符合民事诉讼法第二百一十六条第一款第一项、第二项规定情形；

（五）再审检察建议经该人民检察院检察委员会讨论决定。

不符合前款规定的，人民法院可以建议人民检察院予以补正或者撤回；不予补正或者撤回的，应当函告人民检察院不予受理。

第四百一十五条 人民检察院依当事人的申请对生效判决、裁定提出抗诉，符合下列条件的，人民法院应当在三十日内裁定再审：

（一）抗诉书和原审当事人申请书及相关证据材料已经提交；

（二）抗诉对象为依照民事诉讼法和本解释规定可以进行再审的判决、裁定；

（三）抗诉书列明该判决、裁定有民事诉讼法第二百一十五条第一款规定情形；

（四）符合民事诉讼法第二百一十六条第一款第一项、第二项规定情形。

不符合前款规定的，人民法院可以建议人民检察院予以补正或者撤回；不予补正或者撤回的，人民法院可以裁定不予受理。

第四百一十六条 当事人的再审申请被上级人民法院裁定驳回后，人民检察院对原判决、裁定、调解书提出抗诉，抗诉事由符合民事诉讼法第二百零七条第一项至第五项规定情形之一的，受理抗诉的人民法院可以交由下一级人民法院再审。

第四百一十七条 人民法院收到再审检察建议后，应当组成合议庭，在三个月内进行审查，发现原判决、裁定、调解书确有错误，需要再审的，依照民事诉讼法第二百零五条规定裁定再审，并通知当事人；经审查，决定不予再审的，应当书面回复人民检察院。

第四百一十八条 人民法院审理因人民检察院抗诉或者检察建议裁定再审的案件，不受此前已经作出的驳回当事人再审申请裁定的影响。

第四百一十九条 人民法院开庭审理抗诉案件，应当在开庭三日前通知人民检察院、当事人和其他诉讼参与人。同级人民检察院或者提出抗诉的人民检察院应当派员出庭。

人民检察院因履行法律监督职责向当事人或者案外人调查核实的情况，应当向法庭提交并予以说明，由双方当事人进行质证。

第四百二十条 必须共同进行诉讼的当事人因不能归责于本人或者其诉讼代理人的事由未参加诉讼的，可以根据民事诉讼法第二百零七条第八项规定，自知道或者应当知道之日起六个月内申请再审，但符合本解释第四百二十一条规定情形的除外。

人民法院因前款规定的当事人申请而裁定再审,按照第一审程序再审的,应当追加其为当事人,作出新的判决、裁定;按照第二审程序再审,经调解不能达成协议的,应当撤销原判决、裁定,发回重审,重审时应追加其为当事人。

第四百二十一条　根据民事诉讼法第二百三十四条规定,案外人对驳回其执行异议的裁定不服,认为原判决、裁定、调解书内容错误损害其民事权益的,可以自执行异议裁定送达之日起六个月内,向作出原判决、裁定、调解书的人民法院申请再审。

第四百二十二条　根据民事诉讼法第二百三十四条规定,人民法院裁定再审后,案外人属于必要的共同诉讼当事人的,依照本解释第四百二十条第二款规定处理。

案外人不是必要的共同诉讼当事人的,人民法院仅审理原判决、裁定、调解书对其民事权益造成损害的内容。经审理,再审请求成立的,撤销或者改变原判决、裁定、调解书;再审请求不成立的,维持原判决、裁定、调解书。

第四百二十三条　本解释第三百三十八条规定适用于审判监督程序。

第四百二十四条　对小额诉讼案件的判决、裁定,当事人以民事诉讼法第二百零七条规定的事由向原审人民法院申请再审的,人民法院应当受理。申请再审事由成立的,应当裁定再审,组成合议庭进行审理。作出的再审判决、裁定,当事人不得上诉。

当事人以不应按小额诉讼案件审理为由向原审人民法院申请再审的,人民法院应当受理。理由成立的,应当裁定再审,组成合议庭审理。作出的再审判决、裁定,当事人可以上诉。

十九、督 促 程 序

第四百二十五条　两个以上人民法院都有管辖权的,债权人可以向其中一个基层人民法院申请支付令。

债权人向两个以上有管辖权的基层人民法院申请支付令的,由最先立案的人民法院管辖。

第四百二十六条　人民法院收到债权人的支付令申请书后,认为申请书不符合要求的,可以通知债权人限期补正。人民法院应当自收到补正材料之日起五日内通知债权人是否受理。

第四百二十七条　债权人申请支付令,符合下列条件的,基层人民法院应当受理,并在收到支付令申请书后五日内通知债权人:

(一)请求给付金钱或者汇票、本票、支票、股票、债券、国库券、可转让的存款单等有价证券;

(二)请求给付的金钱或者有价证券已到期且数额确定,并写明了请求所根据的事实、证据;

(三)债权人没有对待给付义务;

(四)债务人在我国境内且未下落不明;

(五)支付令能够送达债务人;

(六)收到申请书的人民法院有管辖权;

(七)债权人未向人民法院申请诉前保全。

不符合前款规定的,人民法院应当在收到支付令申请书后五日内通知债权人不予受理。

基层人民法院受理申请支付令案件,不受债权金额的限制。

第四百二十八条　人民法院受理申请后,由审判员一人进行审查。经审查,有下列情形之一的,裁定驳回申请:

(一)申请人不具备当事人资格的;

(二)给付金钱或者有价证券的证明文件没有约定逾期给付利息或者违约金、赔偿金,债权人坚持要求给付利息或者违约金、赔偿金的；

（三）要求给付的金钱或者有价证券属于违法所得的；

（四）要求给付的金钱或者有价证券尚未到期或者数额不确定的。

人民法院受理支付令申请后，发现不符合本解释规定的受理条件的，应当在受理之日起十五日内裁定驳回申请。

第四百二十九条 向债务人本人送达支付令，债务人拒绝接收的，人民法院可以留置送达。

第四百三十条 有下列情形之一的，人民法院应当裁定终结督促程序，已发出支付令的，支付令自行失效：

（一）人民法院受理支付令申请后，债权人就同一债权债务关系又提起诉讼的；

（二）人民法院发出支付令之日起三十日内无法送达债务人的；

（三）债务人收到支付令前，债权人撤回申请的。

第四百三十一条 债务人在收到支付令后，未在法定期间提出书面异议，而向其他人民法院起诉的，不影响支付令的效力。

债务人超过法定期间提出异议的，视为未提出异议。

第四百三十二条 债权人基于同一债权债务关系，在同一支付令申请中向债务人提出多项支付请求，债务人仅就其中一项或者几项请求提出异议的，不影响其他各项请求的效力。

第四百三十三条 债权人基于同一债权债务关系，就可分之债向多个债务人提出支付请求，多个债务人中的一人或者几人提出异议的，不影响其他请求的效力。

第四百三十四条 对设有担保的债务的主债务人发出的支付令，对担保人没有拘束力。

债权人就担保关系单独提起诉讼的，支付令自人民法院受理案件之日起失效。

第四百三十五条 经形式审查，债务人提出的书面异议有下列情形之一的，应当认定异议成立，裁定终结督促程序，支付令自行失效：

（一）本解释规定的不予受理申请情形的；

（二）本解释规定的裁定驳回申请情形的；

（三）本解释规定的应当裁定终结督促程序情形的；

（四）人民法院对是否符合发出支付令条件产生合理怀疑的。

第四百三十六条 债务人对债务本身没有异议，只是提出缺乏清偿能力、延缓债务清偿期限、变更债务清偿方式等异议的，不影响支付令的效力。

人民法院经审查认为异议不成立的，裁定驳回。

债务人的口头异议无效。

第四百三十七条 人民法院作出终结督促程序或者驳回异议裁定前，债务人请求撤回异议的，应当裁定准许。

债务人对撤回异议反悔的，人民法院不予支持。

第四百三十八条 支付令失效后，申请支付令的一方当事人不同意提起诉讼的，应当自收到终结督促程序裁定之日起七日内向受理申请的人民法院提出。

申请支付令的一方当事人不同意提起诉讼的，不影响其向其他有管辖权的人民法院提起诉讼。

第四百三十九条 支付令失效后，申请支付令的一方当事人自收到终结督促程序裁定之日起七日内未向受理申请的人民法院表明不同意提起诉讼的，视为向受理申请的人民法院起诉。

债权人提出支付令申请的时间，即为向人民法院起诉的时间。

第四百四十条　债权人向人民法院申请执行支付令的期间，适用民事诉讼法第二百四十六条的规定。

第四百四十一条　人民法院院长发现本院已经发生法律效力的支付令确有错误，认为需要撤销的，应当提交本院审判委员会讨论决定后，裁定撤销支付令，驳回债权人的申请。

二十、公示催告程序

第四百四十二条　民事诉讼法第二百二十五条规定的票据持有人，是指票据被盗、遗失或者灭失前的最后持有人。

第四百四十三条　人民法院收到公示催告的申请后，应当立即审查，并决定是否受理。经审查认为符合受理条件的，通知予以受理，并同时通知支付人停止支付；认为不符合受理条件的，七日内裁定驳回申请。

第四百四十四条　因票据丧失，申请公示催告的，人民法院应结合票据存根、丧失票据的复印件、出票人关于签发票据的证明、申请人合法取得票据的证明、银行挂失止付通知书、报案证明等证据，决定是否受理。

第四百四十五条　人民法院依照民事诉讼法第二百二十六条规定发出的受理申请的公告，应当写明下列内容：

（一）公示催告申请人的姓名或者名称；

（二）票据的种类、号码、票面金额、出票人、背书人、持票人、付款期限等事项以及其他可以申请公示催告的权利凭证的种类、号码、权利范围、权利人、义务人、行权日期等事项；

（三）申报权利的期间；

（四）在公示催告期间转让票据等权利凭证，利害关系人不申报的法律后果。

第四百四十六条　公告应当在有关报纸或者其他媒体上刊登，并于同日公布于人民法院公告栏内。人民法院所在地有证券交易所的，还应当同日在该交易所公布。

第四百四十七条　公告期间不得少于六十日，且公示催告期间届满日不得早于票据付款日后十五日。

第四百四十八条　在申报期届满后、判决作出之前，利害关系人申报权利的，应当适用民事诉讼法第二百二十八条第二款、第三款规定处理。

第四百四十九条　利害关系人申报权利，人民法院应当通知其向法院出示票据，并通知公示催告申请人在指定的期间查看该票据。公示催告申请人申请公示催告的票据与利害关系人出示的票据不一致的，应当裁定驳回利害关系人的申报。

第四百五十条　在申报权利的期间无人申报权利，或者申报被驳回的，申请人应当自公示催告期间届满之日起一个月内申请作出判决。逾期不申请判决的，终结公示催告程序。

裁定终结公示催告程序的，应当通知申请人和支付人。

第四百五十一条　判决公告之日起，公示催告申请人有权依据判决向付款人请求付款。

付款人拒绝付款，申请人向人民法院起诉，符合民事诉讼法第一百二十二条规定的起诉条件的，人民法院应予受理。

第四百五十二条　适用公示催告程序审理案件，可由审判员一人独任审理；判决宣告票据无效的，应当组成合议庭审理。

第四百五十三条　公示催告申请人撤回申请，应在公示催告前提出；公示催告期间申请撤回的，人民法院可以径行裁定终结公示催告程序。

第四百五十四条 人民法院依照民事诉讼法第二百二十七条规定通知支付人停止支付，应当符合有关财产保全的规定。支付人收到停止支付通知后拒不止付的，除可依照民事诉讼法第一百一十四条、第一百一十七条规定采取强制措施外，在判决后，支付人仍应承担付款义务。

第四百五十五条 人民法院依照民事诉讼法第二百二十八条规定终结公示催告程序后，公示催告申请人或者申报人向人民法院提起诉讼，因票据权利纠纷提起的，由票据支付地或者被告住所地人民法院管辖；因非票据权利纠纷提起的，由被告住所地人民法院管辖。

第四百五十六条 依照民事诉讼法第二百二十八条规定制作的终结公示催告程序的裁定书，由审判员、书记员署名，加盖人民法院印章。

第四百五十七条 依照民事诉讼法第二百三十条的规定，利害关系人向人民法院起诉的，人民法院可按票据纠纷适用普通程序审理。

第四百五十八条 民事诉讼法第二百三十条规定的正当理由，包括：

（一）因发生意外事件或者不可抗力致使利害关系人无法知道公告事实的；

（二）利害关系人因被限制人身自由而无法知道公告事实，或者虽然知道公告事实，但无法自己或者委托他人代为申报权利的；

（三）不属于法定申请公示催告情形的；

（四）未予公告或者未按法定方式公告的；

（五）其他导致利害关系人在判决作出前未能向人民法院申报权利的客观事由。

第四百五十九条 根据民事诉讼法第二百三十条的规定，利害关系人请求人民法院撤销除权判决的，应当将申请人列为被告。

利害关系人仅诉请确认其为合法持票人的，人民法院应当在裁判文书中写明，确认利害关系人为票据权利人的判决作出后，除权判决即被撤销。

二十一、执行程序

第四百六十条 发生法律效力的实现担保物权裁定、确认调解协议裁定、支付令，由作出裁定、支付令的人民法院或者与其同级的被执行财产所在地的人民法院执行。

认定财产无主的判决，由作出判决的人民法院将无主财产收归国家或者集体所有。

第四百六十一条 当事人申请人民法院执行的生效法律文书应当具备下列条件：

（一）权利义务主体明确；

（二）给付内容明确。

法律文书确定继续履行合同的，应当明确继续履行的具体内容。

第四百六十二条 根据民事诉讼法第二百三十四条规定，案外人对执行标的提出异议的，应当在该执行标的执行程序终结前提出。

第四百六十三条 案外人对执行标的提出的异议，经审查，按照下列情形分别处理：

（一）案外人对执行标的不享有足以排除强制执行的权益的，裁定驳回其异议；

（二）案外人对执行标的享有足以排除强制执行的权益的，裁定中止执行。

驳回案外人执行异议裁定送达案外人之日起十五日内，人民法院不得对执行标的进行处分。

第四百六十四条 申请执行人与被执行人达成和解协议后请求中止执行或者撤回执行申请的，人民法院可以裁定中止执行或者终结执行。

第四百六十五条 一方当事人不履行或者不完全

履行在执行中双方自愿达成的和解协议，对方当事人申请执行原生效法律文书的，人民法院应当恢复执行，但和解协议已履行的部分应当扣除。和解协议已经履行完毕的，人民法院不予恢复执行。

第四百六十六条　申请恢复执行原生效法律文书，适用民事诉讼法第二百四十六条申请执行期间的规定。申请执行期间因达成执行中的和解协议而中断，其期间自和解协议约定履行期限的最后一日起重新计算。

第四百六十七条　人民法院依照民事诉讼法第二百三十八条规定决定暂缓执行的，如果担保是有期限的，暂缓执行的期限应当与担保期限一致，但最长不得超过一年。被执行人或者担保人对担保的财产在暂缓执行期间有转移、隐藏、变卖、毁损等行为的，人民法院可以恢复强制执行。

第四百六十八条　根据民事诉讼法第二百三十八条规定向人民法院提供执行担保的，可以由被执行人或者他人提供财产担保，也可以由他人提供保证。担保人应当具有代为履行或者代为承担赔偿责任的能力。

他人提供执行保证的，应当向执行法院出具保证书，并将保证书副本送交申请执行人。被执行人或者他人提供财产担保的，应当参照民法典的有关规定办理相应手续。

第四百六十九条　被执行人在人民法院决定暂缓执行的期限届满后仍不履行义务的，人民法院可以直接执行担保财产，或者裁定执行担保人的财产，但执行担保人的财产以担保人应当履行义务部分的财产为限。

第四百七十条　依照民事诉讼法第二百三十九条规定，执行中作为被执行人的法人或者其他组织分立、合并的，人民法院可以裁定变更后的法人或者其他组织为被执行人；被注销的，如果依照有关实体法的规定有权利义务承受人的，可以裁定该权利义务承受人为被执行人。

第四百七十一条　其他组织在执行中不能履行法律文书确定的义务的，人民法院可以裁定执行对该其他组织依法承担义务的法人或者公民个人的财产。

第四百七十二条　在执行中，作为被执行人的法人或者其他组织名称变更的，人民法院可以裁定变更后的法人或者其他组织为被执行人。

第四百七十三条　作为被执行人的公民死亡，其遗产继承人没有放弃继承的，人民法院可以裁定变更被执行人，由该继承人在遗产的范围内偿还债务。继承人放弃继承的，人民法院可以直接执行被执行人的遗产。

第四百七十四条　法律规定由人民法院执行的其他法律文书执行完毕后，该法律文书被有关机关或者组织依法撤销的，经当事人申请，适用民事诉讼法第二百四十条规定。

第四百七十五条　仲裁机构裁决的事项，部分有民事诉讼法第二百四十四条第二款、第三款规定情形的，人民法院应当裁定对该部分不予执行。

应当不予执行部分与其他部分不可分的，人民法院应当裁定不予执行仲裁裁决。

第四百七十六条　依照民事诉讼法第二百四十四条第二款、第三款规定，人民法院裁定不予执行仲裁裁决后，当事人对该裁定提出执行异议或者复议的，人民法院不予受理。当事人可以就该民事纠纷重新达成书面仲裁协议申请仲裁，也可以向人民法院起诉。

第四百七十七条　在执行中，被执行人通过仲裁程序将人民法院查封、扣押、冻结的财产确权或者分割给案外人的，不影响人民法院执行程序的进行。

案外人不服的,可以根据民事诉讼法第二百三十四条规定提出异议。

第四百七十八条 有下列情形之一的,可以认定为民事诉讼法第二百四十五条第二款规定的公证债权文书确有错误:

(一)公证债权文书属于不得赋予强制执行效力的债权文书的;

(二)被执行人一方未亲自或者未委托代理人到场公证等严重违反法律规定的公证程序的;

(三)公证债权文书的内容与事实不符或者违反法律强制性规定的;

(四)公证债权文书未载明被执行人不履行义务或者不完全履行义务时同意接受强制执行的。

人民法院认定执行该公证债权文书违背社会公共利益的,裁定不予执行。

公证债权文书被裁定不予执行后,当事人、公证事项的利害关系人可以就债权争议提起诉讼。

第四百七十九条 当事人请求不予执行仲裁裁决或者公证债权文书的,应当在执行终结前向执行法院提出。

第四百八十条 人民法院应当在收到申请执行书或者移交执行书后十日内发出执行通知。

执行通知中除应责令被执行人履行法律文书确定的义务外,还应通知其承担民事诉讼法第二百六十条规定的迟延履行利息或者迟延履行金。

第四百八十一条 申请执行人超过申请执行时效期间向人民法院申请强制执行的,人民法院应予受理。被执行人对申请执行时效期间提出异议,人民法院经审查异议成立的,裁定不予执行。

被执行人履行全部或者部分义务后,又以不知道申请执行时效期间届满为由请求执行回转的,人民法院不予支持。

第四百八十二条 对必须接受调查询问的被执行人、被执行人的法定代表人、负责人或者实际控制人,经依法传唤无正当理由拒不到场的,人民法院可以拘传其到场。

人民法院应当及时对被拘传人进行调查询问,调查询问的时间不得超过八小时;情况复杂,依法可能采取拘留措施的,调查询问的时间不得超过二十四小时。

人民法院在本辖区以外采取拘传措施时,可以将被拘传人拘传到当地人民法院,当地人民法院应予协助。

第四百八十三条 人民法院有权查询被执行人的身份信息与财产信息,掌握相关信息的单位和个人必须按照协助执行通知书办理。

第四百八十四条 对被执行的财产,人民法院非经查封、扣押、冻结不得处分。对银行存款等各类可以直接扣划的财产,人民法院的扣划裁定同时具有冻结的法律效力。

第四百八十五条 人民法院冻结被执行人的银行存款的期限不得超过一年,查封、扣押动产的期限不得超过两年,查封不动产、冻结其他财产权的期限不得超过三年。

申请执行人申请延长期限的,人民法院应当在查封、扣押、冻结期限届满前办理续行查封、扣押、冻结手续,续行期限不得超过前款规定的期限。

人民法院也可以依职权办理续行查封、扣押、冻结手续。

第四百八十六条 依照民事诉讼法第二百五十四条规定,人民法院在执行中需要拍卖被执行人财产的,可以由人民法院自行组织拍卖,也可以交由具备相应资质的拍卖机构拍卖。

交拍卖机构拍卖的,人民法院应当对拍卖活动进行监督。

第四百八十七条　拍卖评估需要对现场进行检查、勘验的,人民法院应当责令被执行人、协助义务人予以配合。被执行人、协助义务人不予配合的,人民法院可以强制进行。

第四百八十八条　人民法院在执行中需要变卖被执行人财产的,可以交有关单位变卖,也可以由人民法院直接变卖。

对变卖的财产,人民法院或者其工作人员不得买受。

第四百八十九条　经申请执行人和被执行人同意,且不损害其他债权人合法权益和社会公共利益的,人民法院可以不经拍卖、变卖,直接将被执行人的财产作价交申请执行人抵偿债务。对剩余债务,被执行人应当继续清偿。

第四百九十条　被执行人的财产无法拍卖或者变卖的,经申请执行人同意,且不损害其他债权人合法权益和社会公共利益的,人民法院可以将该项财产作价后交付申请执行人抵偿债务,或者交付申请执行人管理;申请执行人拒绝接收或者管理的,退回被执行人。

第四百九十一条　拍卖成交或者依法定程序裁定以物抵债的,标的物所有权自拍卖成交裁定或者抵债裁定送达买受人或者接受抵债物的债权人时转移。

第四百九十二条　执行标的物为特定物的,应当执行原物。原物确已毁损或者灭失的,经双方当事人同意,可以折价赔偿。

双方当事人对折价赔偿不能协商一致的,人民法院应当终结执行程序。申请执行人可以另行起诉。

第四百九十三条　他人持有法律文书指定交付的财物或者票证,人民法院依照民事诉讼法第二百五十六条第二款、第三款规定发出协助执行通知后,拒不转交的,可以强制执行,并可依照民事诉讼法第一百一十七条、第一百一十八条规定处理。

他人持有期间财物或者票证毁损、灭失的,参照本解释第四百九十二条规定处理。

他人主张合法持有财物或者票证的,可以根据民事诉讼法第二百三十四条规定提出执行异议。

第四百九十四条　在执行中,被执行人隐匿财产、会计账簿等资料的,人民法院除可依照民事诉讼法第一百一十四条第一款第六项规定对其处理外,还应责令被执行人交出隐匿的财产、会计账簿等资料。被执行人拒不交出的,人民法院可以采取搜查措施。

第四百九十五条　搜查人员应当按规定着装并出示搜查令和工作证件。

第四百九十六条　人民法院搜查时禁止无关人员进入搜查现场;搜查对象是公民的,应当通知被执行人或者他的成年家属以及基层组织派员到场;搜查对象是法人或者其他组织的,应当通知法定代表人或者主要负责人到场。拒不到场的,不影响搜查。

搜查妇女身体,应当由女执行人员进行。

第四百九十七条　搜查中发现应当依法采取查封、扣押措施的财产,依照民事诉讼法第二百五十二条第二款和第二百五十四条规定办理。

第四百九十八条　搜查应当制作搜查笔录,由搜查人员、被搜查人及其他在场人签名、捺印或者盖章。拒绝签名、捺印或者盖章的,应当记入搜查笔录。

第四百九十九条　人民法院执行被执行人对他人的到期债权,可以作出冻结债权的裁定,并通知该他人向申请执行人履行。

该他人对到期债权有异议,申请执行人请求对异议部分强制执行的,人民法院不予支持。利害关系人对到期债权有异议的,人民法院应当按照民事诉讼法第二百三十四条规定处理。

对生效法律文书确定的到期债权,该他人予以否认的,人民法院不予支持。

第五百条　人民法院在执行中需要办理房产证、土地证、林权证、专利证书、商标证书、车船执照等有关财产权证照转移手续的,可以依照民事诉讼法第二百五十八条规定办理。

第五百零一条　被执行人不履行生效法律文书确定的行为义务,该义务可由他人完成的,人民法院可以选定代履行人;法律、行政法规对履行该行为义务有资格限制的,应当从有资格的人中选定。必要时,可以通过招标的方式确定代履行人。

申请执行人可以在符合条件的人中推荐代履行人,也可以申请自己代为履行,是否准许,由人民法院决定。

第五百零二条　代履行费用的数额由人民法院根据案件具体情况确定,并由被执行人在指定期限内预先支付。被执行人未预付的,人民法院可以对该费用强制执行。

代履行结束后,被执行人可以查阅、复制费用清单以及主要凭证。

第五百零三条　被执行人不履行法律文书指定的行为,且该项行为只能由被执行人完成的,人民法院可以依照民事诉讼法第一百一十四条第一款第六项规定处理。

被执行人在人民法院确定的履行期间内仍不履行的,人民法院可以依照民事诉讼法第一百一十四条第一款第六项规定再次处理。

第五百零四条　被执行人迟延履行的,迟延履行期间的利息或者迟延履行金自判决、裁定和其他法律文书指定的履行期间届满之日起计算。

第五百零五条　被执行人未按判决、裁定和其他法律文书指定的期间履行非金钱给付义务的,无论是否已给申请执行人造成损失,都应当支付迟延履行金。已经造成损失的,双倍补偿申请执行人已经受到的损失;没有造成损失的,迟延履行金可以由人民法院根据具体案件情况决定。

第五百零六条　被执行人为公民或者其他组织,在执行程序开始后,被执行人的其他已经取得执行依据的债权人发现被执行人的财产不能清偿所有债权的,可以向人民法院申请参与分配。

对人民法院查封、扣押、冻结的财产有优先权、担保物权的债权人,可以直接申请参与分配,主张优先受偿权。

第五百零七条　申请参与分配,申请人应当提交申请书。申请书应当写明参与分配和被执行人不能清偿所有债权的事实、理由,并附有执行依据。

参与分配申请应当在执行程序开始后,被执行人的财产执行终结前提出。

第五百零八条　参与分配执行中,执行所得价款扣除执行费用,并清偿应当优先受偿的债权后,对于普通债权,原则上按照其占全部申请参与分配债权数额的比例受偿。清偿后的剩余债务,被执行人应当继续清偿。债权人发现被执行人有其他财产的,可以随时请求人民法院执行。

第五百零九条　多个债权人对执行财产申请参与分配的,执行法院应当制作财产分配方案,并送达各债权人和被执行人。债权人或者被执行人对分配方案有异议的，应当自收到分配方案之日起十五日内向执行法院提出书面异议。

第五百一十条　债权人或者被执行人对分配方案提出书面异议的，执行法院应当通知未提出异议的债权人、被执行人。

未提出异议的债权人、被执行人自收到通知之日起十五日内未提出反对意见的，执行法院依异议人的意见对分配方案审查修正后进行分配；提出反对意见的，应当通知异议人。异议人可以自收到通知之日起十五日内，以提出反对意见的债权人、被执行人为被告，向执行法院提起诉讼；异议人逾期未提起诉讼的，执行法院按照原分配方案进行分配。

诉讼期间进行分配的，执行法院应当提存与争议债权数额相应的款项。

第五百一十一条　在执行中，作为被执行人的企业法人符合企业破产法第二条第一款规定情形的，执行法院经申请执行人之一或者被执行人同意，应当裁定中止对该被执行人的执行，将执行案件相关材料移送被执行人住所地人民法院。

第五百一十二条　被执行人住所地人民法院应当自收到执行案件相关材料之日起三十日内，将是否受理破产案件的裁定告知执行法院。不予受理的，应当将相关案件材料退回执行法院。

第五百一十三条　被执行人住所地人民法院裁定受理破产案件的，执行法院应当解除对被执行人财产的保全措施。被执行人住所地人民法院裁定宣告被执行人破产的，执行法院应当裁定终结对该被执行人的执行。

被执行人住所地人民法院不受理破产案件的，执行法院应当恢复执行。

第五百一十四条　当事人不同意移送破产或者被执行人住所地人民法院不受理破产案件的，执行法院就执行变价所得财产，在扣除执行费用及清偿优先受偿的债权后，对于普通债权，按照财产保全和执行中查封、扣押、冻结财产的先后顺序清偿。

第五百一十五条　债权人根据民事诉讼法第二百六十一条规定请求人民法院继续执行的，不受民事诉讼法第二百四十六条规定申请执行时效期间的限制。

第五百一十六条　被执行人不履行法律文书确定的义务的，人民法院除对被执行人予以处罚外，还可以根据情节将其纳入失信被执行人名单，将被执行人不履行或者不完全履行义务的信息向其所在单位、征信机构以及其他相关机构通报。

第五百一十七条　经过财产调查未发现可供执行的财产，在申请执行人签字确认或者执行法院组成合议庭审查核实并经院长批准后，可以裁定终结本次执行程序。

依照前款规定终结执行后，申请执行人发现被执行人有可供执行财产的，可以再次申请执行。再次申请不受申请执行时效期间的限制。

第五百一十八条　因撤销申请而终结执行后，当事人在民事诉讼法第二百四十六条规定的申请执行时效期间内再次申请执行的，人民法院应当受理。

第五百一十九条　在执行终结六个月内，被执行人或者其他人对已执行的标的有妨害行为的，人民法院可以依申请排除妨害，并可以依照民事诉讼法第一百一十四条规定进行处罚。因妨害行为给执行债权人或者其他人造成损失的，受害人可以另行起诉。

二十二、涉外民事诉讼程序的特别规定

第五百二十条　有下列情形之一，人民法院可以认定为涉外民事案件：

（一）当事人一方或者双方是外国人、无国籍人、外国企业或者组织的；

（二）当事人一方或者双方的经常居所地在中华人民共和国领域外的；

（三）标的物在中华人民共和国领域外的；

（四）产生、变更或者消灭民事关系的法律事实发生在中华人民共和国领域外的；

（五）可以认定为涉外民事案件的其他情形。

第五百二十一条 外国人参加诉讼，应当向人民法院提交护照等用以证明自己身份的证件。

外国企业或者组织参加诉讼，向人民法院提交的身份证明文件，应当经所在国公证机关公证，并经中华人民共和国驻该国使领馆认证，或者履行中华人民共和国与该所在国订立的有关条约中规定的证明手续。

代表外国企业或者组织参加诉讼的人，应当向人民法院提交其有权作为代表人参加诉讼的证明，该证明应当经所在国公证机关公证，并经中华人民共和国驻该国使领馆认证，或者履行中华人民共和国与该所在国订立的有关条约中规定的证明手续。

本条所称的"所在国"，是指外国企业或者组织的设立登记地国，也可以是办理了营业登记手续的第三国。

第五百二十二条 依照民事诉讼法第二百七十一条以及本解释第五百二十一条规定，需要办理公证、认证手续，而外国当事人所在国与中华人民共和国没有建立外交关系的，可以经该国公证机关公证，经与中华人民共和国有外交关系的第三国驻该国使领馆认证，再转由中华人民共和国驻该第三国使领馆认证。

第五百二十三条 外国人、外国企业或者组织的代表人在人民法院法官的见证下签署授权委托书，委托代理人进行民事诉讼的，人民法院应予认可。

第五百二十四条 外国人、外国企业或者组织的代表人在中华人民共和国境内签署授权委托书，委托代理人进行民事诉讼，经中华人民共和国公证机构公证的，人民法院应予认可。

第五百二十五条 当事人向人民法院提交的书面材料是外文的，应当同时向人民法院提交中文翻译件。

当事人对中文翻译件有异议的，应当共同委托翻译机构提供翻译文本；当事人对翻译机构的选择不能达成一致的，由人民法院确定。

第五百二十六条 涉外民事诉讼中的外籍当事人，可以委托本国人为诉讼代理人，也可以委托本国律师以非律师身份担任诉讼代理人；外国驻华使领馆官员，受本国公民的委托，可以以个人名义担任诉讼代理人，但在诉讼中不享有外交或者领事特权和豁免。

第五百二十七条 涉外民事诉讼中，外国驻华使领馆授权其本馆官员，在作为当事人的本国国民不在中华人民共和国领域内的情况下，可以以外交代表身份为其本国国民在中华人民共和国聘请中华人民共和国律师或者中华人民共和国公民代理民事诉讼。

第五百二十八条 涉外民事诉讼中，经调解双方达成协议，应当制发调解书。当事人要求发给判决书的，可以依协议的内容制作判决书送达当事人。

第五百二十九条 涉外合同或者其他财产权益纠纷的当事人，可以书面协议选择被告住所地、合同履行地、合同签订地、原告住所地、标的物所在地、侵权行为地等与争议有实际联系地点的外国法院管辖。

根据民事诉讼法第三十四条和第二百七十三条规定，属于中华人民共和国法院专属管辖的案件，当事人不得协议选择外国法院管辖，但协议选择仲裁的除外。

第五百三十条 涉外民事案件同时符合下列情形的，人民法院可以裁定驳回原告的起诉，告知其向更方便的外国法院提起诉讼：

（一）被告提出案件应由更方便外国法院管辖的请求，或者提出管辖异议；

（二）当事人之间不存在选择中华人民共和国法院管辖的协议；

（三）案件不属于中华人民共和国法院专属管辖；

（四）案件不涉及中华人民共和国国家、公民、法人或者其他组织的利益；

（五）案件争议的主要事实不是发生在中华人民共和国境内，且案件不适用中华人民共和国法律，人民法院审理案件在认定事实和适用法律方面存在重大困难；

（六）外国法院对案件享有管辖权，且审理该案件更加方便。

第五百三十一条 中华人民共和国法院和外国法院都有管辖权的案件，一方当事人向外国法院起诉，而另一方当事人向中华人民共和国法院起诉的，人民法院可予受理。判决后，外国法院申请或者当事人请求人民法院承认和执行外国法院对本案作出的判决、裁定的，不予准许；但双方共同缔结或者参加的国际条约另有规定的除外。

外国法院判决、裁定已经被人民法院承认，当事人就同一争议向人民法院起诉的，人民法院不予受理。

第五百三十二条 对在中华人民共和国领域内没有住所的当事人，经用公告方式送达诉讼文书，公告期满不应诉，人民法院缺席判决后，仍应当将裁判文书依照民事诉讼法第二百七十四条第八项规定公告送达。自公告送达裁判文书满三个月之日起，经过三十日的上诉期当事人没有上诉的，一审判决即发生法律效力。

第五百三十三条 外国人或者外国企业、组织的代表人、主要负责人在中华人民共和国领域内的，人民法院可以向该自然人或者外国企业、组织的代表人、主要负责人送达。

外国企业、组织的主要负责人包括该企业、组织的董事、监事、高级管理人员等。

第五百三十四条 受送达人所在国允许邮寄送达的，人民法院可以邮寄送达。

邮寄送达时应当附有送达回证。受送达人未在送达回证上签收但在邮件回执上签收的，视为送达，签收日期为送达日期。

自邮寄之日起满三个月，如果未收到送达的证明文件，且根据各种情况不足以认定已经送达的，视为不能用邮寄方式送达。

第五百三十五条 人民法院一审时采取公告方式向当事人送达诉讼文书的，二审时可径行采取公告方式向其送达诉讼文书，但人民法院能够采取公告方式之外的其他方式送达的除外。

第五百三十六条 不服第一审人民法院判决、裁定的上诉期，对在中华人民共和国领域内有住所的当事人，适用民事诉讼法第一百七十一条规定的期限；对在中华人民共和国领域内没有住所的当事人，适用民事诉讼法第二百七十六条规定的期限。当事人的上诉期均已届满没有上诉的，第一审人民法院的判决、裁定即发生法律效力。

第五百三十七条 人民法院对涉外民事案件的当事人申请再审进行审查的期间，不受民事诉讼法

第二百一十一条规定的限制。

第五百三十八条　申请人向人民法院申请执行中华人民共和国涉外仲裁机构的裁决，应当提出书面申请，并附裁决书正本。如申请人为外国当事人，其申请书应当用中文文本提出。

第五百三十九条　人民法院强制执行涉外仲裁机构的仲裁裁决时，被执行人以有民事诉讼法第二百八十一条第一款规定的情形为由提出抗辩的，人民法院应当对被执行人的抗辩进行审查，并根据审查结果裁定执行或者不予执行。

第五百四十条　依照民事诉讼法第二百七十九条规定，中华人民共和国涉外仲裁机构将当事人的保全申请提交人民法院裁定的，人民法院可以进行审查，裁定是否进行保全。裁定保全的，应当责令申请人提供担保，申请人不提供担保的，裁定驳回申请。

当事人申请证据保全，人民法院经审查认为无需提供担保的，申请人可以不提供担保。

第五百四十一条　申请人向人民法院申请承认和执行外国法院作出的发生法律效力的判决、裁定，应当提交申请书，并附外国法院作出的发生法律效力的判决、裁定正本或者经证明无误的副本以及中文译本。外国法院判决、裁定为缺席判决、裁定的，申请人应当同时提交该外国法院已经合法传唤的证明文件，但判决、裁定已经对此予以明确说明的除外。

中华人民共和国缔结或者参加的国际条约对提交文件有规定的，按照规定办理。

第五百四十二条　当事人向中华人民共和国有管辖权的中级人民法院申请承认和执行外国法院作出的发生法律效力的判决、裁定的，如果该法院所在国与中华人民共和国没有缔结或者共同参加国际条约，也没有互惠关系的，裁定驳回申请，但当事人向人民法院申请承认外国法院作出的发生法律效力的离婚判决的除外。

承认和执行申请被裁定驳回的，当事人可以向人民法院起诉。

第五百四十三条　对临时仲裁庭在中华人民共和国领域外作出的仲裁裁决，一方当事人向人民法院申请承认和执行的，人民法院应当依照民事诉讼法第二百九十条规定处理。

第五百四十四条　对外国法院作出的发生法律效力的判决、裁定或者外国仲裁裁决，需要中华人民共和国法院执行的，当事人应当先向人民法院申请承认。人民法院经审查，裁定承认后，再根据民事诉讼法第三编的规定予以执行。

当事人仅申请承认而未同时申请执行的，人民法院仅对应否承认进行审查并作出裁定。

第五百四十五条　当事人申请承认和执行外国法院作出的发生法律效力的判决、裁定或者外国仲裁裁决的期间，适用民事诉讼法第二百四十六条的规定。

当事人仅申请承认而未同时申请执行的，申请执行的期间自人民法院对承认申请作出的裁定生效之日起重新计算。

第五百四十六条　承认和执行外国法院作出的发生法律效力的判决、裁定或者外国仲裁裁决的案件，人民法院应当组成合议庭进行审查。

人民法院应当将申请书送达被申请人。被申请人可以陈述意见。

人民法院经审查作出的裁定，一经送达即发生法律效力。

第五百四十七条　与中华人民共和国没有司法协助条约又无互惠关系的国家的法院，未通过外交途径，直接请求人民法院提供司法协助的，人民法院应予退回，并说明理由。

第五百四十八条　当事人在中华人民共和国领域外使用中华人民共和国法院的判决书、裁定书，要求中华人民共和国法院证明其法律效力的，或者外国法院要求中华人民共和国法院证明判决书、裁定书的法律效力的，作出判决、裁定的中华人民共和国法院，可以本法院的名义出具证明。

第五百四十九条　人民法院审理涉及香港、澳门特别行政区和台湾地区的民事诉讼案件，可以参照适用涉外民事诉讼程序的特别规定。

二十三、附　　则

第五百五十条　本解释公布施行后，最高人民法院于1992年7月14日发布的《关于适用〈中华人民共和国民事诉讼法〉若干问题的意见》同时废止；最高人民法院以前发布的司法解释与本解释不一致的，不再适用。

最高人民法院关于民事诉讼证据的若干规定（节录）

1. 2001年12月6日最高人民法院审判委员会第1201次会议通过、2001年12月21日公布、自2002年4月1日起施行（法释〔2001〕33号）

2. 根据2019年10月14日最高人民法院审判委员会第1777次会议通过、2019年12月25日公布、自2020年5月1日起施行的《最高人民法院关于修改〈最高人民法院关于民事诉讼证据的若干规定〉的决定》（法释〔2019〕19号）修正

第二十条　当事人及其诉讼代理人申请人民法院调查收集证据，应当在举证期限届满前提交书面申请。

申请书应当载明被调查人的姓名或者单位名称、住所地等基本情况、所要调查收集的证据名称或者内容、需要由人民法院调查收集证据的原因及其要证明的事实以及明确的线索。

第二十一条　人民法院调查收集的书证，可以是原件，也可以是经核对无误的副本或者复制件。是副本或者复制件的，应当在调查笔录中说明来源和取证情况。

第二十二条　人民法院调查收集的物证应当是原物。被调查人提供原物确有困难的，可以提供复制品或者影像资料。提供复制品或者影像资料的，应当在调查笔录中说明取证情况。

第二十三条　人民法院调查收集视听资料、电子数据，应当要求被调查人提供原始载体。

提供原始载体确有困难的，可以提供复制件。提供复制件的，人民法院应当在调查笔录中说明其来源和制作经过。

人民法院对视听资料、电子数据采取证据保全措施的，适用前款规定。

第二十四条　人民法院调查收集可能需要鉴定的证据，应当遵守相关技术规范，确保证据不被污染。

第二十五条　当事人或者利害关系人根据民事诉讼法第八十一条的规定申请证据保全的，申请书应当载明需要保全的证据的基本情况、申请保全的理由以及采取何种保全措施等内容。

当事人根据民事诉讼法第八十一条第一款的规定申请证据保全的，应当在举证期限届满前向人民法院提出。

法律、司法解释对诉前证据保全有规定的，依照其规定办理。

第二十六条　当事人或者利害关系人申请采取查封、扣押等限制保全标的物使用、流通等保全措施，或者保全可能对证据持有人造成损失的，人民法院应当责令申请人提供相应的担保。

担保方式或者数额由人民法院根据保全措施对证据持有人的影响、保全标的物的价值、当事人或者利害关系人争议的诉讼标的金额等因素综合确定。

第二十七条 人民法院进行证据保全,可以要求当事人或者诉讼代理人到场。

根据当事人的申请和具体情况,人民法院可以采取查封、扣押、录音、录像、复制、鉴定、勘验等方法进行证据保全,并制作笔录。

在符合证据保全目的的情况下,人民法院应当选择对证据持有人利益影响最小的保全措施。

第二十八条 申请证据保全错误造成财产损失,当事人请求申请人承担赔偿责任的,人民法院应予支持。

第二十九条 人民法院采取诉前证据保全措施后,当事人向其他有管辖权的人民法院提起诉讼的,采取保全措施的人民法院应当根据当事人的申请,将保全的证据及时移交受理案件的人民法院。

第八十六条 当事人对于欺诈、胁迫、恶意串通事实的证明,以及对于口头遗嘱或赠与事实的证明,人民法院确信该待证事实存在的可能性能够排除合理怀疑的,应当认定该事实存在。

与诉讼保全、回避等程序事项有关的事实,人民法院结合当事人的说明及相关证据,认为有关事实存在的可能性较大的,可以认定该事实存在。

第八十七条 审判人员对单一证据可以从下列方面进行审核认定:

(一)证据是否为原件、原物,复制件、复制品与原件、原物是否相符;

(二)证据与本案事实是否相关;

(三)证据的形式、来源是否符合法律规定;

(四)证据的内容是否真实;

(五)证人或者提供证据的人与当事人有无利害关系。

第八十八条 审判人员对案件的全部证据,应当从各证据与案件事实的关联程度、各证据之间的联系等方面进行综合审查判断。

第八十九条 当事人在诉讼过程中认可的证据,人民法院应当予以确认。但法律、司法解释另有规定的除外。

当事人对认可的证据反悔的,参照《最高人民法院关于适用〈中华人民共和国民事诉讼法〉的解释》第二百二十九条的规定处理。

第九十条 下列证据不能单独作为认定案件事实的根据:

(一)当事人的陈述;

(二)无民事行为能力人或者限制民事行为能力人所作的与其年龄、智力状况或者精神健康状况不相当的证言;

(三)与一方当事人或者其代理人有利害关系的证人陈述的证言;

(四)存有疑点的视听资料、电子数据;

(五)无法与原件、原物核对的复制件、复制品。

第九十一条 公文书证的制作者根据文书原件制作的载有部分或者全部内容的副本,与正本具有相同的证明力。

在国家机关存档的文件,其复制件、副本、节录本经档案部门或者制作原本的机关证明其内容与原本一致的,该复制件、副本、节录本具有与原本相同的证明力。

第九十二条 私文书证的真实性,由主张以私文书证证明案件事实的当事人承担举证责任。

私文书证由制作者或者其代理人签名、盖章

或捺印的,推定为真实。

私文书证上有删除、涂改、增添或者其他形式瑕疵的,人民法院应当综合案件的具体情况判断其证明力。

第九十三条　人民法院对于电子数据的真实性,应当结合下列因素综合判断:

(一)电子数据的生成、存储、传输所依赖的计算机系统的硬件、软件环境是否完整、可靠;

(二)电子数据的生成、存储、传输所依赖的计算机系统的硬件、软件环境是否处于正常运行状态,或者不处于正常运行状态时对电子数据的生成、存储、传输是否有影响;

(三)电子数据的生成、存储、传输所依赖的计算机系统的硬件、软件环境是否具备有效的防止出错的监测、核查手段;

(四)电子数据是否被完整地保存、传输、提取,保存、传输、提取的方法是否可靠;

(五)电子数据是否在正常的往来活动中形成和存储;

(六)保存、传输、提取电子数据的主体是否适当;

(七)影响电子数据完整性和可靠性的其他因素。

人民法院认为有必要的,可以通过鉴定或者勘验等方法,审查判断电子数据的真实性。

第九十四条　电子数据存在下列情形的,人民法院可以确认其真实性,但有足以反驳的相反证据的除外:

(一)由当事人提交或者保管的于己不利的电子数据;

(二)由记录和保存电子数据的中立第三方平台提供或者确认的;

(三)在正常业务活动中形成的;

(四)以档案管理方式保管的;

(五)以当事人约定的方式保存、传输、提取的。

电子数据的内容经公证机关公证的,人民法院应当确认其真实性,但有相反证据足以推翻的除外。

第九十五条　一方当事人控制证据无正当理由拒不提交,对待证事实负有举证责任的当事人主张该证据的内容不利于控制人的,人民法院可以认定该主张成立。

第九十六条　人民法院认定证人证言,可以通过对证人的智力状况、品德、知识、经验、法律意识和专业技能等的综合分析作出判断。

第九十七条　人民法院应当在裁判文书中阐明证据是否采纳的理由。

对当事人无争议的证据,是否采纳的理由可以不在裁判文书中表述。

六、其　　他

第九十八条　对证人、鉴定人、勘验人的合法权益依法予以保护。

当事人或者其他诉讼参与人伪造、毁灭证据,提供虚假证据,阻止证人作证,指使、贿买、胁迫他人作伪证,或者对证人、鉴定人、勘验人打击报复的,依照民事诉讼法第一百一十条、第一百一十一条的规定进行处罚。

第九十九条　本规定对证据保全没有规定的,参照适用法律、司法解释关于财产保全的规定。

除法律、司法解释另有规定外,对当事人、鉴定人、有专门知识的人的询问参照适用本规定中关于询问证人的规定;关于书证的规定适用于视听资料、电子数据;存储在电子计算机等电子介质中的视听资料,适用电子数据的规定。

第一百条　本规定自2020年5月1日起施行。

本规定公布施行后，最高人民法院以前发布的司法解释与本规定不一致的，不再适用。

全国法院民商事审判工作会议纪要（节录）

1. *2019年11月8日最高人民法院公布*
2. *法〔2019〕254号*

十一、关于案外人救济案件的审理

案外人救济案件包括案外人申请再审、案外人执行异议之诉和第三人撤销之诉三种类型。修改后的民事诉讼法在保留案外人执行异议之诉及案外人申请再审的基础上，新设立第三人撤销之诉制度，在为案外人权利保障提供更多救济渠道的同时，因彼此之间错综复杂的关系也容易导致认识上的偏差，有必要厘清其相互之间的关系，以便正确适用不同程序，依法充分保护各方主体合法权益。

119.【案外人执行异议之诉的审理】案外人执行异议之诉以排除对特定标的物的执行为目的，从程序上而言，案外人依据《民事诉讼法》第227条提出执行异议被驳回的，即可向执行人民法院提起执行异议之诉。人民法院对执行异议之诉的审理，一般应当就案外人对执行标的物是否享有权利、享有什么样的权利、权利是否足以排除强制执行进行判断。至于是否作出具体的确权判项，视案外人的诉讼请求而定。案外人未提出确权或者给付诉讼请求的，不作出确权判项，仅在裁判理由中进行分析判断并作出是否排除执行的判项即可。但案外人既提出确权、给付请求，又提出排除执行请求的，人民法院对该请求是否支持、是否排除执行，均应当在具体判项中予以明确。执行异议之诉不以否定作为执行依据的生效裁判为目的，案外人如认为裁判确有错误的，只能通过申请再审或者提起第三人撤销之诉的方式进行救济。

120.【债权人能否提起第三人撤销之诉】第三人撤销之诉中的第三人仅局限于《民事诉讼法》第56条规定的有独立请求权及无独立请求权的第三人，而且一般不包括债权人。但是，设立第三人撤销之诉的目的在于，救济第三人享有的因不能归责于本人的事由未参加诉讼但因生效裁判文书内容错误受到损害的民事权益，因此，债权人在下列情况下可以提起第三人撤销之诉：

（1）该债权是法律明确给予特殊保护的债权，如《合同法》第286条规定的建设工程价款优先受偿权，《海商法》第22条规定的船舶优先权；

（2）因债务人与他人的权利义务被生效裁判文书确定，导致债权人本来可以对《合同法》第74条和《企业破产法》第31条规定的债务人的行为享有撤销权而不能行使的；

（3）债权人有证据证明，裁判文书主文确定的债权内容部分或者全部虚假的。

债权人提起第三人撤销之诉还要符合法律和司法解释规定的其他条件。对于除此之外的其他债权，债权人原则上不得提起第三人撤销之诉。

121.【必要共同诉讼漏列的当事人申请再审】民事诉讼法司法解释对必要共同诉讼漏列的当事人申请再审规定了两种不同的程序，二者在管辖法院及申请再审期限的起算点上存在明显差别，人民法院在审理相关案件时应予注意：

（1）该当事人在执行程序中以案外人身份提出异议，异议被驳回的，根据民事诉讼法司法解释第423条的规定，其可以在驳回异议裁定送达之日起6个月内向原审人民法院申请再审；

（2）该当事人未在执行程序中以案外人身份提出异议的，根据民事诉讼法司法解释第422条的规定，其可以根据《民事诉讼法》第200条第8项的规定，自知道或者应当知道生效裁判之日起6个月内向上一级人民法院申请再审。当事人一方人数众多或者当事人双方为公民的案件，也可以向原审人民法院申请再审。

122.【程序启动后案外人不享有程序选择权】案外人申请再审与第三人撤销之诉功能上近似，如果案外人既有申请再审的权利，又符合第三人撤销之诉的条件，对于案外人是否可以行使选择权，民事诉讼法司法解释采取了限制的司法态度，即依据民事诉讼法司法解释第303条的规定，按照启动程序的先后，案外人只能选择相应的救济程序：案外人先启动执行异议程序的，对执行异议裁定不服，认为原裁判内容错误损害其合法权益的，只能向作出原裁判的人民法院申请再审，而不能提起第三人撤销之诉；案外人先启动了第三人撤销之诉，即便在执行程序中又提出执行异议，也只能继续进行第三人撤销之诉，而不能依《民事诉讼法》第227条申请再审。

123.【案外人依据另案生效裁判对非金钱债权的执行提起执行异议之诉】审判实践中，案外人有时依据另案生效裁判所认定的与执行标的物有关的权利提起执行异议之诉，请求排除对标的物的执行。此时，鉴于作为执行依据的生效裁判与作为案外人提出执行异议依据的生效裁判，均涉及对同一标的物权属或给付的认定，性质上属于两个生效裁判所认定的权利之间可能产生的冲突，人民法院在审理执行异议之诉时，需区别不同情况作出判断：如果作为执行依据的生效裁判是确权裁判，不论作为执行异议依据的裁判是确权裁判还是给付裁判，一般不应据此排除执行，但人民法院应当告知案外人对作为执行依据的确权裁判申请再审；如果作为执行依据的生效裁判是给付标的物的裁判，而作为提出异议之诉依据的裁判是确权裁判，一般应据此排除执行，此时人民法院应告知其对该确权裁判申请再审；如果两个裁判均属给付标的物的裁判，人民法院需依法判断哪个裁判所认定的给付权利具有优先性，进而判断是否可以排除执行。

124.【案外人依据另案生效裁判对金钱债权的执行提起执行异议之诉】作为执行依据的生效裁判并未涉及执行标的物，只是执行中为实现金钱债权对特定标的物采取了执行措施。对此种情形，《最高人民法院关于人民法院办理执行异议和复议案件若干问题的规定》第26条规定了解决案外人执行异议的规则，在审理执行异议之诉时可以参考适用。依据该条规定，作为案外人提起执行异议之诉依据的裁判将执行标的物确权给案外人，可以排除执行；作为案外人提起执行异议之诉依据的裁判，未将执行标的物确权给案外人，而是基于不以转移所有权为目的的有效合同（如租赁、借用、保管合同），判令向案外人返还执行标的物的，其性质属于物权请求权，亦可以排除执行；基于以转移所有权为目的有效合同（如买卖合同），判令向案外人交付标的物的，其性质属于债权请求权，不能排除执行。

应予注意的是，在金钱债权执行中，如果案外人提出执行异议之诉依据的生效裁判认定以转移所有权为目的的合同（如买卖合同）无效或应当解除，进而判令向案外人返还执行标的物的，此时案外人享有的是物权性质的返还请求权，本可排除金钱债权的执行，但在双务合同无效的情况下，双方互负返还义务，在案外人未返还价款的情况下，如果允许其排除金钱债权的执行，将会使申请执行人既执行不到被执行人名下的财产，又执行不到本应返还给被执行人的价款，显然有失公允。为平衡各方当事人的利益，只有在案外人已经返还价款的情况下，才能排除普通债权人的执行。反之，案外人未返还价款的，不能排除执行。

125.【案外人系商品房消费者】实践中，商品房消费者向房地产开发企业购买商品房，往往没有及时办理房地产过户手续。房地产开发企业因欠债而被强制执行，人民法院在对尚登记在房地产开发企业名下但已出卖给消费者的商品房采取执行措施时，商品房消费者往往会提出执行异议，以排除强制执行。对此，《最高人民法院关于人民法院办理执行异议和复议案件若干问题的规定》第29条规定，符合下列情形的，应当支持商品房消费者的诉讼请求：一是在人民法院查封之前已签订合法有效的书面买卖合同；二是所购商品房系用于居住且买受人名下无其他用于居住的房屋；三是已支付的价款超过合同约定总价款的百分之五十。人民法院在审理执行异议之诉案件时，可参照适用此条款。

问题是，对于其中"所购商品房系用于居住且买受人名下无其他用于居住的房屋"如何理解，审判实践中掌握的标准不一。"买受人名下无其他用于居住的房屋"，可以理解为在案涉房屋同一设区的市或者县级市范围内商品房消费者名下没有用于居住的房屋。商品房消费者名下虽然已有1套房屋，但购买的房屋在面积上仍然属于满足基本居住需要的，可以理解为符合该规定的精神。

对于其中"已支付的价款超过合同约定总价款的百分之五十"如何理解，审判实践中掌握的标准也不一致。如果商品房消费者支付的价款接近于百分之五十，且已按照合同约定将剩余价款支付给申请执行人或者按照人民法院的要求交付执行的，可以理解为符合该规定的精神。

126.【商品房消费者的权利与抵押权的关系】根据《最高人民法院关于建设工程价款优先受偿权问题的批复》第1条、第2条的规定，交付全部或者大部分款项的商品房消费者的权利优先于抵押权人的抵押权，故抵押权人申请执行登记在房地产开发企业名下但已销售给消费者的商品房，消费者提出执行异议的，人民法院依法予以支持。但应当特别注意的是，此情况是针对实践中存在的商品房预售不规范现象为保护消费者生存权而作出的例外规定，必须严格把握条件，避免扩大范围，以免动摇抵押权具有优先性的基本原则。因此，这里的商品房消费者应当仅限于符合本纪要第125条规定的商品房消费者。买受人不是本纪要第125条规定的商品房消费者，而是一般的房屋买卖合同的买受人，不适用上述处理规则。

127.【案外人系商品房消费者之外的一般买受人】金钱债权执行中，商品房消费者之外的一般买受人对登记在被执行人名下的不动产提出异议，请求排除执行的，《最高人民法院关于人民法院办理执行异议和复议案件若干问题的规定》第28条规定，符合下列情形的依法予以支持：一是在人民法院查封之前已签订合法有效的书面买卖合同；二是在人民法院查封之前已合法占有该不动产；三是已支付全部价款，或者已按照合同约定支付部分价款且将剩余价款按照人民法院的要求交付执行；四是非因买受人自身原因未办理过户登记。人民法院在审理执行异议之诉案件时，可参照适用此条款。

实践中，对于该规定的前3个条件，理解并无分歧。对于其中的第4个条件，理解不一致。一般而言，买受人只要有向房屋登记机构递交过户登记材料，或向出卖人提出了办理过户登记的请求等积极行为的，可以认为符合该条件。买受人无上述积极行为，其未办理过户登记有合理的客观理由的，亦可认定符合该条件。

最高人民法院关于适用《中华人民共和国民事诉讼法》执行程序若干问题的解释

1. *2008年9月8日最高人民法院审判委员会第1452次会议通过、2008年11月3日公布、自2009年1月1日起施行（法释〔2008〕13号）*
2. *根据2020年12月23日最高人民法院审判委员会第1823次会议通过、2020年12月29日公布、自2021年1月1日起施行的《最高人民法院关于修改〈最高人民法院关于人民法院扣押铁路运输货物若干问题的规定〉等十八件执行类司法解释的决定》（法释〔2020〕21号）修正*

为了依法及时有效地执行生效法律文书，维护当事人的合法权益，根据《中华人民共和国民事诉讼法》（以下简称民事诉讼法），结合人民法院执行工作实际，对执行程序中适用法律的若干问题作出如下解释：

第一条　申请执行人向被执行的财产所在地人民法院申请执行的，应当提供该人民法院辖区有可供执行财产的证明材料。

第二条　对两个以上人民法院都有管辖权的执行案件，人民法院在立案前发现其他有管辖权的人民法院已经立案的，不得重复立案。

立案后发现其他有管辖权的人民法院已经立案的，应当撤销案件；已经采取执行措施的，应当将控制的财产交先立案的执行法院处理。

第三条　人民法院受理执行申请后，当事人对管辖权有异议的，应当自收到执行通知书之日起十日内提出。

人民法院对当事人提出的异议，应当审查。异议成立的，应当撤销执行案件，并告知当事人向有管辖权的人民法院申请执行；异议不成立的，裁定驳回。当事人对裁定不服的，可以向上一级人民法院申请复议。

管辖权异议审查和复议期间，不停止执行。

第四条　对人民法院采取财产保全措施的案件，申请执行人向采取保全措施的人民法院以外的其他有管辖权的人民法院申请执行的，采取保全措施的人民法院应当将保全的财产交执行法院处理。

第五条　执行过程中，当事人、利害关系人认为执行法院的执行行为违反法律规定的，可以依照民事诉讼法第二百二十五条的规定提出异议。

执行法院审查处理执行异议，应当自收到书面异议之日起十五日内作出裁定。

第六条　当事人、利害关系人依照民事诉讼法第二百二十五条规定申请复议的，应当采取书面形式。

第七条　当事人、利害关系人申请复议的书面材料，可以通过执行法院转交，也可以直接向执行法院的上一级人民法院提交。

执行法院收到复议申请后，应当在五日内将复议所需的案卷材料报送上一级人民法院；上一级人民法院收到复议申请后，应当通知执行法院在五日内报送复议所需的案卷材料。

第八条　当事人、利害关系人依照民事诉讼法第二百二十五条规定申请复议的，上一级人民法院应当自收到复议申请之日起三十日内审查完毕，并作出裁定。有特殊情况需要延长的，经本院院长批准，可以延长，延长的期限不得超过三十日。

第九条　执行异议审查和复议期间，不停止执行。

被执行人、利害关系人提供充分、有效的担保请求停止相应处分措施的，人民法院可以准许；申请执行人提供充分、有效的担保请求继续执行的，应当继续执行。

第十条　依照民事诉讼法第二百二十六条的规定，有下列情形之一的，上一级人民法院可以根据申请执行人的申请，责令执行法院限期执行或者变更执行法院：

（一）债权人申请执行时被执行人有可供执行的财产，执行法院自收到申请执行书之日起超过六个月对该财产未执行完结的；

（二）执行过程中发现被执行人可供执行的财产，执行法院自发现财产之日起超过六个月对该财产未执行完结的；

（三）对法律文书确定的行为义务的执行，执行法院自收到申请执行书之日起超过六个月未依法采取相应执行措施的；

（四）其他有条件执行超过六个月未执行的。

第十一条　上一级人民法院依照民事诉讼法第二百二十六条规定责令执行法院限期执行的，应当向其发出督促执行令，并将有关情况书面通知申请执行人。

上一级人民法院决定由本院执行或者指令本辖区其他人民法院执行的，应当作出裁定，送达当事人并通知有关人民法院。

第十二条　上一级人民法院责令执行法院限期执行，执行法院在指定期间内无正当理由仍未执行完结的，上一级人民法院应当裁定由本院执行或者指令本辖区其他人民法院执行。

第十三条　民事诉讼法第二百二十六条规定的六个月期间，不应当计算执行中的公告期间、鉴定评估期间、管辖争议处理期间、执行争议协调期间、暂缓执行期间以及中止执行期间。

第十四条　案外人对执行标的主张所有权或者有其他足以阻止执行标的转让、交付的实体权利的，可以依照民事诉讼法第二百二十七条的规定，向执行法院提出异议。

第十五条　案外人异议审查期间，人民法院不得对执行标的进行处分。

案外人向人民法院提供充分、有效的担保请求解除对异议标的的查封、扣押、冻结的，人民法院可以准许；申请执行人提供充分、有效的担保请求继续执行的，应当继续执行。

因案外人提供担保解除查封、扣押、冻结有错误，致使该标的无法执行的，人民法院可以直接执行担保财产；申请执行人提供担保请求继续执行有错误，给对方造成损失的，应当予以赔偿。

第十六条　案外人执行异议之诉审理期间，人民法院不得对执行标的进行处分。申请执行人请求人民法院继续执行并提供相应担保的，人民法院可以准许。

案外人请求解除查封、扣押、冻结或者申请执行人请求继续执行有错误，给对方造成损失的，应当予以赔偿。

第十七条　多个债权人对同一被执行人申请执行或者对执行财产申请参与分配的，执行法院应当制作财产分配方案，并送达各债权人和被执行人。债权人或者被执行人对分配方案有异议的，应当自收到分配方案之日起十五日内向执行法院提出书面异议。

第十八条　债权人或者被执行人对分配方案提出

书面异议的，执行法院应当通知未提出异议的债权人或被执行人。

未提出异议的债权人、被执行人收到通知之日起十五日内未提出反对意见的，执行法院依异议人的意见对分配方案审查修正后进行分配；提出反对意见的，应当通知异议人。异议人可以自收到通知之日起十五日内，以提出反对意见的债权人、被执行人为被告，向执行法院提起诉讼；异议人逾期未提起诉讼的，执行法院依原分配方案进行分配。

诉讼期间进行分配的，执行法院应当将与争议债权数额相应的款项予以提存。

第十九条　在申请执行时效期间的最后六个月内，因不可抗力或者其他障碍不能行使请求权的，申请执行时效中止。从中止时效的原因消除之日起，申请执行时效期间继续计算。

第二十条　申请执行时效因申请执行、当事人双方达成和解协议、当事人一方提出履行要求或者同意履行义务而中断。从中断时起，申请执行时效期间重新计算。

第二十一条　生效法律文书规定债务人负有不作为义务的，申请执行时效期间从债务人违反不作为义务之日起计算。

第二十二条　执行员依照民事诉讼法第二百四十条规定立即采取强制执行措施的，可以同时或者自采取强制执行措施之日起三日内发送执行通知书。

第二十三条　依照民事诉讼法第二百五十五条规定对被执行人限制出境的，应当由申请执行人向执行法院提出书面申请；必要时，执行法院可以依职权决定。

第二十四条　被执行人为单位的，可以对其法定代表人、主要负责人或者影响债务履行的直接责任人员限制出境。

被执行人为无民事行为能力人或者限制民事行为能力人的，可以对其法定代理人限制出境。

第二十五条　在限制出境期间，被执行人履行法律文书确定的全部债务的，执行法院应当及时解除限制出境措施；被执行人提供充分、有效的担保或者申请执行人同意的，可以解除限制出境措施。

第二十六条　依照民事诉讼法第二百五十五条的规定，执行法院可以依职权或者依申请执行人的申请，将被执行人不履行法律文书确定义务的信息，通过报纸、广播、电视、互联网等媒体公布。

媒体公布的有关费用，由被执行人负担；申请执行人申请在媒体公布的，应当垫付有关费用。

第二十七条　本解释施行前本院公布的司法解释与本解释不一致的，以本解释为准。

最高人民法院关于审理涉执行司法赔偿案件适用法律若干问题的解释

1. 2021年12月20日最高人民法院审判委员会第1857次会议通过

2. 2022年2月8日公布

3. 法释〔2022〕3号

4. 自2022年3月1日起施行

为正确审理涉执行司法赔偿案件，保障公民、法人和其他组织的合法权益，根据《中华人民共和国国家赔偿法》等法律规定，结合人民法院国家赔偿审判和执行工作实际，制定本解释。

第一条　人民法院在执行判决、裁定及其他生效法律文书过程中，错误采取财产调查、控制、处置、交付、分配等执行措施或者罚款、拘留等强制措施，侵犯公民、法人和其他组织合法权益并造成损害，受害人依照国家赔偿法第三十八条规定申请赔偿的，适用本解释。

第二条　公民、法人和其他组织认为有下列错误执行行为造成损害申请赔偿的，人民法院应当依法受理：

（一）执行未生效法律文书，或者明显超出生效法律文书确定的数额和范围执行的；

（二）发现被执行人有可供执行的财产，但故意拖延执行、不执行，或者应当依法恢复执行而不恢复的；

（三）违法执行案外人财产，或者违法将案件执行款物交付给其他当事人、案外人的；

（四）对抵押、质押、留置、保留所有权等财产采取执行措施，未依法保护上述权利人优先受偿权等合法权益的；

（五）对其他人民法院已经依法采取保全或者执行措施的财产违法执行的；

（六）对执行中查封、扣押、冻结的财产故意不履行或者怠于履行监管职责的；

（七）对不宜长期保存或者易贬值的财产采取执行措施，未及时处理或者违法处理的；

（八）违法拍卖、变卖、以物抵债，或者依法应当评估而未评估，依法应当拍卖而未拍卖的；

（九）违法撤销拍卖、变卖或者以物抵债的；

（十）违法采取纳入失信被执行人名单、限制消费、限制出境等措施的；

（十一）因违法或者过错采取执行措施或者强制措施的其他行为。

第三条　原债权人转让债权的，其基于债权申请国家赔偿的权利随之转移，但根据债权性质、当事人约定或者法律规定不得转让的除外。

第四条　人民法院将查封、扣押、冻结等事项委托其他人民法院执行的，公民、法人和其他组织认为错误执行行为造成损害申请赔偿的，委托法院为赔偿义务机关。

第五条　公民、法人和其他组织申请错误执行赔偿，应当在执行程序终结后提出，终结前提出的不予受理。但有下列情形之一，且无法在相关诉讼或者执行程序中予以补救的除外：

（一）罚款、拘留等强制措施已被依法撤销，或者实施过程中造成人身损害的；

（二）被执行的财产经诉讼程序依法确认不属于被执行人，或者人民法院生效法律文书已确认执行行为违法的；

（三）自立案执行之日起超过五年，且已裁定终结本次执行程序，被执行人已无可供执行财产的；

（四）在执行程序终结前可以申请赔偿的其他情形。

赔偿请求人依据前款规定，在执行程序终结后申请赔偿的，该执行程序期间不计入赔偿请求时效。

第六条　公民、法人和其他组织在执行异议、复议或者执行监督程序审查期间，就相关执行措施或者强制措施申请赔偿的，人民法院不予受理，已经受理的予以驳回，并告知其在上述程序终结后可以依照本解释第五条的规定依法提出赔偿申请。

公民、法人和其他组织在执行程序中未就相关执行措施、强制措施提出异议、申请复议或者申请执行监督，不影响其依法申请赔偿的权利。

第七条　经执行异议、复议或者执行监督程序作出的生效法律文书，对执行行为是否合法已有认定的，该生效法律文书可以作为人民法院赔偿委员会认定执行行为合法性的根据。

赔偿请求人对执行行为的合法性提出相反主张，且提供相应证据予以证明的，人民法院赔偿委员会应当对执行行为进行合法性审查并作出认定。

第八条 根据当时有效的执行依据或者依法认定的基本事实作出的执行行为，不因下列情形而认定为错误执行：

（一）采取执行措施或者强制措施后，据以执行的判决、裁定及其他生效法律文书被撤销或者变更的；

（二）被执行人足以对抗执行的实体事由，系在执行措施完成后发生或者被依法确认的；

（三）案外人对执行标的享有足以排除执行的实体权利，系在执行措施完成后经法定程序确认的；

（四）人民法院作出准予执行行政行为的裁定并实施后，该行政行为被依法变更、撤销、确认违法或者确认无效的；

（五）根据财产登记采取执行措施后，该登记被依法确认错误的；

（六）执行依据或者基本事实嗣后改变的其他情形。

第九条 赔偿请求人应当对其主张的损害负举证责任。但因人民法院未列清单、列举不详等过错致使赔偿请求人无法就损害举证的，应当由人民法院对上述事实承担举证责任。

双方主张损害的价值无法认定的，应当由负有举证责任的一方申请鉴定。负有举证责任的一方拒绝申请鉴定的，由其承担不利的法律后果；无法鉴定的，人民法院赔偿委员会应当结合双方的主张和在案证据，运用逻辑推理、日常生活经验等进行判断。

第十条 被执行人因财产权被侵犯依照本解释第五条第一款规定申请赔偿，其债务尚未清偿的，获得的赔偿金应当首先用于清偿其债务。

第十一条 因错误执行取得不当利益且无法返还的，人民法院承担赔偿责任后，可以依据赔偿决定向取得不当利益的人追偿。

因错误执行致使生效法律文书无法执行，申请执行人获得国家赔偿后申请继续执行的，不予支持。人民法院承担赔偿责任后，可以依据赔偿决定向被执行人追偿。

第十二条 在执行过程中，因保管人或者第三人的行为侵犯公民、法人和其他组织合法权益并造成损害的，应当由保管人或者第三人承担责任。但人民法院未尽监管职责的，应当在其能够防止或者制止损害发生、扩大的范围内承担相应的赔偿责任，并可以依据赔偿决定向保管人或者第三人追偿。

第十三条 属于下列情形之一的，人民法院不承担赔偿责任：

（一）申请执行人提供财产线索错误的；

（二）执行措施系根据依法提供的担保而采取或者解除的；

（三）人民法院工作人员实施与行使职权无关的个人行为的；

（四）评估或者拍卖机构实施违法行为造成损害的；

（五）因不可抗力、正当防卫或者紧急避险造成损害的；

（六）依法不应由人民法院承担赔偿责任的其他情形。

前款情形中，人民法院有错误执行行为的，应当根据其在损害发生过程和结果中所起的作用承担相应的赔偿责任。

第十四条 错误执行造成公民、法人和其他组织利息、租金等实际损失的,适用国家赔偿法第三十六条第八项的规定予以赔偿。

第十五条 侵犯公民、法人和其他组织的财产权,按照错误执行行为发生时的市场价格不足以弥补受害人损失或者该价格无法确定的,可以采用下列方式计算损失:

(一)按照错误执行行为发生时的市场价格计算财产损失并支付利息,利息计算期间从错误执行行为实施之日起至赔偿决定作出之日止;

(二)错误执行行为发生时的市场价格无法确定,或者因时间跨度长、市场价格波动大等因素按照错误执行行为发生时的市场价格计算显失公平的,可以参照赔偿决定作出时同类财产市场价格计算;

(三)其他合理方式。

第十六条 错误执行造成受害人停产停业的,下列损失属于停产停业期间必要的经常性费用开支:

(一)必要留守职工工资;

(二)必须缴纳的税款、社会保险费;

(三)应当缴纳的水电费、保管费、仓储费、承包费;

(四)合理的房屋场地租金、设备租金、设备折旧费;

(五)维系停产停业期间运营所需的其他基本开支。

错误执行生产设备、用于营运的运输工具,致使受害人丧失唯一生活来源的,按照其实际损失予以赔偿。

第十七条 错误执行侵犯债权的,赔偿范围一般应当以债权标的额为限。债权受让人申请赔偿的,赔偿范围以其受让债权时支付的对价为限。

第十八条 违法采取保全措施的案件进入执行程序后,公民、法人和其他组织申请赔偿的,应当作为错误执行案件予以立案审查。

第十九条 审理违法采取妨害诉讼的强制措施、保全、先予执行赔偿案件,可以参照适用本解释。

第二十条 本解释自2022年3月1日起施行。施行前本院公布的司法解释与本解释不一致的,以本解释为准。

最高人民法院关于人民法院执行工作若干问题的规定(试行)

1. 1998年6月11日最高人民法院审判委员会第992次会议通过、1998年7月8日公布、自1998年7月8日起施行(法释〔1998〕15号)

2. 根据2020年12月23日最高人民法院审判委员会第1823次会议通过、2020年12月29日公布、自2021年1月1日起施行的《最高人民法院关于修改〈最高人民法院关于人民法院扣押铁路运输货物若干问题的规定〉等十八件执行类司法解释的决定》(法释〔2020〕21号)修正

为了保证在执行程序中正确适用法律,及时有效地执行生效法律文书,维护当事人的合法权益,根据《中华人民共和国民事诉讼法》(以下简称民事诉讼法)等有关法律的规定,结合人民法院执行工作的实践经验,现对人民法院执行工作若干问题作如下规定。

一、执行机构及其职责

1. 人民法院根据需要,依据有关法律的规定,设立执行机构,专门负责执行工作。

2. 执行机构负责执行下列生效法律文书:

(1)人民法院民事、行政判决、裁定、调解书,民事制裁决定、支付令,以及刑事附带民事判决、

裁定、调解书,刑事裁判涉财产部分;

(2)依法应由人民法院执行的行政处罚决定、行政处理决定;

(3)我国仲裁机构作出的仲裁裁决和调解书,人民法院依据《中华人民共和国仲裁法》有关规定作出的财产保全和证据保全裁定;

(4)公证机关依法赋予强制执行效力的债权文书;

(5)经人民法院裁定承认其效力的外国法院作出的判决、裁定,以及国外仲裁机构作出的仲裁裁决;

(6)法律规定由人民法院执行的其他法律文书。

3.人民法院在审理民事、行政案件中作出的财产保全和先予执行裁定,一般应当移送执行机构实施。

4.人民法庭审结的案件,由人民法庭负责执行。其中复杂、疑难或被执行人不在本法院辖区的案件,由执行机构负责执行。

5.执行程序中重大事项的办理,应由三名以上执行员讨论,并报经院长批准。

6.执行机构应配备必要的交通工具、通讯设备、音像设备和警械用具等,以保障及时有效地履行职责。

7.执行人员执行公务时,应向有关人员出示工作证件,并按规定着装。必要时应由司法警察参加。

8.上级人民法院执行机构负责本院对下级人民法院执行工作的监督、指导和协调。

二、执行管辖

9.在国内仲裁过程中,当事人申请财产保全,经仲裁机构提交人民法院的,由被申请人住所地或被申请保全的财产所在地的基层人民法院裁定并执行;申请证据保全的,由证据所在地的基层人民法院裁定并执行。

10.在涉外仲裁过程中,当事人申请财产保全,经仲裁机构提交人民法院的,由被申请人住所地或被申请保全的财产所在地的中级人民法院裁定并执行;申请证据保全的,由证据所在地的中级人民法院裁定并执行。

11.专利管理机关依法作出的处理决定和处罚决定,由被执行人住所地或财产所在地的省、自治区、直辖市有权受理专利纠纷案件的中级人民法院执行。

12.国务院各部门、各省、自治区、直辖市人民政府和海关依照法律、法规作出的处理决定和处罚决定,由被执行人住所地或财产所在地的中级人民法院执行。

13.两个以上人民法院都有管辖权的,当事人可以向其中一个人民法院申请执行;当事人向两个以上人民法院申请执行的,由最先立案的人民法院管辖。

14.人民法院之间因执行管辖权发生争议的,由双方协商解决;协商不成的,报请双方共同的上级人民法院指定管辖。

15.基层人民法院和中级人民法院管辖的执行案件,因特殊情况需要由上级人民法院执行的,可以报请上级人民法院执行。

三、执行的申请和移送

16.人民法院受理执行案件应当符合下列条件:

(1)申请或移送执行的法律文书已经生效;

(2)申请执行人是生效法律文书确定的权利人或其继承人、权利承受人;

(3)申请执行的法律文书有给付内容,且执行标的和被执行人明确;

(4)义务人在生效法律文书确定的期限内未履行义务；

(5)属于受申请执行的人民法院管辖。

人民法院对符合上述条件的申请，应当在七日内予以立案；不符合上述条件之一的，应当在七日内裁定不予受理。

17. 生效法律文书的执行，一般应当由当事人依法提出申请。

发生法律效力的具有给付赡养费、扶养费、抚育费内容的法律文书、民事制裁决定书，以及刑事附带民事判决、裁定、调解书，由审判庭移送执行机构执行。

18. 申请执行，应向人民法院提交下列文件和证件：

(1)申请执行书。申请执行书中应当写明申请执行的理由、事项、执行标的，以及申请执行人所了解的被执行人的财产状况。

申请执行人书写申请执行书确有困难的，可以口头提出申请。人民法院接待人员对口头申请应当制作笔录，由申请执行人签字或盖章。

外国一方当事人申请执行的，应当提交中文申请执行书。当事人所在国与我国缔结或共同参加的司法协助条约有特别规定的，按照条约规定办理。

(2)生效法律文书副本。

(3)申请执行人的身份证明。自然人申请的，应当出示居民身份证；法人申请的，应当提交法人营业执照副本和法定代表人身份证明；非法人组织申请的，应当提交营业执照副本和主要负责人身份证明。

(4)继承人或权利承受人申请执行的，应当提交继承或承受权利的证明文件。

(5)其他应当提交的文件或证件。

19. 申请执行仲裁机构的仲裁裁决，应当向人民法院提交有仲裁条款的合同书或仲裁协议书。

申请执行国外仲裁机构的仲裁裁决的，应当提交经我国驻外使领馆认证或我国公证机关公证的仲裁裁决书中文本。

20. 申请执行人可以委托代理人代为申请执行。委托代理的，应当向人民法院提交经委托人签字或盖章的授权委托书，写明代理人的姓名或者名称、代理事项、权限和期限。

委托代理人代为放弃、变更民事权利，或代为进行执行和解，或代为收取执行款项的，应当有委托人的特别授权。

21. 执行申请费的收取按照《诉讼费用交纳办法》办理。

四、执行前的准备

22. 人民法院应当在收到申请执行书或者移交执行书后十日内发出执行通知。

执行通知中除应责令被执行人履行法律文书确定的义务外，还应通知其承担民事诉讼法第二百五十三条规定的迟延履行利息或者迟延履行金。

23. 执行通知书的送达，适用民事诉讼法关于送达的规定。

24. 被执行人未按执行通知书履行生效法律文书确定的义务的，应当及时采取执行措施。

人民法院采取执行措施，应当制作相应法律文书，送达被执行人。

25. 人民法院执行非诉讼生效法律文书，必要时可向制作生效法律文书的机构调取卷宗材料。

五、金钱给付的执行

26. 金融机构擅自解冻被人民法院冻结的款

项，致冻结款项被转移的，人民法院有权责令其限期追回已转移的款项。在限期内未能追回的，应当裁定该金融机构在转移的款项范围内以自己的财产向申请执行人承担责任。

27. 被执行人为金融机构的，对其交存在人民银行的存款准备金和备付金不得冻结和扣划，但对其在本机构、其他金融机构的存款，及其在人民银行的其他存款可以冻结、划拨，并可对被执行人的其他财产采取执行措施，但不得查封其营业场所。

28. 作为被执行人的自然人，其收入转为储蓄存款的，应当责令其交出存单。拒不交出的，人民法院应当作出提取其存款的裁定，向金融机构发出协助执行通知书，由金融机构提取被执行人的存款交人民法院或存入人民法院指定的账户。

29. 被执行人在有关单位的收入尚未支取的，人民法院应当作出裁定，向该单位发出协助执行通知书，由其协助扣留或提取。

30. 有关单位收到人民法院协助执行被执行人收入的通知后，擅自向被执行人或其他人支付的，人民法院有权责令其限期追回；逾期未追回的，应当裁定其在支付的数额内向申请执行人承担责任。

31. 人民法院对被执行人所有的其他人享有抵押权、质押权或留置权的财产，可以采取查封、扣押措施。财产拍卖、变卖后所得价款，应当在抵押权人、质押权人或留置权人优先受偿后，其余额部分用于清偿申请执行人的债权。

32. 被执行人或其他人擅自处分已被查封、扣押、冻结财产的，人民法院有权责令责任人限期追回财产或承担相应的赔偿责任。

33. 被执行人申请对人民法院查封的财产自行变卖的，人民法院可以准许，但应当监督其按照合理价格在指定的期限内进行，并控制变卖的价款。

34. 拍卖、变卖被执行人的财产成交后，必须即时钱物两清。

委托拍卖、组织变卖被执行人财产所发生的实际费用，从所得价款中优先扣除。所得价款超出执行标的数额和执行费用的部分，应当退还被执行人。

35. 被执行人不履行生效法律文书确定的义务，人民法院有权裁定禁止被执行人转让其专利权、注册商标专用权、著作权（财产权部分）等知识产权。上述权利有登记主管部门的，应当同时向有关部门发出协助执行通知书，要求其不得办理财产权转移手续，必要时可以责令被执行人将产权或使用权证照交人民法院保存。

对前款财产权，可以采取拍卖、变卖等执行措施。

36. 对被执行人从有关企业中应得的已到期的股息或红利等收益，人民法院有权裁定禁止被执行人提取和有关企业向被执行人支付，并要求有关企业直接向申请执行人支付。

对被执行人预期从有关企业中应得的股息或红利等收益，人民法院可以采取冻结措施，禁止到期后被执行人提取和有关企业向被执行人支付。到期后人民法院可从有关企业中提取，并出具提取收据。

37. 对被执行人在其他股份有限公司中持有的股份凭证（股票），人民法院可以扣押，并强制被执行人按照公司法的有关规定转让，也可以直接采取拍卖、变卖的方式进行处分，或直接将股票抵偿给债权人，用于清偿被执行人的债务。

38. 对被执行人在有限责任公司、其他法人企业中的投资权益或股权,人民法院可以采取冻结措施。

冻结投资权益或股权的,应当通知有关企业不得办理被冻结投资权益或股权的转移手续,不得向被执行人支付股息或红利。被冻结的投资权益或股权,被执行人不得自行转让。

39. 被执行人在其独资开办的法人企业中拥有的投资权益被冻结后,人民法院可以直接裁定予以转让,以转让所得清偿其对申请执行人的债务。

对被执行人在有限责任公司中被冻结的投资权益或股权,人民法院可以依据《中华人民共和国公司法》第七十一条、第七十二条、第七十三条的规定,征得全体股东过半数同意后,予以拍卖、变卖或以其他方式转让。不同意转让的股东,应当购买该转让的投资权益或股权,不购买的,视为同意转让,不影响执行。

人民法院也可允许并监督被执行人自行转让其投资权益或股权,将转让所得收益用于清偿对申请执行人的债务。

40. 有关企业收到人民法院发出的协助冻结通知后,擅自向被执行人支付股息或红利,或擅自为被执行人办理已冻结股权的转移手续,造成已转移的财产无法追回的,应当在所支付的股息或红利或转移的股权价值范围内向申请执行人承担责任。

六、交付财产和完成行为的执行

41. 生效法律文书确定被执行人交付特定标的物的,应当执行原物。原物被隐匿或非法转移的,人民法院有权责令其交出。原物确已毁损或灭失的,经双方当事人同意,可以折价赔偿。

双方当事人对折价赔偿不能协商一致的,人民法院应当终结执行程序。申请执行人可以另行起诉。

42. 有关组织或者个人持有法律文书指定交付的财物或票证,在接到人民法院协助执行通知书或通知书后,协同被执行人转移财物或票证的,人民法院有权责令其限期追回;逾期未追回的,应当裁定其承担赔偿责任。

43. 被执行人的财产经拍卖、变卖或裁定以物抵债后,需从现占有人处交付给买受人或申请执行人的,适用民事诉讼法第二百四十九条、第二百五十条和本规定第41条、第42条的规定。

44. 被执行人拒不履行生效法律文书中指定的行为的,人民法院可以强制其履行。

对于可以替代履行的行为,可以委托有关单位或他人完成,因完成上述行为发生的费用由被执行人承担。

对于只能由被执行人完成的行为,经教育,被执行人仍拒不履行的,人民法院应当按照妨害执行行为的有关规定处理。

七、被执行人到期债权的执行

45. 被执行人不能清偿债务,但对本案以外的第三人享有到期债权的,人民法院可以依申请执行人或被执行人的申请,向第三人发出履行到期债务的通知(以下简称履行通知)。履行通知必须直接送达第三人。

履行通知应当包含下列内容:

(1)第三人直接向申请执行人履行其对被执行人所负的债务,不得向被执行人清偿;

(2)第三人应当在收到履行通知后的十五日内向申请执行人履行债务;

(3)第三人对履行到期债权有异议的,应当在收到履行通知后的十五日内向执行法院提出;

(4)第三人违背上述义务的法律后果。

46. 第三人对履行通知的异议一般应当以书

面形式提出，口头提出的，执行人员应记入笔录，并由第三人签字或盖章。

47. 第三人在履行通知指定的期间内提出异议的，人民法院不得对第三人强制执行，对提出的异议不进行审查。

48. 第三人提出自己无履行能力或其与申请执行人无直接法律关系，不属于本规定所指的异议。

第三人对债务部分承认、部分有异议的，可以对其承认的部分强制执行。

49. 第三人在履行通知指定的期限内没有提出异议，而又不履行的，执行法院有权裁定对其强制执行。此裁定同时送达第三人和被执行人。

50. 被执行人收到人民法院履行通知后，放弃其对第三人的债权或延缓第三人履行期限的行为无效，人民法院仍可在第三人无异议又不履行的情况下予以强制执行。

51. 第三人收到人民法院要求其履行到期债务的通知后，擅自向被执行人履行，造成已向被执行人履行的财产不能追回的，除在已履行的财产范围内与被执行人承担连带清偿责任外，可以追究其妨害执行的责任。

52. 在对第三人作出强制执行裁定后，第三人确无财产可供执行的，不得就第三人对他人享有的到期债权强制执行。

53. 第三人按照人民法院履行通知向申请执行人履行了债务或已被强制执行后，人民法院应当出具有关证明。

八、执行担保

54. 人民法院在审理案件期间，保证人为被执行人提供保证，人民法院据此未对被执行人的财产采取保全措施或解除保全措施的，案件审结后如果被执行人无财产可供执行或其财产不足清偿债务时，即使生效法律文书中未确定保证人承担责任，人民法院有权裁定执行保证人在保证责任范围内的财产。

九、多个债权人对一个债务人申请执行和参与分配

55. 多份生效法律文书确定金钱给付内容的多个债权人分别对同一被执行人申请执行，各债权人对执行标的物均无担保物权的，按照执行法院采取执行措施的先后顺序受偿。

多个债权人的债权种类不同的，基于所有权和担保物权而享有的债权，优先于金钱债权受偿。有多个担保物权的，按照各担保物权成立的先后顺序清偿。

一份生效法律文书确定金钱给付内容的多个债权人对同一被执行人申请执行，执行的财产不足清偿全部债务的，各债权人对执行标的物均无担保物权的，按照各债权比例受偿。

56. 对参与被执行人财产的具体分配，应当由首先查封、扣押或冻结的法院主持进行。

首先查封、扣押、冻结的法院所采取的执行措施如系为执行财产保全裁定，具体分配应当在该院案件审理终结后进行。

十、对妨害执行行为的强制措施的适用

57. 被执行人或其他人有下列拒不履行生效法律文书或者妨害执行行为之一的，人民法院可以依照民事诉讼法第一百一十一条的规定处理：

(1)隐藏、转移、变卖、毁损向人民法院提供执行担保的财产的；

(2)案外人与被执行人恶意串通转移被执行人财产的；

(3)故意撕毁人民法院执行公告、封条的；

(4)伪造、隐藏、毁灭有关被执行人履行能力的重要证据，妨碍人民法院查明被执行人财产状况的；

(5)指使、贿买、胁迫他人对被执行人的财产状况和履行义务的能力问题作伪证的；

(6)妨碍人民法院依法搜查的；

(7)以暴力、威胁或其他方法妨碍或抗拒执行的；

(8)哄闹、冲击执行现场的；

(9)对人民法院执行人员或协助执行人员进行侮辱、诽谤、诬陷、围攻、威胁、殴打或者打击报复的；

(10)毁损、抢夺执行案件材料、执行公务车辆、其他执行器械、执行人员服装和执行公务证件的。

58. 在执行过程中遇有被执行人或其他人拒不履行生效法律文书或者妨害执行情节严重，需要追究刑事责任的，应将有关材料移交有关机关处理。

十一、执行的中止、终结、结案和执行回转

59. 按照审判监督程序提审或再审的案件，执行机构根据上级法院或本院作出的中止执行裁定书中止执行。

60. 中止执行的情形消失后，执行法院可以根据当事人的申请或依职权恢复执行。

恢复执行应当书面通知当事人。

61. 在执行中，被执行人被人民法院裁定宣告破产的，执行法院应当依照民事诉讼法第二百五十七条第六项的规定，裁定终结执行。

62. 中止执行和终结执行的裁定书应当写明中止或终结执行的理由和法律依据。

63. 人民法院执行生效法律文书，一般应当在立案之日起六个月内执行结案，但中止执行的期间应当扣除。确有特殊情况需要延长的，由本院院长批准。

64. 执行结案的方式为：

(1)执行完毕；

(2)终结本次执行程序；

(3)终结执行；

(4)销案；

(5)不予执行；

(6)驳回申请。

65. 在执行中或执行完毕后，据以执行的法律文书被人民法院或其他有关机关撤销或变更的，原执行机构应当依照民事诉讼法第二百三十三条的规定，依当事人申请或依职权，按照新的生效法律文书，作出执行回转的裁定，责令原申请执行人返还已取得的财产及其孳息。拒不返还的，强制执行。

执行回转应重新立案，适用执行程序的有关规定。

66. 执行回转时，已执行的标的物系特定物的，应当退还原物。不能退还原物的，经双方当事人同意，可以折价赔偿。

双方当事人对折价赔偿不能协商一致的，人民法院应当终结执行回转程序。申请执行人可以另行起诉。

十二、执行争议的协调

67. 两个或两个以上人民法院在执行相关案件中发生争议的，应当协商解决。协商不成的，逐级报请上级法院，直至报请共同的上级法院协调处理。

执行争议经高级人民法院协商不成的，由有关的高级人民法院书面报请最高人民法院协调处理。

68. 执行中发现两地法院或人民法院与仲裁机构就同一法律关系作出不同裁判内容的法律文书的，各有关法院应当立即停止执行，报请共同的上级法院处理。

69. 上级法院协调处理有关执行争议案件，认为必要时，可以决定将有关款项划到本院指定的账户。

70. 上级法院协调下级法院之间的执行争议所作出的处理决定，有关法院必须执行。

十三、执行监督

71. 上级人民法院依法监督下级人民法院的执行工作。最高人民法院依法监督地方各级人民法院和专门法院的执行工作。

72. 上级法院发现下级法院在执行中作出的裁定、决定、通知或具体执行行为不当或有错误的，应当及时指令下级法院纠正，并可以通知有关法院暂缓执行。

下级法院收到上级法院的指令后必须立即纠正。如果认为上级法院的指令有错误，可以在收到该指令后五日内请求上级法院复议。

上级法院认为请求复议的理由不成立，而下级法院仍不纠正的，上级法院可直接作出裁定或决定予以纠正，送达有关法院及当事人，并可直接向有关单位发出协助执行通知书。

73. 上级法院发现下级法院执行的非诉讼生效法律文书有不予执行事由，应当依法作出不予执行裁定而不制作的，可以责令下级法院在指定时限内作出裁定，必要时可直接裁定不予执行。

74. 上级法院发现下级法院的执行案件（包括受委托执行的案件）在规定的期限内未能执行结案的，应当作出裁定、决定、通知而不制作的，或应当依法实施具体执行行为而不实施的，应当督促下级法院限期执行，及时作出有关裁定等法律文书，或采取相应措施。

对下级法院长期未能执结的案件，确有必要的，上级法院可以决定由本院执行或与下级法院共同执行，也可以指定本辖区其他法院执行。

75. 上级法院在监督、指导、协调下级法院执行案件中，发现据以执行的生效法律文书确有错误的，应当书面通知下级法院暂缓执行，并按照审判监督程序处理。

76. 上级法院在申诉案件复查期间，决定对生效法律文书暂缓执行的，有关审判庭应当将暂缓执行的通知抄送执行机构。

77. 上级法院通知暂缓执行的，应同时指定暂缓执行的期限。暂缓执行的期限一般不得超过三个月。有特殊情况需要延长的，应报经院长批准，并及时通知下级法院。

暂缓执行的原因消除后，应当及时通知执行法院恢复执行。期满后上级法院未通知继续暂缓执行的，执行法院可以恢复执行。

78. 下级法院不按照上级法院的裁定、决定或通知执行，造成严重后果的，按照有关规定追究有关主管人员和直接责任人员的责任。

十四、附则

79. 本规定自公布之日起试行。

本院以前作出的司法解释与本规定有抵触的，以本规定为准。本规定未尽事宜，按照以前的规定办理。

最高人民法院关于《最高人民法院关于人民法院执行工作若干问题的规定（试行）》第88条、第90条如何理解适用等问题的请示答复

1. 2013年6月28日

2. 〔2013〕执他字第5号

山东省高级人民法院：

你院《关于〈最高人民法院关于人民法院执行

工作若干问题的规定（试行）〉第88条、第90条如何理解适用等问题的请示》收悉，经研究，答复如下：

原则同意你院对本案的处理意见。参与分配程序中，执行法院应按照债权比例进行财产分配。关于税款执行的问题，请你院根据《中华人民共和国税收征收管理法》相关条文，查明案情，依法执行。根据《最高人民法院关于适用〈中华人民共和国民事诉讼法〉执行程序若干问题的解释》，本案新债权人不能进入参与分配异议之诉中，其如对财产分配方案有异议，可依正常的诉讼程序解决。根据《最高人民法院关于人民法院执行工作若干问题的规定（试行）》第90条的规定，本案新债权人申请对被执行的财产参与分配，由执行法院依法审查处理。

此复。

最高人民法院关于执行权合理配置和科学运行的若干意见

1. 2011年10月19日
2. 法发〔2011〕15号

为了促进执行权的公正、高效、规范、廉洁运行，实现立案、审判、执行等机构之间的协调配合，完善执行工作的统一管理，根据《中华人民共和国民事诉讼法》和有关司法解释的规定，提出以下意见。

一、关于执行权分权和高效运行机制

1. 执行权是人民法院依法采取各类执行措施以及对执行异议、复议、申诉等事项进行审查的权力，包括执行实施权和执行审查权。

2. 地方人民法院执行局应当按照分权运行机制设立和其他业务庭平行的执行实施和执行审查部门，分别行使执行实施权和执行审查权。

3. 执行实施权的范围主要是财产调查、控制、处分、交付和分配以及罚款、拘留措施等实施事项。执行实施权由执行员或者法官行使。

4. 执行审查权的范围主要是审查和处理执行异议、复议、申诉以及决定执行管辖权的移转等审查事项。执行审查权由法官行使。

5. 执行实施事项的处理应当采取审批制，执行审查事项的处理应当采取合议制。

6. 人民法院可以将执行实施程序分为财产查控、财产处置、款物发放等不同阶段并明确时限要求，由不同的执行人员集中办理，互相监督，分权制衡，提高执行工作质量和效率。执行局的综合管理部门应当对分段执行实行节点控制和流程管理。

7. 执行中因情况紧急必须及时采取执行措施的，执行人员经执行指挥中心指令，可依法采取查封、扣押、冻结等财产保全和其他控制性措施，事后两个工作日内应当及时补办审批手续。

8. 人民法院在执行局内建立执行信访审查处理机制，以有效解决消极执行和不规范执行问题。执行申诉审查部门可以参与涉执行信访案件的接访工作，并应当采取排名通报、挂牌督办等措施促进涉执行信访案件的及时处理。

9. 继续推进全国法院执行案件信息管理系统建设，积极参与社会信用体系建设。执行信息部门应当发挥职能优势，采取多种措施扩大查询范围，实现执行案件所有信息在法院系统内的共享，推进执行案件信息与其他部门信用信息的共享，并通过信用惩戒手段促使债务人自动履行义务。

二、关于执行局与立案、审判等机构之间的分工协作

10. 执行权由人民法院的执行局行使；人民法庭可根据执行局授权执行自审案件，但应接受执行局的管理和业务指导。

11. 办理执行实施、执行异议、执行复议、执行监督、执行协调、执行请示等执行案件和案外人执行异议之诉、申请执行人执行异议之诉、执行分配方案异议之诉、代位析产之诉等涉执行的诉讼案件，由立案机构进行立案审查，并纳入审判和执行案件统一管理体系。

人民法庭经授权执行自审案件，可由其自行办理立案登记手续，并纳入执行案件的统一管理。

12. 案外人执行异议之诉、申请执行人执行异议之诉、执行分配方案异议之诉、代位析产之诉等涉执行的诉讼，由人民法院的审判机构按照民事诉讼程序审理。逐步促进涉执行诉讼审判的专业化，具备条件的人民法院可以设立专门审判机构，对涉执行的诉讼案件集中审理。

案外人、当事人认为据以执行的判决、裁定错误的，由作出生效判决、裁定的原审人民法院或其上级人民法院按照审判监督程序审理。

13. 行政非诉案件、行政诉讼案件的执行申请，由立案机构登记后转行政审判机构进行合法性审查；裁定准予强制执行的，再由立案机构办理执行立案登记后移交执行局执行。

14. 强制清算的实施由执行局负责，强制清算中的实体争议由民事审判机构负责审理。

15. 诉前、申请执行前的财产保全申请由立案机构进行审查并作出裁定；裁定保全的，移交执行局执行。

16. 诉中财产保全、先予执行的申请由相关审判机构审查并作出裁定；裁定财产保全或者先予执行的，移交执行局执行。

17. 当事人、案外人对财产保全、先予执行的裁定不服申请复议的，由作出裁定的立案机构或者审判机构按照民事诉讼法第九十九条的规定进行审查。

当事人、案外人、利害关系人对财产保全、先予执行的实施行为提出异议的，由执行局根据异议事项的性质按照民事诉讼法第二百零二条或者第二百零四条的规定进行审查。

当事人、案外人的异议既指向财产保全、先予执行的裁定，又指向实施行为的，一并由作出裁定的立案机构或者审判机构分别按照民事诉讼法第九十九条和第二百零二条或者第二百零四条的规定审查。

18. 具有执行内容的财产刑和非刑罚制裁措施的执行由执行局负责。

19. 境外法院、仲裁机构作出的生效法律文书的执行申请，由审判机构负责审查；依法裁定准予执行或者发出执行令的，移交执行局执行。

20. 不同法院因执行程序，执行与破产、强制清算、审判等程序之间对执行标的产生争议，经自行协调无法达成一致意见的，由争议法院的共同上级法院执行局中的协调指导部门处理。

21. 执行过程中依法需要变更、追加执行主体的，由执行局按照法定程序办理；应当通过另诉或者提起再审追加、变更的，由审判机构按照法定程序办理。

22. 委托评估、拍卖、变卖由司法辅助部门负责，对评估、拍卖、变卖所提异议由执行局审查。

23. 被执行人对国内仲裁裁决提出不予执行抗辩的，由执行局审查。

24. 立案、审判机构在办理民商事和附带民

事诉讼案件时，应当根据案件实际，就追加诉讼当事人、申请诉前、诉中和申请执行前的财产保全等内容向当事人作必要的释明和告知。

25. 立案、审判机构在办理民商事和附带民事诉讼案件时，除依法缺席判决等无法准确查明当事人身份和地址的情形外，应当在有关法律文书中载明当事人的身份证号码，在卷宗中载明送达地址。

26. 审判机构在审理确权诉讼时，应当查询所要确权的财产权属状况，发现已经被执行局查封、扣押、冻结的，应当中止审理；当事人诉请确权的财产被执行局处置的，应当撤销确权案件；在执行局查封、扣押、冻结后确权的，应当撤销确权判决或者调解书。

27. 对符合法定移送执行条件的法律文书，审判机构应当在法律文书生效后及时移送执行局执行。

三、关于执行工作的统一管理

28. 中级以上人民法院对辖区人民法院的执行工作实行统一管理。下级人民法院拒不服从上级人民法院统一管理的，依照有关规定追究下级人民法院有关责任人的责任。

29. 上级人民法院可以根据本辖区的执行工作情况，组织集中执行和专项执行活动。

30. 对下级人民法院违法、错误的执行裁定、执行行为，上级人民法院有权指令下级人民法院自行纠正或者通过裁定、决定予以纠正。

31. 上级人民法院在组织集中执行、专项执行或其他重大执行活动中，可以统一指挥和调度下级人民法院的执行人员、司法警察和执行装备。

32. 上级人民法院根据执行工作需要，可以商政府有关部门编制辖区内人民法院的执行装备标准和业务经费计划。

33. 上级人民法院有权对下级人民法院的执行工作进行考核，考核结果向下级人民法院通报。

最高人民法院关于执行工作中正确适用修改后民事诉讼法第202条、第204条规定的通知

1. 2008年11月28日

2. 法明传〔2008〕1223号

各省、自治区、直辖市高级人民法院，解放军军事法院，新疆维吾尔自治区高级人民法院生产建设兵团分院：

近期，我院陆续收到当事人直接或通过执行法院向我院申请复议的案件。经审查发现，部分申请复议的案件不符合法律规定。为了保证各级人民法院在执行工作过程中正确适用修改后民事诉讼法第202条、第204条的规定，现通知如下：

一、当事人、利害关系人根据民事诉讼法第202条的规定，提出异议或申请复议，只适用于发生在2008年4月1日后作出的执行行为；对于2008年4月1日前发生的执行行为，当事人、利害关系人可以依法提起申诉，按监督案件处理。

二、案外人对执行标的提出异议的，执行法院应当审查并作出裁定。按民事诉讼法第204条的规定，案外人不服此裁定只能提起诉讼或者按审判监督程序办理。执行法院在针对异议作出的裁定书中赋予案外人、当事人申请复议的权利，无法律依据。

三、当事人、利害关系人认为执行法院的执行行为

违法的，应当先提出异议，对执行法院作出的异议裁定不服的才能申请复议。执行法院不得在作出执行行为的裁定书中直接赋予当时人申请复议的权力。

特此通知

最高人民法院关于在审判执行工作中切实规范自由裁量权行使保障法律统一适用的指导意见

1. *2012年2月28日*
2. *法发〔2012〕7号*

中国特色社会主义法律体系如期形成，标志着依法治国基本方略的贯彻实施进入了一个新阶段，人民法院依法履行职责、维护法制统一、建设社会主义法治国家的责任更加重大。我国正处在重要的社会转型期，审判工作中不断出现新情况、新问题；加之，我国地域辽阔、人口众多、民族多样性等诸多因素，造成经济社会发展不平衡。这就要求人民法院在强化法律统一适用的同时，正确运用司法政策，规范行使自由裁量权，充分发挥自由裁量权在保障法律正确实施，维护当事人合法权益，维护司法公正，提升司法公信力等方面的积极作用。现就人民法院在审判执行工作中切实规范自由裁量权行使，保障法律统一适用的若干问题，提出以下指导意见：

一、正确认识自由裁量权。自由裁量权是人民法院在审理案件过程中，根据法律规定和立法精神，秉持正确司法理念，运用科学方法，对案件事实认定、法律适用以及程序处理等问题进行分析和判断，并最终作出依法有据、公平公正、合情合理裁判的权力。

二、自由裁量权的行使条件。人民法院在审理案件过程中，对下列情形依法行使自由裁量权：（一）法律规定由人民法院根据案件具体情况进行裁量的；（二）法律规定由人民法院从几种法定情形中选择其一进行裁量，或者在法定的范围、幅度内进行裁量的；（三）根据案件具体情况需要对法律精神、规则或者条文进行阐释的；（四）根据案件具体情况需要对证据规则进行阐释或者对案件涉及的争议事实进行裁量认定的；（五）根据案件具体情况需要行使自由裁量权的其他情形。

三、自由裁量权的行使原则。（一）合法原则。要严格依据法律规定，遵循法定程序和正确裁判方法，符合法律、法规和司法解释的精神以及基本法理的要求，行使自由裁量权。不能违反法律明确、具体的规定。（二）合理原则。要从维护社会公平正义的价值观出发，充分考虑公共政策、社会主流价值观念、社会发展的阶段性、社会公众的认同度等因素，坚持正确的裁判理念，努力增强行使自由裁量权的确定性和可预测性，确保裁判结果符合社会发展方向。（三）公正原则。要秉持司法良知，恪守职业道德，坚持实体公正与程序公正并重。坚持法律面前人人平等，排除干扰，保持中立，避免偏颇。注重裁量结果与社会公众对公平正义普遍理解的契合性，确保裁判结果符合司法公平正义的要求。（四）审慎原则。要严把案件事实关、程序关和法律适用关，在充分理解法律精神、依法认定案件事实的基础上，审慎衡量、仔细求证，同时注意司法行为的适当性和必要性，努力实现办案的法律效果和社会效果的有机统一。

四、正确运用证据规则。行使自由裁量权，要正确运用证据规则，从保护当事人合法权益、有利查明事实和程序正当的角度，合理分配举证责任，全面、客观、准确认定证据的证明力，严格依证据认定案件事实，努力实现法律事实与客观事实的统一。

五、正确运用法律适用方法。行使自由裁量权，要处理好上位法与下位法、新法与旧法、特别法与一般法的关系，正确选择所应适用的法律；难以确定如何适用法律的，应按照立法法的规定报请有关机关裁决，以维护社会主义法制的统一。对同一事项同一法律存在一般规定和特别规定的，应优先适用特别规定。要正确把握法律、法规和司法解释中除明确列举之外的概括性条款规定，确保适用结果符合立法原意。

六、正确运用法律解释方法。行使自由裁量权，要结合立法宗旨和立法原意、法律原则、国家政策、司法政策等因素，综合运用各种解释方法，对法律条文作出最能实现社会公平正义、最具现实合理性的解释。

七、正确运用利益衡量方法。行使自由裁量权，要综合考量案件所涉各种利益关系，对相互冲突的权利或利益进行权衡与取舍，正确处理好公共利益与个人利益、人身利益与财产利益、生存利益与商业利益的关系，保护合法利益，抑制非法利益，努力实现利益最大化、损害最小化。

八、强化诉讼程序规范。行使自由裁量权，要严格依照程序法的规定，充分保障各方当事人的诉讼权利。要充分尊重当事人的处分权，依法保障当事人的辩论权，对可能影响当事人实体性权利或程序性权利的自由裁量事项，应将其作为案件争议焦点，充分听取当事人的意见；要完善相对独立的量刑程序，将量刑纳入庭审过程；要充分保障当事人的知情权，并根据当事人的要求，向当事人释明行使自由裁量权的依据、考量因素等事项。

九、强化审判组织规范。要进一步强化合议庭审判职责，确保全体成员对案件审理、评议、裁判过程的平等参与，充分发挥自由裁量权行使的集体把关机制。自由裁量权的行使涉及对法律条文的阐释、对不确定概念的理解、对证据规则的把握以及其他可能影响当事人重大实体性权利或程序性权利事项，且有重大争议的，可报请审判委员会讨论决定，确保法律适用的统一。

十、强化裁判文书规范。要加强裁判文书中对案件事实认定理由的论证，使当事人和社会公众知悉法院对证据材料的认定及采信理由。要公开援引和适用的法律条文，并结合案件事实阐明法律适用的理由，充分论述自由裁量结果的正当性和合理性，提高司法裁判的公信力和权威性。

十一、强化审判管理。要加强院长、庭长对审判活动的管理。要将自由裁量权的行使纳入案件质量评查范围，建立健全长效机制，完善评查标准。对自由裁量内容不合法、违反法定程序、结果显失公正以及其他不当行使自由裁量权的情形，要结合审判质量考核的相关规定予以处理；裁判确有错误，符合再审条件的，要按照审判监督程序进行再审。

十二、合理规范审级监督。要正确处理依法改判与维护司法裁判稳定性的关系，不断总结和规范二审、再审纠错原则，努力实现裁判标准的统一。下级人民法院依法正当行使自由裁量权作出的裁判结果，上级人民法院应当依法予以维持；下级人民法院行使自由裁量权明显不当的，上级人民法院可以予以撤销或变更；原审人民法院行使自由裁量权显著不当的，要按照审判监督程序予以撤销或变更。

十三、加强司法解释。最高人民法院要针对审判实践中的新情况、新问题,及时开展有针对性的司法调研。通过司法解释或司法政策,细化立法中的原则性条款和幅度过宽条款,规范选择性条款和授权条款,统一法律适用标准。要进一步提高司法解释和司法政策的质量,及时清理已过时或与新法产生冲突的司法解释,避免引起歧义或规则冲突。

十四、加强案例指导。各级人民法院要及时收集、整理涉及自由裁量权行使的典型案例,逐级上报最高人民法院。最高人民法院在公布的指导性案例中,要有针对性地筛选出在诉讼程序展开、案件事实认定和法律适用中涉及自由裁量事项的案例,对考量因素和裁量标准进行类型化。上级人民法院要及时掌握辖区内自由裁量权的行使情况,不断总结审判经验,提高自由裁量权行使的质量。

十五、不断统一裁判标准。各级人民法院内部对同一类型案件行使自由裁量权的,要严格、准确适用法律、司法解释,参照指导性案例,努力做到类似案件类似处理。下级人民法院对所审理的案件,认为存在需要统一裁量标准的,要书面报告上级人民法院。在案件审理中,发现不同人民法院对同类案件的处理存在明显不同裁量标准的,要及时将情况逐级上报共同的上级人民法院予以协调解决。自由裁量权的行使涉及具有普遍法律适用意义的新型、疑难问题的,要逐级书面报告最高人民法院。

十六、加强法官职业保障。要严格执行宪法、法官法的规定,增强法官职业荣誉感,保障法官正当行使自由裁量权。要大力建设学习型法院,全面提升司法能力。要加强法制宣传,引导社会和公众正确认识自由裁量权在司法审判中的必要性、正当性,不断提高社会公众对依法行使自由裁量权的认同程度。

十七、防止权力滥用。要进一步拓展司法公开的广度和深度,自觉接受人大、政协、检察机关和社会各界的监督。要深入开展廉洁司法教育,建立健全执法过错责任追究和防止利益冲突等制度规定,积极推进人民法院廉政风险防控机制建设,切实加强对自由裁量权行使的监督,对滥用自由裁量权并构成违纪违法的人员,要依据有关法律法规及纪律规定进行严肃处理。

最高人民法院关于人民法院执行公开的若干规定

1. 2006年12月23日
2. 法发〔2006〕35号
3. 自2007年1月1日起施行

为进一步规范人民法院执行行为,增强执行工作的透明度,保障当事人的知情权和监督权,进一步加强对执行工作的监督,确保执行公正,根据《中华人民共和国民事诉讼法》和有关司法解释等规定,结合执行工作实际,制定本规定。

第一条　本规定所称的执行公开,是指人民法院将案件执行过程和执行程序予以公开。

第二条　人民法院应当通过通知、公告或者法院网络、新闻媒体等方式,依法公开案件执行各个环节和有关信息,但涉及国家秘密、商业秘密等法律禁止公开的信息除外。

第三条　人民法院应当向社会公开执行案件的立案标准和启动程序。

人民法院对当事人的强制执行申请立案受理后,应当及时将立案的有关情况、当事人在执行程序中的权利和义务以及可能存在的执行风险书面告知当事人；不予立案的，应当制作裁定书送达申请人，裁定书应当载明不予立案的法律依据和理由。

第四条 人民法院应当向社会公开执行费用的收费标准和根据，公开执行费减、缓、免交的基本条件和程序。

第五条 人民法院受理执行案件后，应当及时将案件承办人或合议庭成员及联系方式告知双方当事人。

第六条 人民法院在执行过程中，申请执行人要求了解案件执行进展情况的，执行人员应当如实告知。

第七条 人民法院对申请执行人提供的财产线索进行调查后，应当及时将调查结果告知申请执行人；对依职权调查的被执行人财产状况和被执行人申报的财产状况，应当主动告知申请执行人。

第八条 人民法院采取查封、扣押、冻结、划拨等执行措施的，应当依法制作裁定书送达被执行人，并在实施执行措施后将有关情况及时告知双方当事人，或者以方便当事人查询的方式予以公开。

第九条 人民法院采取拘留、罚款、拘传等强制措施的，应当依法向被采取强制措施的人出示有关手续，并说明对其采取强制措施的理由和法律依据。采取强制措施后，应当将情况告知其他当事人。

采取拘留或罚款措施的，应当在决定书中告知被拘留或者被罚款的人享有向上级人民法院申请复议的权利。

第十条 人民法院拟委托评估、拍卖或者变卖被执行人财产的，应当及时告知双方当事人及其他利害关系人，并严格按照《中华人民共和国民事诉讼法》和最高人民法院《关于人民法院民事执行中拍卖、变卖财产的规定》等有关规定，采取公开的方式选定评估机构和拍卖机构，并依法公开进行拍卖、变卖。

评估结束后，人民法院应当及时向双方当事人及其他利害关系人送达评估报告；拍卖、变卖结束后，应当及时将结果告知双方当事人及其他利害关系人。

第十一条 人民法院在办理参与分配的执行案件时，应当将被执行人财产的处理方案、分配原则和分配方案以及相关法律规定告知申请参与分配的债权人。必要时，应当组织各方当事人举行听证会。

第十二条 人民法院对案外人异议、不予执行的申请以及变更、追加被执行主体等重大执行事项，一般应当公开听证进行审查；案情简单，事实清楚，没有必要听证的，人民法院可以直接审查。审查结果应当依法制作裁定书送达各方当事人。

第十三条 人民法院依职权对案件中止执行的，应当制作裁定书并送达当事人。裁定书应当说明中止执行的理由，并明确援引相应的法律依据。

对已经中止执行的案件，人民法院应当告知当事人中止执行案件的管理制度、申请恢复执行或者人民法院依职权恢复执行的条件和程序。

第十四条 人民法院依职权对据以执行的生效法律文书终结执行的，应当公开听证，但申请执行人没有异议的除外。

终结执行应当制作裁定书并送达双方当事人。裁定书应当充分说明终结执行的理由，并明确援引相应的法律依据。

第十五条 人民法院未能按照最高人民法院《关于人民法院办理执行案件若干期限的规定》中规定的期限完成执行行为的，应当及时向申请执行人说明原因。

第十六条　人民法院对执行过程中形成的各种法律文书和相关材料，除涉及国家秘密、商业秘密等不宜公开的文书材料外，其他一般都应当予以公开。

当事人及其委托代理人申请查阅执行卷宗的，经人民法院许可，可以按照有关规定查阅、抄录、复制执行卷宗正卷中的有关材料。

第十七条　对违反本规定不公开或不及时公开案件执行信息的，视情节轻重，依有关规定追究相应的责任。

第十八条　各高级人民法院在实施本规定过程中，可以根据实际需要制定实施细则。

第十九条　本规定自2007年1月1日起施行。

最高人民法院关于人民法院办理执行案件若干期限的规定

1. 2006年12月23日

2. 法发〔2006〕35号

3. 自2007年1月1日起施行

为确保及时、高效、公正办理执行案件，依据《中华人民共和国民事诉讼法》和有关司法解释的规定，结合执行工作实际，制定本规定。

第一条　被执行人有财产可供执行的案件，一般应当在立案之日起6个月内执结；非诉执行案件一般应当在立案之日起3个月内执结。

有特殊情况须延长执行期限的，应当报请本院院长或副院长批准。

申请延长执行期限的，应当在期限届满前5日内提出。

第二条　人民法院应当在立案后7日内确定承办人。

第三条　承办人收到案件材料后，经审查认为情况紧急、需立即采取执行措施的，经批准后可立即采取相应的执行措施。

第四条　承办人应当在收到案件材料后3日内向被执行人发出执行通知书，通知被执行人按照有关规定申报财产，责令被执行人履行生效法律文书确定的义务。

被执行人在指定的履行期间内有转移、隐匿、变卖、毁损财产等情形的，人民法院在获悉后应当立即采取控制性执行措施。

第五条　承办人应当在收到案件材料后3日内通知申请执行人提供被执行人财产状况或财产线索。

第六条　申请执行人提供了明确、具体的财产状况或财产线索的，承办人应当在申请执行人提供财产状况或财产线索后5日内进行查证、核实。情况紧急的，应当立即予以核查。

申请执行人无法提供被执行人财产状况或财产线索，或者提供财产状况或财产线索确有困难，需人民法院进行调查的，承办人应当在申请执行人提出调查申请后10日内启动调查程序。

根据案件具体情况，承办人一般应当在1个月内完成对被执行人收入、银行存款、有价证券、不动产、车辆、机器设备、知识产权、对外投资权益及收益、到期债权等资产状况的调查。

第七条　执行中采取评估、拍卖措施的，承办人应当在10日内完成评估、拍卖机构的遴选。

第八条　执行中涉及不动产、特定动产及其他财产需办理过户登记手续的，承办人应当在5日内向有关登记机关送达协助执行通知书。

第九条　对执行异议的审查，承办人应当在收到异议材料及执行案卷后15日内提出审查处理意见。

第十条　对执行异议的审查需进行听证的，合议庭应当在决定听证后 10 日内组织异议人、申请执行人、被执行人及其他利害关系人进行听证。

承办人应当在听证结束后 5 日内提出审查处理意见。

第十一条　对执行异议的审查，人民法院一般应当在 1 个月内办理完毕。

需延长期限的，承办人应当在期限届满前 3 日内提出申请。

第十二条　执行措施的实施及执行法律文书的制作需报经审批的，相关负责人应当在 7 日内完成审批程序。

第十三条　下列期间不计入办案期限：

1. 公告送达执行法律文书的期间；

2. 暂缓执行的期间；

3. 中止执行的期间；

4. 就法律适用问题向上级法院请示的期间；

5. 与其他法院发生执行争议报请共同的上级法院协调处理的期间。

第十四条　法律或司法解释对办理期限有明确规定的，按照法律或司法解释规定执行。

第十五条　本规定自 2007 年 1 月 1 日起施行。

中央政法委、最高人民法院关于规范集中清理执行积案结案标准的通知

1. 2009 年 3 月 19 日

2. 法发〔2009〕15 号

各省、自治区、直辖市党委政法委、新疆生产建设兵团党委政法委，各省、自治区、直辖市高级人民法院、新疆维吾尔自治区高级人民法院兵团分院，解放军总政治部、军事法院：

全国集中清理执行积案活动开展以来，各地人民法院已执结了一大批积案，清积活动取得了阶段性成果。但也存在一些问题：有的地方认识不到位，清积力度不大，执结率不高；有的地方理解慎用强制措施有误区，不敢依法执行，不敢碰硬，导致债权人权益无法实现；有的地方结案标准存在偏差，存在不当中止、不当终结等问题；有的地方基础数据不准确，存在瞒报、漏报甚至弄虚作假的现象；有的地方案件卷宗质量不高，内容缺损。为实现这次集中清理执行积案活动的总体目标，现就进一步规范清理执行积案的结案标准通知如下：

一、坚决依法执结有财产可供执行的案件，切实提高执行到位率。

1. 属于被执行人所有的财产，除法律或司法解释规定的被执行人及其所抚养家属生活所必需的房屋、生活用品、生活费用或其他不得查封、扣押、冻结的财产外，均为可供执行的财产。

2. 执行法院对已查明的被执行人可供执行的财产，应当依法及时采取查封、扣押、冻结等相应的执行措施，并依法采取拍卖、变卖、以物抵债等执行措施。

3. 被执行人下落不明但有财产可供执行的，可以直接对其财产采取执行措施。执行通知书的送达应依照有关法律规定办理。

4. 被执行人可供执行的财产在其他法院或者其他执法机关的控制之下，或该财产上存有权属争议或其他优先权正在审理或审查之中的，应按照法定程序提请上级法院或有关部门协调处理，不得作结案处理。

5. 因协助执行周期或财产变现周期较长、无法在清理积案活动期间执行完毕的案件，执行法院应积极协调有关部门，争取尽快依法执结；在

执结之前，不得作结案处理。

6. 因涉及稳定、信访等因素在清理积案活动期间不宜强制执行的案件，执行法院应报请当地清理积案领导小组协调解决；在执结之前，不得作结案处理。

7. 原统计为有财产可供执行的案件，在清理积案期间经进一步调查属于无财产可供执行的案件，须报上一级法院审查确认。

二、执行法院应依法穷尽财产调查措施，并将调查结果告知申请执行人。只有在积极采取法律赋予的调查手段、穷尽对被执行人财产状况的相关调查措施之后，才可以将有关案件认定为无财产可供执行的案件。

1. 申请执行人不能提供被执行人的财产或财产线索的，执行法院应当要求被执行人进行财产申报。

被执行人进行了财产申报，或者申请执行人提供了被执行人的财产或财产线索的，执行法院必须进行调查核实。调查结果应当告知申请执行人。

如果根据有关线索认定被执行人有履行能力，但无法查到确切财产下落的，执行法院可以根据案件具体情况，采取在征信系统记录、通过媒体公布不履行义务信息等合法措施。

2. 被执行人申报无财产或申请执行人无法提供被执行人财产或财产线索的，执行法院应按照下列情况处理：

（1）被执行人是法人的，应当向有关金融机构查询银行存款，向有关房地产管理部门查询房地产登记，向法人登记机关查询股权，向有关车管部门查询车辆等。

（2）被执行人是自然人的，应当向被执行人所在单位及居住地周边群众调查了解被执行人的财产状况或财产线索，包括被执行人的经济收入来源、被执行人到期债权等。如果根据财产线索判断被执行人有较高收入，应当按照对法人的调查途径进行调查。

3. 作为被执行人的企业法人被撤销、注销、吊销营业执照或者歇业的，在申请执行人提出清算或审计申请并预交相关费用后，执行法院可以责令股东进行清算或者由执行法院委托中介机构进行审计。

4. 需要查找被执行人的案件，执行依据中记载被执行人地址或者联系方式的，必须根据该线索进行查找或联系。无其他适当线索的，被执行人是法人的，应根据登记机关的登记资料查找其负责人；被执行人是自然人的，应到其户籍所在地、住所地（暂住地）向当地公安派出所、居委会、村委会、被执行人的亲属和邻居进行调查。

5. 如果认定被执行人下落不明且无财产可供执行，案卷中必须具备下列材料：

（1）被执行人是法人的，其注册登记情况、法律文书中注明的营业地址现场调查情况或者登记机关的书面证明材料。

（2）被执行人是自然人的，其近亲属、邻居、当地村委会、居委会、公安派出所的调查笔录或者证明材料。

6. 认定被执行人无财产可供执行的，必须将所采取的各种财产调查措施的材料归入案卷。包括工作记录、调查（询问）笔录、谈话笔录、当事人书面确认材料、被查询单位出具的书面查询结果，以及其他能够证明被执行人财产状况和执行法院进行相关调查工作情况的材料。

7. 执行法院应当及时将案件执行情况向申请执行人反馈，反馈情况记录必须归入案卷。

8. 对无财产可供执行的重点案件，应分别按照下列情况办理：

（1）申请执行人属于特困群体，已经设立救助资金的，应当启动特困群体救助程序，给予申请执行人适当救助金；未设立救助资金的，应报请当地清理积案领导小组，协调有关部门给予申请执行人以适当救助。

（2）申请执行人不属于特困群体但坚持要求执行的，应通过说明解释工作，实现当事人息诉息访。

给予申请执行人适当救助资金后，如发现被执行人有可供执行的财产，执行法院应积极采取措施执行。在申请执行人实现债权后，应将救助资金扣回纳入救助资金循环使用。

三、对有财产可供执行的案件，应依法按规定结案；对无财产可供执行的案件，可按下列条件和方式结案。

1. 符合法律或司法解释规定的终结执行情形的，可依法结案。仲裁裁决、公证债权文书被裁定不予执行的，可依法结案。

2. 被执行人可供执行的财产执行完毕后，申请执行人书面表示放弃剩余债权的，可依法结案。

3. 案件执行标的款全部执行到执行款专户，因申请执行人下落不明无法领取或不愿领取，执行法院已依法予以提存的，可以作结案处理。

4. 委托执行的案件，受托法院可以按照新收执行案件办理，委托法院不得作结案处理。待受托法院将案件依法结案后，委托法院的案件一并依法结案。

5. 中止执行的案件，不得作结案处理。

6. 提级执行或指定执行的案件，提级执行的法院或被指定执行的法院应当按照新收执行案件办理，原执行法院可作销案处理，不得作结案处理。

7. 因重复立案移送管辖的案件，原执行法院应作销案处理，不得作结案处理。

8. 无财产可供执行的案件，执行程序在一定期间无法继续进行，且有下列情形之一的，经合议庭评议，可裁定终结本次执行程序后结案：

（1）被执行人确无财产可供执行，申请执行人书面同意人民法院终结本次执行程序的；

（2）因被执行人无财产而中止执行满两年，经查证被执行人确无财产可供执行的；

（3）申请执行人明确表示提供不出被执行人的财产或财产线索，并在人民法院穷尽财产调查措施之后对人民法院认定被执行人无财产可供执行书面表示认可的；

（4）被执行人的财产无法拍卖变卖，或者动产经两次拍卖、不动产或其他财产权经三次拍卖仍然流拍，申请执行人拒绝接受或者依法不能交付其抵债，经人民法院穷尽财产调查措施，被执行人确无其他财产可供执行的；

（5）作为被执行人的企业法人被撤销、注销、吊销营业执照或者歇业后既无财产可供执行，又无义务承受人，也没有能够依法追加变更执行主体的；

（6）经人民法院穷尽财产调查措施，被执行人确无财产可供执行或虽有财产但不宜强制执行，当事人达成分期履行和解协议的；

（7）被执行人确无财产可供执行，申请执行人属于特困群体，执行法院已经给予其适当救助资金的。

9. 裁定终结本次执行程序的，应当符合下列要求：

（1）裁定书中应当载明执行标的总额、已经执行的债权数额和剩余的债权数额，并写明申请执行人在具备执行条件时，可以向有管辖权的人民法院申请执行剩余债权。

（2）执行法院终结本次执行程序，在下达裁定前应当告知申请执行人。申请执行人对终结本次执行程序有异议的，执行法院应当另行派员组织当事人就被执行人是否有财产可供执行进行听证；申请执行人提供被执行人财产线索的，执行法院应当就其提供的线索重新调查核实，发现被执行人有财产可供执行的，应当继续执行。

10. 裁定终结本次执行程序后，如发现被执行人有财产可供执行的，申请执行人可以再次提出执行申请。申请执行人再次提出执行申请不受申请执行期间的限制。

申请执行人申请或者人民法院依职权恢复执行的，应当重新立案。

各地法院对清理积案活动以来已经报结的执行案件要重新进行核查，对不符合本通知要求的已结案件要抓紧整改。清理积案领导小组将适时派出检查组进行检查验收。发现故意弄虚作假、欺上瞒下等情况的，将坚决依照有关规定严肃处理。

最高人民法院关于应对国际金融危机做好当前执行工作的若干意见

1. *2009年5月25日*
2. *法发〔2009〕34号*

当前，国际金融危机影响日益加深，世界经济出现衰退迹象，我国经济增速明显放缓，保持经济持续稳定发展的难度明显加大。金融危机的影响已经逐渐反映到司法领域，给人民法院的执行工作带来新的压力和挑战，被执行人履行能力降低，执行和解难度加大，金融纠纷、投资纠纷、劳资纠纷等新类型案件增加，收案大幅上升，资产处置难度加大。在金融危机冲击下，为企业和市场提供司法服务，积极应对宏观经济环境变化引发的新情况、新问题，为保增长、保民生、保稳定“三保”方针的贯彻落实提供司法保障，是当前和今后一段时期人民法院工作的重中之重。现就应对金融危机形势，稳妥执行各类案件，进一步做好执行工作，提出以下意见：

一、指导思想和基本原则

1. 坚持科学发展观，坚持“三个至上”的指导思想，切实增强政治意识、大局意识、责任意识，不断适应“三保”对执行工作提出的新要求，不断解决“三保”面临的新问题，将落实“三保”的方针作为执行工作的重要目标，将有利于实现“三保”的目标作为评价执行工作的重要标准。

2. 坚持依法执行与贯彻国家宏观政策相结合。既要在法律的框架内正确适用法律，又要在国家宏观政策出现新变化，对司法工作提出新需求时，将国家宏观政策精神和要求切实贯彻落实到执行工作中，以顺应社会和国家对司法的总体需求。

3. 坚持区别对待。区别被执行人是故意消极执行、规避执行和抗拒执行还是因经济形势影响造成临时无力履行债务的情况；区别债务是因历史原因造成还是正常市场交易下造成的情况。

4. 坚持和谐执行。既要加大执行力度，切实提高执行效率，尽快实现申请执行人债权，又要讲究执行艺术和方式方法，防止激化矛盾，始终坚持执行工作政治效果、法律效果和社会效果的有机统一。

5. 坚持统筹兼顾。既要依法、充分、及时地保护和实现申请执行人的合法权益，也要妥善平衡各方当事人和相关利害关系人的利益关系，兼顾对被执行人、其他利害关系人的合法权利的保护。

二、服务经济平稳较快发展

6. 对于因资金暂时短缺但仍处于正常生产经营状态、有发展前景的被执行人企业，慎用查封、扣押、冻结等执行措施和罚款、拘留等强制措施，多做执行和解工作，争取申请执行人同意延缓被执行企业的履行期限，以维持企业正常运转，帮助困难企业渡过难关。

7. 对于被执行企业正在使用的厂房、机器设备等主要生产设施，慎用扣押、拍卖和变卖等执行措施。要及时组织当事人协商，争取使申请执行人同意通过生产设施抵押方式给被执行人企业以缓冲时间。确需查封相关生产设施的，可以采取查封措施，但应当允许被执行人使用，并加强对查封资产的监管。

8. 对于被执行人的企业资产进行处置时，综合平衡分割处置和整体处置企业资产的效果，最大限度地减少对企业整体生产经营的影响或者财产价值的贬损。

9. 对于已经控制的被执行企业资产，要选择适当的处置时机和处置方式，最大程度地实现执行财产的价值，避免因仓促、草率执行导致财产处置变现价值与实际价值产生重大悬殊，从而加重被执行人的负担，甚至损害其合法利益。

10. 对于被执行人为国有大中型企业、金融机构、上市公司或国有控股上市公司，对其资产采取强制执行措施可能导致其破产或影响社会稳定的，可主动与其国有资产管理部门、监管部门进行沟通协调，争取其通盘考虑，帮助企业解决债务问题，防止影响企业的平稳和长远发展。

三、服务社会民生持续改善

11. 高度关注中央和地方有关改善民生的决策部署，积极稳妥地处理好重大基础设施建设工程、旧区改造、市政动迁、违章拆除等涉及民生改善和社会发展的执行案件。

12. 对于公司清算、企业破产、裁员欠薪等引发的职工安置保障、劳动争议、讨要工资报酬以及追索赡养费、抚育费、扶养费等案件，进一步完善“绿色通道”，建立快速执行机制，优先执行。

13. 对于职工人数较多的企业，执行时尽量不要影响被执行人企业职工工资的发放以及社保、医保费用的交纳。因此而影响申请执行人职工工资发放和相关费用交纳的，要优先保障申请执行人企业职工利益。

14. 对于农村土地承包经营权纠纷、农村土地承包经营权流转纠纷等执行案件，要及时采取有效措施，依法维护农民权益，保护农业、农村发展。

四、维护社会和谐稳定

15. 建立重点案件排查机制。定期对可能影响社会稳定的案件进行排查，对矛盾有可能激化的案件，做到及时掌握，及时向当地党委、人大报告，及时与政府沟通情况，争取重视和支持，寻求有效的解决措施。

16. 建立异地执行预案机制。对于被执行人跨辖区的案件，必须认真做好执行预案，事先与当地法院取得联系。对于可能发生暴力抗法事件的，要及时发现苗头，妥善处理，把抗拒执行事件消灭在萌芽状态。

17. 建立群体性事件预警机制。对于短期内涉及同一企业的执行案件数量骤增现象及具有示范效应、可能引起批量案件的情况应当引起重视，及时发现“群访”苗头并梳理汇总，向党委政府报送预警信息。

18. 建立汇报沟通协调机制。对于执行工作中发现的影响区域经济发展的突出问题，及时向当地党委、人大报告，及时与政府沟通情况，积极争取党委的领导和政府的支持；对案件执行中需要相关部门做好配合工作的，要主动利用执行联动机制或执行联席会议制度，进行沟通协调，努力为案件执行创造有利条件。

19. 完善执行和解机制。通过多做双方当事人的执行和解与协调工作，既维护申请执行人的合法权益，也妥善关照、处理好被执行人的实际困难，提高执行工作的社会效果；既满足申请执行人的实现债权的执行诉求，又保障被执行人正常经营发展或者正常生活。

五、加大管理力度，强化监督指导

20. 建立业务指导制度。对直接涉及社会稳定、有影响的执行案件，要通过建立业务交流平台、召开业务交流会、发布典型案例等多种形式加强业务指导。

21. 建立系列案件执行统一协调机制。对于众多债权人集中向同一债务企业启动的系列执行案件，受理案件的不同地区、不同审级法院之间以及同一法院的不同部门之间要加强信息沟通，在上级法院的统一协调下执行。

22. 建立专项案件报告制度。下级法院在执行工作中对因金融危机引发的各类涉外、涉港澳台及其他敏感性、重大案件，要及时向上级法院报告。必要时，由上级法院提级执行或集中指定执行。

六、认真开展调查研究，积极做好法律服务

23. 加强对辖区企业状况的调研。通过召开企业及相关部门座谈会、走访企业等多种形式加强对辖区企业经营状况的调研，与基层社区管理部门保持密切联系，形成共同应对经济危机的联动机制。

24. 加强法律知识的宣传。采取剖析典型案例、提供法律咨询、开展业务培训等多种形式，广泛宣传法律知识，教育和引导各类市场主体增强风险防范意识，努力营造公平有序的社会主义市场经济秩序。

25. 加强法律适用疑难问题的研究。对因金融危机引发的各类执行问题，深入开展前瞻性研究，及时总结经验，提出相应的对策。

26. 加强司法建议工作。及时收集执行实践中遇到的法律适用疑难问题及与金融危机密切相关的新类型、疑难及敏感案件，及时向有关部门提出应对措施和建议，帮助有关部门和企业堵塞管理漏洞。

最高人民法院关于进一步加强和规范执行工作的若干意见

1. 2009年7月17日

2. 法发〔2009〕43号

近年来，在各级党委领导、人大监督、政府支持下，人民法院不断推进执行体制和机制改革，健全执行工作长效机制，组织开展集中清理执行积案活动，有力保障了人民群众的合法权益，维护了社会公平正义，促进了社会和谐稳定。但是执行难问题并未从根本上得到解决，执行工作规范化水平仍需进一步提高，执行的力度和时效性有待进一步加强。为此，各级人民法院要进一步贯彻落实科学发展观和中央一系列文件精神，以解决执行难为重点，切实改进和完善执行工作体

制机制，着力推进执行工作长效机制建设，全面提升执行工作规范化水平。

一、进一步加大执行工作力度

（一）建立执行快速反应机制。要努力提高执行工作的快速反应能力，加强与公安、检察等部门的联系，及时处理执行线索和突发事件。高、中级人民法院应当成立执行指挥中心，组建快速反应力量。有条件的基层人民法院根据工作需要也可以成立执行指挥中心。指挥中心负责人由院长或其授权的副院长担任，执行局长具体负责组织实施。为了便于与纪检、公安、检察等有关部门的协调，统一调用各类司法资源，符合条件的执行局长可任命为党组成员。指挥中心办事机构设在执行局，并开通24小时值班电话。快速反应力量由辖区法院的执行人员、司法警察等人员组成，下设快速反应执行小组，根据指挥中心的指令迅速采取执行行动。

（二）完善立审执协调配合机制。加强立案、审判和执行三个环节的协作配合，形成法院内部解决执行难的合力。立案阶段要加强诉讼指导、法律释明、风险告知和审前和解，尤其是对符合法定条件的案件依法及时采取诉前财产保全措施。审判阶段对符合条件的案件要依法及时采取诉讼保全和先予执行措施；要大力推进诉讼调解，提高调解案件的当庭履行率和自觉履行率；要增强裁判文书的说理性，强化判后答疑制度，促使当事人服判息诉，案结事了；要努力提高裁判文书质量，增强说理性，对双方的权利义务要表述准确、清晰，并充分考虑判项的可执行性。

（三）建立有效的执行信访处理机制。各级人民法院要设立专门的执行申诉处理机构，负责执行申诉信访的审查和督办，在理顺与立案庭等部门职能分工的基础上，探索建立四级法院上下一体的执行信访审查处理机制。上级法院要建立辖区法院执行信访案件挂牌督办制度，在人民法院网上设置专页，逐案登记，加强督办，分类办结后销号。进一步规范执行信访案件的办理流程，畅通民意沟通途径，对重大、复杂信访案件一律实行公开听证。要重视初信初访，从基层抓起，从源头抓起。要加强与有关部门的协作配合，充分发挥党委领导下的信访终结机制的作用。加大信访案件督办力度，落实领导包案制度，开展执行信访情况排名通报。完善执行信访工作的考评机制，信访责任追究和责任倒查机制。

（四）强化执行宣传工作。各级人民法院要加强同党委宣传部门的联系，将执行工作作为法制宣传工作的重要内容，制定执行工作宣传的整体规划，提高全社会的法制意识和风险意识。要与广播、报纸、电视、网络等媒体建立稳定的合作关系，采取召开新闻发布会、专题报道、跟踪报道、现场采访、设置专栏等方式，开展执行法规政策讲解、重大执行活动报道、典型案例通报、被执行人逃避、规避或抗拒执行行为的曝光等宣传活动。要高度重视民意沟通工作，通过进农村、进社区、进企业等多种形式，广泛深入地了解人民群众和社会各界对执行工作的意见和建议，把合理的社情民意转化为改进工作的具体措施，提高执行工作水平。

二、加快执行工作长效机制建设

（一）建立执行工作联席会议制度。各级人民法院要在各级党委的领导下，充分发挥执行工作联席会议制度的作用，组织排查和清理阻碍执行的地方性规定和文件，解决执行工作中遇到的突出困难和法院自身难以解决的问题，督促查处党政部门、领导干部非法干预执行或特殊主体阻碍、抗拒执行的违法违纪行为，协调处理可能影响社会稳定的重大突发事件或暴力抗法事件、重大执行信访案件;组织集中清理执行积案活动,对各类重点执行案件实行挂牌督办;对政府机关、国有企业等特殊主体案件,研究解决办法。重大执行事项经联席会讨论作出决定或形成会议纪要后,交由相关部门负责落实,落实情况纳入综合治理考核范围。

(二)加快执行联动威慑机制建设。各级人民法院要努力争取党委的支持,动员全社会的力量共同解决执行难问题。要在制度上明确与执行工作相关的党政管理部门,包括纪检监察、组织人事、新闻宣传、综合治理、检察、公安、政府法制、财政、民政、发展和改革、司法行政、国土资源管理、住房和城乡建设管理、人民银行、银行业监管、税务、工商行政管理和证券监管等部门在执行工作中的具体职责,积极协助人民法院开展有关工作。要建设好全国法院执行案件信息管理系统,积极参与社会信用体系建设,实现执行案件信息与其他部门信用信息的共享,并通过信用惩戒手段促使债务人自动履行义务。

(三)实施严格的执行工作考评机制。要完善和细化现有的执行工作考核体系,科学设定执行标的到位率、执行申诉率、执行结案率、执行结案合格率、自行履行率等指标,合理分配考核分值,建立规范有效的考核评价机制。考核由各级人民法院在辖区范围内定期、统一进行,考核结果实行公开排位,并建立末位情况分析制、报告制以及责任追究制。实行执行案件质量评查和超期限分析制度,将执行案件的质量和效率纳入质效管理部门的监管范围。各级人民法院要建立执行人员考评机制,建立质效档案,并将其作为考评定级、提职提级、评优评先的重要依据。要规定科学的结案标准,建立严格的无财产案件的程序终结制度,并作结案统计。建立上级法院执行局和本院质效管理部门对执行错案和瑕疵案件的分析和责任倒查制度。上级法院撤销或改变下级法院裁定或决定时,要附带对案件进行责任分析。本院质效管理部门发现执行案件存在问题的,也要进行责任分析。

三、继续推进执行改革

(一)优化执行职权配置。一是进一步完善高级人民法院执行机构统一管理、统一协调的执行工作管理机制,中级人民法院(直辖市除外)对所辖地区执行工作实行统一管理、统一协调。进一步推进“管案、管事、管人”相结合的管理模式。二是实行案件执行重心下移,最高人民法院和高级人民法院作为执行工作统一管理、统一协调的机构,原则上不执行具体案件,案件主要由中级人民法院和基层人民法院执行,也可以指定专门法院执行某些特定案件,以排除不当干预。三是科学界定执行审查权和执行实施权,并分别由不同的内设机构或者人员行使。将财产调查、控制、处分及交付和分配、采取罚款、拘留强制措施等事项交由实施机构办理,对各类执行异议、复议、案外人异议及变更执行法院的申请等事项交由审查机构办理。四是实行科学的执行案件流程管理,打破一个人负责到底的传统执行模式,积极探索建立分段集约执行的工作机制。指定专人负责统一调查、控制和处分被执行财产,以提高执行效率。要实施以节点控制为特征的流程管理制度,充分发挥合议庭和审判长(执行长)联席会议在审查、评议并提出执行方案方面的作用。

(二)统一执行机构设置。各级人民法院统一设立执行局,并统一执行局内设机构及职能。高级人民法院设立复议监督、协调指导、申诉审查以及综合管理机构，中级人民法院和基层人民法院设执行实施、执行审查、申诉审查和综合管理机构。复议监督机构负责执行案件的监督，并办理异议复议、申请变更执行法院和执行监督案件；协调指导机构负责跨辖区委托执行案件和异地执行案件的协调和管理，办理执行请示案件以及负责与同级政府有关部门的协调；申诉审查机构负责执行申诉信访案件的审查和督办等事项；综合管理机构负责辖区执行工作的管理部署、巡视督查、评估考核、起草规范性文件、调研统计等各类综合性事项。

（三）合理确定执行机构与其他部门的职责分工。要理顺执行机构与法院其他相关部门的职责分工，推进执行工作专业化和执行队伍职业化建设。实行严格的归口管理，明确行政非诉案件和行政诉讼案件的执行，财产保全、先予执行、财产刑等统一由执行机构负责实施。加强和规范司法警察参与执行工作。基层人民法院审判监督庭和高、中级人民法院的质效管理部门承担执行工作质量监督、瑕疵案件责任分析等职能。

四、强化执行监督制约机制

各级人民法院要把强化执行监督制约机制作为长效机制建设的重要内容，切实抓紧抓好。一是按照分权制衡的原则对执行权进行科学配置。区分执行审查权和执行实施权，分别由不同的内设机构或者人员行使，使各项权能之间相互制约、相互监督，保证执行权的正当行使。二是对执行实施的重点环节和关键节点进行风险防范。除编制很少的地区外，应当对执行实施权再行分解，总结出重点环节和关键节点，划分为若干阶段，由不同组织或人员负责，加强相互监督和制约，以此强化对执行工作的动态管理，防止执行权的滥用。三是加大上级法院对下级法院的监督力度。认真实施、严格落实修改后的民事诉讼法，通过办理执行异议、执行复议和案外人异议案件，以及上级法院提级执行、指定执行、交叉执行等途径，纠正违法执行和消极执行行为，加强对执行权行使的监督。四是进一步实行执行公开，自觉接受执行各方当事人的监督。建立执行立案阶段发放廉政监督卡或者执行监督卡、送达执行文书时公布或告知举报电话、当事人正当参与执行等制度。要抓好执行公开制度的贯彻落实，利用信息化手段和网络增强执行工作透明度，严禁暗箱操作，切实保障当事人的知情权、参与权、监督权，预防徇私枉法、权钱交易、违法干预办案等问题的发生，确保执行公正。五是拓宽监督渠道，主动接受社会各界对执行工作的监督。完善党委、人大、舆论等各类监督机制，探索人民陪审员和执行监督员参与执行工作的办法和途径，提高执行的公信力。

五、进一步加强执行队伍建设

各级人民法院要高度重视执行队伍建设。要加强对各级人民法院执行局负责人和执行人员的培训，开展执行人员与各业务部门审判人员的定期交流。要突出加强执行队伍廉政建设，逐步在执行机构配备廉政监察员，加大执行中容易产生腐败的重点环节的监督力度；加强对执行人员的职业道德教育、权力观教育和警示教育；规范执行人员与当事人、律师的交往，细化岗位职责，强化工作管理措施，化解廉政风险；建立顺畅的举报、检举、控告渠道和强有力的违法违纪行为的查纠机制，确保“五个严禁”在执行工作中得到全面贯彻。要根据执行工作的实际需要，配齐配强执行人员，确保实现中发〔1999〕11 号文件规定的执行人员比例不少于全体干警现有编制总数 15% 的要求，确保执行人员的文化程度不低于所在法院人员的平均水平。要尽快制定下发《人民法院执行员条例》，对执行员的任职条件、任免程序、工作职责、考核培训等内容作出规定，努力建设一支公正、高效、廉洁、文明的执行队伍。

关于加强综合治理从源头切实解决执行难问题的意见

1. 2019年7月14日中央全面依法治国委员会发布
2. 中法委发〔2019〕1号

为深入贯彻落实党的十八届四中全会提出的“切实解决执行难”、“依法保障胜诉当事人及时实现权益”重大决策部署，进一步健全完善综合治理执行难工作大格局，确保切实解决执行难目标实现，现就加强执行难综合治理，深化执行联动机制建设，加强人民法院执行工作，提出如下意见。

一、深刻认识解决执行难工作的重要意义

人民法院执行工作是依靠国家强制力确保法律全面正确实施的重要手段，是维护人民群众合法权益、实现社会公平正义的关键环节。做好执行工作、切实解决长期存在的执行难问题，事关全面依法治国基本方略实施，事关社会公平正义实现，具有十分重要的意义。党的十八大以来，以习近平同志为核心的党中央站在全局和战略的高度，将解决执行难确定为全面依法治国的重要内容，作出重大决策部署。三年来，在以习近平同志为核心的党中央坚强领导下，在各地各有关部门共同努力下，执行工作取得了显著成效。同时，一些制约执行工作长远发展的综合性、源头性问题依然存在，实现切实解决执行难的目标仍需加倍努力。

各地区各有关部门要坚持以习近平新时代中国特色社会主义思想为指导，增强“四个意识”、坚定“四个自信”、做到“两个维护”，充分认识加强执行工作、切实解决执行难的重大意义，加大工作力度，强化责任落实，形成强大工作合力，确保完成党中央提出的切实解决执行难的目标任务。

二、推进执行联动机制建设

（一）健全网络执行查控系统。加大信息化手段在执行工作中的应用，整合完善现有信息化系统，实现网络化查找被执行人和控制财产的执行工作机制。通过国家统一的电子政务网络实现人民法院执行查控网络与公安、民政、人力资源社会保障、自然资源、住房城乡建设、交通运输、农业农村、市场监管、金融监管等部门以及各金融机构、互联网企业等单位之间的网络连接，建成覆盖全国及土地、房产、证券、股权、车辆、存款、金融理财产品等主要财产形式的网络化、自动化执行查控体系，实现全国四级法院互联互通、全面应用。人民法院、人民检察院要加强沟通，密切协作，探索建立全国执行与监督信息法检共享平台。要确保网络执行查控系统的自身数据安全，信息调取、使用等要严格权限、程序、责任，防止公民、企业信息外泄。

（二）建立健全查找被执行人协作联动机制。人民法院与公安机关建立完善查找被执行人协作联动机制，协作查找被执行人下落、协作查扣被执行人车辆、限制被执行人出境，建立网络化查人、扣车、限制出境协作新机制。对人民法院决定拘留、逮捕或者人民检察院批准逮捕的被执行人以及协助执行人，公安机关应当依法及时收拘。对暴力抗拒执行的，公安机关应及时出

警、及时处置。

（三）加快推进失信被执行人信息共享工作。通过国家“互联网＋监管”系统及全国信用信息共享平台，推进失信被执行人信息与公安、民政、人力资源社会保障、自然资源、住房城乡建设、交通运输、文化和旅游、财政、金融监管、税务、市场监管、科技等部门以及有关人民团体、社会组织、企事业单位实现公共信用信息资源共享。明确电信企业可以配合调取信息的范围，规范配合调取的程序。建立完善社会信用档案制度，将失信被执行人信息作为重要信用评价指标，纳入社会信用评价体系。

（四）完善失信被执行人联合惩戒机制。各有关部门尽快完成与国家“互联网＋监管”系统及全国信用信息共享平台联合惩戒系统的联通对接和信息共享，做好失信被执行人身份证、护照等所有法定有效证件全部关联捆绑制度，将人民法院发布的失信被执行人名单信息嵌入本单位“互联网＋监管”系统以及管理、审批工作系统中，实现对失信被执行人名单信息的自动比对、自动监督，自动采取拦截、惩戒措施，推动完善一处失信、处处受限的信用监督、警示和惩戒体系。建立执行联动工作考核机制，对失信被执行人信用监督、警示和惩戒机制落实情况开展专项检查，加大考核和问责力度。规范失信名单的使用，完善纠错、救济机制，依法保护失信被执行人的合法权益。

（五）强化对公职人员的信用监督。人民法院应及时将党员、公职人员拒不履行生效法律文书以及非法干预、妨害执行等情况，提供给组织人事部门等单位掌握，采取适当方式共同督促改正。对拒不履行生效法律文书、非法干预或妨碍执行的党员、公职人员，构成违纪违法的，分别按照《中国共产党纪律处分条例》和《中华人民共和国监察法》等有关规定处理。

（六）加大对拒不执行生效判决、裁定等违法犯罪行为打击力度。公、检、法等政法机关加强协调配合，统一立案标准，建立常态化打击拒执犯罪工作机制。对拒不执行生效判决、裁定以及其他妨碍执行的犯罪行为，公安机关应当依法及时立案侦查，检察机关应当依法及时批准逮捕和审查起诉，人民法院应当依法及时审理。公安机关不予立案、检察机关不予起诉的，应当出具法律文书，畅通当事人自诉渠道。逐步建立起以当事人刑事自诉为主的拒不执行判决、裁定罪的诉讼模式，加大对以虚假诉讼、虚假仲裁、虚假公证等方式转移财产、逃避执行违法犯罪行为的打击力度。

三、加强和改进人民法院执行工作

（一）推进执行信息化建设。完善执行查控系统建设，实现对被执行人不动产、车辆、证券、股权、存款及其他金融产品等主要财产形式的网络化、自动化查控。加强联合惩戒系统建设并与“互联网＋监管”系统联通对接，对失信被执行人实现网络化自动监督、自动惩戒。建立健全司法网络询价制度，利用云计算、大数据等现代信息技术手段进行网络询价，确定财产处置的参考价格。完善网络司法拍卖工作，实现司法拍卖模式迭代升级。完善四级法院一体化的执行案件办案平台，强化节点管控，实现案件管理的信息化、智能化。

（二）提升执行规范化水平。健全执行规范制度体系，加强执行领域司法解释工作，建立完善以操作规程为核心的执行行为规范体系。加大执行公开力度，全面推进阳光执行。规范无财产可供执行案件的结案程序，完善恢复执行程序。强化全国执行指挥系统建设，确保统一管理、统一指挥、统一协调的执行工作机制有效运行。树立依法执行、规范执行、公正执行、善意执行、文明执行理念，依法保护产权。依法严格区分个人财产和企业法人财产，严格区分非法所得和合法财产，最大限度降低对企业正常生产经营活动的不利影响。拓宽执行监管渠道，健全执行监督体系。

（三）加大强制执行力度。依法充分适用罚款、拘留、限制出境等强制执行措施，加大对抗拒执行、阻碍执行、暴力抗法行为的惩治力度。完善反规避执行工作机制，严厉打击拒执犯罪，切实增强执行威慑力。

（四）创新和拓展执行措施。人民法院可以根据当事人申请，要求被执行人或协助执行人就其重大资产处置和重要事项变更等向人民法院申报和备案。执行程序中，除查封、扣押、冻结、拍卖、变卖、以物抵债等传统执行手段外，探索直接交付、资产重组、委托经营等执行措施，加快推进委托审计调查、依公证方式取证、悬赏举报等制度。推进将涉诉政府债务纳入预算管理。区分执行权核心事务与辅助性事务，明确执行辅助事务外包的范围，建立辅助事务分流机制，探索将案款发送、送达，以及财产查控、司法拍卖中的执行辅助事务适度外包。

（五）完善执行工作机制。完善立审执协调配合、案件繁简分流、执行与破产有序衔接等工作机制。加强执行工作的系统管理，完善上下级法院执行工作管理模式，强化上级法院对下级法院执行工作的监督责任。建立健全法院内部组织人事、监察部门与执行业务部门协调配合工作机制。

四、强化执行难源头治理制度建设

（一）加快社会信用体系建设。建立覆盖全社会的信用交易、出资置产、缴费纳税、违法犯罪等方面信息的信用体系，完善失信联合惩戒机制，建立完善公共信用综合评价与披露制度，畅通市场主体获取信息渠道，引导市场主体防范交易风险，从源头上减少矛盾纠纷发生。

（二）完善市场退出工作制度机制。研究破产过程中的破产费用来源渠道，探索建立多渠道筹措机制。畅通执行案件进入司法破产重整、和解或清算程序的渠道，充分发挥企业破产制度功能，促进“僵尸企业”有序退出市场。

（三）完善司法救助制度。积极拓宽救助资金来源渠道，简化司法救助程序，加强司法救助与社会救助的衔接配合，切实做好执行过程中对困难群众的救助工作。

（四）完善责任保险体系。扩大责任保险覆盖范围，鼓励相关单位投保食品安全责任、环境责任、雇主责任等责任保险，发挥保险制度分担风险、分摊损失作用，充分保障大规模受害人合法权益。

（五）完善相关法律制度。健全完善民事法律制度，加快推进制定民事强制执行法，为民事执行提供有力法律保障。依法明确法定代表人和高级管理人员任职条件和对公司资产的监管责任，限制随意变更法定代表人和高级管理人员。依法强化公司账簿管理，建立健全公司交易全程留痕制度，防止随意抽逃公司资产。健全完善行政强制执行和刑罚财产刑执行相关法律法规。

五、全面加强组织保障和工作保障

（一）加强组织领导。各级党委要统筹各方资源，实行综合治理，推动建立党委领导、政法委协调、人大监督、政府支持、法院主办、部门联动、社会参与的综合治理执行难工作大格局，纳入工作督促检查范围，适时组织开展专项督查。

（二）健全执行工作部门协作联动机制。由党委政法委牵头健全执行工作部门协作联动机制，人民法院承担主体责任，公安、民政、人力资源社会保障、自然资源、住房城乡建设、交通运输、农业农村、市场监管、金融监管等部门各司其职、通力协作、齐抓共管，形成工作整体合力。检察机关要加强对民事、行政执行包括非诉执行活动的法律监督，推动依法执行、规范执行。纪检监察机关加强对党政机关及领导干部干扰执行工作的责任追究。对于帮助进行虚假诉讼、公证、仲裁等以转移财产、逃避执行的律师、公证员、仲裁员等法律服务人员，由行业协会和司法行政主管部门加大惩罚力度。各地区及相关部门要进一步加强执行机构建设，强化人、财、物保障。最高人民法院执行局作为执行工作部门协作联动机制日常联络机构，切实负起责任。对确定的各项任务措施，明确责任部门和时间表、路线图，确保2019年年底前落实到位。

（三）加强执行队伍建设。推动执行队伍正规化、专业化、职业化，努力建设一支信念坚定、执法为民、敢于担当、清正廉洁的执行队伍，为解决执行难提供有力组织保障。各地区各部门积极引入专业力量参与执行，建立健全仲裁、公证、律师、会计、审计等专业机构和人员深度参与执行的工作机制，形成解决执行难的社会合力。

（四）加强舆论宣传工作。综合运用传统媒体和新媒体，加强正面宣传，充分展现加强执行工作、切实解决执行难的决心和成效。有计划地宣传报道一批典型案件，彰显法治权威，形成全社会理解支持参与的浓厚氛围。完善落实“三同步”工作机制，加强舆论引导，做好法律政策宣讲、解疑释惑等工作，及时回应，有效引导。

最高人民法院关于建立健全执行信访案件“接访即办”工作机制的意见

1. *2021年11月4日*
2. *法〔2021〕227号*

为深入贯彻落实中央关于全国政法队伍教育整顿有关决策部署，践行“以人民为中心”发展理念，进一步健全完善新时期执行信访工作长效机制，提高执行信访案件办理质效，规范执行行为，维护信访人合法权益，根据相关法律、司法解释的规定，就建立健全执行信访案件“接访即办”工作机制，提出如下意见。

一、本意见所称“接访即办”，是指人民法院对于收到的执行信访材料，给予即时录入、快速督办、及时反馈、高效化解的信访管理工作机制。

二、建立健全“接访即办”工作机制，应当坚持依法、公正、规范、及时、便民的原则。

高级、中级人民法院对辖区人民法院“接访即办”工作承担监督管理职责；各地人民法院对其本院初访信访案件的办理承担主体责任。

三、人民法院执行部门应当确定专人处理涉及执行案件的来信、来访，所有执行信访案件均应及时、全面录入人民法院执行申诉信访办理系统，并且全流程在人民法院执行申诉信访办理系统上办理。

四、人民法院执行部门对收到的信访材料，应当先予形式审查，于5个工作日内在人民法院执行申诉信访办理系统中完成申诉信访登记，并确定承办人办理。

对于来信来访涉及本院执行部门正在办理的执行案件的，应当及时将相关材料转交案件承办人。

五、对于反映本院执行案件办理问题的信访材料，各地人民法院信访工作承办人应当于30日内办结，并及时将办理结果告知信访人。

六、对于反映下级人民法院执行案件办理问题的信访材料，高级、中级人民法院的承办人应当于15个工作日内完成甄别工作，紧急情况应即刻办理、及时报告、及时采取措施。

七、对于上级人民法院挂网交办的执行信访案件，执行法院应当于45日内办理完毕，并及时告知信访人；办理意见经执行部门相关负责人审批同意后，通过人民法院执行申诉信访办理系统层报上级交办法院核销。

八、上级人民法院收到交办信访案件的核销申请后，应当于5个工作日内完成核销工作。

九、对于已阶段化解和终局化解的信访案件，上一级人民法院应当对信访人进行回访，了解信访诉求办理的响应、解决、满意度等情况。

十、各高级人民法院每季度对辖区中级、基层人民法院办理执行信访案件情况进行通报。对执行信访案件办理情况进行常态化监督，发现执行法院不进行初信初访登记、登记后未实际处理或者未在合理期限内采取措施，导致群体访、越级赴省进京信访的，对执行法院主要负责人和其他相关责任人进行约谈。

十一、执行信访案件办理情况纳入年度平安建设考评内容。对于“接访即办”工作长期滞后的，上级人民法院应及时提出限期整改要求。

十二、执行法院或者执行人员在“接访即办”工作中弄虚作假或者不执行上级人民法院的监督意见，以及执行人员存在消极执行、违法执行等情形，造成恶劣影响或者严重后果的，除责令限期纠正外，相关人民法院应当启动“一案双查”工作机制予以查处。

十三、进一步提高执行申诉信访工作信息化建设与应用水平，发挥人民法院执行申诉信访办理系统上下贯通、节点控制的监督作用，加强系统数据分析，研判提出解决问题的对策和方法。

十四、各级人民法院应当建立健全执行信访互联网申诉应用平台，引导鼓励信访当事人通过网络反映问题，方便当事人快速便捷提出信访诉求，降低信访成本。

十五、加强预防、妥善处理涉执群体访案件，完善预警机制，健全与公安机关、检察机关、综治部门的协同联动机制，做到及时快速规范处理。

十六、各级人民法院要按照“三同步”原则对执行信访负面舆情及早发现，及时应对。上级人民法院要按照程序交办重大、涉敏感舆情执行信访案件，妥善指导下级人民法院应对执行信访负面舆情，防范化解风险。

最高人民法院、司法部、中华全国律师协会关于深入推进律师参与人民法院执行工作的意见

1. *2019年12月25日*
2. *法发〔2019〕34号*

为深入贯彻落实党的十八届四中全会提出的“切实解决执行难”“依法保障胜诉当事人及时实现权益”重大决策部署，根据中央全面依法治国委员会《关于加强综合治理从源头切实解决执行难问题的意见》（中法委发〔2019〕1号）关于“各地区各部门积极引入专业力量参与执行，建立健全仲裁、公证、律师、会计、审计等专业机构和人员深度参与执行的工作机制，形成解决执

行难的社会合力”要求，依照相关法律规定，就深入推进律师参与人民法院执行工作，制定本意见。

一、深刻认识律师参与执行工作的重要意义

1. 人民法院执行工作是依靠国家强制力确保法律全面准确实施的重要手段，是维护人民群众合法权益、实现社会公平正义的关键环节。党的十八大以来，以习近平同志为核心的党中央高度重视人民法院执行工作，将解决执行难确定为全面依法治国的重要内容，作出重大决策部署，要求各地区各有关部门充分认识执行工作重要意义，强化责任落实，形成工作合力，积极构建综合治理、源头治理执行难工作大格局。

律师作为社会主义法治工作者和法律职业共同体的重要组成部分，是人民法院审判执行活动的重要参与者，在推进全面依法治国、建设社会主义法治国家进程中发挥着重要作用。深入推进律师参与执行工作，有助于落实以人民为中心的发展思想，践行司法为民宗旨，依法保障当事人合法权益；有助于建立健全解决执行难长效机制，提升执行工作能力，保持执行工作高水平运行；有助于凝聚各方面力量，提升全社会的法治意识、诚信意识和风险意识，推进全面依法治国和社会诚信体系建设。

二、充分发挥律师在执行工作中的重要作用

2. 充分发挥律师对人民法院执行工作的促进作用。近年来，随着执行案件数量持续增加，执行专业化水平不断提升，亟需律师等专业力量深度参与执行，通过发挥职能作用和承担部分辅助性工作，促进生效法律文书及时有效执行。特别是，不少当事人在专业知识和查人找物等方面存在较大需求，需要律师发挥其在法律规范适用、财产线索查找、执行风险评估、合法权益救济等方面的积极作用，通过提供优质高效的法律服务，满足人民群众日益增长的司法需求。

各级人民法院要进一步提高对律师参与执行重要性的认识，结合工作实际，积极探索和创新保障律师执业权利、改善律师执业环境、推动律师参与执行的各项工作机制，为律师依法履行职责、发挥优势作用提供支撑和便利。

3. 充分发挥律师在推进矛盾纠纷化解中的作用。执行工作对抗性强、风险性高，极易引发矛盾和冲突。要充分发挥代理律师桥梁纽带作用，促进当事人之间、当事人和人民法院之间沟通协调。代理律师要引导、协助当事人正确认识生效法律文书裁判结果，使其充分知悉拒不履行法律义务的风险和后果。当事人不认可裁判结果的，应当引导其依法通过相应程序解决。存在和解可能的，可以提出和解建议，协助委托人与对方当事人达成执行和解。协助当事人起草和解协议时，应当秉持勤勉、专业的要求，确保要素齐全、行文规范、切实可行。当事人不履行和解协议的，代理律师可以协助委托人依法向人民法院申请恢复执行或就履行执行和解协议向人民法院提起诉讼。

各级人民法院要建立健全执行案件多元化纠纷解决机制，鼓励通过律师调解等方式化解执行争议，探索推动设立“律师志愿服务岗”“律师调解工作室”等，做好执调对接工作，为律师以中立第三方身份参与矛盾化解创造条件和便利。

4. 充分发挥律师在财产保全中的作用。代理律师应当向当事人充分释明诉讼风险，明确财产保全对其实现权益的重要性，引导当事人及时向人民法院申请财产保全。已经采取保全措施的，提示当事人可以在保全期限届满七日前向人民法院提出续行保全申请；符合解除保全情形

的，提示当事人可以及时申请解除保全。

各级人民法院应当加大诉讼保全适用力度，简化保全工作流程，推广保全保险担保机制，为当事人申请保全提供便利。要公开申请保全的条件、方式和流程，对符合条件的财产保全申请，应当及时受理和采取保全措施，并告知申请保全人或代理律师保全裁定的内容、保全期限届满日及有关申请续行保全的事项，充分保障当事人及其代理律师的知情权、异议权、复议权。

5. 充分发挥律师在执行调查中的作用。申请执行人的代理律师可以协助申请执行人向人民法院提供所了解的被执行人的财产状况或线索，申请人民法院进行调查，必要时，可以向人民法院申请发布悬赏公告或委托审计机构进行审计。被执行人的代理律师应当告知被执行人有向人民法院如实报告财产的义务，并向其说明拒不报告、虚假报告或逾期报告财产的法律后果。

人民法院应当通过执行网络查控系统和其他必要方式开展执行调查。要依法保障律师调查取证的权利，进一步拓宽执行调查方式和渠道，研究建立委托律师调查相关工作机制。

6. 充分发挥律师在财产控制和变价中的作用。人民法院应当及时查封、扣押、冻结被执行人应当履行义务部分的财产，完成财产控制后，应当及时书面告知申请执行人或代理律师财产控制情况。查封、扣押、冻结期限届满前，代理律师可以协助申请执行人向人民法院申请延长期限，防止期限届满后财产被转移等后果出现。

人民法院应当及时对控制的财产进行变价，严禁违规评估、拍卖财产及违规以物抵债。在人民法院确定财产处置参考价过程中，代理律师应当协助当事人配合人民法院依法查明拟变价财产的权属、权利负担、占有使用、欠缴税费、质量瑕疵等事项。人民法院应当依法保障代理律师在财产变价过程中的执业权利，确保财产变价过程的公开、公平、公正。

执行款到账后，人民法院应当在规定的期限内通知申请执行人或有特别授权的代理律师办理领取手续，严禁隐瞒、截留、挪用执行款物及拖延发放执行案款。

7. 充分发挥律师在防范和打击规避执行行为中的作用。被执行人的代理律师应当向当事人释明不履行法律义务的后果，引导、协助其尊重生效法律文书，依法履行义务。被执行人存在失信等违法情形的，申请执行人的代理律师可以协助申请执行人依法申请人民法院采取限制消费、纳入失信被执行人名单等措施。被执行人有能力执行而拒不执行判决、裁定，情节严重、涉嫌犯罪的，申请执行人的代理律师可以依法调查取证，协助申请执行人依法向公安机关提出控告或向人民法院提起自诉。

人民法院应当加大对规避执行行为的防范和打击力度，对符合法定情形的被执行人，依法及时纳入失信被执行人名单。对恶意逃避执行及转移、隐匿财产的被执行人，依法及时适用拘留、罚款等强制措施；对涉嫌拒不执行判决、裁定，非法处置查封、扣押、冻结财产，以及妨害公务犯罪的行为人，应当将案件依法移送公安机关立案侦查。代理律师引导帮助申请执行人提起刑事自诉的，人民法院执行部门应当支持配合，刑事审判部门应当及时受理和裁判。

8. 充分发挥律师在参与分配和执行转破产程序中的作用。被执行人为公民或其他组织，其财产不足以清偿全部债务，其他已经取得执行依据的债权人的代理律师可以协助该债权人向人民法院申请参与分配。对符合条件的申请，人民法院应当及时受理。被执行人为企业法人，资产不足以清偿全部债务或明显缺乏清偿能力的，人民法院应当及时询问申请执行人、被执行人是否同意将执行案件移送破产审查。申请执行人或被执行人同意的，代理律师应当积极协助当事人向人民法院执行部门提供相关材料。进入破产程序后，债务人具备重整条件的，代理律师应当积极协助当事人向人民法院申请重整。被人民法院指定为破产管理人的律师事务所和律师，应当切实履行职责，制定可行重整计划，协助人民法院做好重整工作。

人民法院应当规范执行案件移送破产的审查工作，保障执行程序与破产程序有序衔接。积极推进简易破产程序设计，快速审理"无财产可破"案件。

9. 充分发挥律师在终结本次执行程序中的作用。人民法院拟对案件终结本次执行程序的，应当将案件的执行情况、采取的财产调查措施、被执行人的财产情况、终结本次执行程序的依据及法律后果等信息告知申请执行人或代理律师。代理律师应当在受委托的权限内向人民法院反映当事人关于终结本次执行程序的意见，同时向当事人全面客观释明人民法院终结本次执行程序的法律依据和后果。

人民法院应当将申请执行人及代理律师的意见记录入卷，严禁违规适用终结本次执行程序，不得变相强迫申请执行人或代理律师同意终结本次执行程序。终结本次执行程序后，人民法院应当对案件进行定期查询。发现被执行人有可供执行财产，不立即采取执行措施可能导致财产被转移、隐匿、出卖或毁损的，人民法院可以依申请，也可以依职权立即采取查封、扣押、冻结等控制性措施。

10. 充分发挥律师在执行救济中的作用。在办理执行案件过程中，人民法院应当严格依法规范执行，严禁"冷硬横推"及消极执行、拖延执行、选择性执行。人民法院自收到申请执行书之日起超过六个月未执行的，代理律师可以引导当事人向上一级人民法院申请执行。上一级人民法院应当及时受理并审查，可以责令原人民法院在一定期限内执行，也可以决定由本院执行或指令其他人民法院执行。当事人、利害关系人认为人民法院的执行行为违反法律规定的，代理律师可以引导当事人依法提出执行异议、复议，或依法向人民检察院申请检察监督。

人民法院应当深入推进律师参与化解和代理申诉制度，严格落实中央政法委《关于建立律师参与化解和代理涉法涉诉信访案件制度的意见（试行）》和最高人民法院、最高人民检察院、司法部《关于逐步实行律师代理申诉制度的意见》有关规定，深入推进律师代理执行申诉制度，保障当事人依法行使申诉权利，积极化解执行信访案件。

11. 充分发挥律师在执行法治宣传中的作用。人民法院、司法行政机关和律师协会要充分发挥自身职能作用，积极向社会开展执行法治宣传教育。要广泛宣传拒不履行生效法律文书的后果，增强当事人履行生效法律文书的主动性和自觉性，推动形成"守法守信光荣、违法失信可耻"的良好氛围，提高全社会的法治意识和诚信意识。要讲清"执行难"与"执行不能"的区别，帮助当事人充分认识诉讼风险以及被执行人丧失履行能力的风险，引导人民群众树立法治意识和风险防范意识，推动从源头上解决执行难问题。

三、切实加强律师参与执行工作的保障

12. 保障当事人依法委托律师代理执行案件

的权利。人民法院应当在执行案件受理通知书中告知当事人有权委托律师代理执行案件,并列明律师的职能作用。对于符合法律援助条件而没有委托律师的,人民法院应当及时告知当事人有权申请法律援助。因追索赡养费、扶养费、抚育费、抚恤金、劳动报酬等涉民生案件向人民法院申请执行,符合法律援助条件的,人民法院可以按照相关规定向法律援助机构转交申请材料,法律援助机构应当加大法律援助力度。

13. 构建执行人员与律师的良性互动关系。人民法院要全面落实司法公开要求,畅通正常交流及意见建议表达渠道,为律师发挥作用营造风清气正、公平公正、公开透明的司法环境。要严格规范执行人员行为,杜绝执行人员与律师之间不正当交往甚至违法交易等问题。在办理执行案件过程中,严禁执行人员违规会见当事人、代理人、请托人或与其同吃、同住、同行;严禁"吃拿卡要"或让当事人、律师承担不应由其承担的费用;严禁充当诉讼掮客、违规过问案件及泄露工作秘密。积极构建执行人员与律师彼此尊重、平等相待、相互支持、相互监督、正当交往的新型良性互动关系。

14. 构建便捷高效的诉讼服务体系。人民法院要通过APP、即时通讯、微信小程序等技术手段,打造"微法院""智慧法院",为当事人和代理律师提供智能化诉讼服务。要深化执行信息化建设与运用,打造集约化执行公开平台,做好平台与法院执行案件管理等系统的对接,为当事人和律师提供"一站式"执行信息公开服务。要增强执行公开网的交流互动性,为当事人和律师提供更加便捷的联系法官渠道,调动律师参与执行、支持执行、监督执行的积极性。

15. 加强对律师执业的监督管理。在参与执行工作中,律师应当恪守"忠诚、为民、法治、正义、诚信、敬业"的职业道德,自觉践行遵守宪法法律、忠于事实真相、严守执业纪律、坚持谨言慎行的基本要求。司法行政机关、律师协会应当加强对律师在执行工作中执业的监督管理,对违反执业规范和职业道德的,应当依法依规作出处理。

16. 建立健全沟通协调机制。人民法院、司法行政机关、律师协会要加强沟通交流,建立健全常态化协调配合工作机制,定期或不定期听取律师对人民法院执行工作的意见建议,研究解决律师参与执行工作中遇到的问题,及时协调处理侵犯律师执业权利和律师违法违规等相关事项,不断推动形成部门联动、齐抓共管、分工协作的工作格局,为深入推进律师参与执行工作提供更加有力的保障。

最高人民法院关于在执行工作中进一步强化善意文明执行理念的意见

1. 2019年12月16日

2. 法发〔2019〕35号

为贯彻落实《中共中央、国务院关于完善产权保护制度依法保护产权的意见》《中共中央、国务院关于营造更好发展环境支持民营企业改革发展的意见》等文件精神,进一步提升人民法院严格规范公正文明执行水平,推动执行工作持续健康高水平运行,为经济社会发展提供更加优质司法服务和保障,根据民事诉讼法及有关司法解释,结合人民法院执行工作实际,提出以下意见。

一、充分认识善意文明执行的重要意义和精神实质

1. 充分认识善意文明执行重要意义。执行

是公平正义最后一道防线的最后一个环节。强化善意文明执行理念，在依法保障胜诉当事人合法权益同时，最大限度减少对被执行人权益影响，实现法律效果与社会效果有机统一，是维护社会公平正义、促进社会和谐稳定的必然要求，是完善产权保护制度、建立健全市场化法治化国际化营商环境和推动高质量发展的应有之义，对全面推进依法治国、推进国家治理体系和治理能力现代化具有重要意义。

2. 准确把握善意文明执行精神实质。执行工作是依靠国家强制力实现胜诉裁判的重要手段。当前，被执行人规避执行、逃避执行仍是执行工作中的主要矛盾和突出问题。突出执行工作的强制性，持续加大执行力度，及时保障胜诉当事人实现合法权益，依然是执行工作的工作重心和主线。但同时要注意到，执行工作对各方当事人影响重大，人民法院在执行过程中也要强化善意文明执行理念，严格规范公正保障各方当事人合法权益；要坚持比例原则，找准双方利益平衡点，避免过度执行；要提高政治站位，着眼于党和国家发展战略全局，提升把握司法政策的能力和水平，实现依法履职与服务大局、促进发展相统一。要采取有效措施坚决纠正实践中出现的超标的查封、乱查封现象，畅通人民群众反映问题渠道，对有关线索实行“一案双查”，对不规范行为依法严肃处理。

人民法院在强化善意文明执行理念过程中，要充分保障债权人合法权益，维护执行权威和司法公信力，把强制力聚焦到对规避执行、逃避执行、抗拒执行行为的依法打击和惩处上来。要坚决防止执行人员以“善意文明执行”为借口消极执行、拖延执行，或者以降低对被执行人影响为借口无原则促成双方当事人和解，损害债权人合法权益。

二、严禁超标的查封和乱查封

3. 合理选择执行财产。被执行人有多项财产可供执行的，人民法院应选择对被执行人生产生活影响较小且方便执行的财产执行。在不影响执行效率和效果的前提下，被执行人请求人民法院先执行某项财产的，应当准许；未准许的，应当有合理正当理由。

执行过程中，人民法院应当为被执行人及其扶养家属保留必需的生活费用。要严格按照中央有关产权保护的精神，严格区分企业法人财产与股东个人财产，严禁违法查封案外人财产，严禁对不得查封的财产采取执行措施，切实保护民营企业等企业法人、企业家和各类市场主体合法权益。要注意到，信托财产在信托存续期间独立于委托人、受托人各自的固有财产，并且受益人对信托财产享有的权利表现为信托受益权，信托财产并非受益人的责任财产。因此，当事人因其与委托人、受托人或者受益人之间的纠纷申请对存管银行或信托公司专门账户中的信托资金采取保全或执行措施的，除符合《中华人民共和国信托法》第十七条规定的情形外，人民法院不应准许。

4. 严禁超标的查封。强制执行被执行人的财产，以其价值足以清偿生效法律文书确定的债权额为限，坚决杜绝明显超标的查封。冻结被执行人银行账户内存款的，应当明确具体冻结数额，不得影响冻结之外资金的流转和账户的使用。需要查封的不动产整体价值明显超出债权额的，应当对该不动产相应价值部分采取查封措施；相关部门以不动产登记在同一权利证书下为由提出不能办理分割查封的，人民法院在对不动产进行整体查封后，经被执行人申请，应当及时协调相关部门办理分割登记并解除对超标的部分的查封。相关部门无正当理由拒不协助办理分割登记和查封的，依照民事诉讼法第一百一十四条采取相应的处罚措施。

5. 灵活采取查封措施。对能“活封”的财产，尽量不进行“死封”，使查封财产能够物尽其用，避免社会资源浪费。查封被执行企业厂房、机器设备等生产资料的，被执行人继续使用对该财产价值无重大影响的，可以允许其使用。对资金周转困难、暂时无力偿还债务的房地产开发企业，人民法院应按照下列情形分别处理：

（1）查封在建工程后，原则上应当允许被执行人继续建设。

（2）查封在建工程后，对其采取强制变价措施虽能实现执行债权人债权，但会明显贬损财产价值、对被执行人显失公平的，应积极促成双方当事人达成暂缓执行的和解协议，待工程完工后再行变价；无法达成和解协议，但被执行人提供相应担保并承诺在合理期限内完成建设的，可以暂缓采取强制变价措施。

（3）查封在建商品房或现房后，在确保能够控制相应价款的前提下，可以监督被执行人在一定期限内按照合理价格自行销售房屋。人民法院在确定期限时，应当明确具体的时间节点，避免期限过长影响执行效率、损害执行债权人合法权益。

6. 充分发挥查封财产融资功能。人民法院查封财产后，被保全人或被执行人申请用查封财产融资的，按照下列情形分别处理：

（1）保全查封财产后，被保全人申请用查封财产融资替换查封财产的，在确保能够控制相应融资款的前提下，可以监督被保全人按照合理价格进行融资。

（2）执行过程中，被执行人申请用查封财产融资清偿债务，经执行债权人同意或者融资款足以清偿所有执行债务的，可以准许。

被保全人或被执行人利用查封财产融资，出借人要求先办理财产抵押或质押登记再放款的，人民法院应积极协调有关部门做好财产解封、抵押或质押登记等事宜，并严格控制融资款。

7. 严格规范上市公司股票冻结。为维护资本市场稳定，依法保障债权人合法权益和债务人投资权益，人民法院在冻结债务人在上市公司的股票时，应当依照下列规定严格执行：

（1）严禁超标的冻结。冻结上市公司股票，应当以其价值足以清偿生效法律文书确定的债权额为限。股票价值应当以冻结前一交易日收盘价为基准，结合股票市场行情，一般在不超过20%的幅度内合理确定。股票冻结后，其价值发生重大变化的，经当事人申请，人民法院可以追加冻结或者解除部分冻结。

（2）可售性冻结。保全冻结上市公司股票后，被保全人申请将冻结措施变更为可售性冻结的，应当准许，但应当提前将被保全人在证券公司的资金账户在明确具体的数额范围内予以冻结。在执行过程中，被执行人申请通过二级市场交易方式自行变卖股票清偿债务的，人民法院可以按照前述规定办理，但应当要求其在10个交易日内变卖完毕。特殊情形下，可以适当延长。

（3）已质押股票的冻结。上市公司股票存在质押且质权人非本案保全申请人或申请执行人，目前，人民法院在采取冻结措施时，由于需要计入股票上存在的质押债权且该债权额往往难以准确计算，尤其是当股票存在多笔质押时还需指定对哪一笔质押股票进行冻结，为保障普通债权人合法权益，人民法院一般会对质押股票进行全部冻结，这既存在超标的冻结的风险，也会对质押债权人自行实现债权造成影响，不符合执行经济原则。

最高人民法院经与中国证券监督管理委员会沟通协调，由中国证券登记结算有限公司（以下简称中国结算公司）对现有冻结系统进行改造，确立了质押股票新型冻结方式，并在系统改造完成后正式实施。具体内容如下：

第一，债务人持有的上市公司股票存在质押且质权人非本案保全申请人或申请执行人，人民法院对质押股票冻结时，应当依照7（1）规定的计算方法冻结相应数量的股票，无需将质押债权额计算在内。冻结质押股票时，人民法院应当提前冻结债务人在证券公司的资金账户，并明确具体的冻结数额，不得对资金账户进行整体冻结。

第二，股票冻结后，不影响质权人变价股票实现其债权。质权人解除任何一部分股票质押的，冻结效力在冻结股票数量范围内对解除质押部分的股票自动生效。质权人变价股票实现其债权后变价款有剩余的，冻结效力在本案债权额范围内对剩余变价款自动生效。

第三，在执行程序中，为实现本案债权，人民法院可以在质押债权和本案债权额范围内对相应数量的股票采取强制变价措施，并在优先实现质押债权后清偿本案债务。

第四，两个以上国家机关冻结同一质押股票的，按照在证券公司或中国结算公司办理股票冻结手续的先后确定冻结顺位，依次满足各国家机关的冻结需求。两个以上国家机关在同一交易日分别在证券公司、中国结算公司冻结同一质押股票的，在先在证券公司办理股票冻结手续的为在先冻结。

第五，人民法院与其他国家机关就冻结质押股票产生争议的，由最高人民法院主动与最高人民检察院、公安部等部门依法协调解决。争议协调解决期间，证券公司或中国结算公司控制产生争议的相关股票，不协助任何一方执行。争议协调解决完成，证券公司或中国结算公司按照争议机关协商的最终结论处理。

第六，系统改造完成前已经完成的冻结不适用前述规定。案件保全申请人或申请执行人为质权人的，冻结措施不适用前述规定。

三、依法适当采取财产变价措施

8. 合理确定财产处置参考价。执行过程中，人民法院应当按照《最高人民法院关于人民法院确定财产处置参考价若干问题的规定》合理确定财产处置参考价。要在不损害第三人合法权益的情况下，积极促成双方当事人就参考价达成一致意见，以进一步提高确定参考价效率，避免后续产生争议。财产有计税基准价、政府定价或政府指导价，当事人议价不能、不成或者双方当事人一致要求定向询价的，人民法院应当积极协调有关机构办理询价事宜。定向询价结果严重偏离市场价格的，可以进行适当修正。实践证明，网络询价不仅效率高，而且绝大多数询价结果基本能够反映市场真实价格，对于财产无需由专业人员现场勘验或鉴定的，人民法院应积极引导当事人通过网络询价确定参考价，并对询价报告进行审查。

经委托评估确定参考价，被执行人认为评估价严重背离市场价格并提起异议的，为提高工作效率，人民法院可以以评估价为基准，先促成双方当事人就参考价达成一致意见。无法快速达成一致意见的，依法提交评估机构予以书面说明。评估机构逾期未做说明或者被执行人仍有异议的，应及时提交相关行业协会组织专业技术评审。在确定财产处置参考价过程中，人民法院应当依法履行监督职责，发现当事人、竞拍人与相关机构、人员恶意串通压低参考价的，应当及时查处和纠正。

9. 适当增加财产变卖程序适用情形。要在坚持网络司法拍卖优先原则的基础上，综合考虑变价财产实际情况、是否损害执行债权人、第三人或社会公共利益等因素，适当采取直接变卖或强制变卖等措施。

(1)被执行人申请自行变卖查封财产清偿债务的，在确保能够控制相应价款的前提下，可以监督其在一定期限内按照合理价格变卖。变卖期限由人民法院根据财产实际情况、市场行情等因素确定，但最长不得超过60日。

(2)被执行人申请对查封财产不经拍卖直接变卖的，经执行债权人同意或者变卖款足以清偿所有执行债务的，人民法院可以不经拍卖直接变卖。

(3)被执行人认为网络询价或评估价过低，申请以不低于网络询价或评估价自行变卖查封财产清偿债务的，人民法院经审查认为不存在被执行人与他人恶意串通低价处置财产情形的，可以监督其在一定期限内进行变卖。

(4)财产经拍卖后流拍且执行债权人不接受抵债，第三人申请以流拍价购买的，可以准许。

(5)网络司法拍卖第二次流拍后，被执行人提出以流拍价融资的，人民法院应结合拍卖财产基本情况、流拍价与市场价差异程度以及融资期限等因素，酌情予以考虑。准许融资的，暂不启动以物抵债或强制变卖程序。

被执行人依照9(3)规定申请自行变卖，经人民法院准许后，又依照《最高人民法院关于人民法院确定财产处置参考价若干问题的规定》第二十二、二十三条规定向人民法院提起异议的，不予受理；被执行人就网络询价或评估价提起异议后，又依照9(3)规定申请自行变卖的，不应准许。

10. 充分吸引更多主体参与竞买。拍卖过程中，人民法院应当全面真实披露拍卖财产的现状、占有使用情况、附随义务、已知瑕疵和权利负担、竞买资格等事项，严禁故意隐瞒拍品瑕疵诱导竞买人竞拍，严禁故意夸大拍品瑕疵误导竞买人竞拍。拍卖财产为不动产且被执行人或他人无权占用的，人民法院应当依法负责腾退，不得在公示信息中载明“不负责腾退交付”等信息。要充分发挥网拍平台、拍卖辅助机构的专业优势，做好拍品视频宣介、向专业市场主体定向推送拍卖信息、实地看样等相关工作，以吸引更多市场主体参与竞拍。

11. 最大限度实现财产真实价值。同一类型的执行财产数量较多，被执行人认为分批次变价或者整体变价能够最大限度实现其价值的，人民法院可以准许。尤其是对体量较大的整栋整层楼盘、连片商铺或别墅等不动产，已经分割登记或事后可以分割登记的，被执行人认为分批次变价能够实现不动产最大价值的，一般应当准许。多项财产分别变价时，其中部分财产变价款足以清偿债务的，应当停止变价剩余财产，但被执行人同意全部变价的除外。

12. 准确把握不动产收益权质权变价方式。生效法律文书确定申请执行人对被执行人的公路、桥梁、隧道等不动产收益权享有质权，申请执行人自行扣划收益权收费账户内资金实现其质押债权，其他债权人以申请执行人仅对收费权享有质权而对收费账户内资金不享有质权为由，向人民法院提起异议的，不予支持。在执行过程中,人民法院可以扣划收益权收费账户内资金实现申请执行人质押债权,收费账户内资金足以清偿债务的,不应对被执行人的收益权进行强制变价。

四、充分用好执行和解及破产重整等制度

13. 依法用好执行和解和破产重整等相关制度。要在依法采取执行措施的同时,妥善把握执行时机、讲究执行策略、注意执行方法。对资金链暂时断裂,但仍有发展潜力、存在救治可能的企业,可以通过和解分期履行、兼并重组、引入第三方资金等方式盘活企业资产。要加大破产保护理念宣传,通过强化释明等方式引导执行债权人或被执行人同意依法将案件转入破产程序。对具有营运价值的企业通过破产重整、破产和解解决债务危机,充分发挥破产制度的拯救功能,帮助企业走出困境,平衡债权人、债务人、出资人、员工等利害关系人的利益,通过市场实现资源配置优化和社会整体价值最大化。

五、严格规范纳入失信名单和限制消费措施

14. 严格适用条件和程序。采取纳入失信名单或限制消费措施,必须严格依照民事诉讼法、《最高人民法院关于公布失信被执行人名单信息的若干规定》(以下简称失信名单规定)、《最高人民法院关于限制被执行人高消费及有关消费的若干规定》等规定的条件和程序进行。对于不符合法定条件的被执行人,坚决不得采取纳入失信名单或限制消费惩戒措施。对于符合法定条件的被执行人,决定采取惩戒措施的,应当制作决定书或限制消费令,并依法由院长审核后签发。

需要特别指出的是,根据司法解释规定,虽然纳入失信名单决定书由院长签发后即生效,但应当依照民事诉讼法规定的送达方式送达当事人,坚决杜绝只签发、不送达等不符合法定程序的现象发生。

15. 适当设置一定的宽限期。各地法院可以根据案件具体情况,对于决定纳入失信名单或者采取限制消费措施的被执行人,可以给予其一至三个月的宽限期。在宽限期内,暂不发布其失信或者限制消费信息;期限届满,被执行人仍未履行生效法律文书确定义务的,再发布其信息并采取相应惩戒措施。

16. 不采取惩戒措施的几类情形。被执行人虽然存在有履行能力而拒不履行生效法律文书确定义务、无正当理由拒不履行和解协议的情形,但人民法院已经控制其足以清偿债务的财产或者申请执行人申请暂不采取惩戒措施的,不得对被执行人采取纳入失信名单或限制消费措施。单位是失信被执行人的,人民法院不得将其法定代表人、主要负责人、影响债务履行的直接责任人员、实际控制人等纳入失信名单。全日制在校生因"校园贷"纠纷成为被执行人的,一般不得对其采取纳入失信名单或限制消费措施。

17. 解除限制消费措施的几类情形。人民法院在对被执行人采取限制消费措施后,被执行人及其有关人员申请解除或暂时解除的,按照下列情形分别处理:

(1)单位被执行人被限制消费后,其法定代表人、主要负责人、影响债务履行的直接责任人员、实际控制人以因私消费为由提出以个人财产从事消费行为,经审查属实的,应予准许。

(2)单位被执行人被限制消费后,其法定代表人、主要负责人确因经营管理需要发生变更,原法定代表人、主要负责人申请解除对其本人的限制消费措施的,应举证证明其并非单位的实际控制人、影响债务履行的直接责任人员。人民法

院经审查属实的，应予准许，并对变更后的法定代表人、主要负责人依法采取限制消费措施。

(3)被限制消费的个人因本人或近亲属重大疾病就医，近亲属丧葬，以及本人执行或配合执行公务，参加外事活动或重要考试等紧急情况亟需赴外地，向人民法院申请暂时解除乘坐飞机、高铁限制措施，经严格审查并经本院院长批准，可以给予其最长不超过一个月的暂时解除期间。

上述人员在向人民法院提出申请时，应当提交充分有效的证据并按要求作出书面承诺；提供虚假证据或者违反承诺从事消费行为的，人民法院应当及时恢复对其采取的限制消费措施，同时依照民事诉讼法第一百一十一条从重处理，并对其再次申请不予批准。

18. 畅通惩戒措施救济渠道。自然人、法人或其他组织对被纳入失信名单申请纠正的，人民法院应当依照失信名单规定第十二条规定的程序和时限及时审查并作出处理决定。对被采取限制消费措施申请纠正的，参照失信名单规定第十二条规定办理。

人民法院发现纳入失信名单、采取限制消费措施可能存在错误的，应当及时进行自查并作出相应处理；上级法院发现下级法院纳入失信名单、采取限制消费措施存在错误的，应当责令其及时纠正，也可以依法直接纠正。

19. 及时删除失信信息。失信名单信息依法应当删除(屏蔽)的，应当及时采取删除(屏蔽)措施。超过三个工作日采取删除(屏蔽)措施，或者虽未超过三个工作日但能够立即采取措施却未采取造成严重后果的，依法追究相关人员责任。

被执行人因存在多种失信情形，被同时纳入有固定期限的失信名单和无固定期限的失信名单的，其主动履行完毕生效法律文书确定义务后，一般应当将有固定期限的名单信息和无固定期限的名单信息同时删除(屏蔽)。

20. 准确理解限制被执行人子女就读高收费学校。限制被执行人子女就读高收费学校，是指限制其子女就读超出正常收费标准的学校，虽然是私立学校，但如果其收费未超出正常标准，也不属于限制范围。人民法院在采取此项措施时，应当依法严格审查，不得影响被执行人子女正常接受教育的权利；在新闻媒体对人民法院采取此项措施存在误报误读时，应当及时予以回应和澄清。人民法院经依法审查，决定限制被执行人子女就读高收费学校的，应当做好与被执行人子女、学校的沟通工作，尽量避免给被执行人子女带来不利影响。

21. 探索建立惩戒分级分类机制和守信激励机制。各地法院可以结合工作实际，积极探索根据案件具体情况对被执行人分级分类采取失信惩戒、限制消费措施，让失信惩戒、限制消费措施更具有精准性，更符合比例原则。

各地法院在依法开展失信惩戒的同时，可以结合工作实际，探索开展出具自动履行生效法律文书证明、将自动履行信息向征信机构推送、对诚信债务人依法酌情降低诉讼保全担保金额等守信激励措施，营造鼓励自动履行、支持诚实守信的良好氛围。

六、加大案款发放工作力度

22. 全面推行"一案一账户"系统。案款到账后且无争议的，人民法院应当按照规定在一个月内及时发还给执行债权人；部分案款有争议的，应当先将无争议部分及时发放。目前，最高人民法院正在全面推行"一案一账户"系统，各地法院要按照规定的时间节点和标准要求，严格落实系统部署与使用工作，确保案款收发公开透明、及时高效、全程留痕,有效堵塞案款管理漏洞,消除廉政风险隐患,最大限度保障各方当事人合法权益。

最高人民法院关于进一步规范近期执行工作相关问题的通知

1. 2018年5月28日

2. 法〔2018〕141号

各省、自治区、直辖市高级人民法院,解放军军事法院,新疆维吾尔自治区高级人民法院生产建设兵团分院:

为进一步推进"用两到三年时间基本解决执行难问题"整体目标的实现,充分保障当事人的合法权益,结合近期执行工作中发现的问题,现就有关问题通知如下:

一、关于失信被执行人名单相关问题

(一)执行法院应当严格依照《最高人民法院关于公布失信被执行人名单信息的若干规定》(法释〔2017〕7号,以下简称《失信规定》)第一条的规定审查被执行人是否符合纳入名单的法定情形,严禁将不符合条件的被执行人纳入失信名单。

(二)具有《失信规定》第三条规定情形之一的,不得依据《失信规定》第一条第一项的规定将被执行人纳入失信名单。已经纳入的,应当撤销,纳入后才具有《失信规定》第三条第(一)、(二)项情形之一的,应当屏蔽。

(三)对于有失信期限的失信被执行人名单信息,失信被执行人履行完毕的,应当依照《失信规定》第二条第二款的规定提前删除失信信息,具体操作按我院"法明传〔2018〕33号"通知要求进行。

(四)案件已经以终结本次执行程序方式报结,执行法院按照我院"法明传〔2017〕699号"通知要求,已将案件标注为实结,尚有失信被执行人名单信息处于发布状态的,应当屏蔽;如果纳入失信被执行人名单错误的,应当撤销。

二、关于终结本次执行程序相关问题

(一)原终结本次执行程序中已发出限制消费令的恢复执行案件,人民法院再次终结本次执行程序的,可无须再根据《终本规定》第一条第二项发出限制消费令。

(二)在严格按照《终本规定》的程序标准和实质标准完成必要的执行措施后,人民法院终结本次执行程序,可不受《终本规定》第一条第四项三个月期限的限制。同时,要严格杜绝随立随结、违规报结等滥用终结本次程序的行为。立案后不满三个月即终结本次执行程序的案件,将作为日常考核和本次巡查、评估工作中重点抽查的案件。

(三)执行法院通过总对总网络执行查控系统查询被执行人财产的,必须完成对所有已开通查询功能的财产项目的查询,仅查询部分财产项目的,不符合完成网络调查事项的要求。拟终结本次执行程序时距完成前次总对总网络查控已超过三个月的,还应在终结本次程序之前再次通过总对总网络执行查控系统查询被执行人的财产。

(四)根据《终本规定》第五条征求申请执行人意见时,可以采取面谈、电话、邮件、传真、短信、微信等方式,必须将征求意见情况记录入卷为凭;有下列情形之一的,可不再征求申请执行人意见:

1. 执行内容仅为追缴诉讼费或罚款的;
2. 行政非诉执行案件;
3. 刑事财产刑执行案件;
4. 申请执行人申请终结本次执行程序的。

（五）人民法院终结本次执行程序前，应严格执行《最高人民法院关于民事执行中财产调查若干问题的规定》，积极采取现场调查等方式，查明被执行人财产状况和履行义务能力，一般应当完成下列调查事项：

1. 对申请执行人提供的财产线索，必须予以核实，并将核实情况记录入卷；

2. 向被执行人发出报告财产令时，应及时传唤被执行人或其法定代表人、负责人、实际控制人到人民法院接受调查询问；

3. 住房公积金、金融理财产品、收益类保险、股息红利等未实现网络查控的财产，应前往现场调查，并制作调查笔录附卷为凭；

4. 被执行人是自然人的，向被执行人所在单位及居住地周边群众调查了解被执行人生活居住、劳动就业、收入、债权、股权等情况，并制作调查笔录附卷为凭；

5. 被执行人是法人或其他组织的，对其住所地、经营场所进行现场调查；全面核查被执行人企业性质及设立、合并分立、投资经营、债权债务、变更终止等情况，并可依申请进行审计调查。

（六）本辖区中级、基层人民法院机构发生调整的，对此前已裁定终结本次执行程序的案件，高级人民法院应及时指定相关法院负责后续管理。

三、关于和解长期履行案件的报结问题

当事人达成执行和解协议，需要长期履行的，可以以终结执行方式（选择“和解长期履行”情形）报结。执行案件流程系统须进行相应改造，在终结执行内增加“和解长期履行”作为终结执行的一种情形；同时，对该种情形终结执行的案件在报结时可以不作必须解除强制执行措施的要求。因被执行人不履行和解协议申请执行人申请恢复执行原生效法律文书的，以恢复执行方式立案。对接使用最高人民法院执行案件流程信息管理系统的执行法院，由各高级人民法院负责改造系统；直接使用最高人民法院执行案件流程信息管理系统的执行法院，由我院负责改造系统并进行远程升级。

最高人民法院关于加强中级人民法院协同执行基层人民法院执行实施案件的通知

1. 2017年5月23日
2. 法发〔2017〕158号

各省、自治区、直辖市高级人民法院，解放军军事法院，新疆维吾尔自治区高级人民法院生产建设兵团分院：

中级人民法院在执行工作中具有承上启下的作用，是实现执行工作统一管理、统一指挥、统一协调的关键环节。执行指挥中心在执行工作中处于枢纽地位，对统筹执行力量、强化系统管理、提升执行质效、破解执行难题具有重要意义。为充分发挥中级人民法院执行指挥中心的功能优势，推动解决重大、疑难、复杂案件执行，根据有关规定，就加强中级人民法院对辖区法院执行实施案件的协同执行工作通知如下：

一、中级人民法院要发挥协调和统筹优势，统一调度使用辖区法院执行力量，协同、帮助基层人民法院对重大、疑难、复杂或长期未结案件实施强制执行；

二、基层人民法院难以执行的下列执行实施案件，可报请中级人民法院协同执行：

（一）长期未结案件；

（二）受到严重非法干预的案件；

（三）有重大影响，社会高度关注的案件；

（四）受暴力、威胁或其他方法妨碍、抗拒执行的案件；

（五）多个法院立案受理的系列、关联案件；

（六）被执行人主要财产在其他法院辖区的案件；

（七）其他重大、疑难、复杂案件。

上级人民法院在督办、信访、巡查等工作中发现下级法院立案执行的执行实施案件存在上述情形的，可以指定或决定实施协同执行。

三、实施协同执行的，中级人民法院应作出《协同执行决定书》，决定书同时送交执行法院和参与协同执行的相关法院。执行法院报请的案件不符合协同执行条件的，中级人民法院应告知其自行执行。

四、协同执行由执行指挥中心具体负责，中级人民法院执行指挥中心应指定专人负责协同执行，与执行法院共同商定执行实施方案，及时组织实施强制执行。

协同执行案件不移送、不提级，办案主体仍是执行法院，仍由执行法院以本院名义对外出具法律文书。参与协同执行的其他法院执行干警可以凭《协同执行决定书》和公务证件开展具体执行工作。

五、中级人民法院应统筹考虑辖区法院执行案件数量、执行力量等因素，均衡开展协同执行，优先协助案多人少矛盾更加突出的辖区法院。应按照就进、便利原则开展协同执行，统筹使用辖区法院执行力量，最大限度节约执行成本，防止频繁、大跨度调用执行力量对辖区法院正常办案造成影响。

六、中级人民法院每年应办理一定数量的协同执行案件，办案数量和质效纳入执行考核范围，具体办案数量由高级人民法院根据辖区各中级人民法院实际情况确定。

七、上级人民法院要加强对协同执行工作的监督、管理和考核，每半年将协同执行工作开展情况予以通报。人民法院执行指挥中心要建立协同执行案件管理模块，加强对协同执行案件的信息化管理。

八、协同执行工作方案中，应明确中级人民法院、执行法院和参与协同执行的相关法院具体职责。各法院应分工负责、密切配合，存在消极执行、乱执行等不规范执行的，追究相应责任。

九、高级人民法院应就协同执行案件具体条件，职责分工，辖区各中级人民法院办理协同执行案件数量，协同执行的监督、指导、考核等制定实施细则并报最高人民法院备案。

十、高级人民法院可参照本通知要求，就辖区中基层法院需要协同执行的执行实施案件开展协同执行。

十一、本通知自2017年7月1日起实施，实施过程有何问题和建议，及时层报最高人民法院。

特此通知。

附件：协同执行决定书（样式）

附件：

××××人民法院
执行决定书

（××××）××执字第××号

××××人民法院：

你院执行的×××与×××……（写明执行依

据、当事人姓名或名称和案由）一案，因……（写明协同执行的事实和理由），依照《最高人民法院关于人民法院执行工作若干问题的规定（试行）》132条第2款规定，决定如下：

该案由本院和你院及×××人民法院（写明参与协同执行的相关法院名称）协同执行。

××××年××月××日

（院印）

最高人民法院关于建立执行约谈机制的若干规定

1. 2016年3月8日

2. 法发〔2016〕7号

3. 自2016年3月9日起施行

为进一步规范全国法院执行工作，及时发现、纠正下级法院在执行履职中存在的消极执行、违法执行等问题，促进解决"执行难"，根据《中华人民共和国民事诉讼法》等法律、司法解释的规定，结合人民法院执行工作实际，制定本规定。

第一条　本规定所称约谈，是指最高人民法院在本规定明确的有关情形发生时，约见未履行职责或履行职责不到位的高级人民法院相关负责人，进行告诫谈话、指出问题、责令整改纠正的一种执行监督措施。

第二条　有下列情形之一的，可进行约谈：

（一）通过全国法院执行案件流程信息管理系统发现高级人民法院辖区内超期执行案件超过已受理案件比例5%、或存在有财产可供执行案件无正当理由超期不作为等其他严重消极执行问题的；

（二）通过信访渠道等发现辖区内违法执行等问题突出，产生不良影响的；

（三）对最高人民法院有明确处理意见的监督、督办案件，无正当理由在规定期限内或者在合理期限内不予落实或者落实不到位的；

（四）对最高人民法院部署的重点执行工作、专项工作等不予落实或者落实情况未达到要求的；

（五）其他需要约谈的情形。

第三条　最高人民法院执行局在履行执行监督、管理职责中，认为符合本规定第二条规定的情形，有必要进行约谈的，经局长办公会研究同意后，可先向拟约谈的高级人民法院发出《约谈预通知》，指出其存在的问题、提出整改要求及时限，并明确整改不落实将予以正式约谈。高级人民法院收到《约谈预通知》后，未能落实整改要求且无合理解释的，经最高人民法院相关院领导批准后，向其正式发出《约谈通知》，启动约谈程序。

第四条　《约谈通知》一般以最高人民法院执行局名义于约谈前七个工作日发出，告知被约谈人关于约谈的事由、方式、时间、地点、参加人等事项。

第五条　约谈工作由最高人民法院执行局组织实施，必要时可报请院领导参加。

约谈可由最高人民法院执行局单独实施，也可邀请最高人民法院监察部门等其他部门共同实施；邀请相关部门共同实施的，应提前就约谈事项与其进行沟通、会商。

第六条　约谈具体程序如下：

（一）向被约谈人说明约谈的事由和目的；

（二）向被约谈人提出处理意见，明确整改要求及时限；

（三）被约谈人对落实处理意见、整改要求进行表态。

第七条 约谈结束后应制作约谈纪要，主要内容包括约谈事由、处理意见、整改要求及时限等。

约谈纪要报批准约谈的院领导同意后，以最高人民法院执行局名义印发被约谈人。

第八条 最高人民法院执行局监督、指导被约谈人落实约谈提出的处理意见和整改要求，并将落实情况层报批准约谈的院领导。

对按期落实处理意见和整改要求的，不再处理；对超期未落实或者落实不到位的，可采取以下方式处理：

（一）向被约谈人所在高级人民法院党组通报；

（二）在全国法院系统通报；

（三）涉嫌违法违纪的，向最高人民法院监察部门通报情况，并提出对相关责任人员进行调查处理的建议；

（四）在社会治安综合治理目标责任考核中予以相应的扣分。

第九条 就社会舆论关注事项进行的约谈，可视情况对外公布约谈情况及结果，也可邀请媒体及相关公众代表列席约谈。

第十条 本规定自2016年3月9日起施行。

最高人民法院关于人民法院执行流程公开的若干意见

1. 2014年9月3日

2. 法发〔2014〕18号

为贯彻落实执行公开原则，规范人民法院执行流程公开工作，方便当事人及时了解案件执行进展情况，更好地保障当事人和社会公众对执行工作的知情权、参与权、表达权和监督权，进一步提高执行工作的透明度，以公开促公正、以公正立公信，根据《最高人民法院关于人民法院执行公开的若干规定》（法发〔2006〕35号）、《最高人民法院关于推进司法公开三大平台建设的若干意见》（法发〔2013〕13号）等规定，结合执行工作实际，制定本意见。

一、总体要求

第一条 人民法院执行流程信息以公开为原则、不公开为例外。对依法应当公开、可以公开的执行流程及其相关信息，一律予以公开，实现执行案件办理过程全公开、节点全告知、程序全对接、文书全上网，为当事人和社会公众提供全方位、多元化、实时性的执行公开服务，全面推进阳光执行。

第二条 人民法院执行流程公开工作，以各级人民法院互联网门户网站（政务网）为基础平台和主要公开渠道，辅以手机短信、电话语音系统、电子公告屏和触摸屏、手机应用客户端、法院微博、法院微信公众号等其他平台或渠道，将执行案件流程节点信息、案件进展状态及有关材料向案件当事人及委托代理人公开，将与法院执行工作有关的执行服务信息、执行公告信息等公共信息向社会公众公开。

各级人民法院应当在本院门户网站（政务网）下设的审判流程信息公开网上建立查询执行流程信息的功能模块。最高人民法院在政务网上建立“中国执行信息公开网”，开设“中国审判流程信息公开网”的入口，提供查询执行案件流程信息的功能以及全国各级人民法院执行流程信息公开平台的链接。各级人民法院应当建立电话语音系统，在立案大厅或信访接待等场所设立电子触摸屏,供案件当事人和委托代理人以及社会公众查阅有关执行公开事项。具备条件的法院,应当建立电子公告屏、在执行指挥系统建设中增加12368智能短信服务平台、法院微博以及法院微信公众号等公开渠道。

二、公开的渠道和内容

第三条　下列执行案件信息应当向当事人及委托代理人公开:

（一）当事人名称、案号、案由、立案日期等立案信息;

（二）执行法官以及书记员的姓名和办公电话;

（三）采取执行措施信息,包括被执行人财产查询、查封、冻结、扣划、扣押等信息;

（四）采取强制措施信息,包括司法拘留、罚款、拘传、搜查以及限制出境、限制高消费、纳入失信被执行人名单库等信息;

（五）执行财产处置信息,包括委托评估、拍卖、变卖、以物抵债等信息;

（六）债权分配和执行款收付信息,包括债权分配方案、债权分配方案异议、债权分配方案修改、执行款进入法院执行专用账户、执行款划付等信息;

（七）暂缓执行、中止执行、委托执行、指定执行、提级执行等信息;

（八）执行和解协议信息;

（九）执行实施案件结案信息,包括执行结案日期、执行标的到位情况、结案方式、终结本次执行程序征求申请执行人意见等信息;

（十）执行异议、执行复议、案外人异议、执行主体变更和追加等案件的立案时间、案件承办法官和合议庭其他组成人员以及书记员的姓名和办公电话、执行裁决、结案时间等信息;

（十一）执行申诉信访、执行督促、执行监督等案件的立案时间、案件承办法官和合议庭其他组成人员以及书记员的姓名和办公电话、案件处理意见、结案时间等信息;

（十二）执行听证、询问的时间、地点等信息;

（十三）案件的执行期限或审查期限,以及执行期限或审查期限扣除、延长等变更情况;

（十四）执行案件受理通知书、执行通知书、财产申报通知书、询问通知、听证通知、传票和询问笔录、调查取证笔录、执行听证笔录等材料;

（十五）执行裁定书、决定书等裁判文书;

（十六）执行裁判文书开始送达时间、完成送达时间、送达方式等送达信息;

（十七）执行裁判文书在执行法院执行流程信息公开模块、中国执行信息公开网及中国裁判文书网公布的情况,包括公布时间、查询方式等;

（十八）有关法律或司法解释要求公布的其他执行流程信息。

第四条　具备条件的法院,询问当事人、执行听证和开展重大执行活动时应当进行录音录像。询问、听证和执行活动结束后,该录音录像应当向当事人及委托代理人公开。当事人及委托代理人申请查阅录音录像的,执行法院经核对身份信息后,及时提供查阅。

第五条　各级人民法院通过网上办案,自动生成执行案件电子卷宗。电子卷宗正卷应当向当事人及委托代理人公开。当事人及委托代理人申请查阅电子卷宗的,执行法院经核对身份信息后,及时提供查阅。

第六条　对于执行裁定书、决定书以外的程序性执行文书,各级法院通过执行流程信息公开模块,向当事人及诉讼代理人提供电子送达服务。当事人及委托代理人同意人民法院采用电子方式送达执行文书的,应当在立案时提交签名或者盖章的确认书。

第七条　各级人民法院通过互联网门户网站(政务网)向社会公众公开本院下列信息:

(一)法院地址、交通图示、联系方式、管辖范围、下辖法院、内设部门及其职能、投诉渠道等机构信息;

(二)审判委员会组成人员、审判执行人员的姓名、职务等人员信息;

(三)执行流程、执行裁判文书和执行信息的公开范围和查询方法等执行公开指南信息;

(四)执行立案条件、执行流程、申请执行书等执行文书样式、收费标准、执行费缓减免交的条件和程序、申请强制执行风险提示等执行指南信息;

(五)听证公告、悬赏公告、拍卖公告;

(六)评估、拍卖及其他社会中介入选机构名册等名册信息;

(七)司法解释、指导性案例、执行业务文件等。

三、公开的流程

第八条　除执行请示、执行协调案件外,各级人民法院受理的各类执行案件,应当及时向案件当事人及委托代理人预留的手机号码,自动推送短信,提示案件流程进展情况,提醒案件当事人及委托代理人及时接受电子送达的执行文书。

立案部门、执行机构在向案件当事人及其委托代理人送达案件受理通知书、执行通知书时,应当告知案件流程进展查询、接受电子送达执行文书的方法,并做好宣传、咨询服务等工作。

在执行过程中,追加或变更当事人、委托代理人的,由执行机构在送达相关法律文书时告知前述事项。

第九条　在执行案件办理过程中,案件当事人及委托代理人可凭有效证件号码或组织机构代码、手机号码以及执行法院提供的查询码、密码,通过执行流程信息公开模块、电话语音系统、电子公告屏和触摸屏、手机应用客户端、法院微博、法院微信公众号等多种载体,查询、下载有关执行流程信息、材料等。

第十条　执行流程信息公开模块应具备双向互动功能。案件当事人及委托代理人登录执行流程信息公开模块后,可向案件承办人留言。留言内容应于次日自动导入网上办案平台,案件承办人可通过网上办案平台对留言进行回复。

第十一条　同意采用电子方式送达执行文书的当事人及委托代理人,可以通过执行流程信息公开模块签收执行法院以电子方式送达的各类执行文书。

当事人及委托代理人下载或者查阅以电子方式送达的执行文书时,自动生成送达回证,记录受送达人下载文书的名称、下载时间、IP 地址等。自动生成的送达回证归入电子卷宗。

执行机构书记员负责跟踪受送达人接受电子送达的情况,提醒、指导受送达人及时下载、查阅电子送达的执行文书。提醒短信发出后三日内受送达人未下载或者查阅电子送达的执行文书的,应当通过电子邮件、传真、邮寄等方式及时送达。

四、职 责 分 工

第十二条　具备网上办案条件的法院,应当严格按照网上办案的相关要求,在网上办案系统中流转、审批执行案件,制作各类文书、笔录和报告,及时、准确、完整地扫描、录入案件材料和案件信息。

执行案件因特殊情形未能严格实行网上办案的，案件信息录入工作应当与实际操作同步完成。

因具有特殊情形不能及时录入信息的，应当详细说明原因，报执行机构负责人和分管院领导审批。

第十三条　各级人民法院网上办案系统生成的执行流程数据和执行过程中生成的其他流程信息，应当存储在网上办案系统数据库中，作为执行信息公开的基础数据，通过数据摆渡的方式同步到互联网上的执行信息公开模块，并及时、全面、准确将执行案件流程数据录入全国法院执行案件信息管理系统数据库。

执行法院网上办案系统形成的执行裁判文书，通过数据摆渡的方式导出至执行法院互联网门户网站（政务网）下设的裁判文书公开网，并提供与中国裁判文书网和中国执行信息公开网链接的端口。

第十四条　案件承办人认为具体案件不宜按照本意见第二条和第三条公开全部或部分流程信息及材料的，应当填写《执行流程信息不予公开审批表》，详细说明原因，经执行机构负责人审核后，呈报分管院领导审批。

第十五条　已在执行流程信息公开平台上发布的信息，因故需要变更的，案件承办人应当呈报执行机构领导审批后，及时更正网上办案平台中的相关信息，并通知当事人及网管人员，由网管人员及时更新执行流程信息公开平台上的相关信息。

第十六条　各级人民法院立案部门、执行机构是执行流程信息公开平台具体执行案件进度信息公开工作的责任部门，负责确保案件信息的准确性、完整性和录入、公开的及时性。

第十七条　各级人民法院司法行政装备管理部门应当为执行信息公开工作提供物质保障。

信息技术部门负责网站建设、运行维护、技术支持，督促技术部门每日定时将网上办案平台中的有关信息数据，包括领导已经签发的各类执行文书等，导出至执行流程信息公开平台，并通过执行流程信息公开平台将收集的有关信息，包括自动生成的送达回证等，导入网上办案平台，实现网上办案平台与执行流程信息公开平台的数据安全传输和对接。

第十八条　审判管理部门负责组织实施执行流程公开工作，监管执行流程信息公开平台，适时组织检查，汇总工作信息，向院领导报告工作情况，编发通报，进行督促、督办等。

发现案件信息不完整、滞后公开或存在错误的，审判管理部门应当督促相关部门补正，并协调、指导信息技术部门及时做好信息更新等工作。

第十九条　向公众公开信息的发布和更新，由各级法院确定具体负责部门。

五、责任与考评

第二十条　因过失导致公开的执行流程信息出现重大错漏，造成严重后果的，依据相关规定追究有关人员的责任。

第二十一条　执行流程信息公开工作纳入司法公开工作绩效考评范围，考评办法另行制定。

六、附　　则

第二十二条　本意见自下发之日起执行。

最高人民法院关于人民法院预防和处理执行突发事件的若干规定(试行)

1. 2009年9月22日
2. 法发〔2009〕50号
3. 自2009年10月1日起施行

为预防和减少执行突发事件的发生,控制、减轻和消除执行突发事件引起的社会危害,规范执行突发事件应急处理工作,保护执行人员及其他人员的人身财产安全,维护社会稳定,根据《中华人民共和国民事诉讼法》、《中华人民共和国突发事件应对法》等有关法律规定,结合执行工作实际,制定本规定。

第一条 本规定所称执行突发事件,是指在执行工作中突然发生,造成或可能危及执行人员及其他人员人身财产安全,严重干扰执行工作秩序,需要采取应急处理措施予以应对的群体上访、当事人自残、群众围堵执行现场、以暴力或暴力相威胁抗拒执行等事件。

第二条 按照危害程度、影响范围等因素,执行突发事件分为特别重大、重大、较大和一般四级。

特别重大的执行突发事件是指严重影响社会稳定、造成人员死亡或3人以上伤残的事件。

除特别重大执行突发事件外,分级标准由各高级人民法院根据辖区实际自行制定。

第三条 高级人民法院应当加强对辖区法院执行突发事件应急处理工作的指导。

执行突发事件的应急处理工作由执行法院或办理法院负责。各级人民法院应当成立由院领导负责的应急处理工作机构,并建立相关工作机制。

异地执行发生突发事件时,发生地法院必须协助执行法院做好现场应急处理工作。

第四条 执行突发事件应对工作实行预防为主、预防与应急处理相结合的原则。执行突发事件应急处理坚持人身安全至上、社会稳定为重的原则。

第五条 各级人民法院应当制定执行突发事件应急处理预案。执行应急处理预案包括组织与指挥、处理原则与程序、预防和化解、应急处理措施、事后调查与报告、装备及人员保障等内容。

第六条 执行突发事件实行事前、事中和事后全程报告制度。执行人员应当及时将有关情况报告本院执行应急处理工作机构。

异地执行发生突发事件的,发生地法院应当及时将有关情况报告当地党委、政府。

第七条 各级人民法院应当定期对执行应急处理人员和执行人员进行执行突发事件应急处理有关知识培训。

第八条 执行人员办理案件时,应当认真研究全案执行策略,讲究执行艺术和执行方法,积极做好执行和解工作,从源头上预防执行突发事件的发生。

第九条 执行人员应当强化程序公正意识,严格按照法定执行程序采取强制执行措施,规范执行行为,防止激化矛盾引发执行突发事件。

第十条 执行人员必须严格遵守执行工作纪律有关规定,廉洁自律,防止诱发执行突发事件。

第十一条 执行人员应当认真做好强制执行准备工作,制定有针对性的执行方案。执行人员在采取强制措施前,应当全面收集并研究被执行人的相关信息,结合执行现场的社会情况,对发生执行突发事件的可能性进行分析,并研究相关应急化解措施。

第十二条　执行人员在执行过程中，发现有执行突发事件苗头，应当及时向执行突发事件应急处理工作机构报告。执行法院必须启动应急处理预案，采取有效措施全力化解执行突发事件危机。

第十三条　异地执行时，执行人员请求当地法院协助的，当地法院必须安排专人负责和协调，并做好应急准备。

第十四条　发生下列情形，必须启动执行突发事件应急处理预案：

（一）涉执上访人员在15人以上的；

（二）涉执上访人员有无理取闹、缠诉领导、冲击机关等严重影响国家机关办公秩序行为的；

（三）涉执上访人员有自残行为的；

（四）当事人及相关人员携带易燃、易爆物品及管制刀具等凶器上访的；

（五）当事人及相关人员聚众围堵，可能导致执行现场失控的；

（六）当事人及相关人员在执行现场使用暴力或以暴力相威胁抗拒执行的；

（七）其他严重影响社会稳定或危害执行人员安全的。

第十五条　执行突发事件发生后，执行人员应当立即报告执行突发事件应急处理工作机构。应急处理工作机构负责人应当迅速启动应急处理机制，采取有效措施防止事态恶性发展。同时协调公安机关及时出警控制现场，并将有关情况报告党委、政府。

第十六条　执行突发事件造成人伤亡或财产损失的，执行应急处理人员应当及时协调公安、卫生、消防等部门组织力量进行抢救，全力减轻损害和减少损失。

第十七条　对继续采取执行措施可能导致现场失控、激发暴力事件、危及人身安全的，执行人员应当立即停止执行措施，及时撤离执行现场。

第十八条　异地执行发生执行突发事件的，执行人员应当在第一时间将有关情况通报发生地法院，发生地法院应当积极协助组织开展应急处理工作。发生地法院必须立即派员赶赴现场，同时报告当地党委和政府，协调公安等有关部门出警控制现场，采取有效措施进行控制，防止事态恶化。

第十九条　执行突发事件发生后，执行法院必须就该事件进行专项调查，形成书面报告材料，在5个工作日内逐级上报至高级人民法院。对特别重大执行突发事件，高级人民法院应当立即组织调查，并在3个工作日内书面报告最高人民法院。

第二十条　执行突发事件调查报告应包括以下内容：

（一）事件发生的时间、地点和经过；

（二）事件后果及人员伤亡、财产损失；

（三）与事件相关的案件；

（四）有关法院采取的预防和处理措施；

（五）事件原因分析及经验、教训总结；

（六）事件责任认定及处理；

（七）其他需要报告的事项。

第二十一条　执行突发事件系由执行人员过错引发，或执行应急处理不当加重事件后果，或事后瞒报、谎报、缓报的，必须按照有关纪律处分办法追究相关人员责任。

第二十二条　对当事人及相关人员在执行突发事件中违法犯罪行为，有关法院应当协调公安、检察和纪检监察等有关部门，依法依纪予以严肃查处。

第二十三条　本规定自2009年10月1日起施行。

二、执行基本工作规范

资料补充栏

1. 执行立案

最高人民法院关于仲裁机构“先予仲裁”裁决或者调解书立案、执行等法律适用问题的批复

1. 2018年5月28日最高人民法院审判委员会第1740次会议通过
2. 2018年6月5日公布
3. 法释〔2018〕10号
4. 自2018年6月12日起施行

广东省高级人民法院：

你院《关于“先予仲裁”裁决应否立案执行的请示》(粤高法〔2018〕99号)收悉。经研究，批复如下：

当事人申请人民法院执行仲裁机构根据仲裁法作出的仲裁裁决或者调解书，人民法院经审查，符合民事诉讼法、仲裁法相关规定的，应当依法及时受理，立案执行。但是，根据仲裁法第二条的规定，仲裁机构可以仲裁的是当事人间已经发生的合同纠纷和其他财产权益纠纷。因此，网络借贷合同当事人申请执行仲裁机构在纠纷发生前作出的仲裁裁决或者调解书的，人民法院应当裁定不予受理；已经受理的，裁定驳回执行申请。

你院请示中提出的下列情形，应当认定为民事诉讼法第二百三十七条第二款第三项规定的“仲裁庭的组成或者仲裁的程序违反法定程序”的情形：

一、仲裁机构未依照仲裁法规定的程序审理纠纷或者主持调解，径行根据网络借贷合同当事人在纠纷发生前签订的和解或者调解协议作出仲裁裁决、仲裁调解书的；

二、仲裁机构在仲裁过程中未保障当事人申请仲裁员回避、提供证据、答辩等仲裁法规定的基本程序权利的。

前款规定情形中，网络借贷合同当事人以约定弃权条款为由，主张仲裁程序未违反法定程序的，人民法院不予支持。

人民法院办理其他合同纠纷、财产权益纠纷仲裁裁决或者调解书执行案件，适用本批复。

此复

最高人民法院关于人民法院立案、审判与执行工作协调运行的意见

1. 2018年5月28日
2. 法发〔2018〕9号

为了进一步明确人民法院内部分工协作的工作职责，促进立案、审判与执行工作的顺利衔接和高效运行，保障当事人及时实现合法权益，根据《中华人民共和国民事诉讼法》《中华人民共和国刑事诉讼法》《中华人民共和国行政诉讼法》等有关法律规定，制定本意见。

一、立案工作

1 立案部门在收取起诉材料时，应当发放诉讼风险提示书，告知当事人诉讼风险，就申请财产保全作必要的说明，告知当事人申请财产保全的具体流程、担保方式及风险承担等信息，引导当事人及时向人民法院申请保全。

立案部门在收取申请执行材料时，应发放执行风险提示书，告知申请执行人向人民法院提供财产线索的义务，以及无财产可供执行导致执行不能的风险。

2. 立案部门在立案时与执行机构共享信息，做好以下信息的采集工作：

（1）立案时间；

（2）当事人姓名、性别、民族、出生日期、身份证件号码；

（3）当事人名称、法定代表人或者主要负责人、统一社会信用代码或者组织机构代码；

（4）送达地址；

（5）保全信息；

（6）当事人电话及其他联系方式；

（7）其他应当采集的信息。

立案部门在立案时应充分采集原告或者申请执行人的前款信息，提示原告或者申请执行人尽可能提供被告或者被执行人的前款信息。

3. 在执行案件立案时，有字号的个体工商户为被执行人的，立案部门应当将生效法律文书注明的该字号个体工商户经营者一并列为被执行人。

4. 立案部门在对刑事裁判涉财产部分移送执行立案审查时，重点审查《移送执行表》载明的以下内容：

（1）被执行人、被害人的基本信息；

（2）已查明的财产状况或者财产线索；

（3）随案移送的财产和已经处置财产的情况；

（4）查封、扣押、冻结财产的情况；

（5）移送执行的时间；

（6）其他需要说明的情况。

《移送执行表》信息存在缺漏的，应要求刑事审判部门及时补充完整。

5. 立案部门在受理申请撤销仲裁裁决、执行异议之诉、变更追加执行当事人异议之诉、参与分配异议之诉、履行执行和解协议之诉等涉及执行的案件后，应提示当事人及时向执行法院或者本院执行机构告知有关情况。

6. 人民法院在判决生效后退还当事人预交但不应负担的诉讼费用时，不得以立执行案件的方式退还。

二、审判工作

7. 审判部门在审理案件时，应当核实立案部门在立案时采集的有关信息。信息发生变化或者记录不准确的，应当及时予以更正、补充。

8. 审判部门在审理确权诉讼时，应当查询所要确权的财产权属状况。需要确权的财产已经被人民法院查封、扣押、冻结的，应当裁定驳回起诉，并告知当事人可以依照民事诉讼法第二百二十七条的规定主张权利。

9. 审判部门在审理涉及交付特定物、恢复原状、排除妨碍等案件时，应当查明标的物的状态。特定标的物已经灭失或者不宜恢复原状、排除妨碍的，应告知当事人可申请变更诉讼请求。

10. 审判部门在审理再审裁定撤销原判决、裁定发回重审的案件时，应当注意审查诉讼标的物是否存在灭失或者发生变化致使原诉讼请求无法实现的情形。存在该情形的，应告知当事人可申请变更诉讼请求。

11. 法律文书主文应当明确具体：

（1）给付金钱的，应当明确数额。需要计算利息、违约金数额的，应当有明确的计算基数、标准、起止时间等；

（2）交付特定标的物的，应当明确特定物的名称、数量、具体特征等特定信息，以及交付时间、方式等；

（3）确定继承的，应当明确遗产的名称、数量、数额等；

（4）离婚案件分割财产的，应当明确财产名称、数量、数额等；

(5)继续履行合同的，应当明确当事人继续履行合同的内容、方式等；

(6)排除妨碍、恢复原状的，应当明确排除妨碍、恢复原状的标准、时间等；

(7)停止侵害的，应当明确停止侵害行为的具体方式，以及被侵害权利的具体内容或者范围等；

(8)确定子女探视权的，应当明确探视的方式、具体时间和地点，以及交接办法等；

(9)当事人之间互负给付义务的，应当明确履行顺序。

对前款规定中财产数量较多的，可以在法律文书后另附清单。

12. 审判部门在民事调解中，应当审查双方意思的真实性、合法性，注重调解书的可执行性。能即时履行的，应要求当事人即时履行完毕。

13. 刑事裁判涉财产部分的裁判内容，应当明确、具体。涉案财物或者被害人人数较多，不宜在判决主文中详细列明的，可以概括叙明并另附清单。判处没收部分财产的，应当明确没收的具体财物或者金额。判处追缴或者责令退赔的，应当明确追缴或者退赔的金额或财物的名称、数量等有关情况。

三、执行工作

14. 执行标的物为特定物的，应当执行原物。原物已经毁损或者灭失的，经双方当事人同意，可以折价赔偿。双方对折价赔偿不能协商一致的，按照下列方法处理：

(1)原物毁损或者灭失发生在最后一次法庭辩论结束前的，执行机构应当告知当事人可通过审判监督程序救济；

(2)原物毁损或者灭失发生在最后一次法庭辩论结束后的，执行机构应当终结执行程序并告知申请执行人可另行起诉。

无法确定原物在最后一次法庭辩论结束前还是结束后毁损或者灭失的，按照前款第二项规定处理。

15. 执行机构发现本院作出的生效法律文书执行内容不明确的，应书面征询审判部门的意见。审判部门应在15日内作出书面答复或者裁定予以补正。审判部门未及时答复或者不予答复的，执行机构可层报院长督促审判部门答复。

执行内容不明确的生效法律文书是上级法院作出的，执行法院的执行机构应当层报上级法院执行机构，由上级法院执行机构向审判部门征询意见。审判部门应在15日内作出书面答复或者裁定予以补正。上级法院的审判部门未及时答复或者不予答复的，上级法院执行机构层报院长督促审判部门答复。

执行内容不明确的生效法律文书是其他法院作出的，执行法院的执行机构可以向作出生效法律文书的法院执行机构发函，由该法院执行机构向审判部门征询意见。审判部门应在15日内作出书面答复或者裁定予以补正。审判部门未及时答复或者不予答复的，作出生效法律文书的法院执行机构层报院长督促审判部门答复。

四、财产保全工作

16. 下列财产保全案件一般由立案部门编立“财保”字案号进行审查并作出裁定：

(1)利害关系人在提起诉讼或者申请仲裁前申请财产保全的案件；

(2)当事人在仲裁过程中通过仲裁机构向人民法院提交申请的财产保全案件；

(3)当事人在法律文书生效后进入执行程序前申请财产保全的案件。

当事人在诉讼中申请财产保全的案件，一般由负责审理案件的审判部门沿用诉讼案号进行审查并作出裁定。

当事人在上诉后二审法院立案受理前申请财产保全的案件，由一审法院审判部门审查并作出裁定。

17. 立案、审判部门作出的财产保全裁定，应当及时送交立案部门编立“执保”字案号的执行案件，立案后送交执行。

上级法院可以将财产保全裁定指定下级法院立案执行。

18. 财产保全案件的下列事项，由作出财产保全裁定的部门负责审查：

（1）驳回保全申请；

（2）准予撤回申请、按撤回申请处理；

（3）变更保全担保；

（4）续行保全、解除保全；

（5）准许被保全人根据《最高人民法院关于人民法院办理财产保全案件若干问题的规定》第二十条第一款规定申请自行处分被保全财产；

（6）首先采取查封、扣押、冻结措施的保全法院将被保全财产移送给在先轮候查封、扣押、冻结的执行法院；

（7）当事人或者利害关系人对财产保全裁定不服，申请复议；

（8）对保全内容或者措施需要处理的其他事项。

采取保全措施后，案件进入下一程序的，由有关程序对应的受理部门负责审查前款规定的事项。判决生效后申请执行前进行续行保全的，由作出该判决的审判部门作出续行保全裁定。

19. 实施保全的部门负责执行财产保全案件的下列事项：

（1）实施、续行、解除查封、扣押、冻结措施；

（2）监督被保全人根据《最高人民法院关于人民法院办理财产保全案件若干问题的规定》第二十条第一款规定自行处分被保全财产，并控制相应价款；

（3）其他需要实施的保全措施。

20. 保全措施实施后，实施保全的部门应当及时将财产保全情况通报作出财产保全裁定的部门，并将裁定、协助执行通知书副本等移送入卷。“执保”字案件单独立卷归档。

21. 保全财产不是诉讼争议标的物，案外人基于实体权利对保全裁定或者执行行为不服提出异议的，由负责审查案外人异议的部门根据民事诉讼法第二百二十七条的规定审查该异议。

五、机制运行

22. 各级人民法院可以根据本院机构设置，明确负责立案、审判、执行衔接工作的部门，制定和细化立案、审判、执行工作衔接的有关制度，并结合本院机构设置的特点，建立和完善本院立案、审判、执行工作衔接的长效机制。

23. 审判人员、审判辅助人员在立案、审判、执行等环节中，因故意或者重大过失致使立案、审判、执行工作脱节，导致生效法律文书难以执行的，应当依照有关规定，追究相应责任。

最高人民法院关于执行案件立案、结案若干问题的意见

1. *2014年12月17日*
2. *法发〔2014〕26号*
3. *自2015年1月1日起施行*

为统一执行案件立案、结案标准，规范执行

行为,根据《中华人民共和国民事诉讼法》等法律、司法解释的规定,结合人民法院执行工作实际,制定本意见。

第一条 本意见所称执行案件包括执行实施类案件和执行审查类案件。

执行实施类案件是指人民法院因申请执行人申请、审判机构移送、受托、提级、指定和依职权,对已发生法律效力且具有可强制执行内容的法律文书所确定的事项予以执行的案件。

执行审查类案件是指在执行过程中,人民法院审查和处理执行异议、复议、申诉、请示、协调以及决定执行管辖权的移转等事项的案件。

第二条 执行案件统一由人民法院立案机构进行审查立案,人民法庭经授权执行自审案件的,可以自行审查立案,法律、司法解释规定可以移送执行的,相关审判机构可以移送立案机构办理立案登记手续。

立案机构立案后,应当依照法律、司法解释的规定向申请人发出执行案件受理通知书。

第三条 人民法院对符合法律、司法解释规定的立案标准的执行案件,应当予以立案,并纳入审判和执行案件统一管理体系。

人民法院不得有审判和执行案件统一管理体系之外的执行案件。

任何案件不得以任何理由未经立案即进入执行程序。

第四条 立案机构在审查立案时,应当按照本意见确定执行案件的类型代字和案件编号,不得违反本意见创设案件类型代字。

第五条 执行实施类案件类型代字为"执字",按照立案时间的先后顺序确定案件编号,单独进行排序;但执行财产保全裁定的,案件类型代字为"执保字",按照立案时间的先后顺序确定案件编号,单独进行排序;恢复执行的,案件类型代字为"执恢字",按照立案时间的先后顺序确定案件编号,单独进行排序。

第六条 下列案件,人民法院应当按照恢复执行案件予以立案:

(一)申请执行人因受欺诈、胁迫与被执行人达成和解协议,申请恢复执行原生效法律文书的;

(二)一方当事人不履行或不完全履行执行和解协议,对方当事人申请恢复执行原生效法律文书的;

(三)执行实施案件以裁定终结本次执行程序方式报结后,如发现被执行人有财产可供执行,申请执行人申请或者人民法院依职权恢复执行的;

(四)执行实施案件因委托执行结案后,确因委托不当被已立案的受托法院退回委托的;

(五)依照民事诉讼法第二百五十七条的规定而终结执行的案件,申请执行的条件具备时,申请执行人申请恢复执行的。

第七条 除下列情形外,人民法院不得人为拆分执行实施案件:

(一)生效法律文书确定的给付内容为分期履行的,各期债务履行期间届满,被执行人未自动履行,申请执行人可分期申请执行,也可以对几期或全部到期债权一并申请执行;

(二)生效法律文书确定有多个债务人各自单独承担明确的债务的,申请执行人可以对每个债务人分别申请执行,也可以对几个或全部债务人一并申请执行;

(三)生效法律文书确定有多个债权人各自享有明确的债权的(包括按份共有),每个债权人可以分别申请执行;

（四）申请执行赡养费、扶养费、抚养费的案件，涉及金钱给付内容的，人民法院应当根据申请执行时已发生的债权数额进行审查立案，执行过程中新发生的债权应当另行申请执行；涉及人身权内容的，人民法院应当根据申请执行时义务人未履行义务的事实进行审查立案，执行过程中义务人延续消极行为的，应当依据申请执行人的申请一并执行。

第八条 执行审查类案件按下列规则确定类型代字和案件编号：

（一）执行异议案件类型代字为“执异字”，按照立案时间的先后顺序确定案件编号，单独进行排序；

（二）执行复议案件类型代字为“执复字”，按照立案时间的先后顺序确定案件编号，单独进行排序；

（三）执行监督案件类型代字为“执监字”，按照立案时间的先后顺序确定案件编号，单独进行排序；

（四）执行请示案件类型代字为“执请字”，按照立案时间的先后顺序确定案件编号，单独进行排序；

（五）执行协调案件类型代字为“执协字”，按照立案时间的先后顺序确定案件编号，单独进行排序。

第九条 下列案件，人民法院应当按照执行异议案件予以立案：

（一）当事人、利害关系人认为人民法院的执行行为违反法律规定，提出书面异议的；

（二）执行过程中，案外人对执行标的提出书面异议的；

（三）人民法院受理执行申请后，当事人对管辖权提出异议的；

（四）申请执行人申请追加、变更被执行人的；

（五）被执行人以债权消灭、超过申请执行期间或者其他阻止执行的实体事由提出阻止执行的；

（六）被执行人对仲裁裁决或者公证机关赋予强制执行效力的公证债权文书申请不予执行的；

（七）其他依法可以申请执行异议的。

第十条 下列案件，人民法院应当按照执行复议案件予以立案：

（一）当事人、利害关系人不服人民法院针对本意见第九条第（一）项、第（三）项、第（五）项作出的裁定，向上一级人民法院申请复议的；

（二）除因夫妻共同债务、出资人未依法出资、股权转让引起的追加和对一人公司股东的追加外，当事人、利害关系人不服人民法院针对本意见第九条第（四）项作出的裁定，向上一级人民法院申请复议的；

（三）当事人不服人民法院针对本意见第九条第（六）项作出的不予执行公证债权文书、驳回不予执行公证债权文书申请、不予执行仲裁裁决、驳回不予执行仲裁裁决申请的裁定，向上一级人民法院申请复议的；

（四）其他依法可以申请复议的。

第十一条 上级人民法院对下级人民法院，最高人民法院对地方各级人民法院依法进行监督的案件，应当按照执行监督案件予以立案。

第十二条 下列案件，人民法院应当按照执行请示案件予以立案：

（一）当事人向人民法院申请执行内地仲裁机构作出的涉港澳仲裁裁决或者香港特别行政区、澳门特别行政区仲裁机构作出的仲裁裁决或者临时仲裁庭在香港特别行政区、澳门特别行政区作出的仲裁裁决，人民法院经审查认为裁决存在依法不予执行的情形，在作出裁定前，报请所属高级人民法院进行审查的，以及高级人民法院同意不予执行，报请最高人民法院的；

（二）下级人民法院依法向上级人民法院请示的。

第十三条 下列案件，人民法院应当按照执行协调案件予以立案：

（一）不同法院因执行程序、执行与破产、强制清算、审判等程序之间对执行标的产生争议，经自行协调无法达成一致意见，向共同上级人民法院报请协调处理的；

（二）对跨高级人民法院辖区的法院与公安、检察等机关之间的执行争议案件，执行法院报请所属高级人民法院与有关公安、检察等机关所在地的高级人民法院商有关机关协调解决或者报请最高人民法院协调处理的；

（三）当事人对内地仲裁机构作出的涉港澳仲裁裁决分别向不同人民法院申请撤销及执行，受理执行申请的人民法院对受理撤销申请的人民法院作出的决定撤销或者不予撤销的裁定存在异议，亦不能直接作出与该裁定相矛盾的执行或者不予执行的裁定，报请共同上级人民法院解决的；

（四）当事人对内地仲裁机构作出的涉港澳仲裁裁决向人民法院申请执行且人民法院已经作出应予执行的裁定后，一方当事人向人民法院申请撤销该裁决，受理撤销申请的人民法院认为裁决应予撤销且该人民法院与受理执行申请的人民法院非同一人民法院时，报请共同上级人民法院解决的；

（五）跨省、自治区、直辖市的执行争议案件报请最高人民法院协调处理的；

（六）其他依法报请协调的。

第十四条 除执行财产保全裁定、恢复执行的案件外，其他执行实施类案件的结案方式包括：

（一）执行完毕；

（二）终结本次执行程序；

（三）终结执行；

（四）销案；

（五）不予执行；

（六）驳回申请。

第十五条 生效法律文书确定的执行内容，经被执行人自动履行、人民法院强制执行，已全部执行完毕，或者是当事人达成执行和解协议，且执行和解协议履行完毕，可以以“执行完毕”方式结案。

执行完毕应当制作结案通知书并发送当事人。双方当事人书面认可执行完毕或口头认可执行完毕并记入笔录的，无需制作结案通知书。

执行和解协议应当附卷，没有签订书面执行和解协议的，应当将口头和解协议的内容作成笔录，经当事人签字后附卷。

第十六条 有下列情形之一的，可以以“终结本次执行程序”方式结案：

（一）被执行人确无财产可供执行，申请执行人书面同意人民法院终结本次执行程序的；

（二）因被执行人无财产而中止执行满两年，经查证被执行人确无财产可供执行的；

（三）申请执行人明确表示提供不出被执行人的财产或财产线索，并在人民法院穷尽财产调查措施之后，对人民法院认定被执行人无财产可供执行书面表示认可的；

（四）被执行人的财产无法拍卖变卖，或者动产经两次拍卖、不动产或其他财产权经三次拍卖仍然流拍，申请执行人拒绝接受或者依法不能交付其抵债，经人民法院穷尽财产调查措施，被执行人确无其他财产可供执行的；

（五）经人民法院穷尽财产调查措施，被执行人确无财产可供执行或虽有财产但不宜强制执行，当事人达成分期履行和解协议，且未履行完毕的；

（六）被执行人确无财产可供执行，申请执行人属于特困群体，执行法院已经给予其适当救助的。

人民法院应当依法组成合议庭，就案件是否终结本次执行程序进行合议。

终结本次执行程序应当制作裁定书，送达申请执行人。裁定应当载明案件的执行情况、申请执行人债权已受偿和未受偿的情况、终结本次执行程序的理由，以及发现被执行人有可供执行财产，可以申请恢复执行等内容。

依据本条第一款第（二）（四）（五）（六）项规定的情形裁定终结本次执行程序前，应当告知申请执行人可以在指定的期限内提出异议。申请执行人提出异议的，应当另行组成合议庭组织当事人就被执行人是否有财产可供执行进行听证；申请执行人提供被执行人财产线索的，人民法院应当就其提供的线索重新调查核实，发现被执行人有财产可供执行的，应当继续执行；经听证认定被执行人确无财产可供执行，申请执行人亦不能提供被执行人有可供执行财产的，可以裁定终结本次执行程序。

本条第一款第（三）（四）（五）项中规定的"人民法院穷尽财产调查措施"，是指至少完成下列调查事项：

（一）被执行人是法人或其他组织的，应当向银行业金融机构查询银行存款，向有关房地产管理部门查询房地产登记，向法人登记机关查询股权，向有关车管部门查询车辆等情况；

（二）被执行人是自然人的，应当向被执行人所在单位及居住地周边群众调查了解被执行人的财产状况或财产线索，包括被执行人的经济收入来源、被执行人到期债权等。如果根据财产线索判断被执行人有较高收入，应当按照对法人或其他组织的调查途径进行调查；

（三）通过最高人民法院的全国法院网络执行查控系统和执行法院所属高级人民法院的"点对点"网络执行查控系统能够完成的调查事项；

（四）法律、司法解释规定必须完成的调查事项。

人民法院裁定终结本次执行程序后，发现被执行人有财产的，可以依申请执行人的申请或依职权恢复执行。申请执行人申请恢复执行的，不受申请执行期限的限制。

第十七条　有下列情形之一的，可以以"终结执行"方式结案：

（一）申请人撤销申请或者是当事人双方达成执行和解协议，申请执行人撤回执行申请的；

（二）据以执行的法律文书被撤销的；

（三）作为被执行人的公民死亡，无遗产可供执行，又无义务承担人的；

（四）追索赡养费、扶养费、抚育费案件的权利人死亡的；

（五）作为被执行人的公民因生活困难无力偿还借款，无收入来源，又丧失劳动能力的；

（六）作为被执行人的企业法人或其他组织被撤销、注销、吊销营业执照或者歇业、终止后既无财产可供执行，又无义务承受人，也没有能够依法追加变更执行主体的；

（七）依照刑法第五十三条规定免除罚

金的；

（八）被执行人被人民法院裁定宣告破产的；

（九）行政执行标的灭失的；

（十）案件被上级人民法院裁定提级执行的；

（十一）案件被上级人民法院裁定指定由其他法院执行的；

（十二）按照最高人民法院《关于委托执行若干问题的规定》，办理了委托执行手续，且收到受托法院立案通知书的；

（十三）人民法院认为应当终结执行的其他情形。

前款除第（十）项、第（十一）项、第（十二）项规定的情形外，终结执行的，应当制作裁定书，送达当事人。

第十八条 执行实施案件立案后，有下列情形之一的，可以以"销案"方式结案：

（一）被执行人提出管辖异议，经审查异议成立，将案件移送有管辖权的法院或申请执行人撤回申请的；

（二）发现其他有管辖权的人民法院已经立案在先的；

（三）受托法院报经高级人民法院同意退回委托的。

第十九条 执行实施案件立案后，被执行人对仲裁裁决或公证债权文书提出不予执行申请，经人民法院审查，裁定不予执行的，以"不予执行"方式结案。

第二十条 执行实施案件立案后，经审查发现不符合最高人民法院《关于人民法院执行工作若干问题的规定（试行）》第 18 条规定的受理条件，裁定驳回申请的，以"驳回申请"方式结案。

第二十一条 执行财产保全裁定案件的结案方式包括：

（一）保全完毕，即保全事项全部实施完毕；

（二）部分保全，即因未查询到足额财产，致使保全事项未能全部实施完毕；

（三）无标的物可实施保全，即未查到财产可供保全。

第二十二条 恢复执行案件的结案方式包括：

（一）执行完毕；

（二）终结本次执行程序；

（三）终结执行。

第二十三条 下列案件不得作结案处理：

（一）人民法院裁定中止执行的；

（二）人民法院决定暂缓执行的；

（三）执行和解协议未全部履行完毕，且不符合本意见第十六条、第十七条规定终结本次执行程序、终结执行条件的。

第二十四条 执行异议案件的结案方式包括：

（一）准予撤回异议或申请，即异议人撤回异议或申请的；

（二）驳回异议或申请，即异议不成立或者案外人虽然对执行标的享有实体权利但不能阻止执行的；

（三）撤销相关执行行为、中止对执行标的的执行、不予执行、追加变更当事人，即异议成立的；

（四）部分撤销并变更执行行为、部分不予执行、部分追加变更当事人，即异议部分成立的；

（五）不能撤销、变更执行行为，即异议成立或部分成立，但不能撤销、变更执行行为的；

（六）移送其他人民法院管辖，即管辖权异议成立的。

执行异议案件应当制作裁定书，并送达当事

人。法律、司法解释规定对执行异议案件可以口头裁定的，应当记入笔录。

第二十五条 执行复议案件的结案方式包括：

（一）准许撤回申请，即申请复议人撤回复议申请的；

（二）驳回复议申请，维持异议裁定，即异议裁定认定事实清楚，适用法律正确，复议理由不成立的；

（三）撤销或变更异议裁定，即异议裁定认定事实错误或者适用法律错误，复议理由成立的；

（四）查清事实后作出裁定，即异议裁定认定事实不清，证据不足的；

（五）撤销异议裁定，发回重新审查，即异议裁定遗漏异议请求或者异议裁定错误对案外人异议适用执行行为异议审查程序的。

人民法院对重新审查的案件作出裁定后，当事人申请复议的，上级人民法院不得再次发回重新审查。

执行复议案件应当制作裁定书，并送达当事人。法律、司法解释规定对执行复议案件可以口头裁定的，应当记入笔录。

第二十六条 执行监督案件的结案方式包括：

（一）准许撤回申请，即当事人撤回监督申请的；

（二）驳回申请，即监督申请不成立的；

（三）限期改正，即监督申请成立，指定执行法院在一定期限内改正的；

（四）撤销并改正，即监督申请成立，撤销执行法院的裁定直接改正的；

（五）提级执行，即监督申请成立，上级人民法院决定提级自行执行的；

（六）指定执行，即监督申请成立，上级人民法院决定指定其他法院执行的；

（七）其他，即其他可以报结的情形。

第二十七条 执行请示案件的结案方式包括：

（一）答复，即符合请示条件的；

（二）销案，即不符合请示条件的。

第二十八条 执行协调案件的结案方式包括：

（一）撤回协调请求，即执行争议法院自行协商一致，撤回协调请求的；

（二）协调解决，即经过协调，执行争议法院达成一致协调意见，将协调意见记入笔录或者向执行争议法院发出协调意见函的。

第二十九条 执行案件的立案、执行和结案情况应当及时、完整、真实、准确地录入全国法院执行案件信息管理系统。

第三十条 地方各级人民法院不能制定与法律、司法解释和本意见规定相抵触的执行案件立案、结案标准和结案方式。

违反法律、司法解释和本意见的规定立案、结案，或者在全国法院执行案件信息管理系统录入立案、结案情况时弄虚作假的，通报批评；造成严重后果或恶劣影响的，根据《人民法院工作人员纪律处分条例》追究相关领导和工作人员的责任。

第三十一条 各高级人民法院应当积极推进执行信息化建设，通过建立、健全辖区三级法院统一使用、切合实际、功能完备、科学有效的案件管理系统，加强对执行案件立、结案的管理。实现立、审、执案件信息三位一体的综合管理；实现对终结本次执行程序案件的单独管理；实现对恢复执行案件的动态管理；实现辖区的案件管理系统与全国法院执行案件信息管理系统的数据对接。

第三十二条 本意见自2015年1月1日起施行。

最高人民法院关于判决书主文已经判明担保人承担担保责任后有权向被担保人追偿，该追偿权是否须另行诉讼问题请示的答复

1. 2009 年 5 月 8 日
2. 〔2009〕执他字第 4 号

四川省高级人民法院：

你院〔2008〕川执监字第 34 号《关于成都达义物业有限责任公司申请执行西藏华西药业集团有限责任公司借款合同纠纷一案的请示》收悉。经研究，答复如下：

原则同意你院倾向性意见中无须另行诉讼的意见。即对人民法院的生效判决已确定担保人承担担保责任后，可向主债务人行使追偿权的案件，担保人无须另行诉讼，可以直接向人民法院申请执行。但行使追偿权的范围应当限定在抵押担保责任范围内。

最高人民法院关于当事人对人民法院生效法律文书所确定的给付事项超过申请执行期限后又重新就其中的部分给付内容达成新的协议的应否立案的批复

1. 2002 年 1 月 30 日
2. 〔2001〕民立他字第 34 号

四川省高级人民法院：

你院报送的川高法〔2001〕144 号《关于当事人对人民法院生效法律文书所确定的给付事项超过申请执行期限后又重新就其中的部分给付内容达成新的协议的应否立案的请示》收悉。经研究，同意你院审判委员会多数人意见。当事人就人民法院生效裁判文书所确定的给付事项超过执行期限后又重新达成协议的，应当视为当事人之间形成了新的民事法律关系，当事人就该新协议向人民法院提起诉讼的，只要符合《民事诉讼法》立案受理的有关规定的，人民法院应当受理。

此复

最高人民法院关于民事诉讼委托代理人在执行程序中的代理权限问题的批复

1. 1997 年 1 月 23 日
2. 法复〔1997〕1 号

陕西省高级人民法院：

你院陕高法〔1996〕78 号《关于诉讼委托代理人的代理权限是否包括执行程序的请示》收悉，经研究，答复如下：

根据民事诉讼法的规定，当事人在民事诉讼中有权委托代理人。当事人委托代理人时，应当依法向人民法院提交记明委托事项和代理人具体代理权限的授权委托书。如果当事人在授权委托书中没有写明代理人在执行程序中有代理权及具体的代理事项，代理人在执行程序中没有代理权，不能代理当事人直接领取或者处分标的物。

此复

最高人民法院关于判决中已确定承担连带责任的一方向其他连带责任人追偿数额的可直接执行问题的复函

1．1996年3月20日

2．经他〔1996〕4号

陕西省高级人民法院：

你院陕高法〔1995〕93号请示收悉。经研究，答复如下：

基本同意你院报告中的第二种意见。我院法经〔1992〕121号复函所指的追偿程序，针对的是判决后连带责任人依照判决代主债务人偿还了债务或承担的连带责任超过自己应承担的份额的情况。而你院请示案件所涉及的生效判决所确认的中国机电设备西北公司应承担的连带责任已在判决前履行完毕，判决主文中已判定该公司向其他连带责任人追偿的数额，判决内容是明确的，可执行的。据此，你院可根据生效判决和该公司的申请立案执行，不必再作裁定。

最高人民法院经济审判庭关于生效判决的连带责任人代偿债务后应以何种诉讼程序向债务人追偿问题的复函

1．1992年7月29日

2．法经〔1992〕121号

吉林省高级人民法院：

你院经济审判庭吉高法经请字〔1992〕1号《关于在执行生效判决时，连带责任人代偿债务后，应依何种诉讼程序向债务人追偿问题的请示》收悉。经研究，答复如下：

根据生效的法律文书，连带责任人代主债务人偿还了债务，或者连带责任人对外承担的责任超过了自己应承担的份额的，可以向原审人民法院请求行使追偿权。原审人民法院应当裁定主债务人或其他连带责任人偿还。此裁定不允许上诉，但可复议一次。如果生效法律文书中，对各连带责任人应承担的份额没有确定的，连带责任人对外偿还债务后向其它连带责任人行使追偿权的，应当向人民法院另行起诉。

此复

2. 执行管辖

最高人民法院关于进一步规范跨省、自治区、直辖市执行案件协调工作的通知

1. 2006年9月30日

2. 法〔2006〕285号

各省、自治区、直辖市高级人民法院，解放军军事法院，新疆维吾尔自治区高级人民法院生产建设兵团分院：

为了充分发挥高级人民法院对执行工作一管理、统一协调的职能作用，进一步规范跨省、自治区、直辖市（以下简称省）执行案件协调工作，现就有关事项通知如下：

一、跨省执行争议案件需要报请最高人民法院协调处理的，应当在上报前，经过争议各方高级人民法院执行局（庭）负责人之间面对面协商；对重大疑难案件，必要时，应当经过院领导出面协商。

协商应当形成书面记录或者纪要，并经双方签字。

二、相关高级人民法院应当对本辖区法院执行争议案件的事实负责。对于下级法院上报协调的案件，高级人民法院应当对案件事实进行核查，必要时应当采取听证方式进行。

三、高级人民法院报请最高人民法院协调的执行争议案件，必须经过执行局（庭）组织研究，形成处理意见，对下级法院报送的意见不得简单地照抄照转。

四、相关高级人民法院在相互协商跨省执行争议案件过程中，发现本辖区法院的执行行为存在错误的，应当依法纠正。

五、相关高级人民法院之间对处理执行争议的法律适用问题不能达成一致意见的，应当各自经审委会讨论后形成倾向性意见。

六、请求最高人民法院协调跨省执行争议案件的报告，应当经高级人民法院主管院领导审核签发，一式五份。报告应当附相关法律文书和高级人民法院之间的协调记录或纪要，必要时应附案卷。

七、跨省执行争议案件，一方法院提出协商处理请求后，除采取必要的控制财产措施外，未经争议各方法院或者最高人民法院同意，任何一方法院不得处分争议财产。

八、跨省执行争议案件经最高人民法院协调达成一致处理意见的，形成协调纪要。相关高级人民法院应当负责协调意见的落实；协调不成的，由最高人民法院作出处理意见。必要时，最高人民法院可以作出决定或者裁定，并直接向有关部门发出协助执行通知书。

以上通知，请遵照执行。

最高人民法院关于高级人民法院统一管理执行工作若干问题的规定

1. 2000年1月14日

2. 法发〔2000〕3号

为了保障依法公正执行，提高执行工作效率，根据有关规定和执行工作具体情况，现就高级人民法院统一管理执行工作的若干问题规定如下：

一、高级人民法院在最高人民法院的监督和指导下，对本辖区执行工作的整体部署、执行案件的监督和协调、执行力量的调度以及执行装备的使用等，实行统一管理。

地方各级人民法院办理执行案件，应当依照法律规定分级负责。

二、高级人民法院应当根据法律、法规、司法解释和最高人民法院的有关规定，结合本辖区的实际情况制定统一管理执行工作的具体规章制度，确定一定时期内执行工作的目标和重点，组织本辖区内的各级人民法院实施。

三、高级人民法院应当根据最高人民法院的统一部署或本地区的具体情况适时组织集中执行和专项执行活动。

四、高级人民法院在组织集中执行、专项执行或其他重大执行活动中，可以统一调度、使用下级人民法院的执行力量，包括执行人员、司法警察、执行装备等。

五、高级人民法院有权对下级人民法院的违法、错误的执行裁定、执行行为函告下级法院自行纠正或直接下达裁定、决定予以纠正。

六、高级人民法院负责协调处理本辖区内跨中级人民法院辖区的法院与法院之间的执行争议案件。对跨高级人民法院辖区的法院与法院之间的执行争议案件，由争议双方所在地的两地高级人民法院协商处理；协商不成的，按有关规定报请最高人民法院协调处理。

七、对跨高级人民法院辖区的法院与公安、检察等机关之间的执行争议案件，由执行法院所在地的高级人民法院与有关公安、检察等机关所在地的高级人民法院商有关机关协调解决，必要时可报请最高人民法院协调处理。

八、高级人民法院对本院及下级人民法院的执行案件，认为需要指定执行的，可以裁定指定执行。

高级人民法院对最高人民法院函示指定执行的案件，应当裁定指定执行。

九、高级人民法院对下级人民法院的下列案件可以裁定提级执行：

1. 高级人民法院指令下级人民法院限期执结，逾期未执结需要提级执行的；

2. 下级人民法院报请高级人民法院提级执行，高级人民法院认为应当提级执行的；

3. 疑难、重大和复杂的案件，高级人民法院认为应当提级执行的。

高级人民法院对最高人民法院函示提级执行的案件，应当裁定提级执行。

十、高级人民法院应监督本辖区内各级人民法院按有关规定精神配备合格的执行人员，并根据最高人民法院的要求和本辖区的具体情况，制定培训计划，确定培训目标，采取切实有效措施予以落实。

十一、中级人民法院、基层人民法院和专门人民法院执行机构的主要负责人在按干部管理制度和法定程序规定办理任免手续前应征得上一级人民法院的同意。

上级人民法院认为下级人民法院执行机构的主要负责人不称职的，可以建议有关部门予以调整、调离或者免职。

十二、高级人民法院应根据执行工作需要，商财政、计划等有关部门编制本辖区内各级人民法院关于交通工具、通讯设备、警械器具、摄录器材等执行装备和业务经费的计划，确定执行装备的标准和数量，并由本辖区内各级人民法院协同当地政府予以落实。

十三、下级人民法院不执行上级人民法院对执行工作和案件处理作出的决定，上级人民法院应通报批评；情节严重的，可以建议有关部门对有关责任人员予以纪律处分。

十四、中级人民法院、基层人民法院和专门人民法院对执行工作的管理职责由高级人民法院规定。

十五、本规定自颁布之日起执行。

最高人民法院关于涉外案外人执行异议之诉案件是否实行集中管辖的请示的复函

1. 2012年10月29日

2. 〔2012〕民四他字第28号

广西壮族自治区高级人民法院：

你院〔2012〕桂立民终字第1号《关于涉外案外人执行异议之诉案件是否实行集中管辖的请示》收悉。经研究，答复如下：

案外人执行异议之诉属于《最高人民法院关于涉外民商事案件诉讼管辖若干问题的规定》规定的涉外民商事纠纷的，应由执行法院所在区域有涉外民商事案件管辖权的法院受理。你院请示报告中涉及的案件应由柳州市中级人民法院受理。

此复

最高人民法院执行局关于法院能否以公司证券登记结算地为财产所在地获得管辖权问题的复函

1. 2010年7月15日

2. 〔2010〕执监字第16号函

广东省高级人民法院：

关于唐山钢铁集团有限责任公司执行申诉一案，你院《关于深圳中院执行中华乐业有限公司与唐山钢铁集团有限责任公司仲裁裁决一案的情况报表》收悉。经研究，答复如下：

经核查，唐山钢铁集团有限责任公司作为上市公司，其持有的证券在上市交易前存管于中国证券登记结算有限责任公司深圳分公司，深圳市中级人民法院（以下简称深圳中院）以此认定深圳市为被执行人的财产所在地受理了当事人一方的执行申请。本院认为，证券登记结算机构是为证券交易提供集中登记、存管与结算服务的机构，但证券登记结算机构存管的仅是股权凭证，不能将股权凭证所在地视为股权所在地。由于股权与其发行公司具有密切的联系，因此，应当将股权的发行公司住所地认定为该类财产所在地。深圳中院将证券登记结算机构所在地认定为上市公司的财产所在地予以立案执行不当。

请你院监督深圳中院依法撤销案件及相关法律文书，并告知申请人依法向有管辖权的人民法院申请执行。同时，鉴于深圳中院对被执行人的股权已采取冻结措施，为防止已冻结财产被转移，请你院监督深圳中院做好已控被执行人财产与新的执行法院的衔接工作，避免申请执行人的权益受到损害。

3. 委托、协助执行

(1)委托执行

最高人民法院关于委托执行若干问题的规定

1. *2011年4月25日最高人民法院审判委员会第1521次会议通过、2011年5月3日公布、自2011年5月16日起施行(法释〔2011〕11号)*
2. *根据2020年12月23日最高人民法院审判委员会第1823次会议通过、2020年12月29日公布、自2021年1月1日起施行的《最高人民法院关于修改〈最高人民法院关于人民法院扣押铁路运输货物若干问题的规定〉等十八件执行类司法解释的决定》(法释〔2020〕21号)修正*

为了规范委托执行工作,维护当事人的合法权益,根据《中华人民共和国民事诉讼法》的规定,结合司法实践,制定本规定。

第一条　执行法院经调查发现被执行人在本辖区内已无财产可供执行,且在其他省、自治区、直辖市内有可供执行财产的,可以将案件委托异地的同级人民法院执行。

执行法院确需赴异地执行案件的,应当经其所在辖区高级人民法院批准。

第二条　案件委托执行后,受托法院应当依法立案,委托法院应当在收到受托法院的立案通知书后作销案处理。

委托异地法院协助查询、冻结、查封、调查或者送达法律文书等有关事项的,受托法院不作为委托执行案件立案办理,但应当积极予以协助。

第三条　委托执行应当以执行标的物所在地或者执行行为实施地的同级人民法院为受托执行法院。有两处以上财产在异地的,可以委托主要财产所在地的人民法院执行。

被执行人是现役军人或者军事单位的,可以委托对其有管辖权的军事法院执行。

执行标的物是船舶的,可以委托有管辖权的海事法院执行。

第四条　委托执行案件应当由委托法院直接向受托法院办理委托手续,并层报各自所在的高级人民法院备案。

事项委托应当通过人民法院执行指挥中心综合管理平台办理委托事项的相关手续。

第五条　案件委托执行时,委托法院应当提供下列材料:

(一)委托执行函;

(二)申请执行书和委托执行案件审批表;

(三)据以执行的生效法律文书副本;

(四)有关案件情况的材料或者说明,包括本辖区无财产的调查材料、财产保全情况、被执行人财产状况、生效法律文书的履行情况等;

(五)申请执行人地址、联系电话;

(六)被执行人身份证件或者营业执照复印件、地址、联系电话;

(七)委托法院执行员和联系电话;

(八)其他必要的案件材料等。

第六条　委托执行时,委托法院应当将已经查封、扣押、冻结的被执行人的异地财产,一并移交受托法院处理,并在委托执行函中说明。

委托执行后,委托法院对被执行人财产已经采取查封、扣押、冻结等措施的,视为受托法院的查封、扣押、冻结措施。受托法院需要继续查封、扣押、冻结,持委托执行函和立案通知书办理相关手续。续封续冻时，仍为原委托法院的查封冻结顺序。

查封、扣押、冻结等措施的有效期限在移交受托法院时不足1个月的，委托法院应当先行续封或者续冻，再移交受托法院。

第七条 受托法院收到委托执行函后，应当在7日内予以立案，并及时将立案通知书通过委托法院送达申请执行人，同时将指定的承办人、联系电话等书面告知委托法院。

委托法院收到上述通知书后，应当在7日内书面通知申请执行人案件已经委托执行，并告知申请执行人可以直接与受托法院联系执行相关事宜。

第八条 受托法院如发现委托执行的手续、材料不全，可以要求委托法院补办。委托法院应当在30日内完成补办事项，在上述期限内未完成的，应当作出书面说明。委托法院既不补办又不说明原因的，视为撤回委托，受托法院可以将委托材料退回委托法院。

第九条 受托法院退回委托的，应当层报所在辖区高级人民法院审批。高级人民法院同意退回后，受托法院应当在15日内将有关委托手续和案卷材料退回委托法院，并作出书面说明。

委托执行案件退回后，受托法院已立案的，应当作销案处理。委托法院在案件退回原因消除之后可以再行委托。确因委托不当被退回的，委托法院应当决定撤销委托并恢复案件执行，报所在的高级人民法院备案。

第十条 委托法院在案件委托执行后又发现有可供执行财产的，应当及时告知受托法院。受托法院发现被执行人在受托法院辖区外另有可供执行财产的，可以直接异地执行，一般不再行委托执行。根据情况确需再行委托的，应当按照委托执行案件的程序办理，并通知案件当事人。

第十一条 受托法院未能在6个月内将受托案件执结的，申请执行人有权请求受托法院的上一级人民法院提级执行或者指定执行，上一级人民法院应当立案审查，发现受托法院无正当理由不予执行的，应当限期执行或者作出裁定提级执行或者指定执行。

第十二条 异地执行时，可以根据案件具体情况，请求当地法院协助执行，当地法院应当积极配合，保证执行人员的人身安全和执行装备、执行标的物不受侵害。

第十三条 高级人民法院应当对辖区内委托执行和异地执行工作实行统一管理和协调，履行以下职责：

（一）统一管理跨省、自治区、直辖市辖区的委托和受托执行案件；

（二）指导、检查、监督本辖区内的受托案件的执行情况；

（三）协调本辖区内跨省、自治区、直辖市辖区的委托和受托执行争议案件；

（四）承办需异地执行的有关案件的审批事项；

（五）对下级法院报送的有关委托和受托执行案件中的相关问题提出指导性处理意见；

（六）办理其他涉及委托执行工作的事项。

第十四条 本规定所称的异地是指本省、自治区、直辖市以外的区域。各省、自治区、直辖市内的委托执行，由各高级人民法院参照本规定，结合实际情况，制定具体办法。

第十五条 本规定施行之后，其他有关委托执行的司法解释不再适用。

最高人民法院关于严格规范执行事项委托工作的管理办法（试行）

1. 2017年9月8日

2. 法发〔2017〕27号

为严格规范人民法院执行事项委托工作，加强各地法院之间的互助协作，发挥执行指挥中心的功能优势，节约人力物力，提高工作效率，结合人民法院执行工作实际，制定本办法。

第一条　人民法院在执行案件过程中遇有下列事项需赴异地办理的，可以委托相关异地法院代为办理。

（一）冻结、续冻、解冻、扣划银行存款、理财产品；

（二）公示冻结、续冻、解冻股权及其他投资权益；

（三）查封、续封、解封、过户不动产和需要登记的动产；

（四）调查被执行人财产情况；

（五）其他人民法院执行事项委托系统中列明的事项。

第二条　委托调查被执行人财产情况的，委托法院应当在委托函中明确具体调查内容、具体协助执行单位并附对应的协助执行通知书。调查内容应当为总对总查控系统尚不支持的财产类型及范围。

第三条　委托法院进行事项委托一律通过执行办案系统发起和办理，不再通过线下邮寄材料方式进行。受托法院收到线下邮寄材料的，联系委托法院线上补充提交事项委托后再予办理。

第四条　委托法院发起事项委托应当由承办人在办案系统事项委托模块中录入委托法院名称、受托法院名称、案号、委托事项、办理期限、承办人姓名、联系方式，并附相关法律文书。经审批后，该事项委托将推送至人民法院执行事项委托系统，委托法院执行指挥中心核查文书并加盖电子签章后推送给受托法院。

第五条　受托法院一般应当为委托事项办理地点的基层人民法院，委托同级人民法院更有利于事项委托办理的除外。

第六条　办理期限应当根据具体事项进行合理估算，一般应不少于十天，不超过二十天。需要紧急办理的，推送事项委托后，通过执行指挥中心联系受托法院，受托法院应当于24小时内办理完毕。

第七条　相关法律文书应当包括执行裁定书、协助执行通知书、委托执行函、送达回证（或回执），并附执行公务证件扫描件。委托扣划已冻结款项的，应当提供执行依据扫描件并加盖委托法院电子签章。

第八条　受托法院通过人民法院执行事项委托系统收到事项委托后，应当尽快核实材料并签收办理。

第九条　委托办理的事项超出本办法第一条所列范围且受托法院无法办理的，受托法院与委托法院沟通后可予以退回。

第十条　委托法院提供的法律文书不符合要求或缺少必要文书，受托法院无法办理的，应及时与委托法院沟通告知应当补充的材料。未经沟通，受托法院不得直接退回该委托。委托法院应于三日内通过系统补充材料，补充材料后仍无法办理的，受托法院可说明原因后退回。

第十一条　受托法院应当及时签收并办理事项委托，完成后及时将办理情况及送达回证、回执或其他材料通过系统反馈委托法院，委托法院应当及时确认办结。

第十二条 执行事项委托不作为委托执行案件立案办理，事项委托由受托法院根据本地的实际按一定比例折合为执行实施案件计入执行人员工作量并纳入考核范围。

第十三条 委托法院可在人民法院执行事项委托系统中对已经办结的事项委托进行评价，或向受托法院的上级法院进行投诉并说明具体投诉原因，被投诉的受托法院可通过事项委托系统说明情况。评价、投诉信息将作为考核事项委托工作的一项指标。

第十四条 各高级、中级人民法院应当认真履行督促职责，通过执行指挥管理平台就辖区法院未及时签收并办理、未及时确认办结情况进行督办。最高人民法院、高级人民法院定期对辖区法院事项委托办理情况进行统计、通报。

（2）协助执行

最高人民法院、公安部关于建立快速查询信息共享及网络执行查控协作工作机制的意见

1. 2016年1月31日
2. 法〔2016〕41号

各省、自治区、直辖市高级人民法院、公安厅（局），解放军军事法院，新疆维吾尔自治区高级人民法院生产建设兵团分院、新疆生产建设兵团公安局：

根据《中华人民共和国民事诉讼法》《最高人民法院关于适用〈中华人民共和国民事诉讼法〉的解释》《中华人民共和国人民警察法》等相关法律规定，为深入贯彻落实《中央政法委关于切实解决人民法院执行难问题的通知》（政法〔2005〕52号）、《关于建立和完善执行联动机制若干问题的意见》（法发〔2010〕15号）、《关于建立实名制信息快速查询协作机制的实施意见》（公通字〔2011〕3号）的文件精神，最高人民法院、公安部决定建立快速查询信息共享及网络执行查控协作工作机制。现就有关工作提出以下意见：

一、总体规划

最高人民法院与公安部通过“ZF801”工程专线分别建设信息共享平台，按照安全、有序、高效的原则建立快速查询信息共享及网络执行查控协作工作机制。以相关信息电子化传输替代书面纸质材料传输，实现网络核查被执行人身份信息和车辆财产信息、联合发布对被执行人员和被执行车辆的预警指令、协作限制人员出境、共享被执行人和失信被执行人信息。

最高人民法院执行局与公安部科技信息化局分别负责协调本系统推进本工作机制的顺利进行。

二、快速查询信息共享协作工作内容

（一）最高人民法院提供信息

1. 执行案件信息。包括：当事人姓名或名称、公民身份号码或组织机构代码、案号、立案时间、执行法院、执行状态、申请执行标的额；

2. 失信被执行人信息。包括：当事人姓名或名称、公民身份号码或组织机构代码、案号、立案时间、执行法院、执行状态、申请执行标的额，被执行人失信行为的具体情形；

3. 司法审判信息。包括：司法判决文书电子版。

（二）公安部提供信息

1. 被告、被执行人身份信息。包括：姓名、曾用名、出生日期、户籍地、住址、公民身份号码、照片；

2. 诉讼保全被告的出入境证件信息。包括：姓名、性别、出生日期、所有证件种类名称、证件号码、照片；

3. 被执行人出入境证件及出入境信息。包括：姓名、性别、出生日期、所有证件种类名称、证件号码、照片、出入境时间、前往国家（地区）名称、登记联系电话；

4. 诉讼保全被告、被执行人车辆登记信息。包括：车辆车牌号、车辆品牌、型号、类型、车辆识别码、注册登记机关及注册日期、抵押权人、查封扣押机关名称、查封扣押文书名称；

5. 被执行人旅店住宿信息。包括：入住时间、退房时间、住宿旅馆名称、住宿旅馆地址、登记联系电话。

三、网络执行查控协作工作内容

（一）协助限制出境

1. 最高人民法院向公安部提供被决定限制出境的当事人（自然人）信息，提供执行法院信息、案件承办人姓名及联系电话、控制期限及边控要求；

2. 公安机关各边检总站、边防总队负责对本省法院系统边控对象进行布控，各地边检机关与当地法院建立相关的查控联络机制，及时有效处理相关问题。

（二）协助查找车辆

最高人民法院向公安部提供加盖电子签章的查封车辆裁定书、协助执行通知书，提供执行法院信息、案件承办人姓名及联系电话。公安机关交管部门将上述车辆信息纳入车辆管理信息系统，限制其转让过户或新增抵押登记，在办理车辆年检、转移登记、执勤执法的过程中发现上述车辆的，应及时通知人民法院。

（三）协助查找被执行人

最高人民法院向公安部提供被决定司法拘留的当事人（自然人）信息，并推送对应的加盖电子签章的拘留决定书及协助执行通知书，提供执行法院信息、案件承办人姓名及联系电话；公安机关及派出机构在日常执法过程中发现上述人员时，应及时通知人民法院。

人民法院应当及时将解除查控措施的当事人信息推送至公安部。

（四）最高人民法院建立全国执行指挥系统，统一指挥、协调，负责督导各省之间的查控执行工作。

四、协作机制工作内容

（一）最高人民法院与公安部建立快速查询信息共享及网络执行查控协作工作机制，适时相互通报情况、协调工作、总结交流经验。

（二）最高人民法院与公安部决定本协作机制相关信息的技术规范细节，对本协作共享内容扩展或修改由双方确定的联系部门共同商定。

（三）人民法院在本协作机制框架下出具的电子法律文书与纸质法律文书具有同等效力。

（四）人民法院通过网络实施本协作机制的行为，与执行人员赴现场处置具有同等效力。

（五）双方应于系统发生异常的24小时内通知对方，共同排查、协商解决。

五、工作要求

（一）最高人民法院、公安部建立健全内部管理机制，严格按照相关制度规定查询和使用共享的信息。

（二）协作过程中双方应建立完备系统日志，完整记录用户的访问、操作及客户端信息，确保系统的安全和正常使用；建立必要的技术隔离措施，保护敏感核心信息的数据安全，杜绝超权限操作。

（三）各省、自治区、直辖市高级人民法院及公安厅（局）、新疆生产建设兵团分院及公安局可根据本意见制定实施细则。

最高人民法院关于转发住房和城乡建设部《关于无证房产依据协助执行文书办理产权登记有关问题的函》的通知

1. 2012年6月15日

2. 法〔2012〕151号

各省、自治区、直辖市高级人民法院，解放军军事法院，新疆维吾尔自治区高级人民法院生产建设兵团分院：

现将住房和城乡建设部《关于无证房产依据协助执行文书办理产权登记有关问题的函》（建法函〔2012〕102号，已失效）转发你们，请参照执行，并在执行中注意如下问题：

一、各级人民法院在执行程序中，既要依法履行强制执行职责，又要尊重房屋登记机构依法享有的行政权力；既要保证执行工作的顺利开展，也要防止"违法建筑"等不符合法律、行政法规规定的房屋通过协助执行行为合法化。

二、执行程序中处置未办理初始登记的房屋时，具备初始登记条件的。执行法院处置后可以依法向房屋登记机构发出《协助执行通知书》；暂时不具备初始登记条件的，执行法院处置后可以向房屋登记机构发出《协助执行通知书》，并载明待房屋买受人或承受人完善相关手续具备初始登记条件后，由房屋登记机构按照《协助执行通知书》予以登记；不具备初始登记条件的，原则上进行"现状处置"，即处置前披露房屋不具备初始登记条件的现状，买受人或承受人按照房屋的权利现状取得房屋。后续的产权登记事项由买受人或承受人自行负责。

三、执行法院向房屋登记机构发出《协助执行通知书》，房屋登记机构认为不具备初始登记条件并作出书面说明的，执行法院应在30日内依照法律和有关规定，参照行政规章，对其说明理由进行审查。理由成立的，撤销或变更《协助执行通知书》并书面通知房屋登记机构；理由不成立的，书面通知房屋登记机构限期按《协助执行通知书》办理。

特此通知。

最高人民法院、中国人民银行关于人民法院查询和人民银行协助查询被执行人人民币银行结算账户开户银行名称的联合通知

1. 2010年7月14日

2. 法发〔2010〕27号

各省、自治区、直辖市高级人民法院，解放军军事法院，新疆维吾尔自治区高级人民法院生产建设兵团分院，中国人民银行上海总部，各分行、营业管理部、省会（首府）城市中心支行，深圳市中心支行：

为维护债权人合法权益和国家司法权威，根据《中华人民共和国民事诉讼法》、《中华人民共

和国中国人民银行法》等法律，现就人民法院通过人民币银行结算账户管理系统查询被执行人银行结算账户开户银行名称的有关事项通知如下：

一、人民法院查询对象限于生效法律文书所确定的被执行人，包括法人、其他组织和自然人。

二、人民法院需要查询被执行人银行结算账户开户银行名称的，人民银行上海总部，被执行人注册地（身份证发证机关所在地）所在省（自治区、直辖市）人民银行各分行、营业管理部、省会（首府）城市中心支行及深圳市中心支行应当予以查询。

三、人民法院查询被执行人结算账户开户银行名称的，由被执行人注册地（身份证发证机关所在地）所在省（自治区、直辖市）高级人民法院（另含深圳市中级人民法院）统一集中批量办理。

四、高级人民法院（另含深圳市中级人民法院）审核汇总有关查询申请后，应当就协助查询被执行人名称（姓名、身份证号码）、注册地（身份证发证机关所在地）、执行法院、执行案号等事项填写《协助查询书》，加盖高级人民法院（另含深圳市中级人民法院）公章后于每周一上午（节假日顺延）安排专人向所在地人民银行上述机构送交《协助查询书》（并附协助查询书的电子版光盘）。

五、人民银行上述机构接到高级人民法院（另含深圳市中级人民法院）送达的《协助查询书》后，应当核查《协助查询书》的要素是否完备。经核查无误后，在5个工作日内通过人民币银行结算账户管理系统查询被执行人的银行结算账户开户行名称，根据查询结果如实填写《协助查询答复书》，并加盖人民银行公章或协助查询专用章。经核查《协助查询书》要素不完备的，人民银行上述机构不予查询，并及时通知相关人民法院。

六、被执行人的人民币银行结算账户开户银行名称由银行业金融机构向人民银行报备，人民银行只对银行业金融机构报备的被执行人的人民币银行结算账户开户银行名称进行汇总，不负责审查真实性和准确性。

七、人民法院应当依法使用人民银行上述机构提供的被执行人银行结算账户开户银行名称信息，为当事人保守秘密。

人民银行上述机构以及工作人员在协助查询过程中应当保守查询密码，不得向查询当事人及其关联人泄漏与查询有关的信息。

八、人民银行上述机构因按本通知协助人民法院查询被执行人银行结算账户开户银行名称而被起诉的，人民法院应不予受理。

九、人民法院对人民银行上述机构及工作人员执行本通知规定，或依法执行公务的行为，不应采取强制措施。如发生争议，高级人民法院（另含深圳市中级人民法院）与人民银行上述机构应当协商解决；协商不成的，应及时报请最高人民法院和中国人民银行处理。

十、本通知自下发之日起正式实施，原下发的最高人民法院、中国人民银行《关于在全国清理执行积案期间人民法院查询法人被执行人人民币银行结算账户开户银行名称的通知》（法发〔2009〕5号）同时废止。

中央纪律检查委员会等关于建立和完善执行联动机制若干问题的意见

1. 2010年7月7日中央纪律检查委员会、中央组织部、中央宣传部、中央社会治安综合治理委员会办公室、最高人民法院、最高人民检察院、国家发展和改革委员、公安部、监察部、民政部、司法部、国土资源部、住房和城乡建设部、中国人民银行、国家税务总局、国家工商行政管理总局、国务院法制办公室、中国银监会、中国证监会联合发布

2. 法发〔2010〕15号

为深入贯彻落实中央关于解决执行难问题的指示精神，形成党委领导、人大监督、政府支持、社会各界协作配合的执行工作新格局，建立健全解决执行难问题长效机制，确保生效法律文书得到有效执行，切实维护公民、法人和其他组织的合法权益，维护法律权威和尊严，推进社会诚信体系建设，依据有关法律、政策规定，现就建立和完善执行联动机制提出以下意见。

第一条　纪检监察机关对人民法院移送的在执行工作中发现的党员、行政监察对象妨碍人民法院执行工作和违反规定干预人民法院执行工作的违法违纪线索，应当及时组织核查；必要时，应当立案调查。对于党员、行政监察对象妨碍人民法院执行工作或者违反规定干预人民法院执行工作，以及拒不履行生效法律文书确定义务的，应当依法依纪追究党纪政纪责任。

第二条　组织人事部门应当通过群众信访举报、干部考察考核等多种途径，及时了解和掌握党员、公务员拒不履行生效法律文书以及非法干预、妨害执行等情况，对有上述问题的党员、公务员，通过诫勉谈话、函询等形式，督促其及时改正。对拒不履行生效法律文书、非法干预或妨碍执行的党员、公务员，按照《中国共产党纪律处分条例》和《行政机关公务员处分条例》等有关规定处理。

第三条　新闻宣传部门应当加强对人民法院执行工作的宣传，教育引导社会各界树立诚信意识，形成自觉履行生效法律文书确定的义务、依法协助人民法院执行的良好风尚；把握正确的舆论导向，增强市场主体的风险意识。配合人民法院建立被执行人公示制度，及时将人民法院委托公布的被执行人名单以及其他干扰、阻碍执行的行为予以曝光。

第四条　综合治理部门应当将当地党委、人大、政府、政协重视和支持人民法院执行工作情况、被执行人特别是特殊主体履行债务情况、有关部门依法协助执行的情况、执行救助基金的落实情况等，纳入社会治安综合治理目标责任考核范围。建立健全基层协助执行网络，充分发挥基层组织的作用，配合人民法院做好执行工作。

第五条　检察机关应当对拒不执行法院判决、裁定以及其他妨害执行构成犯罪的人员，及时依法从严进行追诉；依法查处执行工作中出现的渎职侵权、贪污受贿等职务犯罪案件。

第六条　公安机关应当依法严厉打击拒不执行法院判决、裁定和其他妨害执行的违法犯罪行为；对以暴力、威胁方法妨害或者抗拒执行的行为，在接到人民法院通报后立即出警，依法处置。协助人民法院查询被执行人户籍信息、下落，在履行职责过程中发现人民法院需要拘留、拘传的被执行人的，及时向人民法院通报情况；对人民法院在执行中决定拘留的人员，及时予以收押。协助限制被执行人出境；协助人民法院办理车辆查封、扣押和转移登记等手续；发现被执行人车辆等财产时，及时将有关信息通知负责执行的人民法院。

第七条　政府法制部门应当依法履行备案审查监督职责，加强备案审查工作，对报送备案的规章和有关政府机关发布的具有普遍约束力的行政决定、命令，发现有超越权限、违反上位法规定、违反法定程序、规定不适当等情形，不利于人民法院开展执行工作的，应当依照《法规规章备案条例》等规定予以处理。

第八条　民政部门应当对生活特别困难的申请执行人，按照有关规定及时做好救助工作。

第九条　发展和改革部门应当协助人民法院依法查询被执行人有关工程项目的立项情况及相关资料；对被执行人正在申请办理的投资项目审批、核准和备案手续，协调有关部门和地方，依法协助人民法院停止办理相关手续。

第十条　司法行政部门应当加强法制宣传教育，提高人民群众的法律意识，提高债务人主动履行生效法律文书的自觉性。对各级领导干部加强依法支持人民法院执行工作的观念教育，克服地方和部门保护主义思想。对监狱、劳教单位作为被执行人的案件，督促被执行人及时履行。指导律师、公证人员和基层法律服务工作者做好当事人工作，积极履行生效法律文书确定的义务。监狱、劳教所、强制隔离戒毒所对服刑、劳教人员和强制隔离戒毒人员作为被执行人的案件，积极协助人民法院依法执行。

第十一条　国土资源管理部门应当协助人民法院及时查询有关土地使用权、探矿权、采矿权及相关权属等登记情况，协助人民法院及时办理土地使用权、探矿权、采矿权等的查封、预查封和轮候查封登记，并将有关情况及时告知人民法院。被执行人正在办理土地使用权、采矿权、探矿权等权属变更登记手续的，根据人民法院协助执行通知书的要求，停止办理相关手续。债权人持生效法律文书申请办理土地使用权变更登记的，依法予以办理。

第十二条　住房和城乡建设管理部门应当协助人民法院及时查询有关房屋权属登记、变更、抵押等情况，协助人民法院及时办理房屋查封、预查封和轮候查封及转移登记手续，并将有关情况及时告知人民法院。被执行人正在办理房屋所有权转移登记等手续的，根据人民法院协助执行通知书的要求，停止办理相关手续。轮候查封的人民法院违法要求协助办理房屋登记手续的，依法不予办理。债权人持生效法律文书申请办理房屋转移登记手续的，依法予以办理。协助人民法院查询有关工程项目的规划审批情况，向人民法院提供必要的经批准的规划文件和规划图纸等资料。被执行人正在申请办理涉案项目规划审批手续的，根据人民法院协助执行通知书的要求，停止办理相关手续。将房地产、建筑企业不依法履行生效法律文书义务的情况，记入房地产和建筑市场信用档案，向社会披露有关信息。对拖欠房屋拆迁补偿安置资金的被执行人，依法采取制裁措施。

第十三条　人民银行应当协助人民法院查询人民币银行结算账户管理系统中被执行人的账户信息；将人民法院提供的被执行人不履行法律文书确定义务的情况纳入企业和个人信用信息基础数据库。

第十四条　银行业监管部门应当监督银行业金融机构积极协助人民法院查询被执行人的开户、存款情况，依法及时办理存款的冻结、轮候冻结和扣划等事宜。对金融机构拒不履行生效法律文书、拒不协助人民法院执行的行为，依法追究有关人员的责任。制定金融机构对被执行人申请贷款进行必要限制的规定，要求金融机构发放贷款时应当查询企业和个人信用信息基础数据库，并将被执行人履行生效法律文书确定义务的情况作为审批贷款时的考量因素。对拒不履行生效法律文书义务的被执行人，涉及金融债权的，可以采取不开新户、不发放新贷款、不办理对外支付等制裁措施。

第十五条 证券监管部门应当监督证券登记结算机构、证券、期货经营机构依法协助人民法院查询、冻结、扣划证券和证券交易结算资金。督促作为被执行人的证券公司自觉履行生效裁判文书确定的义务；对证券登记结算机构、证券公司拒不履行生效法律文书确定义务、拒不协助人民法院执行的行为，督促有关部门依法追究有关负责人和直接责任人员的责任。

第十六条 税务机关应当依法协助人民法院调查被执行人的财产情况，提供被执行人的纳税情况等相关信息；根据人民法院协助执行通知书的要求，提供被执行人的退税账户、退税金额及退税时间等情况。被执行人不缴、少缴税款的，请求法院依照法定清偿顺序追缴税款，并按照税款预算级次上缴国库。

第十七条 工商行政管理部门应当协助人民法院查询有关企业的设立、变更、注销登记等情况；依照有关规定，协助人民法院办理被执行人持有的有限责任公司股权的冻结、转让登记手续。对申请注销登记的企业，严格执行清算制度，防止被执行人转移财产，逃避执行。逐步将不依法履行生效法律文书确定义务的被执行人录入企业信用分类监管系统。

第十八条 人民法院应当将执行案件的有关信息及时、全面、准确地录入执行案件信息管理系统，并与有关部门的信息系统实现链接，为执行联动机制的顺利运行提供基础数据信息。

第十九条 人民法院认为有必要对被执行人采取执行联动措施的，应当制作协助执行通知书或司法建议函等法律文书，并送达有关部门。

第二十条 有关部门收到协助执行通知书或司法建议函后，应当在法定职责范围内协助采取执行联动措施。有关协助执行部门不应对生效法律文书和协助执行通知书、司法建议函等进行实体审查。对人民法院请求采取的执行联动措施有异议的，可以向人民法院提出审查建议，但不应当拒绝采取相应措施。

第二十一条 被执行人依法履行了生效法律文书确定的义务或者申请执行人同意解除执行联动措施的，人民法院经审查，认为符合有关规定的，应当解除相应措施。被执行人提供担保请求解除执行联动措施的，由人民法院审查决定。

第二十二条 为保障执行联动机制的建立和有效运行，成立执行联动机制工作领导小组，成员单位有中央纪律检查委员会、中央组织部、中央宣传部、中央政法委员会、中央社会治安综合治理委员会办公室、最高人民法院、最高人民检察院、国家发展和改革委员会、公安部、监察部、民政部、司法部、国土资源部、住房和城乡建设部、中国人民银行、国家税务总局、国家工商行政管理总局、国务院法制办公室、中国银监会、中国证监会等有关部门。领导小组下设办公室，具体负责执行联动机制建立和运行中的组织、协调、督促、指导等工作。

各成员单位确定一名联络员，负责执行联动机制运行中的联络工作。

各地应成立相应的执行联动机制工作领导小组及办公室。

第二十三条 执行联动机制工作领导小组由各级政法委员会牵头，定期、不定期召开会议，通报情况，研究解决执行联动机制运行中出现的问题，确保执行联动机制顺利运行。

第二十四条 有关单位不依照本意见履行职责的，人民法院可以向监察机关或其他有关机关提出相应的司法建议，或者报请执行联动机制领导小组协调解决，或者依照《中华人民共和国民事诉讼法》第一百零三条的规定处理。

第二十五条 为确保本意见贯彻执行，必要时，人民法院可以会同有关部门制定具体的实施细则。

最高人民法院、国土资源部、建设部关于依法规范人民法院执行和国土资源房地产管理部门协助执行若干问题的通知

1. 2004年2月10日

2. 法发〔2004〕5号

3. 自2004年3月1日起施行

各省、自治区、直辖市高级人民法院，解放军军事法院，新疆维吾尔自治区高级人民法院生产建设兵团分院；各省、自治区、直辖市国土资源厅（国土环境资源厅、国土资源和房屋管理局、房屋土地资源管理局、规划和国土资源局），新疆生产建设兵团国土资源局；各省、自治区建设厅，新疆生产建设兵团建设局，各直辖市房地产管理局：

为保证人民法院生效判决、裁定及其他生效法律文书依法及时执行，保护当事人的合法权益，根据《中华人民共和国民事诉讼法》、《中华人民共和国土地管理法》、《中华人民共和国城市房地产管理法》等有关法律规定，现就规范人民法院执行和国土资源、房地产管理部门协助执行的有关问题通知如下：

一、人民法院在办理案件时，需要国土资源、房地产管理部门协助执行的，国土资源、房地产管理部门应当按照人民法院的生效法律文书和协助执行通知书办理协助执行事项。

国土资源、房地产管理部门依法协助人民法院执行时，除复制有关材料所必需的工本费外，不得向人民法院收取其他费用。登记过户的费用按照国家有关规定收取。

二、人民法院对土地使用权、房屋实施查封或者进行实体处理前，应当向国土资源、房地产管理部门查询该土地、房屋的权属。

人民法院执行人员到国土资源、房地产管理部门查询土地、房屋权属情况时，应当出示本人工作证和执行公务证，并出具协助查询通知书。

人民法院执行人员到国土资源、房地产管理部门办理土地使用权或者房屋查封、预查封登记手续时，应当出示本人工作证和执行公务证，并出具查封、预查封裁定书和协助执行通知书。

三、对人民法院查封或者预查封的土地使用权、房屋，国土资源、房地产管理部门应当及时办理查封或者预查封登记。

国土资源、房地产管理部门在协助人民法院执行土地使用权、房屋时，不对生效法律文书和协助执行通知书进行实体审查。国土资源、房地产管理部门认为人民法院查封、预查封或者处理的土地、房屋权属错误的，可以向人民法院提出审查建议，但不应当停止办理协助执行事项。

四、人民法院在国土资源、房地产管理部门查询并复制或者抄录的书面材料，由土地、房屋权属的登记机构或者其所属的档案室（馆）加盖印章。无法查询或者查询无结果的，国土资源、房地产

管理部门应当书面告知人民法院。

五、人民法院查封时，土地、房屋权属的确认以国土资源、房地产管理部门的登记或者出具的权属证明为准。权属证明与权属登记不一致的，以权属登记为准。

在执行人民法院确认土地、房屋权属的生效法律文书时，应当按照人民法院生效法律文书所确认的权利人办理土地、房屋权属变更、转移登记手续。

六、土地使用权和房屋所有权归属同一权利人的，人民法院应当同时查封；土地使用权和房屋所有权归属不一致的，查封被执行人名下的土地使用权或者房屋。

七、登记在案外人名下的土地使用权、房屋，登记名义人（案外人）书面认可该土地、房屋实际属于被执行人时，执行法院可以采取查封措施。

如果登记名义人否认该土地、房屋属于被执行人，而执行法院、申请执行人认为登记为虚假时，须经当事人另行提起诉讼或者通过其他程序，撤销该登记并登记在被执行人名下之后，才可以采取查封措施。

八、对被执行人因继承、判决或者强制执行取得，但尚未办理过户登记的土地使用权、房屋的查封，执行法院应当向国土资源、房地产管理部门提交被执行人取得财产所依据的继承证明、生效判决书或者执行裁定书及协助执行通知书，由国土资源、房地产管理部门办理过户登记手续后，办理查封登记。

九、对国土资源、房地产管理部门已经受理被执行人转让土地使用权、房屋的过户登记申请，尚未核准登记的，人民法院可以进行查封，已核准登记的，不得进行查封。

十、人民法院对可以分割处分的房屋应当在执行标的额的范围内分割查封，不可分割的房屋可以整体查封。

分割查封的，应当在协助执行通知书中明确查封房屋的具体部位。

十一、人民法院对土地使用权、房屋的查封期限不得超过二年。期限届满可以续封一次，续封时应当重新制作查封裁定书和协助执行通知书，续封的期限不得超过一年。确有特殊情况需要再续封的，应当经过所属高级人民法院批准，且每次再续封的期限不得超过一年。

查封期限届满，人民法院未办理继续查封手续的，查封的效力消灭。

十二、人民法院在案件执行完毕后，对未处理的土地使用权、房屋需要解除查封的，应当及时作出裁定解除查封，并将解除查封裁定书和协助执行通知书送达国土资源、房地产管理部门。

十三、被执行人全部缴纳土地使用权出让金但尚未办理土地使用权登记的，人民法院可以对该土地使用权进行预查封。

十四、被执行人部分缴纳土地使用权出让金但尚未办理土地使用权登记的，对可以分割的土地使用权，按已缴付的土地使用权出让金，由国土资源管理部门确认被执行人的土地使用权，人民法院可以对确认后的土地使用权裁定预查封。对不可以分割的土地使用权，可以全部进行预查封。

被执行人在规定的期限内仍未全部缴纳土地出让金的，在人民政府收回土地使用权的同时，应当将被执行人缴纳的按照有关规定应当退还的土地出让金交由人民法院处理，预查封自动解除。

十五、下列房屋虽未进行房屋所有权登记，人民法院也可以进行预查封：

（一）作为被执行人的房地产开发企业，已

办理了商品房预售许可证且尚未出售的房屋；

（二）被执行人购买的已由房地产开发企业办理了房屋权属初始登记的房屋；

（三）被执行人购买的办理了商品房预售合同登记备案手续或者商品房预告登记的房屋。

十六、国土资源、房地产管理部门应当依据人民法院的协助执行通知书和所附的裁定书办理预查封登记。土地、房屋权属在预查封期间登记在被执行人名下的，预查封登记自动转为查封登记，预查封转为正式查封后，查封期限从预查封之日起开始计算。

十七、预查封的期限为二年。期限届满可以续封一次，续封时应当重新制作预查封裁定书和协助执行通知书，预查封的续封期限为一年。确有特殊情况需要再续封的，应当经过所属高级人民法院批准，且每次再续封的期限不得超过一年。

十八、预查封的效力等同于正式查封。预查封期限届满之日，人民法院未办理预查封续封手续的，预查封的效力消灭。

十九、两个以上人民法院对同一宗土地使用权、房屋进行查封的，国土资源、房地产管理部门为首先送达协助执行通知书的人民法院办理查封登记手续后，对后来办理查封登记的人民法院作轮候查封登记，并书面告知该土地使用权、房屋已被其他人民法院查封的事实及查封的有关情况。

二十、轮候查封登记的顺序按照人民法院送达协助执行通知书的时间先后进行排列。查封法院依法解除查封的，排列在先的轮候查封自动转为查封；查封法院对查封的土地使用权、房屋全部处理的，排列在后的轮候查封自动失效；查封法院对查封的土地使用权、房屋部分处理的，对剩余部分，排列在后的轮候查封自动转为查封。

预查封的轮侯登记参照第十九条和本条第一款的规定办理。

二十一、已被人民法院查封、预查封并在国土资源、房地产管理部门办理了查封、预查封登记手续的土地使用权、房屋，被执行人隐瞒真实情况，到国土资源、房地产管理部门办理抵押、转让等手续的，人民法院应当依法确认其行为无效，并可视情节轻重，依法追究有关人员的法律责任。国土资源、房地产管理部门应当按照人民法院的生效法律文书撤销不合法的抵押、转让等登记，并注销所颁发的证照。

二十二、国土资源、房地产管理部门对被人民法院依法查封、预查封的土地使用权、房屋，在查封、预查封期间不得办理抵押、转让等权属变更、转移登记手续。

国土资源、房地产管理部门明知土地使用权、房屋已被人民法院查封、预查封，仍然办理抵押、转让等权属变更、转移登记手续的，对有关的国土资源、房地产管理部门和直接责任人可以依照民事诉讼法第一百零二条的规定处理。

二十三、在变价处理土地使用权、房屋时，土地使用权、房屋所有权同时转移；土地使用权与房屋所有权归属不一致的，受让人继受原权利人的合法权利。

二十四、人民法院执行集体土地使用权时，经与国土资源管理部门取得一致意见后，可以裁定予以处理，但应当告知权利受让人到国土资源管理部门办理土地征用和国有土地使用权出让手续，缴纳土地使用权出让金及有关税费。

对处理农村房屋涉及集体土地的，人民法院应当与国土资源管理部门协商一致后再行处理。

二十五、人民法院执行土地使用权时，不得改变原土地用途和出让年限。

二十六、经申请执行人和被执行人协商同意，可以不经拍卖、变卖,直接裁定将被执行人以出让方式取得的国有土地使用权及其地上房屋经评估作价后交由申请执行人抵偿债务,但应当依法向国土资源和房地产管理部门办理土地、房屋权属变更、转移登记手续。

二十七、人民法院制作的土地使用权、房屋所有权转移裁定送达权利受让人时即发生法律效力,人民法院应当明确告知权利受让人及时到国土资源、房地产管理部门申请土地、房屋权属变更、转移登记。

国土资源、房地产管理部门依据生效法律文书进行权属登记时,当事人的土地、房屋权利应当追溯到相关法律文书生效之时。

二十八、人民法院进行财产保全和先予执行时适用本通知。

二十九、本通知下发前已经进行的查封,自本通知实施之日起计算期限。

三十、本通知自2004年3月1日起实施。

最高人民法院、中国人民银行关于依法规范人民法院执行和金融机构协助执行的通知

1. 2000年9月4日

2. 法发〔2000〕21号

各省、自治区、直辖市高级人民法院,解放军军事法院,新疆维吾尔自治区高级人民法院生产建设兵团分院,中国人民银行各分行,中国工商银行,中国农业银行,中国银行,中国建设银行及其他金融机构:

为依法保障当事人的合法权益,维护经济秩序,根据《中华人民共和国民事诉讼法》,现就规范人民法院执行和银行(含其分理处、营业所和储蓄所)以及其他办理存款业务的金融机构(以下统称金融机构)协助执行的有关问题通知如下:

一、人民法院查询被执行人在金融机构的存款时,执行人员应当出示本人工作证和执行公务证,并出具法院协助查询存款通知书。金融机构应当立即协助办理查询事宜,不需办理签字手续,对于查询的情况,由经办人签字确认。对协助执行手续完备拒不协助查询的,按照民事诉讼法第一百零二条规定处理。

人民法院对查询到的被执行人在金融机构的存款,需要冻结的,执行人员应当出示本人工作证和执行公务证,并出具法院冻结裁定书和协助冻结存款通知书。金融机构应当立即协助执行。对协助执行手续完备拒不协助冻结的,按照民事诉讼法第一百零二条规定处理。

人民法院扣划被执行人在金融机构存款的,执行人员应当出示本人工作证和执行公务证,并出具法院扣划裁定书和协助扣划存款通知书,还应当附生效法律文书副本。金融机构应当立即协助执行。对协助执行手续完备拒不协助扣划的,按照民事诉讼法第一百零二条规定处理。

人民法院查询、冻结、扣划被执行人在金融机构的存款时,可以根据工作情况要求存款人开户的营业场所的上级机构责令该营业场所做好协助执行工作,但不得要求该上级机构协助执行。

二、人民法院要求金融机构协助冻结、扣划被执行人的存款时,冻结、扣划裁定和协助执行通知书适用留置送达的规定。

三、对人民法院依法冻结、扣划被执行人在金融机构的存款,金融机构应当立即予以办理,在接到

协助执行通知书后，不得再扣划应当协助执行的款项用以收贷收息；不得为被执行人隐匿、转移存款。违反此项规定的，按照民事诉讼法第一百零二条的有关规定处理。

四、金融机构在接到人民法院的协助执行通知书后，向当事人通风报信，致使当事人转移存款的，法院有权责令该金融机构限期追回，逾期未追回的，按照民事诉讼法第一百零二条的规定予以罚款、拘留；构成犯罪的，依法追究刑事责任，并建议有关部门给予行政处分。

五、对人民法院依法向金融机构查询或查阅的有关资料，包括被执行人开户、存款情况以及会计凭证、帐簿、有关对帐单等资料（含电脑储存资料），金融机构应当及时如实提供并加盖印章；人民法院根据需要可抄录、复制、照相，但应当依法保守秘密。

六、金融机构作为被执行人，执行法院到有关人民银行查询其在人民银行开户、存款情况的，有关人民银行应当协助查询。

七、人民法院在查询被执行人存款情况时，只提供单位帐户名称而未提供帐号的，开户银行应当根据银发〔1997〕94号《关于贯彻落实中共中央政法委〈关于司法机关冻结、扣划银行存款问题的意见〉的通知》第二条的规定，积极协助查询并书面告知。

八、金融机构的分支机构作为被执行人的，执行法院应当向其发出限期履行通知书，期限为十五日；逾期未自动履行的，依法予以强制执行；对被执行人未能提供可供执行财产的，应当依法裁定逐级变更其上级机构为被执行人，直至其总行、总公司。每次变更前，均应当给予被变更主体十五日的自动履行期限；逾期未自动履行的，依法予以强制执行。

九、人民法院依法可以对银行承兑汇票保证金采取冻结措施，但不得扣划。如果金融机构已对汇票承兑或者已对外付款，根据金融机构的申请，人民法院应当解除对银行承兑汇票保证金相应部分的冻结措施。银行承兑汇票保证金已丧失保证金功能时，人民法院可以依法采取扣划措施。

十、有关人民法院在执行由两个人民法院或者人民法院与仲裁、公证等有关机构就同一法律关系作出的两份或者多份生效法律文书的过程中，需要金融机构协助执行的，金融机构应当协助最先送达协助执行通知书的法院，予以查询、冻结，但不得扣划。有关人民法院应当就该两份或多份生效法律文书上报共同上级法院协调解决，金融机构应当按照共同上级法院的最终协调意见办理。

十一、财产保全和先予执行依照上述规定办理。

此前的规定与本通知有抵触的，以本通知为准。

最高人民法院执行工作办公室
关于能否委托军事法院执行的复函

1. 1997年5月9日

2. 法经〔1997〕132号

海南省高级人民法院：

你院给我办的《关于海南赛特实业总公司诉海南琼山钟诚房地产开发公司房屋买卖纠纷一案委托执行的请示报告》收悉。经研究，答复如下：

《中华人民共和国民事诉讼法》第二百一十条规定的可以委托代为执行的当地人民法院，一般是指按照行政区划设置的地方人民法院。凡需要委托执行的，除特殊情况适合由专门法院执行的以外，应当委托地方人民法院代为执行。鉴于军事法院受理试办的经济纠纷案件仅限于双方当事人都是军队内部单位的案件，对涉及地方的经济纠纷案件不能行使审判权和执行权。因此，你院请示的案件不宜委托军事法院执行。

4. 追加被执行人

最高人民法院关于民事执行中变更、追加当事人若干问题的规定

1. 2016年8月29日最高人民法院审判委员会第1691次会议通过、2016年11月7日公布、自2016年12月1日起施行(法释〔2016〕21号)

2. 根据2020年12月23日最高人民法院审判委员会第1823次会议通过、2020年12月29日公布、自2021年1月1日起施行的《最高人民法院关于修改〈最高人民法院关于人民法院扣押铁路运输货物若干问题的规定〉等十八件执行类司法解释的决定》(法释〔2020〕21号)修正

为正确处理民事执行中变更、追加当事人问题,维护当事人、利害关系人的合法权益,根据《中华人民共和国民事诉讼法》等法律规定,结合执行实践,制定本规定。

第一条 执行过程中,申请执行人或其继承人、权利承受人可以向人民法院申请变更、追加当事人。申请符合法定条件的,人民法院应予支持。

第二条 作为申请执行人的自然人死亡或被宣告死亡,该自然人的遗产管理人、继承人、受遗赠人或其他因该自然人死亡或被宣告死亡依法承受生效法律文书确定权利的主体,申请变更、追加其为申请执行人的,人民法院应予支持。

作为申请执行人的自然人被宣告失踪,该自然人的财产代管人申请变更、追加其为申请执行人的,人民法院应予支持。

第三条 作为申请执行人的自然人离婚时,生效法律文书确定的权利全部或部分分割给其配偶,该配偶申请变更、追加其为申请执行人的,人民法院应予支持。

第四条 作为申请执行人的法人或非法人组织终止,因该法人或非法人组织终止依法承受生效法律文书确定权利的主体,申请变更、追加其为申请执行人的,人民法院应予支持。

第五条 作为申请执行人的法人或非法人组织因合并而终止,合并后存续或新设的法人、非法人组织申请变更其为申请执行人的,人民法院应予支持。

第六条 作为申请执行人的法人或非法人组织分立,依分立协议约定承受生效法律文书确定权利的新设法人或非法人组织,申请变更、追加其为申请执行人的,人民法院应予支持。

第七条 作为申请执行人的法人或非法人组织清算或破产时,生效法律文书确定的权利依法分配给第三人,该第三人申请变更、追加其为申请执行人的,人民法院应予支持。

第八条 作为申请执行人的机关法人被撤销,继续履行其职能的主体申请变更、追加其为申请执行人的,人民法院应予支持,但生效法律文书确定的权利依法应由其他主体承受的除外;没有继续履行其职能的主体,且生效法律文书确定权利的承受主体不明确,作出撤销决定的主体申请变更、追加其为申请执行人的,人民法院应予支持。

第九条 申请执行人将生效法律文书确定的债权依法转让给第三人,且书面认可第三人取得该债权,该第三人申请变更、追加其为申请执行人的,人民法院应予支持。

第十条 作为被执行人的自然人死亡或被宣告死亡,申请执行人申请变更、追加该自然人的遗产

管理人、继承人、受遗赠人或其他因该自然人死亡或被宣告死亡取得遗产的主体为被执行人，在遗产范围内承担责任的，人民法院应予支持。

作为被执行人的自然人被宣告失踪，申请执行人申请变更该自然人的财产代管人为被执行人，在代管的财产范围内承担责任的，人民法院应予支持。

第十一条　作为被执行人的法人或非法人组织因合并而终止，申请执行人申请变更合并后存续或新设的法人、非法人组织为被执行人的，人民法院应予支持。

第十二条　作为被执行人的法人或非法人组织分立，申请执行人申请变更、追加分立后新设的法人或非法人组织为被执行人，对生效法律文书确定的债务承担连带责任的，人民法院应予支持。但被执行人在分立前与申请执行人就债务清偿达成的书面协议另有约定的除外。

第十三条　作为被执行人的个人独资企业，不能清偿生效法律文书确定的债务，申请执行人申请变更、追加其出资人为被执行人的，人民法院应予支持。个人独资企业出资人作为被执行人的，人民法院可以直接执行该个人独资企业的财产。

个体工商户的字号为被执行人的，人民法院可以直接执行该字号经营者的财产。

第十四条　作为被执行人的合伙企业，不能清偿生效法律文书确定的债务，申请执行人申请变更、追加普通合伙人为被执行人的，人民法院应予支持。

作为被执行人的有限合伙企业，财产不足以清偿生效法律文书确定的债务，申请执行人申请变更、追加未按期足额缴纳出资的有限合伙人为被执行人，在未足额缴纳出资的范围内承担责任的，人民法院应予支持。

第十五条　作为被执行人的法人分支机构，不能清偿生效法律文书确定的债务，申请执行人申请变更、追加该法人为被执行人的，人民法院应予支持。法人直接管理的责任财产仍不能清偿债务的，人民法院可以直接执行该法人其他分支机构的财产。

作为被执行人的法人，直接管理的责任财产不能清偿生效法律文书确定债务的，人民法院可以直接执行该法人分支机构的财产。

第十六条　个人独资企业、合伙企业、法人分支机构以外的非法人组织作为被执行人，不能清偿生效法律文书确定的债务，申请执行人申请变更、追加依法对该非法人组织的债务承担责任的主体为被执行人的，人民法院应予支持。

第十七条　作为被执行人的营利法人，财产不足以清偿生效法律文书确定的债务，申请执行人申请变更、追加未缴纳或未足额缴纳出资的股东、出资人或依公司法规定对该出资承担连带责任的发起人为被执行人，在尚未缴纳出资的范围内依法承担责任的，人民法院应予支持。

第十八条　作为被执行人的营利法人，财产不足以清偿生效法律文书确定的债务，申请执行人申请变更、追加抽逃出资的股东、出资人为被执行人，在抽逃出资的范围内承担责任的，人民法院应予支持。

第十九条　作为被执行人的公司，财产不足以清偿生效法律文书确定的债务，其股东未依法履行出资义务即转让股权，申请执行人申请变更、追加该原股东或依公司法规定对该出资承担连带责任的发起人为被执行人，在未依法出资的范围内承担责任的，人民法院应予支持。

第二十条　作为被执行人的一人有限责任公司，财产不足以清偿生效法律文书确定的债务，股东不能证明公司财产独立于自己的财产，申请执行人申请变更、追加该股东为被执行人，对公司债务承担连带责任的，人民法院应予支持。

第二十一条 作为被执行人的公司，未经清算即办理注销登记，导致公司无法进行清算，申请执行人申请变更、追加有限责任公司的股东、股份有限公司的董事和控股股东为被执行人，对公司债务承担连带清偿责任的，人民法院应予支持。

第二十二条 作为被执行人的法人或非法人组织，被注销或出现被吊销营业执照、被撤销、被责令关闭、歇业等解散事由后，其股东、出资人或主管部门无偿接受其财产，致使该被执行人无遗留财产或遗留财产不足以清偿债务，申请执行人申请变更、追加该股东、出资人或主管部门为被执行人，在接受的财产范围内承担责任的，人民法院应予支持。

第二十三条 作为被执行人的法人或非法人组织，未经依法清算即办理注销登记，在登记机关办理注销登记时，第三人书面承诺对被执行人的债务承担清偿责任，申请执行人申请变更、追加该第三人为被执行人，在承诺范围内承担清偿责任的，人民法院应予支持。

第二十四条 执行过程中，第三人向执行法院书面承诺自愿代被执行人履行生效法律文书确定的债务，申请执行人申请变更、追加该第三人为被执行人，在承诺范围内承担责任的，人民法院应予支持。

第二十五条 作为被执行人的法人或非法人组织，财产依行政命令被无偿调拨、划转给第三人，致使该被执行人财产不足以清偿生效法律文书确定的债务，申请执行人申请变更、追加该第三人为被执行人，在接受的财产范围内承担责任的，人民法院应予支持。

第二十六条 被申请人在应承担责任范围内已承担相应责任的，人民法院不得责令其重复承担责任。

第二十七条 执行当事人的姓名或名称发生变更的，人民法院可以直接将姓名或名称变更后的主体作为执行当事人，并在法律文书中注明变更前的姓名或名称。

第二十八条 申请人申请变更、追加执行当事人，应当向执行法院提交书面申请及相关证据材料。

除事实清楚、权利义务关系明确、争议不大的案件外，执行法院应当组成合议庭审查并公开听证。经审查，理由成立的，裁定变更、追加；理由不成立的，裁定驳回。

执行法院应当自收到书面申请之日起六十日内作出裁定。有特殊情况需要延长的，由本院院长批准。

第二十九条 执行法院审查变更、追加被执行人申请期间，申请人申请对被申请人的财产采取查封、扣押、冻结措施的，执行法院应当参照民事诉讼法第一百条的规定办理。

申请执行人在申请变更、追加第三人前，向执行法院申请查封、扣押、冻结该第三人财产的，执行法院应当参照民事诉讼法第一百零一条的规定办理。

第三十条 被申请人、申请人或其他执行当事人对执行法院作出的变更、追加裁定或驳回申请裁定不服的，可以自裁定书送达之日起十日内向上一级人民法院申请复议，但依据本规定第三十二条的规定应当提起诉讼的除外。

第三十一条 上一级人民法院对复议申请应当组成合议庭审查，并自收到申请之日起六十日内作出复议裁定。有特殊情况需要延长的,由本院院长批准。

被裁定变更、追加的被申请人申请复议的,复议期间,人民法院不得对其争议范围内的财产进行处分。申请人请求人民法院继续执行并提供相应担保的,人民法院可以准许。

第三十二条 被申请人或申请人对执行法院依据本规定第十四条第二款、第十七条至第二十一条规定作出的变更、追加裁定或驳回申请裁定不服的,可以自裁定书送达之日起十五日内,向执行法院提起执行异议之诉。

被申请人提起执行异议之诉的,以申请人为被告。申请人提起执行异议之诉的,以被申请人为被告。

第三十三条 被申请人提起的执行异议之诉,人民法院经审理,按照下列情形分别处理:

(一)理由成立的,判决不得变更、追加被申请人为被执行人或者判决变更责任范围;

(二)理由不成立的,判决驳回诉讼请求。

诉讼期间,人民法院不得对被申请人争议范围内的财产进行处分。申请人请求人民法院继续执行并提供相应担保的,人民法院可以准许。

第三十四条 申请人提起的执行异议之诉,人民法院经审理,按照下列情形分别处理:

(一)理由成立的,判决变更、追加被申请人为被执行人并承担相应责任或者判决变更责任范围;

(二)理由不成立的,判决驳回诉讼请求。

第三十五条 本规定自2016年12月1日起施行。

本规定施行后,本院以前公布的司法解释与本规定不一致的,以本规定为准。

最高人民法院关于对林业行政机关依法作出具体行政行为申请人民法院强制执行问题的复函

1. 1993年12月24日公布(法函〔1993〕91号)

2. 根据2020年12月23日最高人民法院审判委员会第1823次会议通过、2020年12月29日公布、自2021年1月1日起施行的《最高人民法院关于修改〈最高人民法院关于人民法院扣押铁路运输货物若干问题的规定〉等十八件执行类司法解释的决定》(法释〔2020〕21号)修正

林业部:

你部林函策字〔1993〕308号函收悉,经研究,同意你部所提意见,即:林业主管部门依法作出的具体行政行为,自然人、法人或者非法人组织在法定期限内既不起诉又不履行的,林业主管部门依据行政诉讼法第九十七条的规定可以申请人民法院强制执行,人民法院应予受理。

最高人民法院关于能否在执行程序中确定夫妻共同债务的答复

1. 2012年6月12日

2. 〔2012〕执他字第8号

山东省高级人民法院:

你院〔2011〕鲁执监字第82号《关于平阴县农村信用合作联社与任尚民、郭淑华借款担保纠纷执行一案中有关法律问题的请示》收悉。经研究,答复如下:

原则同意你院审委会第一种意见。发生法律

效力的判决、裁定、调解书和其他应当由人民法院执行的法律文书，是人民法院执行的依据。对于是否为夫妻共同债务，我们认为，该问题属于实体问题。在涉案生效判决并未明确的情况下，不应通过执行程序直接确定为夫妻共同债务。

最高人民法院关于机关法人作为被执行人在执行程序中变更问题的复函

1. 2005年8月3日

2. 法函〔2005〕65号

青海省高级人民法院；

你院2005年3月22日的请示收函。经研究，答复如下：

鉴于在执行过程中，被执行人在机构改革中被撤销，其上级主管部门无偿接受了被执行人的财产，致使被执行人无遗留财产清偿债务，按照《最高人民法院关于适用〈中华人民共和国民事诉讼法〉若干问题的意见》（法发〔1992〕22号）第271条和《最高人民法院关于人民法院执行工作若干问题的规定（试行）》（法释〔1998〕15号）第81条的规定，可以裁定变更本案的被执行人主体为被执行人的上级主管部门，由其在所接受财产价值的范围内承担民事责任。

此复

最高人民法院关于在执行程序中能否将被执行人享有到期债权的第三人的开办单位裁定追加为被执行主体的请示的答复

1. 2005年1月25日

2. 〔2004〕执他字第28号

湖北省高级人民法院：

你院粤高法〔2004〕470号《关于在执行程序中能否将被执行人享有到期债权的第三人的开办单位裁定追加为被执行主体的请示》一案收悉。经研究，答复如下：

同意你院第二种意见。我们认为，人民法院在执行程序中不得裁定追加被执行人享有到期债权的第三人的开办单位，因该第三人的法律地位不同于被执行人，其本身不是案件的当事人，裁定追加第三人的开办单位无法无据。且本案中，黄石市中级人民法院于2003年8月18日裁定追加第三人长岭黄河集团有限公司时，该公司已根据陕西省人民政府的决定实施资产分离，分离后原长岭黄河集团有限公司更名为陕西长岭集团有限公司，故黄石市中级人民法院裁定追加长岭黄河集团有限公司缺乏事实依据。因此，上诉裁定依法应予纠正。

此复。

最高人民法院执行工作办公室关于股东因公司设立后的增资瑕疵应否对公司债权人承担责任问题的复函

1. 2003年12月11日

2. 〔2003〕执他字第33号

江苏省高级人民法院：

你院〔2002〕苏执监字第171号《关于南通开发区富马物资公司申请执行深圳龙岗电影城实业有限公司一案的请示报告》收悉，经研究，答复如下：

我们认为，公司增加注册资金是扩张经营规模、增强责任能力的行为，原股东约定按照原出资比例承担增资责任，与公司设立时的初始出资是没有区别的。公司股东若有增资瑕疵，应承担与公司设立时的出资瑕疵相同的责任。但是，公司设立后增资与公司设立时出资的不同之处在于，股东履行交付资产的时间不同。正因为这种时间上的差异，导致交易人（公司债权人）对于公司责任能力的预期是不同的。股东按照其承诺履行出资或增资的义务是相对于社会的一种法定的资本充实义务，股东出资或增资的责任应与公司债权人基于公司的注册资金对其责任能力产生的判断相对应。本案中，南通开发区富马物资公司（以下简称富马公司）与深圳龙岗电影城实业有限公司（以下简称龙岗电影城）的交易发生在龙岗电影城变更注册资金之前，富马公司对于龙岗电影城责任能力的判断应以其当时的注册资金500万元为依据，而龙岗电影城能否偿还富马公司的债务与此后龙岗电影城股东深圳长城（惠华）实业企业集团（以下简称惠华集团）增加注册资金是否到位并无直接的因果关系。惠华集团的增资瑕疵行为仅对龙岗电影城增资注册之后的交易人（公司债权人）承担相应的责任，富马公司在龙岗电影城增资前与之交易所产生的债权，不能要求此后增资行为瑕疵的惠华集团承担责任。

此复

最高人民法院执行工作办公室关于股份有限公司转让其正在被执行的独资开办的企业能否追加该股份有限公司为被执行人问题的复函

1. 2003年7月30日

2. 〔2002〕执他字第2号

广西壮族自治区高级人民法院：

你院桂高法〔2001〕294号《关于股份有限公司转让其正在被执行的独资开办的企业能否追加该股份有限公司为被执行人的请示》收悉，经研究，答复如下：

一、中国四川国际合作股份有限公司（以下简称四川公司）转让北海中川国际房地产开发公司（以下简称北海公司）的股权，收取受让人支付的对价款不属抽逃北海公司的注册资金，即不能以抽逃资金为由追加四川公司为广西城乡房地产开发北海公司申请执行北海公司一案的被执行人。

二、四川公司转让北海公司股权的行为，是依据《公司法》的规定合法转让的行为。因该转让既不改变北海公司的独立法人地位；也未造成北海公司资产的减少；且四川公司转让北海公司而获益的1000万元，是四川公司通过转让股权获得的对价款，该对价款也不是四川公司在北海公司获得的投资权益或投资收益；至于四川公司与北海公司的并表财务报告等，并不表明四川公司对北海公司的债权债务有继受关系或者属法人格滥用行为。因此，北海市中级人民法院追加四川公司为被执行人没有事实依据和法律依据。

此复

最高人民法院执行工作办公室关于被执行企业产权转让其上级主管部门应否承担责任问题的复函

1. 2003年6月2日
2.〔2002〕执他字第26号

湖北省高级人民法院：

你院《关于请求迅速排除深圳市地方保护主义对开发区法院执行案件违法阻挠的紧急报告》及开发区法院《关于申请执行人中国农业银行武汉市江城支行与被执行人深圳经济协作发展公司（以下简称经协公司）信用证担保纠纷一案被执行人开办人未依法履行出资义务的补充报告》均已收悉。经审查，提出如下处理意见：

一、深圳市国有资产管理办公室（以下简称国资办）作为国有资产管理部门，批准、授权将原企业性质为全民所有制的经协公司有偿转让，并不违反法律规定。经协公司已经深圳市工商行政管理部门办理了变更登记，其法人更名为深圳市国泰联合广场投资有限公司（以下简称国泰公司），即其法人的主体资格并未终止。你院及开发区法院认定经协公司被撤销，没有事实依据。开发区法院（2002）武开法执字第95－3号民事裁定书以国资办授权转让经协公司为由，适用《民事诉讼法》第213条的规定，裁定国资办承担责任没有法律依据，属适用法律错误，应予纠正。

二、关于国资办应否承担经协公司注册资金不实的责任，请你院注意以下问题：1. 经协公司的注册资金是否不实？2. 经协公司的权利义务承受人的注册资金是否到位？3. 如经协公司的注册资金不实的情况属实，谁应承担此注册资金不实的责任？

请你院认真研究，依法自行妥善处理。

此复

最高人民法院对《关于非诉执行案件中作为被执行人的法人终止，人民法院是否可以直接裁定变更被执行人的请示》的答复

1. 2000年5月29日
2. 法行〔2000〕16号

山东省高级人民法院：

你院鲁高法函〔1999〕62号《关于非诉执行案件中作为被执行人的法人终止，人民法院是否可以直接裁定变更被执行人的请示》收悉。经研究，答复如下：

人民法院在办理行政机关申请人民法院强制执行其具体行政行为的案件过程中，作为被执行人的法人出现分立、合并、兼并、合营等情况，原具体行政行为仍应执行的，人民法院应当通知申请机关变更被执行人。对变更后的被执行人，人民法院应当依法进行审查。

最高人民法院关于企业法人无力偿还债务时可否执行其分支机构财产问题的复函

1. 1991年4月2日

2. 法(经)函〔1991〕38号

辽宁省高级人民法院:

你院〔1990〕经执字第20号"关于企业法人无力偿还债务时,可否执行其分支机构财产的请示报告"收悉。经研究,答复如下:

据来文看,本案被执行人本溪化工塑料总厂(下称"总厂")的管理体制、经营方式,在案件执行期间与案件审理期间相比,尽管发生了很大变化,但总厂与其分支机构的关系及各自的性质并未改变,总厂的经营活动仍由其分支机构的经营行为具体体现,分支机构经营管理的财产仍是总厂经营管理的财产或者属总厂所有的财产,仍为总厂对外承担民事责任的物质基础。因此,在总厂经济体制改革后,不应视其为无偿付能力。鉴于本案的具体情况,对总厂的债务,同意你院的意见,第二审法院可以裁定由总厂的分支机构负责偿还。

此复

5. 执行费用

诉讼费用交纳办法

1. 2006年12月19日国务院令第481号公布
2. 自2007年4月1日起施行

第一章 总 则

第一条 根据《中华人民共和国民事诉讼法》(以下简称民事诉讼法)和《中华人民共和国行政诉讼法》(以下简称行政诉讼法)的有关规定,制定本办法。

第二条 当事人进行民事诉讼、行政诉讼,应当依照本办法交纳诉讼费用。

本办法规定可以不交纳或者免予交纳诉讼费用的除外。

第三条 在诉讼过程中不得违反本办法规定的范围和标准向当事人收取费用。

第四条 国家对交纳诉讼费用确有困难的当事人提供司法救助,保障其依法行使诉讼权利,维护其合法权益。

第五条 外国人、无国籍人、外国企业或者组织在人民法院进行诉讼,适用本办法。

外国法院对中华人民共和国公民、法人或者其他组织,与其本国公民、法人或者其他组织在诉讼费用交纳上实行差别对待的,按照对等原则处理。

第二章 诉讼费用交纳范围

第六条 当事人应当向人民法院交纳的诉讼费用包括:

(一)案件受理费;

(二)申请费;

(三)证人、鉴定人、翻译人员、理算人员在人民法院指定日期出庭发生的交通费、住宿费、生活费和误工补贴。

第七条 案件受理费包括:

(一)第一审案件受理费;

(二)第二审案件受理费;

(三)再审案件中,依照本办法规定需要交纳的案件受理费。

第八条 下列案件不交纳案件受理费:

(一)依照民事诉讼法规定的特别程序审理的案件;

(二)裁定不予受理、驳回起诉、驳回上诉的案件;

(三)对不予受理、驳回起诉和管辖权异议裁定不服,提起上诉的案件;

(四)行政赔偿案件。

第九条 根据民事诉讼法和行政诉讼法规定的审判监督程序审理的案件,当事人不交纳案件受理费。但是,下列情形除外:

(一)当事人有新的证据,足以推翻原判决、裁定,向人民法院申请再审,人民法院经审查决定再审的案件;

(二)当事人对人民法院第一审判决或者裁定未提出上诉,第一审判决、裁定或者调解书发生法律效力后又申请再审,人民法院经审查决定再审的案件。

第十条 当事人依法向人民法院申请下列事项,应当交纳申请费:

(一)申请执行人民法院发生法律效力的判决、裁定、调解书,仲裁机构依法作出的裁决和调解书,公证机构依法赋予强制执行效力的债权文书;

（二）申请保全措施；

（三）申请支付令；

（四）申请公示催告；

（五）申请撤销仲裁裁决或者认定仲裁协议效力；

（六）申请破产；

（七）申请海事强制令、共同海损理算、设立海事赔偿责任限制基金、海事债权登记、船舶优先权催告；

（八）申请承认和执行外国法院判决、裁定和国外仲裁机构裁决。

第十一条 证人、鉴定人、翻译人员、理算人员在人民法院指定日期出庭发生的交通费、住宿费、生活费和误工补贴，由人民法院按照国家规定标准代为收取。

当事人复制案件卷宗材料和法律文书应当按实际成本向人民法院交纳工本费。

第十二条 诉讼过程中因鉴定、公告、勘验、翻译、评估、拍卖、变卖、仓储、保管、运输、船舶监管等发生的依法应当由当事人负担的费用，人民法院根据谁主张、谁负担的原则，决定由当事人直接支付给有关机构或者单位，人民法院不得代收代付。

人民法院依照民事诉讼法第十一条第三款规定提供当地民族通用语言、文字翻译的，不收取费用。

第三章 诉讼费用交纳标准

第十三条 案件受理费分别按照下列标准交纳：

（一）财产案件根据诉讼请求的金额或者价额，按照下列比例分段累计交纳：

1. 不超过1万元的，每件交纳50元；

2. 超过1万元至10万元的部分，按照2.5%交纳；

3. 超过10万元至20万元的部分，按照2%交纳；

4. 超过20万元至50万元的部分，按照1.5%交纳；

5. 超过50万元至100万元的部分，按照1%交纳；

6. 超过100万元至200万元的部分，按照0.9%交纳；

7. 超过200万元至500万元的部分，按照0.8%交纳；

8. 超过500万元至1000万元的部分，按照0.7%交纳；

9. 超过1000万元至2000万元的部分，按照0.6%交纳；

10. 超过2000万元的部分，按照0.5%交纳。

（二）非财产案件按照下列标准交纳：

1. 离婚案件每件交纳50元至300元。涉及财产分割，财产总额不超过20万元的，不另行交纳；超过20万元的部分，按照0.5%交纳。

2. 侵害姓名权、名称权、肖像权、名誉权、荣誉权以及其他人格权的案件，每件交纳100元至500元。涉及损害赔偿，赔偿金额不超过5万元的，不另行交纳；超过5万元至10万元的部分，按照1%交纳；超过10万元的部分，按照0.5%交纳。

3. 其他非财产案件每件交纳50元至100元。

（三）知识产权民事案件，没有争议金额或者价额的，每件交纳500元至1000元；有争议金额或者价额的，按照财产案件的标准交纳。

（四）劳动争议案件每件交纳10元。

（五）行政案件按照下列标准交纳：

1. 商标、专利、海事行政案件每件交纳100元；

2.其他行政案件每件交纳50元。

（六）当事人提出案件管辖权异议，异议不成立的，每件交纳50元至100元。

省、自治区、直辖市人民政府可以结合本地实际情况在本条第（二）项、第（三）项、第（六）项规定的幅度内制定具体交纳标准。

第十四条　申请费分别按照下列标准交纳：

（一）依法向人民法院申请执行人民法院发生法律效力的判决、裁定、调解书，仲裁机构依法作出的裁决和调解书，公证机关依法赋予强制执行效力的债权文书，申请承认和执行外国法院判决、裁定以及国外仲裁机构裁决的，按照下列标准交纳：

1.没有执行金额或者价额的，每件交纳50元至500元。

2.执行金额或者价额不超过1万元的，每件交纳50元；超过1万元至50万元的部分，按照1.5%交纳；超过50万元至500万元的部分，按照1%交纳；超过500万元至1000万元的部分，按照0.5%交纳；超过1000万元的部分，按照0.1%交纳。

3.符合民事诉讼法第五十五条第四款规定，未参加登记的权利人向人民法院提起诉讼的，按照本项规定的标准交纳申请费，不再交纳案件受理费。

（二）申请保全措施的，根据实际保全的财产数额按照下列标准交纳：

财产数额不超过1000元或者不涉及财产数额的，每件交纳30元；超过1000元至10万元的部分，按照1%交纳；超过10万元的部分，按照0.5%交纳。但是，当事人申请保全措施交纳的费用最多不超过5000元。

（三）依法申请支付令的，比照财产案件受理费标准的1/3交纳。

（四）依法申请公示催告的，每件交纳100元。

（五）申请撤销仲裁裁决或者认定仲裁协议效力的，每件交纳400元。

（六）破产案件依据破产财产总额计算，按照财产案件受理费标准减半交纳，但是，最高不超过30万元。

（七）海事案件的申请费按照下列标准交纳：

1.申请设立海事赔偿责任限制基金的，每件交纳1000元至1万元；

2.申请海事强制令的，每件交纳1000元至5000元；

3.申请船舶优先权催告的，每件交纳1000元至5000元；

4.申请海事债权登记的，每件交纳1000元；

5.申请共同海损理算的，每件交纳1000元。

第十五条　以调解方式结案或者当事人申请撤诉的，减半交纳案件受理费。

第十六条　适用简易程序审理的案件减半交纳案件受理费。

第十七条　对财产案件提起上诉的，按照不服一审判决部分的上诉请求数额交纳案件受理费。

第十八条　被告提起反诉、有独立请求权的第三人提出与本案有关的诉讼请求，人民法院决定合并审理的，分别减半交纳案件受理费。

第十九条　依照本办法第九条规定需要交纳案件受理费的再审案件，按照不服原判决部分的再审请求数额交纳案件受理费。

第四章　诉讼费用的交纳和退还

第二十条　案件受理费由原告、有独立请求权的第三人、上诉人预交。被告提起反诉，依照本办法规定需要交纳案件受理费的，由被告预交。追索劳动报酬的案件可以不预交案件受理费。

申请费由申请人预交。但是，本办法第十条第(一)项、第(六)项规定的申请费不由申请人预交，执行申请费执行后交纳，破产申请费清算后交纳。

本办法第十一条规定的费用，待实际发生后交纳。

第二十一条 当事人在诉讼中变更诉讼请求数额，案件受理费依照下列规定处理：

(一)当事人增加诉讼请求数额的，按照增加后的诉讼请求数额计算补交；

(二)当事人在法庭调查终结前提出减少诉讼请求数额的，按照减少后的诉讼请求数额计算退还。

第二十二条 原告自接到人民法院交纳诉讼费用通知次日起7日内交纳案件受理费；反诉案件由提起反诉的当事人自提起反诉次日起7日内交纳案件受理费。

上诉案件的案件受理费由上诉人向人民法院提交上诉状时预交。双方当事人都提起上诉的，分别预交。上诉人在上诉期内未预交诉讼费用的，人民法院应当通知其在7日内预交。

申请费由申请人在提出申请时或者在人民法院指定的期限内预交。

当事人逾期不交纳诉讼费用又未提出司法救助申请，或者申请司法救助未获批准，在人民法院指定期限内仍未交纳诉讼费用的，由人民法院依照有关规定处理。

第二十三条 依照本办法第九条规定需要交纳案件受理费的再审案件，由申请再审的当事人预交。双方当事人都申请再审的，分别预交。

第二十四条 依照民事诉讼法第三十六条、第三十七条、第三十八条、第三十九条规定移送、移交的案件，原受理人民法院应当将当事人预交的诉讼费用随案移交接收案件的人民法院。

第二十五条 人民法院审理民事案件过程中发现涉嫌刑事犯罪并将案件移送有关部门处理的，当事人交纳的案件受理费予以退还；移送后民事案件需要继续审理的，当事人已交纳的案件受理费不予退还。

第二十六条 中止诉讼、中止执行的案件，已交纳的案件受理费、申请费不予退还。中止诉讼、中止执行的原因消除，恢复诉讼、执行的，不再交纳案件受理费、申请费。

第二十七条 第二审人民法院决定将案件发回重审的，应当退还上诉人已交纳的第二审案件受理费。

第一审人民法院裁定不予受理或者驳回起诉的，应当退还当事人已交纳的案件受理费；当事人对第一审人民法院不予受理、驳回起诉的裁定提起上诉，第二审人民法院维持第一审人民法院作出的裁定的，第一审人民法院应当退还当事人已交纳的案件受理费。

第二十八条 依照民事诉讼法第一百三十七条规定终结诉讼的案件，依照本办法规定已交纳的案件受理费不予退还。

第五章 诉讼费用的负担

第二十九条 诉讼费用由败诉方负担，胜诉方自愿承担的除外。

部分胜诉、部分败诉的，人民法院根据案件的具体情况决定当事人各自负担的诉讼费用数额。

共同诉讼当事人败诉的，人民法院根据其对诉讼标的的利害关系，决定当事人各自负担的诉讼费用数额。

第三十条　第二审人民法院改变第一审人民法院作出的判决、裁定的，应当相应变更第一审人民法院对诉讼费用负担的决定。

第三十一条　经人民法院调解达成协议的案件，诉讼费用的负担由双方当事人协商解决；协商不成的，由人民法院决定。

第三十二条　依照本办法第九条第（一）项、第（二）项的规定应当交纳案件受理费的再审案件，诉讼费用由申请再审的当事人负担；双方当事人都申请再审的，诉讼费用依照本办法第二十九条的规定负担。原审诉讼费用的负担由人民法院根据诉讼费用负担原则重新确定。

第三十三条　离婚案件诉讼费用的负担由双方当事人协商解决；协商不成的，由人民法院决定。

第三十四条　民事案件的原告或者上诉人申请撤诉，人民法院裁定准许的，案件受理费由原告或者上诉人负担。

行政案件的被告改变或者撤销具体行政行为，原告申请撤诉，人民法院裁定准许的，案件受理费由被告负担。

第三十五条　当事人在法庭调查终结后提出减少诉讼请求数额的，减少请求数额部分的案件受理费由变更诉讼请求的当事人负担。

第三十六条　债务人对督促程序未提出异议的，申请费由债务人负担。债务人对督促程序提出异议致使督促程序终结的，申请费由申请人负担；申请人另行起诉的，可以将申请费列入诉讼请求。

第三十七条　公示催告的申请费由申请人负担。

第三十八条　本办法第十条第（一）项、第（八）项规定的申请费由被执行人负担。

执行中当事人达成和解协议的，申请费的负担由双方当事人协商解决；协商不成的，由人民法院决定。

本办法第十条第（二）项规定的申请费由申请人负担，申请人提起诉讼的，可以将该申请费列入诉讼请求。

本办法第十条第（五）项规定的申请费，由人民法院依照本办法第二十九条规定决定申请费的负担。

第三十九条　海事案件中的有关诉讼费用依照下列规定负担：

（一）诉前申请海事请求保全、海事强制令的，申请费由申请人负担；申请人就有关海事请求提起诉讼的，可将上述费用列入诉讼请求；

（二）诉前申请海事证据保全的，申请费由申请人负担；

（三）诉讼中拍卖、变卖被扣押船舶、船载货物、船用燃油、船用物料发生的合理费用，由申请人预付，从拍卖、变卖价款中先行扣除，退还申请人；

（四）申请设立海事赔偿责任限制基金、申请债权登记与受偿、申请船舶优先权催告案件的申请费，由申请人负担；

（五）设立海事赔偿责任限制基金、船舶优先权催告程序中的公告费用由申请人负担。

第四十条　当事人因自身原因未能在举证期限内举证，在二审或者再审期间提出新的证据致使诉讼费用增加的，增加的诉讼费用由该当事人负担。

第四十一条　依照特别程序审理案件的公告费，由起诉人或者申请人负担。

第四十二条　依法向人民法院申请破产的，诉讼费用依照有关法律规定从破产财产中拨付。

第四十三条　当事人不得单独对人民法院关于诉讼费用的决定提起上诉。

当事人单独对人民法院关于诉讼费用的决定有异议的，可以向作出决定的人民法院院长申请复核。复核决定应当自收到当事人申请之日起15日内作出。

当事人对人民法院决定诉讼费用的计算有异议的，可以向作出决定的人民法院请求复核。计算确有错误的，作出决定的人民法院应当予以更正。

第六章 司法救助

第四十四条 当事人交纳诉讼费用确有困难的，可以依照本办法向人民法院申请缓交、减交或者免交诉讼费用的司法救助。

诉讼费用的免交只适用于自然人。

第四十五条 当事人申请司法救助，符合下列情形之一的，人民法院应当准予免交诉讼费用：

（一）残疾人无固定生活来源的；

（二）追索赡养费、扶养费、抚育费、抚恤金的；

（三）最低生活保障对象、农村特困定期救济对象、农村五保供养对象或者领取失业保险金人员，无其他收入的；

（四）因见义勇为或者为保护社会公共利益致使自身合法权益受到损害，本人或者其近亲属请求赔偿或者补偿的；

（五）确实需要免交的其他情形。

第四十六条 当事人申请司法救助，符合下列情形之一的，人民法院应当准予减交诉讼费用：

（一）因自然灾害等不可抗力造成生活困难，正在接受社会救济，或者家庭生产经营难以为继的；

（二）属于国家规定的优抚、安置对象的；

（三）社会福利机构和救助管理站；

（四）确实需要减交的其他情形。

人民法院准予减交诉讼费用的，减交比例不得低于30%。

第四十七条 当事人申请司法救助，符合下列情形之一的，人民法院应当准予缓交诉讼费用：

（一）追索社会保险金、经济补偿金的；

（二）海上事故、交通事故、医疗事故、工伤事故、产品质量事故或者其他人身伤害事故的受害人请求赔偿的；

（三）正在接受有关部门法律援助的；

（四）确实需要缓交的其他情形。

第四十八条 当事人申请司法救助，应当在起诉或者上诉时提交书面申请、足以证明其确有经济困难的证明材料以及其他相关证明材料。

因生活困难或者追索基本生活费用申请免交、减交诉讼费用的，还应当提供本人及其家庭经济状况符合当地民政、劳动保障等部门规定的公民经济困难标准的证明。

人民法院对当事人的司法救助申请不予批准的，应当向当事人书面说明理由。

第四十九条 当事人申请缓交诉讼费用经审查符合本办法第四十七条规定的，人民法院应当在决定立案之前作出准予缓交的决定。

第五十条 人民法院对一方当事人提供司法救助，对方当事人败诉的，诉讼费用由对方当事人负担；对方当事人胜诉的，可以视申请司法救助的当事人的经济状况决定其减交、免交诉讼费用。

第五十一条 人民法院准予当事人减交、免交诉讼费用的，应当在法律文书中载明。

第七章 诉讼费用的管理和监督

第五十二条 诉讼费用的交纳和收取制度应当公示。人民法院收取诉讼费用按照其财务隶属关系使用国务院财政部门或者省级人民政府财政部门印制的财政票据。案件受理费、申请费全额上缴财政，纳入预算，实行收支两条线管理。

人民法院收取诉讼费用应当向当事人开具缴费凭证，当事人持缴费凭证到指定代理银行交费。依法应当向当事人退费的，人民法院应当按照国家有关规定办理。诉讼费用缴库和退费的具体办法由国务院财政部门商最高人民法院另行制定。

在边远、水上、交通不便地区，基层巡回法庭当场审理案件，当事人提出向指定代理银行交纳诉讼费用确有困难的，基层巡回法庭可以当场收取诉讼费用，并向当事人出具省级人民政府财政部门印制的财政票据；不出具省级人民政府财政部门印制的财政票据的，当事人有权拒绝交纳。

第五十三条　案件审结后，人民法院应当将诉讼费用的详细清单和当事人应当负担的数额书面通知当事人，同时在判决书、裁定书或者调解书中写明当事人各方应当负担的数额。

需要向当事人退还诉讼费用的，人民法院应当自法律文书生效之日起15日内退还有关当事人。

第五十四条　价格主管部门、财政部门按照收费管理的职责分工，对诉讼费用进行管理和监督；对违反本办法规定的乱收费行为，依照法律、法规和国务院相关规定予以查处。

第八章　附　　则

第五十五条　诉讼费用以人民币为计算单位。以外币为计算单位的，依照人民法院决定受理案件之日国家公布的汇率换算成人民币计算交纳；上诉案件和申请再审案件的诉讼费用，按照第一审人民法院决定受理案件之日国家公布的汇率换算。

第五十六条　本办法自2007年4月1日起施行。

最高人民法院关于对经济确有困难的当事人提供司法救助的规定

1. 2005年4月5日修订印发

2. 法发〔2005〕6号

第一条　为了使经济确有困难的当事人能够依法行使诉讼权利，维护其合法权益，根据《中华人民共和国民事诉讼法》、《中华人民共和国行政诉讼法》和《人民法院诉讼收费办法》，制定本规定。

第二条　本规定所称司法救助，是指人民法院对于当事人为维护自己的合法权益，向人民法院提起民事、行政诉讼，但经济确有困难的，实行诉讼费用的缓交、减交、免交。

第三条　当事人符合本规定第二条并具有下列情形之一的，可以向人民法院申请司法救助：

（一）追索赡养费、扶养费、抚育费、抚恤金的；

（二）孤寡老人、孤儿和农村“五保户”；

（三）没有固定生活来源的残疾人、患有严重疾病的人；

（四）国家规定的优抚、安置对象；

（五）追索社会保险金、劳动报酬和经济补偿金的；

（六）交通事故、医疗事故、工伤事故、产品质量事故或者其他人身伤害事故的受害人，请求赔偿的；

（七）因见义勇为或为保护社会公共利益致使自己合法权益受到损害，本人或者近亲属请求赔偿或经济补偿的；

（八）进城务工人员追索劳动报酬或其他合

法权益受到侵害而请求赔偿的；

（九）正在享受城市居民最低生活保障、农村特困户救济或者领取失业保险金，无其他收入的；

（十）因自然灾害等不可抗力造成生活困难，正在接受社会救济，或者家庭生产经营难以为继的；

（十一）起诉行政机关违法要求农民履行义务的；

（十二）正在接受有关部门法律援助的；

（十三）当事人为社会福利机构、敬老院、优抚医院、精神病院、SOS 儿童村、社会救助站、特殊教育机构等社会公共福利单位的；

（十四）其他情形确实需要司法救助的。

第四条　当事人请求人民法院提供司法救助，应在起诉或上诉时提交书面申请和足以证明其确有经济困难的证明材料。其中因生活困难或者追索基本生活费用申请司法救助的，应当提供本人及其家庭经济状况符合当地民政、劳动和社会保障等部门规定的公民经济困难标准的证明。

第五条　人民法院对当事人司法救助的请求，经审查符合本规定第三条所列情形的，立案时应准许当事人缓交诉讼费用。

第六条　人民法院决定对一方当事人司法救助，对方当事人败诉的，诉讼费用由对方当事人交纳；拒不交纳的强制执行。

对方当事人胜诉的，可视申请司法救助当事人的经济状况决定其减交、免交诉讼费用。决定减交诉讼费用的，减交比例不得低于 30%。符合本规定第三条第二项、第九项规定情形的，应免交诉讼费用。

第七条　对当事人请求缓交诉讼费用的，由承办案件的审判人员或合议庭提出意见，报庭长审批；对当事人请求减交、免交诉讼费用的，由承办案件的审判人员或合议庭提出意见，经庭长审核同意后，报院长审批。

第八条　人民法院决定对当事人减交、免交诉讼费用的，应在法律文书中列明。

第九条　当事人骗取司法救助的，人民法院应当责令其补交诉讼费用；拒不补交的，以妨害诉讼行为论处。

第十条　本规定自公布之日起施行。

最高人民法院关于安徽省高级人民法院《关于对执行异议之诉案件如何收取案件受理费的请示》的答复

1. 2014 年 7 月 25 日

2. (2014)民立他字第 29 号

安徽省高级人民法院：

你院报请的《关于对执行异议之诉案件如何收取案件受理费的请示》收悉。经研究，答复如下：

同意你院报请的第二种意见。执行异议之诉是人民法院对执行过程中当事人之间的实体法律关系争议适用审判程序予以裁决的一种实体裁判制度。此类案件当事人的请求涉及财产权益的，属于财产案件，应当按照财产案件标准计收案件受理费。

此复。

6. 执行对象

最高人民法院关于“岩矿归原告经营”的判决能否执行及如何执行的请示的答复

1. 2014年10月28日

2. 〔2014〕执他字第35号

河北省高级人民法院：

你院《关于刘振树与隆化县郭家屯镇人民政府、姜凤春承包合同纠纷执行一案的请示报告》收悉。经研究，答复如下：

一、关于执行依据中具体执行内容的判断。具体执行内容应主要根据执行依据主文进行判断。必要时，应结合执行依据的其他部分，比如判决书的说理、当事人诉讼请求等内容综合判断。

本案判决的具体内容为“交付岩矿经营权”，该判决能够强制执行。理由如下：第一，本案执行依据的终审判决主文表述为：“……岩矿自××年××月××日起归原告经营”，体现了在规定时间交付经营权的意思；第二，上述终审判决在“本院认为”部分也体现了协议期限届满后，涉案岩矿的经营应恢复到协议前由原告经营状态的意思；第三，当事人的诉讼请求也是要求交还岩矿（包括手续变更）。

二、关于“岩矿经营权”与采矿权证办理的关系。采矿权是一种经行政许可的权利，对于采矿权的执行涉及司法权与行政权的界限。作为本案执行依据的终审判决谨慎地处理了“岩矿经营权”与采矿权证的关系。该判决在“本院认为”部分一方面认定原告享有“岩矿经营权”，同时认为采矿权资格的审查、采矿权属的变更都属于行政机关的职权范围。基于这一判断，判决书在主文中确认了岩矿在规定时间归原告经营，同时撤销了一审主文关于“被告协助原告办理过户手续”的内容。忠实遵照执行依据进行执行，是执行程序的基本原则。由于作为本案执行依据的终审判决已经明确区分了“岩矿的经营权”与“采矿权证的许可”，并将判决的内容限定在前者的范围内，所以执行程序应当严格依判决内容执行。

三、关于“交付岩矿经营权”的具体执行。由于占有是经营的基础，所以在执行程序中应当移交涉案岩矿的占有；由于执行依据区分了“岩矿经营权”与采矿权证的办理，所以执行程序中不能要求行政机关办理采矿权过户手续。如果岩矿经营的权利人因采矿权的许可发生了争议，应当通过其他途径进行救济。

请你院根据上述意见，结合案件具体情况，依法妥善处理相关案件。

最高人民法院关于中国信托商业银行股份有限公司申请认可台湾地区法院支付令案的请示的复函

1. 2010年12月15日

2. 〔2010〕民四他字第68号

上海市高级人民法院：

你院〔2010〕沪高民认（台）他字第1号《关于中国信托商业银行股份有限公司申请认可台湾地区法院支付令案的请示报告》收悉。经研究，答复如下：

本案台湾当事人向大陆法院申请认可台湾地区桃园地方法院“（86）年促字第22580号”支付令，根据申请人在《支付命令申请认可书》中陈述的事实,台湾地区有关法院发出的上述支付令于1997年11月11日起具有强制执行的效力。申请人于2010年2月向大陆法院申请认可相关支付令的效力,因此,应适用《最高人民法院关于人民法院认可台湾地区有关法院民事判决的补充规定》确认申请人申请认可的期限。

《最高人民法院关于人民法院认可台湾地区有关法院民事判决的补充规定》第九条规定:"申请认可台湾地区有关法院民事判决的,应当在该判决效力确定后二年内提出"。本案当事人申请认可的"(86)年促字第22580号"支付令于1997年11月11日起具有强制执行的效力,在上述期日开始之日起二年内,申请人一直没有向大陆法院申请认可支付令的效力,已经超出了上述规定确定的申请认可的期限,申请人即丧失就本案所涉支付令向大陆法院申请认可的权利。

至于申请人所称其在2009年之前赴大陆投资受到限制、此前未发现被申请人在大陆的财产情况等事由,并不妨碍其调查被申请人在大陆的财产情况并申请人民法院认可相关支付令,其所提出的理由既不属于不可抗拒事由,也不属于其他正当理由。

综上,同意你院的处理意见,应当裁定驳回申请人的申请。

此复

最高人民法院、司法部关于公证机关赋予强制执行效力的债权文书执行有关问题的联合通知

1. 2000年9月1日

2. 司发通〔2000〕107号

各省、自治区、直辖市高级人民法院、司法厅(局),解放军军事法院、司法局,新疆维吾尔自治区高级人民法院生产建设兵团分院、新疆生产建设兵团司法局:

为了贯彻《中华人民共和国民事诉讼法》、《中华人民共和国公证暂行条例》的有关规定,规范赋予强制执行效力债权文书的公证和执行行为,现就有关问题通知如下:

一、公证机关赋予强制执行效力的债权文书应当具备以下条件:

(一)债权文书具有给付货币、物品、有价证券的内容;

(二)债权债务关系明确,债权人和债务人对债权文书有关给付内容无疑义;

(三)债权文书中载明债务人不履行义务或不完全履行义务时,债务人愿意接受依法强制执行的承诺。

二、公证机关赋予强制执行效力的债权文书的范围:

(一)借款合同、借用合同、无财产担保的租赁合同;

(二)赊欠货物的债权文书;

(三)各种借据、欠单;

(四)还款(物)协议;

(五)以给付赡养费、扶养费、抚育费、学费、赔(补)偿金为内容的协议;

(六)符合赋予强制执行效力条件的其他债权文书。

三、公证机关在办理符合赋予强制执行的条件和范围的合同、协议、借据、欠单等债权文书公证时,应当依法赋予该债权文书具有强制执行效力。

未经公证的符合本通知第二条规定的合同、协议、借据、欠单等债权文书,在履行过程中,债权人申请公证机关赋予强制执行效力的,公证机

关必须征求债务人的意见;如债务人同意公证并愿意接受强制执行的,公证机关可以依法赋予该债权文书强制执行效力。

四、债务人不履行或不完全履行公证机关赋予强制执行效力的债权文书的,债权人可以向原公证机关申请执行证书。

五、公证机关签发执行证书应当注意审查以下内容:

（一）不履行或不完全履行的事实确实发生;

（二）债权人履行合同义务的事实和证据,债务人依照债权文书已经部分履行的事实;

（三）债务人对债权文书规定的履行义务有无疑义。

六、公证机关签发执行证书应当注明被执行人、执行标的和申请执行的期限。债务人已经履行的部分,在执行证书中予以扣除。因债务人不履行或不完全履行而发生的违约金、利息、滞纳金等,可以列入执行标的。

七、债权人凭原公证书及执行证书可以向有管辖权的人民法院申请执行。

八、人民法院接到申请执行书,应当依法按规定程序办理。必要时,可以向公证机关调阅公证卷宗,公证机关应当提供。案件执行完毕后,由人民法院在十五日内将公证卷宗附结案通知退回公证机关。

九、最高人民法院、司法部《关于执行〈民事诉讼法（试行）〉中涉及公证条款的几个问题的通知》和《关于已公证的债权文书依法强制执行问题的答复》自本联合通知发布之日起废止。

最高人民法院关于在审理和执行民事、经济纠纷案件时不得查封、冻结和扣划社会保险基金的通知

1．2000年2月18日

2．法〔2000〕19号

各省、自治区、直辖市高级人民法院,新疆维吾尔自治区高级人民法院生产建设兵团分院:

近一个时期,少数法院在审理和执行社会保险机构原下属企业（现已全部脱钩）与其他企业、单位的经济纠纷案件时,查封社会保险机构开设的社会保险基金帐户,影响了社会保险基金的正常发放,不利于社会的稳定。为杜绝此类情况发生,特通知如下:

社会保险基金是由社会保险机构代参保人员管理,并最终由参保人员享用的公共基金,不属于社会保险机构所有。社会保险机构对该项基金设立专户管理,专款专用,专项用于保障企业退休职工、失业人员的基本生活需要,属专项资金,不得挪作他用。因此,各地人民法院在审理和执行民事、经济纠纷案件时,不得查封、冻结或扣划社会保险基金;不得用社会保险基金偿还社会保险机构及其原下属企业的债务。

各地人民法院如发现有违反上述规定的,应当及时依法予以纠正。

最高人民法院关于未被续聘的仲裁员在原参加审理的案件裁决书上签名人民法院应当执行该仲裁裁决书的批复

1. 1998年7月13日最高人民法院审判委员会第1001次会议通过

2. 1998年8月31日公布

3. 法释〔1998〕21号

4. 自1998年9月5日起施行

广东省高级人民法院：

你院〔1996〕粤高法执函字第5号《关于未被续聘的仲裁员继续参加审理并作出裁决的案件，人民法院应否立案执行的请示》收悉。经研究，答复如下：

在中国国际经济贸易仲裁委员会深圳分会对深圳东鹏实业有限公司与中国化工建设深圳公司合资经营合同纠纷案件仲裁过程中，陈野被当事人指定为该案的仲裁员时具有合法的仲裁员身份，并参与了开庭审理工作。之后，新的仲裁员名册中没有陈野的名字，说明仲裁机构不再聘任陈野为仲裁员，但这只能约束仲裁机构以后审理的案件，不影响陈野在此前已合法成立的仲裁庭中的案件审理工作。其在该仲裁庭所作的(94)深国仲结字第47号裁决书上签字有效。深圳市中级人民法院应当根据当事人的申请对该仲裁裁决书予以执行。

此复

最高人民法院关于劳动争议仲裁委员会的复议仲裁决定书可否作为执行依据问题的批复

1. 1996年7月21日

2. 法复〔1996〕10号

河南省高级人民法院：

你院〔1995〕豫法执请字第1号《关于郑劳仲复裁字〔1991〕第1号复议仲裁决定书能否作为执行依据的请示》收悉。经研究，答复如下：

仲裁一裁终局制度，是指仲裁决定一经作出即发生法律效力，当事人没有提请再次裁决的权利，但这并不排除原仲裁机构发现自己作出的裁决有错误进行重新裁决的情况。劳动争议仲裁委员会发现自己作出的仲裁决定书有错误而进行重新仲裁，符合实事求是的原则，不违背一裁终局制度，不应视为违反法定程序。因此对当事人申请执行劳动争议仲裁委员会复议仲裁决定的，应予立案执行。如被执行人提出申辩称该复议仲裁决定书有其他应不予执行的情形，应按照民事诉讼法第二百一十七条的规定，认真审查，慎重处理。

最高人民法院关于强制执行中不应将企业党组织的党费作为企业财产予以冻结或划拨的通知

1. 2005年11月22日

2. 法〔2005〕209号

各省、自治区、直辖市高级人民法院，解放军军事法院，新疆维吾尔自治区高级人民法院生产建设兵团分院：

据悉，近一个时期，少数法院在强制执行过程中，将企业党组织的党费账户予以冻结，影响了企业党组织的正常工作。为避免此类情况发生，特通知如下：

企业党组织的党费是企业每个党员按月工资比例向党组织交纳的用于党组织活动的经费。党费由党委组织部门代党委统一管理，单立账户，专款专用，不属于企业的责任财产。因此，在企业作为被执行人时，人民法院不得冻结或划拨该企业党组织的党费，不得用党费偿还该企业的债务。执行中，如果申请执行人提供证据证明企业的资金存入党费账户，并申请人民法院对该项资金予以执行的，人民法院可以对该项资金先行冻结；被执行人提供充分证据证明该项资金属于党费的，人民法院应当解除冻结。

各级人民法院发现执行案件过程中有违反上述规定情形的，应当及时依法纠正。

最高人民法院研究室关于执行程序中能否扣划离退休人员离休金退休金清偿其债务问题的答复

1. 2002年1月30日

2. 法研〔2002〕13号

天津市高级人民法院：

你院津高法〔2001〕28号《关于劳动保障部门应依法协助人民法院扣划被执行人工资收入的请示》收悉。经研究，答复如下：

为公平保护债权人和离退休债务人的合法权益，根据《民法通则》和《民事诉讼法》的有关规定，在离退休人员的其他可供执行的财产或者收入不足偿还其债务的情况下，人民法院可以要求其离退休金发放单位或者社会保障机构协助扣划其离休金或退休金，用以偿还该离退休人员的债务。上述单位或者机构应当予以协助。

人民法院在执行时应当为离退休人员留出必要的生活费用。生活费用标准可参照当地的有关标准确定。

最高人民法院关于船东所有的船舶能否因期租人对第三方负有责任而被扣押等问题的复函

1. 2001年1月3日

2. 〔1998〕交他字1号

上海市高级人民法院：

你院〔1996〕沪高经终字第515号《关于船东所有的船舶能否因期租人对第三方负有责任而被扣押等问题的请示》收悉。经研究，同意你院倾向性意见。现答复如下：

一、根据最高人民法院《关于海事法院诉讼前扣押船舶的规定》第三条第（一）款、第（三）款的规定，海事法院可以扣押对海事请求负有责任的船舶经营人、承租人所有的、经营的或租用的其他船舶。故三善海运株式会社可以申请扣押亚马大益卡埃琳达斯公司期租给亚马大益卡埃劳埃德公司的“阿曼达·格劳列”轮。因该轮关系到所有权归属问题，所以不能变卖。

二、亚马大益卡埃劳埃德公司对“阿曼达·格劳列”轮的扣押负有责任，给船舶所有人亚马大益卡埃琳达斯公司造成的损失应负赔偿责任。其在与亚马达益卡埃琳达斯公司的期租船合同责任期间，提出解除合同的行为应属无效。该行为不影响财产保全的效力。

三、根据2000年7月1日起实施的《中华人民共和国海事诉讼特别程序法》第二十三条的规定，对定期租船人或者航次租船人经营的或租用的船舶不得扣押。该案是发生在《中华人民共和国海事诉讼特别程序法》颁布实施以前，所以应适用最高人民法院《关于海事法院诉讼前扣押船舶的规定》。

此复

最高人民法院关于人民法院能否提取投保人在保险公司所投的第三人责任险应得的保险赔偿款问题的复函

1. 2000年7月13日

2. 〔2000〕执他字第15号

江苏省高级人民法院：

你院〔1999〕苏法执他字第15号《关于人民法院能否提取投保人在保险公司所投的第三人责任险应得的保险赔偿款的请示》收悉。经研究，答复如下：

人民法院受理此类申请执行案件，如投保人不履行义务时，人民法院可以依据债权人（或受益人）的申请向保险公司发出协助执行通知书，由保险公司依照有关规定理赔，并给付申请执行人；申请执行人对保险公司理赔数额有异议的，可通过诉讼予以解决；如保险公司无正当理由拒绝理赔的，人民法院可依法予以强制执行。

最高人民法院执行办公室关于人身可否强制执行问题的复函

1. 1999年10月15日

2. 〔1999〕执他字第18号

湖北省高级人民法院：

你院鄂高法〔1998〕107号《关于刘满枝诉王义松、赖烟煌、陈月娥等解除非法收养关系一案执行中有关问题的请示》报告收悉。经研究，答复如下：

武汉市青山区人民法院〔1996〕青民初字第101号民事判决书已经发生法律效力，依法应予执行。但必须注意执行方法，不得强制执行王斌的人身。可通过当地妇联、村委会等组织在做好养父母的说服教育工作的基础上，让生母刘满枝将孩子领回。对非法干预执行的人员，可酌情对其采取强制措施。请福建高院予以协助执行。

最高人民法院执行工作办公室关于股民保证金不宜作为证券公司财产执行的函

1. 1997年9月5日

2. 法经〔1997〕300号

江苏省高级人民法院：

据全国证券回购债务清欠办公室和江西证券公司反映，盐城市中级人民法院在执行该院〔1995〕盐法经初字第84号、85号民事判决书过程中，于今年7月31日扣划了被执行人江西省证券公司上海业务部在工商银行上海市分行营业部开设的深圳股票交易资金清算户上的资金1426万元，该账户上的资金全部为客户保证金，此资金的划拨，影响了股民进行股票交易和提出存款，影响到社会的安定团结。

我院认为，证券机构代理股民买卖股票的资金即股民保证金，其所有权属于股民。证券经营机构必须通过保证金账户保证股民经营的正常清算支付。证券经营机构在银行开立的证券经营资金结算账户，是股民保证金账户的存在形式，人民法院在执行以证券经营机构为被执行人的案件时，可以通过冻结证券商自营账户上的资金、股票、国库券以及其自有财产的办法解决，不宜冻结、扣划证券经营机构在其证券经营资金结算账户上的存款。

最高人民法院关于转卖人民法院查封房屋行为无效问题的复函

1. 1997年4月7日

2. 〔1997〕经他字第8号

北京市高级人民法院：

你院京高法〔1996〕385号《关于查封房屋因未告知房管部门被出卖应如何执行的请示》收悉，经研究，答复如下：

北京市第二中级人民法院在审理广州市海珠区南华西物资公司诉北京亚运特需供应公司购销合同纠纷一案中，依法作出的〔1994〕中法调字第23号民事裁定书虽未抄告房管部门，但已送达当事人，根据《中华人民共和国民事诉讼法》第一百四十一条规定，诉前保全的裁定是不准上诉的裁定，依该裁定书保全查封被告的房产，属合法有效。北京亚运特需供应公司在此后擅自将其已被查封的房产转卖给北京沃克曼贸易开发有限责任公司的行为是违法的，所订立的房屋买卖合同系无效合同。北京市高级人民法院〔1995〕高经终字第11号民事判决书确定该案保全查封的房产为执行的标的物是正确的。北京亚运特需供应公司在其未能履行生效判决书所确定的还债义务时，以拍卖或变卖本案保全查封的房产的价款偿还债务，于法有据。至于北京沃克曼开发有限责任公司是否为善意第三人及其利益的保护等问题，可通过诉讼另案解决。

最高人民法院执行工作办公室关于股民保证金属于股民所有问题的函

1. 1997年9月10日

2. 法经〔1997〕297号

北京市高级人民法院：

海南港澳国际信托投资有限公司向我院反映：北京市第一中级法院在执行该院〔1996〕一中经初字第1106号民事判决书时，分别于1997年8月20日和8月21日冻结了该公司在花旗银行上海分行和渣打银行深圳分行开设的B股股票交易账户项下的资金。该两账户是经有关机关批准而开立的B股股票交易账户，其项下的资金是境外股民存入该账户的股票交易保证金，其所有权属境外股民所有。由于北京一中院的冻结，致使股票交易受阻，股民权益受损，境外股民欲在十五大期间进京上访。为此，请求我院监督纠错。

我们认为，B股股票交易账户上的股民保证金，其所有权为股民所有，不属被执行人的财产。现将当事人反映材料转去，如情况属实，请你院立即通知北京市第一中级法院务必在本月15日前解除冻结，并报告结果。

最高人民法院执行工作办公室关于企业职工建房集资款不属企业所得问题的函

1. 1997年1月27日

2. 法经〔1997〕12号

湖北省高级人民法院：

陕西建光机器厂给我院来函反映：你省荆沙市沙市区人民法院在执行荆沙市中级人民法院〔1996〕荆经字第175号生效判决时，将所有权不属于该厂的职工建房集资款60万元人民币予以冻结。为此，该厂向沙市区人民法院提出异议，沙市区人民法院则以此款是职工预购房款，属该厂所有为由，驳回其异议。

经审查，陕西建光机器厂为解决本厂职工住房困难，于1995年12月15日以集资修建职工住房方案为题下发了〔1995〕180号文件，该文件明确了集资对象、条件及方式。经上报市房改办公室获批后，该厂按市房改办批复的要求，将上述职工个人集资款存入指定银行的专项帐户。上列事实清楚，证据充分。国务院住房制度改革领导小组办公室还专就此事致函我办，明确指出："此款其性质属于职工个人的，不应视为企业的其他资金。"请你院接到此函后，通知并监督荆沙市沙市区人民法院立即将此款解冻。

最高人民法院关于能否扣划被执行单位投资开办的企业法人的资金偿还被执行单位债务问题的复函

1. 1991年4月29日

2. 法（经）函〔1991〕94号

广东省高级人民法院：

你院1990年7月2日《关于执行深圳市儿童福利中心诉中国农村能源协会一案的情况报告》及8月27日转来的深圳市中级人民法院《关于能否扣划被执行人的投资款以偿还债务的请示报告》均收悉。经研究，答复如下：

在深圳市儿童福利中心诉中国农村能源协会一案中，被执行人应当是发生法律效力的民事判决中的义务承担人，即中国农村能源协会。强制执行的财产只能是被执行人所有或能够处分的财产。被执行人投资兴办的企业既经注册登记为企业法人，则其投资已成为该企业法人的注册资金，属于该企业法人经营管理的财产，作为投资人的被执行人已无权随意处分。即使可以用投资款偿还投资人的债务，也只能依法转让股权或以所得收益偿还，而不能直接扣划。因此，深圳中院以正大科技贸易总公司是中国农村能源协会投资兴办的为由，扣划正大科技贸易总公司的存款，冻结广东鸿大国际科技中心的账户，用以偿还中国农村能源协会的债务是不妥当的。

此复

7. 执行措施

(1)一般执行措施规范

最高人民法院关于民事执行中财产调查若干问题的规定

1. 2017年1月25日最高人民法院审判委员会第1708次会议通过、2017年2月28日公布、自2017年5月1日起施行(法释〔2017〕8号)

2. 根据2020年12月23日最高人民法院审判委员会第1823次会议通过、2020年12月29日公布、自2021年1月1日起施行的《最高人民法院关于修改〈最高人民法院关于人民法院扣押铁路运输货物若干问题的规定〉等十八件执行类司法解释的决定》(法释〔2020〕21号)修正

为规范民事执行财产调查,维护当事人及利害关系人的合法权益,根据《中华人民共和国民事诉讼法》等法律的规定,结合执行实践,制定本规定。

第一条　执行过程中,申请执行人应当提供被执行人的财产线索;被执行人应当如实报告财产;人民法院应当通过网络执行查控系统进行调查,根据案件需要应当通过其他方式进行调查的,同时采取其他调查方式。

第二条　申请执行人提供被执行人财产线索,应当填写财产调查表。财产线索明确、具体的,人民法院应当在七日内调查核实;情况紧急的,应当在三日内调查核实。财产线索确实的,人民法院应当及时采取相应的执行措施。

申请执行人确因客观原因无法自行查明财产的,可以申请人民法院调查。

第三条　人民法院依申请执行人的申请或依职权责令被执行人报告财产情况的,应当向其发出报告财产令。金钱债权执行中,报告财产令应当与执行通知同时发出。

人民法院根据案件需要再次责令被执行人报告财产情况的,应当重新向其发出报告财产令。

第四条　报告财产令应当载明下列事项:

(一)提交财产报告的期限;

(二)报告财产的范围、期间;

(三)补充报告财产的条件及期间;

(四)违反报告财产义务应承担的法律责任;

(五)人民法院认为有必要载明的其他事项。

报告财产令应附财产调查表,被执行人必须按照要求逐项填写。

第五条　被执行人应当在报告财产令载明的期限内向人民法院书面报告下列财产情况:

(一)收入、银行存款、现金、理财产品、有价证券;

(二)土地使用权、房屋等不动产;

(三)交通运输工具、机器设备、产品、原材料等动产;

(四)债权、股权、投资权益、基金份额、信托受益权、知识产权等财产性权利;

(五)其他应当报告的财产。

被执行人的财产已出租、已设立担保物权等权利负担,或者存在共有、权属争议等情形的,应当一并报告;被执行人的动产由第三人占有,被执行人的不动产、特定动产、其他财产权等登记在第三人名下的,也应当一并报告。

被执行人在报告财产令载明的期限内提交书面报告确有困难的，可以向人民法院书面申请延长期限；申请有正当理由的，人民法院可以适当延长。

第六条 被执行人自收到执行通知之日前一年至提交书面财产报告之日，其财产情况发生下列变动的，应当将变动情况一并报告：

（一）转让、出租财产的；

（二）在财产上设立担保物权等权利负担的；

（三）放弃债权或延长债权清偿期的；

（四）支出大额资金的；

（五）其他影响生效法律文书确定债权实现的财产变动。

第七条 被执行人报告财产后，其财产情况发生变动，影响申请执行人债权实现的，应当自财产变动之日起十日内向人民法院补充报告。

第八条 对被执行人报告的财产情况，人民法院应当及时调查核实，必要时可以组织当事人进行听证。

申请执行人申请查询被执行人报告的财产情况的，人民法院应当准许。申请执行人及其代理人对查询过程中知悉的信息应当保密。

第九条 被执行人拒绝报告、虚假报告或者无正当理由逾期报告财产情况的，人民法院可以根据情节轻重对被执行人或者其法定代理人予以罚款、拘留；构成犯罪的，依法追究刑事责任。

人民法院对有前款规定行为之一的单位，可以对其主要负责人或者直接责任人员予以罚款、拘留；构成犯罪的，依法追究刑事责任。

第十条 被执行人拒绝报告、虚假报告或者无正当理由逾期报告财产情况的，人民法院应当依照相关规定将其纳入失信被执行人名单。

第十一条 有下列情形之一的，财产报告程序终结：

（一）被执行人履行完毕生效法律文书确定义务的；

（二）人民法院裁定终结执行的；

（三）人民法院裁定不予执行的；

（四）人民法院认为财产报告程序应当终结的其他情形。

发出报告财产令后，人民法院裁定终结本次执行程序的，被执行人仍应依照本规定第七条的规定履行补充报告义务。

第十二条 被执行人未按执行通知履行生效法律文书确定的义务，人民法院有权通过网络执行查控系统、现场调查等方式向被执行人、有关单位或个人调查被执行人的身份信息和财产信息，有关单位和个人应当依法协助办理。

人民法院对调查所需资料可以复制、打印、抄录、拍照或以其他方式进行提取、留存。

申请执行人申请查询人民法院调查的财产信息的，人民法院可以根据案件需要决定是否准许。申请执行人及其代理人对查询过程中知悉的信息应当保密。

第十三条 人民法院通过网络执行查控系统进行调查，与现场调查具有同等法律效力。

人民法院调查过程中作出的电子法律文书与纸质法律文书具有同等法律效力；协助执行单位反馈的电子查询结果与纸质反馈结果具有同等法律效力。

第十四条 被执行人隐匿财产、会计账簿等资料拒不交出的，人民法院可以依法采取搜查措施。

人民法院依法搜查时，对被执行人可能隐匿财产或者资料的处所、箱柜等，经责令被执行人开启而拒不配合的，可以强制开启。

第十五条　为查明被执行人的财产情况和履行义务的能力，可以传唤被执行人或被执行人的法定代表人、负责人、实际控制人、直接责任人员到人民法院接受调查询问。

对必须接受调查询问的被执行人、被执行人的法定代表人、负责人或者实际控制人，经依法传唤无正当理由拒不到场的，人民法院可以拘传其到场；上述人员下落不明的，人民法院可以依照相关规定通知有关单位协助查找。

第十六条　人民法院对已经办理查封登记手续的被执行人机动车、船舶、航空器等特定动产未能实际扣押的，可以依照相关规定通知有关单位协助查找。

第十七条　作为被执行人的法人或非法人组织不履行生效法律文书确定的义务，申请执行人认为其有拒绝报告、虚假报告财产情况，隐匿、转移财产等逃避债务情形或者其股东、出资人有出资不实、抽逃出资等情形的，可以书面申请人民法院委托审计机构对该被执行人进行审计。人民法院应当自收到书面申请之日起十日内决定是否准许。

第十八条　人民法院决定审计的，应当随机确定具备资格的审计机构，并责令被执行人提交会计凭证、会计账簿、财务会计报告等与审计事项有关的资料。

被执行人隐匿审计资料的，人民法院可以依法采取搜查措施。

第十九条　被执行人拒不提供、转移、隐匿、伪造、篡改、毁弃审计资料，阻挠审计人员查看业务现场或者有其他妨碍审计调查行为的，人民法院可以根据情节轻重对被执行人或其主要负责人、直接责任人员予以罚款、拘留；构成犯罪的，依法追究刑事责任。

第二十条　审计费用由提出审计申请的申请执行人预交。被执行人存在拒绝报告或虚假报告财产情况，隐匿、转移财产或者其他逃避债务情形的，审计费用由被执行人承担；未发现被执行人存在上述情形的，审计费用由申请执行人承担。

第二十一条　被执行人不履行生效法律文书确定的义务，申请执行人可以向人民法院书面申请发布悬赏公告查找可供执行的财产。申请书应当载明下列事项：

（一）悬赏金的数额或计算方法；

（二）有关人员提供人民法院尚未掌握的财产线索，使该申请执行人的债权得以全部或部分实现时，自愿支付悬赏金的承诺；

（三）悬赏公告的发布方式；

（四）其他需要载明的事项。

人民法院应当自收到书面申请之日起十日内决定是否准许。

第二十二条　人民法院决定悬赏查找财产的，应当制作悬赏公告。悬赏公告应当载明悬赏金的数额或计算方法、领取条件等内容。

悬赏公告应当在全国法院执行悬赏公告平台、法院微博或微信等媒体平台发布，也可以在执行法院公告栏或被执行人住所地、经常居住地等处张贴。申请执行人申请在其他媒体平台发布，并自愿承担发布费用的，人民法院应当准许。

第二十三条　悬赏公告发布后，有关人员向人民法院提供财产线索的，人民法院应当对有关人员的身份信息和财产线索进行登记；两人以上提供相同财产线索的，应当按照提供线索的先后顺序登记。

人民法院对有关人员的身份信息和财产线索应当保密，但为发放悬赏金需要告知申请执行人的除外。

第二十四条　有关人员提供人民法院尚未掌握的财产线索,使申请发布悬赏公告的申请执行人的债权得以全部或部分实现的,人民法院应当按照悬赏公告发放悬赏金。

悬赏金从前款规定的申请执行人应得的执行款中予以扣减。特定物交付执行或者存在其他无法扣减情形的,悬赏金由该申请执行人另行支付。

有关人员为申请执行人的代理人、有义务向人民法院提供财产线索的人员或者存在其他不应发放悬赏金情形的,不予发放。

第二十五条　执行人员不得调查与执行案件无关的信息,对调查过程中知悉的国家秘密、商业秘密和个人隐私应当保密。

第二十六条　本规定自2017年5月1日起施行。

本规定施行后,本院以前公布的司法解释与本规定不一致的,以本规定为准。

最高人民法院关于
执行款物管理工作的规定

1. 2017年2月27日修订印发
2. 法发〔2017〕6号
3. 自2017年5月1日起施行

为规范人民法院对执行款物的管理工作,维护当事人的合法权益,根据《中华人民共和国民事诉讼法》及有关司法解释,参照有关财务管理规定,结合执行工作实际,制定本规定。

第一条　本规定所称执行款物,是指执行程序中依法应当由人民法院经管的财物。

第二条　执行款物的管理实行执行机构与有关管理部门分工负责、相互配合、相互监督的原则。

第三条　财务部门应当对执行款的收付进行逐案登记,并建立明细账。

对于由人民法院保管的查封、扣押物品,应当指定专人或部门负责,逐案登记,妥善保管,任何人不得擅自使用。

执行机构应当指定专人对执行款物的收发情况进行管理,设立台账、逐案登记,并与执行款物管理部门对执行款物的收发情况每月进行核对。

第四条　人民法院应当开设执行款专户或在案款专户中设置执行款科目,对执行款实行专项管理、独立核算、专款专付。

人民法院应当采取一案一账号的方式,对执行款进行归集管理,案号、款项、被执行人或交款人应当一一对应。

第五条　执行人员应当在执行通知书或有关法律文书中告知人民法院执行款专户或案款专户的开户银行名称、账号、户名,以及交款时应当注明执行案件案号、被执行人姓名或名称、交款人姓名或名称、交款用途等信息。

第六条　被执行人可以将执行款直接支付给申请执行人;人民法院也可以将执行款从被执行人账户直接划至申请执行人账户。但有争议或需再分配的执行款,以及人民法院认为确有必要的,应当将执行款划至执行款专户或案款专户。

人民法院通过网络执行查控系统扣划的执行款,应当划至执行款专户或案款专户。

第七条　交款人直接到人民法院交付执行款的,执行人员可以会同交款人或由交款人直接到财务部门办理相关手续。

交付现金的,财务部门应当即时向交款人出具收款凭据;交付票据的,财务部门应当即时向交款人出具收取凭证,在款项到账后三日内通知执行人员领取收款凭据。

收到财务部门的收款凭据后，执行人员应当及时通知被执行人或交款人在指定期限内用收取凭证更换收款凭据。被执行人或交款人未在指定期限内办理更换手续或明确拒绝更换的，执行人员应当书面说明情况，连同收款凭据一并附卷。

第八条　交款人采用转账汇款方式交付和人民法院采用扣划方式收取执行款的，财务部门应当在款项到账后三日内通知执行人员领取收款凭据。

收到财务部门的收款凭据后，执行人员应当参照本规定第七条第三款规定办理。

第九条　执行人员原则上不直接收取现金和票据；确有必要直接收取的，应当不少于两名执行人员在场，即时向交款人出具收取凭证，同时制作收款笔录，由交款人和在场人员签名。

执行人员直接收取现金或者票据的，应当在回院后当日将现金或票据移交财务部门；当日移交确有困难的，应当在回院后一日内移交并说明原因。财务部门应当按照本规定第七条第二款规定办理。

收到财务部门的收款凭据后，执行人员应当按照本规定第七条第三款规定办理。

第十条　执行人员应当在收到财务部门执行款到账通知之日起三十日内，完成执行款的核算、执行费用的结算、通知申请执行人领取和执行款发放等工作。

有下列情形之一的，报经执行局局长或主管院领导批准后，可以延缓发放：

（一）需要进行案款分配的；

（二）申请执行人因另案诉讼、执行或涉嫌犯罪等原因导致执行款被保全或冻结的；

（三）申请执行人经通知未领取的；

（四）案件被依法中止或者暂缓执行的；

（五）有其他正当理由需要延缓发放执行款的。

上述情形消失后，执行人员应当在十日内完成执行款的发放。

第十一条　人民法院发放执行款，一般应当采取转账方式。

执行款应当发放给申请执行人，确需发放给申请执行人以外的单位或个人的，应当组成合议庭进行审查，但依法应当退还给交款人的除外。

第十二条　发放执行款时，执行人员应当填写执行款发放审批表。执行款发放审批表中应当注明执行案件案号、当事人姓名或名称、交款人姓名或名称、交款金额、交款时间、交款方式、收款人姓名或名称、收款人账号、发款金额和方式等情况。报经执行局局长或主管院领导批准后，交由财务部门办理支付手续。

委托他人代为办理领取执行款手续的，应当附特别授权委托书、委托代理人的身份证复印件。委托代理人是律师的，应当附所在律师事务所出具的公函及律师执照复印件。

第十三条　申请执行人要求或同意人民法院采取转账方式发放执行款的，执行人员应当持执行款发放审批表及申请执行人出具的本人或本单位接收执行款的账户信息的书面证明，交财务部门办理转账手续。

申请执行人或委托代理人直接到人民法院办理领取执行款手续的，执行人员应当在查验领款人身份证件、授权委托手续后，持执行款发放审批表，会同领款人到财务部门办理支付手续。

第十四条　财务部门在办理执行款支付手续时，除应当查验执行款发放审批表，还应当按照有关财务管理规定进行审核。

第十五条 发放执行款时，收款人应当出具合法有效的收款凭证。财务部门另有规定的，依照其规定。

第十六条 有下列情形之一，不能在规定期限内发放执行款的，人民法院可以将执行款提存：

（一）申请执行人无正当理由拒绝领取的；

（二）申请执行人下落不明的；

（三）申请执行人死亡未确定继承人或者丧失民事行为能力未确定监护人的；

（四）按照申请执行人提供的联系方式无法通知其领取的；

（五）其他不能发放的情形。

第十七条 需要提存执行款的，执行人员应当填写执行款提存审批表并附具有提存情形的证明材料。执行款提存审批表中应注明执行案件案号、当事人姓名或名称、交款人姓名或名称、交款金额、交款时间、交款方式、收款人姓名或名称、提存金额、提存原因等情况。报经执行局局长或主管院领导批准后，办理提存手续。

提存费用应当由申请执行人负担，可以从执行款中扣除。

第十八条 被执行人将执行依据确定交付、返还的物品（包括票据、证照等）直接交付给申请执行人的，被执行人应当向人民法院出具物品接收证明；没有物品接收证明的，执行人员应当将履行情况记入笔录，经双方当事人签字后附卷。

被执行人将物品交由人民法院转交给申请执行人或由人民法院主持双方当事人进行交接的，执行人员应当将交付情况记入笔录，经双方当事人签字后附卷。

第十九条 查封、扣押至人民法院或被执行人、担保人等直接向人民法院交付的物品，执行人员应当立即通知保管部门对物品进行清点、登记，有价证券、金银珠宝、古董等贵重物品应当封存，并办理交接。保管部门接收物品后，应当出具收取凭证。

对于在异地查封、扣押，且不便运输或容易毁损的物品，人民法院可以委托物品所在地人民法院代为保管，代为保管的人民法院应当按照前款规定办理。

第二十条 人民法院应当确定专门场所存放本规定第十九条规定的物品。

第二十一条 对季节性商品、鲜活、易腐烂变质以及其他不宜长期保存的物品，人民法院可以责令当事人及时处理，将价款交付人民法院；必要时，执行人员可予以变卖，并将价款依照本规定要求交财务部门。

第二十二条 人民法院查封、扣押或被执行人交付，且属于执行依据确定交付、返还的物品，执行人员应当自查封、扣押或被执行人交付之日起三十日内，完成执行费用的结算、通知申请执行人领取和发放物品等工作。不属于执行依据确定交付、返还的物品，符合处置条件的，执行人员应当依法启动财产处置程序。

第二十三条 人民法院解除对物品的查封、扣押措施的，除指定由被执行人保管的外，应当自解除查封、扣押措施之日起十日内将物品发还给所有人或交付人。

物品在人民法院查封、扣押期间，因自然损耗、折旧所造成的损失，由物品所有人或交付人自行负担，但法律另有规定的除外。

第二十四条 符合本规定第十六条规定情形之一的，人民法院可以对物品进行提存。

物品不适于提存或者提存费用过高的，人民

法院可以提存拍卖或者变卖该物品所得价款。

第二十五条　物品的发放、延缓发放、提存等，除本规定有明确规定外，参照执行款的有关规定办理。

第二十六条　执行款物的收发凭证、相关证明材料，应当附卷归档。

第二十七条　案件承办人调离执行机构，在移交案件时，必须同时移交执行款物收发凭证及相关材料。执行款物收发情况复杂的，可以在交接时进行审计。执行款物交接不清的，不得办理调离手续。

第二十八条　各高级人民法院在实施本规定过程中，结合行政事业单位内部控制建设的要求，以及执行工作实际，可制定具体实施办法。

第二十九条　本规定自2017年5月1日起施行。2006年5月18日施行的《最高人民法院关于执行款物管理工作的规定（试行）》（法发〔2006〕11号）同时废止。

最高人民法院关于诉讼代理人查阅民事案件材料的规定

1. 2002年11月4日最高人民法院审判委员会第1254次会议通过、2002年11月15日公布、自2002年12月7日起施行（法释〔2002〕39号）

2. 根据2020年12月23日最高人民法院审判委员会第1823次会议通过、2020年12月29日公布、自2021年1月1日起施行的《最高人民法院关于修改〈最高人民法院关于人民法院民事调解工作若干问题的规定〉等十九件民事诉讼类司法解释的决定》（法释〔2020〕20号）修正

为保障代理民事诉讼的律师和其他诉讼代理人依法行使查阅所代理案件有关材料的权利，保证诉讼活动的顺利进行，根据《中华人民共和国民事诉讼法》第六十一条的规定，现对诉讼代理人查阅代理案件有关材料的范围和办法作如下规定：

第一条　代理民事诉讼的律师和其他诉讼代理人有权查阅所代理案件的有关材料。但是，诉讼代理人查阅案件材料不得影响案件的审理。

诉讼代理人为了申请再审的需要，可以查阅已经审理终结的所代理案件有关材料。

第二条　人民法院应当为诉讼代理人阅卷提供便利条件，安排阅卷场所。必要时，该案件的书记员或者法院其他工作人员应当在场。

第三条　诉讼代理人在诉讼过程中需要查阅案件有关材料的，应当提前与该案件的书记员或者审判人员联系；查阅已经审理终结的案件有关材料的，应当与人民法院有关部门工作人员联系。

第四条　诉讼代理人查阅案件有关材料应当出示律师证或者身份证等有效证件。查阅案件有关材料应当填写查阅案件有关材料阅卷单。

第五条　诉讼代理人在诉讼中查阅案件材料限于案件审判卷和执行卷的正卷，包括起诉书、答辩书、庭审笔录及各种证据材料等。

案件审理终结后，可以查阅案件审判卷的正卷。

第六条　诉讼代理人查阅案件有关材料后，应当及时将查阅的全部案件材料交回书记员或者其他负责保管案卷的工作人员。

书记员或者法院其他工作人员对诉讼代理人交回的案件材料应当当面清查，认为无误后在阅卷单上签注。阅卷单应当附卷。

诉讼代理人不得将查阅的案件材料携出法院指定的阅卷场所。

第七条　诉讼代理人查阅案件材料可以摘抄或者

复印。涉及国家秘密的案件材料,依照国家有关规定办理。

复印案件材料应当经案卷保管人员的同意。复印已经审理终结的案件有关材料,诉讼代理人可以要求案卷管理部门在复印材料上盖章确认。

复印案件材料可以收取必要的费用。

第八条 查阅案件材料中涉及国家秘密、商业秘密和个人隐私的,诉讼代理人应当保密。

第九条 诉讼代理人查阅案件材料时不得涂改、损毁、抽取案件材料。

人民法院对修改、损毁、抽取案卷材料的诉讼代理人,可以参照民事诉讼法第一百一十一条第一款第(一)项的规定处理。

第十条 民事案件的当事人查阅案件有关材料的,参照本规定执行。

第十一条 本规定自公布之日起施行。

国家土地管理局关于人民法院裁定转移土地使用权问题对最高人民法院经〔1997〕18号函的复函

1. 1997年8月18日

2. 〔1997〕国土函字第96号

最高人民法院:

你院法经〔1997〕18号函收悉。经研究,现复函如下:

一、以出让、转让方式取得的国有土地使用权属当事人自有财产,人民法院对土地使用权(包括以土地为载体的各种权利、义务)转移的裁定,应作为土地权属转移的合法依据,土地管理部门应根据法院的裁定,及时进行变更土地登记。但人民法院在裁定中应明确告知当事人三十日内到人民政府土地管理部门申请办理变更土地登记。并将裁定或判决内容以有效法律文书形式及时通知土地管理部门。

二、土地管理部门在对裁定的土地办理变更登记手续时,其权利取得的时间,应以人民法院裁定的权利取得时间为依据。对不申请办理变更登记或逾期申请的,其土地权利不受法律保护,涉及的土地按违法用地处理。

三、为维护人民法院判决裁定和土地登记的严肃性,凡当事人在规定时间内申请办理变更登记手续的,土地管理部门应以法院裁定或判决时间先后为序确认土地权利。

四、对通过划拨方式取得的土地使用权,由于不属于当事人的自有财产,不能作为当事人财产进行裁定。但在裁定转移地上建筑物、附着物涉及有关土地使用权时,在与当地土地管理部门取得一致意见后,可裁定随地上物同时转移。

凡属于裁定中改变土地用途及使用条件的,需征得土地管理部门同意,补交出让金的,应在裁定中明确,经办理出让手续,方可取得土地使用权。

五、对尚未确定土地权属的土地,应先依据《土地管理法》第十三条规定处理后,人民法院再行裁定。

最高人民法院关于执行案件中车辆登记单位与实际出资购买人不一致应如何处理问题的复函

1. 2000年11月21日

2. 〔2000〕执他字第25号

上海市高级人民法院:

你院沪高法〔1999〕321号《关于执行案件中车

辆登记单位与实际出资购买人不一致应如何处理的请示》收悉。经研究，答复如下：

本案被执行人即登记名义人上海福久快餐有限公司对其名下的三辆机动车并不主张所有权；其与第三人上海人工半岛建设发展有限公司签订的协议书与承诺书意思表示真实，并无转移财产之嫌；且第三人出具的购买该三辆车的财务凭证、银行账册明细表、缴纳养路费和税费的凭证，证明第三人为实际出资人，独自对该三辆机动车享有占有、使用、收益和处分权。因此，对本案的三辆机动车不应确定登记名义人为车主，而应当依据公平、等价有偿原则，确定归第三人所有。故请你院监督执行法院对该三辆机动车予以解封。

此复

最高人民法院执行工作办公室关于确定外资企业清算的裁决执行问题的复函

1. 2003年10月10日

2. 〔2002〕执他字第11号

广东省高级人民法院：

你院〔2001〕粤高法执监字第288号《关于是否受理澳大利亚庄臣有限公司依仲裁裁决申请执行广州金城房地产股份有限公司一案的请示报告》收悉。经研究，答复如下：

一、根据你院报告反映的情况，未发现本案仲裁裁决存在民事诉讼法第二百六十条规定的不予执行事由。

二、本案仲裁裁决主文（裁决项）要求进行的清算属于给付内容。只是根据现行司法解释和行政法规的规定，人民法院不主管对合营企业的清算，当事人不能自行清算的，由企业审批机关组织特别清算。因裁决主文明确指引清算以理由部分[仲裁庭的意见（三）]确定的原则进行，因此，本案裁决主文应当与理由联系起来理解，理由部分所述内容应当理解为构成裁决主文的一部分，其中关于清算后按比例分配资产的要求，也是给付内容，但具体给付数额需要根据清算结果确定。

三、本案中企业审批机关组织了特别清算。对于清算结果的依法确认问题，同意你院关于仲裁委秘书处无权代表仲裁庭对清算结果进行确认的意见，同时本案中仲裁委秘书处实际上并未真正确认清算结果。但清算委员会的清算报告经过审批机关确认后，在利害关系人没有明确异议的情况下，应当视为是确定的、有效的。该清算的结果使裁决中按比例分配资产的内容在具体分配数额方面得以明确。

四、为了维护生效裁判文书的权威性，维护清算的法律秩序和经济秩序，人民法院应当在适当的条件下，以强制力保障根据法院判决或者仲裁裁决所作的清算的依法进行和清算结果的实现。对本案中已经因清算结果而进一步明确的按比例分配资产的裁决内容，应当予以执行。

五、执行中应当注意，如果利害关系人对清算结果依法提出了异议，并启动了相应的行政或司法程序，执行法院对其争议的财产或其相应的数额应当暂时不予处理。

(2)冻结、划拨

最高人民法院关于人民法院能否对信用证开证保证金采取冻结和扣划措施问题的规定

1. 1996年6月20日最高人民法院审判委员会第822次会议通过、1997年9月3日公布、自1997年9月16日起施行(法释〔1997〕4号)

2. 根据2020年12月23日最高人民法院审判委员会第1823次会议通过、2020年12月29日公布、自2021年1月1日起施行的《最高人民法院关于修改〈最高人民法院关于人民法院扣押铁路运输货物若干问题的规定〉等十八件执行类司法解释的决定》(法释〔2020〕21号)修正

信用证开证保证金属于有进出口经营权的企业向银行申请对国外(境外)方开立信用证而备付的具有担保支付性质的资金。为了严肃执法和保护当事人的合法权益,现就有关冻结、扣划信用证开证保证金的问题规定如下:

一、人民法院在审理或执行案件时,依法可以对信用证开证保证金采取冻结措施,但不得扣划。如果当事人、开证银行认为人民法院冻结和扣划的某项资金属于信用证开证保证金的,应当依法提出异议并提供有关证据予以证明。人民法院审查后,可按以下原则处理:对于确系信用证开证保证金的,不得采取扣划措施;如果开证银行履行了对外支付义务,根据该银行的申请,人民法院应当立即解除对信用证开证保证金相应部分的冻结措施;如果申请开证人提供的开证保证金是外汇,当事人又举证证明信用证的受益人提供的单据与信用证条款相符时,人民法院应当立即解除冻结措施。

二、如果银行因信用证无效、过期,或者因单证不符而拒付信用证款项并且免除了对外支付义务,以及在正常付出了信用证款项并从信用证开证保证金中扣除相应款额后尚有剩余,即在信用证开证保证金账户存款已丧失保证金功能的情况下,人民法院可以依法采取扣划措施。

三、人民法院对于为逃避债务而提供虚假证据证明属信用证开证保证金的单位和个人,应当依照民事诉讼法的有关规定严肃处理。

最高人民法院关于产业工会、基层工会是否具备社团法人资格和工会经费集中户可否冻结划拨问题的批复

1. 1997年5月16日公布(法复〔1997〕8号)

2. 根据2020年12月23日最高人民法院审判委员会第1823次会议通过、2020年12月29日公布、自2021年1月1日起施行的《最高人民法院关于修改〈最高人民法院关于人民法院扣押铁路运输货物若干问题的规定〉等十八件执行类司法解释的决定》(法释〔2020〕21号)修正

各省、自治区、直辖市高级人民法院,解放军军事法院:

山东等省高级人民法院就审判工作中如何认定产业工会、基层工会的社会团体法人资格和对工会财产、经费查封、扣押、冻结、划拨的问题,向我院请示。经研究,批复如下:

一、根据《中华人民共和国工会法》(以下简称工会法)的规定,产业工会社会团体法人资格的取得是由工会法直接规定的,依法不需要办理法人登

记。基层工会只要符合《中华人民共和国民法典》、工会法和《中国工会章程》规定的条件,报上一级工会批准成立,即具有社会团体法人资格。人民法院在审理案件中,应当严格按照法律规定的社会团体法人条件,审查基层工会社会团体法人的法律地位。产业工会、具有社会团体法人资格的基层工会与建立工会的营利法人是各自独立的法人主体。企业或企业工会对外发生的经济纠纷,各自承担民事责任。上级工会对基层工会是否具备法律规定的社会团体法人的条件审查不严或不实,应当承担与其过错相应的民事责任。

二、确定产业工会或者基层工会兴办企业的法人资格,原则上以工商登记为准;其上级工会依据有关规定进行审批是必经程序,人民法院不应以此为由冻结、划拨上级工会的经费并替欠债企业清偿债务。产业工会或基层工会投资兴办的具备法人资格的企业,如果投资不足或者抽逃资金的,应当补足投资或者在注册资金不实的范围内承担责任;如果投资全部到位,又无抽逃资金的行为,当企业负债时,应当以企业所有的或者经营管理的财产承担有限责任。

三、根据工会法的规定,工会经费包括工会会员缴纳的会费,建立工会组织的企业事业单位、机关按每月全部职工工资总额的百分之二的比例向工会拨交的经费,以及工会所属的企业、事业单位上缴的收入和人民政府的补助等。工会经费要按比例逐月向地方各级总工会和全国总工会拨交。工会的经费一经拨交,所有权随之转移。在银行独立开列的"工会经费集中户",与企业经营资金无关,专门用于工会经费的集中与分配,不能在此账户开支费用或挪用、转移资金。因此,人民法院在审理案件中,不应将工会经费视为所在企业的财产,在企业欠债的情况下,不应冻结、划拨工会经费及"工会经费集中户"的款项。

此复

最高人民法院关于能否要求社保机构协助冻结、扣划被执行人的养老金问题的复函

1. 2014年6月26日

2. 〔2014〕执他字第22号

浙江省高级人民法院:

你院浙高法〔2014〕29号《关于请求商人力资源和社会保障部废止劳社厅函〔2002〕27号复函的报告》收悉。经研究,提出如下意见:

一、被执行人应得的养老金应当视为被执行人在第三人处的固定收入,属于其责任财产的范围,依照《中华人民共和国民事诉讼法》第二百四十三条之规定,人民法院有权冻结、扣划。但是,在冻结、扣划前,应当预留被执行人及其所抚养家属必须的生活费用。

二、《中华人民共和国民事诉讼法》第二百四十二条规定:"人民法院决定扣押、冻结、划拨、变价财产,应当作出裁定,并发出协助执行通知书,有关单位必须办理。"本院《关于人民法院执行工作若干问题的规定(试行)》第36条也规定:"被执行人在有关单位的收入尚未支取的,人民法院应当作出裁定,向该单位发出协助执行通知书,由其协助扣留或提取"。依照前述规定,社会保障机构作为养老金发放机构,有义务协助人民法院冻结、扣划被执行人应得的养老金。

三、在执行被执行人的养老金时,应当注意向社会

保障机构做好解释工作，讲清法律规定的精神，取得理解和支持。如其仍拒绝协助的，可以依法制裁。

此复

（3）查封、扣押

最高人民法院关于人民法院民事执行中查封、扣押、冻结财产的规定

1. 2004年10月26日最高人民法院审判委员会第1330次会议通过、2004年11月4日公布、自2005年1月1日起施行（法释〔2004〕15号）

2. 根据2020年12月23日最高人民法院审判委员会第1823次会议通过、2020年12月29日公布、自2021年1月1日起施行的《最高人民法院关于修改〈最高人民法院关于人民法院扣押铁路运输货物若干问题的规定〉等十八件执行类司法解释的决定》（法释〔2020〕21号）修正

为了进一步规范民事执行中的查封、扣押、冻结措施，维护当事人的合法权益，根据《中华人民共和国民事诉讼法》等法律的规定，结合人民法院民事执行工作的实践经验，制定本规定。

第一条 人民法院查封、扣押、冻结被执行人的动产、不动产及其他财产权，应当作出裁定，并送达被执行人和申请执行人。

采取查封、扣押、冻结措施需要有关单位或者个人协助的，人民法院应当制作协助执行通知书，连同裁定书副本一并送达协助执行人。查封、扣押、冻结裁定书和协助执行通知书送达时发生法律效力。

第二条 人民法院可以查封、扣押、冻结被执行人占有的动产、登记在被执行人名下的不动产、特定动产及其他财产权。

未登记的建筑物和土地使用权，依据土地使用权的审批文件和其他相关证据确定权属。

对于第三人占有的动产或者登记在第三人名下的不动产、特定动产及其他财产权，第三人书面确认该财产属于被执行人的，人民法院可以查封、扣押、冻结。

第三条 人民法院对被执行人下列的财产不得查封、扣押、冻结：

（一）被执行人及其所扶养家属生活所必需的衣服、家具、炊具、餐具及其他家庭生活必需的物品；

（二）被执行人及其所扶养家属所必需的生活费用。当地有最低生活保障标准的，必需的生活费用依照该标准确定；

（三）被执行人及其所扶养家属完成义务教育所必需的物品；

（四）未公开的发明或者未发表的著作；

（五）被执行人及其所扶养家属用于身体缺陷所必需的辅助工具、医疗物品；

（六）被执行人所得的勋章及其他荣誉表彰的物品；

（七）根据《中华人民共和国缔结条约程序法》，以中华人民共和国、中华人民共和国政府或者中华人民共和国政府部门名义同外国、国际组织缔结的条约、协定和其他具有条约、协定性质的文件中规定免于查封、扣押、冻结的财产；

（八）法律或者司法解释规定的其他不得查封、扣押、冻结的财产。

第四条 对被执行人及其所扶养家属生活所必需的居住房屋，人民法院可以查封，但不得拍卖、变卖或者抵债。

第五条 对于超过被执行人及其所扶养家属生活所必需的房屋和生活用品，人民法院根据申请执行人的申请，在保障被执行人及其所扶养家属最低生活标准所必需的居住房屋和普通生活必需品后，可予以执行。

第六条 查封、扣押动产的，人民法院可以直接控制该项财产。人民法院将查封、扣押的动产交付其他人控制的，应当在该动产上加贴封条或者采取其他足以公示查封、扣押的适当方式。

第七条 查封不动产的，人民法院应当张贴封条或者公告，并可以提取保存有关财产权证照。

查封、扣押、冻结已登记的不动产、特定动产及其他财产权，应当通知有关登记机关办理登记手续。未办理登记手续的，不得对抗其他已经办理了登记手续的查封、扣押、冻结行为。

第八条 查封尚未进行权属登记的建筑物时，人民法院应当通知其管理人或者该建筑物的实际占有人，并在显著位置张贴公告。

第九条 扣押尚未进行权属登记的机动车辆时，人民法院应当在扣押清单上记载该机动车辆的发动机编号。该车辆在扣押期间权利人要求办理权属登记手续的，人民法院应当准许并及时办理相应的扣押登记手续。

第十条 查封、扣押的财产不宜由人民法院保管的，人民法院可以指定被执行人负责保管；不宜由被执行人保管的，可以委托第三人或者申请执行人保管。

由人民法院指定被执行人保管的财产，如果继续使用对该财产的价值无重大影响，可以允许被执行人继续使用；由人民法院保管或者委托第三人、申请执行人保管的，保管人不得使用。

第十一条 查封、扣押、冻结担保物权人占有的担保财产，一般应当指定该担保物权人作为保管人；该财产由人民法院保管的，质权、留置权不因转移占有而消灭。

第十二条 对被执行人与其他人共有的财产，人民法院可以查封、扣押、冻结，并及时通知共有人。

共有人协议分割共有财产，并经债权人认可的，人民法院可以认定有效。查封、扣押、冻结的效力及于协议分割后被执行人享有份额内的财产；对其他共有人享有份额内的财产的查封、扣押、冻结，人民法院应当裁定予以解除。

共有人提起析产诉讼或者申请执行人代位提起析产诉讼的，人民法院应当准许。诉讼期间中止对该财产的执行。

第十三条 对第三人为被执行人的利益占有的被执行人的财产，人民法院可以查封、扣押、冻结；该财产被指定给第三人继续保管的，第三人不得将其交付给被执行人。

对第三人为自己的利益依法占有的被执行人的财产，人民法院可以查封、扣押、冻结，第三人可以继续占有和使用该财产，但不得将其交付给被执行人。

第三人无偿借用被执行人的财产的，不受前款规定的限制。

第十四条 被执行人将其财产出卖给第三人，第三人已经支付部分价款并实际占有该财产，但根据合同约定被执行人保留所有权的，人民法院可以查封、扣押、冻结；第三人要求继续履行合同的，向人民法院交付全部余款后，裁定解除查封、扣押、冻结。

第十五条 被执行人将其所有的需要办理过户登记的财产出卖给第三人，第三人已经支付部分或者全部价款并实际占有该财产，但尚未办理产权过户登记手续的，人民法院可以查封、扣押、冻结；第三人已经支付全部价款并实际占有，但未办理过户登记手续的，如果第三人对此没有过错，人民法院不得查封、扣押、冻结。

第十六条　被执行人购买第三人的财产，已经支付部分价款并实际占有该财产，第三人依合同约定保留所有权的，人民法院可以查封、扣押、冻结。保留所有权已办理登记的，第三人的剩余价款从该财产变价款中优先支付；第三人主张取回该财产的，可以依据民事诉讼法第二百二十七条规定提出异议。

第十七条　被执行人购买需要办理过户登记的第三人的财产，已经支付部分或者全部价款并实际占有该财产，虽未办理产权过户登记手续，但申请执行人已向第三人支付剩余价款或者第三人同意剩余价款从该财产变价款中优先支付的，人民法院可以查封、扣押、冻结。

第十八条　查封、扣押、冻结被执行人的财产时，执行人员应当制作笔录，载明下列内容：

（一）执行措施开始及完成的时间；

（二）财产的所在地、种类、数量；

（三）财产的保管人；

（四）其他应当记明的事项。

执行人员及保管人应当在笔录上签名，有民事诉讼法第二百四十五条规定的人员到场的，到场人员也应当在笔录上签名。

第十九条　查封、扣押、冻结被执行人的财产，以其价额足以清偿法律文书确定的债权额及执行费用为限，不得明显超标的额查封、扣押、冻结。

发现超标的额查封、扣押、冻结的，人民法院应当根据被执行人的申请或者依职权，及时解除对超标的额部分财产的查封、扣押、冻结，但该财产为不可分物且被执行人无其他可供执行的财产或者其他财产不足以清偿债务的除外。

第二十条　查封、扣押的效力及于查封、扣押物的从物和天然孳息。

第二十一条　查封地上建筑物的效力及于该地上建筑物使用范围内的土地使用权，查封土地使用权的效力及于地上建筑物，但土地使用权与地上建筑物的所有权分属被执行人与他人的除外。

地上建筑物和土地使用权的登记机关不是同一机关的，应当分别办理查封登记。

第二十二条　查封、扣押、冻结的财产灭失或者毁损的，查封、扣押、冻结的效力及于该财产的替代物、赔偿款。人民法院应当及时作出查封、扣押、冻结该替代物、赔偿款的裁定。

第二十三条　查封、扣押、冻结协助执行通知书在送达登记机关时，登记机关已经受理被执行人转让不动产、特定动产及其他财产的过户登记申请，尚未完成登记的，应当协助人民法院执行。人民法院不得对登记机关已经完成登记的被执行人已转让的财产实施查封、扣押、冻结措施。

查封、扣押、冻结协助执行通知书在送达登记机关时，其他人民法院已向该登记机关送达了过户登记协助执行通知书的，应当优先办理过户登记。

第二十四条　被执行人就已经查封、扣押、冻结的财产所作的移转、设定权利负担或者其他有碍执行的行为，不得对抗申请执行人。

第三人未经人民法院准许占有查封、扣押、冻结的财产或者实施其他有碍执行的行为的，人民法院可以依据申请执行人的申请或者依职权解除其占有或者排除其妨害。

人民法院的查封、扣押、冻结没有公示的，其效力不得对抗善意第三人。

第二十五条　人民法院查封、扣押被执行人设定最高额抵押权的抵押物的，应当通知抵押权人。抵押权人受抵押担保的债权数额自收到人民法院通知时起不再增加。

人民法院虽然没有通知抵押权人，但有证据证明抵押权人知道或者应当知道查封、扣押事实的，受抵押担保的债权数额从其知道或者应当知道该事实时起不再增加。

第二十六条 对已被人民法院查封、扣押、冻结的财产，其他人民法院可以进行轮候查封、扣押、冻结。查封、扣押、冻结解除的，登记在先的轮候查封、扣押、冻结即自动生效。

其他人民法院对已登记的财产进行轮候查封、扣押、冻结的，应当通知有关登记机关协助进行轮候登记，实施查封、扣押、冻结的人民法院应当允许其他人民法院查阅有关文书和记录。

其他人民法院对没有登记的财产进行轮候查封、扣押、冻结的，应当制作笔录，并经实施查封、扣押、冻结的人民法院执行人员及被执行人签字，或者书面通知实施查封、扣押、冻结的人民法院。

第二十七条 查封、扣押、冻结期限届满，人民法院未办理延期手续的，查封、扣押、冻结的效力消灭。

查封、扣押、冻结的财产已经被执行拍卖、变卖或者抵债的，查封、扣押、冻结的效力消灭。

第二十八条 有下列情形之一的，人民法院应当作出解除查封、扣押、冻结裁定，并送达申请执行人、被执行人或者案外人：

（一）查封、扣押、冻结案外人财产的；

（二）申请执行人撤回执行申请或者放弃债权的；

（三）查封、扣押、冻结的财产流拍或者变卖不成，申请执行人和其他执行债权人又不同意接受抵债，且对该财产又无法采取其他执行措施的；

（四）债务已经清偿的；

（五）被执行人提供担保且申请执行人同意解除查封、扣押、冻结的；

（六）人民法院认为应当解除查封、扣押、冻结的其他情形。

解除以登记方式实施的查封、扣押、冻结的，应当向登记机关发出协助执行通知书。

第二十九条 财产保全裁定和先予执行裁定的执行适用本规定。

第三十条 本规定自2005年1月1日起施行。施行前本院公布的司法解释与本规定不一致的，以本规定为准。

最高人民法院关于对被执行人存在银行的凭证式国库券可否采取执行措施问题的批复

1. 1998年2月5日最高人民法院审判委员会第958次会议通过、1998年2月10日公布、自1998年2月12日起施行（法释〔1998〕2号）

2. 根据2020年12月23日最高人民法院审判委员会第1823次会议通过、2020年12月29日公布、自2021年1月1日起施行的《最高人民法院关于修改〈最高人民法院关于人民法院扣押铁路运输货物若干问题的规定〉等十八件执行类司法解释的决定》（法释〔2020〕21号）修正

北京市高级人民法院：

你院《关于对被执行人在银行的凭证式记名国库券可否采取冻结、扣划强制措施的请示》（京高法〔1997〕194号）收悉。经研究，答复如下：

被执行人存在银行的凭证式国库券是由被执行人交银行管理的到期偿还本息的有价证券，在性质上与银行的定期储蓄存款相似,属于被执行人的财产。依照《中华人民共和国民事诉讼法》第二百四十二条规定的精神,人民法院有权冻结、划拨被执行人存在银行的凭证式国库券。有关银行应当按照人民法院的协助执行通知书将本息划归申请执行人。

最高人民法院关于人民法院扣押铁路运输货物若干问题的规定

1. *1997 年 4 月 22 日发布(法发〔1997〕8 号)*
2. *根据 2020 年 12 月 23 日最高人民法院审判委员会第 1823 次会议通过、2020 年 12 月 29 日公布、自 2021 年 1 月 1 日起施行的《最高人民法院关于修改〈最高人民法院关于人民法院扣押铁路运输货物若干问题的规定〉等十八件执行类司法解释的决定》(法释〔2020〕21 号)修正*

根据《中华人民共和国民事诉讼法》等有关法律的规定,现就人民法院扣押铁路运输货物问题作如下规定:

一、人民法院依法可以裁定扣押铁路运输货物。铁路运输企业依法应当予以协助。

二、当事人申请人民法院扣押铁路运输货物,应当提供担保,申请人不提供担保的,驳回申请。申请人的申请应当写明:要求扣押货物的发货站、到货站,托运人、收货人的名称,货物的品名、数量、货票号码等。

三、人民法院扣押铁路运输货物,应当制作裁定书并附协助执行通知书。协助执行通知书中应当载明:扣押货物的发货站、到货站,托运人、收货人的名称,货物的品名、数量和货票号码。在货物发送前扣押的,人民法院应当将裁定书副本和协助执行通知书送达始发地的铁路运输企业由其协助执行;在货物发送后扣押的,应当将裁定书副本和协助执行通知书送达目的地或最近中转编组站的铁路运输企业由其协助执行。

人民法院一般不应在中途站、中转站扣押铁路运输货物。必要时,在不影响铁路正常运输秩序、不损害其他自然人、法人和非法人组织合法权益的情况下,可在最近中转编组站或有条件的车站扣押。

人民法院裁定扣押国际铁路联运货物,应当通知铁路运输企业、海关、边防、商检等有关部门协助执行。属于进口货物的,人民法院应当向我国进口国(边)境站、到货站或有关部门送达裁定书副本和协助执行通知书;属于出口货物的,在货物发送前应当向发货站或有关部门送达,在货物发送后未出我国国(边)境前,应当向我国出境站或有关部门送达。

四、经人民法院裁定扣押的铁路运输货物,该铁路运输企业与托运人之间签订的铁路运输合同中涉及被扣押货物部分合同终止履行的,铁路运输企业不承担责任。因扣押货物造成的损失,由有关责任人承担。

因申请人申请扣押错误所造成的损失,由申请人承担赔偿责任。

五、铁路运输企业及有关部门因协助执行扣押货物而产生的装卸、保管、检验、监护等费用,由有关责任人承担,但应先由申请人垫付。申请人不是责任人的,可以再向责任人追偿。

六、扣押后的进出口货物,因尚未办结海关手续,人民法院在对此类货物作出最终处理决定前,应当先责令有关当事人补交关税并办理海关其他手续。

最高人民法院关于首先查封法院与优先债权执行法院处分查封财产有关问题的批复

1. 2015年12月16日最高人民法院审判委员会第1672次会议通过

2. 2016年4月12日公布

3. 法释〔2016〕6号

4. 自2016年4月14日起施行

福建省高级人民法院：

你院《关于解决法院首封处分权与债权人行使优先受偿债权冲突问题的请示》（闽高法〔2015〕261号）收悉。经研究，批复如下：

一、执行过程中，应当由首先查封、扣押、冻结（以下简称查封）法院负责处分查封财产。但已进入其他法院执行程序的债权对查封财产有顺位在先的担保物权、优先权（该债权以下简称优先债权），自首先查封之日起已超过60日，且首先查封法院就该查封财产尚未发布拍卖公告或者进入变卖程序的，优先债权执行法院可以要求将该查封财产移送执行。

二、优先债权执行法院要求首先查封法院将查封财产移送执行的，应当出具商请移送执行函，并附确认优先债权的生效法律文书及案件情况说明。

首先查封法院应当在收到优先债权执行法院商请移送执行函之日起15日内出具移送执行函，将查封财产移送优先债权执行法院执行，并告知当事人。

移送执行函应当载明将查封财产移送执行及首先查封债权的相关情况等内容。

三、财产移送执行后，优先债权执行法院在处分或继续查封该财产时，可以持首先查封法院移送执行函办理相关手续。

优先债权执行法院对移送的财产变价后，应当按照法律规定的清偿顺序分配，并将相关情况告知首先查封法院。

首先查封债权尚未经生效法律文书确认的，应当按照首先查封债权的清偿顺位，预留相应份额。

四、首先查封法院与优先债权执行法院就移送查封财产发生争议的，可以逐级报请双方共同的上级法院指定该财产的执行法院。

共同的上级法院根据首先查封债权所处的诉讼阶段、查封财产的种类及所在地、各债权数额与查封财产价值之间的关系等案件具体情况，认为由首先查封法院执行更为妥当的，也可以决定由首先查封法院继续执行，但应当督促其在指定期限内处分查封财产。

此复

附件：1. ××××人民法院商请移送执行函（略）

2. ××××人民法院移送执行函（略）

最高人民法院关于人民法院查封的财产被转卖是否保护善意取得人利益问题的复函

1. 1999年11月17日

2. 〔1999〕执他字第21号

河北省高级人民法院：

你院《关于被执行人转卖法院查封财产第三人善意取得是否应予保护的请示》收悉。经研究，答复如下：

人民法院依法查封的财产被转卖的，对买受人原则上不适用善意取得制度。但鉴于所请示的案件中，有关法院在执行本案时，对液化气铁路罐车的查封手续不够完备，因此在处理时对申请执行人和买受人的利益均应给予照顾，具体可对罐车或其变价款在申请执行人和买受人之间进行公平合理分配。

最高人民法院关于不得对中国人民银行及其分支机构的办公楼、运钞车、营业场所等进行查封的通知

1. 1999年3月4日

2. 法〔1999〕81号

各省、自治区、直辖市高级人民法院，解放军军事法院，新疆维吾尔自治区高级人民法院生产建设兵团分院：

近年来，一些地方发生中国人民银行分支机构因行使金融监管权而被列为被告的案件，有的受案法院查封了人民银行的办公楼（内有金库）、运钞车、营业场所，影响了人民银行金融监管工作的正常进行。为防止和杜绝类似事件的发生，特就有关问题通知如下：

中国人民银行是依法行使国家金融行政管理职权的国家机关，根据《中国人民银行法》和《非法金融机构和非法金融活动取缔办法》的规定，对金融业实施监督管理，行使撤销、关闭金融机构，取缔非法金融机构等行政职权。因此，被撤销、关闭的金融机构或被取缔的非法金融机构自身所负的民事责任不应当由行使监督管理职权的中国人民银行承担，更不应以此为由查封中国人民银行及其分支机构的办公楼、运钞车和营业场所。各级人民法院在审理、执行当事人一方为被撤销、关闭的金融机构或被取缔的非法金融机构的经济纠纷案件中，如发现上述问题，应当及时依法予以纠正。

对确应由中国人民银行及其分支机构承担民事责任的案件，人民法院亦不宜采取查封其办公楼、运钞车、营业场所的措施。中国人民银行及其分支机构应当自觉履行已生效的法律文书，逾期不履行的，人民法院在查明事实的基础上，可以依法执行其其他财产。

（4）轮候查封

最高人民法院关于正确处理轮候查封效力相关问题的通知

1. 2022年4月14日

2. 法〔2022〕107号

各省、自治区、直辖市高级人民法院，新疆维吾尔自治区高级人民法院生产建设兵团分院：

轮候查封制度对于确保人民法院间查封处置财产的有序衔接，防止债务人转移财产规避执行，维护轮候查封债权人合法权益，具有重要作用。但实践中部分法院未能准确掌握和运用轮候查封制度，尤其在首封法院处置查封物所得价款由在先查封债权人受偿后有剩余的情况下对轮候查封效力问题存在错误认识，导致相关财产处置损害轮候查封债权人合法权益。为了正确处理轮候查封效力相关问题，现将有关事项通知如下。

一、轮候查封具有确保轮候查封债权人能够取得首封债权人从查封物变价款受偿后剩余部分的作用。首封法院对查封物处置变现后，首封债权人

受偿后变价款有剩余的，该剩余价款属于轮候查封物的替代物，轮候查封的效力应当及于该替代物，即对于查封物变价款中多于首封债权人应得数额部分有正式查封的效力。轮候查封债权人对该剩余价款有权主张相应权利。

二、轮候查封对于首封处置法院有约束力。首封法院在所处置的查封物有轮候查封的情况下，对于查封物变价款清偿首封债权人后的剩余部分，不能径行返还被执行人，首封债权人和被执行人也无权自行或协商处理。首封法院有义务将相关处置情况告知变价款处置前已知的轮候查封法院，并将剩余变价款移交给轮候查封法院，由轮候查封法院依法处理；轮候查封法院案件尚在诉讼程序中的，应由首封处置法院予以留存，待审判确定后依法处理。

三、首封处置法院在明知拍卖标的物有轮候查封的情况下，违反上述义务，径行将剩余变价款退还被执行人的，构成执行错误。

请各级人民法院严格遵照执行上述要求，遇有问题，请及时层报最高人民法院。

最高人民法院关于查封法院全部处分标的物后轮候查封的效力问题的批复

1. 2007年9月11日

2. 法函〔2007〕100号

北京市高级人民法院：

你院《关于查封法院全部处分标的物后，轮候查封的效力问题的请示》（京高法〔2007〕208号）收悉。经研究，答复如下：

根据《最高人民法院关于人民法院民事执行中查封、扣押、冻结财产的规定》（法释〔2004〕15号）第二十八条第一款的规定，轮候查封、扣押、冻结自在先的查封、扣押、冻结解除时自动生效，故人民法院对已查封、扣押、冻结的全部财产进行处分后，该财产上的轮候查封自始未产生查封、扣押、冻结的效力。同时，根据上述司法解释第三十条的规定，人民法院对已查封、扣押、冻结的财产进行拍卖、变卖或抵债的，原查封、扣押、冻结的效力消灭，人民法院无需先行解除该财产上的查封、扣押、冻结，可直接进行处分，有关单位应当协助办理有关财产权证照转移手续。

此复

最高人民法院关于同一法院在不同案件中是否可以对同一财产采取轮候查封、扣押、冻结保全措施问题的答复

1. 2006年1月10日

2. 〔2005〕执他字第24号

江苏省高级人民法院：

你院关于同一法院在不同案件中是否可以对同一财产采取轮候查封、扣押、冻结保全措施的请示收悉。经研究，答复如下：

设立轮候查封、扣押、冻结制度，目的是为了解决多个债权对同一执行标的物受偿的先后顺序问题。因此，根据最高人民法院《关于人民法院民事执行中查封、扣押、冻结财产的规定》第二十八条规定的精神，只要不是同一债权，不论是不是同一个债权人，受理案件的法院是不是同一个法院，都应当允许对已被查封、扣押、冻结的财产进行轮候查封、扣押、冻结；同一法院在不同案件中也可以对同一财产采取轮候查封、扣押、冻结保全措施。

此复

(5)失信被执行人

最高人民法院关于公布失信被执行人名单信息的若干规定

1. 2013年7月1日最高人民法院审判委员会第1582次会议通过、2013年7月16日公布、自2013年10月1日起施行(法释〔2013〕17号)

2. 根据2017年1月16日最高人民法院审判委员会第1707次会议通过、2017年2月28日公布、自2017年5月1日起施行的《最高人民法院关于修改〈最高人民法院关于公布失信被执行人名单信息的若干规定〉的决定》(法释〔2017〕7号)修正

为促使被执行人自觉履行生效法律文书确定的义务,推进社会信用体系建设,根据《中华人民共和国民事诉讼法》的规定,结合人民法院工作实际,制定本规定。

第一条　被执行人未履行生效法律文书确定的义务,并具有下列情形之一的,人民法院应当将其纳入失信被执行人名单,依法对其进行信用惩戒:

(一)有履行能力而拒不履行生效法律文书确定义务的;

(二)以伪造证据、暴力、威胁等方法妨碍、抗拒执行的;

(三)以虚假诉讼、虚假仲裁或者以隐匿、转移财产等方法规避执行的;

(四)违反财产报告制度的;

(五)违反限制消费令的;

(六)无正当理由拒不履行执行和解协议的。

第二条　被执行人具有本规定第一条第二项至第六项规定情形的,纳入失信被执行人名单的期限为二年。被执行人以暴力、威胁方法妨碍、抗拒执行情节严重或具有多项失信行为的,可以延长一至三年。

失信被执行人积极履行生效法律文书确定义务或主动纠正失信行为的,人民法院可以决定提前删除失信信息。

第三条　具有下列情形之一的,人民法院不得依据本规定第一条第一项的规定将被执行人纳入失信被执行人名单:

(一)提供了充分有效担保的;

(二)已被采取查封、扣押、冻结等措施的财产足以清偿生效法律文书确定债务的;

(三)被执行人履行顺序在后,对其依法不应强制执行的;

(四)其他不属于有履行能力而拒不履行生效法律文书确定义务的情形。

第四条　被执行人为未成年人的,人民法院不得将其纳入失信被执行人名单。

第五条　人民法院向被执行人发出的执行通知中,应当载明有关纳入失信被执行人名单的风险提示等内容。

申请执行人认为被执行人具有本规定第一条规定情形之一的,可以向人民法院申请将其纳入失信被执行人名单。人民法院应当自收到申请之日起十五日内审查并作出决定。人民法院认为被执行人具有本规定第一条规定情形之一的,也可以依职权决定将其纳入失信被执行人名单。

人民法院决定将被执行人纳入失信被执行人名单的,应当制作决定书,决定书应当写明纳入失信被执行人名单的理由,有纳入期限的,应当写明纳入期限。决定书由院长签发，自作出之日起生效。决定书应当按照民事诉讼法规定的法律文书送达方式送达当事人。

第六条　记载和公布的失信被执行人名单信息应当包括：

（一）作为被执行人的法人或者其他组织的名称、统一社会信用代码（或组织机构代码）、法定代表人或者负责人姓名；

（二）作为被执行人的自然人的姓名、性别、年龄、身份证号码；

（三）生效法律文书确定的义务和被执行人的履行情况；

（四）被执行人失信行为的具体情形；

（五）执行依据的制作单位和文号、执行案号、立案时间、执行法院；

（六）人民法院认为应当记载和公布的不涉及国家秘密、商业秘密、个人隐私的其他事项。

第七条　各级人民法院应当将失信被执行人名单信息录入最高人民法院失信被执行人名单库，并通过该名单库统一向社会公布。

各级人民法院可以根据各地实际情况，将失信被执行人名单通过报纸、广播、电视、网络、法院公告栏等其他方式予以公布，并可以采取新闻发布会或者其他方式对本院及辖区法院实施失信被执行人名单制度的情况定期向社会公布。

第八条　人民法院应当将失信被执行人名单信息，向政府相关部门、金融监管机构、金融机构、承担行政职能的事业单位及行业协会等通报，供相关单位依照法律、法规和有关规定，在政府采购、招标投标、行政审批、政府扶持、融资信贷、市场准入、资质认定等方面，对失信被执行人予以信用惩戒。

人民法院应当将失信被执行人名单信息向征信机构通报，并由征信机构在其征信系统中记录。

国家工作人员、人大代表、政协委员等被纳入失信被执行人名单的，人民法院应当将失信情况通报其所在单位和相关部门。

国家机关、事业单位、国有企业等被纳入失信被执行人名单的，人民法院应当将失信情况通报其上级单位、主管部门或者履行出资人职责的机构。

第九条　不应纳入失信被执行人名单的公民、法人或其他组织被纳入失信被执行人名单的，人民法院应当在三个工作日内撤销失信信息。

记载和公布的失信信息不准确的，人民法院应当在三个工作日内更正失信信息。

第十条　具有下列情形之一的，人民法院应当在三个工作日内删除失信信息：

（一）被执行人已履行生效法律文书确定的义务或人民法院已执行完毕的；

（二）当事人达成执行和解协议且已履行完毕的；

（三）申请执行人书面申请删除失信信息，人民法院审查同意的；

（四）终结本次执行程序后，通过网络执行查控系统查询被执行人财产两次以上，未发现有可供执行财产，且申请执行人或者其他人未提供有效财产线索的；

（五）因审判监督或破产程序，人民法院依法裁定对失信被执行人中止执行的；

（六）人民法院依法裁定不予执行的；

（七）人民法院依法裁定终结执行的。

有纳入期限的，不适用前款规定。纳入期限届满后三个工作日内，人民法院应当删除失信信息。

依照本条第一款规定删除失信信息后，被执行人具有本规定第一条规定情形之一的，人民法院可以重新将其纳入失信被执行人名单。

依照本条第一款第三项规定删除失信信息后六个月内，申请执行人申请将该被执行人纳入失信被执行人名单的，人民法院不予支持。

第十一条 被纳入失信被执行人名单的公民、法人或其他组织认为有下列情形之一的，可以向执行法院申请纠正：

（一）不应将其纳入失信被执行人名单的；

（二）记载和公布的失信信息不准确的；

（三）失信信息应予删除的。

第十二条 公民、法人或其他组织对被纳入失信被执行人名单申请纠正的，执行法院应当自收到书面纠正申请之日起十五日内审查，理由成立的，应当在三个工作日内纠正；理由不成立的，决定驳回。公民、法人或其他组织对驳回决定不服的，可以自决定书送达之日起十日内向上一级人民法院申请复议。上一级人民法院应当自收到复议申请之日起十五日内作出决定。

复议期间，不停止原决定的执行。

第十三条 人民法院工作人员违反本规定公布、撤销、更正、删除失信信息的，参照有关规定追究责任。

中共中央办公厅、国务院办公厅关于加快推进失信被执行人信用监督、警示和惩戒机制建设的意见

1. 2016年9月14日

2. 中办发〔2016〕64号

人民法院通过司法程序认定的被执行人失信信息是社会信用信息重要组成部分。对失信被执行人进行信用监督、警示和惩戒，有利于促进被执行人自觉履行生效法律文书确定的义务，提高司法公信力，推进社会信用体系建设。为加快推进失信被执行人信用监督、警示和惩戒机制建设，现提出以下意见。

一、总体要求

（一）指导思想。全面贯彻落实党的十八大和十八届三中、四中、五中全会精神，深入学习贯彻习近平总书记系列重要讲话精神，紧紧围绕统筹推进“五位一体”总体布局和协调推进“四个全面”战略布局，牢固树立新发展理念，按照培育和践行社会主义核心价值观、推进信用信息共享、健全激励惩戒机制、提高全社会诚信水平的有关要求，进一步提高人民法院执行工作能力，加快推进失信被执行人跨部门协同监管和联合惩戒机制建设，构建一处失信、处处受限的信用监督、警示和惩戒工作体制机制，维护司法权威，提高司法公信力，营造向上向善、诚信互助的社会风尚。

（二）基本原则

——坚持合法性。对失信被执行人信用监督、警示和惩戒要严格遵照法律法规实施。

——坚持信息共享。破除各地区各部门之间以及国家机关与人民团体、社会组织、企事业单位之间的信用信息壁垒，依法推进信用信息互联互通和交换共享。

——坚持联合惩戒。各地区各部门要各司其职，相互配合，形成合力，构建一处失信、处处受限的信用监督、警示和惩戒体系。

——坚持政府主导和社会联动。各级政府要发挥主导作用，同时发挥各方面力量，促进全社会共同参与、共同治理，实现政府主导与社会

联动的有效融合。

（三）建设目标。到2018年，人民法院执行工作能力显著增强，执行联动体制便捷、顺畅、高效运行。失信被执行人名单制度更加科学、完善，失信被执行人界定与信息管理、推送、公开、屏蔽、撤销等合法高效、准确及时。失信被执行人信息与各类信用信息互联共享，以联合惩戒为核心的失信被执行人信用监督、警示和惩戒机制高效运行。有效促进被执行人自觉履行人民法院生效裁判确定的义务，执行难问题基本解决，司法公信力大幅提升，诚实守信成为全社会共同的价值追求和行为准则。

二、加强联合惩戒

（一）从事特定行业或项目限制

1. 设立金融类公司限制。将失信被执行人相关信息作为设立银行业金融机构及其分支机构，以及参股、收购银行业金融机构审批的审慎性参考，作为设立证券公司、基金管理公司、期货公司审批，私募投资基金管理人登记的审慎性参考。限制失信被执行人设立融资性担保公司、保险公司。

2. 发行债券限制。对失信被执行人在银行间市场发行债券从严审核，限制失信被执行人公开发行公司债券。

3. 合格投资者额度限制。在合格境外机构投资者、合格境内机构投资者额度审批和管理中，将失信状况作为审慎性参考依据。

4. 股权激励限制。失信被执行人为境内国有控股上市公司的，协助中止其股权激励计划；对失信被执行人为境内国有控股上市公司股权激励对象的，协助终止其行权资格。

5. 股票发行或挂牌转让限制。将失信被执行人信息作为股票发行和在全国中小企业股份转让系统挂牌公开转让股票审核的参考。

6. 设立社会组织限制。将失信被执行人信息作为发起设立社会组织审批登记的参考，限制失信被执行人发起设立社会组织。

7. 参与政府投资项目或主要使用财政性资金项目限制。协助人民法院查询政府采购项目信息；依法限制失信被执行人作为供应商参加政府采购活动；依法限制失信被执行人参与政府投资项目或主要使用财政性资金项目。

（二）政府支持或补贴限制

1. 获取政府补贴限制。限制失信被执行人申请政府补贴资金和社会保障资金支持。

2. 获得政策支持限制。在审批投资、进出口、科技等政策支持的申请时，查询相关机构及其法定代表人、实际控制人、董事、监事、高级管理人员是否为失信被执行人，作为其享受该政策的审慎性参考。

（三）任职资格限制

1. 担任国企高管限制。失信被执行人为个人的，限制其担任国有独资公司、国有资本控股公司董事、监事、高级管理人员，以及国有资本参股公司国有股权方派出或推荐的董事、监事、高级管理人员；已担任相关职务的，按照有关程序依法免去其职务。

2. 担任事业单位法定代表人限制。失信被执行人为个人的，限制其登记为事业单位法定代表人。

3. 担任金融机构高管限制。限制失信被执行人担任银行业金融机构、证券公司、基金管理公司、期货公司、保险公司、融资性担保公司的董事、监事、高级管理人员。

4. 担任社会组织负责人限制。失信被执行人为个人的，限制其登记或备案为社会组织负责人。

5. 招录(聘)为公务人员限制。限制招录(聘)失信被执行人为公务员或事业单位工作人员,在职公务员或事业单位工作人员被确定为失信被执行人的,失信情况应作为其评先、评优、晋职晋级的参考。

6. 入党或党员的特别限制。将严格遵守法律、履行生效法律文书确定的义务情况,作为申请加入中国共产党、预备党员转为正式党员以及党员评先、评优、晋职晋级的重要参考。

7. 担任党代表、人大代表和政协委员限制。失信被执行人为个人的,不作为组织推荐的各级党代会代表、各级人大代表和政协委员候选人。

8. 入伍服役限制。失信被执行人为个人的,将其失信情况作为入伍服役和现役、预备役军官评先、评优、晋职晋级的重要参考。

(四)准入资格限制

1. 海关认证限制。限制失信被执行人成为海关认证企业;在失信被执行人办理通关业务时,实施严密监管,加强单证审核或布控查验。

2. 从事药品、食品等行业限制。对失信被执行人从事药品、食品安全行业从严审批;限制失信被执行人从事危险化学品生产经营储存、烟花爆竹生产经营、矿山生产和安全评价、认证、检测、检验等行业;限制失信被执行人担任上述行业单位主要负责人及董事、监事、高级管理人员,已担任相关职务的,按规定程序要求予以变更。

3. 房地产、建筑企业资质限制。将房地产、建筑企业不依法履行生效法律文书确定的义务情况,记入房地产和建筑市场信用档案,向社会披露有关信息,对其企业资质作出限制。

(五)荣誉和授信限制

1. 授予文明城市、文明村镇、文明单位、文明家庭、道德模范、慈善类奖项限制。将履行人民法院生效裁判情况作为评选文明村镇、文明单位、文明家庭的前置条件,作为文明城市测评的指标内容。有关机构及其法定代表人、实际控制人、董事、监事、高级管理人员为失信被执行人的,不得参加文明单位、慈善类奖项评选,列入失信被执行人后取得的文明单位荣誉称号、慈善类奖项予以撤销。失信被执行人为个人的,不得参加道德模范、慈善类奖项评选,列入失信被执行人后获得的道德模范荣誉称号、慈善类奖项予以撤销。

2. 律师和律师事务所荣誉限制。协助人民法院查询失信被执行人的律师身份信息、律师事务所登记信息;失信被执行人为律师、律师事务所的,在一定期限内限制其参与评先、评优。

3. 授信限制。银行业金融机构在融资授信时要查询拟授信对象及其法定代表人、主要负责人、实际控制人、董事、监事、高级管理人员是否为失信被执行人,对拟授信对象为失信被执行人的,要从严审核。

(六)特殊市场交易限制

1. 从事不动产交易、国有资产交易限制。协助人民法院查询不动产登记情况,限制失信被执行人及失信被执行人的法定代表人、主要负责人、实际控制人、影响债务履行的直接责任人员购买或取得房产、土地使用权等不动产;限制失信被执行人从事土地、矿产等不动产资源开发利用,参与国有企业资产、国家资产等国有产权交易。

2. 使用国有林地限制。限制失信被执行人申报使用国有林地项目;限制其申报重点林业建设项目。

3. 使用草原限制。限制失信被执行人申报草原征占用项目；限制其申报承担国家草原保护建设项目。

4. 其他国有自然资源利用限制。限制失信被执行人申报水流、海域、无居民海岛、山岭、荒地、滩涂等国有自然资源利用项目以及重点自然资源保护建设项目。

（七）限制高消费及有关消费

1. 乘坐火车、飞机限制。限制失信被执行人及失信被执行人的法定代表人、主要负责人、实际控制人、影响债务履行的直接责任人员乘坐列车软卧、G字头动车组列车全部座位、其他动车组列车一等以上座位、民航飞机等非生活和工作必需的消费行为。

2. 住宿宾馆饭店限制。限制失信被执行人及失信被执行人的法定代表人、主要负责人、实际控制人、影响债务履行的直接责任人员住宿星级以上宾馆饭店、国家一级以上酒店及其他高消费住宿场所；限制其在夜总会、高尔夫球场等高消费场所消费。

3. 高消费旅游限制。限制失信被执行人及失信被执行人的法定代表人、主要负责人、实际控制人、影响债务履行的直接责任人员参加旅行社组织的团队出境旅游，以及享受旅行社提供的与出境旅游相关的其他服务；对失信被执行人在获得旅游等级评定的度假区内或旅游企业内消费实行限额控制。

4. 子女就读高收费学校限制。限制失信被执行人及失信被执行人的法定代表人、主要负责人、实际控制人、影响债务履行的直接责任人员以其财产支付子女入学就读高收费私立学校。

5. 购买具有现金价值保险限制。限制失信被执行人及失信被执行人的法定代表人、主要负责人、实际控制人、影响债务履行的直接责任人员支付高额保费购买具有现金价值的保险产品。

6. 新建、扩建、高档装修房屋等限制。限制失信被执行人及失信被执行人的法定代表人、主要负责人、实际控制人、影响债务履行的直接责任人员新建、扩建、高档装修房屋，购买非经营必需车辆等非生活和工作必需的消费行为。

（八）协助查询、控制及出境限制

协助人民法院依法查询失信被执行人身份、出入境证件信息及车辆信息，协助查封、扣押失信被执行人名下的车辆，协助查找、控制下落不明的失信被执行人，限制失信被执行人出境。

（九）加强日常监管检查

将失信被执行人和以失信被执行人为法定代表人、主要负责人、实际控制人、董事、监事、高级管理人员的单位，作为重点监管对象，加大日常监管力度，提高随机抽查的比例和频次，并可依据相关法律法规对其采取行政监管措施。

（十）加大刑事惩戒力度

公安、检察机关和人民法院对拒不执行生效判决、裁定以及其他妨碍执行构成犯罪的行为，要及时依法侦查、提起公诉和审判。

（十一）鼓励其他方面限制

鼓励各级党政机关、人民团体、社会组织、企事业单位使用失信被执行人名单信息，结合各自主管领域、业务范围、经营活动，实施对失信被执行人的信用监督、警示和惩戒。

三、加强信息公开与共享

（一）失信信息公开

人民法院要及时准确更新失信被执行人名单信息，并通过全国法院失信被执行人名单信息公布与查询平台、有关网站、移动客户端、户外媒体等多种形式向社会公开，供公众免费查询；根据联合惩戒工作需要，人民法院可以向有关单位推送名单信息，供其结合自身工作依法使用名单信息。对依法不宜公开失信信息的被执行人，人民法院要通报其所在单位，由其所在单位依纪依法处理。

（二）纳入政府政务公开

各地区各部门要按照中共中央办公厅、国务院办公厅印发的《关于全面推进政务公开工作的意见》的有关要求，将失信被执行人信用监督、警示和惩戒信息列入政务公开事项，对失信被执行人信用监督、警示和惩戒要依据部门权力清单、责任清单和负面清单依法开展。

（三）信用信息共享

各地区各部门之间要进一步打破信息壁垒，实现信息共享，通过全国信用信息共享平台，加快推进失信被执行人信息与公安、民政、人力资源社会保障、国土资源、住房城乡建设、财政、金融、税务、工商、安全监管、证券、科技等部门信用信息资源共享，推进失信被执行人信息与有关人民团体、社会组织、企事业单位信用信息资源共享。

（四）共享体制机制建设

加快推进失信被执行人信用信息共享体制机制建设，建立健全政府与征信机构、信用评级机构、金融机构、社会组织之间的信用信息共享机制。建立社会信用档案制度，将失信被执行人信息作为重要信用评价指标纳入社会信用评价体系。

四、完善相关制度机制

（一）进一步提高执行查控工作能力

1. 加快推进网络执行查控系统建设。加大信息化手段在执行工作中的应用，整合完善现有法院信息化系统，实现网络化查找被执行人和控制财产的执行工作机制。要通过政务网、专网等实现人民法院执行查控网络与公安、民政、人力资源社会保障、国土资源、住房城乡建设、工商、交通运输、农业、人民银行、银行监管、证券监管、保险监管、外汇管理等政府部门，及各金融机构、银联、互联网企业等企事业单位之间的网络连接，建成覆盖全国地域及土地、房产、存款、金融理财产品、证券、股权、车辆等主要财产形式的网络化、自动化执行查控体系，实现全国四级法院互联互通、全面应用。

2. 拓展执行查控措施。人民法院要进一步拓展对被告和被执行人财产的查控手段和措施。研究制定被执行人财产报告制度、律师调查被执行人财产制度、公告悬赏制度、审计调查制度等财产查控制度。

3. 完善远程执行指挥系统。最高人民法院和各高级、中级人民法院以及有条件的基层人民法院要建立执行指挥中心和远程指挥系统，实现四级法院执行指挥系统联网运行。建立上下一体、内外联动、规范高效、反应快捷的执行指挥工作体制机制。建立四级法院统一的网络化执行办案平台、公开平台和案件流程节点管理平台。

（二）进一步完善失信被执行人名单制度

1. 完善名单纳入制度。各级人民法院要根据执行案件的办理权限，严格按照法定条件和程序决定是否将被执行人纳入失信名单。

2. 确保名单信息准确规范。人民法院要建立严格的操作规程和审核纠错机制，确保失信被执行人名单信息准确规范。

3. 风险提示与救济。在将被执行人纳入失信名单前，人民法院应当向被执行人发出风险提示通知。被执行人认为将其纳入失信名单错误的，可以自收到决定之日起10日内向作出决定的人民法院申请纠正，人民法院应当自收到申请之日起3日内审查，理由成立的，予以撤销；理由不成立的，予以驳回。被执行人对驳回不服的，可以向上一级人民法院申请复议。

4. 失信名单退出。失信被执行人全部履行了生效法律文书确定的义务，或与申请执行人达成执行和解协议并经申请执行人确认履行完毕，或案件依法终结执行等，人民法院要在3日内屏蔽或撤销其失信名单信息。屏蔽、撤销信息要及时向社会公开并通报给已推送单位。

5. 惩戒措施解除。失信名单被依法屏蔽、撤销的，各信用监督、警示和惩戒单位要及时解除对被执行人的惩戒措施。确需继续保留对被执行人信用监督、警示和惩戒的，必须严格按照法律法规的有关规定实施，并明确继续保留的期限。

6. 责任追究。进一步完善责任追究制度，对应当纳入而不纳入、违法纳入以及不按规定屏蔽、撤销失信名单等行为，要按照有关规定追究责任。

（三）进一步完善党政机关支持人民法院执行工作制度

1. 进一步加强协助执行工作。各地区各部门要按照建立和完善执行联动机制的有关要求，进一步抓好落实工作。各级执行联动机制工作领导小组要制定具体的工作机制、程序，明确各协助执行单位的具体职责。强化协助执行工作考核与问责，组织人事、政法等部门要建立协助执行定期联合通报机制，对协助执行不力的单位予以通报和追责。

2. 严格落实执行工作综治考核责任。将失信被执行人联合惩戒情况作为社会治安综合治理目标责任考核的重要内容。严格落实人民法院执行工作在社会治安综合治理目标责任考核中的有关要求。

3. 强化对党政机关干扰执行的责任追究。党政机关要自觉履行人民法院生效裁判，并将落实情况纳入党风廉政建设主体责任和监督责任范围。坚决落实中共中央办公厅、国务院办公厅印发的《领导干部干预司法活动、插手具体案件处理的记录、通报和责任追究规定》，以及《司法机关内部人员过问案件的记录和责任追究规定》，对有关部门及领导干部干预执行、阻扰执行、不配合执行工作的行为，依纪依法严肃处理。

五、加强组织领导

（一）加强组织实施

各地区各部门要高度重视对失信被执行人信用监督、警示和惩戒工作，将其作为推进全面依法治国、推进社会信用体系建设、培育和践行社会主义核心价值观的重要内容，切实加强组织领导。进一步加强和完善社会信用体系建设部际联席会议制度，形成常态化工作机制。各成员单位要确定专门机构、专业人员负责统筹协调、督促检查各项任务落实情况，并向部际联席会议报告，对工作落实不到位的，予以通报批评，强化问责。负有信息共享、联合惩戒职责的部门要抓紧制定实施细则，确定责任部门，明确时间表、路线图，确保各项措施在2016年年底前落实到位。各联合惩戒单位要在2016年年底前完成与全国信用信息共享平台联合惩戒系统的对接，通过网络自动抓取失信被执行人名单信息，及时反馈惩戒情况。同时要加快惩戒软件开发使用进度，将失信被执行人名单信息嵌入单位管理、审批、工作系统中，实现对失信被执行人名单信息的自动比对、自动拦截、自动监督、自动惩戒。

（二）强化工作保障

各地区各部门要认真落实中央关于解决人

民法院执行难问题的要求，强化执行机构的职能作用，配齐配强执行队伍，大力推进执行队伍正规化、专业化、职业化建设。加快推进人民法院执行查控系统与执行指挥系统的软硬件建设，加快推进全国信用信息共享平台建设，加快推进各信息共享单位、联合惩戒单位的信息传输专线、存储设备等硬件建设和软件开发，加强人才、资金、设备、技术等方面的保障。

（三）完善相关法律规定

加快推进强制执行法等相关法律法规、司法解释及其他规范性文件的立改废释工作，及时将加强执行工作、推进执行联动、信用信息公开和共享、完善失信被执行人名单制度、加强联合惩戒等工作法律化、制度化，确保法律规范的科学性、针对性、实用性。

（四）加大宣传力度

加大对失信被执行人名单和信用惩戒的宣传力度，充分发挥新闻媒体的宣传、监督和舆论引导作用。利用报纸、广播、电视、网络等媒体，依法将失信被执行人信息、受惩戒情况等公之于众，形成舆论压力，扩大失信被执行人名单制度的影响力和警示力。

最高人民法院等关于在招标投标活动中对失信被执行人实施联合惩戒的通知

1. *2016年8月30日国家发展改革委员会、工业和信息化部、住房和城乡建设部、交通运输部、水利部、商务部、国家铁路局、中国民用航空局联合发布*
2. *法〔2016〕285号*

为贯彻党的十八届三中、四中、五中全会精神，落实《中央政法委关于切实解决人民法院执行难问题的通知》（政法〔2005〕52号）、《国务院关于促进市场公平竞争维护市场正常秩序的若干意见》（国发〔2014〕20号）、《国务院关于印发社会信用体系建设规划纲要（2014—2020年）的通知》（国发〔2014〕21号）、《关于对失信被执行人实施联合惩戒的合作备忘录》（发改财金〔2016〕141号）要求，加快推进社会信用体系建设，健全跨部门失信联合惩戒机制，促进招标投标市场健康有序发展，现就在招标投标活动中对失信被执行人实施联合惩戒的有关事项通知如下。

一、充分认识在招标投标活动中实施联合惩戒的重要性

诚实信用是招标投标活动的基本原则之一。在招标投标活动中对失信被执行人开展联合惩戒，有利于规范招标投标活动中当事人的行为，促进招标投标市场健康有序发展；有利于建立健全“一处失信，处处受限”的信用联合惩戒机制，推进社会信用体系建设；有利于维护司法权威，提升司法公信力，在全社会形成尊重司法，诚实守信的良好氛围。各有关单位要进一步提高认识，在招标投标活动中对失信被执行人实施联合惩戒，有效应用失信被执行人信息，推动招标投标活动规范、高效、透明。

二、联合惩戒对象

联合惩戒对象为被人民法院列为失信被执行人的下列人员：投标人、招标代理机构、评标专家以及其他招标从业人员。

三、失信被执行人信息查询内容及方式

（一）查询内容

失信被执行人（法人或者其他组织）的名称、统一社会信用代码（或组织机构代码）、法定代表人或者负责人姓名；失信被执行人（自然

人)的姓名、性别、年龄、身份证号码;生效法律文书确定的义务和被执行人的履行情况;失信被执行人失信行为的具体情形;执行依据的制作单位和文号、执行案号、立案时间、执行法院;人民法院认为应当记载和公布的不涉及国家秘密、商业秘密、个人隐私的其他事项。

(二)推送及查询方式

最高人民法院将失信被执行人信息推送到全国信用信息共享平台和“信用中国”网站,并负责及时更新。

招标人、招标代理机构、有关单位应当通过“信用中国”网站(www. creditchina. gov. cn)或各级信用信息共享平台查询相关主体是否为失信被执行人,并采取必要方式做好失信被执行人信息查询记录和证据留存。投标人可通过“信用中国”网站查询相关主体是否为失信被执行人。

国家公共资源交易平台、中国招标投标公共服务平台、各省级信用信息共享平台通过全国信用信息共享平台共享失信被执行人信息,各省级公共资源交易平台通过国家公共资源交易平台共享失信被执行人信息,逐步实现失信被执行人信息推送、接收、查询、应用的自动化。

四、联合惩戒措施

各相关部门应依据《中华人民共和国民事诉讼法》《中华人民共和国招标投标法》《中华人民共和国招标投标法实施条例》《最高人民法院关于公布失信被执行人名单信息的若干规定》等相关法律法规,依法对失信被执行人在招标投标活动中采取限制措施。

(一)限制失信被执行人的投标活动

依法必须进行招标的工程建设项目,招标人应当在资格预审公告、招标公告、投标邀请书及资格预审文件、招标文件中明确规定对失信被执行人的处理方法和评标标准,在评标阶段,招标人或者招标代理机构、评标专家委员会应当查询投标人是否为失信被执行人,对属于失信被执行人的投标活动依法予以限制。

两个以上的自然人、法人或者其他组织组成一个联合体,以一个投标人的身份共同参加投标活动的,应当对所有联合体成员进行失信被执行人信息查询。联合体中有一个或一个以上成员属于失信被执行人的,联合体视为失信被执行人。

(二)限制失信被执行人的招标代理活动

招标人委托招标代理机构开展招标事宜的,应当查询其失信被执行人信息,鼓励优先选择无失信记录的招标代理机构。

(三)限制失信被执行人的评标活动

依法建立的评标专家库管理单位在对评标专家聘用审核及日常管理时,应当查询有关失信被执行人信息,不得聘用失信被执行人为评标专家。对评标专家在聘用期间成为失信被执行人的,应及时清退。

(四)限制失信被执行人招标从业活动

招标人、招标代理机构在聘用招标从业人员前,应当明确规定对失信被执行人的处理办法,查询相关人员的失信被执行人信息,对属于失信被执行人的招标从业人员应按照规定进行处理。

以上限制自失信被执行人从最高人民法院失信被执行人信息库中删除之时起终止。

五、工作要求

(一)有关单位要根据本《通知》,共同推动在招标投标活动中对失信被执行人开展联合惩戒工作,指导、督促各地、各部门落实联合惩戒工作要求,确保联合惩戒工作规范有序进行。

（二）有关单位应在规范招标投标活动中，建立相关单位和个人违法失信行为信用记录，通过全国信用信息共享平台、国家公共资源交易平台和中国招标投标公共服务平台实现信用信息交换共享和动态更新，并按照有关规定及时在“信用中国”网站予以公开。

（三）有关单位应当妥善保管失信被执行人信息，不得用于招标投标以外的事项，不得泄露企业经营秘密和相关个人隐私。

最高人民法院关于限制被执行人高消费及有关消费的若干规定

1. 2010年5月17日最高人民法院审判委员会第1487次会议通过、2010年7月1日公布、自2001年10月1日起施行（法释〔2010〕8号）

2. 根据2015年7月6日最高人民法院审判委员会第1657次会议通过、2015年7月20日公布、自2015年7月22日起施行的《最高人民法院关于修改〈最高人民法院关于限制被执行人高消费的若干规定〉的决定》（法释〔2015〕17号）修正

为进一步加大执行力度，推动社会信用机制建设，最大限度保护申请执行人和被执行人的合法权益，根据《中华人民共和国民事诉讼法》的有关规定，结合人民法院民事执行工作的实践经验，制定本规定。

第一条 被执行人未按执行通知书指定的期间履行生效法律文书确定的给付义务的，人民法院可以采取限制消费措施，限制其高消费及非生活或者经营必需的有关消费。

纳入失信被执行人名单的被执行人，人民法院应当对其采取限制消费措施。

第二条 人民法院决定采取限制消费措施时，应当考虑被执行人是否有消极履行、规避执行或者抗拒执行的行为以及被执行人的履行能力等因素。

第三条 被执行人为自然人的，被采取限制消费措施后，不得有以下高消费及非生活和工作必需的消费行为：

（一）乘坐交通工具时，选择飞机、列车软卧、轮船二等以上舱位；

（二）在星级以上宾馆、酒店、夜总会、高尔夫球场等场所进行高消费；

（三）购买不动产或者新建、扩建、高档装修房屋；

（四）租赁高档写字楼、宾馆、公寓等场所办公；

（五）购买非经营必需车辆；

（六）旅游、度假；

（七）子女就读高收费私立学校；

（八）支付高额保费购买保险理财产品；

（九）乘坐G字头动车组列车全部座位、其他动车组列车一等以上座位等其他非生活和工作必需的消费行为。

被执行人为单位的，被采取限制消费措施后，被执行人及其法定代表人、主要负责人、影响债务履行的直接责任人员、实际控制人不得实施前款规定的行为。因私消费以个人财产实施前款规定行为的，可以向执行法院提出申请。执行法院审查属实的，应予准许。

第四条 限制消费措施一般由申请执行人提出书面申请，经人民法院审查决定；必要时人民法院可以依职权决定。

第五条 人民法院决定采取限制消费措施的，应当向被执行人发出限制消费令。限制消费令由人民法院院长签发。限制消费令应当载明限制消费的期间、项目、法律后果等内容。

第六条 人民法院决定采取限制消费措施的，可以根据案件需要和被执行人的情况向有义务协助调查、执行的单位送达协助执行通知书，也可以在相关媒体上进行公告。

第七条 限制消费令的公告费用由被执行人负担；申请执行人申请在媒体公告的，应当垫付公告费用。

第八条 被限制消费的被执行人因生活或者经营必需而进行本规定禁止的消费活动的，应当向人民法院提出申请，获批准后方可进行。

第九条 在限制消费期间，被执行人提供确实有效的担保或者经申请执行人同意的，人民法院可以解除限制消费令；被执行人履行完毕生效法律文书确定的义务的，人民法院应当在本规定第六条通知或者公告的范围内及时以通知或者公告解除限制消费令。

第十条 人民法院应当设置举报电话或者邮箱，接受申请执行人和社会公众对被限制消费的被执行人违反本规定第三条的举报，并进行审查认定。

第十一条 被执行人违反限制消费令进行消费的行为属于拒不履行人民法院已经发生法律效力的判决、裁定的行为，经查证属实的，依照《中华人民共和国民事诉讼法》第一百一十一条的规定，予以拘留、罚款；情节严重，构成犯罪的，追究其刑事责任。

有关单位在收到人民法院协助执行通知书后，仍允许被执行人进行高消费及非生活或者经营必需的有关消费的，人民法院可以依照《中华人民共和国民事诉讼法》第一百一十四条的规定，追究其法律责任。

（6）拍卖、变卖

最高人民法院关于进一步规范网络司法拍卖工作的指导意见

1. 2024年10月29日

2. 法〔2024〕238号

为进一步规范网络司法拍卖行为，着力提升执行财产处置水平，切实保障当事人的合法权益，根据《中华人民共和国民事诉讼法》（以下简称民事诉讼法）以及有关司法解释的规定，结合执行工作实践，就做好网络司法拍卖工作提出如下意见。

1. 尽职调查财产现状。执行法院应当对财产现状进行调查，不得以“现状拍卖”为由免除调查职责。对下列财产，应当重点调查以下事项：

（1）对不动产，应当通过调取登记信息、实地勘察、入户调查等方式，调查权属关系、占有使用情况、户型图、交易税目和税率、已知瑕疵等信息；

（2）对机动车，应当调查登记信息、违章信息、排放标准、行驶里程等对车辆价值有重要影响的信息；

（3）对食品，应当调查是否过期、是否腐败变质、是否属于禁止生产销售物品等信息，防止假冒伪劣食品通过网络司法拍卖流入市场，损害人民群众身体健康和生命安全；

（4）对股权，应当调查持股比例、认缴出资额、实缴出资额、出资期限、财务报表，以及股息、红利等对股权价值有重要影响的信息。

2. 严格审查权利负担的真实性。执行法院在财产调查过程中应当加大对虚假权利负担的甄别力度，案外人主张财产上存在租赁权、居住权等权利负担的，重点围绕合同签订时间、租赁或者居住权期限、租金支付、占有使用等情况，对权利负担的真实性进行审查。案外人所提事实和主张有悖日常生活经验、商业交易习惯的，对案外人“带租赁权”、“带居住权”处置的请求不予支持。案外人有异议的，可以通过执行异议程序救济。发现被执行人与第三人通过恶意串通倒签租赁合同、虚构长期租约等方式规避或者妨碍执行的，应当依法严肃追究其法律责任。

3. 认真核查建设工程价款情况。执行法院处置建设工程时，应当依法查明是否欠付建设工程价款，并按照下列情形分别处理：

（1）发现存在或者可能存在欠付建设工程价款，但没有权利人主张的，执行法院可以通过张贴拍卖公告、调取工程合同、询问被执行人等方式查明有关权利人，通知其及时主张权利，争取一次性解决纠纷，减少后续争议。

（2）尚未取得执行依据的案外人主张享有建设工程价款优先受偿权并提出优先受偿的，执行法院应当对建设工程施工合同等进行审查并询问被执行人。经审查，认定案外人不具有优先受偿资格，案外人不服的，可以通过执行异议程序或者另诉救济；认定案外人具有优先受偿资格的，应当将其纳入分配方案，当事人对该方案不服的，可以通过分配方案异议及分配方案异议之诉程序救济。

（3）建设工程价款优先受偿权人主张已与被执行人达成“以房抵债”协议，据以申请排除执行的，执行法院应当依照民事诉讼法第二百三十八条处理。

4. 规范适用询价方式。对于无需由专业人员现场勘验或者鉴定且有大数据交易参考的住宅、机动车等财产，可以选择网络询价方式。当事人、利害关系人认为不应适用网络询价或者网络询价结果明显偏离市场价值，申请适用委托评估的，执行法院经审查可以准许。

工业厂房、在建工程、土地使用权、商铺较多的综合市场、装修装饰价值较高的不动产以及股权、采矿权等特殊或者复杂财产，目前尚不具备询价条件，当事人议价不成时，应当适用委托评估。

5. 完善刑事涉案财产变价程序。刑事裁判涉财产部分执行，涉案财物最后一次拍卖未能成交的，执行法院应当按照《最高人民法院关于刑事裁判涉财产部分执行的若干规定》（法释〔2014〕13号）第十二条第二款规定，征询财政部门、被害人是否同意接收财产或者以物退赔等意见。财政部门、被害人不同意接收财产或者以物退赔的，可以进行无保留价拍卖。但对不动产、采矿权、大宗股票等价值较高的财产进行无保留价拍卖的，应当合理确定保证金和加价幅度，经合议庭合议后，报主管院领导批准。

6. 如实披露拍卖财产信息。执行法院应当全面如实披露财产调查所掌握的拍卖财产现状、占有使用情况、已知瑕疵和权利负担等信息，严禁隐瞒或者夸大拍卖财产瑕疵。

拍卖财产为不动产的，执行法院应当在拍卖公告中公示不动产占有使用情况，不得在拍卖公告中使用“占有不明”、“他人占用”等表述。决定“带租赁权”或者“带居住权”拍卖的，应当如实披露占有使用情况、租金、期限以及有关权利人情况等重要信息。

法律、行政法规和司法解释对买受人有竞买资格限制的，应当在拍卖公告中予以公示。

7. 完善被执行人自行处置机制。第二次网络司法拍卖流拍，债权人申请以物抵债或者第三人申请以流拍价购买的，执行法院应当通知被执行人。被执行人主张以高于流拍价的价格对拍卖财产自行处置的，执行法院经审查后可以允许，暂不启动以物抵债、第三人购买程序。

自行处置期限由执行法院根据财产状况、市场行情等情况确定，一般不得超过60日。自行处置不动产成交的，买受人向执行法院交付全部价款后，执行法院可以出具成交过户裁定。买方支付部分价款，剩余价款申请通过贷款等方式融资，并向执行法院提交相关融资等手续的，执行法院经协调不动产登记机构同意后，可以出具成交过户裁定，由买卖双方办理“带封过户”手续。被执行人自行处置失败的，执行法院应当启动以物抵债、第三人购买等程序。

8. 加大不动产腾退交付力度。对不动产进行处置，除有法定事由外，执行法院应当负责腾退交付，严禁在拍卖公告中声明“不负责腾退”。

需要组织腾退交付的，执行法院应当制作腾退预案，积极督促被执行人及有关占用人员主动搬离。对于督促后仍不主动搬离的，应当严格依法腾退，并做好执法记录、安全保障等工作。

腾退过程中，被执行人、案外人存在破坏财产、妨碍执行等行为的，应当根据情节轻重予以罚款、拘留；构成犯罪的，应当依法追究刑事责任。

9. 严格重大事项合议与审批。执行法院应当建立重大事项权力清单和台账，对起拍价、加价幅度、权利负担、唯一住房拍卖、自行处置、以物抵债、第三人以流拍价购买等重要事项应当合议决定，按程序报批，严格落实院局（庭）长阅核制，不得由执行人员一人作出决定。

10. 加强拍卖辅助工作管理。各高级、中级人民法院要加强对辖区拍卖辅助工作的统一管理，加大对重大复杂敏感案件拍卖辅助工作的指导力度。具备条件的中级人民法院可以根据辖区实际情况，设置相对固定的人员或者团队统一负责辖区拍卖辅助工作。执行法院将拍卖辅助工作委托拍卖辅助机构承担的，要加强对拍卖辅助机构履职情况的监督力度，严禁将法律、司法解释规定必须由执行人员办理的事项委托给拍卖辅助机构完成；严禁拍卖辅助人员使用办案系统、账户和密钥等，严防泄露办案秘密；严禁私下接触竞买人，需要现场看样的，必须有两名以上拍卖辅助人员在场；严禁拍卖辅助机构、拍卖辅助人员及其近亲属参与其承担拍卖辅助工作的财产的竞买；严禁向第三方泄露意向竞买人信息；严禁私自收取费用违规排除潜在竞买人。要结合辖区工作实际，制定行之有效的管理办法，明确拍卖辅助机构工作职责和清单，规范计费方式和标准，严格规范拍卖辅助机构的准入和退出程序。要建立违纪违法追责机制，发现拍卖辅助机构存在违法违规行为或者不符合入库要求的，视情节采取暂停、取消委托资质乃至除名等惩戒措施。

11. 依法打击扰乱网拍秩序的行为。对通过夸大、欺瞒、误导等手段宣传提供“拍前调查”、“清场收房”、“对接法院”等一站式服务，诱导买受人支付高额佣金，甚至伪造司法文书骗取财物，严重扰乱网络司法拍卖秩序的行为，各级人民法院要积极联合公安、住建、市场监督管理等部门，坚决依法打击。要建立常态化工作机制，通过加大网络司法拍卖宣传、定期发布典型案例、开展专项活动等方式，依法维护网络司法拍卖秩序。

12. 深化对网拍的全面监督。各级人民法院要严格按照法律、司法解释要求开展工作,确保网络司法拍卖公开透明、及时高效、全程留痕。要主动接受当事人和社会公众对拍卖活动的全程监督,对当事人、社会公众或者媒体反映的拍卖问题,要及时核查、及时纠正、及时回应社会关切。

要主动接受检察机关法律监督,推动信息共享,畅通监督渠道,使执行检察监督规范化、常态化、机制化。对重大敏感复杂及人民群众反映强烈的拍卖或者腾退交付案件,可以邀请检察机关到场监督执行活动。

最高人民法院关于人民法院司法拍卖房产竞买人资格若干问题的规定

1. *2021年9月16日最高人民法院审判委员会第1846次会议通过*
2. *2021年12月17日公布*
3. *法释〔2021〕18号*
4. *自2022年1月1日起施行*

为了进一步规范人民法院司法拍卖房产行为,保护当事人合法权益,维护社会和经济秩序,依照《中华人民共和国民法典》《中华人民共和国民事诉讼法》等法律规定,结合司法实践,制定本规定。

第一条 人民法院组织的司法拍卖房产活动,受房产所在地限购政策约束的竞买人申请参与竞拍的,人民法院不予准许。

第二条 人民法院组织司法拍卖房产活动时,发布的拍卖公告载明竞买人必须具备购房资格及其相应法律后果等内容,竞买人申请参与竞拍的,应当承诺具备购房资格及自愿承担法律后果。

第三条 人民法院在司法拍卖房产成交后、向买受人出具成交裁定书前,应当审核买受人提交的自其申请参与竞拍到成交裁定书出具时具备购房资格的证明材料;经审核买受人不符合持续具备购房资格条件,买受人请求出具拍卖成交裁定书的,人民法院不予准许。

第四条 买受人虚构购房资格参与司法拍卖房产活动且拍卖成交,当事人、利害关系人以违背公序良俗为由主张该拍卖行为无效的,人民法院应予支持。

依据前款规定,买受人虚构购房资格导致拍卖行为无效的,应当依法承担赔偿责任。

第五条 司法拍卖房产出现流拍等无法正常处置情形,不具备购房资格的申请执行人等当事人请求以该房抵债的,人民法院不予支持。

第六条 人民法院组织的司法拍卖房产活动,竞买人虚构购房资格或者当事人之间恶意串通,侵害他人合法权益或者逃避履行法律文书确定的义务的,人民法院应当根据情节轻重予以罚款、拘留;构成犯罪的,依法追究刑事责任。

第七条 除前六条规定的情形外,人民法院组织司法拍卖房产活动的其他事宜,适用《最高人民法院关于人民法院网络司法拍卖若干问题的规定》《最高人民法院关于人民法院民事执行中拍卖、变卖财产的规定》以及《最高人民法院关于适用〈中华人民共和国民事诉讼法〉的解释》的有关规定。

第八条 人民法院组织司法变卖房产活动的,参照适用本规定。

第九条 本规定自2022年1月1日起施行。

施行前最高人民法院公布的司法解释与本规定不一致的,以本规定为准。

最高人民法院关于人民法院民事执行中拍卖、变卖财产的规定

1. 2004年10月26日最高人民法院审判委员会第1330次会议通过、2004年11月15日公布、自2005年1月1日起施行(法释〔2004〕16号)

2. 根据2020年12月23日最高人民法院审判委员会第1823次会议通过、2020年12月29日公布、自2021年1月1日起施行的《最高人民法院关于修改〈最高人民法院关于人民法院扣押铁路运输货物若干问题的规定〉等十八件执行类司法解释的决定》(法释〔2020〕21号)修正

为了进一步规范民事执行中的拍卖、变卖措施,维护当事人的合法权益,根据《中华人民共和国民事诉讼法》等法律的规定,结合人民法院民事执行工作的实践经验,制定本规定。

第一条　在执行程序中,被执行人的财产被查封、扣押、冻结后,人民法院应当及时进行拍卖、变卖或者采取其他执行措施。

第二条　人民法院对查封、扣押、冻结的财产进行变价处理时,应当首先采取拍卖的方式,但法律、司法解释另有规定的除外。

第三条　人民法院拍卖被执行人财产,应当委托具有相应资质的拍卖机构进行,并对拍卖机构的拍卖进行监督,但法律、司法解释另有规定的除外。

第四条　对拟拍卖的财产,人民法院可以委托具有相应资质的评估机构进行价格评估。对于财产价值较低或者价格依照通常方法容易确定的,可以不进行评估。

当事人双方及其他执行债权人申请不进行评估的,人民法院应当准许。

对被执行人的股权进行评估时,人民法院可以责令有关企业提供会计报表等资料;有关企业拒不提供的,可以强制提取。

第五条　拍卖应当确定保留价。

拍卖财产经过评估的,评估价即为第一次拍卖的保留价;未作评估的,保留价由人民法院参照市价确定,并应当征询有关当事人的意见。

如果出现流拍,再行拍卖时,可以酌情降低保留价,但每次降低的数额不得超过前次保留价的百分之二十。

第六条　保留价确定后,依据本次拍卖保留价计算,拍卖所得价款在清偿优先债权和强制执行费用后无剩余可能的,应当在实施拍卖前将有关情况通知申请执行人。申请执行人于收到通知后五日内申请继续拍卖的,人民法院应当准许,但应当重新确定保留价;重新确定的保留价应当大于该优先债权及强制执行费用的总额。

依照前款规定流拍的,拍卖费用由申请执行人负担。

第七条　执行人员应当对拍卖财产的权属状况、占有使用情况等进行必要的调查,制作拍卖财产现状的调查笔录或者收集其他有关资料。

第八条　拍卖应当先期公告。

拍卖动产的,应当在拍卖七日前公告;拍卖不动产或者其他财产权的,应当在拍卖十五日前公告。

第九条　拍卖公告的范围及媒体由当事人双方协商确定;协商不成的,由人民法院确定。拍卖财产具有专业属性的,应当同时在专业性报纸上进行公告。

当事人申请在其他新闻媒体上公告或者要求扩大公告范围的,应当准许,但该部分的公告费用由其自行承担。

第十条　拍卖不动产、其他财产权或者价值较高的

动产的，竞买人应当于拍卖前向人民法院预交保证金。申请执行人参加竞买的，可以不预交保证金。保证金的数额由人民法院确定，但不得低于评估价或者市价的百分之五。

应当预交保证金而未交纳的，不得参加竞买。拍卖成交后，买受人预交的保证金充抵价款，其他竞买人预交的保证金应当在三日内退还；拍卖未成交的，保证金应当于三日内退还竞买人。

第十一条 人民法院应当在拍卖五日前以书面或者其他能够确认收悉的适当方式，通知当事人和已知的担保物权人、优先购买权人或者其他优先权人于拍卖日到场。

优先购买权人经通知未到场的，视为放弃优先购买权。

第十二条 法律、行政法规对买受人的资格或者条件有特殊规定的，竞买人应当具备规定的资格或者条件。

申请执行人、被执行人可以参加竞买。

第十三条 拍卖过程中，有最高应价时，优先购买权人可以表示以该最高价买受，如无更高应价，则拍归优先购买权人；如有更高应价，而优先购买权人不作表示的，则拍归该应价最高的竞买人。

顺序相同的多个优先购买权人同时表示买受的，以抽签方式决定买受人。

第十四条 拍卖多项财产时，其中部分财产卖得的价款足以清偿债务和支付被执行人应当负担的费用的，对剩余的财产应当停止拍卖，但被执行人同意全部拍卖的除外。

第十五条 拍卖的多项财产在使用上不可分，或者分别拍卖可能严重减损其价值的，应当合并拍卖。

第十六条 拍卖时无人竞买或者竞买人的最高应价低于保留价，到场的申请执行人或者其他执行债权人申请或者同意以该次拍卖所定的保留价接受拍卖财产的，应当将该财产交其抵债。

有两个以上执行债权人申请以拍卖财产抵债的，由法定受偿顺位在先的债权人优先承受；受偿顺位相同的，以抽签方式决定承受人。承受人应受清偿的债权额低于抵债财产的价额的，人民法院应当责令其在指定的期间内补交差额。

第十七条 在拍卖开始前，有下列情形之一的，人民法院应当撤回拍卖委托：

（一）据以执行的生效法律文书被撤销的；

（二）申请执行人及其他执行债权人撤回执行申请的；

（三）被执行人全部履行了法律文书确定的金钱债务的；

（四）当事人达成了执行和解协议，不需要拍卖财产的；

（五）案外人对拍卖财产提出确有理由的异议的；

（六）拍卖机构与竞买人恶意串通的；

（七）其他应当撤回拍卖委托的情形。

第十八条 人民法院委托拍卖后，遇有依法应当暂缓执行或者中止执行的情形的，应当决定暂缓执行或者裁定中止执行，并及时通知拍卖机构和当事人。拍卖机构收到通知后，应当立即停止拍卖，并通知竞买人。

暂缓执行期限届满或者中止执行的事由消失后，需要继续拍卖的，人民法院应当在十五日内通知拍卖机构恢复拍卖。

第十九条 被执行人在拍卖日之前向人民法院提交足额金钱清偿债务，要求停止拍卖的，人民法院应当准许，但被执行人应当负担因拍卖支出的必要费用。

第二十条　拍卖成交或者以流拍的财产抵债的，人民法院应当作出裁定，并于价款或者需要补交的差价全额交付后十日内，送达买受人或者承受人。

第二十一条　拍卖成交后，买受人应当在拍卖公告确定的期限或者人民法院指定的期限内将价款交付到人民法院或者汇入人民法院指定的账户。

第二十二条　拍卖成交或者以流拍的财产抵债后，买受人逾期未支付价款或者承受人逾期未补交差价而使拍卖、抵债的目的难以实现的，人民法院可以裁定重新拍卖。重新拍卖时，原买受人不得参加竞买。

重新拍卖的价款低于原拍卖价款造成的差价、费用损失及原拍卖中的佣金，由原买受人承担。人民法院可以直接从其预交的保证金中扣除。扣除后保证金有剩余的，应当退还原买受人；保证金数额不足的，可以责令原买受人补交；拒不补交的，强制执行。

第二十三条　拍卖时无人竞买或者竞买人的最高应价低于保留价，到场的申请执行人或者其他执行债权人不申请以该次拍卖所定的保留价抵债的，应当在六十日内再行拍卖。

第二十四条　对于第二次拍卖仍流拍的动产，人民法院可以依照本规定第十六条的规定将其作价交申请执行人或者其他执行债权人抵债。申请执行人或者其他执行债权人拒绝接受或者依法不能交付其抵债的，人民法院应当解除查封、扣押，并将该动产退还被执行人。

第二十五条　对于第二次拍卖仍流拍的不动产或者其他财产权，人民法院可以依照本规定第十六条的规定将其作价交申请执行人或者其他执行债权人抵债。申请执行人或者其他执行债权人拒绝接受或者依法不能交付其抵债的，应当在六十日内进行第三次拍卖。

第三次拍卖流拍且申请执行人或者其他执行债权人拒绝接受或者依法不能接受该不动产或者其他财产权抵债的，人民法院应当于第三次拍卖终结之日起七日内发出变卖公告。自公告之日起六十日内没有买受人愿意以第三次拍卖的保留价买受该财产，且申请执行人、其他执行债权人仍不表示接受该财产抵债的，应当解除查封、冻结，将该财产退还被执行人，但对该财产可以采取其他执行措施的除外。

第二十六条　不动产、动产或者其他财产权拍卖成交或者抵债后，该不动产、动产的所有权、其他财产权自拍卖成交或者抵债裁定送达买受人或者承受人时起转移。

第二十七条　人民法院裁定拍卖成交或者以流拍的财产抵债后，除有依法不能移交的情形外，应当于裁定送达后十五日内，将拍卖的财产移交买受人或者承受人。被执行人或者第三人占有拍卖财产应当移交而拒不移交的，强制执行。

第二十八条　拍卖财产上原有的担保物权及其他优先受偿权，因拍卖而消灭，拍卖所得价款，应当优先清偿担保物权人及其他优先受偿权人的债权，但当事人另有约定的除外。

拍卖财产上原有的租赁权及其他用益物权，不因拍卖而消灭，但该权利继续存在于拍卖财产上，对在先的担保物权或者其他优先受偿权的实现有影响的，人民法院应当依法将其除去后进行拍卖。

第二十九条　拍卖成交的，拍卖机构可以按照下列比例向买受人收取佣金：

拍卖成交价200万元以下的，收取佣金的比例不得超过5%；超过200万元至1000万元的部分，不得超过3%；超过1000万元至5000万元的部分，不得超过2%；超过5000万元至1亿元的部分，不得超过1%；超过1亿元的部分，不得超过0.5%。

采取公开招标方式确定拍卖机构的，按照中标方案确定的数额收取佣金。

拍卖未成交或者非因拍卖机构的原因撤回拍卖委托的，拍卖机构为本次拍卖已经支出的合理费用，应当由被执行人负担。

第三十条　在执行程序中拍卖上市公司国有股和社会法人股的，适用最高人民法院《关于冻结、拍卖上市公司国有股和社会法人股若干问题的规定》。

第三十一条　对查封、扣押、冻结的财产，当事人双方及有关权利人同意变卖的，可以变卖。

金银及其制品、当地市场有公开交易价格的动产、易腐烂变质的物品、季节性商品、保管困难或者保管费用过高的物品，人民法院可以决定变卖。

第三十二条　当事人双方及有关权利人对变卖财产的价格有约定的，按照其约定价格变卖；无约定价格但有市价的，变卖价格不得低于市价；无市价但价值较大、价格不易确定的，应当委托评估机构进行评估，并按照评估价格进行变卖。

按照评估价格变卖不成的，可以降低价格变卖，但最低的变卖价不得低于评估价的二分之一。

变卖的财产无人应买的，适用本规定第十六条的规定将该财产交申请执行人或者其他执行债权人抵债；申请执行人或者其他执行债权人拒绝接受或者依法不能交付其抵债的，人民法院应当解除查封、扣押，并将该财产退还被执行人。

第三十三条　本规定自2005年1月1日起施行。施行前本院公布的司法解释与本规定不一致的，以本规定为准。

最高人民法院关于人民法院确定财产处置参考价若干问题的规定

1. 2018年6月4日最高人民法院审判委员会第1741次会议通过

2. 2018年8月28日公布

3. 法释〔2018〕15号

4. 自2018年9月1日起施行

为公平、公正、高效确定财产处置参考价，维护当事人、利害关系人的合法权益，根据《中华人民共和国民事诉讼法》等法律规定，结合人民法院工作实际，制定本规定。

第一条　人民法院查封、扣押、冻结财产后，对需要拍卖、变卖的财产，应当在三十日内启动确定财产处置参考价程序。

第二条　人民法院确定财产处置参考价，可以采取当事人议价、定向询价、网络询价、委托评估等方式。

第三条　人民法院确定参考价前，应当查明财产的权属、权利负担、占有使用、欠缴税费、质量瑕疵等事项。

人民法院查明前款规定事项需要当事人、有关单位或者个人提供相关资料的，可以通知其提交；拒不提交的，可以强制提取；对妨碍强制提取的，参照民事诉讼法第一百一十一条、第一百一十四条的规定处理。

查明本条第一款规定事项需要审计、鉴定的，人民法院可以先行审计、鉴定。

第四条　采取当事人议价方式确定参考价的，除一方当事人拒绝议价或者下落不明外，人民法院应当以适当的方式通知或者组织当事人进行协商，当事人应当在指定期限内提交议价结果。

双方当事人提交的议价结果一致，且不损害他人合法权益的，议价结果为参考价。

第五条 当事人议价不能或者不成，且财产有计税基准价、政府定价或者政府指导价的，人民法院应当向确定参考价时财产所在地的有关机构进行定向询价。

双方当事人一致要求直接进行定向询价，且财产有计税基准价、政府定价或者政府指导价的，人民法院应当准许。

第六条 采取定向询价方式确定参考价的，人民法院应当向有关机构出具询价函，询价函应当载明询价要求、完成期限等内容。

接受定向询价的机构在指定期限内出具的询价结果为参考价。

第七条 定向询价不能或者不成，财产无需由专业人员现场勘验或者鉴定，且具备网络询价条件的，人民法院应当通过司法网络询价平台进行网络询价。

双方当事人一致要求或者同意直接进行网络询价，财产无需由专业人员现场勘验或者鉴定，且具备网络询价条件的，人民法院应当准许。

第八条 最高人民法院建立全国性司法网络询价平台名单库。

司法网络询价平台应当同时符合下列条件：

（一）具备能够依法开展互联网信息服务工作的资质；

（二）能够合法获取并整合全国各地区同种类财产一定时期的既往成交价、政府定价、政府指导价或者市场公开交易价等不少于三类价格数据，并保证数据真实、准确；

（三）能够根据数据化财产特征，运用一定的运算规则对市场既往交易价格、交易趋势予以分析；

（四）程序运行规范、系统安全高效、服务质优价廉；

（五）能够全程记载数据的分析过程，将形成的电子数据完整保存不少于十年，但法律、行政法规、司法解释另有规定的除外。

第九条 最高人民法院组成专门的评审委员会，负责司法网络询价平台的选定、评审和除名。每年引入权威第三方对已纳入和新申请纳入名单库的司法网络询价平台予以评审并公布结果。

司法网络询价平台具有下列情形之一的，应当将其从名单库中除名：

（一）无正当理由拒绝进行网络询价；

（二）无正当理由一年内累计五次未按期完成网络询价；

（三）存在恶意串通、弄虚作假、泄露保密信息等行为；

（四）经权威第三方评审认定不符合提供网络询价服务条件；

（五）存在其他违反询价规则以及法律、行政法规、司法解释规定的情形。

司法网络询价平台被除名后，五年内不得被纳入名单库。

第十条 采取网络询价方式确定参考价的，人民法院应当同时向名单库中的全部司法网络询价平台发出网络询价委托书。网络询价委托书应当载明财产名称、物理特征、规格数量、目的要求、完成期限以及其他需要明确的内容等。

第十一条 司法网络询价平台应当在收到人民法院网络询价委托书之日起三日内出具网络询价报告。网络询价报告应当载明财产的基本情况、参照样本、计算方法、询价结果及有效期等内容。

司法网络询价平台不能在期限内完成询价的，应当在期限届满前申请延长期限。全部司法网络询价平台均未能在期限内出具询价结果的，人民法院应当根据各司法网络询价平台的延期申请延期三日；部分司法网络询价平台在期限内出具网络询价结果的，人民法院对其他司法网络询价平台的延期申请不予准许。

全部司法网络询价平台均未在期限内出具或者补正网络询价报告，且未按照规定申请延长期限的，人民法院应当委托评估机构进行评估。

人民法院未在网络询价结果有效期内发布一拍拍卖公告或者直接进入变卖程序的，应当通知司法网络询价平台在三日内重新出具网络询价报告。

第十二条 人民法院应当对网络询价报告进行审查。网络询价报告均存在财产基本信息错误、超出财产范围或者遗漏财产等情形的，应当通知司法网络询价平台在三日内予以补正；部分网络询价报告不存在上述情形的，无需通知其他司法网络询价平台补正。

第十三条 全部司法网络询价平台均在期限内出具询价结果或者补正结果的，人民法院应当以全部司法网络询价平台出具结果的平均值为参考价；部分司法网络询价平台在期限内出具询价结果或者补正结果的，人民法院应当以该部分司法网络询价平台出具结果的平均值为参考价。

当事人、利害关系人依据本规定第二十二条的规定对全部网络询价报告均提出异议，且所提异议被驳回或者司法网络询价平台已作出补正的，人民法院应当以异议被驳回或者已作出补正的各司法网络询价平台出具结果的平均值为参考价；对部分网络询价报告提出异议的，人民法院应当以网络询价报告未被提出异议的各司法网络询价平台出具结果的平均值为参考价。

第十四条 法律、行政法规规定必须委托评估、双方当事人要求委托评估或者网络询价不能或不成的，人民法院应当委托评估机构进行评估。

第十五条 最高人民法院根据全国性评估行业协会推荐的评估机构名单建立人民法院司法评估机构名单库。按评估专业领域和评估机构的执业范围建立名单分库，在分库下根据行政区划设省、市两级名单子库。

评估机构无正当理由拒绝进行司法评估或者存在弄虚作假等情形的，最高人民法院可以商全国性评估行业协会将其从名单库中除名；除名后五年内不得被纳入名单库。

第十六条 采取委托评估方式确定参考价的，人民法院应当通知双方当事人在指定期限内从名单分库中协商确定三家评估机构以及顺序；双方当事人在指定期限内协商不成或者一方当事人下落不明的，采取摇号方式在名单分库或者财产所在地的名单子库中随机确定三家评估机构以及顺序。双方当事人一致要求在同一名单子库中随机确定的，人民法院应当准许。

第十七条 人民法院应当向顺序在先的评估机构出具评估委托书，评估委托书应当载明财产名称、物理特征、规格数量、目的要求、完成期限以及其他需要明确的内容等，同时应当将查明的财产情况及相关材料一并移交给评估机构。

评估机构应当出具评估报告，评估报告应当载明评估财产的基本情况、评估方法、评估标准、评估结果及有效期等内容。

第十八条 评估需要进行现场勘验的，人民法院应当通知当事人到场；当事人不到场的，不影响勘验的进行，但应当有见证人见证。现场勘验需要当事人、协助义务人配合的，人民法院依法责令其配合；不予配合的，可以依法强制进行。

第十九条　评估机构应当在三十日内出具评估报告。人民法院决定暂缓或者裁定中止执行的期间，应当从前述期限中扣除。

评估机构不能在期限内出具评估报告的，应当在期限届满五日前书面向人民法院申请延长期限。人民法院决定延长期限的，延期次数不超过两次，每次不超过十五日。

评估机构未在期限内出具评估报告、补正说明，且未按照规定申请延长期限的，人民法院应当通知该评估机构三日内将人民法院委托评估时移交的材料退回，另行委托下一顺序的评估机构重新进行评估。

人民法院未在评估结果有效期内发布一拍拍卖公告或者直接进入变卖程序的，应当通知原评估机构在十五日内重新出具评估报告。

第二十条　人民法院应当对评估报告进行审查。具有下列情形之一的，应当责令评估机构在三日内予以书面说明或者补正：

（一）财产基本信息错误；

（二）超出财产范围或者遗漏财产；

（三）选定的评估机构与评估报告上签章的评估机构不符；

（四）评估人员执业资格证明与评估报告上署名的人员不符；

（五）具有其他应当书面说明或者补正的情形。

第二十一条　人民法院收到定向询价、网络询价、委托评估、说明补正等报告后，应当在三日内发送给当事人及利害关系人。

当事人、利害关系人已提供有效送达地址的，人民法院应当将报告以直接送达、留置送达、委托送达、邮寄送达或者电子送达的方式送达；当事人、利害关系人下落不明或者无法获取其有效送达地址，人民法院无法按照前述规定送达的，应当在中国执行信息公开网上予以公示，公示满十五日即视为收到。

第二十二条　当事人、利害关系人认为网络询价报告或者评估报告具有下列情形之一的，可以在收到报告后五日内提出书面异议：

（一）财产基本信息错误；

（二）超出财产范围或者遗漏财产；

（三）评估机构或者评估人员不具备相应评估资质；

（四）评估程序严重违法。

对当事人、利害关系人依据前款规定提出的书面异议，人民法院应当参照民事诉讼法第二百二十五条的规定处理。

第二十三条　当事人、利害关系人收到评估报告后五日内对评估报告的参照标准、计算方法或者评估结果等提出书面异议的，人民法院应当在三日内交评估机构予以书面说明。评估机构在五日内未作说明或者当事人、利害关系人对作出的说明仍有异议的，人民法院应当交由相关行业协会在指定期限内组织专业技术评审，并根据专业技术评审出具的结论认定评估结果或者责令原评估机构予以补正。

当事人、利害关系人提出前款异议，同时涉及本规定第二十二条第一款第一、二项情形的，按照前款规定处理；同时涉及本规定第二十二条第一款第三、四项情形的，按照本规定第二十二条第二款先对第三、四项情形审查，异议成立的，应当通知评估机构三日内将人民法院委托评估时移交的材料退回，另行委托下一顺序的评估机构重新进行评估；异议不成立的，按照前款规定处理。

第二十四条 当事人、利害关系人未在本规定第二十二条、第二十三条规定的期限内提出异议或者对网络询价平台、评估机构、行业协会按照本规定第二十二条、第二十三条所作的补正说明、专业技术评审结论提出异议的，人民法院不予受理。

当事人、利害关系人对议价或者定向询价提出异议的，人民法院不予受理。

第二十五条 当事人、利害关系人有证据证明具有下列情形之一，且在发布一拍拍卖公告或者直接进入变卖程序之前提出异议的，人民法院应当按照执行监督程序进行审查处理：

（一）议价中存在欺诈、胁迫情形；

（二）恶意串通损害第三人利益；

（三）有关机构出具虚假定向询价结果；

（四）依照本规定第二十二条、第二十三条作出的处理结果确有错误。

第二十六条 当事人、利害关系人对评估报告未提出异议、所提异议被驳回或者评估机构已作出补正的，人民法院应当以评估结果或者补正结果为参考价；当事人、利害关系人对评估报告提出的异议成立的，人民法院应当以评估机构作出的补正结果或者重新作出的评估结果为参考价。专业技术评审对评估报告未作出否定结论的，人民法院应当以该评估结果为参考价。

第二十七条 司法网络询价平台、评估机构应当确定网络询价或者委托评估结果的有效期，有效期最长不得超过一年。

当事人议价的，可以自行协商确定议价结果的有效期，但不得超过前款规定的期限；定向询价结果的有效期，参照前款规定确定。

人民法院在议价、询价、评估结果有效期内发布一拍拍卖公告或者直接进入变卖程序，拍卖、变卖时未超过有效期六个月的，无需重新确定参考价，但法律、行政法规、司法解释另有规定的除外。

第二十八条 具有下列情形之一的，人民法院应当决定暂缓网络询价或者委托评估：

（一）案件暂缓执行或者中止执行；

（二）评估材料与事实严重不符，可能影响评估结果，需要重新调查核实；

（三）人民法院认为应当暂缓的其他情形。

第二十九条 具有下列情形之一的，人民法院应当撤回网络询价或者委托评估：

（一）申请执行人撤回执行申请；

（二）生效法律文书确定的义务已全部执行完毕；

（三）据以执行的生效法律文书被撤销或者被裁定不予执行；

（四）人民法院认为应当撤回的其他情形。

人民法院决定网络询价或者委托评估后，双方当事人议价确定参考价或者协商不再对财产进行变价处理的，人民法院可以撤回网络询价或者委托评估。

第三十条 人民法院应当在参考价确定后十日内启动财产变价程序。拍卖的，参照参考价确定起拍价；直接变卖的，参照参考价确定变卖价。

第三十一条 人民法院委托司法网络询价平台进行网络询价的，网络询价费用应当按次计付给出具网络询价结果与财产处置成交价最接近的司法网络询价平台；多家司法网络询价平台出具的网络询价结果相同或者与财产处置成交价差距相同的，网络询价费用平均分配。

人民法院依照本规定第十一条第三款规定委托评估机构进行评估或者依照本规定第二十

九条规定撤回网络询价的，对司法网络询价平台不计付费用。

第三十二条　人民法院委托评估机构进行评估，财产处置未成交的，按照评估机构合理的实际支出计付费用；财产处置成交价高于评估价的，以评估价为基准计付费用；财产处置成交价低于评估价的，以财产处置成交价为基准计付费用。

人民法院依照本规定第二十九条规定撤回委托评估的，按照评估机构合理的实际支出计付费用；人民法院依照本规定通知原评估机构重新出具评估报告的，按照前款规定的百分之三十计付费用。

人民法院依照本规定另行委托评估机构重新进行评估的，对原评估机构不计付费用。

第三十三条　网络询价费及委托评估费由申请执行人先行垫付，由被执行人负担。

申请执行人通过签订保险合同的方式垫付网络询价费或者委托评估费的，保险人应当向人民法院出具担保书。担保书应当载明因申请执行人未垫付网络询价费或者委托评估费由保险人支付等内容，并附相关证据材料。

第三十四条　最高人民法院建设全国法院询价评估系统。询价评估系统与定向询价机构、司法网络询价平台、全国性评估行业协会的系统对接，实现数据共享。

询价评估系统应当具有记载当事人议价、定向询价、网络询价、委托评估、摇号过程等功能，并形成固化数据，长期保存、随案备查。

第三十五条　本规定自2018年9月1日起施行。

最高人民法院此前公布的司法解释及规范性文件与本规定不一致的，以本规定为准。

最高人民法院关于人民法院网络司法拍卖若干问题的规定

1. 2016年5月30日最高人民法院审判委员会第1685次会议通过

2. 2016年8月2日公布

3. 法释〔2016〕18号

4. 自2017年1月1日起施行

为了规范网络司法拍卖行为，保障网络司法拍卖公开、公平、公正、安全、高效，维护当事人的合法权益，根据《中华人民共和国民事诉讼法》等法律的规定，结合人民法院执行工作的实际，制定本规定。

第一条　本规定所称的网络司法拍卖，是指人民法院依法通过互联网拍卖平台，以网络电子竞价方式公开处置财产的行为。

第二条　人民法院以拍卖方式处置财产的，应当采取网络司法拍卖方式，但法律、行政法规和司法解释规定必须通过其他途径处置，或者不宜采用网络拍卖方式处置的除外。

第三条　网络司法拍卖应当在互联网拍卖平台上向社会全程公开，接受社会监督。

第四条　最高人民法院建立全国性网络服务提供者名单库。网络服务提供者申请纳入名单库的，其提供的网络司法拍卖平台应当符合下列条件：

（一）具备全面展示司法拍卖信息的界面；

（二）具备本规定要求的信息公示、网上报名、竞价、结算等功能；

（三）具有信息共享、功能齐全、技术拓展等功能的独立系统；

（四）程序运作规范、系统安全高效、服务优质价廉；

（五）在全国具有较高的知名度和广泛的社会参与度。

最高人民法院组成专门的评审委员会，负责网络服务提供者的选定、评审和除名。最高人民法院每年引入第三方评估机构对已纳入和新申请纳入名单库的网络服务提供者予以评审并公布结果。

第五条 网络服务提供者由申请执行人从名单库中选择；未选择或者多个申请执行人的选择不一致的，由人民法院指定。

第六条 实施网络司法拍卖的，人民法院应当履行下列职责：

（一）制作、发布拍卖公告；

（二）查明拍卖财产现状、权利负担等内容，并予以说明；

（三）确定拍卖保留价、保证金的数额、税费负担等；

（四）确定保证金、拍卖款项等支付方式；

（五）通知当事人和优先购买权人；

（六）制作拍卖成交裁定；

（七）办理财产交付和出具财产权证照转移协助执行通知书；

（八）开设网络司法拍卖专用账户；

（九）其他依法由人民法院履行的职责。

第七条 实施网络司法拍卖的，人民法院可以将下列拍卖辅助工作委托社会机构或者组织承担：

（一）制作拍卖财产的文字说明及视频或者照片等资料；

（二）展示拍卖财产，接受咨询，引领查看，封存样品等；

（三）拍卖财产的鉴定、检验、评估、审计、仓储、保管、运输等；

（四）其他可以委托的拍卖辅助工作。

社会机构或者组织承担网络司法拍卖辅助工作所支出的必要费用由被执行人承担。

第八条 实施网络司法拍卖的，下列事项应当由网络服务提供者承担：

（一）提供符合法律、行政法规和司法解释规定的网络司法拍卖平台，并保障安全正常运行；

（二）提供安全便捷配套的电子支付对接系统；

（三）全面、及时展示人民法院及其委托的社会机构或者组织提供的拍卖信息；

（四）保证拍卖全程的信息数据真实、准确、完整和安全；

（五）其他应当由网络服务提供者承担的工作。

网络服务提供者不得在拍卖程序中设置阻碍适格竞买人报名、参拍、竞价以及监视竞买人信息等后台操控功能。

网络服务提供者提供的服务无正当理由不得中断。

第九条 网络司法拍卖服务提供者从事与网络司法拍卖相关的行为，应当接受人民法院的管理、监督和指导。

第十条 网络司法拍卖应当确定保留价，拍卖保留价即为起拍价。

起拍价由人民法院参照评估价确定；未作评估的，参照市价确定，并征询当事人意见。起拍价不得低于评估价或者市价的百分之七十。

第十一条 网络司法拍卖不限制竞买人数量。一人参与竞拍，出价不低于起拍价的，拍卖成交。

第十二条 网络司法拍卖应当先期公告，拍卖公告除通过法定途径发布外，还应同时在网络司法拍卖平台发布。拍卖动产的，应当在拍卖十五日前公告；拍卖不动产或者其他财产权的，应当在拍卖三十日前公告。

拍卖公告应当包括拍卖财产、价格、保证金、竞买人条件、拍卖财产已知瑕疵、相关权利义务、法律责任、拍卖时间、网络平台和拍卖法院等信息。

第十三条 实施网络司法拍卖的，人民法院应当在拍卖公告发布当日通过网络司法拍卖平台公示下列信息：

（一）拍卖公告；

（二）执行所依据的法律文书，但法律规定不得公开的除外；

（三）评估报告副本，或者未经评估的定价依据；

（四）拍卖时间、起拍价以及竞价规则；

（五）拍卖财产权属、占有使用、附随义务等现状的文字说明、视频或者照片等；

（六）优先购买权主体以及权利性质；

（七）通知或者无法通知当事人、已知优先购买权人的情况；

（八）拍卖保证金、拍卖款项支付方式和账户；

（九）拍卖财产产权转移可能产生的税费及承担方式；

（十）执行法院名称，联系、监督方式等；

（十一）其他应当公示的信息。

第十四条 实施网络司法拍卖的，人民法院应当在拍卖公告发布当日通过网络司法拍卖平台对下列事项予以特别提示：

（一）竞买人应当具备完全民事行为能力，法律、行政法规和司法解释对买受人资格或者条件有特殊规定的，竞买人应当具备规定的资格或者条件；

（二）委托他人代为竞买的，应当在竞价程序开始前经人民法院确认，并通知网络服务提供者；

（三）拍卖财产已知瑕疵和权利负担；

（四）拍卖财产以实物现状为准，竞买人可以申请实地看样；

（五）竞买人决定参与竞买的，视为对拍卖财产完全了解，并接受拍卖财产一切已知和未知瑕疵；

（六）载明买受人真实身份的拍卖成交确认书在网络司法拍卖平台上公示；

（七）买受人悔拍后保证金不予退还。

第十五条 被执行人应当提供拍卖财产品质的有关资料和说明。

人民法院已按本规定第十三条、第十四条的要求予以公示和特别提示，且在拍卖公告中声明不能保证拍卖财产真伪或者品质的，不承担瑕疵担保责任。

第十六条 网络司法拍卖的事项应当在拍卖公告发布三日前以书面或者其他能够确认收悉的合理方式，通知当事人、已知优先购买权人。权利人书面明确放弃权利的，可以不通知。无法通知的，应当在网络司法拍卖平台公示并说明无法通知的理由，公示满五日视为已经通知。

优先购买权人经通知未参与竞买的，视为放弃优先购买权。

第十七条 保证金数额由人民法院在起拍价的百分之五至百分之二十范围内确定。

竞买人应当在参加拍卖前以实名交纳保证金，未交纳的，不得参加竞买。申请执行人参加竞买的，可以不交保证金；但债权数额小于保证金数额的按差额部分交纳。

交纳保证金，竞买人可以向人民法院指定的账户交纳，也可以由网络服务提供者在其提供的支付系统中对竞买人的相应款项予以冻结。

第十八条　竞买人在拍卖竞价程序结束前交纳保证金经人民法院或者网络服务提供者确认后，取得竞买资格。网络服务提供者应当向取得资格的竞买人赋予竞买代码、参拍密码；竞买人以该代码参与竞买。

网络司法拍卖竞价程序结束前，人民法院及网络服务提供者对竞买人以及其他能够确认竞买人真实身份的信息、密码等，应当予以保密。

第十九条　优先购买权人经人民法院确认后，取得优先竞买资格以及优先竞买代码、参拍密码，并以优先竞买代码参与竞买；未经确认的，不得以优先购买权人身份参与竞买。

顺序不同的优先购买权人申请参与竞买的，人民法院应当确认其顺序，赋予不同顺序的优先竞买代码。

第二十条　网络司法拍卖从起拍价开始以递增出价方式竞价，增价幅度由人民法院确定。竞买人以低于起拍价出价的无效。

网络司法拍卖的竞价时间应当不少于二十四小时。竞价程序结束前五分钟内无人出价的，最后出价即为成交价；有出价的，竞价时间自该出价时点顺延五分钟。竞买人的出价时间以进入网络司法拍卖平台服务系统的时间为准。

竞买代码及其出价信息应当在网络竞买页面实时显示，并储存、显示竞价全程。

第二十一条　优先购买权人参与竞买的，可以与其他竞买人以相同的价格出价，没有更高出价的，拍卖财产由优先购买权人竞得。

顺序不同的优先购买权人以相同价格出价的，拍卖财产由顺序在先的优先购买权人竞得。

顺序相同的优先购买权人以相同价格出价的，拍卖财产由出价在先的优先购买权人竞得。

第二十二条　网络司法拍卖成交的，由网络司法拍卖平台以买受人的真实身份自动生成确认书并公示。

拍卖财产所有权自拍卖成交裁定送达买受人时转移。

第二十三条　拍卖成交后，买受人交纳的保证金可以充抵价款；其他竞买人交纳的保证金应当在竞价程序结束后二十四小时内退还或者解冻。拍卖未成交的，竞买人交纳的保证金应当在竞价程序结束后二十四小时内退还或者解冻。

第二十四条　拍卖成交后买受人悔拍的，交纳的保证金不予退还，依次用于支付拍卖产生的费用损失、弥补重新拍卖价款低于原拍卖价款的差价、冲抵本案被执行人的债务以及与拍卖财产相关的被执行人的债务。

悔拍后重新拍卖的，原买受人不得参加竞买。

第二十五条　拍卖成交后，买受人应当在拍卖公告确定的期限内将剩余价款交付人民法院指定账户。拍卖成交后二十四小时内，网络服务提供者应当将冻结的买受人交纳的保证金划入人民法院指定账户。

第二十六条　网络司法拍卖竞价期间无人出价的，本次拍卖流拍。流拍后应当在三十日内在同一网络司法拍卖平台再次拍卖，拍卖动产的应当在拍卖七日前公告；拍卖不动产或者其他财产权的应当在拍卖十五日前公告。再次拍卖的起拍价降价幅度不得超过前次起拍价的百分之二十。

再次拍卖流拍的，可以依法在同一网络司法拍卖平台变卖。

第二十七条　起拍价及其降价幅度、竞价增价幅度、保证金数额和优先购买权人竞买资格及其顺序等事项，应当由人民法院依法组成合议庭评议确定。

第二十八条　网络司法拍卖竞价程序中，有依法应当暂缓、中止执行等情形的，人民法院应当决定暂缓或者裁定中止拍卖；人民法院可以自行或者通知网络服务提供者停止拍卖。

网络服务提供者发现系统故障、安全隐患等紧急情况的，可以先行暂缓拍卖，并立即报告人民法院。

暂缓或者中止拍卖的，应当及时在网络司法拍卖平台公告原因或者理由。

暂缓拍卖期限届满或者中止拍卖的事由消失后，需要继续拍卖的，应当在五日内恢复拍卖。

第二十九条　网络服务提供者对拍卖形成的电子数据，应当完整保存不少于十年，但法律、行政法规另有规定的除外。

第三十条　因网络司法拍卖本身形成的税费，应当依照相关法律、行政法规的规定，由相应主体承担；没有规定或者规定不明的，人民法院可以根据法律原则和案件实际情况确定税费承担的相关主体、数额。

第三十一条　当事人、利害关系人提出异议请求撤销网络司法拍卖，符合下列情形之一的，人民法院应当支持：

（一）由于拍卖财产的文字说明、视频或者照片展示以及瑕疵说明严重失实，致使买受人产生重大误解，购买目的无法实现的，但拍卖时的技术水平不能发现或者已经就相关瑕疵以及责任承担予以公示说明的除外；

（二）由于系统故障、病毒入侵、黑客攻击、数据错误等原因致使拍卖结果错误，严重损害当事人或者其他竞买人利益的；

（三）竞买人之间，竞买人与网络司法拍卖服务提供者之间恶意串通，损害当事人或者其他竞买人利益的；

（四）买受人不具备法律、行政法规和司法解释规定的竞买资格的；

（五）违法限制竞买人参加竞买或者对享有同等权利的竞买人规定不同竞买条件的；

（六）其他严重违反网络司法拍卖程序且损害当事人或者竞买人利益的情形。

第三十二条　网络司法拍卖被人民法院撤销，当事人、利害关系人、案外人认为人民法院的拍卖行为违法致使其合法权益遭受损害的，可以依法申请国家赔偿；认为其他主体的行为违法致使其合法权益遭受损害的，可以另行提起诉讼。

第三十三条　当事人、利害关系人、案外人认为网络司法拍卖服务提供者的行为违法致使其合法权益遭受损害的，可以另行提起诉讼；理由成立的，人民法院应当支持，但具有法定免责事由的除外。

第三十四条　实施网络司法拍卖的，下列机构和人员不得竞买并不得委托他人代为竞买与其行为相关的拍卖财产：

（一）负责执行的人民法院；

（二）网络服务提供者；

（三）承担拍卖辅助工作的社会机构或者组织；

（四）第（一）至（三）项规定主体的工作人员及其近亲属。

第三十五条　网络服务提供者有下列情形之一的，应当将其从名单库中除名：

（一）存在违反本规定第八条第二款规定操控拍卖程序、修改拍卖信息等行为的；

（二）存在恶意串通、弄虚作假、泄漏保密信息等行为的；

（三）因违反法律、行政法规和司法解释等规定受到处罚，不适于继续从事网络司法拍卖的；

（四）存在违反本规定第三十四条规定行为的；

（五）其他应当除名的情形。

网络服务提供者有前款规定情形之一，人民法院可以依照《中华人民共和国民事诉讼法》的相关规定予以处理。

第三十六条 当事人、利害关系人认为网络司法拍卖行为违法侵害其合法权益的，可以提出执行异议。异议、复议期间，人民法院可以决定暂缓或者裁定中止拍卖。

案外人对网络司法拍卖的标的提出异议的，人民法院应当依据《中华人民共和国民事诉讼法》第二百二十七条及相关司法解释的规定处理，并决定暂缓或者裁定中止拍卖。

第三十七条 人民法院通过互联网平台以变卖方式处置财产的，参照本规定执行。

执行程序中委托拍卖机构通过互联网平台实施网络拍卖的，参照本规定执行。

本规定对网络司法拍卖行为没有规定的，适用其他有关司法拍卖的规定。

第三十八条 本规定自2017年1月1日起施行。施行前最高人民法院公布的司法解释和规范性文件与本规定不一致的，以本规定为准。

最高人民法院关于人民法院委托评估、拍卖工作的若干规定

1. 2010年8月16日最高人民法院审判委员会第1492次会议通过

2. 2011年9月7日公布

3. 法释〔2011〕21号

4. 自2012年1月1日起施行

为进一步规范人民法院委托评估、拍卖工作，促进审判执行工作公正、廉洁、高效，维护当事人的合法权益，根据《中华人民共和国民事诉讼法》等有关法律规定，结合人民法院工作实际，制定本规定。

第一条 人民法院司法辅助部门负责统一管理和协调司法委托评估、拍卖工作。

第二条 取得政府管理部门行政许可并达到一定资质等级的评估、拍卖机构，可以自愿报名参加人民法院委托的评估、拍卖活动。

人民法院不再编制委托评估、拍卖机构名册。

第三条 人民法院采用随机方式确定评估、拍卖机构。高级人民法院或者中级人民法院可以根据本地实际情况统一实施对外委托。

第四条 人民法院委托的拍卖活动应在有关管理部门确定的统一交易场所或网络平台上进行，另有规定的除外。

第五条 受委托的拍卖机构应通过管理部门的信息平台发布拍卖信息，公示评估、拍卖结果。

第六条 涉国有资产的司法委托拍卖由省级以上国有产权交易机构实施，拍卖机构负责拍卖环节相关工作，并依照相关监管部门制定的实施细则

进行。

第七条 《中华人民共和国证券法》规定应当在证券交易所上市交易或转让的证券资产的司法委托拍卖，通过证券交易所实施，拍卖机构负责拍卖环节相关工作；其他证券类资产的司法委托拍卖由拍卖机构实施，并依照相关监管部门制定的实施细则进行。

第八条 人民法院对其委托的评估、拍卖活动实行监督。出现下列情形之一，影响评估、拍卖结果，侵害当事人合法利益的，人民法院将不再委托其从事委托评估、拍卖工作。涉及违反法律法规的，依据有关规定处理：

（1）评估结果明显失实；

（2）拍卖过程中弄虚作假、存在瑕疵；

（3）随机选定后无正当理由不能按时完成评估拍卖工作；

（4）其他有关情形。

第九条 各高级人民法院可参照本规定，结合各地实际情况，制定实施细则，报最高人民法院备案。

第十条 本规定自2012年1月1日起施行。此前的司法解释和有关规定，与本规定相抵触的，以本规定为准。

最高人民法院关于实施最高人民法院《关于人民法院委托评估、拍卖工作的若干规定》有关问题的通知

1. 2012年2月6日

2. 法〔2012〕30号

各省、自治区、直辖市高级人民法院，新疆维吾尔自治区高级人民法院生产建设兵团分院：

最高人民法院《关于人民法院委托评估、拍卖工作的若干规定》（以下简称《规定》）已由最高人民法院审判委员会第1492次会议通过，并于2012年1月1日起实施。为保证《规定》的顺利实施，现就有关问题通知如下：

一、各省、自治区、直辖市高级人民法院可以根据司法委托评估、拍卖财产的价值和拍卖标的的实际情况，确定参加司法委托评估、拍卖活动机构的资质等级范围。未开展资质等级评定的评估行业，人民法院可以会同当地行业主管部门或评估行业协会，确定参加人民法院评估活动机构的资质条件。

二、拍卖机构的资质等级，指由中国拍卖行业协会根据《拍卖企业的等级评估与等级划分》评定的拍卖机构资质等级。

评估机构的资质等级，指由国家有关评估行业主管部门或评估行业协会评定的评估机构资质等级。

三、符合资质等级标准的评估、拍卖机构，每年年末向所在地区的高级或中级人民法院提出申请，作为下一年度人民法院委托评估、拍卖入选机构，履行相应的责任和义务。

四、各级人民法院对外委托拍卖案件，均须在“人民法院诉讼资产网”上发布拍卖公告，公示评估、拍卖相关信息和结果，法律法规另有规定不需向社会公开的除外。

五、司法委托拍卖标的为国有及国有控股企业的资产及其权益，人民法院委托拍卖机构后，通过省级以上国有产权交易机构的国有产权产易平台依照相关法律法规和司法解释进行拍卖，法律法规另有规定的除外。

六、司法委托拍卖标的为在证券交易所或国务院批准的其他证券交易场所交易、转让的证券，包括股票、国债、公司债券、封闭式基金等证券类资

产，人民法院通过证券公司委托证券交易所或国务院批准的其他证券交易场所，由其设立的司法拍卖机构依照相关法律法规、司法解释和交易规则进行拍卖。

七、通过产权交易机构等交易场所或网络平台进行司法委托拍卖所产生的费用在拍卖佣金中扣除。

八、对从事司法委托评估、拍卖活动的机构及责任人未尽责任义务、违规违法操作、存在严重瑕疵，影响评估、拍卖结果的，人民法院可以根据其情节暂停或取消其司法评估、拍卖资格，对违反法律法规的依法处理。

九、最高人民法院负责对各地人民法院实施《规定》的情况进行监督指导。

请各级人民法院将实施《规定》的过程中遇到的问题和情况及时逐级报告我院。

最高人民法院关于人民法院委托评估、拍卖和变卖工作的若干规定

1. 2009年8月24日最高人民法院审判委员会第1472次会议通过

2. 2009年11月12日公布

3. 法释〔2009〕16号

4. 自2009年11月20日起施行

为规范人民法院委托评估、拍卖和变卖工作，保障当事人的合法权益，维护司法公正，根据《中华人民共和国民事诉讼法》等有关法律的规定，结合人民法院委托评估、拍卖和变卖工作实际，制定本规定。

第一条 人民法院司法技术管理部门负责本院的委托评估、拍卖和流拍财产的变卖工作，依法对委托评估、拍卖机构的评估、拍卖活动进行监督。

第二条 根据工作需要，下级人民法院可将评估、拍卖和变卖工作报请上级人民法院办理。

第三条 人民法院需要对异地的财产进行评估或拍卖时，可以委托财产所在地人民法院办理。

第四条 人民法院按照公开、公平、择优的原则编制人民法院委托评估、拍卖机构名册。

人民法院编制委托评估、拍卖机构名册，应当先期公告，明确入册机构的条件和评审程序等事项。

第五条 人民法院在编制委托评估、拍卖机构名册时，由司法技术管理部门、审判部门、执行部门组成评审委员会，必要时可邀请评估、拍卖行业的专家参加评审。

第六条 评审委员会对申请加入人民法院委托评估、拍卖名册的机构，应当从资质等级、职业信誉、经营业绩、执业人员情况等方面进行审查、打分，按分数高低经过初审、公示、复审后确定进入名册的机构，并对名册进行动态管理。

第七条 人民法院选择评估、拍卖机构，应当在人民法院委托评估、拍卖机构名册内采取公开随机的方式选定。

第八条 人民法院选择评估、拍卖机构，应当通知审判、执行人员到场，视情况可邀请社会有关人员到场监督。

第九条 人民法院选择评估、拍卖机构，应当提前通知各方当事人到场；当事人不到场的，人民法院可将选择机构的情况，以书面形式送达当事人。

第十条 评估、拍卖机构选定后，人民法院应当向选定的机构出具委托书，委托书中应当载明本次委托的要求和工作完成的期限等事项。

第十一条 评估、拍卖机构接受人民法院的委托后，在规定期限内无正当理由不能完成委托事项

的，人民法院应当解除委托，重新选择机构，并对其暂停备选资格或从委托评估、拍卖机构名册内除名。

第十二条　评估机构在工作中需要对现场进行勘验的，人民法院应当提前通知审判、执行人员和当事人到场。当事人不到场的，不影响勘验的进行，但应当有见证人见证。评估机构勘验现场，应当制作现场勘验笔录。

勘验现场人员、当事人或见证人应当在勘验笔录上签字或盖章确认。

第十三条　拍卖财产经过评估的，评估价即为第一次拍卖的保留价；未作评估的，保留价由人民法院参照市价确定，并应当征询有关当事人的意见。

第十四条　审判、执行部门未经司法技术管理部门同意擅自委托评估、拍卖，或对流拍财产进行变卖的，按照有关纪律规定追究责任。

第十五条　人民法院司法技术管理部门，在组织评审委员会审查评估、拍卖入册机构，或选择评估、拍卖机构，或对流拍财产进行变卖时，应当通知本院纪检监察部门。纪检监察部门可视情况派员参加。

第十六条　施行前本院公布的司法解释与本规定不一致的，以本规定为准。

最高人民法院对外委托鉴定、评估、拍卖等工作管理规定

1．2007年8月23日

2．法办发〔2007〕5号

3．自2007年9月1日起施行

第一章　总　　则

第一条　为规范最高人民法院对外委托鉴定、评估、拍卖等工作，保护当事人的合法权益，维护司法公正，根据《中华人民共和国刑事诉讼法》、《中华人民共和国民事诉讼法》、《中华人民共和国行政诉讼法》、《全国人大常委会关于司法鉴定管理问题的决定》和《最高人民法院关于地方各级人民法院设立司法技术辅助工作机构的通知》的规定，结合最高人民法院对外委托鉴定、评估、拍卖等工作实际，制定本规定。

第二条　对外委托鉴定、评估、拍卖等工作是指人民法院审判和执行工作中委托专门机构或专家进行鉴定、检验、评估、审计、拍卖、变卖和指定破产清算管理人等工作，并进行监督协调的司法活动。

第三条　最高人民法院司法辅助工作部门负责统一办理审判、执行工作中需要对外委托鉴定、检验、评估、审计、拍卖、变卖和指定破产清算管理人等工作。

第四条　涉及到举证时效、证据的质证与采信、评估基准日、拍卖保留价的确定，拍卖撤回、暂缓与中止等影响当事人相关权利义务的事项由审判、执行部门决定。

第五条　对外委托鉴定、评估、拍卖等工作按照公开、公平、择优的原则，实行对外委托名册制度，最高人民法院司法辅助工作部门负责《最高人民法院司法技术专业机构、专家名册》（以下简称《名册》）的编制和对入册专业机构、专家的工作情况进行监督和协调。

第二章　收　　案

第六条　最高人民法院的审判、执行部门在工作中对需要进行对外委托鉴定、检验、评估、审计、拍卖、变卖和指定破产清算管理人等工作的，应当制作《对外委托工作交接表》（格式表附后），同相关材料一起移送司法辅助工作部门。

地方各级人民法院和专门人民法院需要委托最高人民法院对外委托鉴定、评估、拍卖等工作的，应当层报最高人民法院。

第七条 对外委托鉴定、检验、评估、审计、变卖和指定破产清算管理人等工作时，应当移交以下材料：

（一）相关的卷宗材料；

（二）经法庭质证确认的当事人举证材料；

（三）法院依职权调查核实的材料；

（四）既往鉴定、检验、评估、审计、变卖和指定破产清算管理人报告文书；

（五）申请方当事人和对方当事人及其辩护人、代理人的通讯地址、联系方式，代理人的代理权限；

（六）与对外委托工作有关的其他材料。

第八条 对外委托拍卖的案件移送时应当移交以下材料：

（一）执行所依据的法律文书；

（二）拍卖财产的评估报告副本和当事人确认价格的书面材料；

（三）拍卖标的物的相关权属证明复印件；

（四）拍卖标的物的来源和瑕疵情况说明；

（五）拍卖财产现状调查表；

（六）当事人授权书复印件；

（七）当事人及其他相关权利人的基本情况及联系方式；

（八）被执行人履行债务的情况说明。

第九条 对外委托的收案工作由司法辅助工作部门的专门人员负责，按以下程序办理：

（一）审查移送手续是否齐全；

（二）审查、核对移送材料是否齐全，是否符合要求；

（三）制作案件移送单并签名，报司法辅助工作部门负责人签字并加盖部门公章。由司法辅助工作部门和审判、执行部门各存一份备查；

（四）进行收案登记。

第十条 司法辅助工作部门负责人指定对外委托案件的监督、协调员。监督、协调员分为主办人和协办人。

主办人负责接收案件，保管对外委托的卷宗等材料，按照委托要求与协办人办理对外委托工作；协办人应积极配合主办人完成工作。

第十一条 主办人接到案件后应在3个工作日内提出初审意见，对不具备委托条件的案件应制作《不予委托意见书》说明理由，报司法辅助工作部门负责人审批后，办理结案手续，并于3个工作日内将案件材料退回审判、执行部门。

第三章 选择专业机构与委托

第十二条 选择鉴定、检验、评估、审计专业机构，指定破产清算管理人实行协商选择与随机选择相结合的方式。选择拍卖专业机构实行随机选择的方式。

凡需要由人民法院依职权指定的案件由最高人民法院司法辅助工作部门按照随机的方式，选择对外委托的专业机构，然后进行指定。

第十三条 司法辅助工作部门专门人员收案后，除第十一条第二款的情况外，应当在3个工作日内采取书面、电传等有效方式，通知当事人按指定的时间、地点选择专业机构或专家。

第十四条 当事人不按时到场，也未在规定期间内以书面形式表达意见的，视为放弃选择专业机构的权利。

第十五条 选择专业机构在司法辅助工作部门专门人员的主持下进行，选择结束后，当事人阅读选择专业机构笔录，并在笔录上签字。

第十六条 协商选择程序如下：

（一）专门人员告知当事人在选择程序中的权利、义务；

（二）专门人员向当事人介绍《名册》中相关专业的所有专业机构或专家的情况。当事人听取介绍后协商选择双方认可的专业机构或专家，并告知专门人员和监督、协调员；

（三）当事人协商一致选择名册以外的专业机构或专家的，司法辅助工作部门应对选择的专业机构进行资质、诚信、能力的程序性审查，并告知双方应承担的委托风险；

（四）审查中发现专业机构或专家没有资质或有违法违规行为的，应当要求双方当事人重新选择；

（五）发现双方当事人选择有可能损害国家利益、集体利益或第三方利益的，应当终止协商选择程序，采用随机选择方式；

（六）有下列情形之一的，采用随机选择方式：

1. 当事人都要求随机选择的；

2. 当事人双方协商不一致的；

3. 一方当事人表示放弃协商选择权利，或一方当事人无故缺席的。

第十七条 随机选择程序主要有两种：

（一）计算机随机法

1. 计算机随机法应当统一使用最高人民法院确定的随机软件；

2. 选择前，专门人员应当向当事人介绍随机软件原理、操作过程等基本情况，并进行操作演示；

3. 专门人员从计算机预先录入的《名册》中选择所有符合条件的专业机构或专家列入候选名单；

4. 启动随机软件，最终选定的候选者当选。

（二）抽签法

1. 专门人员向当事人说明抽签的方法及相关事项；

2. 专门人员根据移送案件的需要，从《名册》中选出全部符合要求的候选名单，并分别赋予序号；

3. 当事人全部到场的，首先确定做签者和抽签者，由专门人员采用抛硬币的方法确定一方的当事人为做签者，另外一方当事人为抽签者。做签者按候选者的序号做签，抽签者抽签后当场交给专门人员验签。专门人员验签后应当将余签向当事人公示；

4. 当事人一方不能到场的，由专门人员做签，到场的当事人抽签。当事人抽签后，专门人员当场验签确定，并将余签向当事人公示。

第十八条 名册中的专业机构仅有一家时，在不违反回避规定的前提下，即为本案的专业机构。

第十九条 专业机构或专家确定后，当事人应当签字确认。对没有到场的当事人应先通过电话、传真送达，再邮寄送达。

第二十条 采用指定方法选择的，司法辅助工作部门负责人到场监督，专门人员应向当事人出示《名册》中所有相关专业机构或专家的名单，由专门人员采用计算机随机法、抽签法中的一种方法选择专业机构或专家。

第二十一条 指定选择时，对委托要求超出《名册》范围的，专门人员应根据委托要求从具有相关专业资质的专业机构或专家中选取，并征求当事人意见。当事人也可以向本院提供相关专业机构或专家的信息，经专门人员审查认为符合委托条件的，应当听取其他当事人意见。

第二十二条 重大、疑难、复杂案件的委托事项，选择专业机构或专家时，应邀请院领导或纪检监察部门和审判、执行部门人员到场监督。

第二十三条　应当事人或合议庭的要求，对重大、疑难、复杂或涉及多学科的专门性问题，司法技术辅助工作部门可委托有资质的专业机构组织相关学科的专家进行鉴定。

组织鉴定由3名以上总数为单数的专家组组成。

第二十四条　专业机构确定后，监督、协调员应在3个工作日内通知专业机构审查材料，专业机构审查材料后同意接受委托的，办理委托手续，并由专业机构出具接受材料清单交监督、协调员存留。审查材料后不接受委托的，通知当事人在3个工作日内重新选择或者由司法辅助工作部门重新指定。

第二十五条　向非拍卖类专业机构出具委托书时，应当明确委托要求、委托期限、送检材料、违约责任，以及标的物的名称、规格、数量等情况。

向拍卖机构出具委托书时，应当明确拍卖标的物的来源、存在的瑕疵、拍卖保留价、保证金及价款的支付方式、期限，写明对标的物瑕疵不承担担保责任，并附有该案的民事判决书、执行裁定书、拍卖标的物清单及评估报告复印件等文书资料。

委托书应当统一加盖最高人民法院司法辅助工作部门对外委托专用章。

第二十六条　司法精神疾病鉴定在正式对外委托前，监督、协调员应当根据委托要求和专业机构鉴定所需的被鉴定人基本情况，做委托前的先期调查工作，将所调查的材料与其它委托材料一并交专业机构。监督、协调员应在调查材料上签名。

第二十七条　监督、协调员向专业机构办理移交手续后，应于3个工作日内通知双方当事人，按指定时间、地点在监督、协调员主持下与专业机构商谈委托费用。委托费用主要由当事人与专业机构协商，委托费用数额应结合案件实际情况，以参照行业标准为主，协商为辅的方式进行，监督、协调员不得干涉。报价悬殊较大时，监督、协调员可以调解。对故意乱要价的要制止。确定委托费用数额后，交费一方当事人于3个工作日内将委托费用交付委托方。

对于当事人无故逾期不缴纳委托费用的，可中止委托，并书面告知专业机构；当事人即时缴纳委托费用的，仍由原专业机构继续进行鉴定。

第二十八条　对于商谈后不能确定委托费用的，监督、协调员应告知双方当事人可重新启动选择专业机构程序，重新选择专业机构。

公诉案件的对外委托费用在人民法院的预算费用中支付。

第四章　监督协调

第二十九条　专业机构接受委托后，监督、协调员应当审查专业机构专家的专业、执业资格，对不具有相关资质的应当要求换人。专业机构坚持指派不具有资质的专家从事委托事项的，经司法辅助工作部门负责人批准后撤回对该机构的委托，重新选择专业机构。

第三十条　对外委托的案件需要勘验现场的，监督、协调员应提前3个工作日通知专业机构和当事人。任何一方当事人无故不到场的，不影响勘验工作的进行。勘验应制作勘验笔录。

第三十一条　需要补充材料的，应由监督、协调员通知审判或执行部门依照法律法规提供。补充的材料须经法庭质证确认或主办法官审核签字。当事人私自向专业机构或专家个人送交的材料不得作为鉴定的依据。

第三十二条　专业机构出具报告初稿，送交监督、协调员。需要听证的，监督、协调员应在3个工作日内通知专业机构及当事人进行听证，并做好记录。对报告初稿有异议的当事人，应在规定期限内提出证据和书面材料，期限由监督、协调员根据案情确定，最长不得超过10个工作日。

第三十三条 对当事人提出的异议及证据材料，专业机构应当认真审查，自主决定是否采纳，并说明理由。需要进行调查询问时，由监督、协调员与专业机构共同进行，专业机构不得单独对当事人进行调查询问。

第三十四条 专业机构一般应在接受委托后的30个工作日内完成工作，重大、疑难、复杂的案件在60个工作日内完成。因委托中止在规定期限内不能完成，需要延长期限的，专业机构应当提交书面申请，并按法院重新确定的时间完成受委托工作。

第三十五条 专业机构在规定时间内没有完成受委托的工作，经二次延长时间后仍不能完成的，应终止委托，收回委托材料及全部委托费用，并通知当事人重新选择专业机构。对不能按时完成委托工作的专业机构，一年内不再向其委托。

第三十六条 对外委托拍卖案件时，监督、协调员应当履行以下职责：

（一）审查拍卖师执业资格；

（二）监督拍卖展示是否符合法律规定；

（三）监督拍卖机构是否按照拍卖期限发布拍卖公告；并对拍卖公告的内容进行审核；

（四）检查拍卖人对竞买人的登记记录；

（五）审查拍卖人是否就拍卖标的物瑕疵向竞买人履行了告知义务；

（六）定向拍卖时审查竞买人的资格或者条件；

（七）审查优先购买权人的权利是否得到保障；

（八）拍卖多项财产时，其中部分财产卖得的价款足以清偿债务和支付相关费用的，审查对剩余财产的拍卖是否符合规定；对不可分或分别拍卖可能严重减损其价值的，监督拍卖机构是否采用了合并拍卖的方式；

（九）审查是否有暂缓、撤回、停止拍卖的情况出现；

（十）拍卖成交后，监督买受人是否在规定期限内交付价款；

（十一）审核拍卖报告的内容及所附材料是否全面妥当；

（十二）监督拍卖机构是否有其他违反法律法规的行为。

第五章　结　　案

第三十七条 对外委托案件应当以出具鉴定报告、审计报告、评估报告、清算报告等报告形式结案，或者以拍卖成交、流拍、变卖、终止委托或不予委托的方式结案。

第三十八条 以出具报告形式结案的，监督、协调员应在收到正式报告后5个工作日内制作委托工作报告，载明委托部门或单位、委托内容及要求、选择专业机构的方式方法、专业机构的工作过程、对其监督情况等事项，报告书由监督、协调员署名；经司法辅助工作部门负责人签发后加盖司法辅助工作部门印章；填写案件移送清单，与委托材料、委托结论报告、委托工作报告等一并送负责收案的专门人员，由其移送委托方。

第三十九条 具有下列情形之一，影响对外委托工作期限的，应当中止委托：

（一）确因环境因素（如台风、高温）暂时不能进行鉴定工作的；

（二）暂时无法进行现场勘验的；

（三）暂时无法获取必要的资料的；

（四）其他情况导致对外委托工作暂时无法进行的。

第四十条　具有下列情形之一的，应当终结对外委托：

（一）无法获取必要材料的；

（二）申请人不配合的；

（三）当事人撤诉或调解结案的；

（四）其它情况致使委托事项无法进行的。

第四十一条　中止对外委托和终结对外委托的，都应向审判、执行部门出具正式的说明书。

第六章　编制与管理人民法院专业机构、专家名册

第四十二条　法医、物证、声像资料三类鉴定的专业机构名册从司法行政管理部门编制的名册中选录编制。其他类别的专业机构、专家名册由相关行业协会或主管部门推荐，按照公开、公平、择优的原则选录编制。

名册中同专业的专业机构应不少于 3 个，同专业的专业机构不足 3 个的除外。

第四十三条　司法辅助工作部门应对名册中的专业机构、专家履行义务的情况进行监督。对不履行法定义务或者违反相关规定的专业机构，司法辅助工作部门应当及时予以指正，视情节轻重，停止其一次至多次候选资格；对乱收鉴定费、故意出具错误鉴定结论、不依法履行出庭义务的，撤销其入册资格，通报给司法行政管理部门和行业协会或行业主管部门；对情节恶劣，造成严重后果的，应报有关部门追究其法律责任。

第七章　回　　避

第四十四条　监督、协调员有下列情形之一的，应当主动申请回避，当事人也有权申请回避：

（一）是本案的当事人或者当事人的近亲属的；

（二）本人或其近亲属和本案有利害关系的；

（三）本人或其近亲属担任过本案的证人、鉴定人、勘验人、辩护人或诉讼代理人的；

（四）本人的近亲属在将要选择的相关类专业机构工作的；

（五）向本案的当事人推荐专业机构的；

（六）与本案当事人有其他关系，可能影响对案件进行公正处理的。

第四十五条　监督、协调员有第四十四条规定的回避情形的，应在 1 个工作日内主动提出回避申请，报司法辅助工作部门负责人审批。

第四十六条　发现专业机构有需要回避的情形时，监督、协调员应向司法辅助工作部门负责人提出重新选择专业机构的建议，由司法辅助工作部门负责人批准后重新选择专业机构。专业机构的承办人员有回避情形的，监督、协调员应当要求专业机构更换承办人员。

第八章　附　　则

第四十七条　法院工作人员在对外委托司法辅助工作中有以下行为的，按照《人民法院违法审判责任追究办法（试行）》和《人民法院审判纪律处分办法（试行）》追究责任：

（一）泄露审判机密；

（二）要求当事人选择某一专业机构；

（三）与专业机构或当事人恶意串通损害他人合法权益；

（四）接受当事人或专业机构的吃请、钱物等不正当利益；

（五）违反工作程序或故意不作为；

（六）未经司法辅助工作部门擅自对外委托；

（七）其他违法违纪行为。

构成犯罪的，依法追究其刑事责任。

第四十八条　本规定自2007年9月1日施行。

最高人民法院关于冻结、拍卖上市公司国有股和社会法人股若干问题的规定

1. 2001年8月28日最高人民法院审判委员会第1188次会议通过
2. 2001年9月21日公布
3. 法释〔2001〕28号
4. 自2001年9月30日起施行

为了保护债权人以及其他当事人的合法权益，维护证券市场的正常交易秩序，根据《中华人民共和国证券法》、《中华人民共和国公司法》、《中华人民共和国民事诉讼法》，参照《中华人民共和国拍卖法》等法律的有关规定，对人民法院在财产保全和执行过程中，冻结、拍卖上市公司国有股和社会法人股（以下均简称股权）等有关问题，作如下规定：

第一条　人民法院在审理民事纠纷案件过程中，对股权采取冻结、评估、拍卖和办理股权过户等财产保全和执行措施，适用本规定。

第二条　本规定所指上市公司国有股、包括国家股和国有法人股。国家股指有权代表国家投资的机构或部门向股份有限公司出资或依据法定程序取得的股份；国有法人股指国有法人单位，包括国有资产比例超过50%的国有控股企业，以其依法占有的法人资产向股份有限公司出资形成或者依据法定程序取得的股份。

本规定所指社会法人股是指非国有法人资产投资于上市公司形成的股份。

第三条　人民法院对股权采取冻结、拍卖措施时，被保全人和被执行人应当是股权的持有人或者所有权人。被冻结、拍卖股权的上市公司非依据法定程序确定为案件当事人或者被执行人，人民法院不得对其采取保全或执行措施。

第四条　人民法院在审理案件过程中，股权持有人或者所有权人作为债务人，如有偿还能力的，人民法院一般不应对其股权采取冻结保全措施。

人民法院已对股权采取冻结保全措施的，股权持有人、所有权人或者第三人提供了有效担保，人民法院经审查符合法律规定的，可以解除对股权的冻结。

第五条　人民法院裁定冻结或者解除冻结股权，除应当将法律文书送达负有协助执行义务的单位以外，还应当在作出冻结或者解除冻结裁定后7日内，将法律文书送达股权持有人或者所有权人并书面通知上市公司。

人民法院裁定拍卖上市公司股权，应当于委托拍卖之前将法律文书送达股权持有人或者所有权人并书面通知上市公司。

被冻结或者拍卖股权的当事人是国有股份持有人的，人民法院在向该国有股份持有人送达冻结或者拍卖裁定时，应当告其于5日内报主管财政部门备案。

第六条　冻结股权的期限不超过一年。如申请人需要延长期限的，人民法院应当根据申请，在冻结期限届满前办理续冻手续，每次续冻期限不超过6个月。逾期不办理续冻手续的，视为自动撤销冻结。

第七条　人民法院采取保全措施，所冻结的股权价值不得超过股权持有人或者所有权人的债务总额。股权价值应当按照上市公司最近期报表每股资产净值计算。

股权冻结的效力及于股权产生的股息以及红利、红股等孳息，但股权持有人或者所有权人仍可享有因上市公司增发、配售新股而产生的权利。

第八条 人民法院采取强制执行措施时，如果股权持有人或者所有权人在限期内提供了方便执行的其他财产，应当首先执行其他财产。其他财产不足以清偿债务的，方可执行股权。

本规定所称可供方便执行的其他财产，是指存款、现金、成品和半成品、原材料、交通工具等。

人民法院执行股权，必须进行拍卖。

股权的持有人或者所有权人以股权向债权人质押的，人民法院执行时也应当通过拍卖方式进行，不得直接将股权执行给债权人。

第九条 拍卖股权之前，人民法院应当委托具有证券从业资格的资产评估机构对股权价值进行评估。资产评估机构由债权人和债务人协商选定。不能达成一致意见的，由人民法院召集债权人和债务人提出候选评估机构，以抽签方式决定。

第十条 人民法院委托资产评估机构评估时，应当要求资产评估机构严格依照国家规定的标准、程序和方法对股权价值进行评估，并说明其应当对所作出的评估报告依法承担相应责任。

人民法院还应当要求上市公司向接受人民法院委托的资产评估机构如实提供有关情况和资料；要求资产评估机构对上市公司提供的情况和资料保守秘密。

第十一条 人民法院收到资产评估机构作出的评估报告后，须将评估报告分别送达债权人和债务人以及上市公司。债权人和债务人以及上市公司对评估报告有异议的，应当在收到评估报告后7日内书面提出。人民法院应当将异议书交资产评估机构，要求该机构在10日之内作出说明或者补正。

第十二条 对股权拍卖，人民法院应当委托依法成立的拍卖机构进行。拍卖机构的选定，参照本规定第九条规定的方法进行。

第十三条 股权拍卖保留价，应当按照评估值确定。

第一次拍卖最高应价未达到保留价时，应当继续进行拍卖，每次拍卖的保留价应当不低于前次保留价的90%。经三次拍卖仍不能成交时，人民法院应当将所拍卖的股权按第三次拍卖的保留价折价抵偿给债权人。

人民法院可以在每次拍卖未成交后主持调解，将所拍卖的股权参照该次拍卖保留价折价抵偿给债权人。

第十四条 拍卖股权，人民法院应当委托拍卖机构于拍卖日前10天，在《中国证券报》、《证券时报》或者《上海证券报》上进行公告。

第十五条 国有股权竞买人应当具备依法受让国有股权的条件。

第十六条 股权拍卖过程中，竞买人已经持有的该上市公司股份数额和其竞买的股份数额累计不得超过该上市公司已经发行股份数额的30%。如竞买人累计持有该上市公司股份数额已达到30%仍参与竞买的，须依照《中华人民共和国证券法》的相关规定办理，在此期间应当中止拍卖程序。

第十七条 拍卖成交后，人民法院应当向证券交易市场和证券登记结算公司出具协助执行通知书，由买受人持拍卖机构出具的成交证明和财政主管部门对股权性质的界定等有关文件，向证券交易市场和证券登记结算公司办理股权变更登记。

(7)股权执行

最高人民法院关于人民法院强制执行股权若干问题的规定

1. 2021年11月15日最高人民法院审判委员会第1850次会议通过
2. 2021年12月20日公布
3. 法释〔2021〕20号
4. 自2022年1月1日起施行

为了正确处理人民法院强制执行股权中的有关问题,维护当事人、利害关系人的合法权益,根据《中华人民共和国民事诉讼法》《中华人民共和国公司法》等法律规定,结合执行工作实际,制定本规定。

第一条　本规定所称股权,包括有限责任公司股权、股份有限公司股份,但是在依法设立的证券交易所上市交易以及在国务院批准的其他全国性证券交易场所交易的股份有限公司股份除外。

第二条　被执行人是公司股东的,人民法院可以强制执行其在公司持有的股权,不得直接执行公司的财产。

第三条　依照民事诉讼法第二百二十四条的规定以被执行股权所在地确定管辖法院的,股权所在地是指股权所在公司的住所地。

第四条　人民法院可以冻结下列资料或者信息之一载明的属于被执行人的股权:

(一)股权所在公司的章程、股东名册等资料;

(二)公司登记机关的登记、备案信息;

(三)国家企业信用信息公示系统的公示信息。

案外人基于实体权利对被冻结股权提出排除执行异议的,人民法院应当依照民事诉讼法第二百二十七条的规定进行审查。

第五条　人民法院冻结被执行人的股权,以其价额足以清偿生效法律文书确定的债权额及执行费用为限,不得明显超标的额冻结。股权价额无法确定的,可以根据申请执行人申请冻结的比例或者数量进行冻结。

被执行人认为冻结明显超标的额的,可以依照民事诉讼法第二百二十五条的规定提出书面异议,并附证明股权等查封、扣押、冻结财产价额的证据材料。人民法院审查后裁定异议成立的,应当自裁定生效之日起七日内解除对明显超标的额部分的冻结。

第六条　人民法院冻结被执行人的股权,应当向公司登记机关送达裁定书和协助执行通知书,要求其在国家企业信用信息公示系统进行公示。股权冻结自在公示系统公示时发生法律效力。多个人民法院冻结同一股权的,以在公示系统先办理公示的为在先冻结。

依照前款规定冻结被执行人股权的,应当及时向被执行人、申请执行人送达裁定书,并将股权冻结情况书面通知股权所在公司。

第七条　被执行人就被冻结股权所作的转让、出质或者其他有碍执行的行为,不得对抗申请执行人。

第八条　人民法院冻结被执行人股权的,可以向股权所在公司送达协助执行通知书,要求其在实施增资、减资、合并、分立等对被冻结股权所占比例、股权价值产生重大影响的行为前向人民法院书面报告有关情况。人民法院收到报告后,应当及时通知申请执行人,但是涉及国家秘密、商业秘密的除外。

股权所在公司未向人民法院报告即实施前款规定行为的，依照民事诉讼法第一百一十四条的规定处理。

股权所在公司或者公司董事、高级管理人员故意通过增资、减资、合并、分立、转让重大资产、对外提供担保等行为导致被冻结股权价值严重贬损，影响申请执行人债权实现的，申请执行人可以依法提起诉讼。

第九条 人民法院冻结被执行人基于股权享有的股息、红利等收益，应当向股权所在公司送达裁定书，并要求其在该收益到期时通知人民法院。人民法院对到期的股息、红利等收益，可以书面通知股权所在公司向申请执行人或者人民法院履行。

股息、红利等收益被冻结后，股权所在公司擅自向被执行人支付或者变相支付的，不影响人民法院要求股权所在公司支付该收益。

第十条 被执行人申请自行变价被冻结股权，经申请执行人及其他已知执行债权人同意或者变价款足以清偿执行债务的，人民法院可以准许，但是应当在能够控制变价款的情况下监督其在指定期限内完成，最长不超过三个月。

第十一条 拍卖被执行人的股权，人民法院应当依照《最高人民法院关于人民法院确定财产处置参考价若干问题的规定》规定的程序确定股权处置参考价，并参照参考价确定起拍价。

确定参考价需要相关材料的，人民法院可以向公司登记机关、税务机关等部门调取，也可以责令被执行人、股权所在公司以及控制相关材料的其他主体提供；拒不提供的，可以强制提取，并可以依照民事诉讼法第一百一十一条、第一百一十四条的规定处理。

为确定股权处置参考价，经当事人书面申请，人民法院可以委托审计机构对股权所在公司进行审计。

第十二条 委托评估被执行人的股权，评估机构因缺少评估所需完整材料无法进行评估或者认为影响评估结果，被执行人未能提供且人民法院无法调取补充材料的，人民法院应当通知评估机构根据现有材料进行评估，并告知当事人因缺乏材料可能产生的不利后果。

评估机构根据现有材料无法出具评估报告的，经申请执行人书面申请，人民法院可以根据具体情况以适当高于执行费用的金额确定起拍价，但是股权所在公司经营严重异常，股权明显没有价值的除外。

依照前款规定确定的起拍价拍卖的，竞买人应当预交的保证金数额由人民法院根据实际情况酌定。

第十三条 人民法院拍卖被执行人的股权，应当采取网络司法拍卖方式。

依据处置参考价并结合具体情况计算，拍卖被冻结股权所得价款可能明显高于债权额及执行费用的，人民法院应当对相应部分的股权进行拍卖。对相应部分的股权拍卖严重减损被冻结股权价值的，经被执行人书面申请，也可以对超出部分的被冻结股权一并拍卖。

第十四条 被执行人、利害关系人以具有下列情形之一为由请求不得强制拍卖股权的，人民法院不予支持：

（一）被执行人未依法履行或者未依法全面履行出资义务；

（二）被执行人认缴的出资未届履行期限；

（三）法律、行政法规、部门规章等对该股权自行转让有限制；

（四）公司章程、股东协议等对该股权自行转让有限制。

人民法院对具有前款第一、二项情形的股权进行拍卖时，应当在拍卖公告中载明被执行人认缴出资额、实缴出资额、出资期限等信息。股权处置后，相关主体依照有关规定履行出资义务。

第十五条　股权变更应当由相关部门批准的，人民法院应当在拍卖公告中载明法律、行政法规或者国务院决定规定的竞买人应当具备的资格或者条件。必要时，人民法院可以就竞买资格或者条件征询相关部门意见。

拍卖成交后，人民法院应当通知买受人持成交确认书向相关部门申请办理股权变更批准手续。买受人取得批准手续的，人民法院作出拍卖成交裁定书；买受人未在合理期限内取得批准手续的，应当重新对股权进行拍卖。重新拍卖的，原买受人不得参加竞买。

买受人明知不符合竞买资格或者条件依然参加竞买，且在成交后未能在合理期限内取得相关部门股权变更批准手续的，交纳的保证金不予退还。保证金不足以支付拍卖产生的费用损失、弥补重新拍卖价款低于原拍卖价款差价的，人民法院可以裁定原买受人补交；拒不补交的，强制执行。

第十六条　生效法律文书确定被执行人交付股权，因股权所在公司在生效法律文书作出后增资或者减资导致被执行人实际持股比例降低或者升高的，人民法院应当按照下列情形分别处理：

（一）生效法律文书已经明确交付股权的出资额的，按照该出资额交付股权；

（二）生效法律文书仅明确交付一定比例的股权的，按照生效法律文书作出时该比例所对应出资额占当前公司注册资本总额的比例交付股权。

第十七条　在审理股东资格确认纠纷案件中，当事人提出要求公司签发出资证明书、记载于股东名册并办理公司登记机关登记的诉讼请求且其主张成立的，人民法院应当予以支持；当事人未提出前述诉讼请求的，可以根据案件具体情况向其释明。

生效法律文书仅确认股权属于当事人所有，当事人可以持该生效法律文书自行向股权所在公司、公司登记机关申请办理股权变更手续；向人民法院申请强制执行的，不予受理。

第十八条　人民法院对被执行人在其他营利法人享有的投资权益强制执行的，参照适用本规定。

第十九条　本规定自2022年1月1日起施行。

施行前本院公布的司法解释与本规定不一致的，以本规定为准。

最高人民法院关于人民法院在强制执行程序中处分被执行人国有资产适用法律问题的请示报告的复函

1．2001年12月27日

2．〔2001〕执他字第13号

陕西省高级人民法院：

你院〔2000〕陕执请字第09号《关于人民法院在强制执行程序中处分被执行人国有资产适用问题的请示报告》收悉。经研究，答复如下：

国务院发布的《国有资产评估管理办法》（国务院91号令）关于国有资产评估中申请立项及审核确认的规定，确定了对国有资产占用单位在自主交易中进行评估的程序，其委托评估的主体是国有资产的占有企业，在特殊情况下可由国有资产管理部门委托评估。该《办法》对人民法院在执行程序中委托评估作为被执行人的国有企业的资产，并无相应的规定。人民法院在执行中委托评估也无须参照适用该《办法》，而应根据《最高人民法院关于人民法院执行工作若干问题的规定（试行）》第47条的规定办理，即由人民法院自行委托依法成立的资产评估机构进行；对评估机构的评估结论，应由执行法院独立审核确认并据以确定拍卖、变卖的底价。因此，只要执行法院委托了依法成立的评估机构进行评估，并据以判断认为核评估结论不存在重大错误，该评估程序和结果就是合法有效的。故石泉县人民法院在执行中委托评估的执行行为合法，应予以维持。

此复

最高人民法院执行工作办公室关于执行股份有限公司发起人股份问题的复函

1. 2000年1月10日

2. 〔2000〕执他字第1号

福建省高级人民法院：

你院报我办的〔1998〕闽经初执字第19号请示收悉。经研究，答复如下：

同意你院的意见。《公司法》第一百四十七条中关于发起人股份在3年内不得转让的规定，是对公司创办者自主转让其股权的限制，其目的是为防止发起人借设立公司投机牟利，损害其他股东的利益。人民法院强制执行不存在这一问题。被执行人持有发起人股份的有关公司和部门应当协助人民法院办理转让股份的变更登记手续。为保护债权人的利益，该股份转让的时间应从人民法院向有关单位送达转让股份的裁定书和协助执行通知书之日起算。该股份受让人应当继受发起人的地位，承担发起人的责任。

最高人民法院关于对中外合资企业股份执行问题的复函

1. 1998年8月26日

2. 〔1998〕执他字第1号

宁夏回族自治区高级人民法院：

你院〔1998〕宁法执字第05号《关于中外合资企业外商股份能否执行即如何办理转股手续的请示报告》收悉，经研究答复如下：

根据我院《关于人民法院执行工作若干问题的规定（试行）》第五十五条规定，中外合资企业的外商股份可以作为执行标的，依法转让。你院将被执行人香港太嘉勋发有限公司在天津温泉大酒店有限公司中的30%股份执行转让给申请执行人中国包装进出口宁夏公司，并无不当，应依据有关规定办结相关手续，其中需要天津市对外经济贸易委员会协助执行的事宜，你院应主动联系，请其按你院协助执行通知书依法处理。

此复

最高人民法院关于被执行人以其全部资产作股本与外方成立合资企业的应当如何执行问题的复函

1. 1992年9月7日

2. 法函〔1992〕114号

湖南省高级人民法院：

你院湘高法经〔1992〕1号请示报告收悉。经

研究,答复如下:

鉴于被执行人于1990年12月31日与浙江省绍兴县轻工业公司、美国桦品企业有限公司合资成立浙江钻石制衣厂有限公司,业经注册登记,该公司领取了中华人民共和国企业法人营业执照,具有法人资格,故不宜直接执行该公司的财产。为有利于改革开放,可将被执行人绍兴县第二衬衫厂在合资企业中享有的部分股权(相当于应当偿还的债务),在征得合资对方同意后予以转让,转让时合资对方享有优先受让权;合资对方不同意转让股权的,可分期分批执行被执行人从合资企业分得的红利及其他收益。必要时可以裁定采取保全措施,限制被执行人支取到期应得的部分或全部收益,同时通知(附裁定书副本)有关单位协助执行。

此复

(8)不动产执行

国家发展改革委、最高人民法院、国土资源部关于对失信被执行人实施限制不动产交易惩戒措施的通知

1. 2018年3月1日
2. 发改财金〔2018〕370号

各省、自治区、直辖市、新疆生产建设兵团社会信用体系建设牵头单位、高级人民法院、国土资源厅(局):

为深入学习贯彻习近平新时代中国特色社会主义思想和党的十九大精神,进一步落实《中共中央办公厅 国务院办公厅关于加快推进失信被执行人信用监督、警示和惩戒机制建设的意见》(中办发〔2016〕64号)、《国务院关于建立完善守信联合激励和失信联合惩戒制度加快推进社会诚信建设的指导意见》(国发〔2016〕33号)和《最高人民法院关于限制被执行人高消费的若干规定》(法释〔2010〕8号)等有关要求,加大对失信被执行人的惩戒力度,建立健全联合奖惩机制,国家发展改革委、最高人民法院、国土资源部共同对失信被执行人及失信被执行人的法定代表人、主要负责人、实际控制人、影响债务履行的直接责任人员,采取限制不动产交易的惩戒措施。现将有关事项通知如下。

一、各级人民法院限制失信被执行人及失信被执行人的法定代表人、主要负责人、实际控制人、影响债务履行的直接责任人员参与房屋司法拍卖。

二、市、县国土资源部门限制失信被执行人及失信被执行人的法定代表人、主要负责人、实际控制人、影响债务履行的直接责任人员取得政府供应土地。

三、各地国土资源部门与人民法院要积极推进建立同级不动产登记信息和失信被执行人名单信息互通共享机制,有条件的地区,国土资源部门在为失信被执行人及失信被执行人的法定代表人、主要负责人、实际控制人、影响债务履行的直接责任人员办理转移、抵押、变更等涉及不动产产权变化的不动产登记时,应将相关信息通报给人民法院,便于人民法院依法采取执行措施。

四、建立健全全国信用信息共享平台与国家不动产登记信息平台信息互通共享机制。全国信用信息共享平台将最高人民法院提供的失信被执行人名单信息及时推送至国家不动产登记信息平台;国家不动产登记信息平台将失信被执行人名下的不动产登记信息及时反馈至全国信用信息共享平台。

最高人民法院关于认真做好网络司法拍卖与网络司法变卖衔接工作的通知

1. 2017年7月18日
2. 法明传〔2017〕455号

变卖是执行程序财产处置程序的重要组成部分,《最高人民法院关于人民法院网络司法拍卖若干问题的规定》(以下简称《网拍规定》)明确规定通过互联网平台进行变卖的,参照《网拍规定》执行。司法解释实施以来,网络司法拍卖二拍流拍后进行网络司法变卖的,各地法院操作不统一,为规范人民法院网络司法变卖行为,做好网络司法拍卖与网络司法变卖的衔接工作,现通知如下:

一、关于网络司法变卖平台选择的问题。网络司法拍卖二拍流拍后,人民法院采取网络司法变卖方式处置财产的,应当在最高人民法院确定的网络服务提供者名单库中的平台上实施。原则上沿用网拍程序适用的平台,但申请执行人在网拍二拍流拍后10日内书面要求更换到名单库中的其他平台上实施的,执行法院应当准许。

二、关于发布网络司法变卖公告期限的问题。网拍二拍流拍后,人民法院应当于10日内询问申请执行人或其他执行债权人是否接受以物抵债。不接受以物抵债的,人民法院应当于网拍二拍流拍之日起15日内发布网络司法变卖公告。

三、关于网络司法变卖公告期、变卖期的问题。网络司法变卖期为60天,人民法院应当在公告中确定变卖期的开始时间。变卖动产的,应当在变卖期开始7日前公告;变卖不动产或者其他财产权的,应当在变卖期开始15日前公告。变卖公告应当包括但不限于变卖财产、变卖价、变卖期、变卖期开始时间、变卖流程、保证金数额、加价幅度等内容,应当特别提示变卖成交后不交纳尾款的,保证金不予退还。

四、关于变卖价确定的问题。网络司法变卖的变卖价为网络司法拍卖二拍流拍价。各级人民法院应当认真领会《网拍规定》关于确定一拍、二拍起拍价的精神,在评估价(或市场价)基础上按《网络规定》进行降价拍卖。

五、关于竞买人资格确定的问题。竞买人交齐变卖价全款后,取得竞买资格。竞买人可以向法院指定的账户交纳,也可以在变卖平台上在线报名并交纳。竞买人向法院指定账户交纳的,人民法院应当及时通过操作系统录入并推送给确定的变卖平台。

六、关于网络司法拍卖变卖流程问题。变卖期开始后,取得竞买资格的竞买人即可以出价。自第一次出价开始进入24小时竞价程序,其他取得竞买资格的竞买人可在竞价程序内以递增出价方式参与竞买。竞价程序参照《网拍规定》第二十条规定进行,加价幅度参照我院法明传(2017)第253号通知要求进行设置。竞价程序内无其他人出价的,变卖财产由第一次出价的竞买人竞得;竞价程序内有其他人出价的,变卖财产由竞价程序结束时最高出价者竞得。变卖成交的,竞价程序结束时变卖期结束。

七、关于网络司法变卖结束后相关事宜处理的问题。变卖成交的,由平台以买受人的真实身份自动生成确认书并公示;变卖期内无人出价的,变卖期结束时变卖程序结束,相关财产按相关司法解释和规范性文件依法处置。

八、关于变卖成交后买受人不交纳尾款如何处理的问题。经过竞价变卖成交后,买受人反悔不交纳尾款的，从所交纳变卖价款中扣留变卖公告中所确定的保证金不予退还，扣留的保证金参照《网络规定》第二十四条处理，买受人反悔不交纳尾款导致人民法院重新变卖的，原买受人不得再次参与竞买。

九、关于未经拍卖直接变卖财产如何处置的问题。未经拍卖直接变卖的财产，按照《最高人民法院关于人民法院民事执行中拍卖、变卖财产的规定》进行变卖。

各高级人民法院应当及时指导辖区内法院认真学习本通知精神，按通知要求开展好网络司法变卖工作。我院已根据上述规则要求各网络服务提供者进行程序改造，同时一并开发内网变卖操作系统，系统具体上线时间及操作手册将另行下发。请各高级人民法院工作中注意收集辖区内法院在实施过程中遇到的问题、提出的意见及建议，及时报告我院。

特此通知

最高人民法院关于如何确定生效法律文书确定的抵押权优先受偿范围的请示答复

1．2013年11月27日

2．(2013)执他字第26号

山东省高级人民法院：

你院《关于如何确定生效法律文书确定的抵押权优先受偿范围的请示》[(2013)鲁执三他字第7号]收悉。经研究，答复如下：

在参与分配程序中，抵押权的实现并不以生效法律文书的确认为前提。《最高人民法院关于人民法院执行工作若干问题的规定（试行）》第93条规定，对人民法院查封、扣押或冻结的财产有优先权、担保物权的债权人，可以申请参加参与分配程序，主张优先受偿权。第94条规定，参与分配案件中可供执行的财产，在对享有优先权、担保权的债权人依照法律规定的顺序优先受偿后，按照各个案件债权额的比例进行分配。依照上述规定，在参与分配程序中，债权人只要在实体上享有抵押权，即可主张债权的优先受偿。如果其他债权人、被执行人对于抵押权及其担保债权的范围存在异议，可以根据《最高人民法院关于适用〈中华人民共和国民事诉讼法〉执行程序若干问题的解释》第二十五条、第二十六条的规定，通过分配方案异议、分配方案异议之诉程序予以救济。

请你院按照此法律规定规范处理，向当事人释明相关程序救济措施，保障各方当事人的合法权益。

最高人民法院关于转发住房和城乡建设部《关于无证房产依据协助执行文书办理产权登记有关问题的函》的通知

1．2012年6月15日

2．法〔2012〕151号

各省、自治区、直辖市高级人民法院，解放军军事法院，新疆维吾尔自治区高级人民法院生产建设兵团分院：

现将住房和城乡建设部《关于无证房产依据协助执行文书办理产权登记有关问题的函》（建法函〔2012〕102号）转发你们，请参照执行，并在执行中注意如下问题：

一、各级人民法院在执行程序中，既要依法履行强制执行职责，又要尊重房屋登记机构依法享有的行政权力；既要保证执行工作的顺利开展，也要防止“违法建设”等不符合法律、行政法规规定的房屋通过协助执行行为合法化。

二、执行程序中处置未办理初始登记的房屋时，具备初始登记条件的，执行法院处置后可以依法向房屋登记机构发出《协助执行通知书》；暂时不具备初始登记条件的，执行法院处置后可以向房屋登记机构发出《协助执行通知书》，并载明待房屋买受人或承受人完善相关手续具备初始登记条件后，由房屋登记机构按照《协助执行通知书》予以登记；不具备初始登记条件的，原则上进行“现状处置”，即处置前披露房屋不具备初始登记条件的现状，买受人或承受人按照房屋的权利现状取得房屋，后续的产权登记事项由买受人或承受人自行负责。

三、执行法院向房屋登记机构发出《协助执行通知书》，房屋登记机构认为不具备初始登记条件并作出书面说明的，执行法院应在30日内依照法律和有关规定，参照行政规章，对其说明理由进行审查。理由成立的，撤销或变更《协助执行通知书》并书面通知房屋登记机构；理由不成立的，书面通知房产登记机构限期按《协助执行通知书》办理。

特此通知。

最高人民法院执行局关于人民法院能否在执行程序中以被执行人擅自出租查封房产为由认定该租赁合同无效或解除该租赁合同的答复

1. 2009年12月22日

2. 〔2009〕执他字第7号

山东省高级人民法院：

你院《关于被执行人擅自出租已查封的财产执行程序中人民法院排除执行妨害能否认定该合同无效或解除租赁合同的请示》收悉。经研究，答复如下：

在执行程序中被执行人擅自处分法院的查封物，包括本案中以出租的形式妨害查封效果的行为，执行法院有权以裁定形式执结予以处理。根据最高人民法院《关于人民法院执行中查封、扣押、冻结财产的规定》第26条，被执行人擅自处分查封物，与第三人签订的租赁合同，并不当然无效，只是不得对抗申请执行人。第三人依据租赁合同占有查封物的，人民法院可以解除其占有，但不应当在裁定中直接宣布租赁合同无效或解除租赁合同，而仅应指出租赁合同不能对抗申请执行人。

最高人民法院关于不动产所有权发生转移的时间如何确定的请示的答复

1. 2008年10月6日

2. 〔2007〕执他字第19号

云南省高级人民法院：

你院《关于拍卖、变卖财产规定第二十九条第二款规定不动产所有权发生转移是否包括“变卖方式的情形”的请示报告》收悉。经研究，答复如下：

人民法院在执行过程中依法裁定变卖土地使用权的，对该土地使用权转移时间的确定，适用最高人民法院《关于人民法院民事执行中拍卖、变卖财产的规定》第二十九条第二款和最高人民法院、国土资源部、建设部《关于依法规范人民法院执行和国土资源房地产管理部门协助执行若干问题的通知》（法发〔2004〕5号）第二十七条的规定。你院请示的陕西弘丰农业生产资料有限公司是否已根据陕西省高级人民法院〔2002〕陕高法执一民字第025－2号民事裁定书取得争议土地使用权的问题，应当按照上述规定精神，依法予以确定并妥善处理。

此复。

最高人民法院关于执行程序中被执行人无偿转让抵押财产人民法院应如何处理的请示的答复

1．2006年10月27日

2．〔2006〕执他字第13号

山东省高级人民法院：

你院《关于执行程序中被执行人无偿转让抵押财产人民法院应如何处理的请示》收悉。经研究，答复如下：

作为执行标的物的抵押财产在执行程序中被转让的，如果抵押财产已经依法办理了抵押登记，则不论转让行为是有偿还是无偿，也不论是否通知了抵押债权人，只要抵押权人没有放弃抵押权，人民法院均可以直接对该抵押物进行执行。因此，你院可以直接对被执行人已经设定抵押的财产采取执行措施，必要时，可以将抵押财产的现登记名义人列为被执行人。

此复

最高人民法院执行工作办公室关于执行案件中车辆登记单位与实际出资购买人不一致应如何处理问题的复函

1．2000年11月21日

2．〔2000〕执他字第25号

上海市高级人民法院：

你院沪高法〔1999〕321号《关于执行案件车辆登记单位与实际出资购买人不一致应如何处理的请示》收悉。经研究，答复如下：

本案被执行人即登记名义人上海福久快餐有限公司对其名下的三辆机动车并不主张所有权；其与第三人上海人工半岛建设发展有限公司签订的协议书与承诺书意思表示真实，并无转移财产之嫌；且第三人出具的购买该三辆车的财务凭证、银行账册明细表、缴纳养路费和税费的凭证，证明第三人为实际出资人，独自对该三辆机动车享有占有、使用、收益和处分权。因此，对本案的三辆机动车不应确定登记名义人为车主，而应当依据公平、等价有偿原则，确定归第三人所有。故请你院监督执行法院对该三辆机动车予以解封。

此复

8. 财产保全与先予执行

最高人民法院关于生态环境侵权案件适用禁止令保全措施的若干规定

1. 2021年11月29日最高人民法院审判委员会第1854次会议通过
2. 2021年12月27日公布
3. 法释〔2021〕22号
4. 自2022年1月1日起施行

为妥善审理生态环境侵权案件，及时有效保护生态环境，维护民事主体合法权益，落实保护优先、预防为主原则，根据《中华人民共和国民法典》《中华人民共和国环境保护法》《中华人民共和国民事诉讼法》等有关法律规定，结合审判实践，制定本规定。

第一条　申请人以被申请人正在实施或者即将实施污染环境、破坏生态行为，不及时制止将使申请人合法权益或者生态环境受到难以弥补的损害为由，依照民事诉讼法第一百条、第一百零一条规定，向人民法院申请采取禁止令保全措施，责令被申请人立即停止一定行为的，人民法院应予受理。

第二条　因污染环境、破坏生态行为受到损害的自然人、法人或者非法人组织，以及民法典第一千二百三十四条、第一千二百三十五条规定的"国家规定的机关或者法律规定的组织"，可以向人民法院申请作出禁止令。

第三条　申请人提起生态环境侵权诉讼时或者诉讼过程中，向人民法院申请作出禁止令的，人民法院应当在接受申请后五日内裁定是否准予。情况紧急的，人民法院应当在接受申请后四十八小时内作出。

因情况紧急，申请人可在提起诉讼前向污染环境、破坏生态行为实施地、损害结果发生地或者被申请人住所地等对案件有管辖权的人民法院申请作出禁止令，人民法院应当在接受申请后四十八小时内裁定是否准予。

第四条　申请人向人民法院申请作出禁止令的，应当提交申请书和相应的证明材料。

申请书应当载明下列事项：

（一）申请人与被申请人的身份、送达地址、联系方式等基本情况；

（二）申请禁止的内容、范围；

（三）被申请人正在实施或者即将实施污染环境、破坏生态行为，以及如不及时制止将使申请人合法权益或者生态环境受到难以弥补损害的情形；

（四）提供担保的财产信息，或者不需要提供担保的理由。

第五条　被申请人污染环境、破坏生态行为具有现实而紧迫的重大风险，如不及时制止将对申请人合法权益或者生态环境造成难以弥补损害的，人民法院应当综合考量以下因素决定是否作出禁止令：

（一）被申请人污染环境、破坏生态行为被行政主管机关依法处理后仍继续实施；

（二）被申请人污染环境、破坏生态行为对申请人合法权益或者生态环境造成的损害超过禁止被申请人一定行为对其合法权益造成的损害；

（三）禁止被申请人一定行为对国家利益、社会公共利益或者他人合法权益产生的不利影响；

（四）其他应当考量的因素。

第六条　人民法院审查申请人禁止令申请，应当听取被申请人的意见。必要时，可进行现场勘查。

情况紧急无法询问或者现场勘查的，人民法院应当在裁定准予申请人禁止令申请后四十八小时内听取被申请人的意见。被申请人意见成立的，人民法院应当裁定解除禁止令。

第七条　申请人在提起诉讼时或者诉讼过程中申请禁止令的，人民法院可以责令申请人提供担保，不提供担保的，裁定驳回申请。

申请人提起诉讼前申请禁止令的，人民法院应当责令申请人提供担保，不提供担保的，裁定驳回申请。

第八条　人民法院裁定准予申请人禁止令申请的，应当根据申请人的请求和案件具体情况确定禁止令的效力期间。

第九条　人民法院准予或者不准予申请人禁止令申请的，应当制作民事裁定书，并送达当事人，裁定书自送达之日起生效。

人民法院裁定准予申请人禁止令申请的，可以根据裁定内容制作禁止令张贴在被申请人住所地，污染环境、破坏生态行为实施地、损害结果发生地等相关场所，并可通过新闻媒体等方式向社会公开。

第十条　当事人、利害关系人对人民法院裁定准予或者不准予申请人禁止令申请不服的，可在收到裁定书之日起五日内向作出裁定的人民法院申请复议一次。人民法院应当在收到复议申请后十日内审查并作出裁定。复议期间不停止裁定的执行。

第十一条　申请人在人民法院作出诉前禁止令后三十日内不依法提起诉讼的，人民法院应当在三十日届满后五日内裁定解除禁止令。

禁止令效力期间内，申请人、被申请人或者利害关系人以据以作出裁定的事由发生变化为由，申请解除禁止令的，人民法院应当在收到申请后五日内裁定是否解除。

第十二条　被申请人不履行禁止令的，人民法院可依照民事诉讼法第一百一十一条的规定追究其相应法律责任。

第十三条　侵权行为实施地、损害结果发生地在中华人民共和国管辖海域内的海洋生态环境侵权案件中，申请人向人民法院申请责令被申请人立即停止一定行为的，适用海洋环境保护法、海事诉讼特别程序法等法律和司法解释的相关规定。

第十四条　本规定自2022年1月1日起施行。

附件：1. 民事裁定书（诉中禁止令用）样式（略）
2. 民事裁定书（诉前禁止令用）样式（略）
3. 民事裁定书（解除禁止令用）样式（略）
4. 禁止令（张贴公示用）样式（略）

最高人民法院关于人民法院办理财产保全案件若干问题的规定

1. 2016年10月17日最高人民法院审判委员会第1696次会议通过、2016年11月7日公布、自2016年12月1日起施行（法释〔2016〕22号）

2. 根据2020年12月23日最高人民法院审判委员会第1823次会议通过、2020年12月29日公布、自2021年1月1日起施行的《最高人民法院关于修改〈最高人民法院关于人民法院扣押铁路运输货物若干问题的规定〉等十八件执行类司法解释的决定》（法释〔2020〕21号）修正

为依法保护当事人、利害关系人的合法权

益,规范人民法院办理财产保全案件,根据《中华人民共和国民事诉讼法》等法律规定,结合审判、执行实践,制定本规定。

第一条　当事人、利害关系人申请财产保全,应当向人民法院提交申请书,并提供相关证据材料。

申请书应当载明下列事项:

(一)申请保全人与被保全人的身份、送达地址、联系方式;

(二)请求事项和所根据的事实与理由;

(三)请求保全数额或者争议标的;

(四)明确的被保全财产信息或者具体的被保全财产线索;

(五)为财产保全提供担保的财产信息或资信证明,或者不需要提供担保的理由;

(六)其他需要载明的事项。

法律文书生效后,进入执行程序前,债权人申请财产保全的,应当写明生效法律文书的制作机关、文号和主要内容,并附生效法律文书副本。

第二条　人民法院进行财产保全,由立案、审判机构作出裁定,一般应当移送执行机构实施。

第三条　仲裁过程中,当事人申请财产保全的,应当通过仲裁机构向人民法院提交申请书及仲裁案件受理通知书等相关材料。人民法院裁定采取保全措施或者裁定驳回申请的,应当将裁定书送达当事人,并通知仲裁机构。

第四条　人民法院接受财产保全申请后,应当在五日内作出裁定;需要提供担保的,应当在提供担保后五日内作出裁定;裁定采取保全措施的,应当在五日内开始执行。对情况紧急的,必须在四十八小时内作出裁定;裁定采取保全措施的,应当立即开始执行。

第五条　人民法院依照民事诉讼法第一百条规定责令申请保全人提供财产保全担保的,担保数额不超过请求保全数额的百分之三十;申请保全的财产系争议标的的,担保数额不超过争议标的的价值的百分之三十。

利害关系人申请诉前财产保全的,应当提供相当于请求保全数额的担保;情况特殊的,人民法院可以酌情处理。

财产保全期间,申请保全人提供的担保不足以赔偿可能给被保全人造成的损失的,人民法院可以责令其追加相应的担保;拒不追加的,可以裁定解除或者部分解除保全。

第六条　申请保全人或第三人为财产保全提供财产担保的,应当向人民法院出具担保书。担保书应当载明担保人、担保方式、担保范围、担保财产及其价值、担保责任承担等内容,并附相关证据材料。

第三人为财产保全提供保证担保的,应当向人民法院提交保证书。保证书应当载明保证人、保证方式、保证范围、保证责任承担等内容,并附相关证据材料。

对财产保全担保,人民法院经审查,认为违反民法典、公司法等有关法律禁止性规定的,应当责令申请保全人在指定期限内提供其他担保;逾期未提供的,裁定驳回申请。

第七条　保险人以其与申请保全人签订财产保全责任险合同的方式为财产保全提供担保的,应当向人民法院出具担保书。

担保书应当载明,因申请财产保全错误,由保险人赔偿被保全人因保全所遭受的损失等内容,并附相关证据材料。

第八条　金融监管部门批准设立的金融机构以独立保函形式为财产保全提供担保的,人民法院应当依法准许。

第九条　当事人在诉讼中申请财产保全,有下列情形之一的，人民法院可以不要求提供担保：

（一）追索赡养费、扶养费、抚育费、抚恤金、医疗费用、劳动报酬、工伤赔偿、交通事故人身损害赔偿的；

（二）婚姻家庭纠纷案件中遭遇家庭暴力且经济困难的；

（三）人民检察院提起的公益诉讼涉及损害赔偿的；

（四）因见义勇为遭受侵害请求损害赔偿的；

（五）案件事实清楚、权利义务关系明确，发生保全错误可能性较小的；

（六）申请保全人为商业银行、保险公司等由金融监管部门批准设立的具有独立偿付债务能力的金融机构及其分支机构的。

法律文书生效后，进入执行程序前，债权人申请财产保全的，人民法院可以不要求提供担保。

第十条 当事人、利害关系人申请财产保全，应当向人民法院提供明确的被保全财产信息。

当事人在诉讼中申请财产保全，确因客观原因不能提供明确的被保全财产信息，但提供了具体财产线索的，人民法院可以依法裁定采取财产保全措施。

第十一条 人民法院依照本规定第十条第二款规定作出保全裁定的，在该裁定执行过程中，申请保全人可以向已经建立网络执行查控系统的执行法院，书面申请通过该系统查询被保全人的财产。

申请保全人提出查询申请的，执行法院可以利用网络执行查控系统，对裁定保全的财产或者保全数额范围内的财产进行查询，并采取相应的查封、扣押、冻结措施。

人民法院利用网络执行查控系统未查询到可供保全财产的，应当书面告知申请保全人。

第十二条 人民法院对查询到的被保全人财产信息，应当依法保密。除依法保全的财产外，不得泄露被保全人其他财产信息，也不得在财产保全、强制执行以外使用相关信息。

第十三条 被保全人有多项财产可供保全的，在能够实现保全目的的情况下，人民法院应当选择对其生产经营活动影响较小的财产进行保全。

人民法院对厂房、机器设备等生产经营性财产进行保全时，指定被保全人保管的，应当允许其继续使用。

第十四条 被保全财产系机动车、航空器等特殊动产的，除被保全人下落不明的以外，人民法院应当责令被保全人书面报告该动产的权属和占有、使用等情况，并予以核实。

第十五条 人民法院应当依据财产保全裁定采取相应的查封、扣押、冻结措施。

可供保全的土地、房屋等不动产的整体价值明显高于保全裁定载明金额的，人民法院应当对该不动产的相应价值部分采取查封、扣押、冻结措施，但该不动产在使用上不可分或者分割会严重减损其价值的除外。

对银行账户内资金采取冻结措施的，人民法院应当明确具体的冻结数额。

第十六条 人民法院在财产保全中采取查封、扣押、冻结措施，需要有关单位协助办理登记手续的，有关单位应当在裁定书和协助执行通知书送达后立即办理。针对同一财产有多个裁定书和协助执行通知书的，应当按照送达的时间先后办理登记手续。

第十七条 利害关系人申请诉前财产保全，在人民法院采取保全措施后三十日内依法提起诉讼或者申请仲裁的,诉前财产保全措施自动转为诉讼或仲裁中的保全措施;进入执行程序后,保全措施自动转为执行中的查封、扣押、冻结措施。

依前款规定,自动转为诉讼、仲裁中的保全措施或者执行中的查封、扣押、冻结措施的,期限连续计算,人民法院无需重新制作裁定书。

第十八条 申请保全人申请续行财产保全的,应当在保全期限届满七日前向人民法院提出;逾期申请或者不申请的,自行承担不能续行保全的法律后果。

人民法院进行财产保全时,应当书面告知申请保全人明确的保全期限届满日以及前款有关申请续行保全的事项。

第十九条 再审审查期间,债务人申请保全生效法律文书确定给付的财产的,人民法院不予受理。

再审审理期间,原生效法律文书中止执行,当事人申请财产保全的,人民法院应当受理。

第二十条 财产保全期间,被保全人请求对被保全财产自行处分,人民法院经审查,认为不损害申请保全人和其他执行债权人合法权益的,可以准许,但应当监督被保全人按照合理价格在指定期限内处分,并控制相应价款。

被保全人请求对作为争议标的的被保全财产自行处分的,须经申请保全人同意。

人民法院准许被保全人自行处分被保全财产的,应当通知申请保全人;申请保全人不同意的,可以依照民事诉讼法第二百二十五条规定提出异议。

第二十一条 保全法院在首先采取查封、扣押、冻结措施后超过一年未对被保全财产进行处分的,除被保全财产系争议标的外,在先轮候查封、扣押、冻结的执行法院可以商请保全法院将被保全财产移送执行。但司法解释另有特别规定的,适用其规定。

保全法院与在先轮候查封、扣押、冻结的执行法院就移送被保全财产发生争议的,可以逐级报请共同的上级法院指定该财产的执行法院。

共同的上级法院应当根据被保全财产的种类及所在地、各债权数额与被保全财产价值之间的关系等案件具体情况指定执行法院,并督促其在指定期限内处分被保全财产。

第二十二条 财产纠纷案件,被保全人或第三人提供充分有效担保请求解除保全,人民法院应当裁定准许。被保全人请求对作为争议标的的财产解除保全的,须经申请保全人同意。

第二十三条 人民法院采取财产保全措施后,有下列情形之一的,申请保全人应当及时申请解除保全:

(一)采取诉前财产保全措施后三十日内不依法提起诉讼或者申请仲裁的;

(二)仲裁机构不予受理仲裁申请、准许撤回仲裁申请或者按撤回仲裁申请处理的;

(三)仲裁申请或者请求被仲裁裁决驳回的;

(四)其他人民法院对起诉不予受理、准许撤诉或者按撤诉处理的;

(五)起诉或者诉讼请求被其他人民法院生效裁判驳回的;

(六)申请保全人应当申请解除保全的其他情形。

人民法院收到解除保全申请后,应当在五日内裁定解除保全;对情况紧急的,必须在四十八小时内裁定解除保全。

申请保全人未及时申请人民法院解除保全,应当赔偿被保全人因财产保全所遭受的损失。

被保全人申请解除保全,人民法院经审查认为符合法律规定的,应当在本条第二款规定的期间内裁定解除保全。

第二十四条　财产保全裁定执行中，人民法院发现保全裁定的内容与被保全财产的实际情况不符的，应当予以撤销、变更或补正。

第二十五条　申请保全人、被保全人对保全裁定或者驳回申请裁定不服的，可以自裁定书送达之日起五日内向作出裁定的人民法院申请复议一次。人民法院应当自收到复议申请后十日内审查。

对保全裁定不服申请复议的，人民法院经审查，理由成立的，裁定撤销或变更；理由不成立的，裁定驳回。

对驳回申请裁定不服申请复议的，人民法院经审查，理由成立的，裁定撤销，并采取保全措施；理由不成立的，裁定驳回。

第二十六条　申请保全人、被保全人、利害关系人认为保全裁定实施过程中的执行行为违反法律规定提出书面异议的，人民法院应当依照民事诉讼法第二百二十五条规定审查处理。

第二十七条　人民法院对诉讼争议标的以外的财产进行保全，案外人对保全裁定或者保全裁定实施过程中的执行行为不服，基于实体权利对被保全财产提出书面异议的，人民法院应当依照民事诉讼法第二百二十七条规定审查处理并作出裁定。案外人、申请保全人对该裁定不服的，可以自裁定送达之日起十五日内向人民法院提起执行异议之诉。

人民法院裁定案外人异议成立后，申请保全人在法律规定的期间内未提起执行异议之诉的，人民法院应当自起诉期限届满之日起七日内对该被保全财产解除保全。

第二十八条　海事诉讼中，海事请求人申请海事请求保全，适用《中华人民共和国海事诉讼特别程序法》及相关司法解释。

第二十九条　本规定自2016年12月1日起施行。

本规定施行前公布的司法解释与本规定不一致的，以本规定为准。

最高人民法院关于人民法院对注册商标权进行财产保全的解释

1. 2000年11月22日最高人民法院审判委员会第1144次会议通过、2001年1月2日公布、自2001年1月21日起施行（法释〔2001〕1号）

2. 根据2020年12月23日最高人民法院审判委员会第1823次会议通过、2020年12月29日公布、自2021年1月1日起施行的《最高人民法院关于修改〈最高人民法院关于审理侵犯专利权纠纷案件应用法律若干问题的解释（二）〉等十八件知识产权类司法解释的决定》（法释〔2020〕19号）修正

为了正确实施对注册商标权的财产保全措施，避免重复保全，现就人民法院对注册商标权进行财产保全有关问题解释如下：

第一条　人民法院根据民事诉讼法有关规定采取财产保全措施时，需要对注册商标权进行保全的，应当向国家知识产权局商标局（以下简称商标局）发出协助执行通知书，载明要求商标局协助保全的注册商标的名称、注册人、注册证号码、保全期限以及协助执行保全的内容，包括禁止转让、注销注册商标、变更注册事项和办理商标权质押登记等事项。

第二条　对注册商标权保全的期限一次不得超过一年，自商标局收到协助执行通知书之日起计算。如果仍然需要对该注册商标权继续采取保全措施的，人民法院应当在保全期限届满前向商标局重新发出协助执行通知书，要求继续保全。否则，视为自动解除对该注册商标权的财产保全。

第三条　人民法院对已经进行保全的注册商标权，不得重复进行保全。

最高人民法院关于当事人申请财产保全错误造成案外人损失应否承担赔偿责任问题的解释

1. 2005年7月4日最高人民法院审判委员会第1358次会议通过
2. 2005年8月15日公布
3. 法释〔2005〕11号
4. 自2005年8月24日起施行

近来，一些法院就当事人申请财产保全错误造成案外人损失引发的赔偿纠纷案件应如何适用法律问题请示我院。经研究，现解释如下：

根据《中华人民共和国民法通则》第一百零六条、《中华人民共和国民事诉讼法》第九十六条等法律规定，当事人申请财产保全错误造成案外人损失的，应当依法承担赔偿责任。

此复

最高人民法院关于人民法院发现本院作出的诉前保全裁定和在执行程序中作出的裁定确有错误以及人民检察院对人民法院作出的诉前保全裁定提出抗诉人民法院应当如何处理的批复

1. 1998年7月21日最高人民法院审判委员会第1005次会议通过
2. 1998年7月30日公布
3. 法释〔1998〕17号
4. 自1998年8月5日起施行

山东省高级人民法院：

你院鲁高法函〔1998〕57号《关于人民法院在执行程序中作出的裁定如发现确有错误应按何种程序纠正的请示》和鲁高法函〔1998〕58号《关于人民法院发现本院作出的诉前保全裁定确有错误或者人民检察院对人民法院作出的诉前保全裁定提出抗诉人民法院应如何处理的请示》收悉。经研究，答复如下：

一、人民法院院长对本院已经发生法律效力的诉前保全裁定和在执行程序中作出的裁定，发现确有错误，认为需要撤销的，应当提交审判委员会讨论决定后，裁定撤销原裁定。

二、人民检察院对人民法院作出的诉前保全裁定提出抗诉，没有法律依据，人民法院应当通知其不予受理。

此复

最高人民法院关于诉前财产保全几个问题的批复

1. 1998年11月19日最高人民法院审判委员会第1030次会议通过
2. 1998年11月27日公布
3. 法释〔1998〕29号
4. 自1998年12月5日起施行

湖北省高级人民法院：

你院鄂高法〔1998〕63号《关于采取诉前财产保全几个问题的请示》收悉。经研究，答复如下：

一、人民法院受理当事人诉前财产保全申请后，应当按照诉前财产保全标的金额并参照《中华人民共和国民事诉讼法》关于级别管辖和专属管辖的规定，决定采取诉前财产保全措施。

二、采取财产保全措施的人民法院受理申请人的起诉后，发现所受理的案件不属于本院管辖的，应当将案件和财产保全申请费一并移送有管辖权的人民法院。

案件移送后，诉前财产保全裁定继续有效。

因执行诉前财产保全裁定而实际支出的费用，应由受诉人民法院在申请费中返还给作出诉前财产保全的人民法院。

此复

最高人民法院关于对粮棉油政策性收购资金形成的粮棉油不宜采取财产保全措施和执行措施的通知

1. 2000年11月16日

2. 法〔2000〕164号

各省、自治区、直辖市高级人民法院，解放军军事法院，新疆维吾尔自治区高级人民法院生产建设兵团分院：

根据国务院国发〔1998〕15号《关于进一步深化粮食流通体制改革的决定》和国发〔1998〕42号《关于深化棉花流通体制改革的决定》以及《粮食收购条例》等有关法规和规范性文件的规定，人民法院在保全和执行国有粮棉油购销企业从事粮棉油政策性收购以外业务所形成的案件时，除继续执行我院法函〔1997〕97号《关于对粮棉油政策性收购资金是否可以采取财产保全措施问题的复函》外，对中国农业发展银行提供的粮棉油收购资金及由该项资金形成的库存的粮棉油不宜采取财产保全措施和执行措施。

最高人民法院关于在实体处理合同纠纷案件以前可以依法裁定终止合同履行的复函

1. 1991年6月7日

2. 法（经）函〔1991〕61号

广东省高级人民法院：

你院〔1991〕粤法经请字第1号请示收悉。关于对确无履行必要的承包合同纠纷在作出实体处理以前，可否使用裁定先终止合同履行的问题，经研究，答复如下：

对案件事实清楚，权利义务关系明确，原承包合同确无履行必要、情况紧急，不先行终止合同履行，将会造成更大经济损失的，人民法院可以依照《中华人民共和国民事诉讼法》第九十七条（三）项、第九十八条之规定，裁定终止原承包合同履行。

此复

最高人民法院关于对粮棉油政策性收购资金是否可以采取财产保全措施问题的复函

1. 1997年8月14日

2. 法函〔1997〕97号

山东省高级人民法院：

你院鲁法经〔1997〕33号《关于对粮棉油政策性收购资金专户是否可以采取财产保全措施问题的请示》收悉。经研究，答复如下：

同意你院请示的倾向性意见。粮棉油政策性收购资金是用于国家和地方专项储备的粮食、棉花、油料的收购、储备、调销资金和国家定购粮食、棉花收购资金。包括各级财政开支的直接用于粮棉油收购环节的价格补贴款、银行粮棉油政策性收购货款和粮棉油政策性收购企业的粮棉油调销回笼款。该资金只能用于粮棉油收购及相关费用支出。人民法院在审理涉及到政策性粮棉油收购业务之外的经济纠纷案件中，不宜对粮棉油政策性收购企业在中国农业发展银行及其代理行或经人民银行当地分行批准的其他金融机构开立账上的这类资金采取财产保全措施，以保证这类资金专款专用，促进农业的发展。

最高人民法院对国家知识产权局《关于如何协助执行法院财产保全裁定的函》的答复意见

1. 2000年1月28日

2. 〔2000〕法知字第3号函

国家知识产权局：

贵局《关于如何协助执行法院财产保全裁定的函》收悉。经研究，对有关问题的意见如下：

一、专利权作为无形财产，可以作为人民法院财产保全的对象。人民法院对专利权进行财产保全，应当向国家知识产权局送达协助执行通知书，写明要求协助执行的事项，以及对专利权财产保全的期限，并附人民法院作出的裁定书。根据《中华人民共和国民事诉讼法》第九十三条、第一百零三条的规定，贵局有义务协助执行人民法院对专利权财产保全的裁定。

二、贵局来函中提出的具体意见第二条中拟要求人民法院提交“中止程序请求书”似有不妥。依据人民法院依法作出的财产保全民事裁定书和协助执行通知书，贵局即承担了协助执行的义务，在财产保全期间应当确保专利申请权或者专利权的法律状态不发生变更。在此前提下，贵局可以依据专利法和专利审查指南规定的程序，并根据法院要求协助执行的具体事项，自行决定中止有关专利程序。

三、根据最高人民法院关于适用民事诉讼法若干问题意见第102条规定，对出质的专利权也可以采取财产保全措施，但质权人有优先受偿权。至于专利权人与被许可人已经签订的独占实施许可合同，则不影响专利权人的权利状态，也可以采取财产保全。

四、贵局协助人民法院对专利权进行财产保全的期限为六个月，到期可以续延。如到期未续延，该财产保全即自动解除。

以上意见供参考。

最高人民法院对国家知识产权局《关于征求对协助执行专利申请权财产保全裁定的意见的函》的答复意见

1. 2001年10月25日

2. 〔2001〕民三函字第1号

国家知识产权局：

贵局《关于征求对协助执行专利申请权财产保全裁定的意见的函》收悉。经研究，对有关问题答复如下：

一、专利申请权属于专利申请人的一项财产权利，可以作为人民法院财产保全的对象。人民法院根据民事诉讼法有关规定采取财产保全措施时，需要对专利申请权进行保全的，应当向国家知识产权局发出协助执行通知书，载明要求保全的专利申请的名称、申请人、申请号、保全期限以及协助执行保全的内容，包括禁止变更著录事项、中止审批程序等，并附人民法院作出的财产保全民事裁定书。

二、对专利申请权的保全期限一次不得超过六个月，自国家知识产权局收到协助执行通知书之日起计算。如果期限届满仍然需要对该专利申请权继续采取保全措施的，人民法院应当在保全期限届满前向国家知识产权局重新发出协助执行通知书，要求继续保全。否则，视为自动解除对该专利申请权的财产保全。

三、贵局收到人民法院发出的对专利申请权采取财产保全措施的协助执行通知书后，应当确保在财产保全期间专利申请权的法律状态不发生改变。因此，应当中止被保全的专利申请的有关程序。同意贵局提出的比照专利法实施细则第八十七条的规定处理的意见。

以上意见供参考。

最高人民法院关于对注册商标专用权进行财产保全和执行等问题的复函

1. 2002年1月9日

2. 〔2001〕民三函字第3号

国家工商行政管理总局商标局：

你局商标变〔2001〕66号来函收悉。经研究，对该函中所提出的问题答复如下：

一、关于不同法院在同一天对同一注册商标进行保全的协助执行问题

根据民事诉讼法和我院有关司法解释的规定，你局在同一天内接到两份以上对同一注册商标进行保全的协助执行通知书时，应当按照收到文书的先后顺序，协助执行在先收到的协助执行通知书；同时收到文书无法确认先后顺序时，可以告知有关法院按照《最高人民法院关于人民法院执行工作若干问题的规定（试行）》第125条关于“两个或两个以上人民法院在执行相关案件中发生争议的，应当协商解决。协商不成的，逐级报请上级法院，直至报请共同的上级法院协调处理”的规定进行协商以及报请协调处理。在有关法院协商以及报请协调处理期间，你局可以暂不办理协助执行事宜。

二、关于你局在依据法院的生效判决办理权利人变更手续过程中，另一法院要求协助保全注册商标的协助执行问题

《最高人民法院关于人民法院执行工作若干问题的规定（试行）》第88条第1款规定，各债权人对执行标的物均无担保物权的，按照执行法院采取执行措施的先后顺序受偿。根据这一规定，对于某一法院依据已经发生法律效力的裁判文书要求你局协助办理注册商标专用权权利人变更等手续后，另一法院对同一注册商标以保全原商标专用权人财产的名义再行保全，又无权利质押情形的，同意你局来函中提出的处理意见，即协助执行在先采取执行措施法院的裁判文书，并将协助执行的情况告知在后采取保全措施的法院。

三、关于法院已经保全注册商标后，另一法院宣告其注册人进入破产程序并要求你局再行协助保全该注册商标的问题

根据《中华人民共和国企业破产法（试行）》第11条的规定，人民法院受理破产案件后，对债务人财产的其他民事执行程序必须中止。人民法院应当按照这一规定办理相关案件。在具体处理问题上，你局可以告知审理破产案件的法院有关注册商标已被保全的情况，由该法院通知在先采取保全措施的法院自行解除保全措施。你局收到有关解除财产保全措施的通知后，应立即协助执行审理破产案件法院的裁定。你局也可以告知在先采取保全措施的法院有关商标注册人进入破产程序的情况，由其自行决定解除保全措施。

四、关于法院裁决将注册商标作为标的执行时应否适用商标法实施细则第二十一条规定的问题

根据商标法实施细则第二十一条的规定，转让注册商标专用权的，商标注册人对其在同一种类或者类似商品上注册的相同或者近似的商标，必须一并办理。法院在执行注册商标专用权的过程中，应当根据上述规定的原则，对注册商标及相同或者类似商品上相同和近似的商标一并进行评估、拍卖、变卖等，并在采取执行措施时，裁定将相同或近似注册商标一并予以执行。商标局在接到法院有关转让注册商标的裁定时，如发现无上述内容，可以告知执行法院，由执行法院补充裁定后再协助执行。

来函中所涉及的具体案件，可按照上述意见处理。

此复

最高人民法院关于审查知识产权纠纷行为保全案件适用法律若干问题的规定

1．2018年11月26日最高人民法院审判委员会第1755次会议通过
2．2018年12月12日公布
3．法释〔2018〕21号
4．自2019年1月1日起施行

为正确审查知识产权纠纷行为保全案件，及时有效保护当事人的合法权益，根据《中华人民共和国民事诉讼法》《中华人民共和国专利法》《中华人民共和国商标法》《中华人民共和国著作权法》等有关法律规定，结合审判、执行工作实际，制定本规定。

第一条　本规定中的知识产权纠纷是指《民事案件案由规定》中的知识产权与竞争纠纷。

第二条　知识产权纠纷的当事人在判决、裁定或者仲裁裁决生效前，依据民事诉讼法第一百条、第一百零一条规定申请行为保全的，人民法院应当受理。

知识产权许可合同的被许可人申请诉前责令停止侵害知识产权行为的，独占许可合同的被许可人可以单独向人民法院提出申请；排他许可合同的被许可人在权利人不申请的情况下，可以单独提出申请；普通许可合同的被许可人经权利人明确授权以自己的名义起诉的，可以单独提出申请。

第三条　申请诉前行为保全，应当向被申请人住所地具有相应知识产权纠纷管辖权的人民法院或者对案件具有管辖权的人民法院提出。

当事人约定仲裁的，应当向前款规定的人民法院申请行为保全。

第四条　向人民法院申请行为保全，应当递交申请书和相应证据。申请书应当载明下列事项：

（一）申请人与被申请人的身份、送达地址、联系方式；

（二）申请采取行为保全措施的内容和期限；

（三）申请所依据的事实、理由，包括被申请人的行为将会使申请人的合法权益受到难以弥补的损害或者造成案件裁决难以执行等损害的具体说明；

（四）为行为保全提供担保的财产信息或资信证明，或者不需要提供担保的理由；

（五）其他需要载明的事项。

第五条 人民法院裁定采取行为保全措施前，应当询问申请人和被申请人，但因情况紧急或者询问可能影响保全措施执行等情形除外。

人民法院裁定采取行为保全措施或者裁定驳回申请的，应当向申请人、被申请人送达裁定书。向被申请人送达裁定书可能影响采取保全措施的，人民法院可以在采取保全措施后及时向被申请人送达裁定书，至迟不得超过五日。

当事人在仲裁过程中申请行为保全的，应当通过仲裁机构向人民法院提交申请书、仲裁案件受理通知书等相关材料。人民法院裁定采取行为保全措施或者裁定驳回申请的，应当将裁定书送达当事人，并通知仲裁机构。

第六条 有下列情况之一，不立即采取行为保全措施即足以损害申请人利益的，应当认定属于民事诉讼法第一百条、第一百零一条规定的“情况紧急”：

（一）申请人的商业秘密即将被非法披露；

（二）申请人的发表权、隐私权等人身权利即将受到侵害；

（三）诉争的知识产权即将被非法处分；

（四）申请人的知识产权在展销会等时效性较强的场合正在或者即将受到侵害；

（五）时效性较强的热播节目正在或者即将受到侵害；

（六）其他需要立即采取行为保全措施的情况。

第七条 人民法院审查行为保全申请，应当综合考量下列因素：

（一）申请人的请求是否具有事实基础和法律依据，包括请求保护的知识产权效力是否稳定；

（二）不采取行为保全措施是否会使申请人的合法权益受到难以弥补的损害或者造成案件裁决难以执行等损害；

（三）不采取行为保全措施对申请人造成的损害是否超过采取行为保全措施对被申请人造成的损害；

（四）采取行为保全措施是否损害社会公共利益；

（五）其他应当考量的因素。

第八条 人民法院审查判断申请人请求保护的知识产权效力是否稳定，应当综合考量下列因素：

（一）所涉权利的类型或者属性；

（二）所涉权利是否经过实质审查；

（三）所涉权利是否处于宣告无效或者撤销程序中以及被宣告无效或者撤销的可能性；

（四）所涉权利是否存在权属争议；

（五）其他可能导致所涉权利效力不稳定的因素。

第九条 申请人以实用新型或者外观设计专利权为依据申请行为保全的，应当提交由国务院专利行政部门作出的检索报告、专利权评价报告或者专利复审委员会维持该专利权有效的决定。申请人无正当理由拒不提交的，人民法院应当裁定驳回其申请。

第十条 在知识产权与不正当竞争纠纷行为保全案件中，有下列情形之一的，应当认定属于民事诉讼法第一百零一条规定的“难以弥补的损害”：

（一）被申请人的行为将会侵害申请人享有的商誉或者发表权、隐私权等人身性质的权利且造成无法挽回的损害；

（二）被申请人的行为将会导致侵权行为难以控制且显著增加申请人损害；

（三）被申请人的侵害行为将会导致申请人的相关市场份额明显减少；

（四）对申请人造成其他难以弥补的损害。

第十一条　申请人申请行为保全的，应当依法提供担保。

申请人提供的担保数额，应当相当于被申请人可能因执行行为保全措施所遭受的损失，包括责令停止侵权行为所涉产品的销售收益、保管费用等合理损失。

在执行行为保全措施过程中，被申请人可能因此遭受的损失超过申请人担保数额的，人民法院可以责令申请人追加相应的担保。申请人拒不追加的，可以裁定解除或者部分解除保全措施。

第十二条　人民法院采取的行为保全措施，一般不因被申请人提供担保而解除，但是申请人同意的除外。

第十三条　人民法院裁定采取行为保全措施的，应当根据申请人的请求或者案件具体情况等因素合理确定保全措施的期限。

裁定停止侵害知识产权行为的效力，一般应当维持至案件裁判生效时止。

人民法院根据申请人的请求、追加担保等情况，可以裁定继续采取保全措施。申请人请求续行保全措施的，应当在期限届满前七日内提出。

第十四条　当事人不服行为保全裁定申请复议的，人民法院应当在收到复议申请后十日内审查并作出裁定。

第十五条　人民法院采取行为保全的方法和措施，依照执行程序相关规定处理。

第十六条　有下列情形之一的，应当认定属于民事诉讼法第一百零五条规定的“申请有错误”：

（一）申请人在采取行为保全措施后三十日内不依法提起诉讼或者申请仲裁；

（二）行为保全措施因请求保护的知识产权被宣告无效等原因自始不当；

（三）申请责令被申请人停止侵害知识产权或者不正当竞争，但生效裁判认定不构成侵权或者不正当竞争；

（四）其他属于申请有错误的情形。

第十七条　当事人申请解除行为保全措施，人民法院收到申请后经审查符合《最高人民法院关于适用〈中华人民共和国民事诉讼法〉的解释》第一百六十六条规定的情形的，应当在五日内裁定解除。

申请人撤回行为保全申请或者申请解除行为保全措施的，不因此免除民事诉讼法第一百零五条规定的赔偿责任。

第十八条　被申请人依据民事诉讼法第一百零五条规定提起赔偿诉讼，申请人申请诉前行为保全后没有起诉或者当事人约定仲裁的，由采取保全措施的人民法院管辖；申请人已经起诉的，由受理起诉的人民法院管辖。

第十九条　申请人同时申请行为保全、财产保全或者证据保全的，人民法院应当依法分别审查不同类型保全申请是否符合条件，并作出裁定。

为避免被申请人实施转移财产、毁灭证据等行为致使保全目的无法实现，人民法院可以根据案件具体情况决定不同类型保全措施的执行顺序。

第二十条　申请人申请行为保全，应当依照《诉讼费用交纳办法》关于申请采取行为保全措施的规定交纳申请费。

第二十一条　本规定自2019年1月1日起施行。

最高人民法院以前发布的相关司法解释与本规定不一致的，以本规定为准。

最高人民法院关于银行擅自划拨法院已冻结的款项如何处理问题的函

1. 1989年3月26日

2. 法（经）函〔1989〕10号

江西省高级人民法院：

你院赣法经〔1986〕第03号《关于对银行擅自划拨已冻结款项如何处理的请示》收悉，经研究答复如下：

根据民事诉讼法（试行）第一百六十四条和最高人民法院、中国人民银行《关于查询、冻结和扣划企业事业单位、机关、团体的银行存款的联合通知》的规定，银行有义务协助人民法院冻结企业事业单位、机关、团体的银行存款，已被冻结款项的解冻，应以人民法院的通知为凭，银行不得自行解冻，只有超过6个月冻结期限，法院未办理继续冻结手续的才视为自动撤销冻结。南宁市常乐贸易公司的银行存款于1985年6月27日被法院依法冻结。据你院来文所述，九江市中级人民法院的执行人员于1985年12月18日到工商银行南宁市支行民生路信用部要求划拨被冻结的款项时，该款已被民生路信用部扣划抵还其贷款。民生路信用部的行为，显属违反民事诉讼法（试行）和最高人民法院、中国人民银行联合通知的规定，应责成信用部将款追回并可依据民事诉讼法（试行）第七十七条的规定对直接人员追究责任。

最高人民法院关于军队单位作为经济纠纷案件的当事人可否对其银行账户上的存款采取诉讼保全和军队费用能否强行划拨偿还债务问题的批复

1. 1990年10月9日

2. 法（经）复〔1990〕15号

河北省高级人民法院、江苏省高级人民法院：

〔87〕冀发请字第5号《关于军队单位作为经济纠纷案件的当事人可否对其银行账户上的存款采取诉讼保全的请示》和苏法经〔1987〕51号《关于军队费用能否强行划拨偿还债务的请示》均已收悉。经研究，现答复如下：

一、最高人民法院和中国人民银行《关于查询、冻结和扣划企事业单位、机关、团体的银行存款的通知》，同样适用于军队系统的企事业单位。

二、按照中国人民银行、中国工商银行、中国农业银行、中国人民解放军总后勤部〔1985〕财字第110号通知印发的《军队单位在银行开设账户和存款的管理办法》中"军队工厂（矿）、农场、马场、军人服务部、省军区以上单位实行企业经营的招待所（含经总部、军区、军兵种批准实行企业经营的军以下单位招待所）和企业的上级财务主管部门等单位，开设'特种企业存款'有息存款"的规定，军队从事生产经营活动应当以此账户结算。因此，在经济纠纷诉讼中，人民法院根据对方当事人申请或者依职权有权对军队的"特种企业存款"账户的存款采取诉讼保全措施，并可依照民事诉讼法（试行）第一百七十九条的规定，对该账户的存款采取执行措施。

三、人民法院在审理经济纠纷案件过程中，如果发现军队机关或所属单位以不准用于从事经营性业务往来结算的账户从事经营性业务往来结算和经营性借贷或者担保等违反国家政策、法律的,人民法院有权依法对其账户动用的资金采取诉讼保全措施和执行措施。军队一方当事人的上级领导机关,应当协助人民法院共同查清其账户的情况,依法予以冻结或者扣划。

此复

9. 执行担保

最高人民法院关于执行担保若干问题的规定

1. 2017年12月11日最高人民法院审判委员会第1729次会议通过、2018年2月22日公布、自2018年3月1日起施行(法释〔2018〕4号)

2. 根据2020年12月23日最高人民法院审判委员会第1823次会议通过、2020年12月29日公布、自2021年1月1日起施行的《最高人民法院关于修改〈最高人民法院关于人民法院扣押铁路运输货物若干问题的规定〉等十八件执行类司法解释的决定》(法释〔2020〕21号)修正

为了进一步规范执行担保,维护当事人、利害关系人的合法权益,根据《中华人民共和国民事诉讼法》等法律规定,结合执行实践,制定本规定。

第一条　本规定所称执行担保,是指担保人依照民事诉讼法第二百三十一条规定,为担保被执行人履行生效法律文书确定的全部或者部分义务,向人民法院提供的担保。

第二条　执行担保可以由被执行人提供财产担保,也可以由他人提供财产担保或者保证。

第三条　被执行人或者他人提供执行担保的,应当向人民法院提交担保书,并将担保书副本送交申请执行人。

第四条　担保书中应当载明担保人的基本信息、暂缓执行期限、担保期间、被担保的债权种类及数额、担保范围、担保方式、被执行人于暂缓执行期限届满后仍不履行时担保人自愿接受直接强制执行的承诺等内容。

提供财产担保的,担保书中还应当载明担保财产的名称、数量、质量、状况、所在地、所有权或者使用权归属等内容。

第五条　公司为被执行人提供执行担保的,应当提交符合公司法第十六条规定的公司章程、董事会或者股东会、股东大会决议。

第六条　被执行人或者他人提供执行担保,申请执行人同意的,应当向人民法院出具书面同意意见,也可以由执行人员将其同意的内容记入笔录,并由申请执行人签名或者盖章。

第七条　被执行人或者他人提供财产担保,可以依照民法典规定办理登记等担保物权公示手续;已经办理公示手续的,申请执行人可以依法主张优先受偿权。

申请执行人申请人民法院查封、扣押、冻结担保财产的,人民法院应当准许,但担保书另有约定的除外。

第八条　人民法院决定暂缓执行的,可以暂缓全部执行措施的实施,但担保书另有约定的除外。

第九条　担保书内容与事实不符,且对申请执行人合法权益产生实质影响的,人民法院可以依申请执行人的申请恢复执行。

第十条　暂缓执行的期限应当与担保书约定一致,但最长不得超过一年。

第十一条　暂缓执行期限届满后被执行人仍不履行义务,或者暂缓执行期间担保人有转移、隐藏、变卖、毁损担保财产等行为的,人民法院可以依申请执行人的申请恢复执行,并直接裁定执行担保财产或者保证人的财产,不得将担保人变更、追加为被执行人。

执行担保财产或者保证人的财产,以担保人应当履行义务部分的财产为限。被执行人有便于执行的现金、银行存款的，应当优先执行该现金、银行存款。

第十二条　担保期间自暂缓执行期限届满之日起计算。

担保书中没有记载担保期间或者记载不明的，担保期间为一年。

第十三条　担保期间届满后，申请执行人申请执行担保财产或者保证人财产的，人民法院不予支持。他人提供财产担保的，人民法院可以依其申请解除对担保财产的查封、扣押、冻结。

第十四条　担保人承担担保责任后，提起诉讼向被执行人追偿的，人民法院应予受理。

第十五条　被执行人申请变更、解除全部或者部分执行措施，并担保履行生效法律文书确定义务的，参照适用本规定。

第十六条　本规定自2018年3月1日起施行。

本规定施行前成立的执行担保，不适用本规定。

本规定施行前本院公布的司法解释与本规定不一致的，以本规定为准。

最高人民法院、住房和城乡建设部、中国人民银行关于规范人民法院保全执行措施　确保商品房预售资金用于项目建设的通知

1．2022年1月11日

2．法〔2022〕12号

各省、自治区、直辖市高级人民法院，解放军军事法院，新疆维吾尔自治区高级人民法院生产建设兵团分院；各省、自治区、直辖市住房和城乡建设厅（委、管委），新疆生产建设兵团住房和城乡建设局；中国人民银行上海总部、各分行、营业管理部、各省会（首府）城市中心支行、副省级城市中心支行，各国有商业银行，中国邮政储蓄银行，各股份制商业银行：

为了确保商品房预售资金用于有关项目建设，切实保护购房人与债权人合法权益，进一步明确住房和城乡建设部门、相关商业银行职责，规范人民法院的保全、执行行为，根据《中华人民共和国城市房地产管理法》《中华人民共和国民事诉讼法》等法律规定，通知如下：

一、商品房预售资金监管是商品房预售制度的重要内容，是保障房地产项目建设、维护购房者权益的重要举措。人民法院冻结预售资金监管账户的，应当及时通知当地住房和城乡建设主管部门。

人民法院对预售资金监管账户采取保全、执行措施时要强化善意文明执行理念，坚持比例原则，切实避免因人民法院保全、执行预售资金监管账户内的款项导致施工单位工程进度款无法拨付到位，商品房项目建设停止，影响项目竣工交付，损害广大购房人合法权益。

除当事人申请执行因建设该商品房项目而产生的工程建设进度款、材料款、设备款等债权案件之外，在商品房项目完成房屋所有权首次登记前，对于预售资金监管账户中监管额度内的款项，人民法院不得采取扣划措施。

二、商品房预售资金监管账户被人民法院冻结后，房地产开发企业、商品房建设工程款债权人、材料款债权人、租赁设备款债权人等请求以预售资金监管账户资金支付工程建设进度款、材料款、设备款等项目建设所需资金，或者购房人因购房合同解除申请退还购房款，经项目所在地住房和城乡建设主管部门审核同意的，商业银行应当及时支付，并将付款情况及时向人民法院报告。

住房和城乡建设主管部门应当依法妥善处理房地产开发企业等主体的资金使用申请，未尽监督审查义务违规批准用款申请，导致资金挪作他用，损害保全申请人或者执行申请人权利的，依法承担相应责任。

三、开设监管账户的商业银行接到人民法院冻结预售资金监管账户指令时，应当立即办理冻结手续。

商业银行对于不符合资金使用要求和审批手续的资金使用申请，不予办理支付、转账手续。商业银行违反法律规定或合同约定支付、转账的，依法承担相应责任。

四、房地产开发企业提供商业银行等金融机构出具的保函，请求释放预售资金监管账户相应额度资金的，住房和城乡建设主管部门可以予以准许。

预售资金监管账户被人民法院冻结，房地产开发企业直接向人民法院申请解除冻结并提供担保的，人民法院应当根据《中华人民共和国民事诉讼法》第一百零四条、《最高人民法院关于适用〈中华人民共和国民事诉讼法〉的解释》第一百六十七条的规定审查处理。

五、人民法院工作人员在预售资金监管账户的保全、执行过程中，存在枉法裁判执行、违法查封随意解封、利用刑事手段插手民事经济纠纷等违法违纪问题的，要严肃予以查处。

住房和城乡建设主管部门、商业银行等相关单位工作人员在预售资金监管账户款项监管、划拨过程中，滥用职权、玩忽职守、徇私舞弊的，依法追究法律责任。

最高人民法院执行工作办公室关于执行担保问题的函

1. 1996年12月11日

2. 法经〔1996〕423号

山东省高级人民法院：

北京大中商贸公司致函我院，反映烟台经济技术开发区法院违法办案的情况。信中称：北京大中商贸公司已提供一辆本田轿车和朝集建〔95〕字第087628、087631、087632三栋别墅作为抵押，承担担保责任。但烟台经济技术开发区法院不执行这些担保财产，而继续对本公司其他财产采取执行措施，侵犯了其合法权益。

经审查，我们认为，北京大中商贸公司反映的情况基本属实。其所提供的担保合法有效，且超出担保债务价值。在此情况下，烟台经济技术开发区法院应执行担保财产，而不应再对被执行人和担保人的其他财产采取执行措施。

现将此案的相关材料转去，请你院监督烟台经济技术开发区法院纠正错误，依法执行此案，并将处理结果书面报告我院。

10. 暂缓执行与迟延履行

(1)暂缓执行

最高人民法院关于正确适用暂缓执行措施若干问题的规定

1. 2002年9月28日
2. 法发〔2002〕16号

为了在执行程序中正确适用暂缓执行措施，维护当事人及其他利害关系人的合法权益，根据《中华人民共和国民事诉讼法》和其他有关法律的规定，结合司法实践，制定本规定。

第一条 执行程序开始后，人民法院因法定事由，可以决定对某一项或者某几项执行措施在规定的期限内暂缓实施。

执行程序开始后，除法定事由外，人民法院不得决定暂缓执行。

第二条 暂缓执行由执行法院或者其上级人民法院作出决定，由执行机构统一办理。

人民法院决定暂缓执行的，应当制作暂缓执行决定书，并及时送达当事人。

第三条 有下列情形之一的，经当事人或者其他利害关系人申请，人民法院可以决定暂缓执行：

（一）执行措施或者执行程序违反法律规定的；

（二）执行标的物存在权属争议的；

（三）被执行人对申请执行人享有抵销权的。

第四条 人民法院根据本规定第三条决定暂缓执行的，应当同时责令申请暂缓执行的当事人或者其他利害关系人在指定的期限内提供相应的担保。

被执行人或者其他利害关系人提供担保申请暂缓执行，申请执行人提供担保要求继续执行的，执行法院可以继续执行。

第五条 当事人或者其他利害关系人提供财产担保的，应当出具评估机构对担保财产价值的评估证明。

评估机构出具虚假证明给当事人造成损失的，当事人可以对担保人、评估机构另行提起损害赔偿诉讼。

第六条 人民法院在收到暂缓执行申请后，应当在十五日内作出决定，并在作出决定后五日内将决定书发送当事人或者其他利害关系人。

第七条 有下列情形之一的，人民法院可以依职权决定暂缓执行；

（一）上级人民法院已经受理执行争议案件并正在处理的；

（二）人民法院发现据以执行的生效法律文书确有错误，并正在按照审判监督程序进行审查的。

人民法院依照前款规定决定暂缓执行的，一般应由申请执行人或者被执行人提供相应的担保。

第八条 依照本规定第七条第一款第（一）项决定暂缓执行的，由上级人民法院作出决定。依照本规定第七条第一款第（二）项决定暂缓执行的，审判机构应当向本院执行机构发出暂缓执行建议书，执行机构收到建议书后，应当办理暂缓相关执行措施的手续。

第九条 在执行过程中，执行人员发现据以执行的判决、裁定、调解书和支付令确有错误的，应当依照最高人民法院《关于适用〈中华人民共和国民事诉讼法〉若干问题的意见》第258条的规定处理。

在审查处理期间,执行机构可以报经院长决定对执行标的暂缓采取处分性措施,并通知当事人。

第十条 暂缓执行的期间不得超过三个月。因特殊事由需要延长的,可以适当延长,延长的期限不得超过三个月。

暂缓执行的期限从执行法院作出暂缓执行决定之日起计算。暂缓执行的决定由上级人民法院作出的,从执行法院收到暂缓执行决定之日起计算。

第十一条 人民法院对暂缓执行的案件,应当组成合议庭对是否暂缓执行进行审查,必要时应当听取当事人或者其他利害关系人的意见。

第十二条 上级人民法院发现执行法院对不符合暂缓执行条件的案件决定暂缓执行,或者对符合暂缓执行条件的案件未予暂缓执行的,应当作出决定予以纠正。执行法院收到该决定后,应当遵照执行。

第十三条 暂缓执行期限届满后,人民法院应当立即恢复执行。

暂缓执行期限届满前,据以决定暂缓执行的事由消灭的,如果该暂缓执行的决定是由执行法院作出的,执行法院应当立即作出恢复执行的决定;如果该暂缓执行的决定是由执行法院的上级人民法院作出的,执行法院应当将该暂缓执行事由消灭的情况及时报告上级人民法院,该上级人民法院应当在收到报告后十日内审查核实并作出恢复执行的决定。

第十四条 本规定自公布之日起施行。本规定施行后,其他司法解释与本规定不一致的,适用本规定。

最高人民法院关于如何处理人民检察院提出的暂缓执行建议问题的批复

1. 2000年6月30日最高人民法院审判委员会第1121次会议通过

2. 2000年7月10日公布

3. 法释〔2000〕16号

4. 自2000年7月15日起施行

广东省高级人民法院:

你院粤高法民〔1998〕186号《关于检察机关对法院生效民事判决建议暂缓执行是否采纳的请示》收悉。经研究,答复如下:

根据《中华人民共和国民事诉讼法》的规定,人民检察院对人民法院生效民事判决提出暂缓执行的建议没有法律依据。

此复

(2)迟延履行

最高人民法院关于执行程序中计算迟延履行期间的债务利息适用法律若干问题的解释

1. 2014年6月9日最高人民法院审判委员会第1619次会议通过

2. 2014年7月7日公布

3. 法释〔2014〕8号

4. 自2014年8月1日起施行

为规范执行程序中迟延履行期间债务利息

的计算，根据《中华人民共和国民事诉讼法》的规定，结合司法实践，制定本解释。

第一条　根据民事诉讼法第二百五十三条规定加倍计算之后的迟延履行期间的债务利息，包括迟延履行期间的一般债务利息和加倍部分债务利息。

迟延履行期间的一般债务利息，根据生效法律文书确定的方法计算；生效法律文书未确定给付该利息的，不予计算。

加倍部分债务利息的计算方法为：加倍部分债务利息＝债务人尚未清偿的生效法律文书确定的除一般债务利息之外的金钱债务×日万分之一点七五×迟延履行期间。

第二条　加倍部分债务利息自生效法律文书确定的履行期间届满之日起计算；生效法律文书确定分期履行的，自每次履行期间届满之日起计算；生效法律文书未确定履行期间的，自法律文书生效之日起计算。

第三条　加倍部分债务利息计算至被执行人履行完毕之日；被执行人分次履行的，相应部分的加倍部分债务利息计算至每次履行完毕之日。

人民法院划拨、提取被执行人的存款、收入、股息、红利等财产的，相应部分的加倍部分债务利息计算至划拨、提取之日；人民法院对被执行人财产拍卖、变卖或者以物抵债的，计算至成交裁定或者抵债裁定生效之日；人民法院对被执行人财产通过其他方式变价的，计算至财产变价完成之日。

非因被执行人的申请，对生效法律文书审查而中止或者暂缓执行的期间及再审中止执行的期间，不计算加倍部分债务利息。

第四条　被执行人的财产不足以清偿全部债务的，应当先清偿生效法律文书确定的金钱债务，再清偿加倍部分债务利息，但当事人对清偿顺序另有约定的除外。

第五条　生效法律文书确定给付外币的，执行时以该种外币按日万分之一点七五计算加倍部分债务利息，但申请执行人主张以人民币计算的，人民法院应予准许。

以人民币计算加倍部分债务利息的，应当先将生效法律文书确定的外币折算或者套算为人民币后再进行计算。

外币折算或者套算为人民币的，按照加倍部分债务利息起算之日的中国外汇交易中心或者中国人民银行授权机构公布的人民币对该外币的中间价折合成人民币计算；中国外汇交易中心或者中国人民银行授权机构未公布汇率中间价的外币，按照该日境内银行人民币对该外币的中间价折算成人民币，或者该外币在境内银行、国际外汇市场对美元汇率，与人民币对美元汇率中间价进行套算。

第六条　执行回转程序中，原申请执行人迟延履行金钱给付义务的，应当按照本解释的规定承担加倍部分债务利息。

第七条　本解释施行时尚未执行完毕部分的金钱债务，本解释施行前的迟延履行期间债务利息按照之前的规定计算；施行后的迟延履行期间债务利息按照本解释计算。

本解释施行前本院发布的司法解释与本解释不一致的，以本解释为准。

最高人民法院关于在执行工作中如何计算迟延履行期间的债务利息等问题的批复

1. 2009年3月30日最高人民法院审判委员会第1465次会议通过

2. 2009年5月11日公布

3. 法释〔2009〕6号

4. 自2009年5月18日起施行

四川省高级人民法院：

你院《关于执行工作几个适用法律问题的请示》（川高法〔2007〕390号）收悉。经研究，批复如下：

一、人民法院根据《中华人民共和国民事诉讼法》第二百二十九条计算“迟延履行期间的债务利息”时，应当按照中国人民银行规定的同期贷款基准利率计算。

二、执行款不足以偿付全部债务的，应当根据并还原则按比例清偿法律文书确定的金钱债务与迟延履行期间的债务利息，但当事人在执行和解中对清偿顺序另有约定的除外。

此复。

附：

具体计算方法

（1）执行款＝清偿的法律文书确定的金钱债务＋清偿的迟延履行期间的债务利息。

（2）清偿的迟延履行期间的债务利息＝清偿的法律文书确定的金钱债务×同期贷款基准利率×2×迟延履行期间。

最高人民法院关于在民事判决书中增加向当事人告知民事诉讼法第二百三十二条规定内容的通知

1. 2007年2月7日

2. 法〔2007〕19号

全国地方各级人民法院、各级军事法院、各铁路运输中级法院和基层法院、各海事法院，新疆生产建设兵团各级法院：

根据《中共中央关于构建社会主义和谐社会若干重大问题的决定》有关“落实当事人权利义务告知制度”的要求，为使胜诉的当事人及时获得诉讼成果，促使败诉的当事人及时履行义务，经研究决定，在具有金钱给付内容的民事判决书中增加向当事人告知民事诉讼法第二百三十二条规定的内容。现将在民事判决书中具体表述方式通知如下：

一、一审判决中具有金钱给付义务的，应当在所有判项之后另起一行写明：如果未按本判决指定的期间履行给付金钱义务，应当依照《中华人民共和国民事诉讼法》第二百三十二条之规定，加倍支付迟延履行期间的债务利息。

二、二审判决作出改判的案件，无论一审判决是否写入了上述告知内容，均应在所有判项之后另起一行写明第一条的告知内容。

三、如一审判决已经写明上述告知内容，二审维持原判的判决，可不再重复告知。

特此通知。

11. 执行复议与异议

最高人民法院关于人民法院办理执行异议和复议案件若干问题的规定

1. 2014年12月29日最高人民法院审判委员会第1638次会议通过、2015年5月5日公布、自2015年5月5日起施行（法释〔2015〕10号）

2. 根据2020年12月23日最高人民法院审判委员会第1823次会议通过、2020年12月29日公布、自2021年1月1日起施行的《最高人民法院关于修改〈最高人民法院关于人民法院扣押铁路运输货物若干问题的规定〉等十八件执行类司法解释的决定》（法释〔2020〕21号）修正

为了规范人民法院办理执行异议和复议案件，维护当事人、利害关系人和案外人的合法权益，根据民事诉讼法等法律规定，结合人民法院执行工作实际，制定本规定。

第一条 异议人提出执行异议或者复议申请人申请复议，应当向人民法院提交申请书。申请书应当载明具体的异议或者复议请求、事实、理由等内容，并附下列材料：

（一）异议人或者复议申请人的身份证明；

（二）相关证据材料；

（三）送达地址和联系方式。

第二条 执行异议符合民事诉讼法第二百二十五条或者第二百二十七条规定条件的，人民法院应当在三日内立案，并在立案后三日内通知异议人和相关当事人。不符合受理条件的，裁定不予受理；立案后发现不符合受理条件的，裁定驳回申请。

执行异议申请材料不齐备的，人民法院应当一次性告知异议人在三日内补足，逾期未补足的，不予受理。

异议人对不予受理或者驳回申请裁定不服的，可以自裁定送达之日起十日内向上一级人民法院申请复议。上一级人民法院审查后认为符合受理条件的，应当裁定撤销原裁定，指令执行法院立案或者对执行异议进行审查。

第三条 执行法院收到执行异议后三日内既不立案又不作出不予受理裁定，或者受理后无正当理由超过法定期限不作出异议裁定的，异议人可以向上一级人民法院提出异议。上一级人民法院审查后认为理由成立的，应当指令执行法院在三日内立案或者在十五日内作出异议裁定。

第四条 执行案件被指定执行、提级执行、委托执行后，当事人、利害关系人对原执行法院的执行行为提出异议的，由提出异议时负责该案件执行的人民法院审查处理；受指定或者受委托的人民法院是原执行法院的下级人民法院的，仍由原执行法院审查处理。

执行案件被指定执行、提级执行、委托执行后，案外人对原执行法院的执行标的提出异议的，参照前款规定处理。

第五条 有下列情形之一的，当事人以外的自然人、法人和非法人组织，可以作为利害关系人提出执行行为异议：

（一）认为人民法院的执行行为违法，妨碍其轮候查封、扣押、冻结的债权受偿的；

（二）认为人民法院的拍卖措施违法，妨碍其参与公平竞价的；

（三）认为人民法院的拍卖、变卖或者以物抵债措施违法，侵害其对执行标的的优先购买权的；

（四）认为人民法院要求协助执行的事项超出其协助范围或者违反法律规定的；

（五）认为其他合法权益受到人民法院违法执行行为侵害的。

第六条　当事人、利害关系人依照民事诉讼法第二百二十五条规定提出异议的，应当在执行程序终结之前提出，但对终结执行措施提出异议的除外。

案外人依照民事诉讼法第二百二十七条规定提出异议的，应当在异议指向的执行标的执行终结之前提出；执行标的由当事人受让的，应当在执行程序终结之前提出。

第七条　当事人、利害关系人认为执行过程中或者执行保全、先予执行裁定过程中的下列行为违法提出异议的，人民法院应当依照民事诉讼法第二百二十五条规定进行审查：

（一）查封、扣押、冻结、拍卖、变卖、以物抵债、暂缓执行、中止执行、终结执行等执行措施；

（二）执行的期间、顺序等应当遵守的法定程序；

（三）人民法院作出的侵害当事人、利害关系人合法权益的其他行为。

被执行人以债权消灭、丧失强制执行效力等执行依据生效之后的实体事由提出排除执行异议的，人民法院应当参照民事诉讼法第二百二十五条规定进行审查。

除本规定第十九条规定的情形外，被执行人以执行依据生效之前的实体事由提出排除执行异议的，人民法院应当告知其依法申请再审或者通过其他程序解决。

第八条　案外人基于实体权利既对执行标的提出排除执行异议又作为利害关系人提出执行行为异议的，人民法院应当依照民事诉讼法第二百二十七条规定进行审查。

案外人既基于实体权利对执行标的提出排除执行异议又作为利害关系人提出与实体权利无关的执行行为异议的，人民法院应当分别依照民事诉讼法第二百二十七条和第二百二十五条规定进行审查。

第九条　被限制出境的人认为对其限制出境错误的，可以自收到限制出境决定之日起十日内向上一级人民法院申请复议。上一级人民法院应当自收到复议申请之日起十五日内作出决定。复议期间，不停止原决定的执行。

第十条　当事人不服驳回不予执行公证债权文书申请的裁定的，可以自收到裁定之日起十日内向上一级人民法院申请复议。上一级人民法院应当自收到复议申请之日起三十日内审查，理由成立的，裁定撤销原裁定，不予执行该公证债权文书；理由不成立的，裁定驳回复议申请。复议期间，不停止执行。

第十一条　人民法院审查执行异议或者复议案件，应当依法组成合议庭。

指令重新审查的执行异议案件，应当另行组成合议庭。

办理执行实施案件的人员不得参与相关执行异议和复议案件的审查。

第十二条　人民法院对执行异议和复议案件实行书面审查。案情复杂、争议较大的，应当进行听证。

第十三条　执行异议、复议案件审查期间，异议人、复议申请人申请撤回异议、复议申请的，是否准许由人民法院裁定。

第十四条　异议人或者复议申请人经合法传唤，无正当理由拒不参加听证，或者未经法庭许可中途退出听证，致使人民法院无法查清相关事实的，由其自行承担不利后果。

第十五条 当事人、利害关系人对同一执行行为有多个异议事由，但未在异议审查过程中一并提出，撤回异议或者被裁定驳回异议后，再次就该执行行为提出异议的，人民法院不予受理。

案外人撤回异议或者被裁定驳回异议后，再次就同一执行标的提出异议的，人民法院不予受理。

第十六条 人民法院依照民事诉讼法第二百二十五条规定作出裁定时，应当告知相关权利人申请复议的权利和期限。

人民法院依照民事诉讼法第二百二十七条规定作出裁定时，应当告知相关权利人提起执行异议之诉的权利和期限。

人民法院作出其他裁定和决定时，法律、司法解释规定了相关权利人申请复议的权利和期限的，应当进行告知。

第十七条 人民法院对执行行为异议，应当按照下列情形，分别处理：

(一)异议不成立的，裁定驳回异议；

(二)异议成立的，裁定撤销相关执行行为；

(三)异议部分成立的，裁定变更相关执行行为；

(四)异议成立或者部分成立，但执行行为无撤销、变更内容的，裁定异议成立或者相应部分异议成立。

第十八条 执行过程中，第三人因书面承诺自愿代被执行人偿还债务而被追加为被执行人后，无正当理由反悔并提出异议的，人民法院不予支持。

第十九条 当事人互负到期债务，被执行人请求抵销，请求抵销的债务符合下列情形的，除依照法律规定或者按照债务性质不得抵销的以外，人民法院应予支持：

(一)已经生效法律文书确定或者经申请执行人认可；

(二)与被执行人所负债务的标的物种类、品质相同。

第二十条 金钱债权执行中，符合下列情形之一，被执行人以执行标的系本人及所扶养家属维持生活必需的居住房屋为由提出异议的，人民法院不予支持：

(一)对被执行人有扶养义务的人名下有其他能够维持生活必需的居住房屋的；

(二)执行依据生效后，被执行人为逃避债务转让其名下其他房屋的；

(三)申请执行人按照当地廉租住房保障面积标准为被执行人及所扶养家属提供居住房屋，或者同意参照当地房屋租赁市场平均租金标准从该房屋的变价款中扣除五至八年租金的。

执行依据确定被执行人交付居住的房屋，自执行通知送达之日起，已经给予三个月的宽限期，被执行人以该房屋系本人及所扶养家属维持生活的必需品为由提出异议的，人民法院不予支持。

第二十一条 当事人、利害关系人提出异议请求撤销拍卖，符合下列情形之一的，人民法院应予支持：

(一)竞买人之间、竞买人与拍卖机构之间恶意串通，损害当事人或者其他竞买人利益的；

(二)买受人不具备法律规定的竞买资格的；

(三)违法限制竞买人参加竞买或者对不同的竞买人规定不同竞买条件的；

(四)未按照法律、司法解释的规定对拍卖标的物进行公告的；

(五)其他严重违反拍卖程序且损害当事人

或者竞买人利益的情形。

当事人、利害关系人请求撤销变卖的，参照前款规定处理。

第二十二条 公证债权文书对主债务和担保债务同时赋予强制执行效力的，人民法院应予执行；仅对主债务赋予强制执行效力未涉及担保债务的，对担保债务的执行申请不予受理；仅对担保债务赋予强制执行效力未涉及主债务的，对主债务的执行申请不予受理。

人民法院受理担保债务的执行申请后，被执行人仅以担保合同不属于赋予强制执行效力的公证债权文书范围为由申请不予执行的，不予支持。

第二十三条 上一级人民法院对不服异议裁定的复议申请审查后，应当按照下列情形，分别处理：

（一）异议裁定认定事实清楚，适用法律正确，结果应予维持的，裁定驳回复议申请，维持异议裁定；

（二）异议裁定认定事实错误，或者适用法律错误，结果应予纠正的，裁定撤销或者变更异议裁定；

（三）异议裁定认定基本事实不清、证据不足的，裁定撤销异议裁定，发回作出裁定的人民法院重新审查，或者查清事实后作出相应裁定；

（四）异议裁定遗漏异议请求或者存在其他严重违反法定程序的情形，裁定撤销异议裁定，发回作出裁定的人民法院重新审查；

（五）异议裁定对应当适用民事诉讼法第二百二十七条规定审查处理的异议，错误适用民事诉讼法第二百二十五条规定审查处理的，裁定撤销异议裁定，发回作出裁定的人民法院重新作出裁定。

除依照本条第一款第三、四、五项发回重新审查或者重新作出裁定的情形外，裁定撤销或者变更异议裁定且执行行为可撤销、变更的，应当同时撤销或者变更该裁定维持的执行行为。

人民法院对发回重新审查的案件作出裁定后，当事人、利害关系人申请复议的，上一级人民法院复议后不得再次发回重新审查。

第二十四条 对案外人提出的排除执行异议，人民法院应当审查下列内容：

（一）案外人是否系权利人；

（二）该权利的合法性与真实性；

（三）该权利能否排除执行。

第二十五条 对案外人的异议，人民法院应当按照下列标准判断其是否系权利人：

（一）已登记的不动产，按照不动产登记簿判断；未登记的建筑物、构筑物及其附属设施，按照土地使用权登记簿、建设工程规划许可、施工许可等相关证据判断；

（二）已登记的机动车、船舶、航空器等特定动产，按照相关管理部门的登记判断；未登记的特定动产和其他动产，按照实际占有情况判断；

（三）银行存款和存管在金融机构的有价证券，按照金融机构和登记结算机构登记的账户名称判断；有价证券由具备合法经营资质的托管机构名义持有的，按照该机构登记的实际出资人账户名称判断；

（四）股权按照工商行政管理机关的登记和企业信用信息公示系统公示的信息判断；

（五）其他财产和权利，有登记的，按照登记机构的登记判断；无登记的，按照合同等证明财产权属或者权利人的证据判断。

案外人依据另案生效法律文书提出排除执行异议，该法律文书认定的执行标的权利人与依照前款规定得出的判断不一致的，依照本规定第二十六条规定处理。

第二十六条 金钱债权执行中，案外人依据执行标的被查封、扣押、冻结前作出的另案生效法律文书提出排除执行异议，人民法院应当按照下列情形，分别处理：

（一）该法律文书系就案外人与被执行人之间的权属纠纷以及租赁、借用、保管等不以转移财产权属为目的的合同纠纷，判决、裁决执行标的归属于案外人或者向其返还执行标的且其权利能够排除执行的，应予支持；

（二）该法律文书系就案外人与被执行人之间除前项所列合同之外的债权纠纷，判决、裁决执行标的归属于案外人或者向其交付、返还执行标的的，不予支持；

（三）该法律文书系案外人受让执行标的的拍卖、变卖成交裁定或者以物抵债裁定且其权利能够排除执行的，应予支持。

金钱债权执行中，案外人依据执行标的被查封、扣押、冻结后作出的另案生效法律文书提出排除执行异议的，人民法院不予支持。

非金钱债权执行中，案外人依据另案生效法律文书提出排除执行异议，该法律文书对执行标的权属作出不同认定的，人民法院应当告知案外人依法申请再审或者通过其他程序解决。

申请执行人或者案外人不服人民法院依照本条第一、二款规定作出的裁定，可以依照民事诉讼法第二百二十七条规定提起执行异议之诉。

第二十七条 申请执行人对执行标的依法享有对抗案外人的担保物权等优先受偿权，人民法院对案外人提出的排除执行异议不予支持，但法律、司法解释另有规定的除外。

第二十八条 金钱债权执行中，买受人对登记在被执行人名下的不动产提出异议，符合下列情形且其权利能够排除执行的，人民法院应予支持：

（一）在人民法院查封之前已签订合法有效的书面买卖合同；

（二）在人民法院查封之前已合法占有该不动产；

（三）已支付全部价款，或者已按照合同约定支付部分价款且将剩余价款按照人民法院的要求交付执行；

（四）非因买受人自身原因未办理过户登记。

第二十九条 金钱债权执行中，买受人对登记在被执行的房地产开发企业名下的商品房提出异议，符合下列情形且其权利能够排除执行的，人民法院应予支持：

（一）在人民法院查封之前已签订合法有效的书面买卖合同；

（二）所购商品房系用于居住且买受人名下无其他用于居住的房屋；

（三）已支付的价款超过合同约定总价款的百分之五十。

第三十条 金钱债权执行中，对被查封的办理了受让物权预告登记的不动产，受让人提出停止处分异议的，人民法院应予支持；符合物权登记条件，受让人提出排除执行异议的，应予支持。

第三十一条 承租人请求在租赁期内阻止向受让人移交占有被执行的不动产，在人民法院查封之前已签订合法有效的书面租赁合同并占有使用该不动产的，人民法院应予支持。

承租人与被执行人恶意串通，以明显不合理的低价承租被执行的不动产或者伪造交付租金证据的，对其提出的阻止移交占有的请求，人民法院不予支持。

第三十二条 本规定施行后尚未审查终结的执行异议和复议案件，适用本规定。本规定施行前已经审查终结的执行异议和复议案件，人民法院依法提起执行监督程序的，不适用本规定。

最高人民法院关于对人民法院终结执行行为提出执行异议期限问题的批复

1. 2015年11月30日最高人民法院审判委员会第1668次会议通过
2. 2016年2月14日公布
3. 法释〔2016〕3号
4. 自2016年2月15日起施行

湖北省高级人民法院：

你院《关于咸宁市广泰置业有限公司与咸宁市枫丹置业有限公司房地产开发经营合同纠纷案的请示》（鄂高法〔2015〕295号）收悉。经研究，批复如下：

当事人、利害关系人依照民事诉讼法第二百二十五条规定对终结执行行为提出异议的，应当自收到终结执行法律文书之日起六十日内提出；未收到法律文书的，应当自知道或者应当知道人民法院终结执行之日起六十日内提出。批复发布前终结执行的，自批复发布之日起六十日内提出。超出该期限提出执行异议的，人民法院不予受理。

此复

最高人民法院关于执行权合理配置和科学运行的若干意见

1. 2011年10月19日
2. 法发〔2011〕15号

为了促进执行权的公正、高效、规范、廉洁运行，实现立案、审判、执行等机构之间的协调配合，完善执行工作的统一管理，根据《中华人民共和国民事诉讼法》和有关司法解释的规定，提出以下意见。

一、关于执行权分权和高效运行机制

1. 执行权是人民法院依法采取各类执行措施以及对执行异议、复议、申诉等事项进行审查的权力，包括执行实施权和执行审查权。

2. 地方人民法院执行局应当按照分权运行机制设立和其他业务庭平行的执行实施和执行审查部门，分别行使执行实施权和执行审查权。

3. 执行实施权的范围主要是财产调查、控制、处分、交付和分配以及罚款、拘留措施等实施事项。执行实施权由执行员或者法官行使。

4. 执行审查权的范围主要是审查和处理执行异议、复议、申诉以及决定执行管辖权的移转等审查事项。执行审查权由法官行使。

5. 执行实施事项的处理应当采取审批制，执行审查事项的处理应当采取合议制。

6. 人民法院可以将执行实施程序分为财产查控、财产处置、款物发放等不同阶段并明确时限要求，由不同的执行人员集中办理，互相监督，分权制衡，提高执行工作质量和效率。执行局的综合管理部门应当对分段执行实行节点控制和流程管理。

7. 执行中因情况紧急必须及时采取执行措施的，执行人员经执行指挥中心指令，可依法采取查封、扣押、冻结等财产保全和其他控制性措施，事后两个工作日内应当及时补办审批手续。

8. 人民法院在执行局内建立执行信访审查处理机制，以有效解决消极执行和不规范执行问题。执行申诉审查部门可以参与涉执行信访案件的接访工作，并应当采取排名通报、挂牌督办等措施促进涉执行信访案件的及时处理。

9. 继续推进全国法院执行案件信息管理系统建设,积极参与社会信用体系建设。执行信息部门应当发挥职能优势,采取多种措施扩大查询范围,实现执行案件所有信息在法院系统内的共享,推进执行案件信息与其他部门信用信息的共享,并通过信用惩戒手段促使债务人自动履行义务。

二、关于执行局与立案、审判等机构之间的分工协作

10. 执行权由人民法院的执行局行使;人民法庭可根据执行局授权执行自审案件,但应接受执行局的管理和业务指导。

11. 办理执行实施、执行异议、执行复议、执行监督、执行协调、执行请示等执行案件和案外人执行异议之诉、申请执行人执行异议之诉、执行分配方案异议之诉、代位析产之诉等涉执行的诉讼案件,由立案机构进行立案审查,并纳入审判和执行案件统一管理体系。

人民法庭经授权执行自审案件,可由其自行办理立案登记手续,并纳入执行案件的统一管理。

12. 案外人执行异议之诉、申请执行人执行异议之诉、执行分配方案异议之诉、代位析产之诉等涉执行的诉讼,由人民法院的审判机构按照民事诉讼程序审理。逐步促进涉执行诉讼审判的专业化,具备条件的人民法院可以设立专门审判机构,对涉执行的诉讼案件集中审理。

案外人、当事人认为据以执行的判决、裁定错误的,由作出生效判决、裁定的原审人民法院或其上级人民法院按照审判监督程序审理。

13. 行政非诉案件、行政诉讼案件的执行申请,由立案机构登记后转行政审判机构进行合法性审查;裁定准予强制执行的,再由立案机构办理执行立案登记后移交执行局执行。

14. 强制清算的实施由执行局负责,强制清算中的实体争议由民事审判机构负责审理。

15. 诉前、申请执行前的财产保全申请由立案机构进行审查并作出裁定;裁定保全的,移交执行局执行。

16. 诉中财产保全、先予执行的申请由相关审判机构审查并作出裁定;裁定财产保全或者先予执行的,移交执行局执行。

17. 当事人、案外人对财产保全、先予执行的裁定不服申请复议的,由作出裁定的立案机构或者审判机构按照民事诉讼法第九十九条的规定进行审查。

当事人、案外人、利害关系人对财产保全、先予执行的实施行为提出异议的,由执行局根据异议事项的性质按照民事诉讼法第二百零二条或者第二百零四条的规定进行审查。

当事人、案外人的异议既指向财产保全、先予执行的裁定,又指向实施行为的,一并由作出裁定的立案机构或者审判机构分别按照民事诉讼法第九十九条和第二百零二条或者第二百零四条的规定审查。

18. 具有执行内容的财产刑和非刑罚制裁措施的执行由执行局负责。

19. 境外法院、仲裁机构作出的生效法律文书的执行申请,由审判机构负责审查;依法裁定准予执行或者发出执行令的,移交执行局执行。

20. 不同法院因执行程序,执行与破产、强制清算、审判等程序之间对执行标的产生争议,经自行协调无法达成一致意见的,由争议法院的共同上级法院执行局中的协调指导部门处理。

21. 执行过程中依法需要变更、追加执行主

体的，由执行局按照法定程序办理；应当通过另诉或者提起再审追加、变更的，由审判机构按照法定程序办理。

22. 委托评估、拍卖、变卖由司法辅助部门负责，对评估、拍卖、变卖所提异议由执行局审查。

23. 被执行人对国内仲裁裁决提出不予执行抗辩的，由执行局审查。

24. 立案、审判机构在办理民商事和附带民事诉讼案件时，应当根据案件实际，就追加诉讼当事人、申请诉前、诉中和申请执行前的财产保全等内容向当事人作必要的释明和告知。

25. 立案、审判机构在办理民商事和附带民事诉讼案件时，除依法缺席判决等无法准确查明当事人身份和地址的情形外，应当在有关法律文书中载明当事人的身份证号码，在卷宗中载明送达地址。

26. 审判机构在审理确权诉讼时，应当查询所要确权的财产权属状况，发现已经被执行局查封、扣押、冻结的，应当中止审理；当事人诉请确权的财产被执行局处置的，应当撤销确权案件；在执行局查封、扣押、冻结后确权的，应当撤销确权判决或者调解书。

27. 对符合法定移送执行条件的法律文书，审判机构应当在法律文书生效后及时移送执行局执行。

三、关于执行工作的统一管理

28. 中级以上人民法院对辖区人民法院的执行工作实行统一管理。下级人民法院拒不服从上级人民法院统一管理的，依照有关规定追究下级人民法院有关责任人的责任。

29. 上级人民法院可以根据本辖区的执行工作情况，组织集中执行和专项执行活动。

30. 对下级人民法院违法、错误的执行裁定、执行行为，上级人民法院有权指令下级人民法院自行纠正或者通过裁定、决定予以纠正。

31. 上级人民法院在组织集中执行、专项执行或其他重大执行活动中，可以统一指挥和调度下级人民法院的执行人员、司法警察和执行装备。

32. 上级人民法院根据执行工作需要，可以商政府有关部门编制辖区内人民法院的执行装备标准和业务经费计划。

33. 上级人民法院有权对下级人民法院的执行工作进行考核，考核结果向下级人民法院通报。

最高人民法院关于执行工作中正确适用修改后民事诉讼法第202条、第204条规定的通知

1. 2008年11月28日

2. 法明传〔2008〕1223号

各省、自治区、直辖市高级人民法院，解放军军事法院，新疆维吾尔自治区高级人民法院生产建设兵团分院：

近期，我院陆续收到当事人直接或通过执行法院向我院申请复议的案件。经审查发现，部分申请复议的案件不符合法律规定。为了保证各级人民法院在执行工作过程中正确适用修改后民事诉讼法第202条、第204条的规定，现通知如下：

一、当事人、利害关系人根据民事诉讼法第202条的规定，提出异议或申请复议，只适用于发生在2008年4月1日后作出的执行行为；对于2008年4月1日前发生的执行行为，当事人、利害关

系人可以依法提起申诉,按监督案件处理。

二、案外人对执行标的提出异议的,执行法院应当审查并作出裁定。按民事诉讼法第204条的规定,案外人不服此裁定只能提起诉讼或者按审判监督程序办理。执行法院在针对异议作出的裁定书中赋予案外人、当事人申请复议的权利,无法律依据。

三、当事人、利害关系人认为执行法院的执行行为违法的,应当先提出异议,对执行法院作出的异议裁定不服的才能申请复议。执行法院不得在作出执行行为的裁定书中直接赋予当事人申请复议的权力。

特此通知

最高人民法院关于处理案外人异议问题的函

1. 1998年1月4日

2. 〔1998〕经他字第1号

天津市高级人民法院:

香港旭展有限公司向本院反映:天津市第二中级法院在执行该公司与山西省海外贸易公司购销生铁纠纷仲裁案时,驳回了案外人山西省粮油总公司天津金良科工贸实业公司对财产保全裁定的异议,5个月后又受理了该案外人与所持异议主张相同的诉讼请求,此案现正由你院审理。对此,该公司认为:天津市第二中级法院停止执行和受理案外人诉讼,在程序上违法,损害了该公司的合法权益,请求本院对此案予以审查并纠正错误。

本院经审查认为:天津市第二中级法院在执行生效仲裁裁决过程中,已依法驳回了案外人对该院财产保全裁定的异议,此后再受理此"异议之诉"并作出(1997)二中经一初字第74号民事判决,没有法律依据;且该院在其制作的法律文书仍发生法律效力的情况下,又用普通程序予以审理,与法相悖。为此,特通知你院:

一、依法撤销天津市第二中级法院(1997)二中级一初字第74号民事判决,驳回起诉。

二、监督天津市第二中级法院依法执行本案仲裁裁决书,妥善处理相关事宜,并将执行结果报告本院。

最高人民法院关于案外人对执行标的提出异议问题的复函

1. 1992年5月5日

2. 法函〔1992〕59号

贵州省高级人民法院:

从你院报送的材料看,遵义市北关贸易经营部(需方)与老河口市两个粮管所(供方)签订的购销粮食合同,明确约定在遵义市南站交货,运费由供方负担,货到站需方先付总货款的50%。供方将货物托运后,又派人与需方的合同签订人一道到遵义市收款交货,提货单由供方携带,待收到需方先付50%的货款后,再交提货单给需方提货。以上事实表明该合同是有约定附加条件的。需方在未按约履行附加条件又未取得提货单的情况下,故意避开已到遵义市的供方派员,将货物提出变卖抵债,应当视为非法占有处分了他人的合法财产。

因其他案件,执行法院根据已生效法律文书,监控执行了遵义市北关贸易经营部非法占有处分的他人的合法财产,直接损害了案外人的合法权益,应当立即予以执行回转,并依法做好善后工作。

·指导案例·

最高人民法院指导案例155号
——中国建设银行股份有限公司怀化市分行诉中国华融资产管理股份有限公司湖南省分公司等案外人执行异议之诉案

（最高人民法院审判委员会讨论通过
2021年2月19日发布）

关键词

民事　案外人执行异议之诉　与原判决、裁定无关　抵押权

裁判要点

在抵押权强制执行中，案外人以其在抵押登记之前购买了抵押房产，享有优先于抵押权的权利为由提起执行异议之诉，主张依据《最高人民法院关于人民法院办理执行异议和复议案件若干问题的规定》排除强制执行，但不否认抵押权人对抵押房产的优先受偿权的，属于民事诉讼法第二百二十七条规定的"与原判决、裁定无关"的情形，人民法院应予依法受理。

相关法条

《中华人民共和国民事诉讼法》第227条

基本案情

中国华融资产管理股份有限公司湖南省分公司（以下简称华融湖南分公司）与怀化英泰建设投资有限公司（以下简称英泰公司）、东星建设工程集团有限公司（以下简称东星公司）、湖南辰溪华中水泥有限公司（以下简称华中水泥公司）、谢某某、陈某某合同纠纷一案，湖南省高级人民法院（以下简称湖南高院）于2014年12月12日作出（2014）湘高法民二初字第32号民事判决（以下简称第32号判决），判决解除华融湖南分公司与英泰公司签订的《债务重组协议》，由英泰公司向华融湖南分公司偿还债务9800万元及重组收益、违约金和律师代理费，东星公司、华中水泥公司、谢某某、陈某某承担连带清偿责任。未按期履行清偿义务的，华融湖南分公司有权以英泰公司已办理抵押登记的房产3194.52平方米、2709.09平方米及相应土地使用权作为抵押物折价或者以拍卖、变卖该抵押物所得价款优先受偿。双方均未上诉，该判决生效。英泰公司未按期履行第32号判决所确定的清偿义务，华融湖南分公司向湖南高院申请强制执行。湖南高院执行立案后，作出拍卖公告拟拍卖第32号判决所确定华融湖南分公司享有优先受偿权的案涉房产。

中国建设银行股份有限公司怀化市分行（以下简称建行怀化分行）以其已签订房屋买卖合同且支付购房款为由向湖南高院提出执行异议。该院于2017年12月12日作出（2017）湘执异75号执行裁定书，驳回建行怀化分行的异议请求。建行怀化分行遂提起案外人执行异议之诉，请求不得执行案涉房产，确认华融湖南分公司对案涉房产的优先受偿权不得对抗建行怀化分行。

裁判结果

湖南省高级人民法院于2018年9月10日作出（2018）湘民初10号民事裁定：驳回中国建设银行股份有限公司怀化市分行的起诉。中国建设银行股份有限公司怀化市分行不服上述裁定，向最高人民法院提起上诉。最高人民法院于2019年9月23日作出（2019）最高法民终603号裁定：一、撤销湖南省高级人民法院（2018）湘民初10号民事裁定；二、本案指令湖南省高级人民法院审理。

裁判理由

最高人民法院认为，民事诉讼法第二百二十七

条规定:“执行过程中,案外人对执行标的提出书面异议的,人民法院应当自收到书面异议之日起十五日内审查,理由成立的,裁定中止对该标的的执行;理由不成立的,裁定驳回。案外人、当事人对裁定不服,认为原判决、裁定错误的,依照审判监督程序办理;与原判决、裁定无关的,可以自裁定送达之日起十五日内向人民法院提起诉讼。”《最高人民法院关于适用〈中华人民共和国民事诉讼法〉的解释》(以下简称《民事诉讼法解释》)第三百零五条进一步规定:“案外人提起执行异议之诉,除符合民事诉讼法第一百一十九条规定外,还应当具备下列条件:(一)案外人的执行异议申请已经被人民法院裁定驳回;(二)有明确的排除对执行标的执行的诉讼请求,且诉讼请求与原判决、裁定无关;(三)自执行异议裁定送达之日起十五日内提起。人民法院应当在收到起诉状之日起十五日内决定是否立案。”可见,《民事诉讼法解释》第三百零五条明确,案外人提起执行异议之诉,应当符合“诉讼请求与原判决、裁定无关”这一条件。因此,民事诉讼法第二百二十七条规定的“与原判决、裁定无关”应为“诉讼请求”与原判决、裁定无关。

华融湖南分公司申请强制执行所依据的原判决即第32号判决的主文内容是判决英泰公司向华融湖南分公司偿还债务9800万元及重组收益、违约金和律师代理费,华融湖南分公司有权以案涉房产作为抵押物折价或者以拍卖、变卖该抵押物所得价款优先受偿。本案中,建行怀化分行一审诉讼请求是排除对案涉房产的强制执行,确认华融湖南分公司对案涉房产的优先受偿权不得对抗建行怀化分行,起诉理由是其签订购房合同、支付购房款及占有案涉房产在办理抵押之前,进而主张排除对案涉房产的强制执行。建行怀化分行在本案中并未否定华融湖南分公司对案涉房产享有的抵押权,也未请求纠正第32号判决,实际上其诉请解决的是基于房屋买卖对案涉房产享有的权益与华融湖南分公司对案涉房产所享有的抵押权之间的权利顺位问题,这属于“与原判决、裁定无关”的情形,是执行异议之诉案件审理的内容,应予立案审理。

最高人民法院指导案例156号
——王岩岩诉徐意君、北京市金陛房地产发展有限责任公司案外人执行异议之诉案

(最高人民法院审判委员会讨论通过
2021年2月19日发布)

关键词

民事　案外人执行异议之诉　排除强制执行　选择适用

裁判要点

《最高人民法院关于人民法院办理执行异议和复议案件若干问题的规定》第二十八条规定了不动产买受人排除金钱债权执行的权利,第二十九条规定了消费者购房人排除金钱债权执行的权利。案外人对登记在被执行的房地产开发企业名下的商品房请求排除强制执行的,可以选择适用第二十八条或者第二十九条规定;案外人主张适用第二十八条规定的,人民法院应予审查。

相关法条

《最高人民法院关于人民法院办理执行异议和复议案件若干问题的规定》第28条、第29条

基本案情

2007年,徐意君因商品房委托代理销售合同纠纷一案将北京市金陛房地产发展有限责任公司(以下简称金陛公司)诉至北京市第二中级人民法院(以下简称北京二中院)。北京二中院经审理判决解除徐意君与金陛公司所签《协议书》,金陛公

司返还徐意君预付款、资金占用费、违约金、利息等。判决后双方未提起上诉，该判决已生效。后因金陛公司未主动履行判决，徐意君于2009年向北京二中院申请执行。北京二中院裁定查封了涉案房屋。

涉案房屋被查封后，王岩岩以与金陛公司签订合法有效《商品房买卖合同》，支付了全部购房款，已合法占有房屋且非因自己原因未办理过户手续等理由向北京二中院提出执行异议，请求依法中止对该房屋的执行。北京二中院驳回了王岩岩的异议请求。王岩岩不服该裁定，向北京二中院提起案外人执行异议之诉。王岩岩再审请求称，仅需符合《最高人民法院关于人民法院办理执行异议和复议案件若干问题的规定》（以下简称《异议复议规定》）第二十八条或第二十九条中任一条款的规定，法院即应支持其执行异议。二审判决错误适用了第二十九条进行裁判，而没有适用第二十八条，存在法律适用错误。

裁判结果

北京市第二中级人民法院于2015年6月19日作出（2015）二中民初字第00461号判决：停止对北京市朝阳区儒林苑×楼×单元×房屋的执行程序。徐意君不服一审判决，向北京市高级人民法院提起上诉。北京市高级人民法院于2015年12月30日作出（2015）高民终字第3762号民事判决：一、撤销北京市第二中级人民法院（2015）二中民初字第00461号民事判决；二、驳回王岩岩之诉讼请求。王岩岩不服二审判决，向最高人民法院申请再审。最高人民法院于2016年4月29日作出（2016）最高法民申254号裁定：指令北京市高级人民法院再审本案。

裁判理由

最高人民法院认为，《异议复议规定》第二十八条适用于金钱债权执行中，买受人对登记在被执行人名下的不动产提出异议的情形。而第二十九条则适用于金钱债权执行中，买受人对登记在被执行的房地产开发企业名下的商品房提出异议的情形。上述两条文虽然适用于不同的情形，但是如果被执行人为房地产开发企业，且被执行的不动产为登记于其名下的商品房，同时符合了“登记在被执行人名下的不动产”与“登记在被执行的房地产开发企业名下的商品房”两种情形，则《异议复议规定》第二十八条与第二十九条适用上产生竞合。案外人对登记在被执行的房地产开发企业名下的商品房请求排除强制执行的，可以选择适用第二十八条或者第二十九条规定；案外人主张适用第二十八条规定的，人民法院应予审查。本案一审判决经审理认为王岩岩符合《异议复议规定》第二十八条规定的情形，具有能够排除执行的权利，而二审判决则认为现有证据难以确定王岩岩符合《异议复议规定》第二十九条的规定，没有审查其是否符合《异议复议规定》第二十八条规定的情形，就直接驳回了王岩岩的诉讼请求，适用法律确有错误。

关于王岩岩是否支付了购房款的问题。王岩岩主张其已经支付了全部购房款，并提交了金陛公司开具的付款收据、《商品房买卖合同》、证人证言及部分取款记录等予以佐证，金陛公司对王岩岩付款之事予以认可。上述证据是否足以证明王岩岩已经支付了购房款，应当在再审审理过程中，根据审理情况查明相关事实后予以认定。

12. 执行和解

最高人民法院关于执行和解若干问题的规定

1. 2017年11月6日最高人民法院审判委员会第1725次会议通过、2018年2月22日公布、自2018年3月1日起施行(法释〔2018〕3号)

2. 根据2020年12月23日最高人民法院审判委员会第1823次会议通过、2020年12月29日公布、自2021年1月1日起施行的《最高人民法院关于修改〈最高人民法院关于人民法院扣押铁路运输货物若干问题的规定〉等十八件执行类司法解释的决定》(法释〔2020〕21号)修正

为了进一步规范执行和解,维护当事人、利害关系人的合法权益,根据《中华人民共和国民事诉讼法》等法律规定,结合执行实践,制定本规定。

第一条　当事人可以自愿协商达成和解协议,依法变更生效法律文书确定的权利义务主体、履行标的、期限、地点和方式等内容。

和解协议一般采用书面形式。

第二条　和解协议达成后,有下列情形之一的,人民法院可以裁定中止执行:

(一)各方当事人共同向人民法院提交书面和解协议的;

(二)一方当事人向人民法院提交书面和解协议,其他当事人予以认可的;

(三)当事人达成口头和解协议,执行人员将和解协议内容记入笔录,由各方当事人签名或者盖章的。

第三条　中止执行后,申请执行人申请解除查封、扣押、冻结的,人民法院可以准许。

第四条　委托代理人代为执行和解,应当有委托人的特别授权。

第五条　当事人协商一致,可以变更执行和解协议,并向人民法院提交变更后的协议,或者由执行人员将变更后的内容记入笔录,并由各方当事人签名或者盖章。

第六条　当事人达成以物抵债执行和解协议的,人民法院不得依据该协议作出以物抵债裁定。

第七条　执行和解协议履行过程中,符合民法典第五百七十条规定情形的,债务人可以依法向有关机构申请提存;执行和解协议约定给付金钱的,债务人也可以向执行法院申请提存。

第八条　执行和解协议履行完毕的,人民法院作执行结案处理。

第九条　被执行人一方不履行执行和解协议的,申请执行人可以申请恢复执行原生效法律文书,也可以就履行执行和解协议向执行法院提起诉讼。

第十条　申请恢复执行原生效法律文书,适用民事诉讼法第二百三十九条申请执行期间的规定。

当事人不履行执行和解协议的,申请恢复执行期间自执行和解协议约定履行期间的最后一日起计算。

第十一条　申请执行人以被执行人一方不履行执行和解协议为由申请恢复执行,人民法院经审查,理由成立的,裁定恢复执行;有下列情形之一的,裁定不予恢复执行:

(一)执行和解协议履行完毕后申请恢复执行的;

(二)执行和解协议约定的履行期限尚未届至或者履行条件尚未成就的,但符合民法典第五百七十八条规定情形的除外;

（三）被执行人一方正在按照执行和解协议约定履行义务的；

（四）其他不符合恢复执行条件的情形。

第十二条　当事人、利害关系人认为恢复执行或者不予恢复执行违反法律规定的，可以依照民事诉讼法第二百二十五条规定提出异议。

第十三条　恢复执行后，对申请执行人就履行执行和解协议提起的诉讼，人民法院不予受理。

第十四条　申请执行人就履行执行和解协议提起诉讼，执行法院受理后，可以裁定终结原生效法律文书的执行。执行中的查封、扣押、冻结措施，自动转为诉讼中的保全措施。

第十五条　执行和解协议履行完毕，申请执行人因被执行人迟延履行、瑕疵履行遭受损害的，可以向执行法院另行提起诉讼。

第十六条　当事人、利害关系人认为执行和解协议无效或者应予撤销的，可以向执行法院提起诉讼。执行和解协议被确认无效或者撤销后，申请执行人可以据此申请恢复执行。

被执行人以执行和解协议无效或者应予撤销为由提起诉讼的，不影响申请执行人申请恢复执行。

第十七条　恢复执行后，执行和解协议已经履行部分应当依法扣除。当事人、利害关系人认为人民法院的扣除行为违反法律规定的，可以依照民事诉讼法第二百二十五条规定提出异议。

第十八条　执行和解协议中约定担保条款，且担保人向人民法院承诺在被执行人不履行执行和解协议时自愿接受直接强制执行的，恢复执行原生效法律文书后，人民法院可以依申请执行人申请及担保条款的约定，直接裁定执行担保财产或者保证人的财产。

第十九条　执行过程中，被执行人根据当事人自行达成但未提交人民法院的和解协议，或者一方当事人提交人民法院但其他当事人不予认可的和解协议，依照民事诉讼法第二百二十五条规定提出异议的，人民法院按照下列情形，分别处理：

（一）和解协议履行完毕的，裁定终结原生效法律文书的执行；

（二）和解协议约定的履行期限尚未届至或者履行条件尚未成就的，裁定中止执行，但符合民法典第五百七十八条规定情形的除外；

（三）被执行人一方正在按照和解协议约定履行义务的，裁定中止执行；

（四）被执行人不履行和解协议的，裁定驳回异议；

（五）和解协议不成立、未生效或者无效的，裁定驳回异议。

第二十条　本规定自2018年3月1日起施行。

本规定施行前本院公布的司法解释与本规定不一致的，以本规定为准。

最高人民法院关于当事人对迟延履行和解协议的争议应当另诉解决的复函

1. 2005年6月24日

2. 〔2005〕执监字第24－1号

四川省高级人民法院：

关于云南川龙翔实业有限责任公司（下称龙翔公司）申请执行四川省烟草公司资阳分公司简阳卷烟营销管理中心（下称烟草公司）债务纠纷一案，你院以〔2004〕川执请字第1号答复资阳市中级人民法院，认为龙翔公司申请恢复执行并无不当。烟草公司不服你院的答复，向我院提出申诉。

我院经调卷审查认为，根据我国民事诉讼法和我院司法解释的有关规定，执行和解协议已履行完毕的人民法院不予恢复执行。本案执行和解协议的履行尽管存在瑕疵，但和解协议确已履行完毕，人民法院应不予恢复执行。至于当事人对延迟履行和解协议的争议，不属执行程序处理，应由当事人另诉解决。请你院按此意见妥善处理该案。

最高人民法院执行办公室关于如何处理因当事人达成和解协议致使逾期申请执行问题的复函

1. 1999年4月21日

2. 〔1999〕执他字第10号

广东省高级人民法院：

你院〔1997〕粤高法执请字第36号《关于深圳华达化工有限公司申请执行深圳东部实业有限公司一案申请执行期限如何认定问题的请示报告》收悉。经研究，答复如下：

《民事诉讼法》第二百一十九条规定，申请执行的期限，双方或者一方当事人是公民的为1年，双方是法人或者其他组织的为6个月。申请执行人未在法定期限内申请执行，便丧失了请求法院强制执行保护其合法权益的权利。双方当事人于判决生效后达成还款协议，并不能引起法定申请执行期限的更改。本案的债权人超过法定期限申请执行，深圳市中级人民法院仍立案执行无法律依据。深圳华达化工有限公司的债权成为自然债，可自行向债务人索取，也可以深圳东部实业有限公司不履行还款协议为由向有管辖权的人民法院提起诉讼。

此复

最高人民法院关于当事人在执行中达成和解协议且已履行完毕的不应恢复执行的函

1. 1995年2月5日

2. 经他〔1995〕2号

广东省高级人民法院：

关于广州市国营新合企业公司（以下简称“新合公司”）与深圳市蛇口区对外经济发展公司（以下简称“蛇口外经公司”）购销电冰箱合同纠纷一案的执行问题，本院经济庭曾于1994年1月6日要求你院查处，并报结果，但至今未收到你院有关处理情况的报告。新合公司清算组又多次向我院要求纠正广州市东山区法院的错误执行做法。

经审查当事人提供的材料，我院认为：新合公司与蛇口外经公司于1989年12月8日达成的以空调器抵债的和解协议已经履行完毕。蛇口外经公司提出空调器质量不合格证据不足，否认和解协议已履行完毕缺乏依据，广州市东山区法院不应恢复执行〔1989〕东法经字第231号民事判决，请你院通知广州市东山区法院终结执行。蛇口外经公司对空调器质量的异议，可由广州中院对该公司向天河区法院起诉的空调器质量纠纷一案通过审判监督程序处理。

最高人民法院执行工作办公室关于和解协议已经履行完毕的不应再恢复执行原生效法律文书问题的函

1. 1996年1月9日
2. 法经〔1996〕19号

陕西省高级人民法院、江苏省高级人民法院：

你们两院关于陕西省八一铜矿（下称八一铜矿）诉江苏省靖江市无机化工厂（下称化工厂）、江苏省靖江市有色金属精炼厂（下称精炼厂）、江苏省中外合资扬州惠柱冶化有限公司（下称惠柱公司）购销合同货款纠纷一案执行争议问题的来函收悉。经研究答复如下：

八一铜矿诉化工厂、精炼厂、惠柱公司购销合同货款纠纷一案，陕西省汉中地区中级法院作出（1994）汉中法经终判字第48号民事判决。一审法院宁强县法院在执行该判决的过程中，于1994年11月23日，在江苏省靖江市法院的协助下，促成八一铜矿与惠柱公司双方达成了执行和解协议。该协议约定：惠柱公司以价值35万元的铜管抵付货款，一次结清；以1.26万元现金支付八一铜矿预交的诉讼费；此和解协议履行完毕，（1994）汉中法经终判字第48号民事判决书不再执行，如一方在和解执行中反悔，按法律规定处理；本协议限定于双方签约当日内履行；双方代表签字生效。

查此执行和解协议系双方当事人在平等、自愿的条件下，自主处分权力和承诺义务，共同协商达成的。意思表示真实，所列条款协商一致，执行和解协议是合法有效的。此和解协议于签订的当日下午履行完毕，应视为该协议执行终结。

该和解协议履行完毕时过一日，八一铜矿反悔，向宁强县法院申请恢复执行原判决。依据《关于适用〈中华人民共和国民事诉讼法〉若干问题的意见》第266条规定，宁强县法院应予驳回申请，不予恢复执行原判决。但该院却裁定确认已履行完毕的执行和解协议无效，恢复执行原判决；并继而扣押了惠柱公司的一辆丰田大霸王子弹头面包车，扣划了该公司账户存款3.4万元，严重违反法律规定。宁强县法院对此的辩解理由不能成立。应依法撤销宁强县法院的（1994）宁法经初字第28号民事裁定书；该院扣押处理的丰田大霸王子弹头面包车应返还惠柱公司；扬州市郊区法院应将其查封八一铜矿35万元铜管予以解封，交由八一铜矿。

上述意见，请两省高级人民法院互相配合，监督执行，并于2个月内报告处理结果。

13. 执行回转

最高人民法院关于祁某某申请执行回转中国农业银行张掖市分行一案的复函

1. 2013 年 8 月 8 日

2. 〔2013〕执监字第 37 号

甘肃省高级人民法院：

你院(2012)甘执复字第 07 号《关于祁某某申请执行回转中国农业银行张掖市分行一案的请示报告》收悉。现就有关问题答复如下：

一、关于应否适用执行回转程序

依照本院《关于人民法院执行工作若干问题的规定(试行)》第 109 条规定，适用执行回转程序的条件为：一是原执行依据中关于给付内容的主文被依法撤销或者变更，二是原执行依据确定的给付内容执行完毕。从你院报告情况看，本院再审判决撤销了原执行依据你院〔2007〕甘民一终字第 268 号民事判决的全部主文，即原执行依据主文第二项关于祁某某向中国农业银行张掖市分行(以下简称张掖农行)返还财产的给付内容也被撤销。同时，再审判决仍然认定祁某某与张掖农行之间的《抵债资产处置合同》为有效合同，而依据合同，将涉案房地产交付祁某某占有是张掖农行的义务之一。因此，张掖市中级人民法院(以下简称张掖中院)应当裁定执行回转。至于实际上能否回转，则是另外一个问题。

二、关于执行回转的内容

执行回转的实质是将原执行的结果恢复到执行前的状态，因此，执行回转的内容应当根据原执行的内容进行判断。就本案而言，祁某某丧失涉案房地产所有权并非法院的执行所造成的，而是在进入强制执行程序前，由于相关行政机关的行政行为所致，所以，执行回转不是恢复祁某某对涉案房产的所有权。同样，祁某某一直没有取得涉案土地使用权，也不存在恢复其土地使用权的问题。但是祁某某基于与张掖农行之间的合同合法占有涉案房产，而张掖中院在执行程序中剥夺了其占有，因此，执行回转的内容应该是恢复祁对涉案房地产的占有。

三、关于不能恢复对涉案房地产的占有时能否折价抵偿

依照本院《关于人民法院执行工作若干问题的规定(试行)》第 110 条的规定，当特定物无法执行回转时看，适用“折价抵偿”程序的前提，是执行回转的申请人已经取得特定物的所有权或者相关财产权利，且该物或者财产权利的价值在执行程序中能够确定。如果需要回转的内容不能以货币折算对价，则只能寻求其他程序解决。本案中，由于在张掖中院执行之前，相关行政机关已经撤销了祁某某对涉案房产的所有权登记，也由于其一直没有取得涉案土地使用权，从而使其对涉案房地产的占有处于对物支配的事实状态，而占有的事实状态无法折算为具体的财产对价，因此，不能使用折价抵偿程序。本案如果无法恢复占有，应当终结执行回转程序。同时，此案中申请执行人的合法权益应当得到保护和救济，请你院监督张掖中院务必做好该案的审、执协调配合工作。向祁某某释明其享有另行提起民事诉讼和行政诉讼要求赔偿的权利。如祁某某另案提起诉讼，应当做到及时立案、审理和执行，避免久拖不决。另将张掖农行的申诉材料一并转你院依法妥处。

最高人民法院执行工作办公室关于原执行裁定被撤销后能否对第三人从债权人处买受的财产进行回转的请示的答复

1. 2007年9月10日
2. 〔2007〕执他字第2号函

辽宁省高级人民法院：

你院《关于申请执行人中国工商银行铁岭市清河支行西丰分理处与被执行人西丰县百货公司第三商店借款合同纠纷一案的请示报告》收悉。经研究，答复如下：

依据我院《关于人民法院执行工作若干问题的规定（试行）》第109条、第110条的规定，如果涉案执行财产已经被第三人合法取得，执行回转时应当由原申请执行人折价抵偿。至于涉案执行财产的原所有人是否申请国家赔偿，可告知其自行按照国家有关法律规定办理。

此复。

最高人民法院执行工作办公室关于执行回转案件的申请执行人在被执行人破产案件中能否得到优先受偿保护的请示的答复

1. 2006年12月14日
2. 〔2005〕执他字第27号函

天津市高级人民法院：

你院《关于执行回转案件的申请执行人在被执行人破产案件中能否得到优先受偿保护的请示》收悉。经研究，答复如下：

人民法院因原错误判决被撤销而进行执行回转，申请执行人在被执行人破产案件中能否得到优先受偿保护的问题，目前我国法律尚无明确规定。我们认为，因原错误判决而被执行的财产，并非因当事人的自主交易而转移。为此，不应当将当事人请求执行回转的权利作为普通债权对待。在执行回转案件被执行人破产的情况下，可以比照取回权制度，对执行回转案件申请执行人的权利予以优先保护，认定应当执行回转部分的财产数额，不属于破产财产。因此，审理破产案件的法院应当将该部分财产交由执行法院继续执行。

最高人民法院执行工作办公室关于石油工业出版社申请执行回转一案的复函

1. 2002年9月12日
2. 〔2002〕执监字第103－1号

湖南省高级人民法院：

你院（2002）湘高法执函字第16号《关于石油工业出版社申请执行回转一案有关问题的请示报告》收悉。经研究，答复如下：

同意你院对本案的第一种处理意见，即不应将深圳凯利集团公司（以下简称凯利公司）列为本执行回转案的被执行人。理由如下：

一、按照《民事诉讼法》第214条和《关于人民法院执行工作若干问题的规定（试行）》第109条规定，“原申请执行人”，是指原执行案件中的申请执行人，才能作为执行回转案中的被执行人。在本案中，原申请执行人是湖南利达国际贸易长沙物资公司（以下简称利达公司），凯利公司并非该案的当事人，故将凯利公司列为执行回转案中的被执行人没有事实和法律依据。

二、凯利公司取得的 248 万元，是在利达公司对其欠债的情况下，依据长沙市中级人民法院（1997）长中经初字第 124 号民事调解书，通过执行程序取得的，而且不论利达公司与北京城市合作银行和平里支行、石油工业出版社纠纷案是否按撤诉处理，均不能否定凯利公司对利达公司的债权。

三、利达公司在长沙市中级人民法院（1997）长中经初字第 124 号民事调解书中，明确表示其将用从石油工业出版社执行回的款项清偿其对凯利公司的债务。

四、利达公司与凯利公司的债权债务关系同石油工业出版社与利达公司的债权债务关系是两种不同的法律关系，不能混淆，单独处理前者的债权债务并无不妥。

14. 执行中止和终结

最高人民法院关于严格规范终结本次执行程序的规定(试行)

1. 2016年10月29日
2. 法〔2016〕373号
3. 自2016年12月1日起施行

为严格规范终结本次执行程序,维护当事人的合法权益,根据《中华人民共和国民事诉讼法》及有关司法解释的规定,结合人民法院执行工作实际,制定本规定。

第一条 人民法院终结本次执行程序,应当同时符合下列条件:

(一)已向被执行人发出执行通知、责令被执行人报告财产;

(二)已向被执行人发出限制消费令,并将符合条件的被执行人纳入失信被执行人名单;

(三)已穷尽财产调查措施,未发现被执行人有可供执行的财产或者发现的财产不能处置;

(四)自执行案件立案之日起已超过三个月;

(五)被执行人下落不明的,已依法予以查找;被执行人或者其他人妨害执行的,已依法采取罚款、拘留等强制措施,构成犯罪的,已依法启动刑事责任追究程序。

第二条 本规定第一条第一项中的"责令被执行人报告财产",是指应当完成下列事项:

(一)向被执行人发出报告财产令;

(二)对被执行人报告的财产情况予以核查;

(三)对逾期报告、拒绝报告或者虚假报告的被执行人或者相关人员,依法采取罚款、拘留等强制措施,构成犯罪的,依法启动刑事责任追究程序。

人民法院应当将财产报告、核实及处罚的情况记录入卷。

第三条 本规定第一条第三项中的"已穷尽财产调查措施",是指应当完成下列调查事项:

(一)对申请执行人或者其他人提供的财产线索进行核查;

(二)通过网络执行查控系统对被执行人的存款、车辆及其他交通运输工具、不动产、有价证券等财产情况进行查询;

(三)无法通过网络执行查控系统查询本款第二项规定的财产情况的,在被执行人住所地或者可能隐匿、转移财产所在地进行必要调查;

(四)被执行人隐匿财产、会计账簿等资料且拒不交出的,依法采取搜查措施;

(五)经申请执行人申请,根据案件实际情况,依法采取审计调查、公告悬赏等调查措施;

(六)法律、司法解释规定的其他财产调查措施。

人民法院应当将财产调查情况记录入卷。

第四条 本规定第一条第三项中的"发现的财产不能处置",包括下列情形:

(一)被执行人的财产经法定程序拍卖、变卖未成交,申请执行人不接受抵债或者依法不能交付其抵债,又不能对该财产采取强制管理等其他执行措施的;

(二)人民法院在登记机关查封的被执行人车辆、船舶等财产,未能实际扣押的。

第五条 终结本次执行程序前,人民法院应当将案件执行情况、采取的财产调查措施、被执行人的财产情况、终结本次执行程序的依据及法律后果等信息告知申请执行人，并听取其对终结本次执行程序的意见。

人民法院应当将申请执行人的意见记录入卷。

第六条 终结本次执行程序应当制作裁定书，载明下列内容：

（一）申请执行的债权情况；

（二）执行经过及采取的执行措施、强制措施；

（三）查明的被执行人财产情况；

（四）实现的债权情况；

（五）申请执行人享有要求被执行人继续履行债务及依法向人民法院申请恢复执行的权利，被执行人负有继续向申请执行人履行债务的义务。

终结本次执行程序裁定书送达申请执行人后，执行案件可以作结案处理。人民法院进行相关统计时，应当对以终结本次执行程序方式结案的案件与其他方式结案的案件予以区分。

终结本次执行程序裁定书应当依法在互联网上公开。

第七条 当事人、利害关系人认为终结本次执行程序违反法律规定的，可以提出执行异议。人民法院应当依照民事诉讼法第二百二十五条的规定进行审查。

第八条 终结本次执行程序后，被执行人应当继续履行生效法律文书确定的义务。被执行人自动履行完毕的，当事人应当及时告知执行法院。

第九条 终结本次执行程序后，申请执行人发现被执行人有可供执行财产的，可以向执行法院申请恢复执行。申请恢复执行不受申请执行时效期间的限制。执行法院核查属实的，应当恢复执行。

终结本次执行程序后的五年内，执行法院应当每六个月通过网络执行查控系统查询一次被执行人的财产，并将查询结果告知申请执行人。符合恢复执行条件的，执行法院应当及时恢复执行。

第十条 终结本次执行程序后，发现被执行人有可供执行财产，不立即采取执行措施可能导致财产被转移、隐匿、出卖或者毁损的，执行法院可以依申请执行人申请或依职权立即采取查封、扣押、冻结等控制性措施。

第十一条 案件符合终结本次执行程序条件，又符合移送破产审查相关规定的，执行法院应当在作出终结本次执行程序裁定的同时，将执行案件相关材料移送被执行人住所地人民法院进行破产审查。

第十二条 终结本次执行程序裁定书送达申请执行人以后，执行法院应当在七日内将相关案件信息录入最高人民法院建立的终结本次执行程序案件信息库，并通过该信息库统一向社会公布。

第十三条 终结本次执行程序案件信息库记载的信息应当包括下列内容：

（一）作为被执行人的法人或者其他组织的名称、住所地、组织机构代码及其法定代表人或者负责人的姓名，作为被执行人的自然人的姓名、性别、年龄、身份证件号码和住址；

（二）生效法律文书的制作单位和文号，执行案号、立案时间、执行法院；

（三）生效法律文书确定的义务和被执行人的履行情况；

（四）人民法院认为应当记载的其他事项。

第十四条　当事人、利害关系人认为公布的终结本次执行程序案件信息错误的，可以向执行法院申请更正。执行法院审查属实的，应当在三日内予以更正。

第十五条　终结本次执行程序后，人民法院已对被执行人依法采取的执行措施和强制措施继续有效。

第十六条　终结本次执行程序后，申请执行人申请延长查封、扣押、冻结期限的，人民法院应当依法办理续行查封、扣押、冻结手续。

终结本次执行程序后，当事人、利害关系人申请变更、追加执行当事人，符合法定情形的，人民法院应予支持。变更、追加被执行人后，申请执行人申请恢复执行的，人民法院应予支持。

第十七条　终结本次执行程序后，被执行人或者其他人妨害执行的，人民法院可以依法予以罚款、拘留；构成犯罪的，依法追究刑事责任。

第十八条　有下列情形之一的，人民法院应当在三日内将案件信息从终结本次执行程序案件信息库中屏蔽：

（一）生效法律文书确定的义务执行完毕的；

（二）依法裁定终结执行的；

（三）依法应予屏蔽的其他情形。

第十九条　本规定自2016年12月1日起施行。

最高人民法院关于中止审理、中止执行涉及场外非法股票交易经济纠纷案件的通知

1．1998年12月4日

2．法〔1998〕45号

各省、自治区、直辖市高级人民法院：

1998年3月25日，国务院办公厅下发《国务院办公厅转发证监会关于清理整顿场外非法股票交易方案的通知》（国办发〔1998〕10号），这是整顿金融秩序，防范金融风险，保持社会稳定，促进证券市场健康发展的重大举措。为配合有关部门做好对场外非法股票交易的清理整顿工作，特通知如下：

自本通知下达之日起，各级人民法院对未经国务院批准擅自设立的股票交易场所（包括产权交易所〔中心〕、证券交易中心和证券交易自动报价系统等）及其会员单位、挂牌企业为被告的，涉及因从事非上市公司股票、股权证等场外非法交易而引起的经济纠纷，未受理的，不再受理；已经受理的上述经济纠纷案件，应根据民事诉讼法第一百三十六条第一款第（六）项的规定中止诉讼；对涉及上述经济纠纷案件已经发生法律效力的法律文书，应根据民事诉讼法第二百三十四条第一款第（五）项的规定中止执行。何时恢复诉讼和执行，依照本院通知办理。

特此通知

15. 执转破

最高人民法院关于做好“执转破”有关工作的通知

2018年6月8日

为服务和保障供给侧结构性改革，推动僵尸企业清理，建立顺畅有序的市场主体退出机制，促进执行积案化解，现就加强执行程序与破产程序的有序衔接和高效联动、进一步做好“执转破”工作有关事宜通知如下：

一、建立执行案件定期通报制度。即日起，最高人民法院每两个月将各省法院执行案件化解情况包括终结本次执行案件数量向全国法院通报，通报材料一并报送各高院院长。

二、将“执转破”纳入专项巡查范围。鉴于“执转破”案件数量已被纳入“人民法院基本解决执行难第三方评估指标体系”，下一步专项巡查中，最高人民法院将把“执转破”工作开展情况作为重点巡查内容进行检查监督。

三、严肃查处无故拒绝移送、拒绝接收“执转破”案件的责任人。对于符合移送破产审查条件的案件，执行部门不得拒绝、拖延移送；对于执行部门移送的符合“执转破”条件、材料齐备的案件，破产审判部门不得推脱、拒绝接受。违反上述要求的，一经发现，将在全国通报，并建议相关法院对直接责任人员作出处理。

四、建立“执转破”案件快速审理机制。对于债权债务关系简单、财产状况明晰的“执转破”案件，受理法院可以建立快速审理机制，通过简化债权人会议、简化送达方式、简化财产审计、压缩公告期限等方法，高效及时审结。

五、加强专业力量配备。各级法院要统一调配审判执行资源，合理配备办理“执转破”案件的专业力量，优化审判组织的人员构成，为“执转破”工作规范化、常态化、专业化开展提供坚强有力的人员保障。

六、强化信息配套保障。各级法院要建立执行与破产的信息交流和共享机制，执行部门应向破产法官开放执行查控系统的使用权限，建立“点对点”查询机制。科技信息部门要加快落实系统配套升级改造，及时对接执行查控系统和破产重整工作平台，实现执行与破产数据互通和信息共享。

七、建立破产费用保障机制。最高人民法院正与相关部委协调，争取政策支持解决无产可破案件的经费保障问题。各地法院也要抓住清理僵尸企业的有利机遇，积极争取当地政府部门的支持，尽快建立破产费用保障机。

八、表彰激励绩效突出单位和个人。各地法院要结合工作实际建立“执转破”考核机制，科学设置考核指标，适当加大考核权重，对工作开展情况较好的法院和个人及时表彰奖励。

九、集中清理一批执行积案。最高人民法院将对2018年以前以终本方式报结、被执行人为企业的案件进行全面清理，形成清单分批下发。此次先将近期重点推动的两批“执转破”案件清单通过电子版下发。执行法院要根据清单逐一约谈申请执行人、被执行人，充分释明政策规定，推动案件移送破产审查。破产法院受理后，应集中力量审理，尽快清理一批执行积案。

最高人民法院关于执行案件移送破产审查若干问题的指导意见

1. 2017年1月20日
2. 法发〔2017〕2号

推进执行案件移送破产审查工作，有利于健全市场主体救治和退出机制，有利于完善司法工作机制，有利于化解执行积案，是人民法院贯彻中央供给侧结构性改革部署的重要举措，是当前和今后一段时期人民法院服务经济社会发展大局的重要任务。为促进和规范执行案件移送破产审查工作，保障执行程序与破产程序的有序衔接，根据《中华人民共和国企业破产法》《中华人民共和国民事诉讼法》《最高人民法院关于适用〈中华人民共和国民事诉讼法〉的解释》等规定，现对执行案件移送破产审查的若干问题提出以下意见。

一、执行案件移送破产审查的工作原则、条件与管辖

1. 执行案件移送破产审查工作，涉及执行程序与破产程序之间的转换衔接，不同法院之间，同一法院内部执行部门、立案部门、破产审判部门之间，应坚持依法有序、协调配合、高效便捷的工作原则，防止推诿扯皮，影响司法效率，损害当事人合法权益。

2. 执行案件移送破产审查，应同时符合下列条件：

（1）被执行人为企业法人；

（2）被执行人或者有关被执行人的任何一个执行案件的申请执行人书面同意将执行案件移送破产审查；

（3）被执行人不能清偿到期债务，并且资产不足以清偿全部债务或者明显缺乏清偿能力。

3. 执行案件移送破产审查，由被执行人住所地人民法院管辖。在级别管辖上，为适应破产审判专业化建设的要求，合理分配审判任务，实行以中级人民法院管辖为原则、基层人民法院管辖为例外的管辖制度。中级人民法院经高级人民法院批准，也可以将案件交由具备审理条件的基层人民法院审理。

二、执行法院的征询、决定程序

4. 执行法院在执行程序中应加强对执行案件移送破产审查有关事宜的告知和征询工作。执行法院采取财产调查措施后，发现作为被执行人的企业法人符合破产法第二条规定的，应当及时询问申请执行人、被执行人是否同意将案件移送破产审查。申请执行人、被执行人均不同意移送且无人申请破产的，执行法院应当按照《最高人民法院关于适用〈中华人民共和国民事诉讼法〉的解释》第五百一十六条的规定处理，企业法人的其他已经取得执行依据的债权人申请参与分配的，人民法院不予支持。

5. 执行部门应严格遵守执行案件移送破产审查的内部决定程序。承办人认为执行案件符合移送破产审查条件的，应提出审查意见，经合议庭评议同意后，由执行法院院长签署移送决定。

6. 为减少异地法院之间移送的随意性，基层人民法院拟将执行案件移送异地中级人民法院进行破产审查的，在作出移送决定前，应先报请其所在地中级人民法院执行部门审核同意。

7. 执行法院作出移送决定后，应当于五日内送达申请执行人和被执行人。申请执行人或被执行人对决定有异议的，可以在受移送法院破产

审查期间提出,由受移送法院一并处理。

8. 执行法院作出移送决定后,应当书面通知所有已知执行法院,执行法院均应中止对被执行人的执行程序。但是,对被执行人的季节性商品、鲜活、易腐烂变质以及其他不宜长期保存的物品,执行法院应当及时变价处置,处置的价款不作分配。受移送法院裁定受理破产案件的,执行法院应当在收到裁定书之日起七日内,将该价款移交受理破产案件的法院。

案件符合终结本次执行程序条件的,执行法院可以同时裁定终结本次执行程序。

9. 确保对被执行人财产的查封、扣押、冻结措施的连续性,执行法院决定移送后、受移送法院裁定受理破产案件之前,对被执行人的查封、扣押、冻结措施不解除。查封、扣押、冻结期限在破产审查期间届满的,申请执行人可以向执行法院申请延长期限,由执行法院负责办理。

三、移送材料及受移送法院的接收义务

10. 执行法院作出移送决定后,应当向受移送法院移送下列材料:

(1)执行案件移送破产审查决定书;

(2)申请执行人或被执行人同意移送的书面材料;

(3)执行法院采取财产调查措施查明的被执行人的财产状况,已查封、扣押、冻结财产清单及相关材料;

(4)执行法院已分配财产清单及相关材料;

(5)被执行人债务清单;

(6)其他应当移送的材料。

11. 移送的材料不完备或内容错误,影响受移送法院认定破产原因是否具备的,受移送法院可以要求执行法院补齐、补正,执行法院应于十日内补齐、补正。该期间不计入受移送法院破产审查的期间。

受移送法院需要查阅执行程序中的其他案件材料,或者依法委托执行法院办理财产处置等事项的,执行法院应予协助配合。

12. 执行法院移送破产审查的材料,由受移送法院立案部门负责接收。受移送法院不得以材料不完备等为由拒绝接收。立案部门经审核认为移送材料完备的,应以"破申"作为案件类型代字编制案号登记立案,并及时将案件移送破产审判部门进行破产审查。破产审判部门在审查过程中发现本院对案件不具有管辖权的,应当按照《中华人民共和国民事诉讼法》第三十六条的规定处理。

四、受移送法院破产审查与受理

13. 受移送法院的破产审判部门应当自收到移送的材料之日起三十日内作出是否受理的裁定。受移送法院作出裁定后,应当在五日内送达申请执行人、被执行人,并送交执行法院。

14. 申请执行人申请或同意移送破产审查的,裁定书中以该申请执行人为申请人,被执行人为被申请人;被执行人申请或同意移送破产审查的,裁定书中以该被执行人为申请人;申请执行人、被执行人均同意移送破产审查的,双方均为申请人。

15. 受移送法院裁定受理破产案件的,在此前的执行程序中产生的评估费、公告费、保管费等执行费用,可以参照破产费用的规定,从债务人财产中随时清偿。

16. 执行法院收到受移送法院受理裁定后,应当于七日内将已经扣划到账的银行存款、实际扣押的动产、有价证券等被执行人财产移交给受理破产案件的法院或管理人。

17. 执行法院收到受移送法院受理裁定时,

已通过拍卖程序处置且成交裁定已送达买受人的拍卖财产，通过以物抵债偿还债务且抵债裁定已送达债权人的抵债财产，已完成转账、汇款、现金交付的执行款，因财产所有权已经发生变动，不属于被执行人的财产，不再移交。

五、受移送法院不予受理或驳回申请的处理

18. 受移送法院做出不予受理或驳回申请裁定的，应当在裁定生效后七日内将接收的材料、被执行人的财产退回执行法院，执行法院应当恢复对被执行人的执行。

19. 受移送法院作出不予受理或驳回申请的裁定后，人民法院不得重复启动执行案件移送破产审查程序。申请执行人或被执行人以有新证据足以证明被执行人已经具备了破产原因为由，再次要求将执行案件移送破产审查的，人民法院不予支持。但是，申请执行人或被执行人可以直接向具有管辖权的法院提出破产申请。

20. 受移送法院裁定宣告被执行人破产或裁定终止和解程序、重整程序的，应当自裁定作出之日起五日内送交执行法院，执行法院应当裁定终结对被执行人的执行。

六、执行案件移送破产审查的监督

21. 受移送法院拒绝接收移送的材料，或者收到移送的材料后不按规定的期限作出是否受理裁定的，执行法院可函请受移送法院的上一级法院进行监督。上一级法院收到函件后应当指令受移送法院在十日内接收材料或作出是否受理的裁定。

受移送法院收到上级法院的通知后，十日内仍不接收材料或不作出是否受理裁定的，上一级法院可以径行对移送破产审查的案件行使管辖权。上一级法院裁定受理破产案件的，可以指令受移送法院审理。

三、妨碍执行的措施

资料补充栏

1. 拒不执行判决、裁定罪

最高人民法院、最高人民检察院关于办理拒不执行判决、裁定刑事案件适用法律若干问题的解释

1. 2024年1月8日最高人民法院审判委员会第1911次会议、2024年7月23日最高人民检察院第十四届检察委员会第三十四次会议通过
2. 2024年10月30日公布
3. 法释〔2024〕13号
4. 自2024年12月1日起施行

为依法惩治拒不执行判决、裁定犯罪，确保人民法院判决、裁定依法执行，切实维护当事人合法权益，根据《中华人民共和国刑法》《中华人民共和国刑事诉讼法》《中华人民共和国民事诉讼法》《中华人民共和国行政诉讼法》等法律规定，现就办理拒不执行判决、裁定刑事案件适用法律若干问题解释如下：

第一条　被执行人、协助执行义务人、担保人等负有执行义务的人，对人民法院的判决、裁定有能力执行而拒不执行，情节严重的，应当依照刑法第三百一十三条的规定，以拒不执行判决、裁定罪处罚。

本解释所称负有执行义务的人，包括自然人和单位。

第二条　刑法第三百一十三条规定的"人民法院的判决、裁定"，是指人民法院依法作出的具有执行内容并已发生法律效力的判决、裁定。人民法院为依法执行支付令、生效的调解书、仲裁裁决、公证债权文书等所作的裁定属于该条规定的裁定。

第三条　负有执行义务的人有能力执行而拒不执行，且具有下列情形之一，应当认定为全国人民代表大会常务委员会关于刑法第三百一十三条的解释中规定的"其他有能力执行而拒不执行，情节严重的情形"：

（一）以放弃债权、放弃债权担保等方式恶意无偿处分财产权益，或者恶意延长到期债权的履行期限，或者以虚假和解、虚假转让等方式处分财产权益，致使判决、裁定无法执行的；

（二）实施以明显不合理的高价受让他人财产、为他人的债务提供担保等恶意减损责任财产的行为，致使判决、裁定无法执行的；

（三）伪造、毁灭、隐匿有关履行能力的重要证据，以暴力、威胁、贿买方法阻止他人作证或者指使、贿买、胁迫他人作伪证，妨碍人民法院查明负有执行义务的人财产情况，致使判决、裁定无法执行的；

（四）具有拒绝报告或者虚假报告财产情况、违反人民法院限制消费令等拒不执行行为，经采取罚款、拘留等强制措施后仍拒不执行的；

（五）经采取罚款、拘留等强制措施后仍拒不交付法律文书指定交付的财物、票证或者拒不迁出房屋、退出土地，致使判决、裁定无法执行的；

（六）经采取罚款、拘留等强制措施后仍拒不履行协助行使人身权益等作为义务，致使判决、裁定无法执行，情节恶劣的；

（七）经采取罚款、拘留等强制措施后仍违反人身安全保护令、禁止从事相关职业决定等不作为义务，造成被害人轻微伤以上伤害或者严重影响被害人正常的工作生活的；

（八）以恐吓、辱骂、聚众哄闹、威胁等方法或者以拉拽、推搡等消极抗拒行为，阻碍执行人

员进入执行现场，致使执行工作无法进行，情节恶劣的；

（九）毁损、抢夺执行案件材料、执行公务车辆和其他执行器械、执行人员服装以及执行公务证件，致使执行工作无法进行的；

（十）其他有能力执行而拒不执行，情节严重的情形。

第四条 负有执行义务的人有能力执行而拒不执行，且具有下列情形之一，应当认定属于“情节特别严重”的情形：

（一）通过虚假诉讼、虚假仲裁、虚假公证等方式妨害执行，致使判决、裁定无法执行的；

（二）聚众冲击执行现场，致使执行工作无法进行的；

（三）以围攻、扣押、殴打等暴力方法对执行人员进行人身攻击，致使执行工作无法进行的；

（四）因拒不执行，致使申请执行人自杀、自残或者造成其他严重后果的；

（五）其他情节特别严重的情形。

第五条 有能力执行是指负有执行义务的人有全部执行或者部分执行给付财产义务或履行特定行为义务的能力。

在认定负有执行义务的人的执行能力时，应当扣除负有执行义务的人及其所扶养家属的生活必需费用。

第六条 行为人为逃避执行义务，在诉讼开始后、裁判生效前实施隐藏、转移财产等行为，在判决、裁定生效后经查证属实，要求其执行而拒不执行的，可以认定其有能力执行而拒不执行，情节严重，以拒不执行判决、裁定罪追究刑事责任。

前款所指诉讼开始后，一般是指被告接到人民法院应诉通知后。

第七条 全国人民代表大会常务委员会关于刑法第三百一十三条的解释和本解释中规定的“致使判决、裁定无法执行”，一般是指人民法院依据法律及相关规定采取执行措施后仍无法执行的情形，包括判决、裁定全部无法执行，也包括部分无法执行。

第八条 案外人明知负有执行义务的人有能力执行而拒不执行人民法院的判决、裁定，与其通谋，协助实施隐藏、转移财产等拒不执行行为，致使判决、裁定无法执行的，以拒不执行判决、裁定罪的共犯论处。

第九条 负有执行义务的人有能力执行而拒不执行人民法院的判决、裁定，同时构成拒不执行判决、裁定罪，妨害公务罪，袭警罪，非法处置查封、扣押、冻结的财产罪等犯罪的，依照处罚较重的规定定罪处罚。

第十条 拒不执行支付赡养费、扶养费、抚养费、抚恤金、医疗费用、劳动报酬等判决、裁定，构成犯罪的，应当依法从重处罚。

第十一条 实施刑法第三百一十三条规定的拒不执行判决、裁定行为，情节显著轻微危害不大的，不认为是犯罪；在提起公诉前，履行全部或者部分执行义务，犯罪情节轻微的，可以依法不起诉。在一审宣告判决前，履行全部或者部分执行义务，犯罪情节轻微的，可以依法从轻或者免除处罚。

第十二条 对被告人以拒不执行判决、裁定罪追诉时，对其故意毁损、无偿处分、以明显不合理价格处分、虚假转让等方式违法处置的财产，应当依法予以追缴或者责令退赔，交由执行法院依法处置。

第十三条 人民检察院应当结合侦查移送情况对涉案财产进行审查，在提起公诉时对涉案财产提出明确处理意见。人民法院应当依法作出判决，对涉案财产作出处理。

第十四条 申请执行人有证据证明同时具有下列

情形，人民法院认为符合刑事诉讼法第二百一十条第三项规定的，以自诉案件立案审理：

（一）负有执行义务的人拒不执行判决、裁定，侵犯了申请执行人的人身、财产权利，应当依法追究刑事责任的；

（二）申请执行人曾经提出控告，而公安机关或者人民检察院对负有执行义务的人不予追究刑事责任的。

自诉人在判决宣告前，可以同被告人自行和解或者撤回自诉。

第十五条 拒不执行判决、裁定刑事案件，一般由执行法院所在地人民法院管辖。

第十六条 本解释自2024年12月1日起施行。《最高人民法院关于审理拒不执行判决、裁定刑事案件适用法律若干问题的解释》（法释〔2015〕16号）同时废止。最高人民法院、最高人民检察院此前发布的司法解释和规范性文件与本解释不一致的，以本解释为准。

最高人民法院关于审理拒不执行判决、裁定刑事案件适用法律若干问题的解释

1. 2015年7月6日最高人民法院审判委员会第1657次会议通过、2015年7月20日公布、自2015年7月22日起施行（法释〔2015〕16号）

2. 根据2020年12月23日最高人民法院审判委员会第1823次会议通过、2020年12月29日公布、自2021年1月1日起施行的《最高人民法院关于修改〈最高人民法院关于人民法院扣押铁路运输货物若干问题的规定〉等十八件执行类司法解释的决定》（法释〔2020〕21号）修正

为依法惩治拒不执行判决、裁定犯罪，确保人民法院判决、裁定依法执行，切实维护当事人合法权益，根据《中华人民共和国刑法》《中华人民共和国刑事诉讼法》《中华人民共和国民事诉讼法》等法律规定，就审理拒不执行判决、裁定刑事案件适用法律若干问题，解释如下：

第一条 被执行人、协助执行义务人、担保人等负有执行义务的人对人民法院的判决、裁定有能力执行而拒不执行，情节严重的，应当依照刑法第三百一十三条的规定，以拒不执行判决、裁定罪处罚。

第二条 负有执行义务的人有能力执行而实施下列行为之一的，应当认定为全国人民代表大会常务委员会关于刑法第三百一十三条的解释中规定的“其他有能力执行而拒不执行，情节严重的情形”：

（一）具有拒绝报告或者虚假报告财产情况、违反人民法院限制高消费及有关消费令等拒不执行行为，经采取罚款或者拘留等强制措施后仍拒不执行的；

（二）伪造、毁灭有关被执行人履行能力的重要证据，以暴力、威胁、贿买方法阻止他人作证或者指使、贿买、胁迫他人作伪证，妨碍人民法院查明被执行人财产情况，致使判决、裁定无法执行的；

（三）拒不交付法律文书指定交付的财物、票证或者拒不迁出房屋、退出土地，致使判决、裁定无法执行的；

（四）与他人串通，通过虚假诉讼、虚假仲裁、虚假和解等方式妨害执行，致使判决、裁定无法执行的；

（五）以暴力、威胁方法阻碍执行人员进入执行现场或者聚众哄闹、冲击执行现场，致使执行工作无法进行的；

（六）对执行人员进行侮辱、围攻、扣押、殴打，致使执行工作无法进行的；

（七）毁损、抢夺执行案件材料、执行公务车辆和其他执行器械、执行人员服装以及执行公务证件，致使执行工作无法进行的；

（八）拒不执行法院判决、裁定，致使债权人遭受重大损失的。

第三条　申请执行人有证据证明同时具有下列情形，人民法院认为符合刑事诉讼法第二百一十条第三项规定的，以自诉案件立案审理：

（一）负有执行义务的人拒不执行判决、裁定，侵犯了申请执行人的人身、财产权利，应当依法追究刑事责任的；

（二）申请执行人曾经提出控告，而公安机关或者人民检察院对负有执行义务的人不予追究刑事责任的。

第四条　本解释第三条规定的自诉案件，依照刑事诉讼法第二百一十二条的规定，自诉人在宣告判决前，可以同被告人自行和解或者撤回自诉。

第五条　拒不执行判决、裁定刑事案件，一般由执行法院所在地人民法院管辖。

第六条　拒不执行判决、裁定的被告人在一审宣告判决前，履行全部或部分执行义务的，可以酌情从宽处罚。

第七条　拒不执行支付赡养费、扶养费、抚育费、抚恤金、医疗费用、劳动报酬等判决、裁定的，可以酌情从重处罚。

第八条　本解释自发布之日起施行。此前发布的司法解释和规范性文件与本解释不一致的，以本解释为准。

最高人民法院关于拒不执行判决、裁定罪自诉案件受理工作有关问题的通知

1．2018年5月30日

2．法〔2018〕147号

各省、自治区、直辖市高级人民法院，解放军军事法院，新疆维吾尔自治区高级人民法院生产建设兵团分院：

近期，部分高级人民法院向我院请示，申请执行人以负有执行义务的人涉嫌拒不执行判决、裁定罪向公安机关提出控告，公安机关不接受控告材料或者接受控告材料后不予书面答复的；人民法院向公安机关移送拒不执行判决、裁定罪线索，公安机关不予书面答复或者明确答复不予立案，或者人民检察院决定不起诉的，如何处理？鉴于部分高级人民法院所请示问题具有普遍性，经研究，根据相关法律和司法解释，特通知如下：

一、申请执行人向公安机关控告负有执行义务的人涉嫌拒不执行判决、裁定罪，公安机关不予接受控告材料或者在接受控告材料后60日内不予书面答复，申请执行人有证据证明该拒不执行判决、裁定行为侵犯了其人身、财产权利，应当依法追究刑事责任的，人民法院可以以自诉案件立案审理。

二、人民法院向公安机关移送拒不执行判决、裁定罪线索，公安机关决定不予立案或者在接受案件线索后60日内不予书面答复，或者人民检察院决定不起诉的，人民法院可以向申请执行人释明；申请执行人有证据证明负有执行义务的人拒不执行判决、裁定侵犯了其人身、财产权利，应当

依法追究刑事责任的，人民法院可以以自诉案件立案审理。

三、公安机关接受申请执行人的控告材料或者人民法院移送的拒不执行判决、裁定罪线索，经过60日之后又决定立案的，对于申请执行人的自诉，人民法院未受理的，裁定不予受理；已经受理的，可以向自诉人释明让其撤回起诉或者裁定终止审理。此后再出现公安机关或者人民检察院不予追究情形的，申请执行人可以依法重新提起自诉。

最高人民法院、最高人民检察院、公安部关于依法严肃查处拒不执行判决、裁定和暴力抗拒法院执行犯罪行为有关问题的通知

1. 2007年8月30日

2. 法发〔2007〕29号

各省、自治区、直辖市高级人民法院、人民检察院、公安厅（局），新疆维吾尔自治区高级人民法院生产建设兵团分院，新疆生产建设兵团人民检察院、公安局：

近年来，在人民法院强制执行生效法律文书过程中，一些地方单位、企业和个人拒不执行或以暴力手段抗拒人民法院执行的事件时有发生且呈逐年上升的势头。这种违法犯罪行为性质恶劣，社会危害大，严重影响了法律的尊严和执法机关的权威，已经引起了党中央的高度重视。中央政法委在《关于切实解决人民法院执行难问题的通知》（政法〔2005〕52号文件）中，特别提出公、检、法机关应当统一执法思想，加强协作配合，完善法律制度，依法严厉打击暴力抗拒法院执行的犯罪行为。为贯彻中央政法委指示精神，加大对拒不执行判决、裁定和暴力抗拒执行犯罪行为的惩处力度，依据《中华人民共和国刑法》、《中华人民共和国刑事诉讼法》、全国人大常委会《关于〈中华人民共和国刑法〉第三百一十三条的解释》等规定，现就有关问题通知如下：

一、对下列拒不执行判决、裁定的行为，依照刑法第三百一十三条的规定，以拒不执行判决、裁定罪论处。

（一）被执行人隐藏、转移、故意毁损财产或者无偿转让财产、以明显不合理的低价转让财产，致使判决、裁定无法执行的；

（二）担保人或者被执行人隐藏、转移、故意毁损或者转让已向人民法院提供担保的财产，致使判决、裁定无法执行的；

（三）协助执行义务人接到人民法院协助执行通知书后，拒不协助执行，致使判决、裁定无法执行的；

（四）被执行人、担保人、协助执行义务人与国家机关工作人员通谋，利用国家机关工作人员的职权妨害执行，致使判决、裁定无法执行的；

（五）其他有能力执行而拒不执行，情节严重的情形。

二、对下列暴力抗拒执行的行为，依照刑法第二百七十七条的规定，以妨害公务罪论处。

（一）聚众哄闹、冲击执行现场，围困、扣押、殴打执行人员，致使执行工作无法进行的；

（二）毁损、抢夺执行案件材料、执行公务车辆和其他执行器械、执行人员服装以及执行公务证件，造成严重后果的；

（三）其他以暴力、威胁方法妨害或者抗拒执行，致使执行工作无法进行的。

三、负有执行人民法院判决、裁定义务的单位直接

负责的主管人员和其他直接责任人员，为了本单位的利益实施本《通知》第一条、第二条所列行为之一的，对该主管人员和其他直接责任人员，依照刑法第三百一十三条和第二百七十七条的规定，分别以拒不执行判决、裁定罪和妨害公务罪论处。

四、国家机关工作人员有本《通知》第一条第四项行为的，以拒不执行判决、裁定罪的共犯追究刑事责任。

国家机关工作人员收受贿赂或者滥用职权，有本《通知》第一条第四项行为的，同时又构成刑法第三百八十五条、第三百九十七条规定罪的，依照处罚较重的规定定罪处罚。

五、拒不执行判决、裁定案件由犯罪行为发生地的公安机关、人民检察院、人民法院管辖。如果由犯罪嫌疑人、被告人居住地的人民法院管辖更为适宜的，可以由犯罪嫌疑人、被告人居住地的公安机关、人民检察院、人民法院管辖。

六、以暴力、威胁方法妨害或者抗拒执行的，公安机关接到报警后，应当立即出警，依法处置。

七、人民法院在执行判决、裁定过程中，对拒不执行判决、裁定情节严重的人，可以先行司法拘留；拒不执行判决、裁定的行为人涉嫌犯罪的，应当将案件依法移送有管辖权的公安机关立案侦查。

八、人民法院、人民检察院和公安机关在办理拒不执行判决、裁定和妨害公务案件过程中，应当密切配合、加强协作。对于人民法院移送的涉嫌拒不执行判决、裁定罪和妨害公务罪的案件，公安机关应当及时立案侦查，检察机关应当及时提起公诉，人民法院应当及时审判。

在办理拒不执行判决、裁定和妨害公务案件过程中，应当根据案件的具体情况，正确区分罪与非罪的界限，认真贯彻“宽严相济”的刑事政策。

九、人民法院认为公安机关应当立案侦查而不立案侦查的，可提请人民检察院予以监督。人民检察院认为需要立案侦查的，应当要求公安机关说明不立案的理由。人民检察院认为公安机关不立案理由不能成立的，应当通知公安机关立案，公安机关接到通知后应当立案。

十、公安机关侦查终结后移送人民检察院审查起诉的拒不执行判决、裁定和妨害公务案件，人民检察院决定不起诉，公安机关认为不起诉决定有错误的，可以要求复议；如果意见不被接受，可以向上一级人民检察院提请复核。

十一、公安司法人员在办理拒不执行判决、裁定和妨害公务案件中，消极履行法定职责，造成严重后果的，应当依法依纪追究直接责任人责任直至追究刑事责任。

十二、本通知自印发之日起执行，执行中遇到的情况和问题，请分别报告最高人民法院、最高人民检察院、公安部。

最高人民法院研究室关于拒不执行人民法院调解书的行为是否构成拒不执行判决、裁定罪的答复

1. 2000年12月14日

2. 法研〔2000〕117号

河南省高级人民法院：

你院《关于刑法第三百一十三条规定的拒不执行判决、裁定罪是否包括人民法院制作生效的调解书的请示》收悉。经研究，答复如下：

刑法第三百一十三条规定的“判决、裁定”，不包括人民法院的调解书。对于行为人拒不执行人

民法院调解书的行为,不能依照刑法第三百一十三条的规定定罪处罚。

· 指导案例 ·

最高人民法院指导案例71号
——毛建文拒不执行判决、裁定案

(最高人民法院审判委员会讨论通过
2016年12月28日发布)

【关键词】

刑事 拒不执行判决、裁定罪 起算时间

【裁判要点】

有能力执行而拒不执行判决、裁定的时间从判决、裁定发生法律效力时起算。具有执行内容的判决、裁定发生法律效力后,负有执行义务的人有隐藏、转移、故意毁损财产等拒不执行行为,致使判决、裁定无法执行,情节严重的,应当以拒不执行判决、裁定罪定罪处罚。

【相关法条】

《中华人民共和国刑法》第313条

【基本案情】

浙江省平阳县人民法院于2012年12月11日作出(2012)温平鳌商初字第595号民事判决,判令被告人毛建文于判决生效之日起15日内返还陈先银挂靠在其名下的温州宏源包装制品有限公司投资款200000元及利息。该判决于2013年1月6日生效。因毛建文未自觉履行生效法律文书确定的义务,陈先银于2013年2月16日向平阳县人民法院申请强制执行。立案后,平阳县人民法院在执行中查明,毛建文于2013年1月17日将其名下的浙CVU661小型普通客车以150000元的价格转卖,并将所得款项用于个人开销,拒不执行生效判决。毛建文于2013年11月30日被抓获归案后如实供述了上述事实。

【裁判结果】

浙江省平阳县人民法院于2014年6月17日作出(2014)温平刑初字第314号刑事判决:被告人毛建文犯拒不执行判决罪,判处有期徒刑十个月。宣判后,毛建文未提起上诉,公诉机关未提出抗诉,判决已发生法律效力。

【裁判理由】

法院生效裁判认为:被告人毛建文负有履行生效裁判确定的执行义务,在人民法院具有执行内容的判决、裁定发生法律效力后,实施隐藏、转移财产等拒不执行行为,致使判决、裁定无法执行,情节严重,其行为已构成拒不执行判决罪。公诉机关指控的罪名成立。毛建文归案后如实供述了自己的罪行,可以从轻处罚。

本案的争议焦点为,拒不执行判决、裁定罪中规定的"有能力执行而拒不执行"的行为起算时间如何认定,即被告人毛建文拒不执行判决的行为是从相关民事判决发生法律效力时起算,还是从执行立案时起算。对此,法院认为,生效法律文书进入强制执行程序并不是构成拒不执行判决、裁定罪的要件和前提,毛建文拒不执行判决的行为应从相关民事判决于2013年1月6日发生法律效力时起算。主要理由如下:第一,符合立法原意。全国人民代表大会常务委员会对刑法第三百一十三条规定解释时指出,该条中的"人民法院的判决、裁定",是指人民法院依法作出的具有执行内容并已发生法律效力的判决、裁定。这就是说,只有具有执行内容的判决、裁定发生法律效力后,才具有法律约束力和强制执行力,义务人才有及时、积极履行生效法律文书确定义务的责任。生效法律文书的强制执行力不是在进入强制执行程序后才产生的，而是自法律文书生效之日起即产生。第二，与民事诉讼法及其司法解释协调一致。《中华人民共和国民事诉讼法》第一百一十一条规定：诉讼参与人或者其他人拒不履行人民法院已经发生法律效力的判决、裁定的，人民法院可以根据情节轻重予以罚款、拘留；构成犯罪的，依法追究刑事责任。《最高人民法院关于适用〈中华人民共和国民事诉讼法〉的解释》第一百八十八条规定：民事诉讼法第一百一十一条第一款第六项规定的拒不履行人民法院已经发生法律效力的判决、裁定的行为，包括在法律文书发生法律效力后隐藏、转移、变卖、毁损财产或者无偿转让财产、以明显不合理的价格交易财产、放弃到期债权、无偿为他人提供担保等，致使人民法院无法执行的。由此可见，法律明确将拒不执行行为限定在法律文书发生法律效力后，并未将拒不执行的主体仅限定为进入强制执行程序后的被执行人或者协助执行义务人等，更未将拒不执行判决、裁定罪的调整范围仅限于生效法律文书进入强制执行程序后发生的行为。第三，符合立法目的。拒不执行判决、裁定罪的立法目的在于解决法院生效判决、裁定的“执行难”问题。将判决、裁定生效后立案执行前逃避履行义务的行为纳入拒不执行判决、裁定罪的调整范围，是法律设定该罪的应有之意。将判决、裁定生效之日确定为拒不执行判决、裁定罪中拒不执行行为的起算时间点，能有效地促使义务人在判决、裁定生效后即迫于刑罚的威慑力而主动履行生效裁判确定的义务，避免生效裁判沦为一纸空文，从而使社会公众真正尊重司法裁判，维护法律权威，从根本上解决“执行难”问题，实现拒不执行判决、裁定罪的立法目的。

2. 其他妨碍规避执行的规定

最高人民法院关于依法制裁规避执行行为的若干意见

1. 2011年5月27日
2. 法〔2011〕195号

为了最大限度地实现生效法律文书确认的债权,提高执行效率,强化执行效果,维护司法权威,现就依法制裁规避执行行为提出以下意见:

一、强化财产报告和财产调查,多渠道查明被执行人财产

1. 严格落实财产报告制度。对于被执行人未按执行通知履行法律文书确定义务的,执行法院应当要求被执行人限期如实报告财产,并告知拒绝报告或者虚假报告的法律后果。对于被执行人暂时无财产可供执行的,可以要求被执行人定期报告。

2. 强化申请执行人提供财产线索的责任。各地法院可以根据案件的实际情况,要求申请执行人提供被执行人的财产状况或者财产线索,并告知不能提供的风险。各地法院也可根据本地的实际情况,探索尝试以调查令、委托调查函等方式赋予代理律师法律规定范围内的财产调查权。

3. 加强人民法院依职权调查财产的力度。各地法院要充分发挥执行联动机制的作用,完善与金融、房地产管理、国土资源、车辆管理、工商管理等各有关单位的财产查控网络,细化协助配合措施,进一步拓宽财产调查渠道,简化财产调查手续,提高财产调查效率。

4. 适当运用审计方法调查被执行人财产。被执行人未履行法律文书确定的义务,且有转移隐匿处分财产、投资开设分支机构、入股其他企业或者抽逃注册资金等情形的,执行法院可以根据申请执行人的申请委托中介机构对被执行人进行审计。审计费用由申请执行人垫付,被执行人确有转移隐匿处分财产等情形的,实际执行到位后由被执行人承担。

5. 建立财产举报机制。执行法院可以依据申请执行人的悬赏执行申请,向社会发布举报被执行人财产线索的悬赏公告。举报人提供的财产线索经查证属实并实际执行到位的,可按申请执行人承诺的标准或者比例奖励举报人。奖励资金由申请执行人承担。

二、强化财产保全措施,加大对保全财产和担保财产的执行力度

6. 加大对当事人的风险提示。各地法院在立案和审判阶段,要通过法律释明向当事人提示诉讼和执行风险,强化当事人的风险防范意识,引导债权人及时申请财产保全,有效防止债务人在执行程序开始前转移财产。

7. 加大财产保全力度。各地法院要加强立案、审判和执行环节在财产保全方面的协调配合,加大依法进行财产保全的力度,强化审判与执行在财产保全方面的衔接,降低债务人或者被执行人隐匿、转移财产的风险。

8. 对保全财产和担保财产及时采取执行措施。进入执行程序后,各地法院要加大对保全财产和担保财产的执行力度,对当事人、担保人或者第三人提出的异议要及时进行审查,审查期间应当依法对相应财产采取控制性措施,驳回异议后应当加大对相应财产的执行力度。

三、依法防止恶意诉讼,保障民事审判和执行活动有序进行

9. 严格执行关于案外人异议之诉的管辖规定。在执行阶段,案外人对人民法院已经查封、扣押、冻结的财产提起异议之诉的,应当依照《中华人民共和国民事诉讼法》第二百零四条和《最高人民法院关于适用民事诉讼法执行程序若干问题的解释》第十八条的规定,由执行法院受理。

案外人违反上述管辖规定,向执行法院之外的其他法院起诉,其他法院已经受理尚未作出裁判的,应当中止审理或者撤销案件,并告知案外人向作出查封、扣押、冻结裁定的执行法院起诉。

10. 加强对破产案件的监督。执行法院发现被执行人有虚假破产情形的,应当及时向受理破产案件的人民法院提出。申请执行人认为被执行人利用破产逃债的,可以向受理破产案件的人民法院或者其上级人民法院提出异议,受理异议的法院应当依法进行监督。

11. 对于当事人恶意诉讼取得的生效裁判应当依法再审。案外人违反上述管辖规定,向执行法院之外的其他法院起诉,并取得生效裁判文书将已被执行法院查封、扣押、冻结的财产确权或者分割给案外人,或者第三人与被执行人虚构事实取得人民法院生效裁判文书申请参与分配,执行法院认为该生效裁判文书系恶意串通规避执行损害执行债权人利益的,可以向作出该裁判文书的人民法院或者其上级人民法院提出书面建议,有关法院应当依照《中华人民共和国民事诉讼法》和有关司法解释的规定决定再审。

四、完善对被执行人享有债权的保全和执行措施,运用代位权、撤销权诉讼制裁规避执行行为

12. 依法执行已经生效法律文书确认的被执行人的债权。对于被执行人已经生效法律文书确认的债权,执行法院可以书面通知被执行人在限期内向有管辖权的人民法院申请执行该生效法律文书。限期届满被执行人仍怠于申请执行的,执行法院可以依法强制执行该到期债权。

被执行人已经申请执行的,执行法院可以请求执行该债权的人民法院协助扣留相应的执行款物。

13. 依法保全被执行人的未到期债权。对被执行人的未到期债权,执行法院可以依法冻结,待债权到期后参照到期债权予以执行。第三人仅以该债务未到期为由提出异议的,不影响对该债权的保全。

14. 引导申请执行人依法诉讼。被执行人怠于行使债权对申请执行人造成损害的,执行法院可以告知申请执行人依照《中华人民共和国合同法》第七十三条的规定,向有管辖权的人民法院提起代位权诉讼。

被执行人放弃债权、无偿转让财产或者以明显不合理的低价转让财产,对申请执行人造成损害的,执行法院可以告知申请执行人依照《中华人民共和国合同法》第七十四条的规定向有管辖权的人民法院提起撤销权诉讼。

五、充分运用民事和刑事制裁手段,依法加强对规避执行行为的刑事处罚力度

15. 对规避执行行为加大民事强制措施的适用。被执行人既不履行义务又拒绝报告财产或者进行虚假报告、拒绝交出或者提供虚假财务会计凭证、协助执行义务人拒不协助执行或者妨碍执行、到期债务第三人提出异议后又擅自向被执行人清偿等,给申请执行人造成损失的,应当依法对相关责任人予以罚款、拘留。

16. 对构成犯罪的规避执行行为加大刑事制裁力度。被执行人隐匿财产、虚构债务或者以其

他方法隐藏、转移、处分可供执行的财产，拒不交出或者隐匿、销毁、制作虚假财务会计凭证或资产负债表等相关资料，以虚假诉讼或者仲裁手段转移财产、虚构优先债权或者申请参与分配，中介机构提供虚假证明文件或者提供的文件有重大失实，被执行人、担保人、协助义务人有能力执行而拒不执行或者拒不协助执行等，损害申请执行人或其他债权人利益，依照刑法的规定构成犯罪的，应当依法追究行为人的刑事责任。

17. 加强与公安、检察机关的沟通协调。各地法院应当加强与公安、检察机关的协调配合，建立快捷、便利、高效的协作机制，细化拒不执行判决裁定罪和妨害公务罪的适用条件。

18. 充分调查取证。各地法院在执行案件过程中，在行为人存在拒不执行判决裁定或者妨害公务行为的情况下，应当注意收集证据。认为构成犯罪的，应当及时将案件及相关证据材料移送犯罪行为发生地的公安机关立案查处。

19. 抓紧依法审理。对检察机关提起公诉的拒不执行判决裁定或者妨害公务案件，人民法院应当抓紧审理，依法审判，快速结案，加大判后宣传力度，充分发挥刑罚手段的威慑力。

六、依法采取多种措施，有效防范规避执行行为

20. 依法变更追加被执行主体或者告知申请执行人另行起诉。有充分证据证明被执行人通过离婚析产、不依法清算、改制重组、关联交易、财产混同等方式恶意转移财产规避执行的，执行法院可以通过依法变更追加被执行人或者告知申请执行人通过诉讼程序追回被转移的财产。

21. 建立健全征信体系。各地法院应当逐步建立健全与相关部门资源共享的信用平台，有条件的地方可以建立个人和企业信用信息数据库，将被执行人不履行债务的相关信息录入信用平台或者信息数据库，充分运用其形成的威慑力制裁规避执行行为。

22. 加大宣传力度。各地法院应当充分运用新闻媒体曝光、公开执行等手段，将被执行人因规避执行被制裁或者处罚的典型案例在新闻媒体上予以公布，以维护法律权威，提升公众自觉履行义务的法律意识。

23. 充分运用限制高消费手段。各地法院应当充分运用限制高消费手段，逐步构建与有关单位的协作平台，明确有关单位的监督责任，细化协作方式，完善协助程序。

24. 加强与公安机关的协作查找被执行人。对于因逃避执行而长期下落不明或者变更经营场所的被执行人，各地法院应当积极与公安机关协调，加大查找被执行人的力度。

最高人民法院执行办公室关于对案外人未协助法院冻结债权应如何处理问题的复函

1. 2003年6月14日
2. 〔2002〕执他字第19号

江苏省高级人民法院：

你院《关于案外人沛县城镇郝小楼村村委会未协助法院冻结债权应如何处理的请示报告》收悉。经研究，答复如下：

徐州市中级人民法院在诉讼中做出了查封冻结盐城金海岸建筑安装有限公司（下称建筑公司）财产的裁定，并向沛县城镇郝小楼村村委会（下称村委会）发出了冻结建筑公司对村委会的债权的协助执行通知书。当你院〔2001〕苏民终字第154号民事调解书确定建筑公司对村委会的债权时，徐州中院对该债权的冻结尚未逾期，仍然有效，因此村委会不得就该债权向建筑公司支付。如果村委会在收到上述调解书后，擅自向建筑公司支付，致使徐州中院的生效法律文书无法执行，则除可以根据《中华人民共和国民事诉讼法》第一百零二条的规定，对村委会妨害民事诉讼的行为进行处罚外，也可以根据最高人民法院《关于执行工作若干问题的规定（试行）》第四十四条的规定，责令村委会限期追回财产或承担相应的赔偿责任。

最高人民法院执行办公室关于已执行完毕的案件被执行人又恢复到执行前的状况应如何处理问题的复函

1. 2001年1月2日

2. 〔2000〕执他字第34号

天津市高级人民法院：

你院〔1999〕津高法执请字第31号《关于已执行完毕的案件，被执行人又恢复执行前状况，应如何处理的请示》收悉。经研究，答复如下：

被执行人或者其他人对人民法院已执行的标的又恢复执行前的状况，虽属新发生的侵权事实，但是与已经生效法律文书认定的侵权事实并无区别，如果申请执行人另行起诉，人民法院将会作出与已经生效法律文书完全相同的裁判。这样，不仅增加了申请执行人的讼累，同时也增加了人民法院的审判负担。因此，被执行人或者其他人在人民法院执行完毕后对已执行的标的又恢复到执行前状况的，应当认定为对已执行标的的妨害行为，依照《最高人民法院关于适用〈中华人民共和国民事诉讼法〉若干问题的意见》第三百零三条的规定对其作出拘留、罚款，直至追究刑事责任的处理。对申请执行人要求排除妨害的，人民法院应当继续按照原生效法律文书执行。至于被执行人或者其他人实施同样妨害行为的次数，只能作为认定妨害行为情节轻重的依据，并不涉及诉讼时效问题，不能据以要求申请执行人另行起诉；如果妨害行为给申请执行人或者其他人造成新的损失，受害人可以另行起诉。

此复

最高人民法院关于工商行政管理局以收取查询费为由拒绝人民法院无偿查询企业登记档案人民法院是否应予民事制裁的复函

1. 2000年6月29日

2. 法函〔2000〕43号

甘肃省高级人民法院：

你院〔1999〕甘经他字第180号《关于工商行政管理局以收取查询费为由拒绝人民法院无偿查询企业登记档案，人民法院是否应予民事制裁的请示》收悉。经研究，答复如下：

你省在请示中反映，张掖地区中级人民法院在审理经济合同纠纷案件中，向张掖市工商行政管理局查明某一企业工商登记情况时，该局依内部规定，以法院未交查询费为由，拒绝履行协助义务，妨碍了人民法院依法调查取证。张掖地区中级人民法院依照《中华人民共和国民事诉讼法》的有关规定，作出了对张掖市工商行政管理局罚款两万元的决定。张掖市工商行政管理局不服，向省高级人民法院提出复议申请。你院就《关于工商行政管理局以收到查询费为由拒绝人民法院无偿查询企业登记档案，人民法院是否应予民事制裁的问题》，向我院请示。我院就此问题征求了国务院法制办公室的意见，经国务院法制办公室与国家工商行政管理局协商，国家工商行政管理局以工商企字〔2000〕第81号《关于修改〈企业登记档案资料查询办法〉第十条的通知》，对工商企字〔1996〕第398号《企业登记档案资料查询办法》进行了修改。第十条第一款改为："查询、复制企业登记档案资料，查询人应当交纳查询费、复制费。公、检、法、纪检监察、国家安全机关查询档案资料不交费。"

我们认为，张掖地区中级人民法院依照《中华人民共和国民事诉讼法》的有关规定，作出对张掖市工商行政管理局罚款两万元的决定是正确的。但是鉴于国家工商行政管理局已经于2000年4月29日，修改了《企业登记档案资料查询办法》的有关规定，故建议你院撤销张掖地区中级人民法院作出的〔1999〕张中法执法罚字第01号罚款决定书，并及时与甘肃省工商行政管理局做好协调工作。

最高人民法院关于第二审人民法院在审理过程中可否对当事人的违法行为径行制裁等问题的批复

1. 1990年7月25日
2. 法经〔1990〕45号

湖北省高级人民法院：

你院鄂法（1990）经呈字第1号《关于人民法院在第二审中发现需要对当事人的违法行为予以民事制裁时，应由哪一审法院作出决定等问题的请示》报告收悉。经研究，答复如下：

一、第二审人民法院在审理案件过程中，认为当事人有违法行为应予依法制裁而原审人民法院未予制裁的，可以径行予以民事制裁。

二、当事人不服人民法院民事制裁决定而向上一级人民法院申请复议的，该上级人民法院无论维持、变更或者撤销原决定，均应制作民事制裁决定书。

三、人民法院复议期间，被制裁人请求撤回复议申请的，经过审查，应当采取通知的形式，准予撤回申请或者驳回其请求。

最高人民法院经济审判庭关于银行不根据法院通知私自提取人民法院冻结在银行的存款应如何处理问题的电话答复

1988年3月8日

云南省高级人民法院：

你院云法字〔1987〕第35号请示收悉，经研究并征询有关部门意见，现答复如下：

景东县人民法院在审理个体户李世民诉云县航运公司一案时，依法冻结航运公司在营业所的存款后，营业所不经法院准许，仅根据航运代理人的证明，就让航运公司将款取走。如承取款时未超过六个月的冻结期限，或者虽已超过六个月，但法院又进行了续冻，则营业所的这一作法违反了最高人民法院、中国人民银行《关于查询、冻结和扣划企业事业单位、机关、团体的银行存款的联合通知》的有关规定，也违反民事诉讼法（试行）第七十七条第一款第三项规定的精神，应由营业所负责将款追回；无法追回、航运公司又无其他财产可以执行，营业所应承担经济赔偿责任。

此复

四、执行监督

资料补充栏

最高人民法院关于办理申请执行监督案件若干问题的意见

1. 2023年1月19日
2. 法发〔2023〕4号

为进一步完善申请执行监督案件办理程序，推动法律正确统一适用，根据《中华人民共和国民事诉讼法》的规定和《最高人民法院关于进一步完善执行权制约机制加强执行监督的意见》的要求，结合执行工作实际，制定本意见。

第一条 当事人、利害关系人对于人民法院依照民事诉讼法第二百三十二条规定作出的执行复议裁定不服，向上一级人民法院申请执行监督，人民法院应当立案，但法律、司法解释或者本意见另有规定的除外。

申请人依法应当提出执行异议而未提出，直接向异议法院的上一级人民法院申请执行监督的，人民法院应当告知其向异议法院提出执行异议或者申请执行监督；申请人依法应当申请复议而未申请，直接向复议法院的上一级人民法院申请执行监督的，人民法院应当告知其向复议法院申请复议或者申请执行监督。

人民法院在办理执行申诉信访过程中，发现信访诉求符合前两款规定情形的，按照前两款规定处理。

第二条 申请执行人认为人民法院应当采取执行措施而未采取，向执行法院请求采取执行措施的，人民法院应当及时审查处理，一般不立执行异议案件。

执行法院在法定期限内未执行，申请执行人依照民事诉讼法第二百三十三条规定请求上一级人民法院提级执行、责令下级人民法院限期执行或者指令其他人民法院执行的，应当立案办理。

第三条 当事人对执行裁定不服，向人民法院申请复议或者申请执行监督，有下列情形之一的，人民法院应当以适当的方式向其释明法律规定或者法定救济途径，一般不作为执行复议或者执行监督案件受理：

（一）依照民事诉讼法第二百三十四条规定，对案外人异议裁定不服，依照审判监督程序办理或者向人民法院提起诉讼的；

（二）依照《最高人民法院关于民事执行中变更、追加当事人若干问题的规定》第三十二条规定，对处理变更、追加当事人申请的裁定不服，可以向人民法院提起执行异议之诉的；

（三）依照民事诉讼法第二百四十四条规定，仲裁裁决被人民法院裁定不予执行，当事人可以重新申请仲裁或者向人民法院起诉的；

（四）依照《最高人民法院关于公证债权文书执行若干问题的规定》第二十条规定，公证债权文书被裁定不予执行或者部分不予执行，当事人可以向人民法院提起诉讼的；

（五）法律或者司法解释规定不通过执行复议程序进行救济的其他情形。

第四条 申请人向人民法院申请执行监督，有下列情形之一的，不予受理：

（一）针对人民法院就复议裁定作出的执行监督裁定提出执行监督申请的；

（二）在人民检察院对申请人的申请作出不予提出检察建议后又提出执行监督申请的。

前款第一项规定情形，人民法院应当告知当事人可以向人民检察院申请检察建议，但因人民检察院提出检察建议而作出执行监督裁定的除外。

第五条 申请人对执行复议裁定不服向人民法院申请执行监督的，参照民事诉讼法第二百一十二条规定，应当在执行复议裁定发生法律效力后六个月内提出。

申请人因超过提出执行异议期限或者申请复议期限向人民法院申请执行监督的，应当在提出异议期限或者申请复议期限届满之日起六个月内提出。

申请人超过上述期限向人民法院申请执行监督的，人民法院不予受理；已经受理的，裁定终结审查。

第六条 申请人对高级人民法院作出的执行复议裁定不服的，应当向原审高级人民法院申请执行监督；申请人向最高人民法院申请执行监督，符合下列情形之一的，最高人民法院应当受理：

（一）申请人对执行复议裁定认定的基本事实和审查程序无异议，但认为适用法律有错误的；

（二）执行复议裁定经高级人民法院审判委员会讨论决定的。

第七条 向最高人民法院申请执行监督的，执行监督申请书除依法必须载明的事项外，还应当声明对原裁定认定的基本事实、适用的审查程序没有异议，同时载明案件所涉法律适用问题的争议焦点、论证裁定适用法律存在错误的理由和依据。

申请人提交的执行监督申请书不符合前款规定要求的，最高人民法院应当给予指导和释明，一次性全面告知其在十日内予以补正；申请人无正当理由逾期未予补正的，按撤回监督申请处理。

第八条 高级人民法院作出的执行复议裁定适用法律确有错误，且符合下列情形之一的，最高人民法院可以立执行监督案件：

（一）具有普遍法律适用指导意义的；

（二）最高人民法院或者不同高级人民法院之间近三年裁判生效的同类案件存在重大法律适用分歧，截至案件审查时仍未解决的；

（三）最高人民法院认为应当立执行监督案件的其他情形。

最高人民法院对地方各级人民法院、专门人民法院已经发生法律效力的执行裁定，发现确有错误，且符合前款所列情形之一的，可以立案监督。

第九条 向最高人民法院申请的执行监督案件符合下列情形之一的，最高人民法院可以决定由原审高级人民法院审查：

（一）案件可能存在基本事实不清、审查程序违法、遗漏异议请求情形的；

（二）原执行复议裁定适用法律可能存在错误，但不具有普遍法律适用指导意义的。

第十条 高级人民法院经审查，认为原裁定适用法律确有错误，且符合本意见第八条第一项、第二项规定情形之一，需要由最高人民法院审查的，经该院审判委员会讨论决定后，可以报请最高人民法院审查。

最高人民法院收到高级人民法院根据前款规定提出的报请后，认为有必要由本院审查的，应当立案审查；认为没有必要的，不予立案，并决定交高级人民法院立案审查。

第十一条 最高人民法院应当自收到执行监督申请书之日起三十日内，决定由本院或者作出执行复议裁定的高级人民法院立案审查。

最高人民法院决定由原审高级人民法院审查的，应当在作出决定之日起十日内将执行监督申请书和相关材料交原审高级人民法院立案审查，并及时通知申请人。

第十二条　除《最高人民法院关于执行案件立案、结案若干问题的意见》第二十六条规定的结案方式外，执行监督案件还可采用以下方式结案：

（一）撤销执行异议裁定和执行复议裁定，发回异议法院重新审查；或者撤销执行复议裁定，发回复议法院重新审查；

（二）按撤回执行监督申请处理；

（三）终结审查。

第十三条　人民法院审查执行监督案件，一般应当作出执行裁定，但不支持申诉请求的，可以根据案件具体情况作出驳回通知书。

第十四条　本意见自2023年2月1日起施行。本意见施行以后，最高人民法院之前有关意见的规定与本意见不一致的，按照本意见执行。

最高人民法院于本意见施行之前受理的申请执行监督案件，施行当日尚未审查完毕的，应当继续审查处理。

最高人民法院关于进一步完善执行权制约机制加强执行监督的意见

1. 2021年12月6日

2. 法〔2021〕322号

党的十八大以来，在以习近平同志为核心的党中央坚强领导下，全国法院坚决贯彻落实党的十八届四中全会关于“切实解决执行难”的重大决策部署，攻坚克难，锐意进取，如期实现“基本解决执行难”的阶段性目标，执行工作取得显著成效，人民群众获得感持续增强。但是，执行难在有些方面、有些地区仍然存在，甚至还比较突出。特别是全国政法队伍教育整顿以来执行领域暴露出的顽瘴痼疾和查处的违纪违法案件，反映出执行监督管理不到位，执行权制约机制不完善问题。为全面贯彻落实党中央关于全国政法队伍教育整顿决策部署，进一步规范执行行为，强化对执行权的监督制约，不断清除执行领域的顽瘴痼疾，筑牢不敢腐不能腐不想腐的制度堤坝，确保高效公正规范文明执行，切实维护人民群众合法权益，努力让人民群众在每一个司法案件中感受到公平正义，提出以下意见。

一、始终坚持执行工作正确的政治方向

1. 坚持党的绝对领导。坚持以习近平新时代中国特色社会主义思想为指导，深入贯彻落实习近平法治思想，始终把党的政治建设摆在首位，增强“四个意识”、坚定“四个自信”、做到“两个维护”，不断提高政治判断力、政治领悟力、政治执行力，筑牢政治忠诚，始终在思想上政治上行动上同以习近平同志为核心的党中央保持高度一致。严格落实执行领域重要工作、重大问题和重要事项向上级人民法院党组、地方党委请示报告制度，确保党中央决策部署在人民法院执行工作中不折不扣贯彻落实。充分发挥党总揽全局、协调各方的领导核心作用，统筹各方资源，构建从源头综合治理执行难的工作格局和常态化工作机制。

2. 突出政治教育。始终把政治建设摆在首位，加强理论武装，提高政治理论修养。深入持久开展理想信念教育，弘扬伟大建党精神，赓续红色司法基因，引导执行干警树立正确人生观、价值观、权力观。深入持久开展宗旨意识教育，坚持以人民为中心，带着对人民群众的深厚感情和高度责任感高效公正规范文明办理好每一个执行案件，切实解决群众观念缺失、“冷硬横推”、“吃拿卡要”等作风不正突出问题。

3. 强化警示教育。以刀刃向内、刮骨疗毒的自我革命精神，彻查执行领域违纪违法案件，清除害群之马，持续保持执行领域反腐倡廉高压态势。有针对性地深入持久开展执行人员纪法教育、警示教育，以案明纪、以案释法、以案促改，促使执行人员知敬畏、存戒惧、守底线，恪守司法良知。坚决杜绝违反“三个规定”、与当事人和律师不正当交往、违规干预过问案件、有令不行有禁不止、以权谋私等执行不廉行为。

4. 压实全面从严治党主体责任。各级人民法院党组要切实担负起执行领域党风廉政建设主体责任。党组书记、院长是本院执行领域党风廉政建设第一责任人，院领导、执行局长根据职责分工履行“一岗双责”，对职责范围内的党风廉政建设负领导责任。各级人民法院党组要定期研究部署执行领域的党风廉政建设工作，强化责任考核，倒逼责任落实。

二、深化审执分离改革

5. 深化审判权与执行权分离。有效发挥审判、破产、国家赔偿程序对执行权的制约作用。执行中的重大实体争议问题，严格按照民事诉讼法及司法解释的规定，通过相应诉讼程序解决，避免违规以执代审。执行中发现企业法人不能清偿到期债务，并且资产不足以清偿全部债务或者明显缺乏清偿能力的，应当暂缓财产分配，及时询问申请执行人、被执行人是否申请或者同意将案件移送破产审查，避免影响各债权人的公平受偿权；对于无财产可供执行的终本案件，要及时启动执转破程序，清理僵尸企业，有序消化终本案件存量。人民法院收到移送破产审查决定书面通知的，应依法中止执行，坚决杜绝在破产案件受理后不配合解除相应保全措施、搞地方保护等现象。执行错误的，依法及时启动国家赔偿程序，完善执行错误案件国家赔偿制度机制，有效及时挽回因执行错误给当事人造成的损失，维护当事人的合法权益。

6. 深化执行裁决权与执行实施权分离。具备条件的人民法院可单独设立执行裁判庭，负责办理执行异议、复议、执行异议之诉案件，以及消极执行督办案件以外的执行监督案件。不具备条件的人民法院，执行异议、复议、消极执行督办案件以外的执行监督案件由执行机构专门合议庭负责审查，执行异议之诉案件由相关审判庭负责审理。充分发挥执行裁决权对执行实施权的制衡和约束作用。

7. 健全事务集约、繁简分流的执行权运行机制。首次执行案件应在立案后或者完成集中查控后，根据查控结果，以有无足额财产可供执行、有无财产需要处置、能否一次性有效执行等为标准，实施繁简分流，实现简案快执、难案攻坚。简易执行案件由快执团队办理，普通案件由以法官为主导的团队办理。做好简易执行案件与普通案件的衔接，简易执行案件无法在既定期限内执结的，应转为普通案件办理。通过对繁简案件分类考核、精准管理，有效避免繁简案件混杂引发的选择性执行问题。

8. 确立专人监督管理制度。建立流程节点自动预警和专人监管的双重管理机制。设专人履行专项监管职责，对案件承办团队是否及时查控财产、发放执行案款、终本案件是否合规等关键节点进行日常核查，及时提示办案人员采取相应措施纠正违规行为，对未采取相应纠正措施的，及时向有关负责同志报告。各级人民法院要对专人监督管理制度制定相应的实施办法。

9. 严格落实合议制度。依照法律和司法解释规定应当合议的事项，必须由合议庭讨论决定，不得搞变通，使合议流于形式。健全专业法官会议制度和审判委员会制度，完善合议庭评议、专业法官会议与审判委员会讨论的工作衔接机制。

10. 制定完善执行权力和责任清单。各级人民法院要根据法律规定和司法责任制要求，制定符合新的执行权运行模式的权力和责任清单，完善“四类案件”管理机制，并嵌入执行案件流程管理系统，实现对履职行为的提醒、留痕、倒查和监督，压实院长、执行局长监管职责，严格落实“谁审批、谁负责”要求。

11. 深化执行公开。进一步优化执行信息化公开平台，将执行当事人、终本案件、限制消费、失信惩戒、财产处置、执行裁判文书等信息向社会全面公开，对依法应当公开的执行流程节点、案件进展状态通过手机短信、微信、诉讼服务热线、手机 APP 等及时向案件当事人推送，实现执行案件办理过程全公开、节点全告知、程序全对接、文书全上网，保障当事人和社会公众的知情权、参与权和监督权，让执行权在阳光下运行。广泛开展“正在执行”全媒体直播等活动，凝聚全社会了解执行、理解执行、支持执行的共识。有效解决暗箱操作、权力寻租顽疾。

三、强化执行流程关键节点管理

12. 全面升级执行案件流程管理系统。实现四级法院对执行程序关键节点可视化监管。全面推行全案电子卷宗随案生成、信息自动回填、文书自动生成、执行节点自动提醒、执行过程自动公开、执行风险自动预警、违规操作自动拦截等智能化功能，做到全节点可查询、全进程可预期、全流程可追溯。确保执行程序关键节点信息真实全面准确，确保线下执行与线上系统信息的一致性，彻底堵塞执行程序关键节点信息随意填报、随意改动的技术漏洞。

13. 依法及时查封财产。执行部门收到立案部门移送的案件材料后，必须在 5 个工作日内通过“总对总”“点对点”网络查控系统对被执行人财产发起查询，查询范围应覆盖系统已开通查询功能的全部财产类型。经线上查询反馈被执行人名下有财产可供执行的，应当立即采取控制措施，无法线上采取控制措施的，应当在收到反馈结果后 3 个工作日内采取控制措施。申请执行人或者案外人提供财产线索明确、具体，情况紧急的，应在 24 小时内启动调查核实，经查属实的，应当立即采取控制措施。有效解决消极、拖延执行、选择性执行顽疾。

14. 同步录入财产信息。人民法院必须将全部已查控财产统一纳入节点管控范围，对于通过网络查控系统线上控制到的财产，财产信息同步自动录入执行案件流程管理系统；对于线下查控到的财产，执行人员应当及时将财产信息手动录入执行案件流程管理系统。财产查控信息应及时向当事人推送，彻底消除查控财产情况不公开不透明、规避监管和“体外循环”现象。

15. 严禁超标的查封、乱查封。强制执行被执行人的财产，以其价值足以清偿生效法律文书确定的债权额为限，坚决杜绝明显超标的查封。冻结被执行人银行账户内存款的，应当明确具体冻结数额，不得影响冻结之外资金的流转和账户的使用。需要查封的不动产整体价值明显超出债权额的，应当对该不动产相应价值部分采取查封措施；相关部门以不动产登记在同一权利证书下为由提出不能办理分割查封的，人民法院在对不动产进行整体查封后，经被执行人申请，应当及时协调相关部门办理分割登记并解除对超标的部分的查封。有多种财产的，选择对当事人生产生活影响较小且方便执行的财产查封。

人民法院采取诉讼保全措施,案外人对保全裁定或者保全裁定实施过程中的执行行为不服,基于对标的物享有实体权利提出异议的,人民法院应当依照民事诉讼法第二百二十七条规定处理,切实将案外人权利救济前移。

一方当事人以超标的查封为由提出执行异议,争议较大的,人民法院可以根据当事人申请进行评估,评估期间不停止查封。

16. 合理确定财产处置参考价。财产处置参考价应当通过全国法院询价评估系统确定。人民法院查封、扣押、冻结财产后,对需要拍卖、变卖的财产,应当在30日内启动确定财产处置参考价程序,参考价确定后10日内启动财产变价程序。

双方当事人议价一致的,优先采取议价方式确定财产处置参考价,当事人议价不成的,可以网络询价或者定向询价。无法采取上述方式确定参考价的,应当委托评估机构进行评估。

17. 探索建立被执行人自行处置机制。对不动产等标的额较大或者情况复杂的财产,被执行人认为委托评估确定的参考价过低、申请自行处置的,在可控制其拍卖款的情况下,人民法院可以允许其通过网络平台自行公开拍卖;有确定的交易对象的,在征得申请执行人同意或者能够满足执行债权额度的情况下,人民法院可以允许其直接交易。自行处置期限由人民法院根据财产实际情况、市场行情等因素确定,但最长不得超过90日。

18. 坚持网络拍卖优先原则。人民法院以拍卖方式处置财产的,应当采取网络司法拍卖方式,但法律、行政法规和司法解释规定必须通过其他途径处置,或者不宜采用网络司法拍卖方式处置的除外。

各级人民法院不得在最高人民法院司法拍卖网络服务提供者名单库中进一步限定网络司法拍卖平台,不得干预、替代申请执行人进行选择。

拍卖财产为不动产且被执行人或者他人无权占用的,人民法院应当依法负责腾退,不得在公示信息中载明"不负责腾退交付"等信息。

严格贯彻落实《最高人民法院关于加强对司法拍卖辅助工作管理的通知》,由高级人民法院制定拍卖辅助机构管理办法,建立名单库并规范委托拍卖辅助机构开展拍卖辅助工作。

19. 完善"一案一账号"工作机制和信息化系统。各级人民法院要做到"一案一账号"系统与执行案件流程管理系统对接,全面实现执行案款管理的全流程化和信息化。

历史性执行案件往来款必须于2021年12月30日前全部甄别完毕,在此之后不得出现无法与执行案件对应的不明款。彻底解决款项混同、边清边积顽疾。

20. 完善"一案一账号"工作制度。执行立案时,必须向申请执行人确认接受案款方式和具体账户,以便案款发放准确及时。执行通知书、风险告知书等相关法律文书中必须载明:案件对应的具体账户;被执行人有权拒绝向文书指定账户以外的账户付款;如发现有执行人员指定其他案款交付途径的,可向12368举报。线下扣划时,严禁执行人员将案款扣划至文书指定账户以外的其他账户内。有效解决截留、挪用执行案款顽疾。

21. 推行设立案款专户专用。各级人民法院要协调财政部门为执行案款单独设立执行款专户,形成专户专用,对执行款建立专项管理、独立核算、专款专付的长效机制。

22. 及时发放执行案款。具备发放条件的，执行部门应当在执行案款到账后10个工作日内向财务部门发出支付案款通知，财务部门在接到通知后5个工作日内向申请执行人发放案款。部分案款有争议的，应当先将无争议部分及时发放。有效解决执行案款发放不及时问题。

执行案款发放要严格履行审批程序，层层把关，做到手续完备、线下和线上手续相互印证。对于有法定事由延缓发放或者提存的，应当在法定期限内提出申请，严格履行报批手续。

23. 严格规范失信惩戒及限制消费措施。严格区分和把握采取纳入失信名单及限制消费措施的适用条件，符合失信情形的，纳入失信名单同时限制消费，仅符合限制消费情形的，不得纳入失信名单。

被执行人履行完毕的，人民法院必须在3个工作日内解除限制消费令，因情况紧急当事人申请立即解除的，人民法院应当立即解除限制消费令；在限制消费期间，被执行人提供有效担保或者经申请执行人同意的，人民法院应当在3个工作日内解除限制消费令。被执行人的法定代表人发生变更的，应当依当事人申请及时解除对原法定代表人的限制消费令。

纳入失信名单必须严格遵守法律规定并制作决定书送达当事人。当事人对将其纳入失信名单提出纠正申请的，人民法院应及时审查，及时纠正，不得拖延。案件执行完毕的，人民法院应当及时屏蔽失信信息并向征信部门推送，完善失信被执行人信用修复机制。

探索施行宽限期制度。人民法院可以根据案件具体情况，设置一定宽限期，在宽限期内暂不执行限制消费令和纳入失信名单，通过宽限期给被执行人以警示，促使其主动履行。

24. 严格把握规范终结本次执行程序的程序标准和实质标准。严禁对有财产可供执行的案件以终结本次执行方式结案，严禁因追求结案率而弄虚作假、虚假终本，损害申请执行人的合法权益。

依法穷尽必要的合理的财产调查措施。必须使用“总对总”“点对点”网络查控系统全面核查财产情况；当事人提供财产线索的，应当及时核查，有财产的立即采取控制措施；有初步线索和证据证明被执行人存在规避执行、逃避执行嫌疑的，人民法院应当根据申请执行人申请采取委托专项审计、搜查等措施，符合条件的，应当采取罚款、司法拘留或者追究拒执罪等措施。

执行中已查控到财产的，人民法院应当依法及时推进变价处置程序，不得滥用《最高人民法院关于严格规范终结本次执行程序的规定（试行）》第四条关于“发现的财产不能处置”的规定，不得以申请执行人未申请拍卖为由不进行处置而终结本次执行程序；不得对轮候查封但享有优先权的财产未经法定程序商请首封法院移送处置权而终结本次执行程序。

人民法院终结本次执行程序应当制作执行裁定书并送达当事人。申请执行人对终结本次执行程序有异议的，人民法院应及时受理。严禁诱导胁迫申请执行人同意终结本次执行程序或者撤回执行申请。

四、加强层级指挥协调管理

25. 以信息化为依托，健全“统一管理、统一指挥、统一协调”的执行工作机制。结合人民法院的职能定位，明确各层级监管职责，压实各层级监管责任，依托案件流程管理系统实现各层级法院对关键流程节点齐抓共管，构建“层级分明、责任清晰、齐抓共管”的执行案件监督管理体系。

26. 把执行工作重心下移到中级、基层人民法院，就地化解矛盾、解决纠纷。强化中级人民法院对辖区法院执行工作“统一管理、统一指挥、统一协调”枢纽作用。中级人民法院对基层人民法院执行工作全方位管理、指挥、协调，调配力量、调配案件并进行监督考核；对辖区内跨区域执行案件、一个被执行人涉及多起关联案件、疑难复杂案件等统筹调配执行力量，集中执行、交叉执行、联动执行。

探索建立“区（县）人民法院执行机构接受本级人民法院和中级人民法院执行机构双重领导，在执行业务上以上级执行机构领导为主”的管理体制，使“三统一”管理机制落到实处。

27. 依法及时协调执行争议案件。两个或者两个以上人民法院发生执行争议的，应及时协商解决，协商不成的，应逐级报共同上级人民法院协调解决。上级人民法院应当在1个月内解决争议，提出协调方案，下级人民法院对下达的协调意见必须在15个工作日内有效落实，无正当理由不得拖延。人民法院与检察机关、公安机关及税务、海关、土地、金融、市场管理等执法机关因执行发生争议的，要依法及时协商解决，协商不成的，及时书面报送同级党委政法委或者依法治省（市、区〔县〕）委员会协调，需要报上级人民法院协调有关部门的，应当在5个工作日内报请上级人民法院协调解决。上级人民法院应当在10个工作日内启动与其他部门的协调程序，切实有效解决因部门之间长期不能达成一致意见，久拖不决，损害人民群众合法权益问题。

实行执行案件委托向执行事项委托的彻底转变，强化全国执行一盘棋的理念，健全以执行事项委托为主的全国统一协作执行工作机制。依托执行指挥管理平台，畅通异地事项委托的运行渠道，切实提高事项委托办理效率，降低异地执行成本。

28. 纠正错误执行，防止消极执行。上级人民法院发现下级人民法院错误的执行裁定以及违法、失当、失范执行行为的，应函告下级人民法院自行纠正，或者直接下达裁定、决定予以纠正；对存在消极执行或者疑难重大复杂的案件，上级人民法院应充分运用民事诉讼法第二百二十六条规定，及时督促执行、提级执行或者指令其他法院执行；指令其他法院执行必须坚持有利于及时公正执行标准，严禁以“指令其他法院执行”之名，行消极执行、拖延执行之实。

29. 改革执行监督案件审查程序。当事人、利害关系人对高级人民法院依照民事诉讼法第二百二十五条作出的发生法律效力的复议裁定，认为有错误的，参照《最高人民法院关于完善四级法院审级职能定位改革试点的实施办法》第十一条至第十五条规定办理。

30. 充分发挥执行信访发现执行工作突出问题、解决人民群众“急难愁盼”的工作窗口作用。切实完善四级法院“统一办理机制、统一化解标准、统一解决程序”工作机制，确保接访即办，有错必纠，件件有录入，事事有回应。人民法院收到信访材料后5个工作日内必须录入执行信访办理系统，30个工作日内办结，并将办理结果及时反馈当事人。

31. 切实加强“一案双查”工作。各级人民法院要坚持执行工作“一案双查”制度，加强督察部门与执行部门的协作配合，严格落实《最高人民法院关于对执行工作实行“一案双查”的规定》，将检查案件执行情况与检查执行干警纪律作风情况同步进行，充分发挥“一案双查”的威慑、警示作用。要通过线索受理、涉执信访、日常舆情等途径，探索拓展“一案双查”覆盖领域。督察部门对当事人反映执行行为存在规范性合法性问题，情节较为严重的，应及时转执行部门核查处理。执行部门发现执行人员存在违纪违法问题的，应及时与督察部门会商并依程序移送处理。

32. 健全完善“一案双查”工作机制。各级人民法院要进一步完善督察部门与执行部门的联席会议和会商机制，适时召开联席会议，定期研究会商具体案件。健全完善依法履职保护机制，既要严肃整治消极执行、选择性执行、违法执行、弄虚作假、监管失职、不落实上级人民法院工作部署及意见等行为，确保依法规范公正廉洁执行，及时堵塞执行廉政风险漏洞，又要注重充分保护执行干警正当权益，防范和减少办案风险。

33. 充分发挥巡查督察作用。上级人民法院要加大对下级人民法院监督指导的力度，将执行领域存在的突出问题纳入司法巡查工作范围，适时组织开展执行专项巡查。充分发挥审务督察利剑作用，精准发现执行工作存在的司法作风、执行不规范等问题。对司法巡查、审务督察工作中发现的问题，要明确整改措施、整改期限，逐案整改、逐一销号，切实扭转执行领域违纪违法问题高发态势。

五、主动接受外部监督

34. 主动接受纪检监察专责监督。执行工作中发现的违纪违法线索，应当及时向纪检监察部门移送。纪检监察部门因办案需要，查看调取执行信息系统相关信息，人民法院应当主动积极配合。

35. 主动接受人大监督和民主监督。拓展主动接受人大、政协监督渠道。依法接受和配合人大常委会开展执法检查、专题调研、专题询问，积极争取人大、政协对执行工作的支持。各级人民法院要向人大常委会专题报告执行工作，听取意见建议，及时改进工作。对社会影响较大、群众关注度高的重大案件，邀请人大代表、政协委员参与听证、见证执行。

提升建议、提案办理及相关工作的办理质效。各级人民法院要健全人大代表建议、政协委员提案办理工作机制，加强对建议、提案反映问题的深入调查研究，及时沟通意见，形成有针对性、切实可行的答复意见，切实转化为工作成果有效落实。

36. 主动接受检察机关法律监督。切实落实《中共中央关于加强新时代检察机关法律监督工作的意见》，建立健全“全国执行与法律监督信息化工作平台”，推动建立法检信息共享，畅通监督渠道，与检察机关共同完善执行检察监督机制，使执行检察监督规范化、常态化、机制化。

对重大敏感复杂、群体性及人民群众反映强烈的执行案件，人民法院应主动邀请检察机关监督，必要时可邀请检察机关到现场监督执行活动。

37. 主动接受社会舆论监督。对媒体曝光反映的执行问题，及时核查、及时纠正、及时回应社会关切。

六、加强执行队伍建设

38. 加强执行人员配备。克服“重审判、轻执行”的错误观念，强化执行工作力量配备，确保在编人员占比符合中央文件要求。根据四级法院审级职能定位进一步优化执行资源配置，完善落实“以案定编”“以案定额”的人员编制、员额动态调整机制，根据执行案件任务量足额配备员额法官。严把执行队伍入口关，提高准入门槛，真正将政治强、业务精、作风好的干部充实到执行队伍。畅通执行队伍出口，及时将不适应执行工作发展需要的人员调离岗位，不断优化队伍结构，切实加强对人员配备和保障的监督核查。

39. 加强执行局领导班子建设。坚持德才兼备、以德为先用人标准，选优配强各级人民法院执行局领导班子。积极争取组织部门支持，及时配齐执行局长，增强执行工作领导力量。落实下级人民法院执行局长向上级人民法院报告述职制度。下级人民法院执行部门的主要负责人不称职的，上级人民法院可以建议有关部门予以调整、调离或者免职。

40. 加强执行队伍专业化建设。加强专业培训，开展执行人员分批分类培训和实操考核，对全国法院执行人员全员轮训。建立分级培训和考核工作机制，明确和落实四级法院的培训职责、任务和要求。探索实行上下级法院执行人员双向挂职锻炼制度。

41. 进一步从严管理执行队伍。加强执行队伍党风廉政建设，持续正风肃纪，深入开展规范执行行为专项整治活动，引导执行干警树牢公正、善意、文明执行理念。坚决纠治执行工作中的形式主义、官僚主义以及消极执行、选择性执行、乱执行等行为，以零容忍态度惩治执行领域司法腐败，努力建设一支纪律严明、行为规范、作风优良的执行铁军。健全与执行权力运行体系相适应的廉政风险防控体系，强化“事前预警、事中监控、事后查究”的监督防线。

42. 建立常态化交流轮岗机制。完善执行队伍交流机制，强化权力运行监督制约，执行部门担任领导职务的人员和独立承办案件的执行人员，在同一职位任职满 5 年的必须交流，其他人员在同一职位工作满 10 年的必须交流。

43. 健全执行人员激励机制。对执行工作业绩突出的干警要及时提拔任用。完善抚恤优待政策，落实带薪休假、调休轮休、心理疏导等机制，严防执行干警厌烦心理和畏难情绪，不断提高执行干警的职业荣誉感、自豪感。

最高人民法院关于执行案件督办工作的规定（试行）

1. 2006 年 5 月 18 日
2. 法发〔2006〕11 号

为了加强和规范上级法院对下级法院执行案件的监督，根据《中华人民共和国民事诉讼法》及有关司法解释的规定，结合人民法院执行工作的实践，制定本规定。

第一条　最高人民法院对地方各级人民法院执行案件进行监督。高级人民法院、中级人民法院对本辖区内人民法院执行案件进行监督。

第二条　当事人反映下级法院有消极执行或者案件长期不能执结，上级法院认为情况属实的，应当督促下级法院及时采取执行措施，或者在指定期限内办结。

第三条　上级法院应当在受理反映下级法院执行问题的申诉后十日内，对符合督办条件的案件制作督办函，并附相关材料函转下级法院。遇有特殊情况，上级法院可要求下级法院立即进行汇报，或派员实地进行督办。

下级法院在接到上级法院的督办函后，应指定专人办理。

第四条 下级法院应当在上级法院指定的期限内,将案件办理情况或者处理意见向督办法院作出书面报告。

第五条 对于上级法院督办的执行案件,被督办法院应当按照上一级法院的要求,及时制作案件督办函,并附案件相关材料函转至执行法院。被督办法院负责在上一级法院限定的期限届满前,将督办案件办理情况书面报告上一级法院,并附相关材料。

第六条 下级法院逾期未报告工作情况或案件处理结果的,上级法院根据情况可以进行催报,也可以直接调卷审查,指定其他法院办理,或者提级执行。

第七条 上级法院收到下级法院的书面报告后,认为下级法院的处理意见不当的,应当提出书面意见函告下级法院。下级法院应当按照上级法院的意见办理。

第八条 下级法院认为上级法院的处理意见错误,可以按照有关规定提请上级法院复议。

对下级法院提请复议的案件,上级法院应当另行组成合议庭进行审查。经审查认为原处理意见错误的,应当纠正;认为原处理意见正确的,应当拟函督促下级法院按照原处理意见办理。

第九条 对于上级法院督办的执行案件,下级法院无正当理由逾期未报告工作情况或案件处理结果,或者拒不落实、消极落实上级法院的处理意见,经上级法院催办后仍未纠正的,上级法院可以在辖区内予以通报,并依据有关规定追究相关法院或者责任人的责任。

第十条 本规定自公布之日起施行。

最高人民法院、最高人民检察院关于民事执行活动法律监督若干问题的规定

1. 2016年11月2日

2. 法发〔2016〕30号

3. 自2017年1月1日起施行

为促进人民法院依法执行,规范人民检察院民事执行法律监督活动,根据《中华人民共和国民事诉讼法》和其他有关法律规定,结合人民法院民事执行和人民检察院民事执行法律监督工作实际,制定本规定。

第一条 人民检察院依法对民事执行活动实行法律监督。人民法院依法接受人民检察院的法律监督。

第二条 人民检察院办理民事执行监督案件,应当以事实为依据,以法律为准绳,坚持公开、公平、公正和诚实信用原则,尊重和保障当事人的诉讼权利,监督和支持人民法院依法行使执行权。

第三条 人民检察院对人民法院执行生效民事判决、裁定、调解书、支付令、仲裁裁决以及公证债权文书等法律文书的活动实施法律监督。

第四条 对民事执行活动的监督案件,由执行法院所在地同级人民检察院管辖。

上级人民检察院认为确有必要的,可以办理下级人民检察院管辖的民事执行监督案件。下级人民检察院对有管辖权的民事执行监督案件,认为需要上级人民检察院办理的,可以报请上级人民检察院办理。

第五条 当事人、利害关系人、案外人认为人民法院的民事执行活动存在违法情形向人民检察院

申请监督，应当提交监督申请书、身份证明、相关法律文书及证据材料。提交证据材料的，应当附证据清单。

申请监督材料不齐备的，人民检察院应当要求申请人限期补齐，并明确告知应补齐的全部材料。申请人逾期未补齐的，视为撤回监督申请。

第六条　当事人、利害关系人、案外人认为民事执行活动存在违法情形，向人民检察院申请监督，法律规定可以提出异议、复议或者提起诉讼，当事人、利害关系人、案外人没有提出异议、申请复议或者提起诉讼的，人民检察院不予受理，但有正当理由的除外。

当事人、利害关系人、案外人已经向人民法院提出执行异议或者申请复议，人民法院审查异议、复议期间，当事人、利害关系人、案外人又向人民检察院申请监督的，人民检察院不予受理，但申请对人民法院的异议、复议程序进行监督的除外。

第七条　具有下列情形之一的民事执行案件，人民检察院应当依职权进行监督：

（一）损害国家利益或者社会公共利益的；

（二）执行人员在执行该案时有贪污受贿、徇私舞弊、枉法执行等违法行为、司法机关已经立案的；

（三）造成重大社会影响的；

（四）需要跟进监督的。

第八条　人民检察院因办理监督案件的需要，依照有关规定可以调阅人民法院的执行卷宗，人民法院应当予以配合。

通过拷贝电子卷、查阅、复制、摘录等方式能够满足办案需要的，不调阅卷宗。

人民检察院调阅人民法院卷宗，由人民法院办公室（厅）负责办理，并在五日内提供，因特殊情况不能按时提供的，应当向人民检察院说明理由，并在情况消除后及时提供。

人民法院正在办理或者已结案尚未归档的案件，人民检察院办理民事执行监督案件时可以直接到办理部门查阅、复制、拷贝、摘录案件材料，不调阅卷宗。

第九条　人民检察院因履行法律监督职责的需要，可以向当事人或者案外人调查核实有关情况。

第十条　人民检察院认为人民法院在民事执行活动中可能存在怠于履行职责情形的，可以向人民法院书面了解相关情况，人民法院应当说明案件的执行情况及理由，并在十五日内书面回复人民检察院。

第十一条　人民检察院向人民法院提出民事执行监督检察建议，应当经检察长批准或者检察委员会决定，制作检察建议书，在决定之日起十五日内将检察建议书连同案件卷宗移送同级人民法院。

检察建议书应当载明检察机关查明的事实、监督理由、依据以及建议内容等。

第十二条　人民检察院提出的民事执行监督检察建议，统一由同级人民法院立案受理。

第十三条　人民法院收到人民检察院的检察建议书后，应当在三个月内将审查处理情况以回复意见函的形式回复人民检察院，并附裁定、决定等相关法律文书。有特殊情况需要延长的，经本院院长批准，可以延长一个月。

回复意见函应当载明人民法院查明的事实、回复意见和理由并加盖院章。不采纳检察建议的，应当说明理由。

第十四条　人民法院收到检察建议后逾期未回复或者处理结果不当的，提出检察建议的人民检察院可以依职权提请上一级人民检察院向其同级人民法院提出检察建议。上一级人民检察院认为应当跟进监督的,应当向其同级人民法院提出检察建议。人民法院应当在三个月内提出审查处理意见并以回复意见函的形式回复人民检察院,认为人民检察院的意见正确的,应当监督下级人民法院及时纠正。

第十五条 当事人在人民检察院审查案件过程中达成和解协议且不违反法律规定的,人民检察院应当告知其将和解协议送交人民法院,由人民法院依照民事诉讼法第二百三十条的规定进行处理。

第十六条 当事人、利害关系人、案外人申请监督的案件,人民检察院认为人民法院民事执行活动不存在违法情形的,应当作出不支持监督申请的决定,在决定之日起十五日内制作不支持监督申请决定书,发送申请人,并做好释法说理工作。

人民检察院办理依职权监督的案件,认为人民法院民事执行活动不存在违法情形的,应当作出终结审查决定。

第十七条 人民法院认为检察监督行为违反法律规定的,可以向人民检察院提出书面建议。人民检察院应当在收到书面建议后三个月内作出处理并将处理情况书面回复人民法院;人民法院对于人民检察院的回复有异议的,可以通过上一级人民法院向上一级人民检察院提出。上一级人民检察院认为人民法院建议正确的,应当要求下级人民检察院及时纠正。

第十八条 有关国家机关不依法履行生效法律文书确定的执行义务或者协助执行义务的,人民检察院可以向相关国家机关提出检察建议。

第十九条 人民检察院民事检察部门在办案中发现被执行人涉嫌构成拒不执行判决、裁定罪且公安机关不予立案侦查的,应当移送侦查监督部门处理。

第二十条 人民法院、人民检察院应当建立完善沟通联系机制,密切配合,互相支持,促进民事执行法律监督工作依法有序稳妥开展。

第二十一条 人民检察院对人民法院行政执行活动实施法律监督,行政诉讼法及有关司法解释没有规定的,参照本规定执行。

第二十二条 本规定自2017年1月1日起施行。

最高人民法院关于人民法院办理执行信访案件若干问题的意见

1. *2016年6月27日*
2. *法发〔2016〕15号*

为贯彻落实中央关于涉诉信访纳入法治轨道解决、实行诉访分离以及建立健全信访终结制度的指导精神,根据《中华人民共和国民事诉讼法》(以下简称《民事诉讼法》)及有关司法解释,结合人民法院执行工作实际,现针对执行信访案件交办督办、实行诉访分离以及信访终结等若干问题,提出如下意见:

一、关于办理执行信访案件的基本要求

1. 执行信访案件,指信访当事人向人民法院申诉信访,请求督促执行或者纠正执行错误的案件。执行信访案件分为执行实施类信访案件、执行审查类信访案件两类。

2. 各级人民法院执行部门应当设立执行信访专门机构;执行信访案件的接待处理、交办督办以及信访终结的复查、报请、决定及备案等各项工作,由各级人民法院执行部门统一归口管理。

3. 各级人民法院应当建立健全执行信访案

件办理机制，畅通执行申诉信访渠道，切实公开信访办理流程与处理结果，确保相关诉求依法、及时、公开得到处理：

（1）设立执行申诉来访接待窗口，公布执行申诉来信邮寄地址，并配备专人接待来访与处理来信；

（2）收到申诉信访材料后，应当通过网络系统、内部函文等方式，及时向下级人民法院交办；

（3）以书面通知或其他适当方式，向信访当事人告知案件处理过程及结果。

4. 各级人民法院应当建立执行信访互联网申诉、远程视频接访等网络系统，引导信访当事人通过网络反映问题，减少传统来人来信方式信访。

5. 各级人民法院应当建立和落实执行信访案件交办督办制度：

（1）上级人民法院交办执行信访案件后，通过挂牌督办、巡回督导、领导包案等有效工作方式进一步督促办理；

（2）设立执行信访案件台账，以执行信访案件总数、已化解信访案件数量等作为基数，以案访比、化解率等作为指标，定期对辖区法院进行通报；

（3）将辖区法院执行信访工作情况纳入绩效考评，并提请同级党委政法委纳入社会治安综合治理考核范围；

（4）下级人民法院未落实督办意见或者信访化解工作长期滞后，上级人民法院可以约谈下级人民法院分管副院长或者执行局长，进行告诫谈话，提出整改要求。

二、关于执行实施类信访案件的办理

6. 执行实施类信访案件，指申请执行人申诉信访，反映执行法院消极执行，请求督促执行的案件。

执行实施类信访案件的办理，应当遵照“执行到位、有效化解”原则。如果被执行人具有可供执行财产，应当穷尽各类执行措施，尽快执行到位。如果被执行人确无财产可供执行，应当尽最大努力解释说明，争取息诉罢访，有效化解信访矛盾；经解释说明，仍然反复申诉、缠访闹访，可以依法终结信访。

7. 执行实施类信访案件，符合下列情形的，可以认定为有效化解，上级人民法院不再交办督办：

（1）案件确已执行到位；

（2）当事人达成执行和解协议并已开始依协议实际履行；

（3）经重新核查，被执行人确无财产可供执行，经解释说明或按照有关规定进行司法救助后，申请执行人书面承诺息诉罢访。

8. 申请执行人申诉信访请求督促执行，如果符合下列情形，上级人民法院不再作为执行信访案件交办督办：

（1）因受理破产申请而中止执行，已告知申请执行人依法申报债权；

（2）再审裁定中止执行，已告知申请执行人依法应诉；

（3）因牵涉犯罪，案件已根据相关规定中止执行并移送有关机关处理；

（4）信访诉求系认为执行依据存在错误。

9. 案件已经执行完毕，但申请执行人以案件尚未执行完毕为由申诉信访，应当制作结案通知书，并告知针对结案通知书提出执行异议。

10. 被执行人确无财产可供执行，执行法院根据相关规定作出终结本次执行程序裁定，申请执行人以案件尚未执行完毕为由申诉信访，告知针对终结本次执行程序裁定提出执行异议。

三、关于执行审查类信访案件的办理

11. 执行审查类信访案件，指信访当事人申诉信访，反映执行行为违反法律规定或对执行标的主张实体权利，请求纠正执行错误的案件。

执行审查类信访案件的办理，应当遵照“诉访分离”原则。如果能够通过《民事诉讼法》及相关司法解释予以救济，必须通过法律程序审查；如果已经穷尽法律救济程序以及本意见所规定的执行监督程序，仍然反复申诉、缠访闹访，可以依法终结信访。如果属于审判程序、国家赔偿程序处理范畴，告知通过相应程序寻求救济。

12. 信访当事人向执行法院请求纠正执行错误，如果符合执行异议、案外人异议受理条件，应当严格按照立案登记制要求，正式立案审查。

13. 信访当事人未向执行法院提交《执行异议申请》，但以“申诉书”、“情况反映”等形式主张执行行为违反法律规定或对执行标的主张实体权利的，应当参照执行异议申请予以受理。

14. 信访当事人向上级人民法院申诉信访，主张下级人民法院执行行为违反法律规定或对执行标的主张实体权利，如案件尚未经过异议程序或执行监督程序处理，上级人民法院一般不进行实质性审查，按照如下方式处理：

（1）告知信访当事人按照相关规定寻求救济；

（2）通过信访制度交办督办，责令下级人民法院按照异议程序或执行监督程序审查；

（3）下级人民法院正式立案审查后，上级人民法院不再交办督办。

15. 当事人、利害关系人不服《民事诉讼法》第二百二十五条所规定执行复议裁定，向上一级人民法院申诉信访，上一级人民法院应当作为执行监督案件立案审查，以裁定方式作出结论。

16. 当事人、利害关系人在异议期限之内已经提出异议，但是执行法院未予立案审查，如果当事人、利害关系人在异议期限之后继续申诉信访，执行法院应当作为执行监督案件立案审查，以裁定方式作出结论。

当事人、利害关系人不服前款所规定执行监督裁定，向上一级人民法院继续申诉信访，上一级人民法院应当作为执行监督案件立案审查，以裁定方式作出结论。

17. 信访当事人向上级人民法院申诉信访，反映异议、复议案件严重超审限的，上级人民法院应当通过信访制度交办督办，责令下级人民法院限期作出异议、复议裁定。

18. 当事人、利害关系人申诉信访请求纠正执行错误，如果符合下列情形，上级人民法院不再作为执行信访案件交办督办：

（1）信访诉求系针对人民法院根据行政机关申请所作出准予执行裁定，并非针对执行行为；

（2）信访诉求系认为执行依据存在错误。

四、关于执行信访案件的依法终结

19. 被执行人确无财产可供执行，申请执行人书面承诺息诉罢访，如果又以相同事由反复申诉、缠访闹访，执行法院可以逐级报请高级人民法院决定终结信访。

20. 当事人、利害关系人提出执行异议，经异议程序、复议程序及执行监督程序审查，最终结论驳回其请求，如果仍然反复申诉、缠访闹访，可以依法终结信访：

（1）执行监督裁定由高级人民法院作出的，由高级人民法院决定终结信访；

（2）执行复议、监督裁定由最高人民法院作出的，由最高人民法院决定终结信访或交高级人民法院终结信访。

21. 执行实施类信访案件，即使已经终结信访，执行法院仍然应当定期查询被执行人财产状况；申请执行人提出新的财产线索而请求恢复执行的，执行法院应当立即恢复执行。

22. 申请执行人因案件未能执行到位而导致生活严重困难的，一般不作信访终结。

23. 高级人民法院决定终结信访之前，应当报请最高人民法院备案。最高人民法院对于不符合条件的，及时通知高级人民法院予以补正或者退回。不予终结备案的，高级人民法院不得终结。

24. 最高人民法院、高级人民法院决定终结信访的，应当书面告知信访当事人。

25. 已经终结的执行信访案件，除另有规定外，上级人民法院不再交办督办，各级人民法院不再重复审查；信访终结后，信访当事人仍然反复申诉、缠访闹访的，依法及时处理，并报告同级党委政法委。

26. 执行信访终结其他程序要求，依照民事案件信访终结相关规定办理。

附件：执行信访案件分流办理示意图（略）

最高人民法院研究室关于对有义务协助执行单位拒不协助予以罚款后又拒不执行应如何处理问题的答复

1993年9月27日

湖南省高级人民法院：

你院湘高法研字〔1993〕第1号《关于对罚款决定书拒不执行应如何处理的请示报告》收悉。经研究，答复如下：

根据《中华人民共和国民事诉讼法》第一百零三条第一款第（二）项和第二款的规定，人民法院依据生效判决、裁定，通知有关银行协助执行划拨被告在银行的存款，面银行拒不划拨的，人民法院可对该银行或者其主要负责人或者直接责任人员予以罚款，并可向同级政府的监察机关或者有关机关提出给予纪律处分的司法建议。被处罚人拒不履行罚款决定的，人民法院可以根据民事诉讼法第二百三十一条的规定，予以强制执行。执行中，被处罚人如以暴力、威胁或者其他方法阻碍司法工作人员执行职务的，依照民事诉讼法第一百零二条第一款第（五）项、第二款规定，人民法院可对被处罚人或对有上述行为的被处罚单位的主要负责人或者直接责任人员予以罚款、拘留，构成犯罪的，依照刑法第一百五十七条的规定追究刑事责任。

人民法院在具体执行过程中，应首先注意向有关单位和人员宣传民事诉讼法的有关规定，多做说服教育工作，坚持文明执法、严肃执法。

· 指导案例 ·

最高人民法院指导案例125号
——陈载果与刘荣坤、广东省汕头渔业用品进出口公司等申请撤销拍卖执行监督案

（最高人民法院审判委员会讨论通过
2019年12月24日发布）

关键词

执行　执行监督　司法拍卖　网络司法拍卖　强制执行措施

裁判要点

网络司法拍卖是人民法院通过互联网拍卖平台进行的司法拍卖，属于强制执行措施。人民法院

对网络司法拍卖中产生的争议，应当适用民事诉讼法及相关司法解释的规定处理。

相关法条

《中华人民共和国民事诉讼法》第204条

基本案情

广东省汕头市中级人民法院（以下简称汕头中院）在执行申请执行人刘荣坤与被执行人广东省汕头渔业用品进出口公司等借款合同纠纷一案中，于2016年4月25日通过淘宝网司法拍卖网络平台拍卖被执行人所有的位于汕头市升平区永泰路145号13—1地号地块的土地使用权，申诉人陈载果先后出价5次，最后一次于2016年4月26日10时17分26秒出价5 282 360.00元确认成交，成交后陈载果未缴交尚欠拍卖款。

2016年8月3日，陈载果向汕头中院提出执行异议，认为拍卖过程一些环节未适用拍卖法等相关法律规定，请求撤销拍卖，退还保证金23万元。

裁判结果

广东省汕头市中级人民法院于2016年9月18日作出（2016）粤05执异38号执行裁定，驳回陈载果的异议。陈载果不服，向广东省高级人民法院申请复议。广东省高级人民法院于2016年12月12日作出（2016）粤执复字243号执行裁定，驳回陈载果的复议申请，维持汕头市中级人民法院（2016）粤05执异38号执行裁定。申诉人陈载果不服，向最高人民法院申诉。最高人民法院于2017年9月2日作出（2017）最高法执监250号，驳回申诉人陈载果的申诉请求。

裁判理由

最高人民法院认为：

一、关于对网络司法拍卖的法律调整问题

根据《中华人民共和国拍卖法》规定，拍卖法适用于中华人民共和国境内拍卖企业进行的拍卖活动，调整的是拍卖人、委托人、竞买人、买受人等平等主体之间的权利义务关系。拍卖人接受委托人委托对拍卖标的进行拍卖，是拍卖人和委托人之间"合意"的结果，该委托拍卖系合同关系，属于私法范畴。人民法院司法拍卖是人民法院依法行使强制执行权，就查封、扣押、冻结的财产强制进行拍卖变价进而清偿债务的强制执行行为，其本质上属于司法行为，具有公法性质。该强制执行权并非来自于当事人的授权，无须征得当事人的同意，也不以当事人的意志为转移，而是基于法律赋予的人民法院的强制执行权，即来源于民事诉讼法及相关司法解释的规定。即便是在传统的司法拍卖中，人民法院委托拍卖企业进行拍卖活动，该拍卖企业与人民法院之间也不是平等关系，该拍卖企业的拍卖活动只能在人民法院的授权范围内进行。因此，人民法院在司法拍卖中应适用民事诉讼法及相关司法解释对人民法院强制执行的规定。网络司法拍卖是人民法院司法拍卖的一种优选方式，亦应适用民事诉讼法及相关司法解释对人民法院强制执行的规定。

二、关于本项网络司法拍卖行为是否存在违法违规情形问题

在网络司法拍卖中，竞价过程、竞买号、竞价时间、是否成交等均在交易平台展示，该展示具有一定的公示效力，对竞买人具有拘束力。该项内容从申诉人提供的竞买记录也可得到证实。且在本项网络司法拍卖时，民事诉讼法及相关司法解释均没有规定网络司法拍卖成交后必须签订成交确认书。因此，申诉人称未签订成交确认书、不能确定权利义务关系的主张不能得到支持。

关于申诉人提出的竞买号牌A7822与J8809蓄谋潜入竞买场合恶意串通，该标的物从底价230万抬至530万，事后经过查证号牌A7822竞买人是

该标的物委托拍卖人刘荣坤等问题。网络司法拍卖是人民法院依法通过互联网拍卖平台，以网络电子竞价方式公开处置财产，本质上属于人民法院"自主拍卖"，不存在委托拍卖人的问题。《最高人民法院关于人民法院民事执行中拍卖、变卖财产的规定》第十五条第二款明确规定申请执行人、被执行人可以参加竞买，作为申请执行人刘荣坤只要满足网络司法拍卖的资格条件即可以参加竞买。在网络司法拍卖中，即竞买人是否加价竞买、是否放弃竞买、何时加价竞买、何时放弃竞买完全取决于竞买人对拍卖标的物的价值认识。从申诉人提供的竞买记录看，申诉人在2016年4月26日9时40分53秒出价2 377 360元后，在竞买人叫价达到5 182 360元时，分别在2016年4月26日10时01分16秒、10时05分10秒、10时08分29秒、10时17分26秒加价竞买，足以认定申诉人对于自身的加价竞买行为有清醒的判断。以竞买号牌A7822与J8809连续多次加价竞买就认定该两位竞买人系蓄谋潜入竞买场合恶意串通理据不足，不予支持。

最高人民法院指导案例126号
——江苏天宇建设集团有限公司与无锡时代盛业房地产开发有限公司执行监督案

（最高人民法院审判委员会讨论通过
2019年12月24日发布）

关键词

执行　执行监督　和解协议　迟延履行　履行完毕

裁判要点

在履行和解协议的过程中，申请执行人因被执行人迟延履行申请恢复执行的同时，又继续接受并积极配合被执行人的后续履行，直至和解协议全部履行完毕的，属于民事诉讼法及相关司法解释规定的和解协议已经履行完毕不再恢复执行原生效法律文书的情形。

相关法条

《中华人民共和国民事诉讼法》第204条

基本案情

江苏天宇建设集团有限公司（以下简称天宇公司）与无锡时代盛业房地产开发有限公司（以下简称时代公司）建设工程施工合同纠纷一案，江苏省无锡市中级人民法院（以下简称无锡中院）于2015年3月3日作出（2014）锡民初字第00103号民事判决，时代公司应于本判决发生法律效力之日起五日内支付天宇公司工程款14 454 411.83元以及相应的违约金。时代公司不服，提起上诉，江苏省高级人民法院（以下简称江苏高院）二审维持原判。因时代公司未履行义务，天宇公司向无锡中院申请强制执行。

在执行过程中，天宇公司与时代公司于2015年12月1日签订《执行和解协议》，约定：一、时代公司同意以其名下三套房产（云港佳园53－106、107、108商铺，非本案涉及房产）就本案所涉金额抵全部债权；二、时代公司在15个工作日内，协助天宇公司将抵债房产办理到天宇公司名下或该公司指定人员名下，并将三套商铺的租赁合同关系的出租人变更为天宇公司名下或该公司指定人员名下；三、本案目前涉案拍卖房产中止15个工作日拍卖（已经成交的除外）。待上述事项履行完毕后，涉案房产将不再拍卖，如未按上述协议处理完毕，申请人可以重新申请拍卖；四、如果上述协议履行完毕，本案目前执行阶段执行已到位的财产，返还时代公司指定账户；五、本协议履行完毕后，双方再无其他经济纠葛。

和解协议签订后，2015年12月21日（和解协议约定的最后一个工作日），时代公司分别与天宇公司签订两份商品房买卖合同，与李思奇签订一份商品房买卖合同，并完成三套房产的网签手续。2015年12月25日，天宇公司向时代公司出具两份转账证明，载明：兹有本公司购买硕放云港佳园53－108、53－106、53－107商铺，购房款冲抵本公司在空港一号承建工程中所欠工程余款，金额以法院最终裁决为准。2015年12月30日，时代公司、天宇公司在无锡中院主持下，就和解协议履行情况及查封房产解封问题进行沟通。无锡中院同意对查封的39套房产中的30套予以解封，并于2016年1月5日向无锡市不动产登记中心新区分中心送达协助解除通知书，解除了对时代公司30套房产的查封。因上述三套商铺此前已由时代公司于2014年6月出租给江苏银行股份有限公司无锡分行（以下简称江苏银行）。2016年1月，时代公司（甲方）、天宇公司（乙方）、李思奇（丙方）签订了一份《补充协议》，明确自该补充协议签订之日起时代公司完全退出原《房屋租赁合同》，天宇公司与李思奇应依照原《房屋租赁合同》中约定的条款，直接向江苏银行主张租金。同时三方确认，2015年12月31日前房屋租金已付清，租金收款单位为时代公司。2016年1月26日，时代公司向江苏银行发函告知。租赁关系变更后，天宇公司和李思奇已实际收取自2016年1月1日起的租金。2016年1月14日，天宇公司弓奎林接收三套商铺初始登记证和土地分割证。2016年2月25日，时代公司就上述三套商铺向天宇公司、李思奇开具共计三张《销售不动产统一发票（电子）》，三张发票金额总计11 999 999元。发票开具后，天宇公司以时代公司违约为由拒收，时代公司遂邮寄至无锡中院，请求无锡中院转交。无锡中院于2016年4月1日将发票转交给天宇公司，天宇公司接受。2016年11月，天宇公司、李思奇办理了三套商铺的所有权登记手续，李思奇又将其名下的商铺转让给案外人罗某明、陈某。经查，登记在天宇公司名下的两套商铺于2016年12月2日被甘肃省兰州市七里河区人民法院查封，并被该院其他案件轮候查封。

2016年1月27日及2016年3月1日，天宇公司两次向无锡中院提交书面申请，以时代公司违反和解协议，未办妥房产证及租赁合同变更事宜为由，请求恢复本案执行，对时代公司名下已被查封的9套房产进行拍卖，扣减三张发票载明的11 999 999元之后，继续清偿生效判决确定的债权数额。2016年4月1日，无锡中院通知天宇公司、时代公司：时代公司未能按照双方和解协议履行，由于之前查封的财产中已经解封30套，故对于剩余9套房产继续进行拍卖，对于和解协议中三套房产价值按照双方合同及发票确定金额，可直接按照已经执行到位金额认定，从应当执行总金额中扣除。同日即2016年4月1日，无锡中院在淘宝网上发布拍卖公告，对查封的被执行人的9套房产进行拍卖。时代公司向无锡中院提出异议，请求撤销对时代公司财产的拍卖，按照双方和解协议确认本执行案件执行完毕。

裁判结果

江苏省无锡市中级人民法院于2016年7月27日作出（2016）苏02执异26号执行裁定：驳回无锡时代盛业房地产开发有限公司的异议申请。无锡时代盛业房地产开发有限公司不服，向江苏省高级人民法院申请复议。江苏省高级人民法院于2017年9月4日作出（2016）苏执复160号执行裁定：一、撤销江苏省无锡市中级人民法院（2016）苏02执异26号执行裁定。二、撤销江苏省无锡市中级人民法院于2016年4月1日作出的对剩余9套房产继续拍卖且按合同及发票确定金额扣减执行标的的通知。三、撤销江苏省无锡市中级人民法院于

2016年4月1日发布的对被执行人无锡时代盛业房地产开发有限公司所有的云港佳园39－1203、21－1203、11－202、17－102、17－202、36－1402、36－1403、36－1404、37－1401室九套房产的拍卖。江苏天宇建设集团有限公司不服江苏省高级人民法院复议裁定，向最高人民法院提出申诉。最高人民法院于2018年12月29日作出(2018)最高法执监34号执行裁定：驳回申诉人江苏天宇建设集团有限公司的申诉。

裁判理由

最高人民法院认为，根据《最高人民法院关于适用〈中华人民共和国民事诉讼法〉的解释》第四百六十七条的规定，一方当事人不履行或者不完全履行在执行中双方自愿达成的和解协议，对方当事人申请执行原生效法律文书的，人民法院应当恢复执行，但和解协议已履行的部分应当扣除。和解协议已经履行完毕的，人民法院不予恢复执行。本案中，按照和解协议，时代公司违反了关于协助办理抵债房产转移登记等义务的时间约定。天宇公司在时代公司完成全部协助义务之前曾先后两次向人民法院申请恢复执行。但综合而言，本案仍宜认定和解协议已经履行完毕，不应恢复执行。

主要理由如下：

第一，和解协议签订于2015年12月1日，约定15个工作日即完成抵债房产的所有权转移登记并将三套商铺租赁合同关系中的出租人变更为天宇公司或其指定人，这本身具有一定的难度，天宇公司应该有所预知。第二，在约定期限的最后一日即2015年12月21日，时代公司分别与天宇公司及其指定人李思奇签订商品房买卖合同并完成三套抵债房产的网签手续。从实际效果看，天宇公司取得该抵债房产已经有了较充分的保障。而且时代公司又于2016年1月与天宇公司及其指定人李思奇签订《补充协议》，就抵债房产变更租赁合同关系及时代公司退出租赁合同关系作出约定；并于2016年1月26日向江苏银行发函，告知租赁标的出售的事实并函请江苏银行尽快与新的买受人办理出租人变更手续。租赁关系变更后，天宇公司和李思奇已实际收取自2016年1月1日起的租金。同时，2016年1月14日，时代公司交付了三套商铺的初始登记证和土地分割证。由此可见，在较短时间内时代公司又先后履行了变更抵债房产租赁关系、转移抵债房产收益权、交付初始登记证和土地分割证等义务，即时代公司一直在积极地履行义务。第三，对于时代公司上述一系列积极履行义务的行为，天宇公司在明知该履行已经超过约定期限的情况下仍一一予以接受，并且还积极配合时代公司向人民法院申请解封已被查封的财产。天宇公司的上述行为已充分反映其认可超期履行，并在继续履行和解协议上与时代公司形成较强的信赖关系，在没有新的明确约定的情况下，应当允许时代公司在合理期限内完成全部义务的履行。第四，在时代公司履行完一系列主要义务，并于1月26日函告抵债房产的承租方该房产产权变更情况，使得天宇公司及其指定人能实际取得租金收益后，天宇公司在1月27日即首次提出恢复执行，并在时代公司开出发票后拒收，有违诚信。第五，天宇公司并没有提供充分的证据证明本案中的迟延履行行为会导致签订和解协议的目的落空，严重损害其利益。相反从天宇公司积极接受履行且未及时申请恢复执行的情况看，迟延履行并未导致和解协议签订的目的落空。第六，在时代公司因天宇公司拒收发票而将发票邮寄法院请予转交时，其全部协助义务即应认为已履行完毕，此时法院尚未实际恢复执行，此后再恢复执行亦不适当。综上，本案宜认定和解协议已经履行完毕，不予恢复执行。

五、其他领域的执行

资料补充栏

1. 刑事案件财产部分的执行

最高人民法院关于办理减刑、假释案件审查财产性判项执行问题的规定

1. *2024年1月3日最高人民法院审判委员会第1910次会议通过*
2. *2024年4月29日公布*
3. *法释〔2024〕5号*
4. *自2024年5月1日起施行*

为确保依法公正办理减刑、假释案件，正确处理减刑、假释与财产性判项执行的关系，根据《中华人民共和国刑法》、《中华人民共和国刑事诉讼法》等法律规定，结合司法实践，制定本规定。

第一条 人民法院办理减刑、假释案件必须审查原生效刑事或者刑事附带民事裁判中财产性判项的执行情况，以此作为判断罪犯是否确有悔改表现的因素之一。

财产性判项是指生效刑事或者刑事附带民事裁判中确定罪犯承担的被依法追缴、责令退赔、罚金、没收财产判项，以及民事赔偿义务等判项。

第二条 人民法院审查财产性判项的执行情况，应将执行法院出具的结案通知书、缴付款票据、执行情况说明等作为审查判断的依据。

人民法院判决多名罪犯对附带民事赔偿承担连带责任的，只要其中部分人履行全部赔偿义务，即可认定附带民事赔偿判项已经执行完毕。

罪犯亲属代为履行财产性判项的，视为罪犯本人履行。

第三条 财产性判项未执行完毕的，人民法院应当着重审查罪犯的履行能力。

罪犯的履行能力应根据财产性判项的实际执行情况，并结合罪犯的财产申报、实际拥有财产情况，以及监狱或者看守所内消费、账户余额等予以判断。

第四条 罪犯有财产性判项履行能力的，应在履行后方可减刑、假释。

罪犯确有履行能力而不履行的，不予认定其确有悔改表现，除法律规定情形外，一般不予减刑、假释。

罪犯确无履行能力的，不影响对其确有悔改表现的认定。

罪犯因重大立功减刑的，依照相关法律规定处理，一般不受财产性判项履行情况的影响。

第五条 财产性判项未执行完毕的减刑、假释案件，人民法院在受理时应当重点审查下列材料：

（一）执行裁定、缴付款票据、有无拒不履行或者妨害执行行为等有关财产性判项执行情况的材料；

（二）罪犯对其个人财产的申报材料；

（三）有关组织、单位对罪犯实际拥有财产情况的说明；

（四）不履行财产性判项可能承担不利后果的告知材料；

（五）反映罪犯在监狱、看守所内消费及账户余额情况的材料；

（六）其他反映罪犯财产性判项执行情况的材料。

上述材料不齐备的，应当通知报请减刑、假释的刑罚执行机关在七日内补送，逾期未补送的，不予立案。

第六条 财产性判项未履行完毕，具有下列情形之

一的，应当认定罪犯确有履行能力而不履行：

（一）拒不交代赃款、赃物去向的；

（二）隐瞒、藏匿、转移财产的；

（三）妨害财产性判项执行的；

（四）拒不申报或者虚假申报财产情况的。

罪犯采取借名、虚报用途等手段在监狱、看守所内消费的，或者无特殊原因明显超出刑罚执行机关规定额度标准消费的，视为其确有履行能力而不履行。

上述情形消失或者罪犯财产性判项执行完毕六个月后方可依法减刑、假释。

第七条　罪犯经执行法院查控未发现有可供执行财产，且不具有本规定第六条所列情形的，应认定其确无履行能力。

第八条　罪犯被判处的罚金被执行法院裁定免除的，其他财产性判项未履行完毕不影响对其确有悔改表现的认定，但罪犯确有履行能力的除外。

判决确定分期缴纳罚金，罪犯没有出现期满未缴纳情形的，不影响对其确有悔改表现的认定。

第九条　判处没收财产的，判决生效后，应当立即执行，所执行财产为判决生效时罪犯个人合法所有的财产。除具有本规定第六条第一款所列情形外，没收财产判项执行情况一般不影响对罪犯确有悔改表现的认定。

第十条　承担民事赔偿义务的罪犯，具有下列情形之一的，不影响对其确有悔改表现的认定：

（一）全额履行民事赔偿义务，附带民事诉讼原告人下落不明或者拒绝接受，对履行款项予以提存的；

（二）分期履行民事赔偿义务，没有出现期满未履行情形的；

（三）附带民事诉讼原告人对罪犯表示谅解，并书面放弃民事赔偿的。

第十一条　因犯罪行为造成损害，受害人单独提起民事赔偿诉讼的，人民法院办理减刑、假释案件时应对相关生效民事判决确定的赔偿义务判项执行情况进行审查，并结合本规定综合判断罪犯是否确有悔改表现。

承担民事赔偿义务的罪犯，同时被判处罚金或者没收财产的，应当先承担民事赔偿义务。对财产不足以承担全部民事赔偿义务及罚金、没收财产的罪犯，如能积极履行民事赔偿义务的，在认定其是否确有悔改表现时应予以考虑。

第十二条　对职务犯罪、破坏金融管理秩序和金融诈骗犯罪、组织（领导、参加、包庇、纵容）黑社会性质组织犯罪等罪犯，不积极退赃、协助追缴赃款赃物、赔偿损失的，不认定其确有悔改表现。

第十三条　人民法院将罪犯交付执行刑罚时，对生效裁判中有财产性判项的，应当将财产性判项实际执行情况的材料一并移送刑罚执行机关。

执行财产性判项的人民法院收到刑罚执行机关核实罪犯财产性判项执行情况的公函后，应当在七日内出具相关证明，已经执行结案的，应当附有关法律文书。

执行财产性判项的人民法院在执行过程中，发现财产性判项未执行完毕的罪犯具有本规定第六条第一款第（一）（二）（三）项所列情形的，应当及时将相关情况通报刑罚执行机关。

第十四条　人民法院办理减刑、假释案件中发现罪犯确有履行能力而不履行的，裁定不予减刑、假释，或者依法由刑罚执行机关撤回减刑、假释建议。

罪犯被裁定减刑、假释后，发现其确有履行能力的，人民法院应当继续执行财产性判项；发现其虚假申报、故意隐瞒财产，情节严重的，人民法院应当撤销该减刑、假释裁定。

第十五条　本规定自2024年5月1日起施行，此前发布的司法解释与本规定不一致的，以本规定为准。

最高人民法院、最高人民检察院、公安部、司法部关于办理黑恶势力刑事案件中财产处置若干问题的意见

2019年4月9日发布施行

为认真贯彻中央关于开展扫黑除恶专项斗争的重大决策部署，彻底铲除黑恶势力犯罪的经济基础，根据刑法、刑事诉讼法及最高人民法院、最高人民检察院、公安部、司法部《关于办理黑恶势力犯罪案件若干问题的指导意见》（法发〔2018〕1号）等规定，现对办理黑恶势力刑事案件中财产处置若干问题提出如下意见：

一、总体工作要求

1. 公安机关、人民检察院、人民法院在办理黑恶势力犯罪案件时，在查明黑恶势力组织违法犯罪事实并对黑恶势力成员依法定罪量刑的同时，要全面调查黑恶势力组织及其成员的财产状况，依法对涉案财产采取查询、查封、扣押、冻结等措施，并根据查明的情况，依法作出处理。

前款所称处理既包括对涉案财产中犯罪分子违法所得、违禁品、供犯罪所用的本人财物以及其他等值财产等依法追缴、没收，也包括对被害人的合法财产等依法返还。

2. 对涉案财产采取措施，应当严格依照法定条件和程序进行。严禁在立案之前查封、扣押、冻结财物。凡查封、扣押、冻结的财物，都应当及时进行审查，防止因程序违法、工作瑕疵等影响案件审理以及涉案财产处置。

3. 对涉案财产采取措施，应当为犯罪嫌疑人、被告人及其所扶养的亲属保留必需的生活费用和物品。

根据案件具体情况，在保证诉讼活动正常进行的同时，可以允许有关人员继续合理使用有关涉案财产，并采取必要的保值保管措施，以减少案件办理对正常办公和合法生产经营的影响。

4. 要彻底摧毁黑社会性质组织的经济基础，防止其死灰复燃。对于组织者、领导者一般应当并处没收个人全部财产。对于确属骨干成员或者为该组织转移、隐匿资产的积极参加者，可以并处没收个人全部财产。对于其他组织成员，应当根据所参与实施违法犯罪活动的次数、性质、地位、作用、违法所得数额以及造成损失的数额等情节，依法决定财产刑的适用。

5. 要深挖细查并依法打击黑恶势力组织进行的洗钱以及掩饰、隐瞒犯罪所得、犯罪所得收益等转变涉案财产性质的关联犯罪。

二、依法采取措施全面收集证据

6. 公安机关侦查期间，要根据《公安机关办理刑事案件适用查封、冻结措施相关规定》（公通字〔2013〕30号）等有关规定，会同有关部门全面调查黑恶势力及其成员的财产状况，并可以根据诉讼需要，先行依法对下列财产采取查询、查封、扣押、冻结等措施：

（1）黑恶势力组织的财产；

（2）犯罪嫌疑人个人所有的财产；

（3）犯罪嫌疑人实际控制的财产；

（4）犯罪嫌疑人出资购买的财产；

（5）犯罪嫌疑人转移至他人名下的财产；

（6）犯罪嫌疑人涉嫌洗钱以及掩饰、隐瞒犯

罪所得、犯罪所得收益等犯罪涉及的财产；

(7)其他与黑恶势力组织及其违法犯罪活动有关的财产。

7. 查封、扣押、冻结已登记的不动产、特定动产及其他财产，应当通知有关登记机关，在查封、扣押、冻结期间禁止被查封、扣押、冻结的财产流转，不得办理被查封、扣押、冻结财产权属变更、抵押等手续。必要时可以提取有关产权证照。

8. 公安机关对于采取措施的涉案财产，应当全面收集证明其来源、性质、用途、权属及价值的有关证据，审查判断是否应当依法追缴、没收。

证明涉案财产来源、性质、用途、权属及价值的有关证据一般包括：

(1)犯罪嫌疑人、被告人关于财产来源、性质、用途、权属、价值的供述；

(2)被害人、证人关于财产来源、性质、用途、权属、价值的陈述、证言；

(3)财产购买凭证、银行往来凭据、资金注入凭据、权属证明等书证；

(4)财产价格鉴定、评估意见；

(5)可以证明财产来源、性质、用途、权属、价值的其他证据。

9. 公安机关对应当依法追缴、没收的财产中黑恶势力组织及其成员聚敛的财产及其孳息、收益的数额，可以委托专门机构评估；确实无法准确计算的，可以根据有关法律规定及查明的事实、证据合理估算。

人民检察院、人民法院对于公安机关委托评估、估算的数额有不同意见的，可以重新委托评估、估算。

10. 人民检察院、人民法院根据案件诉讼的需要，可以依法采取上述相关措施。

三、准确处置涉案财产

11. 公安机关、人民检察院应当加强对在案财产审查甄别。在移送审查起诉、提起公诉时，一般应当对采取措施的涉案财产提出处理意见建议，并将采取措施的涉案财产及其清单随案移送。

人民检察院经审查，除对随案移送的涉案财产提出处理意见外，还需要对继续追缴的尚未被足额查封、扣押的其他违法所得提出处理意见建议。

涉案财产不宜随案移送的，应当按照相关法律、司法解释的规定，提供相应的清单、照片、录像、封存手续、存放地点说明、鉴定、评估意见、变价处理凭证等材料。

12. 对于不宜查封、扣押、冻结的经营性财产，公安机关、人民检察院、人民法院可以申请当地政府指定有关部门或者委托有关机构代管或者托管。

对易损毁、灭失、变质等不宜长期保存的物品，易贬值的汽车、船艇等物品，或者市场价格波动大的债券、股票、基金等财产，有效期即将届满的汇票、本票、支票等，经权利人同意或者申请，并经县级以上公安机关、人民检察院或者人民法院主要负责人批准，可以依法出售、变现或者先行变卖、拍卖，所得价款由扣押、冻结机关保管，并及时告知当事人或者其近亲属。

13. 人民检察院在法庭审理时应当对证明黑恶势力犯罪涉案财产情况进行举证质证，对于既能证明具体个罪又能证明经济特征的涉案财产情况相关证据在具体个罪中出示后，在经济特征中可以简要说明，不再重复出示。

14. 人民法院作出的判决，除应当对随案移送的涉案财产作出处理外，还应当在判决书中写明需要继续追缴尚未被足额查封、扣押的其他违法所得；对随案移送财产进行处理时，应当列明相关财产的具体名称、数量、金额、处置情况等。涉案财产或者有关当事人人数较多，不宜在判决书正文中详细列明的，可以概括叙述并另附清单。

15. 涉案财产符合下列情形之一的，应当依法追缴、没收：

（1）黑恶势力组织及其成员通过违法犯罪活动或者其他不正当手段聚敛的财产及其孳息、收益；

（2）黑恶势力组织成员通过个人实施违法犯罪活动聚敛的财产及其孳息、收益；

（3）其他单位、组织、个人为支持该黑恶势力组织活动资助或者主动提供的财产；

（4）黑恶势力组织及其成员通过合法的生产、经营活动获取的财产或者组织成员个人、家庭合法财产中，实际用于支持该组织活动的部分；

（5）黑恶势力组织成员非法持有的违禁品以及供犯罪所用的本人财物；

（6）其他单位、组织、个人利用黑恶势力组织及其成员违法犯罪活动获取的财产及其孳息、收益；

（7）其他应当追缴、没收的财产。

16. 应当追缴、没收的财产已用于清偿债务或者转让、或者设置其他权利负担，具有下列情形之一的，应当依法追缴：

（1）第三人明知是违法犯罪所得而接受的；

（2）第三人无偿或者以明显低于市场的价格取得涉案财物的；

（3）第三人通过非法债务清偿或者违法犯罪活动取得涉案财物的；

（4）第三人通过其他方式恶意取得涉案财物的。

17. 涉案财产符合下列情形之一的，应当依法返还：

（1）有证据证明确属被害人合法财产；

（2）有证据证明确与黑恶势力及其违法犯罪活动无关。

18. 有关违法犯罪事实查证属实后，对于有证据证明权属明确且无争议的被害人、善意第三人或者其他人员合法财产及其孳息，凡返还不损害其他利害关系人的利益，不影响案件正常办理的，应当在登记、拍照或者录像后，依法及时返还。

四、依法追缴、没收其他等值财产

19. 有证据证明依法应当追缴、没收的涉案财产无法找到、被他人善意取得、价值灭失或者与其他合法财产混合且不可分割的，可以追缴、没收其他等值财产。

对于证明前款各种情形的证据，公安机关或者人民检察院应当及时调取。

20. 本意见第19条所称“财产无法找到”，是指有证据证明存在依法应当追缴、没收的财产，但无法查证财产去向、下落的。被告人有不同意见的，应当出示相关证据。

21. 追缴、没收的其他等值财产的数额，应当与无法直接追缴、没收的具体财产的数额相对应。

五、其他

22. 本意见所称孳息，包括天然孳息和法定孳息。

本意见所称收益，包括但不限于以下情形：

（1）聚敛、获取的财产直接产生的收益，如使用聚敛、获取的财产购买彩票中奖所得收益等；

(2)聚敛、获取的财产用于违法犯罪活动产生的收益，如使用聚敛、获取的财产赌博赢利所得收益、非法放贷所得收益、购买并贩卖毒品所得收益等；

(3)聚敛、获取的财产投资、置业形成的财产及其收益；

(4)聚敛、获取的财产和其他合法财产共同投资或者置业形成的财产中，与聚敛、获取的财产对应的份额及其收益；

(5)应当认定为收益的其他情形。

23. 本意见未规定的黑恶势力刑事案件财产处置工作其他事宜，根据相关法律法规、司法解释等规定办理。

24. 本意见自2019年4月9日起施行。

最高人民法院关于刑事裁判涉财产部分执行的若干规定

1. *2014年9月1日最高人民法院审判委员会第1625次会议通过*
2. *2014年10月30日公布*
3. *法释〔2014〕13号*
4. *自2014年11月6日起施行*

为进一步规范刑事裁判涉财产部分的执行，维护当事人合法权益，根据《中华人民共和国刑法》《中华人民共和国刑事诉讼法》等法律规定，结合人民法院执行工作实际，制定本规定。

第一条　本规定所称刑事裁判涉财产部分的执行，是指发生法律效力的刑事裁判主文确定的下列事项的执行：

（一）罚金、没收财产；

（二）责令退赔；

（三）处置随案移送的赃款赃物；

（四）没收随案移送的供犯罪所用本人财物；

（五）其他应当由人民法院执行的相关事项。

刑事附带民事裁判的执行，适用民事执行的有关规定。

第二条　刑事裁判涉财产部分，由第一审人民法院执行。第一审人民法院可以委托财产所在地的同级人民法院执行。

第三条　人民法院办理刑事裁判涉财产部分执行案件的期限为六个月。有特殊情况需要延长的，经本院院长批准，可以延长。

第四条　人民法院刑事审判中可能判处被告人财产刑、责令退赔的，刑事审判部门应当依法对被告人的财产状况进行调查；发现可能隐匿、转移财产的，应当及时查封、扣押、冻结其相应财产。

第五条　刑事审判或者执行中，对于侦查机关已经采取的查封、扣押、冻结，人民法院应当在期限届满前及时续行查封、扣押、冻结。人民法院续行查封、扣押、冻结的顺位与侦查机关查封、扣押、冻结的顺位相同。

对侦查机关查封、扣押、冻结的财产，人民法院执行中可以直接裁定处置，无需侦查机关出具解除手续，但裁定中应当指明侦查机关查封、扣押、冻结的事实。

第六条　刑事裁判涉财产部分的裁判内容，应当明确、具体。涉案财物或者被害人人数较多，不宜在判决主文中详细列明的，可以概括叙明并另附清单。

判处没收部分财产的，应当明确没收的具体财物或者金额。

判处追缴或者责令退赔的，应当明确追缴或者退赔的金额或财物的名称、数量等相关情况。

第七条 由人民法院执行机构负责执行的刑事裁判涉财产部分，刑事审判部门应当及时移送立案部门审查立案。

移送立案应当提交生效裁判文书及其附件和其他相关材料，并填写《移送执行表》。《移送执行表》应当载明以下内容：

（一）被执行人、被害人的基本信息；

（二）已查明的财产状况或者财产线索；

（三）随案移送的财产和已经处置财产的情况；

（四）查封、扣押、冻结财产的情况；

（五）移送执行的时间；

（六）其他需要说明的情况。

人民法院立案部门经审查，认为属于移送范围且移送材料齐全的，应当在七日内立案，并移送执行机构。

第八条 人民法院可以向刑罚执行机关、社区矫正机构等有关单位调查被执行人的财产状况，并可以根据不同情形要求有关单位协助采取查封、扣押、冻结、划拨等执行措施。

第九条 判处没收财产的，应当执行刑事裁判生效时被执行人合法所有的财产。

执行没收财产或罚金刑，应当参照被扶养人住所地政府公布的上年度当地居民最低生活费标准，保留被执行人及其所扶养家属的生活必需费用。

第十条 对赃款赃物及其收益，人民法院应当一并追缴。

被执行人将赃款赃物投资或者置业，对因此形成的财产及其收益，人民法院应予追缴。

被执行人将赃款赃物与其他合法财产共同投资或者置业，对因此形成的财产中与赃款赃物对应的份额及其收益，人民法院应予追缴。

对于被害人的损失，应当按照刑事裁判认定的实际损失予以发还或者赔偿。

第十一条 被执行人将刑事裁判认定为赃款赃物的涉案财物用于清偿债务、转让或者设置其他权利负担，具有下列情形之一的，人民法院应予追缴：

（一）第三人明知是涉案财物而接受的；

（二）第三人无偿或者以明显低于市场的价格取得涉案财物的；

（三）第三人通过非法债务清偿或者违法犯罪活动取得涉案财物的；

（四）第三人通过其他恶意方式取得涉案财物的。

第三人善意取得涉案财物的，执行程序中不予追缴。作为原所有人的被害人对该涉案财物主张权利的，人民法院应当告知其通过诉讼程序处理。

第十二条 被执行财产需要变价的，人民法院执行机构应当依法采取拍卖、变卖等变价措施。

涉案财物最后一次拍卖未能成交，需要上缴国库的，人民法院应当通知有关财政机关以该次拍卖保留价予以接收；有关财政机关要求继续变价的，可以进行无保留价拍卖。需要退赔被害人的，以该次拍卖保留价以物退赔；被害人不同意以物退赔的，可以进行无保留价拍卖。

第十三条 被执行人在执行中同时承担刑事责任、民事责任，其财产不足以支付的，按照下列顺序执行：

（一）人身损害赔偿中的医疗费用；

（二）退赔被害人的损失；

（三）其他民事债务；

（四）罚金；

（五）没收财产。

债权人对执行标的依法享有优先受偿权，其主张优先受偿的，人民法院应当在前款第（一）项规定的医疗费用受偿后，予以支持。

第十四条　执行过程中，当事人、利害关系人认为执行行为违反法律规定，或者案外人对执行标的主张足以阻止执行的实体权利，向执行法院提出书面异议的，执行法院应当依照民事诉讼法第二百二十五条的规定处理。

人民法院审查案外人异议、复议，应当公开听证。

第十五条　执行过程中，案外人或被害人认为刑事裁判中对涉案财物是否属于赃款赃物认定错误或者应予认定而未认定，向执行法院提出书面异议，可以通过裁定补正的，执行机构应当将异议材料移送刑事审判部门处理；无法通过裁定补正的，应当告知异议人通过审判监督程序处理。

第十六条　人民法院办理刑事裁判涉财产部分执行案件，刑法、刑事诉讼法及有关司法解释没有相应规定的，参照适用民事执行的有关规定。

第十七条　最高人民法院此前发布的司法解释与本规定不一致的，以本规定为准。

最高人民法院关于
适用财产刑若干问题的规定

1. 2000年11月15日最高人民法院审判委员会第1139次会议通过

2. 2000年12月13日公布

3. 法释〔2000〕45号

4. 自2000年12月19日起施行

为正确理解和执行刑法有关财产刑的规定，现就适用财产刑的若干问题规定如下：

第一条　刑法规定“并处”没收财产或者罚金的犯罪，人民法院在对犯罪分子判处主刑的同时，必须依法判处相应的财产刑；刑法规定“可以并处”没收财产或者罚金的犯罪，人民法院应当根据案件具体情况及犯罪分子的财产状况，决定是否适用财产刑。

第二条　人民法院应当根据犯罪情节，如违法所得数额、造成损失的大小等，并综合考虑犯罪分子缴纳罚金的能力，依法判处罚金。刑法没有明确规定罚金数额标准的，罚金的最低数额不能少于一千元。

对未成年人犯罪应当从轻或者减轻判处罚金，但罚金的最低数额不能少于五百元。

第三条　依法对犯罪分子所犯数罪分别判处罚金的，应当实行并罚，将所判处的罚金数额相加，执行总和数额。

一人犯数罪依法同时并处罚金和没收财产的，应当合并执行；但并处没收全部财产的，只执行没收财产刑。

第四条　犯罪情节较轻，适用单处罚金不致再危害社会并具有下列情形之一的，可以依法单处罚金：

（一）偶犯或者初犯；

（二）自首或者有立功表现的；

（三）犯罪时不满十八周岁的；

（四）犯罪预备、中止或者未遂的；

（五）被胁迫参加犯罪的；

（六）全部退赃并有悔罪表现的；

（七）其他可以依法单处罚金的情形。

第五条　刑法第五十三条规定的“判决指定的期限”应当在判决书中予以确定；“判决指定的期限”应为从判决发生法律效力第二日起最长不超

过三个月。

第六条 刑法第五十三条规定的“由于遭遇不能抗拒的灾祸缴纳确实有困难的”，主要是指因遭受火灾、水灾、地震等灾祸而丧失财产；罪犯因重病、伤残等而丧失劳动能力，或者需要罪犯抚养的近亲属患有重病，需支付巨额医药费等，确实没有财产可供执行的情形。

具有刑法第五十三条规定“可以酌情减少或者免除”事由的，由罪犯本人、亲属或者犯罪单位向负责执行的人民法院提出书面申请，并提供相应的证明材料。人民法院审查以后，根据实际情况，裁定减少或者免除应当缴纳的罚金数额。

第七条 刑法第六十条规定的“没收财产以前犯罪分子所负的正当债务”，是指犯罪分子在判决生效前所负他人的合法债务。

第八条 罚金刑的数额应当以人民币为计算单位。

第九条 人民法院认为依法应当判处被告人财产刑的，可以在案件审理过程中，决定扣押或者冻结被告人的财产。

第十条 财产刑由第一审人民法院执行。

犯罪分子的财产在异地的，第一审人民法院可以委托财产所在地人民法院代为执行。

第十一条 自判决指定的期限届满第二日起，人民法院对于没有法定减免事由不缴纳罚金的，应当强制其缴纳。

对于隐藏、转移、变卖、损毁已被扣押、冻结财产情节严重的，依照刑法第三百一十四条的规定追究刑事责任。

扣押、追缴、没收物品估价管理办法

1. 1997年4月22日国家计委、最高人民法院、最高人民检察院、公安部公布

2. 计办〔1997〕808号

3. 自1997年4月22日起施行

第一章 总 则

第一条 为了加强对扣押、追缴、没收物品估价管理，规范扣押、追缴、没收物品估价工作，保障刑事诉讼活动的顺利进行，依据国家有关法律和最高人民法院、最高人民检察院、公安部、国家计委的有关规定，特制定本办法。

第二条 人民法院、人民检察院、公安机关各自管辖的刑事案件，对于价格不明或者价格难以确定的扣押、追缴、没收物品需要估价的，应当委托指定的估价机构估价。案件移送时，应当附有《扣押、追缴、没收物品估价鉴定结论书》。

第三条 公安机关移送人民检察院审查起诉和人民检察院向人民法院提起公诉的案件，对估价结论有异议的，应当由提出异议的机关自行委托估价机构重新估价。

第四条 对于扣押、追缴、没收的珍贵文物，珍贵、濒危动物及其制品，珍稀植物及其制品，毒品，淫秽物品，枪支、弹药等不以价格数额作为定罪量刑标准的，不需要估价。

第五条 国务院及地方人民政府价格部门是扣押、追缴、没收物品估价工作的主管部门，其设立的价格事务所是各级人民法院、人民检察院、公安机关指定的扣押、追缴、没收物品估价机构，其他任何机构或者个人不得对扣押、追缴、没收物品估价。

第六条　价格事务所出具的扣押、追缴、没收物品估价鉴定结论，经人民法院、人民检察院、公安机关确认，可以作为办理案件的依据。

第二章　委托程序

第七条　各级人民法院、人民检察院、公安机关遇有本办法第二条所列情形时，应当委托同级价格部门设立的价格事务所进行估价。

第八条　委托机关在委托估价时，应当送交《扣押、追缴、没收物品估价委托书》。《扣押、追缴、没收物品估价委托书》应当包括以下内容：

（一）估价的理由和要求；

（二）扣押、追缴、没收物品的品名、牌号、规格、种类、数量、来源，以及购置、生产、使用时间；

（三）起获扣押、追缴、没收物品时其被使用、损坏程度的记录，重要的扣押、追缴、没收物品，应当附照片；

（四）起获扣押、追缴、没收物品的时间、地点；

（五）其他需要说明的情况。

委托机关送交的《扣押、追缴、没收物品估价委托书》必须加盖单位公章。

第九条　价格事务所接到人民法院、人民检察院、公安机关的《扣押、追缴、没收物品估价委托书》时，应当认真审核委托书的各项内容及要求，如委托书所提要求无法做到时，应当立即与委托机关协商。

第三章　估价程序

第十条　价格事务所在接受委托后，应当按照《扣押、追缴、没收物品估价委托书》载明的情况对实物进行查验，如发现差异，应立即与委托机关共同确认。

价格事务所一般不留存扣押、追缴、没收物品，如确需留存时，应当征得委托机关同意并严格办理交接手续。

第十一条　价格事务所估价确实需要时，可以提请委托机关协助查阅有关的帐目、文件等资料。可以向与委托事项有关的单位和个人进行调查或索取证明材料。

第十二条　价格事务所应当在接受估价委托之日起七日内作出扣押、追缴、没收物品估价鉴定结论；另有约定的，在约定期限内作出。

第十三条　价格事务所办理的扣押、追缴、没收物品估价鉴定，应当由两名以上估价工作人员共同承办，出具的估价鉴定结论，必须经过内部审议。

价格事务所估价人员，遇有下列情形之一的，应当回避：

（一）与估价事项当事人有亲属关系或与该估价事项有利害关系的；

（二）与估价事项当事人有其他关系，可能影响对扣押、追缴、没收物品公正估价的。

第十四条　价格事务所在完成估价后，应当向委托机关出具《扣押、追缴、没收物品估价鉴定结论书》。《扣押、追缴、没收物品估价鉴定结论书》应当包括以下内容：

（一）估价范围和内容；

（二）估价依据；

（三）估价方法和过程要述；

（四）估价结论；

（五）其他需要说明的问题及有关材料；

（六）估价工作人员签名。

价格事务所出具的《扣押、追缴、没收物品估价鉴定结论书》必须加盖单位公章。

第十五条　委托机关对价格事务所出具的《扣押、追缴、没收物品估价鉴定结论书》有异议的，可以向原估价机构要求补充鉴定或者重新鉴定，也可以直接委托上级价格部门设立的价格事务所复核或者重新估价。

第十六条 接受委托的价格事务所认为必要时，在征得委托机关同意后，可以将委托事项转送上级价格部门设立的价格事务所进行估价，并将有关情况书面通知原委托估价机关。

第十七条 国家计划委员会直属价格事务所是扣押、追缴、没收物品估价的最终复核裁定机构。

第四章 估价的基本原则

第十八条 价格事务所必须按照国家的有关法律规定，以及最高人民法院、最高人民检察院制定的有关司法解释和各项价格法规，客观公正、准确及时地估定扣押、追缴、没收物品价格。

第十九条 扣押、追缴、没收物品估价的基准日除法律、法规和司法解释另有规定外，应当由委托机关根据案件实际情况确定。

第二十条 价格事务所对委托估价的文物、邮票、字画、贵重金银、珠宝及其制品等特殊物品，应当送有关专业部门作出技术、质量鉴定后，根据其提供的有关依据，作出估价结论。

第五章 组 织 管 理

第二十一条 按照国家有关价格工作的管理规定，扣押、追缴、没收物品估价工作实行统一领导、分级管理。

第二十二条 国家计划委员会的主要职责：

（一）会同最高人民法院、最高人民检察院、公安部制定、解释扣押、追缴、没收物品估价工作的基本原则。

（二）确定划分国家和地方价格部门在扣押、追缴、没收物品估价工作中的主要职责。

（三）负责管理、指导、监督、检查全国扣押、追缴、没收物品估价工作。

（四）其设立的价格事务所办理最高人民法院、最高人民检察院、公安部委托的扣押、追缴、没收物品估价；协调或者办理跨地区（省、自治区、直辖市）、跨部门的扣押、追缴、没收物品估价业务；办理疑难、重大案件涉及的扣押、追缴、没收物品估价。

第二十三条 各省、自治区、直辖市价格部门的主要职责：

（一）贯彻执行最高人民法院、最高人民检察院、公安部和国家计委对估价工作制定的各项方针、政策和基本原则，会同同级司法机关制定本地区有关扣押、追缴、没收物品估价的具体规定。

（二）其设立的价格事务所办理同级人民法院、人民检察院、公安机关委托的扣押、追缴、没收物品估价；办理本地区内跨地（市）县，有相当难度的扣押、追缴、没收物品估价及复核工作；协助上级价格部门设立的价格事务所进行扣押、追缴、没收物品估价工作。

第二十四条 地（市）县（市、区）价格部门的职责：

（一）贯彻执行估价工作的有关规定，协助上级价格部门做好扣押、追缴、没收物品估价工作。接受上级价格部门对扣押、追缴、没收物品估价工作的管理、指导、监督、检查。

（二）其设立的价格事务所办理同级人民法院、人民检察院、公安机关委托的扣押、追缴、没收物品估价，协助上级价格部门设立的价格事务所进行扣押、追缴、没收物品估价工作。

第六章 法 律 责 任

第二十五条 严禁估价人员虚假鉴定、徇私舞弊、玩忽职守、泄露涉案秘密。凡违反规定，造成估价失实，或者对办理案件造成不良影响的，对责任人员将视情节，给予处分；构成犯罪的，依法追究刑事责任。

第二十六条 价格事务所和鉴定人对出具的《扣押、追缴、没收物品估价鉴定结论书》的内容分别承担相应法律责任。

第二十七条 价格事务所及其工作人员对估价工作中涉及的有关资料和情况负责保密。

第七章 附 则

第二十八条 其他涉案物品的估价，以及行政执法机关提请价格部门设立的价格事务所对收缴、罚没、扣押物品的估价，可以参照本办法执行。

第二十九条 价格事务所在进行扣押、追缴、没收物品估价时，可以向委托估价机关收取合理的估价鉴定费。估价鉴定收费办法由国家计委会同最高人民法院、最高人民检察院、公安部并商有关部门另行制定。

第三十条 本办法自颁布之日起施行。

附件：一、扣押、追缴、没收物品估价委托书（样本）（略）

二、扣押、追缴、没收物品估价鉴定结论书（样本）（略）

2. 行政案件的执行

最高人民法院关于办理申请人民法院强制执行国有土地上房屋征收补偿决定案件若干问题的规定

1. 2012年2月27日最高人民法院审判委员会第1543次会议通过
2. 2012年3月26日公布
3. 法释〔2012〕4号
4. 自2012年4月10日起施行

为依法正确办理市、县级人民政府申请人民法院强制执行国有土地上房屋征收补偿决定(以下简称征收补偿决定)案件,维护公共利益,保障被征收房屋所有权人的合法权益,根据《中华人民共和国行政诉讼法》、《中华人民共和国行政强制法》、《国有土地上房屋征收与补偿条例》(以下简称《条例》)等有关法律、行政法规规定,结合审判实际,制定本规定。

第一条 申请人民法院强制执行征收补偿决定案件,由房屋所在地基层人民法院管辖,高级人民法院可以根据本地实际情况决定管辖法院。

第二条 申请机关向人民法院申请强制执行,除提供《条例》第二十八条规定的强制执行申请书及附具材料外,还应当提供下列材料:

(一)征收补偿决定及相关证据和所依据的规范性文件;

(二)征收补偿决定送达凭证、催告情况及房屋被征收人、直接利害关系人的意见;

(三)社会稳定风险评估材料;

(四)申请强制执行的房屋状况;

(五)被执行人的姓名或者名称、住址及与强制执行相关的财产状况等具体情况;

(六)法律、行政法规规定应当提交的其他材料。

强制执行申请书应当由申请机关负责人签名,加盖申请机关印章,并注明日期。

强制执行的申请应当自被执行人的法定起诉期限届满之日起三个月内提出;逾期申请的,除有正当理由外,人民法院不予受理。

第三条 人民法院认为强制执行的申请符合形式要件且材料齐全的,应当在接到申请后五日内立案受理,并通知申请机关;不符合形式要件或者材料不全的应当限期补正,并在最终补正的材料提供后五日内立案受理;不符合形式要件或者逾期无正当理由不补正材料的,裁定不予受理。

申请机关对不予受理的裁定有异议的,可以自收到裁定之日起十五日内向上一级人民法院申请复议,上一级人民法院应当自收到复议申请之日起十五日内作出裁定。

第四条 人民法院应当自立案之日起三十日内作出是否准予执行的裁定;有特殊情况需要延长审查期限的,由高级人民法院批准。

第五条 人民法院在审查期间,可以根据需要调取相关证据、询问当事人、组织听证或者进行现场调查。

第六条 征收补偿决定存在下列情形之一的,人民法院应当裁定不准予执行:

(一)明显缺乏事实根据;

(二)明显缺乏法律、法规依据;

(三)明显不符合公平补偿原则,严重损害被执行人合法权益,或者使被执行人基本生活、生产经营条件没有保障;

（四）明显违反行政目的，严重损害公共利益；

（五）严重违反法定程序或者正当程序；

（六）超越职权；

（七）法律、法规、规章等规定的其他不宜强制执行的情形。

人民法院裁定不准予执行的，应当说明理由，并在五日内将裁定送达申请机关。

第七条　申请机关对不准予执行的裁定有异议的，可以自收到裁定之日起十五日内向上一级人民法院申请复议，上一级人民法院应当自收到复议申请之日起三十日内作出裁定。

第八条　人民法院裁定准予执行的，应当在五日内将裁定送达申请机关和被执行人，并可以根据实际情况建议申请机关依法采取必要措施，保障征收与补偿活动顺利实施。

第九条　人民法院裁定准予执行的，一般由作出征收补偿决定的市、县级人民政府组织实施，也可以由人民法院执行。

第十条　《条例》施行前已依法取得房屋拆迁许可证的项目，人民法院裁定准予执行房屋拆迁裁决的，参照本规定第九条精神办理。

第十一条　最高人民法院以前所作的司法解释与本规定不一致的，按本规定执行。

最高人民法院关于认真贯彻执行《关于办理申请人民法院强制执行国有土地上房屋征收补偿决定案件若干问题的规定》的通知

1．2012年4月5日

2．法〔2012〕97号

各省、自治区、直辖市高级人民法院，解放军军事法院，新疆维吾尔自治区高级人民法院生产建设兵团分院：

《最高人民法院关于办理申请人民法院强制执行国有土地上房屋征收补偿决定案件若干问题的规定》（法释〔2012〕4号，以下简称《规定》）已由最高人民法院审判委员会第1543次会议讨论通过，于2012年4月10日起施行。为准确把握和正确适用《规定》，现就有关问题通知如下：

一、充分认识制定实施《规定》的重要意义

制定实施《规定》是人民法院服务大局、回应社会关切的需要。房屋征收与补偿事关社会稳定、人民安居乐业、经济社会协调发展，党中央、国务院高度重视。《中华人民共和国行政强制法》（以下称《行政强制法》）、《国有土地上房屋征收与补偿条例》（以下称《条例》）颁布实施以来，有关市、县级人民政府申请人民法院强制执行房屋征收补偿决定（以下称征收补偿决定）以及新旧规定衔接等问题成为社会关注焦点。人民法院审判、执行工作面临许多新情况、新问题，需要统一法律、法规适用标准，明确具体工作规范。《规定》是对相关法律、法规规定精神的进一步细化和落实。

制定实施《规定》是解决现实工作难题、保障合法权益与实现公共利益的需要。近年来，一些地方因强制拆迁引发的恶性事件屡屡发生，为此，国务院下大力气进行专项整治，我院也下发紧急通知并开展专项检查，取得了明显成效。《规定》从案件受理、审查和执行等各个环节作出明确规定，规范相关程序和执行主体，有利于从制度上切实保障人民群众合法权益和公共利益的实现，理顺征收与补偿工作秩序，防止类似事件的发生。

制定实施《规定》是探索和改革执行方式、

创新和加强社会管理的需要。《条例》是一项重大制度创新，关于强制执行方式问题《行政强制法》尚未明确规定，为人民法院的探索和改革留有空间。《规定》充分反映了有关国家机关反复协商后形成的共识，是紧密结合中国国情，创新和完善执行工作体制和工作机制的重要举措，对推进人民法院司法改革、创新和加强社会管理必将发挥积极的促进作用。各级人民法院要深刻理解制定实施《规定》的重要性，在审判实践中认真贯彻执行。

二、注意处理好有关问题

一是案件管辖问题。《规定》明确了申请人民法院强制执行征收补偿决定的案件，以房屋所在地基层人民法院管辖为原则，旨在体现将矛盾化解在基层的处理纠纷总原则。因案件情况和各地执法环境存在较大差异，《规定》授权高级人民法院可根据本地实际情况决定管辖法院，包括可以就相关案件管辖作出统一规定，也包括可以就个案管辖作出具体处理。各高级人民法院要准确、灵活地适用法律和司法解释有关规定，科学配置中、基层人民法院的管辖权。

二是案件受理问题。《规定》明确了申请机关提出强制执行申请时应当提交的各项材料，其中社会稳定风险评估材料应当依据《条例》第十二条有关规定形成（涉及被征收人数量较多的还应包括经政府常务会议讨论决定方面的材料）。人民法院要认真审查申请是否符合形式要件、材料是否齐全，依照《规定》和《最高人民法院关于执行〈中华人民共和国行政诉讼法〉若干问题的解释》（以下称《若干解释》）的有关规定作出相应处理。

三是审查方式和标准问题。《规定》明确了人民法院审查时可以根据需要调取相关证据、询问当事人、组织听证或者进行现场调查，列举了裁定不准予执行的八种情形。特别是“明显不符合公平补偿原则，严重损害被执行人合法权益，被执行人基本生活、生产经营条件没有保障”、“明显违反行政目的，严重损害公共利益”以及“严重违反法定程序或者正当程序”等规定，具有鲜明的针对性。人民法院要准确理解和把握其精神实质，坚持以人为本的正确导向，坚持程序合法性与正当性审查标准，坚决防止滥用强制手段和“形式合法、实质不合法”现象的发生。

四是审查期限问题。《规定》依照《行政强制法》第五十八条规定，将相关案件审查期限规定为三十日，主要考虑此类案件许多具有复杂性和敏感性，法官需要有相对充分的审查时间，以做到审慎稳妥、判断准确，防止因草率裁定而损害被征收人合法权益或者使公众产生审查程序流于形式的误解。因特殊情况（如案情疑难复杂、需征求有关部门意见或调查取证等）需要延长审查期限的，由高级人民法院批准。基层人民法院应参照《若干解释》第八十二条规定的程序，直接报请高级人民法院批准，同时报中级人民法院备案。

五是裁决方式问题。人民法院在相关案件受理、审查和复议程序中所作的裁定，都应当说明理由，特别要注重增强不准予执行裁定的逻辑严密性和说理透彻性。上级人民法院经复议撤销原审裁定的同时，既可以直接作出是否受理或者是否准予执行的裁定，也可以针对原审裁定认定事实不清、证据不足等情形，裁定发回原审法院重新审查，申请机关对重新审查后的裁定可再次依法申请复议。

六是强制执行方式问题。《规定》明确了人民法院裁定准予执行的，一般由作出征收补偿决定的市、县级人民政府组织实施的总原则，以体现“裁执分离”的改革方向。人民法院在作出准予执行的裁定时，可以同时载明由相关政府组织实施；认为自身有足够能力实施时（个别例外情形），也可以依照《规定》由人民法院执行。

七是司法建议问题。人民法院作出准予执行的裁定时，可以根据案件的实际情况，就审查中预见的与强制执行相关的问题，书面建议申请机关依法采取必要措施消除隐患或者落实必要的应对预案，也可以针对政府组织实施行为提出相关建议，以保障征收与补偿活动依法有序顺利实施。人民法院不得与地方政府搞联合执行、委托执行；对被执行人及利害关系人认为强制执行过程中具体行政行为违法而提起的行政诉讼或者行政赔偿诉讼，应当依法受理。

八是新旧规定衔接问题。《规定》明确对行政机关依据《条例》施行前的规定作出的房屋拆迁裁决，人民法院裁定准予执行的，参照《规定》第九条精神办理。对行政机关就上述裁决提出的强制执行申请，人民法院应当依照相关法律、法规及司法解释的规定，严格立案、审查，认真执行《最高人民法院关于坚决防止土地征收、房屋拆迁强制执行引发恶性事件的紧急通知》（法明传〔2011〕327号）的具体要求，凡存在补偿安置不到位或其他不宜强制执行情形的，不得裁定准予执行；对于裁定准予执行的，要按照《规定》第九条确定的强制执行方式妥善处理，以促进房屋拆迁活动依法稳妥有序进行。

三、认真抓好《规定》的贯彻执行

《规定》条款内容虽然不多，但是对于解决房屋征收与补偿领域的突出矛盾，规范人民法院依法办理相关案件和强制执行活动稳妥实施，具有重要的积极作用。各级人民法院要调整工作思路，理顺工作机制，完善工作制度，加大对贯彻执行《规定》的领导和指导力度。要组织审判人员逐条学习理解、准确把握《规定》的精神和本通知的要求。必要时可以组织开展培训宣传活动，以增进人民群众和行政机关的理解与支持。要大力加强调查研究，积极争取地方党委、政府加大对人民法院机构设置、人员配备、物质装备建设的支持力度，切实解决相关案件数量大幅度增加后人民法院面临的实际困难。要结合本地实际情况制定实施方案，对于《规定》贯彻执行过程中出现的新情况新问题，要及时报告上级人民法院。

特此通知。

附件：（略）

最高人民法院对《当事人对人民法院强制执行生效具体行政行为的案件提出申诉人民法院应如何受理和处理的请示》的答复

1. 1995年8月22日

2. 法行〔1995〕12号

吉林省高级人民法院：

你院《关于当事人对人民法院强制执行生效具体行政行为的案件提出申诉人民法院应如何受理和处理的请示》收悉。经研究认为：公民、法人和其他组织认为人民法院强制执行生效的具体行政行为违法，侵犯其合法权益，向人民法院提出申诉，人民法院可以作为申诉进行审查。人民法院的全部执行活动合法，而生效具体行政行为违法的，应转送作出具体行政行为的行政机关依法处理，并通知申诉人同该行政机关直接联系；人民法院采取的强制措施等违法，造成损害的，应依照国家赔偿法的有关规定办理。

最高人民法院关于违法的建筑物、构筑物、设施等强制拆除问题的批复

1. 2013年3月25日最高人民法院审判委员会第1572次会议通过
2. 2013年3月27日公布
3. 法释〔2013〕5号
4. 自2013年4月3日起施行

北京市高级人民法院：

根据行政强制法和城乡规划法有关规定精神，对涉及违反城乡规划法的违法建筑物、构筑物、设施等的强制拆除，法律已经授予行政机关强制执行权，人民法院不受理行政机关提出的非诉行政执行申请。

最高人民法院关于办理行政机关申请强制执行案件有关问题的通知

1. 1998年8月18日
2. 法〔1998〕77号

各省、自治区、直辖市高级人民法院，新疆维吾尔自治区高级人民法院生产建设兵团分院：

关于人民法院办理行政机关申请强制执行其作出的具体行政行为的案件，行政庭与执行庭如何分工的问题，经我院审判委员会讨论，并已正式下发文件（法发〔1996〕12号）。我院《关于人民法院执行工作若干问题的规定（试行）》下发后，一些法院就上述两个文件的关系问题向我院提出询问。现就有关问题重申如下：

一、行政机关申请人民法院强制执行案件由行政审判庭负责审查。经教育，行政行为相对人自动履行的，即可结案。需要强制执行的，由行政审判庭移送执行庭办理。

二、对于申请执行的具体行政行为，人民法院必须认真进行审查，切实履行法律赋予的监督职责，坚决防止和杜绝违法失职现象的发生。因不审查或不认真审查而给被申请人造成损失的，应当追究有关人员的责任。

三、人民法院经审查，确认申请执行的具体行政行为有明显违法问题，侵犯相对人实体合法权益的，裁定不予执行，并向申请机关提出司法建议。

最高人民法院关于转发住房和城乡建设部《关于无证房产依据协助执行文书办理产权登记有关问题的函》的通知

1. 2012年6月15日
2. 法〔2012〕151号

各省、自治区、直辖市高级人民法院，解放军军事法院，新疆维吾尔自治区高级人民法院生产建设兵团分院：

现将住房和城乡建设部《关于无证房产依据协助执行文书办理产权登记有关问题的函》（建法函〔2012〕102号）转发你们，请参照执行，并在执行中注意如下问题：

一、各级人民法院在执行程序中，既要依法履行强制执行职责，又要尊重房屋登记机构依法享有的行政权力；既要保证执行工作的顺利开展，也要防止“违法建筑”等不符合法律、行政法规规定的房屋通过协助执行行为合法化。

二、执行程序中处置未办理初始登记的房屋时，具备初始登记条件的，执行法院处置后可以依法向房屋登记机构发出《协助执行通知书》；暂时不具备初始登记条件的，执行法院处置后可以向房屋登记机构发出《协助执行通知书》，并载明待房屋买受人或承受人完善相关手续具备初始登记条件后，由房屋登记机构按照《协助执行通知书》予以登记；不具备初始登记条件的，原则上进行"现状处置"，即处置前披露房屋不具备初始登记条件的现状，买受人或承受人按照房屋的权利现状取得房屋，后续的产权登记事项由买受人或承受人自行负责。

三、执行法院向房屋登记机构发出《协助执行通知书》，房屋登记机构认为不具备初始登记条件并作出书面说明的，执行法院应在 30 日内依照法律和有关规定，参照行政规章，对其说明理由进行审查。理由成立的，撤销或变更《协助执行通知书》并书面通知房屋登记机构；理由不成立的，书面通知房屋登记机构限期按《协助执行通知书》办理。

特此通知。

最高人民法院关于行政机关依法申请强制执行，被申请人拒不搬迁，人民法院予以强制执行是否正确问题的函

1. 1989 年 7 月 4 日

2. 〔1989〕民他字第 6 号

贵州省高级人民法院：

你院黔法〔1989〕民请字第 1 号《关于个体工商户闫兴文、黄祥荣所经营商店被拆除一案处理意见的请示报告》收悉。经研究，并征求了建设部和化工部的意见，我们认为：

由省、自治区、直辖市人民政府确定单独编制城市规划的矿区行政管理部门，对拆迁纠纷可以作出处理决定，也可以根据其处理决定申请人民法院强制执行。个体工商户闫兴文和黄祥荣是拆迁户，在他们拒不搬迁的情况下，开阳县人民法院于 1984 年 1 月根据有关法律规定精神以及开阳矿务局的申请，强制执行闫、黄搬迁并无不当。至于一些遗留问题，可根据具体情况妥善处理。

最高人民法院关于对林业行政机关依法作出具体行政行为申请人民法院强制执行问题的复函

1. 1993 年 12 月 24 日公布（法函〔1993〕91 号）

2. 根据 2020 年 12 月 23 日最高人民法院审判委员会第 1823 次会议通过、2020 年 12 月 29 日公布、自 2021 年 1 月 1 日起施行的《最高人民法院关于修改〈最高人民法院关于人民法院扣押铁路运输货物若干问题的规定〉等十八件执行类司法解释的决定》（法释〔2020〕21 号）修正

林业部：

你部林函策字（1993）308 号函收悉，经研究，同意你部所提意见，即：林业主管部门依法作出的具体行政行为，自然人、法人或者非法人组织在法定期限内既不起诉又不履行的，林业主管部门依据行政诉讼法第九十七条的规定可以申请人民法院强制执行，人民法院应予受理。

最高人民法院行政审判庭关于对山东高院《沙德兰诉曹县人民政府土地行政确权一案适用法律问题的请示》的答复

1. 1995年8月24日

2. 〔1996〕行他字15号

山东省高级人民法院：

你院《关于沙德兰诉曹县人民政府土地行政确权一案适用法律的请示》收悉，经研究，答复如下：

原则同意你院1996年6月27日审委会对该案的处理意见，即根据《土地管理法》第六条、第八条的不动产所在地或作出具体行政行为的行政机关所在地的法院管辖，由哪个法院执行可由申请执行人选择。

此复

最高人民法院关于劳动行政部门作出责令用人单位支付劳动者工资报酬、经济补偿和赔偿金的劳动监察指令书是否属于可申请法院强制执行的具体行政行为

1. 1998年5月17日

2. 〔1998〕法行字第1号

广东省高级人民法院：

你院《关于如何处理〈劳动监察指令书〉问题的请示》收悉。经研究，原则同意你院意见，即：劳动行政部门作出责令用人单位支付劳动者工资报酬、经济补偿和赔偿金的劳动监察指令书，不属于可申请人民法院强制执行的具体行政行为，人民法院对此类案件不予受理。劳动行政部门作出责令用人单位支付劳动者工资报酬、经济补偿和赔偿金的行政处理决定书，当事人既不履行又不申请复议或者起诉的，劳动行政部门可以依法申请人民法院强制执行。

最高人民法院对《关于非诉执行案件中作为被执行人的法人终止，人民法院是否可以直接裁定变更被执行人的请示》的答复

1. 2000年5月29日

2. 法行〔2000〕16号

山东省高级人民法院：

你院鲁高法函〔1999〕62号《关于非诉执行案件中作为被执行人的法人终止，人民法院是否可以直接裁定变更被执行人的请示》收悉。经研究，答复如下：

人民法院在办理行政机关申请人民法院强制执行其具体行政行为的案件过程中，作为被执行人的法人出现分立、合并、兼并、合营等情况，原具体行政行为仍应执行的，人民法院应当通知申请机关变更被执行人。对变更后的被执行人，人民法院应当依法进行审查。

最高人民法院对如何执行《关于执行〈中华人民共和国行政诉讼法〉若干问题的解释》第九十二条的请示的答复

1．2000年12月14日

2．法行〔2000〕21号

上海市高级人民法院：

你院沪高法〔2000〕330号关于如何执行最高人民法院《关于执行〈中华人民共和国行政诉讼法〉若干问题的解释》第九十二条的请示收悉。经研究，答复如下：

申请人在具体行政行为对外发生法律效力后至申请执行的期限内，依据《最高人民法院关于执行〈中华人民共和国行政诉讼法〉若干问题的解释》第九十二条的规定，可以向人民法院申请采取财产保全措施。

最高人民法院关于判决驳回原告诉讼请求行政案件执行问题的答复

1．2008年12月15日

2．〔2008〕行他字第24号

湖北省高级人民法院：

你院鄂高法〔2008〕391号《关于判决驳回原告的诉讼请求行政案件执行问题的请示》收悉。经研究答复如下：

被诉具体行政行为具有可执行内容的，人民法院作出驳回原告诉讼请求判决生效后，行政机关申请执行被诉具体行政行为的，人民法院应依法裁定准予执行，并明确执行的具体内容。

此复

3. 仲裁案件的执行

最高人民法院关于人民法院办理仲裁裁决执行案件若干问题的规定

1. *2018年1月5日最高人民法院审判委员会第1730次会议通过*
2. *2018年2月22日公布*
3. *法释〔2018〕5号*
4. *自2018年3月1日起施行*

为了规范人民法院办理仲裁裁决执行案件，依法保护当事人、案外人的合法权益，根据《中华人民共和国民事诉讼法》《中华人民共和国仲裁法》等法律规定，结合人民法院执行工作实际，制定本规定。

第一条 本规定所称的仲裁裁决执行案件，是指当事人申请人民法院执行仲裁机构依据仲裁法作出的仲裁裁决或者仲裁调解书的案件。

第二条 当事人对仲裁机构作出的仲裁裁决或者仲裁调解书申请执行的，由被执行人住所地或者被执行的财产所在地的中级人民法院管辖。

符合下列条件的，经上级人民法院批准，中级人民法院可以参照民事诉讼法第三十八条的规定指定基层人民法院管辖：

（一）执行标的额符合基层人民法院一审民商事案件级别管辖受理范围；

（二）被执行人住所地或者被执行的财产所在地在被指定的基层人民法院辖区内。

被执行人、案外人对仲裁裁决执行案件申请不予执行的，负责执行的中级人民法院应当另行立案审查处理；执行案件已指定基层人民法院管辖的，应当于收到不予执行申请后三日内移送原执行法院另行立案审查处理。

第三条 仲裁裁决或者仲裁调解书执行内容具有下列情形之一导致无法执行的，人民法院可以裁定驳回执行申请；导致部分无法执行的，可以裁定驳回该部分的执行申请；导致部分无法执行且该部分与其他部分不可分的，可以裁定驳回执行申请。

（一）权利义务主体不明确；

（二）金钱给付具体数额不明确或者计算方法不明确导致无法计算出具体数额；

（三）交付的特定物不明确或者无法确定；

（四）行为履行的标准、对象、范围不明确。

仲裁裁决或者仲裁调解书仅确定继续履行合同，但对继续履行的权利义务，以及履行的方式、期限等具体内容不明确，导致无法执行的，依照前款规定处理。

第四条 对仲裁裁决主文或者仲裁调解书中的文字、计算错误以及仲裁庭已经认定但在裁决主文中遗漏的事项，可以补正或说明的，人民法院应当书面告知仲裁庭补正或说明，或者向仲裁机构调阅仲裁案卷查明。仲裁庭不补正也不说明，且人民法院调阅仲裁案卷后执行内容仍然不明确具体无法执行的，可以裁定驳回执行申请。

第五条 申请执行人对人民法院依照本规定第三条、第四条作出的驳回执行申请裁定不服的，可以自裁定送达之日起十日内向上一级人民法院申请复议。

第六条 仲裁裁决或者仲裁调解书确定交付的特定物确已毁损或者灭失的，依照《最高人民法院关于适用〈中华人民共和国民事诉讼法〉的解释》第四百九十四条的规定处理。

第七条 被执行人申请撤销仲裁裁决并已由人民

法院受理的，或者被执行人、案外人对仲裁裁决执行案件提出不予执行申请并提供适当担保的，执行法院应当裁定中止执行。中止执行期间，人民法院应当停止处分性措施，但申请执行人提供充分、有效的担保请求继续执行的除外；执行标的查封、扣押、冻结期限届满前，人民法院可以根据当事人申请或者依职权办理续行查封、扣押、冻结手续。

申请撤销仲裁裁决、不予执行仲裁裁决案件司法审查期间，当事人、案外人申请对已查封、扣押、冻结之外的财产采取保全措施的，负责审查的人民法院参照民事诉讼法第一百条的规定处理。司法审查后仍需继续执行的，保全措施自动转为执行中的查封、扣押、冻结措施；采取保全措施的人民法院与执行法院不一致的，应当将保全手续移送执行法院，保全裁定视为执行法院作出的裁定。

第八条 被执行人向人民法院申请不予执行仲裁裁决的，应当在执行通知书送达之日起十五日内提出书面申请；有民事诉讼法第二百三十七条第二款第四、六项规定情形且执行程序尚未终结的，应当自知道或者应当知道有关事实或案件之日起十五日内提出书面申请。

本条前款规定期限届满前，被执行人已向有管辖权的人民法院申请撤销仲裁裁决且已被受理的，自人民法院驳回撤销仲裁裁决申请的裁判文书生效之日起重新计算期限。

第九条 案外人向人民法院申请不予执行仲裁裁决或者仲裁调解书的，应当提交申请书以及证明其请求成立的证据材料，并符合下列条件：

（一）有证据证明仲裁案件当事人恶意申请仲裁或者虚假仲裁，损害其合法权益；

（二）案外人主张的合法权益所涉及的执行标的尚未执行终结；

（三）自知道或者应当知道人民法院对该标的采取执行措施之日起三十日内提出。

第十条 被执行人申请不予执行仲裁裁决，对同一仲裁裁决的多个不予执行事由应当一并提出。不予执行仲裁裁决申请被裁定驳回后，再次提出申请的，人民法院不予审查，但有新证据证明存在民事诉讼法第二百三十七条第二款第四、六项规定情形的除外。

第十一条 人民法院对不予执行仲裁裁决案件应当组成合议庭围绕被执行人申请的事由、案外人的申请进行审查；对被执行人没有申请的事由不予审查，但仲裁裁决可能违背社会公共利益的除外。

被执行人、案外人对仲裁裁决执行案件申请不予执行的，人民法院应当进行询问；被执行人在询问终结前提出其他不予执行事由的，应当一并审查。人民法院审查时，认为必要的，可以要求仲裁庭作出说明，或者向仲裁机构调阅仲裁案卷。

第十二条 人民法院对不予执行仲裁裁决案件的审查，应当在立案之日起两个月内审查完毕并作出裁定；有特殊情况需要延长的，经本院院长批准，可以延长一个月。

第十三条 下列情形经人民法院审查属实的，应当认定为民事诉讼法第二百三十七条第二款第二项规定的“裁决的事项不属于仲裁协议的范围或者仲裁机构无权仲裁的”情形：

（一）裁决的事项超出仲裁协议约定的范围；

（二）裁决的事项属于依照法律规定或者当事人选择的仲裁规则规定的不可仲裁事项；

（三）裁决内容超出当事人仲裁请求的范围；

（四）作出裁决的仲裁机构非仲裁协议所约定。

第十四条 违反仲裁法规定的仲裁程序、当事人选择的仲裁规则或者当事人对仲裁程序的特别约定，可能影响案件公正裁决，经人民法院审查属实的，应当认定为民事诉讼法第二百三十七条第二款第三项规定的"仲裁庭的组成或者仲裁的程序违反法定程序的"情形。

当事人主张未按照仲裁法或仲裁规则规定的方式送达法律文书导致其未能参与仲裁，或者仲裁员根据仲裁法或仲裁规则的规定应当回避而未回避，可能影响公正裁决，经审查属实的，人民法院应当支持；仲裁庭按照仲裁法或仲裁规则以及当事人约定的方式送达仲裁法律文书，当事人主张不符合民事诉讼法有关送达规定的，人民法院不予支持。

适用的仲裁程序或仲裁规则经特别提示，当事人知道或者应当知道法定仲裁程序或选择的仲裁规则未被遵守，但仍然参加或者继续参加仲裁程序且未提出异议，在仲裁裁决作出之后以违反法定程序为由申请不予执行仲裁裁决的，人民法院不予支持。

第十五条 符合下列条件的，人民法院应当认定为民事诉讼法第二百三十七条第二款第四项规定的"裁决所根据的证据是伪造的"情形：

（一）该证据已被仲裁裁决采信；

（二）该证据属于认定案件基本事实的主要证据；

（三）该证据经查明确属通过捏造、变造、提供虚假证明等非法方式形成或者获取，违反证据的客观性、关联性、合法性要求。

第十六条 符合下列条件的，人民法院应当认定为民事诉讼法第二百三十七条第二款第五项规定的"对方当事人向仲裁机构隐瞒了足以影响公正裁决的证据的"情形：

（一）该证据属于认定案件基本事实的主要证据；

（二）该证据仅为对方当事人掌握，但未向仲裁庭提交；

（三）仲裁过程中知悉存在该证据，且要求对方当事人出示或者请求仲裁庭责令其提交，但对方当事人无正当理由未予出示或者提交。

当事人一方在仲裁过程中隐瞒己方掌握的证据，仲裁裁决作出后以己方所隐瞒的证据足以影响公正裁决为由申请不予执行仲裁裁决的，人民法院不予支持。

第十七条 被执行人申请不予执行仲裁调解书或者根据当事人之间的和解协议、调解协议作出的仲裁裁决，人民法院不予支持，但该仲裁调解书或者仲裁裁决违背社会公共利益的除外。

第十八条 案外人根据本规定第九条申请不予执行仲裁裁决或者仲裁调解书，符合下列条件的，人民法院应当支持：

（一）案外人系权利或者利益的主体；

（二）案外人主张的权利或者利益合法、真实；

（三）仲裁案件当事人之间存在虚构法律关系，捏造案件事实的情形；

（四）仲裁裁决主文或者仲裁调解书处理当事人民事权利义务的结果部分或者全部错误，损害案外人合法权益。

第十九条 被执行人、案外人对仲裁裁决执行案件逾期申请不予执行的，人民法院应当裁定不予受理；已经受理的，应当裁定驳回不予执行申请。

被执行人、案外人对仲裁裁决执行案件申请不予执行，经审查理由成立的，人民法院应当裁定不予执行;理由不成立的,应当裁定驳回不予执行申请。

第二十条 当事人向人民法院申请撤销仲裁裁决被驳回后,又在执行程序中以相同事由提出不予执行申请的,人民法院不予支持;当事人向人民法院申请不予执行被驳回后,又以相同事由申请撤销仲裁裁决的,人民法院不予支持。

在不予执行仲裁裁决案件审查期间,当事人向有管辖权的人民法院提出撤销仲裁裁决申请并被受理的,人民法院应当裁定中止对不予执行申请的审查;仲裁裁决被撤销或者决定重新仲裁的,人民法院应当裁定终结执行,并终结对不予执行申请的审查;撤销仲裁裁决申请被驳回或者申请执行人撤回撤销仲裁裁决申请的,人民法院应当恢复对不予执行申请的审查;被执行人撤回撤销仲裁裁决申请的,人民法院应当裁定终结对不予执行申请的审查,但案外人申请不予执行仲裁裁决的除外。

第二十一条 人民法院裁定驳回撤销仲裁裁决申请或者驳回不予执行仲裁裁决、仲裁调解书申请的,执行法院应当恢复执行。

人民法院裁定撤销仲裁裁决或者基于被执行人申请裁定不予执行仲裁裁决,原被执行人申请执行回转或者解除强制执行措施的,人民法院应当支持。原申请执行人对已履行或者被人民法院强制执行的款物申请保全的,人民法院应当依法准许;原申请执行人在人民法院采取保全措施之日起三十日内,未根据双方达成的书面仲裁协议重新申请仲裁或者向人民法院起诉的,人民法院应当裁定解除保全。

人民法院基于案外人申请裁定不予执行仲裁裁决或者仲裁调解书,案外人申请执行回转或者解除强制执行措施的,人民法院应当支持。

第二十二条 人民法院裁定不予执行仲裁裁决、驳回或者不予受理不予执行仲裁裁决申请后,当事人对该裁定提出执行异议或者申请复议的,人民法院不予受理。

人民法院裁定不予执行仲裁裁决的,当事人可以根据双方达成的书面仲裁协议重新申请仲裁,也可以向人民法院起诉。

人民法院基于案外人申请裁定不予执行仲裁裁决或者仲裁调解书,当事人不服的,可以自裁定送达之日起十日内向上一级人民法院申请复议;人民法院裁定驳回或者不予受理案外人提出的不予执行仲裁裁决、仲裁调解书申请,案外人不服的,可以自裁定送达之日起十日内向上一级人民法院申请复议。

第二十三条 本规定第八条、第九条关于对仲裁裁决执行案件申请不予执行的期限自本规定施行之日起重新计算。

第二十四条 本规定自2018年3月1日起施行,最高人民法院以前发布的司法解释与本规定不一致的,以本规定为准。

本规定施行前已经执行终结的执行案件,不适用本规定;本规定施行后尚未执行终结的执行案件,适用本规定。

劳动和社会保障部关于劳动争议仲裁委员会作出仲裁裁决后不再变更被执行主体的复函

1. *2003年5月16日*
2. *劳社厅函〔2003〕260号*

浙江省劳动和社会保障厅:

你厅《关于仲裁裁决生效后能否变更主体的请

示》(浙劳社仲〔2003〕66号)收悉。现答复如下:

《关于人民法院执行工作若干问题的规定(试行)》(法释〔1998〕15号)规定,依照《民事诉讼法》第二百一十三条、《最高人民法院关于适用民事诉讼法若干问题的意见》第271条至第274条及本规定裁定变更或追加被执行主体的,由执行法院的执行机构办理。据此,对于劳动仲裁裁决执行过程中发生主体消亡情形的,由人民法院根据有关规定进行处理。劳动争议仲裁裁决一经作出并生效后,仲裁程序即结束,劳动争议仲裁委员会作出仲裁裁决后不再变更被执行主体。

最高人民法院关于内地与香港特别行政区相互执行仲裁裁决的安排

1. 1999年6月18日最高人民法院审判委员会第1069次会议通过

2. 2000年1月24日公布

3. 法释〔2000〕3号

4. 自2000年2月1日起施行

根据《中华人民共和国香港特别行政区基本法》第九十五条的规定,经最高人民法院与香港特别行政区(以下简称香港特区)政府协商,香港特区法院同意执行内地仲裁机构(名单由国务院法制办公室经国务院港澳事务办公室提供)依据《中华人民共和国仲裁法》所作出的裁决,内地人民法院同意执行在香港特区按香港特区《仲裁条例》所作出的裁决。现就内地与香港特区相互执行仲裁裁决的有关事宜作出如下安排:

一、在内地或者香港特区作出的仲裁裁决,一方当事人不履行仲裁裁决的,另一方当事人可以向被申请人住所地或者财产所在地的有关法院申请执行。

二、上条所述的有关法院,在内地指被申请人住所地或者财产所在地的中级人民法院,在香港特区指香港特区高等法院。

被申请人住所地或者财产所在地在内地不同的中级人民法院辖区内的,申请人可以选择其中一个人民法院申请执行裁决,不得分别向两个或者两个以上人民法院提出申请。

被申请人的住所地或者财产所在地,既在内地又在香港特区的,申请人不得同时分别向两地有关法院提出申请。只有一地法院执行不足以偿还其债务时,才可就不足部分向另一地法院申请执行。两地法院先后执行仲裁裁决的总额,不得超过裁决数额。

三、申请人向有关法院申请执行在内地或者香港特区作出的仲裁裁决的,应当提交以下文书:

(一)执行申请书;

(二)仲裁裁决书;

(三)仲裁协议。

四、执行申请书的内容应当载明下列事项:

(一)申请人为自然人的情况下,该人的姓名、地址;申请人为法人或者其他组织的情况下,该法人或其他组织的名称、地址及法定代表人姓名;

(二)被申请人为自然人的情况下,该人的姓名、地址;被申请人为法人或者其他组织的情况下,该法人或其他组织的名称、地址及法定代表人姓名;

(三)申请人为法人或者其他组织的,应当提交企业注册登记的副本。申请人是外国籍法人或者其他组织的,应当提交相应的公证和认证材料;

（四）申请执行的理由与请求的内容，被申请人的财产所在地及财产状况。

执行申请书应当以中文文本提出，裁决书或者仲裁协议没有中文文本的，申请人应当提交正式证明的中文译本。

五、申请人向有关法院申请执行内地或者香港特区仲裁裁决的期限依据执行地法律有关时限的规定。

六、有关法院接到申请人申请后，应当按执行地法律程序处理及执行。

七、在内地或者香港特区申请执行的仲裁裁决，被申请人接到通知后，提出证据证明有下列情形之一的，经审查核实，有关法院可裁定不予执行：

（一）仲裁协议当事人依对其适用的法律属于某种无行为能力的情形；或者该项仲裁协议依约定的准据法无效；或者未指明以何种法律为准时，依仲裁裁决地的法律是无效的；

（二）被申请人未接到指派仲裁员的适当通知，或者因他故未能陈述意见的；

（三）裁决所处理的争议不是交付仲裁的标的或者不在仲裁协议条款之内，或者裁决载有关于交付仲裁范围以外事项的决定的；但交付仲裁事项的决定可与未交付仲裁的事项划分时，裁决中关于交付仲裁事项的决定部分应当予以执行；

（四）仲裁庭的组成或者仲裁庭程序与当事人之间的协议不符，或者在有关当事人没有这种协议时与仲裁地的法律不符的；

（五）裁决对当事人尚无约束力，或者业经仲裁地的法院或者按仲裁地的法律撤销或者停止执行的。

有关法院认定依执行地法律，争议事项不能以仲裁解决的，则可不予执行该裁决。

内地法院认定在内地执行该仲裁裁决违反内地社会公共利益，或者香港特区法院决定在香港特区执行该仲裁裁决违反香港特区的公共政策，则可不予执行该裁决。

八、申请人向有关法院申请执行在内地或者香港特区作出的仲裁裁决，应当根据执行地法院有关诉讼收费的办法交纳执行费用。

九、1997年7月1日以后申请执行在内地或者香港特区作出的仲裁裁决按本安排执行。

十、对1997年7月1日至本安排生效之日的裁决申请问题，双方同意：

1997年7月1日至本安排生效之日因故未能向内地或者香港特区法院申请执行，申请人为法人或者其他组织的，可以在本安排生效后六个月内提出；如申请人为自然人的，可以在本安排生效后一年内提出。

对于内地或香港特区法院在1997年7月1日至本安排生效之日拒绝受理或者拒绝执行仲裁裁决的案件，应允许当事人重新申请。

十一、本安排在执行过程中遇有问题和修改，应当通过最高人民法院和香港特区政府协商解决。

内地仲裁委员会名单（略）

最高人民法院关于内地与香港特别行政区相互执行仲裁裁决的补充安排

1. 2020年11月9日最高人民法院审判委员会第1815次会议通过

2. 2020年11月26日公布

3. 法释〔2020〕13号

依据《最高人民法院关于内地与香港特别行

政区相互执行仲裁裁决的安排》(以下简称《安排》)第十一条的规定,最高人民法院与香港特别行政区政府经协商,作出如下补充安排:

一、《安排》所指执行内地或者香港特别行政区仲裁裁决的程序,应解释为包括认可和执行内地或者香港特别行政区仲裁裁决的程序。

二、将《安排》序言及第一条修改为:"根据《中华人民共和国香港特别行政区基本法》第九十五条的规定,经最高人民法院与香港特别行政区(以下简称香港特区)政府协商,现就仲裁裁决的相互执行问题作出如下安排:

"一、内地人民法院执行按香港特区《仲裁条例》作出的仲裁裁决,香港特区法院执行按《中华人民共和国仲裁法》作出的仲裁裁决,适用本安排。"

三、将《安排》第二条第三款修改为:"被申请人在内地和香港特区均有住所地或者可供执行财产的,申请人可以分别向两地法院申请执行。应对方法院要求,两地法院应当相互提供本方执行仲裁裁决的情况。两地法院执行财产的总额,不得超过裁决确定的数额。"

四、在《安排》第六条中增加一款作为第二款:"有关法院在受理执行仲裁裁决申请之前或者之后,可以依申请并按照执行地法律规定采取保全或者强制措施。"

五、本补充安排第一条、第四条自公布之日起施行,第二条、第三条在香港特别行政区完成有关程序后,由最高人民法院公布生效日期。[①]

最高人民法院关于内地与澳门特别行政区相互认可和执行仲裁裁决的安排

1. 2007年9月17日最高人民法院审判委员会第1437次会议通过

2. 2007年12月12日公布

3. 法释〔2007〕17号

4. 自2008年1月1日起施行

根据《中华人民共和国澳门特别行政区基本法》第九十三条的规定,经最高人民法院与澳门特别行政区协商,现就内地与澳门特别行政区相互认可和执行仲裁裁决的有关事宜达成如下安排:

第一条 内地人民法院认可和执行澳门特别行政区仲裁机构及仲裁员按照澳门特别行政区仲裁法规在澳门作出的民商事仲裁裁决,澳门特别行政区法院认可和执行内地仲裁机构依据《中华人民共和国仲裁法》在内地作出的民商事仲裁裁决,适用本安排。

本安排没有规定的,适用认可和执行地的程序法律规定。

第二条 在内地或者澳门特别行政区作出的仲裁裁决,一方当事人不履行的,另一方当事人可以向被申请人住所地、经常居住地或者财产所在地的有关法院申请认可和执行。

内地有权受理认可和执行仲裁裁决申请的法院为中级人民法院。两个或者两个以上中级

① 2021年5月18日最高人民法院公告:现香港特别行政区已完成有关程序,本司法解释第二条、第三条自2021年5月19日起施行。

人民法院均有管辖权的，当事人应当选择向其中一个中级人民法院提出申请。

澳门特别行政区有权受理认可仲裁裁决申请的法院为中级法院，有权执行的法院为初级法院。

第三条　被申请人的住所地、经常居住地或者财产所在地分别在内地和澳门特别行政区的，申请人可以向一地法院提出认可和执行申请，也可以分别向两地法院提出申请。

当事人分别向两地法院提出申请的，两地法院都应当依法进行审查。予以认可的，采取查封、扣押或者冻结被执行人财产等执行措施。仲裁地法院应当先进行执行清偿；另一地法院在收到仲裁地法院关于经执行债权未获清偿情况的证明后，可以对申请人未获清偿的部分进行执行清偿。两地法院执行财产的总额，不得超过依据裁决和法律规定所确定的数额。

第四条　申请人向有关法院申请认可和执行仲裁裁决的，应当提交以下文件或者经公证的副本：

（一）申请书；

（二）申请人身份证明；

（三）仲裁协议；

（四）仲裁裁决书或者仲裁调解书。

上述文件没有中文文本的，申请人应当提交经正式证明的中文译本。

第五条　申请书应当包括下列内容：

（一）申请人或者被申请人为自然人的，应当载明其姓名及住所；为法人或者其他组织的，应当载明其名称及住所，以及其法定代表人或者主要负责人的姓名、职务和住所；申请人是外国籍法人或者其他组织的，应当提交相应的公证和认证材料；

（二）请求认可和执行的仲裁裁决书或者仲裁调解书的案号或识别资料和生效日期；

（三）申请认可和执行仲裁裁决的理由及具体请求，以及被申请人财产所在地、财产状况及该仲裁裁决的执行情况。

第六条　申请人向有关法院申请认可和执行内地或者澳门特别行政区仲裁裁决的期限，依据认可和执行地的法律确定。

第七条　对申请认可和执行的仲裁裁决，被申请人提出证据证明有下列情形之一的，经审查核实，有关法院可以裁定不予认可：

（一）仲裁协议一方当事人依对其适用的法律在订立仲裁协议时属于无行为能力的；或者依当事人约定的准据法，或当事人没有约定适用的准据法而依仲裁地法律，该仲裁协议无效的；

（二）被申请人未接到选任仲裁员或者进行仲裁程序的适当通知，或者因他故未能陈述意见的；

（三）裁决所处理的争议不是提交仲裁的争议，或者不在仲裁协议范围之内；或者裁决载有超出当事人提交仲裁范围的事项的决定，但裁决中超出提交仲裁范围的事项的决定与提交仲裁事项的决定可以分开的，裁决中关于提交仲裁事项的决定部分可以予以认可；

（四）仲裁庭的组成或者仲裁程序违反了当事人的约定，或者在当事人没有约定时与仲裁地的法律不符的；

（五）裁决对当事人尚无约束力，或者业经仲裁地的法院撤销或者拒绝执行的。

有关法院认定，依执行地法律，争议事项不能以仲裁解决的，不予认可和执行该裁决。

内地法院认定在内地认可和执行该仲裁裁决违反内地法律的基本原则或者社会公共利益，澳门特别行政区法院认定在澳门特别行政区认可和执行该仲裁裁决违反澳门特别行政区法律的基本原则或者公共秩序,不予认可和执行该裁决。

第八条 申请人依据本安排申请认可和执行仲裁裁决的,应当根据执行地法律的规定,交纳诉讼费用。

第九条 一方当事人向一地法院申请执行仲裁裁决,另一方当事人向另一地法院申请撤销该仲裁裁决,被执行人申请中止执行且提供充分担保的,执行法院应当中止执行。

根据经认可的撤销仲裁裁决的判决、裁定,执行法院应当终结执行程序;撤销仲裁裁决申请被驳回的,执行法院应当恢复执行。

当事人申请中止执行的,应当向执行法院提供其他法院已经受理申请撤销仲裁裁决案件的法律文书。

第十条 受理申请的法院应当尽快审查认可和执行的请求,并作出裁定。

第十一条 法院在受理认可和执行仲裁裁决申请之前或者之后,可以依当事人的申请,按照法院地法律规定,对被申请人的财产采取保全措施。

第十二条 由一方有权限公共机构(包括公证员)作成的文书正本或者经公证的文书副本及译本,在适用本安排时,可以免除认证手续在对方使用。

第十三条 本安排实施前,当事人提出的认可和执行仲裁裁决的请求,不适用本安排。

自1999年12月20日至本安排实施前,澳门特别行政区仲裁机构及仲裁员作出的仲裁裁决,当事人向内地申请认可和执行的期限,自本安排实施之日起算。

第十四条 为执行本安排,最高人民法院和澳门特别行政区终审法院应当相互提供相关法律资料。

最高人民法院和澳门特别行政区终审法院每年相互通报执行本安排的情况。

第十五条 本安排在执行过程中遇有问题或者需要修改的,由最高人民法院和澳门特别行政区协商解决。

第十六条 本安排自2008年1月1日起实施。

最高人民法院关于认可和执行台湾地区仲裁裁决的规定

1. *2015年6月2日最高人民法院审判委员会第1653次会议通过*
2. *2015年6月29日公布*
3. *法释〔2015〕14号*
4. *自2015年7月1日起施行*

为保障海峡两岸当事人的合法权益,更好地适应海峡两岸关系和平发展的新形势,根据民事诉讼法、仲裁法等有关法律,总结人民法院涉台审判工作经验,就认可和执行台湾地区仲裁裁决,制定本规定。

第一条 台湾地区仲裁裁决的当事人可以根据本规定,作为申请人向人民法院申请认可和执行台湾地区仲裁裁决。

第二条 本规定所称台湾地区仲裁裁决是指,有关常设仲裁机构及临时仲裁庭在台湾地区按照台湾地区仲裁规定就有关民商事争议作出的仲裁裁决,包括仲裁判断、仲裁和解和仲裁调解。

第三条 申请人同时提出认可和执行台湾地区仲裁裁决申请的,人民法院先按照认可程序进行审查,裁定认可后,由人民法院执行机构执行。

申请人直接申请执行的,人民法院应当告知其一并提交认可申请;坚持不申请认可的,裁定驳回其申请。

第四条 申请认可台湾地区仲裁裁决的案件，由申请人住所地、经常居住地或者被申请人住所地、经常居住地、财产所在地中级人民法院或者专门人民法院受理。

申请人向两个以上有管辖权的人民法院申请认可的，由最先立案的人民法院管辖。

申请人向被申请人财产所在地人民法院申请认可的，应当提供财产存在的相关证据。

第五条 对申请认可台湾地区仲裁裁决的案件，人民法院应当组成合议庭进行审查。

第六条 申请人委托他人代理申请认可台湾地区仲裁裁决的，应当向人民法院提交由委托人签名或者盖章的授权委托书。

台湾地区、香港特别行政区、澳门特别行政区或者外国当事人签名或者盖章的授权委托书应当履行相关的公证、认证或者其他证明手续，但授权委托书在人民法院法官的见证下签署或者经中国大陆公证机关公证证明是在中国大陆签署的除外。

第七条 申请人申请认可台湾地区仲裁裁决，应当提交以下文件或者经证明无误的副本：

（一）申请书；

（二）仲裁协议；

（三）仲裁判断书、仲裁和解书或者仲裁调解书。

申请书应当记明以下事项：

（一）申请人和被申请人姓名、性别、年龄、职业、身份证件号码、住址（申请人或者被申请人为法人或者其他组织的，应当记明法人或者其他组织的名称、地址、法定代表人或者主要负责人姓名、职务）和通讯方式；

（二）申请认可的仲裁判断书、仲裁和解书或者仲裁调解书的案号或者识别资料和生效日期；

（三）请求和理由；

（四）被申请人财产所在地、财产状况及申请认可的仲裁裁决的执行情况；

（五）其他需要说明的情况。

第八条 对于符合本规定第四条和第七条规定条件的申请，人民法院应当在收到申请后七日内立案，并通知申请人和被申请人，同时将申请书送达被申请人；不符合本规定第四条和第七条规定条件的，应当在七日内裁定不予受理，同时说明不予受理的理由；申请人对裁定不服的，可以提起上诉。

第九条 申请人申请认可台湾地区仲裁裁决，应当提供相关证明文件，以证明该仲裁裁决的真实性。

申请人可以申请人民法院通过海峡两岸调查取证司法互助途径查明台湾地区仲裁裁决的真实性；人民法院认为必要时，也可以就有关事项依职权通过海峡两岸司法互助途径向台湾地区请求调查取证。

第十条 人民法院受理认可台湾地区仲裁裁决的申请之前或者之后，可以按照民事诉讼法及相关司法解释的规定，根据申请人的申请，裁定采取保全措施。

第十一条 人民法院受理认可台湾地区仲裁裁决的申请后，当事人就同一争议起诉的，不予受理。

当事人未申请认可，而是就同一争议向人民法院起诉的，亦不予受理，但仲裁协议无效的除外。

第十二条 人民法院受理认可台湾地区仲裁裁决的申请后，作出裁定前，申请人请求撤回申请的，可以裁定准许。

第十三条 人民法院应当尽快审查认可台湾地区仲裁裁决的申请，决定予以认可的，应当在立案之日起两个月内作出裁定；决定不予认可或者驳回申请的，应当在作出决定前按有关规定自立案之日起两个月内上报最高人民法院。

通过海峡两岸司法互助途径送达文书和调查取证的期间，不计入审查期限。

第十四条 对申请认可和执行的仲裁裁决，被申请人提出证据证明有下列情形之一的，经审查核实，人民法院裁定不予认可：

（一）仲裁协议一方当事人依对其适用的法律在订立仲裁协议时属于无行为能力的；或者依当事人约定的准据法，或当事人没有约定适用的准据法而依台湾地区仲裁规定，该仲裁协议无效的；或者当事人之间没有达成书面仲裁协议的，但申请认可台湾地区仲裁调解的除外；

（二）被申请人未接到选任仲裁员或进行仲裁程序的适当通知，或者由于其他不可归责于被申请人的原因而未能陈述意见的；

（三）裁决所处理的争议不是提交仲裁的争议，或者不在仲裁协议范围之内；或者裁决载有超出当事人提交仲裁范围的事项的决定，但裁决中超出提交仲裁范围的事项的决定与提交仲裁事项的决定可以分开的，裁决中关于提交仲裁事项的决定部分可以予以认可；

（四）仲裁庭的组成或者仲裁程序违反当事人的约定，或者在当事人没有约定时与台湾地区仲裁规定不符的；

（五）裁决对当事人尚无约束力，或者业经台湾地区法院撤销或者驳回执行申请的。

依据国家法律，该争议事项不能以仲裁解决的，或者认可该仲裁裁决将违反一个中国原则等国家法律的基本原则或损害社会公共利益的，人民法院应当裁定不予认可。

第十五条 人民法院经审查能够确认台湾地区仲裁裁决真实，而且不具有本规定第十四条所列情形的，裁定认可其效力；不能确认该仲裁裁决真实性的，裁定驳回申请。

裁定驳回申请的案件，申请人再次申请并符合受理条件的，人民法院应予受理。

第十六条 人民法院依据本规定第十四条和第十五条作出的裁定，一经送达即发生法律效力。

第十七条 一方当事人向人民法院申请认可或者执行台湾地区仲裁裁决，另一方当事人向台湾地区法院起诉撤销该仲裁裁决，被申请人申请中止认可或者执行并且提供充分担保的，人民法院应当中止认可或者执行程序。

申请中止认可或者执行的，应当向人民法院提供台湾地区法院已经受理撤销仲裁裁决案件的法律文书。

台湾地区法院撤销该仲裁裁决的，人民法院应当裁定不予认可或者裁定终结执行；台湾地区法院驳回撤销仲裁裁决请求的，人民法院应当恢复认可或者执行程序。

第十八条 对人民法院裁定不予认可的台湾地区仲裁裁决，申请人再次提出申请的，人民法院不予受理。但当事人可以根据双方重新达成的仲裁协议申请仲裁，也可以就同一争议向人民法院起诉。

第十九条 申请人申请认可和执行台湾地区仲裁裁决的期间，适用民事诉讼法第二百三十九条的规定。

申请人仅申请认可而未同时申请执行的，申请执行的期间自人民法院对认可申请作出的裁定生效之日起重新计算。

第二十条 人民法院在办理申请认可和执行台湾地区仲裁裁决案件中所作出的法律文书，应当依法送达案件当事人。

第二十一条 申请认可和执行台湾地区仲裁裁决，

应当参照《诉讼费用交纳办法》的规定，交纳相关费用。

第二十二条　本规定自2015年7月1日起施行。

本规定施行前，根据《最高人民法院关于人民法院认可台湾地区有关法院民事判决的规定》（法释〔1998〕11号），人民法院已经受理但尚未审结的申请认可和执行台湾地区仲裁裁决的案件，适用本规定。

最高人民法院关于劳动争议仲裁委员会的复议仲裁决定书可否作为执行依据问题的批复

1. 1996年7月21日

2. 法复〔1996〕10号

河南省高级人民法院：

你院（1995）豫法执请字第1号《关于郑劳仲复裁字（1991）第1号复议仲裁决定书能否作为执行依据的请示》收悉。经研究，答复如下：

仲裁一裁终局制度，是指仲裁决定一经作出即发生法律效力，当事人没有提请再次裁决的权利，但这并不排除原仲裁机构发现自己作出的裁决有错误进行重新裁决的情况。劳动争议仲裁委员会发现自己作出的仲裁决定书有错误而进行重新仲裁，符合实事求是的原则，不违背一裁终局制度，不应视为违反法定程序。因此对当事人申请执行劳动争议仲裁委员会复议仲裁决定的，应予立案执行。如被执行人提出申辩称该复议仲裁决定书有其他应不予执行的情形，应按照民事诉讼法第二百一十七条的规定，认真审查，慎重处理。

4. 涉港澳台案件的执行

最高人民法院、香港特别行政区政府关于内地与香港特别行政区法院相互认可和执行民商事案件判决的安排

2019 年 1 月 18 日

根据《中华人民共和国香港特别行政区基本法》第九十五条的规定，最高人民法院与香港特别行政区政府经协商，现就民商事案件判决的相互认可和执行问题作出如下安排：

第一条 内地与香港特别行政区法院民商事案件生效判决的相互认可和执行，适用本安排。

刑事案件中有关民事赔偿的生效判决的相互认可和执行，亦适用本安排。

第二条 本安排所称“民商事案件”是指依据内地和香港特别行政区法律均属于民商事性质的案件，不包括香港特别行政区法院审理的司法复核案件以及其他因行使行政权力直接引发的案件。

第三条 本安排暂不适用于就下列民商事案件作出的判决：

（一）内地人民法院审理的赡养、兄弟姐妹之间扶养、解除收养关系、成年人监护权、离婚后损害责任、同居关系析产案件，香港特别行政区法院审理的应否裁判分居的案件；

（二）继承案件、遗产管理或者分配的案件；

（三）内地人民法院审理的有关发明专利、实用新型专利侵权的案件，香港特别行政区法院审理的有关标准专利（包括原授专利）、短期专利侵权的案件，内地与香港特别行政区法院审理的有关确认标准必要专利许可费率的案件，以及有关本安排第五条未规定的知识产权案件；

（四）海洋环境污染、海事索赔责任限制、共同海损、紧急拖航和救助、船舶优先权、海上旅客运输案件；

（五）破产（清盘）案件；

（六）确定选民资格、宣告自然人失踪或者死亡、认定自然人限制或者无民事行为能力的案件；

（七）确认仲裁协议效力、撤销仲裁裁决案件；

（八）认可和执行其他国家和地区判决、仲裁裁决的案件。

第四条 本安排所称“判决”，在内地包括判决、裁定、调解书、支付令，不包括保全裁定；在香港特别行政区包括判决、命令、判令、讼费评定证明书，不包括禁诉令、临时济助命令。

本安排所称“生效判决”：

（一）在内地，是指第二审判决，依法不准上诉或者超过法定期限没有上诉的第一审判决，以及依照审判监督程序作出的上述判决；

（二）在香港特别行政区，是指终审法院、高等法院上诉法庭及原讼法庭、区域法院以及劳资审裁处、土地审裁处、小额钱债审裁处、竞争事务审裁处作出的已经发生法律效力的判决。

第五条 本安排所称“知识产权”是指《与贸易有关的知识产权协定》第一条第二款规定的知识产权，以及《中华人民共和国民法总则》第一百二十三条第二款第七项、香港《植物品种保护条例》规定的权利人就植物新品种享有的知识产权。

第六条 本安排所称“住所地”，当事人为自然人的，是指户籍所在地或者永久性居民身份所在地、经常居住地；当事人为法人或者其他组织的，

是指注册地或者登记地、主要办事机构所在地、主要营业地、主要管理地。

第七条 申请认可和执行本安排规定的判决：

（一）在内地，向申请人住所地或者被申请人住所地、财产所在地的中级人民法院提出；

（二）在香港特别行政区，向高等法院提出。

申请人应当向符合前款第一项规定的其中一个人民法院提出申请。向两个以上有管辖权的人民法院提出申请的，由最先立案的人民法院管辖。

第八条 申请认可和执行本安排规定的判决，应当提交下列材料：

（一）申请书；

（二）经作出生效判决的法院盖章的判决副本；

（三）作出生效判决的法院出具的证明书，证明该判决属于生效判决，判决有执行内容的，还应当证明在原审法院地可以执行；

（四）判决为缺席判决的，应当提交已经合法传唤当事人的证明文件，但判决已经对此予以明确说明或者缺席方提出认可和执行申请的除外；

（五）身份证明材料：

1. 申请人为自然人的，应当提交身份证件复印件；

2. 申请人为法人或者其他组织的，应当提交注册登记证书的复印件以及法定代表人或者主要负责人的身份证件复印件。

上述身份证明材料，在被请求方境外形成的，应当依据被请求方法律规定办理证明手续。

向内地人民法院提交的文件没有中文文本的，应当提交准确的中文译本。

第九条 申请书应当载明下列事项：

（一）当事人的基本情况：当事人为自然人的，包括姓名、住所、身份证件信息、通讯方式等；当事人为法人或者其他组织的，包括名称、住所及其法定代表人或者主要负责人的姓名、职务、住所、身份证件信息、通讯方式等；

（二）请求事项和理由；申请执行的，还需提供被申请人的财产状况和财产所在地；

（三）判决是否已在其他法院申请执行以及执行情况。

第十条 申请认可和执行判决的期间、程序和方式，应当依据被请求方法律的规定。

第十一条 符合下列情形之一，且依据被请求方法律有关诉讼不属于被请求方法院专属管辖的，被请求方法院应当认定原审法院具有管辖权：

（一）原审法院受理案件时，被告住所地在该方境内；

（二）原审法院受理案件时，被告在该方境内设有代表机构、分支机构、办事处、营业所等不属于独立法人的机构，且诉讼请求是基于该机构的活动；

（三）因合同纠纷提起的诉讼，合同履行地在该方境内；

（四）因侵权行为提起的诉讼，侵权行为实施地在该方境内；

（五）合同纠纷或者其他财产权益纠纷的当事人以书面形式约定由原审法院地管辖，但各方当事人住所地均在被请求方境内的，原审法院地应系合同履行地、合同签订地、标的物所在地等与争议有实际联系地；

（六）当事人未对原审法院提出管辖权异议并应诉答辩，但各方当事人住所地均在被请求方境内的，原审法院地应系合同履行地、合同签订地、标的物所在地等与争议有实际联系地。

前款所称“书面形式”是指合同书、信件和数据电文（包括电报、电传、传真、电子数据交换和电子邮件）等可以有形地表现所载内容的形式。

知识产权侵权纠纷案件以及内地人民法院审理的《中华人民共和国反不正当竞争法》第六条规定的不正当竞争纠纷民事案件、香港特别行政区法院审理的假冒纠纷案件，侵权、不正当竞争、假冒行为实施地在原审法院地境内，且涉案知识产权权利、权益在该方境内依法应予保护的，才应当认定原审法院具有管辖权。

除第一款、第三款规定外，被请求方法院认为原审法院对于有关诉讼的管辖符合被请求方法律规定的，可以认定原审法院具有管辖权。

第十二条　申请认可和执行的判决，被申请人提供证据证明有下列情形之一的，被请求方法院审查核实后，应当不予认可和执行：

（一）原审法院对有关诉讼的管辖不符合本安排第十一条规定的；

（二）依据原审法院地法律，被申请人未经合法传唤，或者虽经合法传唤但未获得合理的陈述、辩论机会的；

（三）判决是以欺诈方法取得的；

（四）被请求方法院受理相关诉讼后，原审法院又受理就同一争议提起的诉讼并作出判决的；

（五）被请求方法院已经就同一争议作出判决，或者已经认可其他国家和地区就同一争议作出的判决的；

（六）被请求方已经就同一争议作出仲裁裁决，或者已经认可其他国家和地区就同一争议作出的仲裁裁决的。

内地人民法院认为认可和执行香港特别行政区法院判决明显违反内地法律的基本原则或者社会公共利益，香港特别行政区法院认为认可和执行内地人民法院判决明显违反香港特别行政区法律的基本原则或者公共政策的，应当不予认可和执行。

第十三条　申请认可和执行的判决，被申请人提供证据证明在原审法院进行的诉讼违反了当事人就同一争议订立的有效仲裁协议或者管辖协议的，被请求方法院审查核实后，可以不予认可和执行。

第十四条　被请求方法院不能仅因判决的先决问题不属于本安排适用范围，而拒绝认可和执行该判决。

第十五条　对于原审法院就知识产权有效性、是否成立或者存在作出的判项，不予认可和执行，但基于该判项作出的有关责任承担的判项符合本安排规定的，应当认可和执行。

第十六条　相互认可和执行的判决内容包括金钱判项、非金钱判项。

判决包括惩罚性赔偿的，不予认可和执行惩罚性赔偿部分，但本安排第十七条规定的除外。

第十七条　知识产权侵权纠纷案件以及内地人民法院审理的《中华人民共和国反不正当竞争法》第六条规定的不正当竞争纠纷民事案件、香港特别行政区法院审理的假冒纠纷案件，内地与香港特别行政区法院相互认可和执行判决的，限于根据原审法院地发生的侵权行为所确定的金钱判项，包括惩罚性赔偿部分。

有关商业秘密侵权纠纷案件判决的相互认可和执行，包括金钱判项（含惩罚性赔偿）、非金钱判项。

第十八条　内地与香港特别行政区法院相互认可和执行的财产给付范围，包括判决确定的给付财产和相应的利息、诉讼费、迟延履行金、迟延履行利息，不包括税收、罚款。

前款所称“诉讼费”，在香港特别行政区是指讼费评定证明书核定或者命令支付的费用。

第十九条　被请求方法院不能认可和执行判决全部判项的，可以认可和执行其中的部分判项。

第二十条　对于香港特别行政区法院作出的判决，一方当事人已经提出上诉，内地人民法院审查核实后，中止认可和执行程序。经上诉，维持全部或者部分原判决的，恢复认可和执行程序；完全改变原判决的，终止认可和执行程序。

内地人民法院就已经作出的判决裁定再审的，香港特别行政区法院审查核实后，中止认可和执行程序。经再审，维持全部或者部分原判决的，恢复认可和执行程序；完全改变原判决的，终止认可和执行程序。

第二十一条　被申请人在内地和香港特别行政区均有可供执行财产的，申请人可以分别向两地法院申请执行。

应对方法院要求，两地法院应当相互提供本方执行判决的情况。

两地法院执行财产的总额不得超过判决确定的数额。

第二十二条　在审理民商事案件期间，当事人申请认可和执行另一地法院就同一争议作出的判决的，应当受理。受理后，有关诉讼应当中止，待就认可和执行的申请作出裁定或者命令后，再视情终止或者恢复诉讼。

第二十三条　审查认可和执行判决申请期间，当事人就同一争议提起诉讼的，不予受理；已经受理的，驳回起诉。

判决全部获得认可和执行后，当事人又就同一争议提起诉讼的，不予受理。

判决未获得或者未全部获得认可和执行的，申请人不得再次申请认可和执行，但可以就同一争议向被请求方法院提起诉讼。

第二十四条　申请认可和执行判决的，被请求方法院在受理申请之前或者之后，可以依据被请求方法律规定采取保全或者强制措施。

第二十五条　法院应当尽快审查认可和执行的申请，并作出裁定或者命令。

第二十六条　被请求方法院就认可和执行的申请作出裁定或者命令后，当事人不服的，在内地可以于裁定送达之日起十日内向上一级人民法院申请复议，在香港特别行政区可以依据其法律规定提出上诉。

第二十七条　申请认可和执行判决的，应当依据被请求方有关诉讼收费的法律和规定交纳费用。

第二十八条　本安排签署后，最高人民法院和香港特别行政区政府经协商，可以就第三条所列案件判决的认可和执行以及第四条所涉保全、临时济助的协助问题签署补充文件。

本安排在执行过程中遇有问题或者需要修改的，由最高人民法院和香港特别行政区政府协商解决。

第二十九条　本安排在最高人民法院发布司法解释和香港特别行政区完成有关程序后，由双方公布生效日期。

内地与香港特别行政区法院自本安排生效之日起作出的判决，适用本安排。

第三十条　本安排生效之日，《关于内地与香港特别行政区法院相互认可和执行当事人协议管辖的民商事案件判决的安排》同时废止。

本安排生效前，当事人已签署《关于内地与香港特别行政区法院相互认可和执行当事人协议管辖的民商事案件判决的安排》所称“书面管辖协议”的,仍适用该安排。

第三十一条 本安排生效后,《关于内地与香港特别行政区法院相互认可和执行婚姻家庭民事案件判决的安排》继续施行。

本安排于二零一九年一月十八日在北京签署,一式两份。

最高人民法院关于内地与澳门特别行政区相互认可和执行民商事判决的安排

1. 2006年2月13日最高人民法院审判委员会第1378次会议通过

2. 2006年3月21日公布

3. 法释〔2006〕2号

4. 自2006年4月1日起生效

根据《中华人民共和国澳门特别行政区基本法》第九十三条的规定,最高人民法院与澳门特别行政区经协商,就内地与澳门特别行政区法院相互认可和执行民商事判决事宜,达成如下安排:

第一条 内地与澳门特别行政区民商事案件(在内地包括劳动争议案件,在澳门特别行政区包括劳动民事案件)判决的相互认可和执行,适用本安排。

本安排亦适用于刑事案件中有关民事损害赔偿的判决、裁定。

本安排不适用于行政案件。

第二条 本安排所称“判决”,在内地包括:判决、裁定、决定、调解书、支付令;在澳门特别行政区包括:裁判、判决、确认和解的裁定、法官的决定或者批示。

本安排所称“被请求方”,指内地或者澳门特别行政区双方中,受理认可和执行判决申请的一方。

第三条 一方法院作出的具有给付内容的生效判决,当事人可以向对方有管辖权的法院申请认可和执行。

没有给付内容,或者不需要执行,但需要通过司法程序予以认可的判决,当事人可以向对方法院单独申请认可,也可以直接以该判决作为证据在对方法院的诉讼程序中使用。

第四条 内地有权受理认可和执行判决申请的法院为被申请人住所地、经常居住地或者财产所在地的中级人民法院。两个或者两个以上中级人民法院均有管辖权的,申请人应当选择向其中一个中级人民法院提出申请。

澳门特别行政区有权受理认可判决申请的法院为中级法院,有权执行的法院为初级法院。

第五条 被申请人在内地和澳门特别行政区均有可供执行财产的,申请人可以向一地法院提出执行申请。

申请人向一地法院提出执行申请的同时,可以向另一地法院申请查封、扣押或者冻结被执行人的财产。待一地法院执行完毕后,可以根据该地法院出具的执行情况证明,就不足部分向另一地法院申请采取处分财产的执行措施。

两地法院执行财产的总额,不得超过依据判决和法律规定所确定的数额。

第六条 请求认可和执行判决的申请书,应当载明下列事项:

(一)申请人或者被申请人为自然人的,应当载明其姓名及住所;为法人或者其他组织的,应当载明其名称及住所,以及其法定代表人或者主要负责人的姓名、职务和住所;

（二）请求认可和执行的判决的案号和判决日期；

（三）请求认可和执行判决的理由、标的，以及该判决在判决作出地法院的执行情况。

第七条 申请书应当附生效判决书副本，或者经作出生效判决的法院盖章的证明书，同时应当附作出生效判决的法院或者有权限机构出具的证明下列事项的相关文件：

（一）传唤属依法作出，但判决书已经证明的除外；

（二）无诉讼行为能力人依法得到代理，但判决书已经证明的除外；

（三）根据判决作出地的法律，判决已经送达当事人，并已生效；

（四）申请人为法人的，应当提供法人营业执照副本或者法人登记证明书；

（五）判决作出地法院发出的执行情况证明。

如被请求方法院认为已充分了解有关事项时，可以免除提交相关文件。

被请求方法院对当事人提供的判决书的真实性有疑问时，可以请求作出生效判决的法院予以确认。

第八条 申请书应当用中文制作。所附司法文书及其相关文件未用中文制作的，应当提供中文译本。其中法院判决书未用中文制作的，应当提供由法院出具的中文译本。

第九条 法院收到申请人请求认可和执行判决的申请后，应当将申请书送达被申请人。

被申请人有权提出答辩。

第十条 被请求方法院应当尽快审查认可和执行的请求，并作出裁定。

第十一条 被请求方法院经审查核实存在下列情形之一的，裁定不予认可：

（一）根据被请求方的法律，判决所确认的事项属被请求方法院专属管辖；

（二）在被请求方法院已存在相同诉讼，该诉讼先于待认可判决的诉讼提起，且被请求方法院具有管辖权；

（三）被请求方法院已认可或者执行被请求方法院以外的法院或仲裁机构就相同诉讼作出的判决或仲裁裁决；

（四）根据判决作出地的法律规定，败诉的当事人未得到合法传唤，或者无诉讼行为能力人未依法得到代理；

（五）根据判决作出地的法律规定，申请认可和执行的判决尚未发生法律效力，或者因再审被裁定中止执行；

（六）在内地认可和执行判决将违反内地法律的基本原则或者社会公共利益；在澳门特别行政区认可和执行判决将违反澳门特别行政区法律的基本原则或者公共秩序。

第十二条 法院就认可和执行判决的请求作出裁定后，应当及时送达。

当事人对认可与否的裁定不服的，在内地可以向上一级人民法院提请复议，在澳门特别行政区可以根据其法律规定提起上诉；对执行中作出的裁定不服的，可以根据被请求方法律的规定，向上级法院寻求救济。

第十三条 经裁定予以认可的判决，与被请求方法院的判决具有同等效力。判决有给付内容的，当事人可以向该方有管辖权的法院申请执行。

第十四条 被请求方法院不能对判决所确认的所有请求予以认可和执行时，可以认可和执行其中的部分请求。

第十五条 法院受理认可和执行判决的申请之前

或者之后，可以按照被请求方法律关于财产保全的规定，根据申请人的申请，对被申请人的财产采取保全措施。

第十六条 在被请求方法院受理认可和执行判决的申请期间，或者判决已获认可和执行，当事人再行提起相同诉讼的，被请求方法院不予受理。

第十七条 对于根据本安排第十一条（一）、（四）、（六）项不予认可的判决，申请人不得再行提起认可和执行的申请。但根据被请求方的法律，被请求方法院有管辖权的，当事人可以就相同案件事实向当地法院另行提起诉讼。

本安排第十一条（五）项所指的判决，在不予认可的情形消除后，申请人可以再行提起认可和执行的申请。

第十八条 为适用本安排，由一方有权限公共机构（包括公证员）作成或者公证的文书正本、副本及译本，免除任何认证手续而可以在对方使用。

第十九条 申请人依据本安排申请认可和执行判决，应当根据被请求方法律规定，交纳诉讼费用、执行费用。

申请人在生效判决作出地获准缓交、减交、免交诉讼费用的，在被请求方法院申请认可和执行判决时，应当享有同等待遇。

第二十条 对民商事判决的认可和执行，除本安排有规定的以外，适用被请求方的法律规定。

第二十一条 本安排生效前提出的认可和执行请求，不适用本安排。

两地法院自1999年12月20日以后至本安排生效前作出的判决，当事人未向对方法院申请认可和执行，或者对方法院拒绝受理的，仍可以于本安排生效后提出申请。

澳门特别行政区法院在上述期间内作出的判决，当事人向内地人民法院申请认可和执行的期限，自本安排生效之日起重新计算。

第二十二条 本安排在执行过程中遇有问题或者需要修改，应当由最高人民法院与澳门特别行政区协商解决。

第二十三条 为执行本安排，最高人民法院和澳门特别行政区终审法院应当相互提供相关法律资料。

最高人民法院和澳门特别行政区终审法院每年相互通报执行本安排的情况。

第二十四条 本安排自2006年4月1日起生效。

最高人民法院关于认可和执行台湾地区法院民事判决的规定

1. 2015年6月2日最高人民法院审判委员会第1653次会议通过

2. 2015年6月29日公布

3. 法释〔2015〕13号

4. 自2015年7月1日起施行

为保障海峡两岸当事人的合法权益，更好地适应海峡两岸关系和平发展的新形势，根据民事诉讼法等有关法律，总结人民法院涉台审判工作经验，就认可和执行台湾地区法院民事判决，制定本规定。

第一条 台湾地区法院民事判决的当事人可以根据本规定，作为申请人向人民法院申请认可和执行台湾地区有关法院民事判决。

第二条 本规定所称台湾地区法院民事判决，包括台湾地区法院作出的生效民事判决、裁定、和解笔录、调解笔录、支付命令等。

申请认可台湾地区法院在刑事案件中作出的有关民事损害赔偿的生效判决、裁定、和解笔录的，适用本规定。

申请认可由台湾地区乡镇市调解委员会等出具并经台湾地区法院核定，与台湾地区法院生效民事判决具有同等效力的调解文书的，参照适用本规定。

第三条 申请人同时提出认可和执行台湾地区法院民事判决申请的，人民法院先按照认可程序进行审查，裁定认可后，由人民法院执行机构执行。

申请人直接申请执行的，人民法院应当告知其一并提交认可申请；坚持不申请认可的，裁定驳回其申请。

第四条 申请认可台湾地区法院民事判决的案件，由申请人住所地、经常居住地或者被申请人住所地、经常居住地、财产所在地中级人民法院或者专门人民法院受理。

申请人向两个以上有管辖权的人民法院申请认可的，由最先立案的人民法院管辖。

申请人向被申请人财产所在地人民法院申请认可的，应当提供财产存在的相关证据。

第五条 对申请认可台湾地区法院民事判决的案件，人民法院应当组成合议庭进行审查。

第六条 申请人委托他人代理申请认可台湾地区法院民事判决的，应当向人民法院提交由委托人签名或者盖章的授权委托书。

台湾地区、香港特别行政区、澳门特别行政区或者外国当事人签名或者盖章的授权委托书应当履行相关的公证、认证或者其他证明手续，但授权委托书在人民法院法官的见证下签署或者经中国大陆公证机关公证证明是在中国大陆签署的除外。

第七条 申请人申请认可台湾地区法院民事判决，应当提交申请书，并附有台湾地区有关法院民事判决文书和民事判决确定证明书的正本或者经证明无误的副本。台湾地区法院民事判决为缺席判决的，申请人应当同时提交台湾地区法院已经合法传唤当事人的证明文件，但判决已经对此予以明确说明的除外。

申请书应当记明以下事项：

（一）申请人和被申请人姓名、性别、年龄、职业、身份证件号码、住址（申请人或者被申请人为法人或者其他组织的，应当记明法人或者其他组织的名称、地址、法定代表人或者主要负责人姓名、职务）和通讯方式；

（二）请求和理由；

（三）申请认可的判决的执行情况；

（四）其他需要说明的情况。

第八条 对于符合本规定第四条和第七条规定条件的申请，人民法院应当在收到申请后七日内立案，并通知申请人和被申请人，同时将申请书送达被申请人；不符合本规定第四条和第七条规定条件的，应当在七日内裁定不予受理，同时说明不予受理的理由；申请人对裁定不服的，可以提起上诉。

第九条 申请人申请认可台湾地区法院民事判决，应当提供相关证明文件，以证明该判决真实并且已经生效。

申请人可以申请人民法院通过海峡两岸调查取证司法互助途径查明台湾地区法院民事判决的真实性和是否生效以及当事人得到合法传唤的证明文件；人民法院认为必要时，也可以就有关事项依职权通过海峡两岸司法互助途径向台湾地区请求调查取证。

第十条 人民法院受理认可台湾地区法院民事判决的申请之前或者之后，可以按照民事诉讼法及相关司法解释的规定，根据申请人的申请，裁定采取保全措施。

第十一条 人民法院受理认可台湾地区法院民事判决的申请后，当事人就同一争议起诉的，不予受理。

一方当事人向人民法院起诉后，另一方当事人向人民法院申请认可的，对于认可的申请不予受理。

第十二条 案件虽经台湾地区有关法院判决，但当事人未申请认可，而是就同一争议向人民法院起诉的，应予受理。

第十三条 人民法院受理认可台湾地区法院民事判决的申请后，作出裁定前，申请人请求撤回申请的，可以裁定准许。

第十四条 人民法院受理认可台湾地区法院民事判决的申请后，应当在立案之日起六个月内审结。有特殊情况需要延长的，报请上一级人民法院批准。

通过海峡两岸司法互助途径送达文书和调查取证的期间，不计入审查期限。

第十五条 台湾地区法院民事判决具有下列情形之一的，裁定不予认可：

（一）申请认可的民事判决，是在被申请人缺席又未经合法传唤或者在被申请人无诉讼行为能力又未得到适当代理的情况下作出的；

（二）案件系人民法院专属管辖的；

（三）案件双方当事人订有有效仲裁协议，且无放弃仲裁管辖情形的；

（四）案件系人民法院已作出判决或者中国大陆的仲裁庭已作出仲裁裁决的；

（五）香港特别行政区、澳门特别行政区或者外国的法院已就同一争议作出判决且已为人民法院所认可或者承认的；

（六）台湾地区、香港特别行政区、澳门特别行政区或者外国的仲裁庭已就同一争议作出仲裁裁决且已为人民法院所认可或者承认的。

认可该民事判决将违反一个中国原则等国家法律的基本原则或者损害社会公共利益的，人民法院应当裁定不予认可。

第十六条 人民法院经审查能够确认台湾地区法院民事判决真实并且已经生效，而且不具有本规定第十五条所列情形的，裁定认可其效力；不能确认该民事判决的真实性或者已经生效的，裁定驳回申请人的申请。

裁定驳回申请的案件，申请人再次申请并符合受理条件的，人民法院应予受理。

第十七条 经人民法院裁定认可的台湾地区法院民事判决，与人民法院作出的生效判决具有同等效力。

第十八条 人民法院依据本规定第十五条和第十六条作出的裁定，一经送达即发生法律效力。

当事人对上述裁定不服的，可以自裁定送达之日起十日内向上一级人民法院申请复议。

第十九条 对人民法院裁定不予认可的台湾地区法院民事判决，申请人再次提出申请的，人民法院不予受理，但申请人可以就同一争议向人民法院起诉。

第二十条 申请人申请认可和执行台湾地区法院民事判决的期间，适用民事诉讼法第二百三十九条的规定，但申请认可台湾地区法院有关身份关系的判决除外。

申请人仅申请认可而未同时申请执行的，申请执行的期间自人民法院对认可申请作出的裁定生效之日起重新计算。

第二十一条 人民法院在办理申请认可和执行台湾地区法院民事判决案件中作出的法律文书，应当依法送达案件当事人。

第二十二条　申请认可和执行台湾地区法院民事判决,应当参照《诉讼费用交纳办法》的规定,交纳相关费用。

第二十三条　本规定自2015年7月1日起施行。最高人民法院《关于人民法院认可台湾地区有关法院民事判决的规定》(法释〔1998〕11号)、最高人民法院《关于当事人持台湾地区有关法院民事调解书或者有关机构出具或确认的调解协议书向人民法院申请认可人民法院应否受理的批复》(法释〔1999〕10号)、最高人民法院《关于当事人持台湾地区有关法院支付命令向人民法院申请认可人民法院应否受理的批复》(法释〔2001〕13号)和最高人民法院《关于人民法院认可台湾地区有关法院民事判决的补充规定》(法释〔2009〕4号)同时废止。

5. 公证案件的执行

最高人民法院关于公证债权文书执行若干问题的规定

1. 2018年6月25日最高人民法院审判委员会第1743次会议通过
2. 2018年9月30日公布
3. 法释〔2018〕18号
4. 自2018年10月1日起施行

为了进一步规范人民法院办理公证债权文书执行案件，确保公证债权文书依法执行，维护当事人、利害关系人的合法权益，根据《中华人民共和国民事诉讼法》《中华人民共和国公证法》等法律规定，结合执行实践，制定本规定。

第一条　本规定所称公证债权文书，是指根据公证法第三十七条第一款规定经公证赋予强制执行效力的债权文书。

第二条　公证债权文书执行案件，由被执行人住所地或者被执行的财产所在地人民法院管辖。

前款规定案件的级别管辖，参照人民法院受理第一审民商事案件级别管辖的规定确定。

第三条　债权人申请执行公证债权文书，除应当提交作为执行依据的公证债权文书等申请执行所需的材料外，还应当提交证明履行情况等内容的执行证书。

第四条　债权人申请执行的公证债权文书应当包括公证证词、被证明的债权文书等内容。权利义务主体、给付内容应当在公证证词中列明。

第五条　债权人申请执行公证债权文书，有下列情形之一的，人民法院应当裁定不予受理；已经受理的，裁定驳回执行申请：

（一）债权文书属于不得经公证赋予强制执行效力的文书；

（二）公证债权文书未载明债务人接受强制执行的承诺；

（三）公证证词载明的权利义务主体或者给付内容不明确；

（四）债权人未提交执行证书；

（五）其他不符合受理条件的情形。

第六条　公证债权文书赋予强制执行效力的范围同时包含主债务和担保债务的，人民法院应当依法予以执行；仅包含主债务的，对担保债务部分的执行申请不予受理；仅包含担保债务的，对主债务部分的执行申请不予受理。

第七条　债权人对不予受理、驳回执行申请裁定不服的，可以自裁定送达之日起十日内向上一级人民法院申请复议。

申请复议期满未申请复议，或者复议申请被驳回的，当事人可以就公证债权文书涉及的民事权利义务争议向人民法院提起诉讼。

第八条　公证机构决定不予出具执行证书的，当事人可以就公证债权文书涉及的民事权利义务争议直接向人民法院提起诉讼。

第九条　申请执行公证债权文书的期间自公证债权文书确定的履行期间的最后一日起计算；分期履行的，自公证债权文书确定的每次履行期间的最后一日起计算。

债权人向公证机构申请出具执行证书的，申请执行时效自债权人提出申请之日起中断。

第十条　人民法院在执行实施中，根据公证债权文书并结合申请执行人的申请依法确定给付内容。

第十一条　因民间借贷形成的公证债权文书，文书中载明的利率超过人民法院依照法律、司法解释规定应予支持的上限的，对超过的利息部分不纳入执行范围；载明的利率未超过人民法院依照法律、司法解释规定应予支持的上限，被执行人主张实际超过的，可以依照本规定第二十二条第一款规定提起诉讼。

第十二条 有下列情形之一的，被执行人可以依照民事诉讼法第二百三十八条第二款规定申请不予执行公证债权文书：

（一）被执行人未到场且未委托代理人到场办理公证的；

（二）无民事行为能力人或者限制民事行为能力人没有监护人代为办理公证的；

（三）公证员为本人、近亲属办理公证，或者办理与本人、近亲属有利害关系的公证的；

（四）公证员办理该项公证有贪污受贿、徇私舞弊行为，已经由生效刑事法律文书等确认的；

（五）其他严重违反法定公证程序的情形。

被执行人以公证债权文书的内容与事实不符或者违反法律强制性规定等实体事由申请不予执行的，人民法院应当告知其依照本规定第二十二条第一款规定提起诉讼。

第十三条 被执行人申请不予执行公证债权文书，应当在执行通知书送达之日起十五日内向执行法院提出书面申请，并提交相关证据材料；有本规定第十二条第一款第三项、第四项规定情形且执行程序尚未终结的，应当自知道或者应当知道有关事实之日起十五日内提出。

公证债权文书执行案件被指定执行、提级执行、委托执行后，被执行人申请不予执行的，由提出申请时负责该案件执行的人民法院审查。

第十四条 被执行人认为公证债权文书存在本规定第十二条第一款规定的多个不予执行事由的，应当在不予执行案件审查期间一并提出。

不予执行申请被裁定驳回后，同一被执行人再次提出申请的，人民法院不予受理。但有证据证明不予执行事由在不予执行申请被裁定驳回后知道的，可以在执行程序终结前提出。

第十五条 人民法院审查不予执行公证债权文书案件，案情复杂、争议较大的，应当进行听证。必要时可以向公证机构调阅公证案卷，要求公证机构作出书面说明，或者通知公证员到庭说明情况。

第十六条 人民法院审查不予执行公证债权文书案件，应当在受理之日起六十日内审查完毕并作出裁定；有特殊情况需要延长的，经本院院长批准，可以延长三十日。

第十七条 人民法院审查不予执行公证债权文书案件期间，不停止执行。

被执行人提供充分、有效的担保，请求停止相应处分措施的，人民法院可以准许；申请执行人提供充分、有效的担保，请求继续执行的，应当继续执行。

第十八条 被执行人依照本规定第十二条第一款规定申请不予执行，人民法院经审查认为理由成立的，裁定不予执行；理由不成立的，裁定驳回不予执行申请。

公证债权文书部分内容具有本规定第十二条第一款规定情形的，人民法院应当裁定对该部分不予执行；应当不予执行部分与其他部分不可分的，裁定对该公证债权文书不予执行。

第十九条 人民法院认定执行公证债权文书违背公序良俗的，裁定不予执行。

第二十条 公证债权文书被裁定不予执行的，当事人可以就该公证债权文书涉及的民事权利义务争议向人民法院提起诉讼；公证债权文书被裁定部分不予执行的，当事人可以就该部分争议提起诉讼。

当事人对不予执行裁定提出执行异议或者申请复议的,人民法院不予受理。

第二十一条　当事人不服驳回不予执行申请裁定的,可以自裁定送达之日起十日内向上一级人民法院申请复议。上一级人民法院应当自收到复议申请之日起三十日内审查。经审查,理由成立的,裁定撤销原裁定,不予执行该公证债权文书;理由不成立的,裁定驳回复议申请。复议期间,不停止执行。

第二十二条　有下列情形之一的,债务人可以在执行程序终结前,以债权人为被告,向执行法院提起诉讼,请求不予执行公证债权文书:

(一)公证债权文书载明的民事权利义务关系与事实不符;

(二)经公证的债权文书具有法律规定的无效、可撤销等情形;

(三)公证债权文书载明的债权因清偿、提存、抵销、免除等原因全部或者部分消灭。

债务人提起诉讼,不影响人民法院对公证债权文书的执行。债务人提供充分、有效的担保,请求停止相应处分措施的,人民法院可以准许;债权人提供充分、有效的担保,请求继续执行的,应当继续执行。

第二十三条　对债务人依照本规定第二十二条第一款规定提起的诉讼,人民法院经审理认为理由成立的,判决不予执行或者部分不予执行;理由不成立的,判决驳回诉讼请求。

当事人同时就公证债权文书涉及的民事权利义务争议提出诉讼请求的,人民法院可以在判决中一并作出裁判。

第二十四条　有下列情形之一的,债权人、利害关系人可以就公证债权文书涉及的民事权利义务争议直接向有管辖权的人民法院提起诉讼:

(一)公证债权文书载明的民事权利义务关系与事实不符;

(二)经公证的债权文书具有法律规定的无效、可撤销等情形。

债权人提起诉讼,诉讼案件受理后又申请执行公证债权文书的,人民法院不予受理。进入执行程序后债权人又提起诉讼的,诉讼案件受理后,人民法院可以裁定终结公证债权文书的执行;债权人请求继续执行其未提出争议部分的,人民法院可以准许。

利害关系人提起诉讼,不影响人民法院对公证债权文书的执行。利害关系人提供充分、有效的担保,请求停止相应处分措施的,人民法院可以准许;债权人提供充分、有效的担保,请求继续执行的,应当继续执行。

第二十五条　本规定自2018年10月1日起施行。

本规定施行前最高人民法院公布的司法解释与本规定不一致的,以本规定为准。

最高人民法院、司法部、中国银监会关于充分发挥公证书的强制执行效力服务银行金融债权风险防控的通知

1. 2017年7月13日

2. 司发通〔2017〕76号

各省、自治区、直辖市高级人民法院、司法厅(局),解放军军事法院,新疆维吾尔自治区高级人民法院生产建设兵团分院、新疆生产建设兵团司法局;各银监局,各政策性银行、大型银行、股份制银行,邮储银行,外资银行,金融资产管理公司,其他有关金融机构:

为进一步加强金融风险防控，充分发挥公证作为预防性法律制度的作用，提高银行业金融机构金融债权实现效率，降低金融债权实现成本，有效提高银行业金融机构防控风险的水平，现就在银行业金融机构经营业务中进一步发挥公证书的强制执行效力，服务银行金融债权风险防控通知如下：

一、公证机构可以对银行业金融机构运营中所签署的符合《公证法》第37条规定的以下债权文书赋予强制执行效力：

（一）各类融资合同，包括各类授信合同，借款合同、委托贷款合同、信托贷款合同等各类贷款合同，票据承兑协议等各类票据融资合同，融资租赁合同，保理合同，开立信用证合同，信用卡融资合同（包括信用卡合约及各类分期付款合同）等；

（二）债务重组合同、还款合同、还款承诺等；

（三）各类担保合同、保函；

（四）符合本通知第二条规定条件的其他债权文书。

二、公证机构对银行业金融机构运营中所签署的合同赋予强制执行效力应当具备以下条件：

（一）债权文书具有给付货币、物品、有价证券的内容；

（二）债权债务关系明确，债权人和债务人对债权文书有关给付内容无疑义；

（三）债权文书中载明债务人不履行义务或不完全履行义务时，债务人愿意接受依法强制执行的承诺。该项承诺也可以通过承诺书或者补充协议等方式在债权文书的附件中载明。

三、银行业金融机构申办强制执行公证，应当协助公证机构完成对当事人身份证明、财产权利证明等与公证事项有关材料的收集、核实工作；根据公证机构的要求通过修改合同、签订补充协议或者由当事人签署承诺书等方式将债务人、担保人愿意接受强制执行的承诺、出具执行证书前的核实方式、公证费和实现债权的其他费用的承担等内容载入公证的债权文书中。

四、公证机构在办理赋予各类债权文书强制执行效力的公证业务中应当严格遵守法律、法规规定的程序，切实做好当事人身份、担保物权属、当事人内部授权程序、合同条款及当事人意思表示等审核工作，确认当事人的签约行为的合法效力，告知当事人申请赋予债权文书强制执行效力的法律后果，提高合同主体的履约意识，预防和降低金融机构的操作风险。

五、银行业金融机构申请公证机构出具执行证书应当在《中华人民共和国民事诉讼法》第二百三十九条所规定的执行期间内提出申请，并应当向公证机构提交经公证的具有强制执行效力的债权文书、申请书、合同项下往来资金结算的明细表以及其他与债务履行相关的证据，并承诺所申请强制执行的债权金额或者相关计算公式准确无误。

六、公证机构受理银行业金融机构提出出具执行证书的申请后，应当按照法律法规规定的程序以及合同约定的核实方式进行核实，确保执行证书载明的债权债务明确无误，尽力减少执行争议的发生。

公证机构对符合条件的申请，应当在受理后十五个工作日内出具执行证书，需要补充材料、核实相关情况所需的时间不计算在期限内。

七、执行证书应当载明被执行人、执行标的、申请执行的期限。因债务人不履行或不完全履行而发生的违约金、利息、滞纳金等，以及按照债权文书的约定由债务人承担的公证费等实现债权的费用，有明确数额或计算方法的，可以根据银行业金融机构的申请依法列入执行标的。

八、人民法院支持公证机构对银行业金融机构的各类债权文书依法赋予强制执行效力，加大对公证债权文书的执行力度，银行业金融机构提交强制执行申请书、赋予债权文书强制执行效力公证书及执行证书申请执行公证债权文书符合法律规定条件的，人民法院应当受理，切实保障银行业金融机构快速实现金融债权，防范金融风险。

九、被执行人提出执行异议的银行业金融机构执行案件，人民法院经审查认为相关公证债权文书确有错误的，裁定不予执行。个别事项执行标的不明确，但不影响其他事项执行的，人民法院应对其他事项予以执行。

十、各省（区、市）司法行政部门要会同价格主管部门合理确定银行业金融债权文书强制执行公证的收费标准。公证机构和银行业金融机构协商一致的，可以在办理债权文书公证时收取部分费用，出具执行证书时收齐其余费用。

十一、银行业监督管理机构批准设立的其他金融机构，以及经国务院银行业监督管理机构公布的地方资产管理公司，参照本通知执行。

最高人民法院关于公证机关赋予强制执行效力的包含担保的公证债权文书强制执行的批复

1. *2014年9月18日*
2. *〔2014〕执他字第36号*

山东省高级人民法院：

你院《关于公证机关赋予强制执行效力的包含担保协议的公证债权文书能否强制执行的请示》（〔2014〕鲁执复议字第47号）收悉。经研究，答复如下：

原则同意你院执行复议审查意见。人民法院对公证债权文书的执行监督应从债权人的债权是否真实存在并合法，当事人是否自愿接受强制执行等方面进行审查。《中华人民共和国民事诉讼法》第二百三十八条第二款规定，公证债权文书确有错误的，人民法院裁定不予执行，并将裁定书送达双方当事人和公证机关。现行法律、司法解释并未对公证债权文书所附担保协议的强制执行作出限制性规定，公证机构可以对附有担保协议债权文书的真实性与合法性予以证明，并赋予强制执行效力。

本案当事人泰安志高实业集团有限责任公司、淮南志高动漫文化科技发展有限责任公司、江东廷、岳洋、江焕溢等，在公证活动中，提交书面证明材料，认可本案所涉《股权收益权转让及回购合同》、《支付协议》、《股权质押合同》、《抵押合同》、《保证合同》等合同的约定，承诺在合同、协议不履行或不适当履行的情况下，放弃诉权，自愿直接接受人民法院强制执行。但当债权人申请强制执行后，本案担保人却主张原本由其申请的公证事项不合法，对公证机构出具执行证书提出抗辩，申请人民法院不予执行，作出前后相互矛盾的承诺与抗辩，有违诚实信用原则，不应予以支持。公证机构依法赋予强制执行效力的包含担保协议的公证债权文书，人民法院可以强制执行。

此复

6. 国家赔偿案件的执行

中华人民共和国国家赔偿法

1. 1994年5月12日第八届全国人民代表大会常务委员会第七次会议通过

2. 根据2010年4月29日第十一届全国人民代表大会常务委员会第十四次会议《关于修改〈中华人民共和国国家赔偿法〉的决定》第一次修正

3. 根据2012年10月26日第十一届全国人民代表大会常务委员会第二十九次会议《关于修改〈中华人民共和国国家赔偿法〉的决定》第二次修正

目　　录

第一章　总　　则

第一条　【立法宗旨和依据】为保障公民、法人和其他组织享有依法取得国家赔偿的权利，促进国家机关依法行使职权，根据宪法，制定本法。

第二条　【国家赔偿归责原则及赔偿义务机关】国家机关和国家机关工作人员行使职权，有本法规定的侵犯公民、法人和其他组织合法权益的情形，造成损害的，受害人有依照本法取得国家赔偿的权利。

本法规定的赔偿义务机关，应当依照本法及时履行赔偿义务。

第二章　行政赔偿

第一节　赔偿范围

第三条　【侵犯人身权的行政赔偿范围】行政机关及其工作人员在行使行政职权时有下列侵犯人身权情形之一的，受害人有取得赔偿的权利：

（一）违法拘留或者违法采取限制公民人身自由的行政强制措施的；

（二）非法拘禁或者以其他方法非法剥夺公民人身自由的；

（三）以殴打、虐待等行为或者唆使、放纵他人以殴打、虐待等行为造成公民身体伤害或者死亡的；

（四）违法使用武器、警械造成公民身体伤害或者死亡的；

（五）造成公民身体伤害或者死亡的其他违法行为。

第四条　【侵犯财产权的行政赔偿范围】行政机关及其工作人员在行使行政职权时有下列侵犯财产权情形之一的，受害人有取得赔偿的权利：

（一）违法实施罚款、吊销许可证和执照、责令停产停业、没收财物等行政处罚的；

（二）违法对财产采取查封、扣押、冻结等行政强制措施的；

（三）违法征收、征用财产的；

（四）造成财产损害的其他违法行为。

第五条　【行政侵权中的免责情形】属于下列情形之一的，国家不承担赔偿责任：

(一)行政机关工作人员与行使职权无关的个人行为;

(二)因公民、法人和其他组织自己的行为致使损害发生的;

(三)法律规定的其他情形。

第二节　赔偿请求人和赔偿义务机关

第六条　【行政赔偿请求人】受害的公民、法人和其他组织有权要求赔偿。

受害的公民死亡,其继承人和其他有扶养关系的亲属有权要求赔偿。

受害的法人或者其他组织终止的,其权利承受人有权要求赔偿。

第七条　【行政赔偿义务机关】行政机关及其工作人员行使行政职权侵犯公民、法人和其他组织的合法权益造成损害的,该行政机关为赔偿义务机关。

两个以上行政机关共同行使行政职权时侵犯公民、法人和其他组织的合法权益造成损害的,共同行使行政职权的行政机关为共同赔偿义务机关。

法律、法规授权的组织在行使授予的行政权力时侵犯公民、法人和其他组织的合法权益造成损害的,被授权的组织为赔偿义务机关。

受行政机关委托的组织或者个人在行使受委托的行政权力时侵犯公民、法人和其他组织的合法权益造成损害的,委托的行政机关为赔偿义务机关。

赔偿义务机关被撤销的,继续行使其职权的行政机关为赔偿义务机关;没有继续行使其职权的行政机关的,撤销该赔偿义务机关的行政机关为赔偿义务机关。

第八条　【经过行政复议的赔偿义务机关】经复议机关复议的,最初造成侵权行为的行政机关为赔偿义务机关,但复议机关的复议决定加重损害的,复议机关对加重的部分履行赔偿义务。

第三节　赔偿程序

第九条　【赔偿请求人要求行政赔偿的途径】赔偿义务机关有本法第三条、第四条规定情形之一的,应当给予赔偿。

赔偿请求人要求赔偿,应当先向赔偿义务机关提出,也可以在申请行政复议或者提起行政诉讼时一并提出。

第十条　【行政赔偿的共同赔偿义务机关】赔偿请求人可以向共同赔偿义务机关中的任何一个赔偿义务机关要求赔偿,该赔偿义务机关应当先予赔偿。

第十一条　【根据损害提出数项赔偿要求】赔偿请求人根据受到的不同损害,可以同时提出数项赔偿要求。

第十二条　【赔偿请求人递交赔偿申请书】要求赔偿应当递交申请书,申请书应当载明下列事项:

(一)受害人的姓名、性别、年龄、工作单位和住所,法人或者其他组织的名称、住所和法定代表人或者主要负责人的姓名、职务;

(二)具体的要求、事实根据和理由;

(三)申请的年、月、日。

赔偿请求人书写申请书确有困难的,可以委托他人代书;也可以口头申请,由赔偿义务机关记入笔录。

赔偿请求人不是受害人本人的,应当说明与受害人的关系,并提供相应证明。

赔偿请求人当面递交申请书的,赔偿义务机关应当当场出具加盖本行政机关专用印章并注明收讫日期的书面凭证。申请材料不齐全的,赔偿义务机关应当当场或者在五日内一次性告知赔偿请求人需要补正的全部内容。

第十三条　【行政赔偿义务机关作出赔偿决定】赔偿义务机关应当自收到申请之日起两个月内，作出是否赔偿的决定。赔偿义务机关作出赔偿决定，应当充分听取赔偿请求人的意见，并可以与赔偿请求人就赔偿方式、赔偿项目和赔偿数额依照本法第四章的规定进行协商。

赔偿义务机关决定赔偿的，应当制作赔偿决定书，并自作出决定之日起十日内送达赔偿请求人。

赔偿义务机关决定不予赔偿的，应当自作出决定之日起十日内书面通知赔偿请求人，并说明不予赔偿的理由。

第十四条　【赔偿请求人向法院提起诉讼】赔偿义务机关在规定期限内未作出是否赔偿的决定，赔偿请求人可以自期限届满之日起三个月内，向人民法院提起诉讼。

赔偿请求人对赔偿的方式、项目、数额有异议的，或者赔偿义务机关作出不予赔偿决定的，赔偿请求人可以自赔偿义务机关作出赔偿或者不予赔偿决定之日起三个月内，向人民法院提起诉讼。

第十五条　【举证责任】人民法院审理行政赔偿案件，赔偿请求人和赔偿义务机关对自己提出的主张，应当提供证据。

赔偿义务机关采取行政拘留或者限制人身自由的强制措施期间，被限制人身自由的人死亡或者丧失行为能力的，赔偿义务机关的行为与被限制人身自由的人的死亡或者丧失行为能力是否存在因果关系，赔偿义务机关应当提供证据。

第十六条　【行政追偿】赔偿义务机关赔偿损失后，应当责令有故意或者重大过失的工作人员或者受委托的组织或者个人承担部分或者全部赔偿费用。

对有故意或者重大过失的责任人员，有关机关应当依法给予处分；构成犯罪的，应当依法追究刑事责任。

第三章　刑事赔偿

第一节　赔偿范围

第十七条　【侵犯人身权的刑事赔偿范围】行使侦查、检察、审判职权的机关以及看守所、监狱管理机关及其工作人员在行使职权时有下列侵犯人身权情形之一的，受害人有取得赔偿的权利：

（一）违反刑事诉讼法的规定对公民采取拘留措施的，或者依照刑事诉讼法规定的条件和程序对公民采取拘留措施，但是拘留时间超过刑事诉讼法规定的时限，其后决定撤销案件、不起诉或者判决宣告无罪终止追究刑事责任的；

（二）对公民采取逮捕措施后，决定撤销案件、不起诉或者判决宣告无罪终止追究刑事责任的；

（三）依照审判监督程序再审改判无罪，原判刑罚已经执行的；

（四）刑讯逼供或者以殴打、虐待等行为或者唆使、放纵他人以殴打、虐待等行为造成公民身体伤害或者死亡的；

（五）违法使用武器、警械造成公民身体伤害或者死亡的。

第十八条　【侵犯财产权的刑事赔偿范围】行使侦查、检察、审判职权的机关以及看守所、监狱管理机关及其工作人员在行使职权时有下列侵犯财产权情形之一的，受害人有取得赔偿的权利：

（一）违法对财产采取查封、扣押、冻结、追缴等措施的；

（二）依照审判监督程序再审改判无罪，原判罚金、没收财产已经执行的。

第十九条　【刑事赔偿免责情形】属于下列情形之一的，国家不承担赔偿责任：

（一）因公民自己故意作虚伪供述，或者伪造其他有罪证据被羁押或者被判处刑罚的；

（二）依照刑法第十七条、第十八条规定不负刑事责任的人被羁押的；

（三）依照刑事诉讼法第十五条、第一百七十三条第二款、第二百七十三条第二款、第二百七十九条规定不追究刑事责任的人被羁押的；

（四）行使侦查、检察、审判职权的机关以及看守所、监狱管理机关的工作人员与行使职权无关的个人行为；

（五）因公民自伤、自残等故意行为致使损害发生的；

（六）法律规定的其他情形。

第二节　赔偿请求人和赔偿义务机关

第二十条　【刑事赔偿请求人】赔偿请求人的确定依照本法第六条的规定。

第二十一条　【刑事赔偿义务机关】行使侦查、检察、审判职权的机关以及看守所、监狱管理机关及其工作人员在行使职权时侵犯公民、法人和其他组织的合法权益造成损害的，该机关为赔偿义务机关。

对公民采取拘留措施，依照本法的规定应当给予国家赔偿的，作出拘留决定的机关为赔偿义务机关。

对公民采取逮捕措施后决定撤销案件、不起诉或者判决宣告无罪的，作出逮捕决定的机关为赔偿义务机关。

再审改判无罪的，作出原生效判决的人民法院为赔偿义务机关。二审改判无罪，以及二审发回重审后作无罪处理的，作出一审有罪判决的人民法院为赔偿义务机关。

第三节　赔偿程序

第二十二条　【刑事赔偿的提出和赔偿义务机关先行处理】赔偿义务机关有本法第十七条、第十八条规定情形之一的，应当给予赔偿。

赔偿请求人要求赔偿，应当先向赔偿义务机关提出。

赔偿请求人提出赔偿请求，适用本法第十一条、第十二条的规定。

第二十三条　【刑事赔偿义务机关赔偿决定的作出】赔偿义务机关应当自收到申请之日起两个月内，作出是否赔偿的决定。赔偿义务机关作出赔偿决定，应当充分听取赔偿请求人的意见，并可以与赔偿请求人就赔偿方式、赔偿项目和赔偿数额依照本法第四章的规定进行协商。

赔偿义务机关决定赔偿的，应当制作赔偿决定书，并自作出决定之日起十日内送达赔偿请求人。

赔偿义务机关决定不予赔偿的，应当自作出决定之日起十日内书面通知赔偿请求人，并说明不予赔偿的理由。

第二十四条　【刑事赔偿复议申请的提出】赔偿义务机关在规定期限内未作出是否赔偿的决定，赔偿请求人可以自期限届满之日起三十日内向赔偿义务机关的上一级机关申请复议。

赔偿请求人对赔偿的方式、项目、数额有异议的，或者赔偿义务机关作出不予赔偿决定的，赔偿请求人可以自赔偿义务机关作出赔偿或者不予赔偿决定之日起三十日内，向赔偿义务机关的上一级机关申请复议。

赔偿义务机关是人民法院的，赔偿请求人可以依照本条规定向其上一级人民法院赔偿委员会申请作出赔偿决定。

第二十五条　【刑事赔偿复议的处理和对复议决定的救济】复议机关应当自收到申请之日起两个月内作出决定。

赔偿请求人不服复议决定的，可以在收到复议决定之日起三十日内向复议机关所在地的同级人民法院赔偿委员会申请作出赔偿决定；复议机关逾期不作决定的，赔偿请求人可以自期限届满之日起三十日内向复议机关所在地的同级人民法院赔偿委员会申请作出赔偿决定。

第二十六条　【举证责任分配】人民法院赔偿委员会处理赔偿请求，赔偿请求人和赔偿义务机关对自己提出的主张，应当提供证据。

被羁押人在羁押期间死亡或者丧失行为能力的，赔偿义务机关的行为与被羁押人的死亡或者丧失行为能力是否存在因果关系，赔偿义务机关应当提供证据。

第二十七条　【赔偿委员会办理案件程序】人民法院赔偿委员会处理赔偿请求，采取书面审查的办法。必要时，可以向有关单位和人员调查情况、收集证据。赔偿请求人与赔偿义务机关对损害事实及因果关系有争议的，赔偿委员会可以听取赔偿请求人和赔偿义务机关的陈述和申辩，并可以进行质证。

第二十八条　【赔偿委员会办理案件期限】人民法院赔偿委员会应当自收到赔偿申请之日起三个月内作出决定；属于疑难、复杂、重大案件的，经本院院长批准，可以延长三个月。

第二十九条　【赔偿委员会的组成】中级以上的人民法院设立赔偿委员会，由人民法院三名以上审判员组成，组成人员的人数应当为单数。

赔偿委员会作赔偿决定，实行少数服从多数的原则。

赔偿委员会作出的赔偿决定，是发生法律效力的决定，必须执行。

第三十条　【赔偿委员会重新审查程序】赔偿请求人或者赔偿义务机关对赔偿委员会作出的决定，认为确有错误的，可以向上一级人民法院赔偿委员会提出申诉。

赔偿委员会作出的赔偿决定生效后，如发现赔偿决定违反本法规定的，经本院院长决定或者上级人民法院指令，赔偿委员会应当在两个月内重新审查并依法作出决定，上一级人民法院赔偿委员会也可以直接审查并作出决定。

最高人民检察院对各级人民法院赔偿委员会作出的决定，上级人民检察院对下级人民法院赔偿委员会作出的决定，发现违反本法规定的，应当向同级人民法院赔偿委员会提出意见，同级人民法院赔偿委员会应当在两个月内重新审查并依法作出决定。

第三十一条　【刑事赔偿的追偿】赔偿义务机关赔偿后，应当向有下列情形之一的工作人员追偿部分或者全部赔偿费用：

（一）有本法第十七条第四项、第五项规定情形的；

（二）在处理案件中有贪污受贿，徇私舞弊，枉法裁判行为的。

对有前款规定情形的责任人员，有关机关应当依法给予处分；构成犯罪的，应当依法追究刑事责任。

第四章　赔偿方式和计算标准

第三十二条　【赔偿方式】国家赔偿以支付赔偿金为主要方式。

能够返还财产或者恢复原状的，予以返还财产或者恢复原状。

第三十三条　【人身自由的国家赔偿标准】侵犯公民人身自由的，每日赔偿金按照国家上年度职工日平均工资计算。

第三十四条 【生命健康权的国家赔偿标准】侵犯公民生命健康权的，赔偿金按照下列规定计算：

（一）造成身体伤害的，应当支付医疗费、护理费，以及赔偿因误工减少的收入。减少的收入每日的赔偿金按照国家上年度职工日平均工资计算，最高额为国家上年度职工年平均工资的五倍；

（二）造成部分或者全部丧失劳动能力的，应当支付医疗费、护理费、残疾生活辅助具费、康复费等因残疾而增加的必要支出和继续治疗所必需的费用，以及残疾赔偿金。残疾赔偿金根据丧失劳动能力的程度，按照国家规定的伤残等级确定，最高不超过国家上年度职工年平均工资的二十倍。造成全部丧失劳动能力的，对其扶养的无劳动能力的人，还应当支付生活费；

（三）造成死亡的，应当支付死亡赔偿金、丧葬费，总额为国家上年度职工年平均工资的二十倍。对死者生前扶养的无劳动能力的人，还应当支付生活费。

前款第二项、第三项规定的生活费的发放标准，参照当地最低生活保障标准执行。被扶养的人是未成年人的，生活费给付至十八周岁止；其他无劳动能力的人，生活费给付至死亡时止。

第三十五条 【精神损害的国家赔偿标准】有本法第三条或者第十七条规定情形之一，致人精神损害的，应当在侵权行为影响的范围内，为受害人消除影响，恢复名誉，赔礼道歉；造成严重后果的，应当支付相应的精神损害抚慰金。

第三十六条 【财产权的国家赔偿标准】侵犯公民、法人和其他组织的财产权造成损害的，按照下列规定处理：

（一）处罚款、罚金、追缴、没收财产或者违法征收、征用财产的，返还财产；

（二）查封、扣押、冻结财产的，解除对财产的查封、扣押、冻结，造成财产损坏或者灭失的，依照本条第三项、第四项的规定赔偿；

（三）应当返还的财产损坏的，能够恢复原状的恢复原状，不能恢复原状的，按照损害程度给付相应的赔偿金；

（四）应当返还的财产灭失的，给付相应的赔偿金；

（五）财产已经拍卖或者变卖的，给付拍卖或者变卖所得的价款；变卖的价款明显低于财产价值的，应当支付相应的赔偿金；

（六）吊销许可证和执照、责令停产停业的，赔偿停产停业期间必要的经常性费用开支；

（七）返还执行的罚款或者罚金、追缴或者没收的金钱，解除冻结的存款或者汇款的，应当支付银行同期存款利息；

（八）对财产权造成其他损害的，按照直接损失给予赔偿。

第三十七条 【国家赔偿费用】赔偿费用列入各级财政预算。

赔偿请求人凭生效的判决书、复议决定书、赔偿决定书或者调解书，向赔偿义务机关申请支付赔偿金。

赔偿义务机关应当自收到支付赔偿金申请之日起七日内，依照预算管理权限向有关的财政部门提出支付申请。财政部门应当自收到支付申请之日起十五日内支付赔偿金。

赔偿费用预算与支付管理的具体办法由国务院规定。

第五章 其他规定

第三十八条 【民事、行政诉讼中的司法赔偿】人民法院在民事诉讼、行政诉讼过程中，违法采取对妨害诉讼的强制措施、保全措施或者对判决、裁定及其他生效法律文书执行错误，造成损害的，赔偿请求人要求赔偿的程序，适用本法刑事赔偿程序的规定。

第三十九条　【国家赔偿请求时效】赔偿请求人请求国家赔偿的时效为两年，自其知道或者应当知道国家机关及其工作人员行使职权时的行为侵犯其人身权、财产权之日起计算，但被羁押等限制人身自由期间不计算在内。在申请行政复议或者提起行政诉讼时一并提出赔偿请求的，适用行政复议法、行政诉讼法有关时效的规定。

赔偿请求人在赔偿请求时效的最后六个月内，因不可抗力或者其他障碍不能行使请求权的，时效中止。从中止时效的原因消除之日起，赔偿请求时效期间继续计算。

第四十条　【对等原则】外国人、外国企业和组织在中华人民共和国领域内要求中华人民共和国国家赔偿的，适用本法。

外国人、外国企业和组织的所属国对中华人民共和国公民、法人和其他组织要求该国国家赔偿的权利不予保护或者限制的，中华人民共和国与该外国人、外国企业和组织的所属国实行对等原则。

第六章　附　　则

第四十一条　【不得收费和征税】赔偿请求人要求国家赔偿的，赔偿义务机关、复议机关和人民法院不得向赔偿请求人收取任何费用。

对赔偿请求人取得的赔偿金不予征税。

第四十二条　【施行日期】本法自1995年1月1日起施行。

最高人民法院关于适用《中华人民共和国国家赔偿法》若干问题的解释(一)

1. 2011年2月14日最高人民法院审判委员会第1511次会议通过
2. 2011年2月28日公布
3. 法释〔2011〕4号
4. 自2011年3月18日起施行

为正确适用2010年4月29日第十一届全国人民代表大会常务委员会第十四次会议修正的《中华人民共和国国家赔偿法》，对人民法院处理国家赔偿案件中适用国家赔偿法的有关问题解释如下：

第一条　国家机关及其工作人员行使职权侵犯公民、法人和其他组织合法权益的行为发生在2010年12月1日以后，或者发生在2010年12月1日以前、持续至2010年12月1日以后的，适用修正的国家赔偿法。

第二条　国家机关及其工作人员行使职权侵犯公民、法人和其他组织合法权益的行为发生在2010年12月1日以前的，适用修正前的国家赔偿法，但有下列情形之一的，适用修正的国家赔偿法：

(一)2010年12月1日以前已经受理赔偿请求人的赔偿请求但尚未作出生效赔偿决定的；

(二)赔偿请求人在2010年12月1日以后提出赔偿请求的。

第三条　人民法院对2010年12月1日以前已经受理但尚未审结的国家赔偿确认案件，应当继续审理。

第四条　公民、法人和其他组织对行使侦查、检察、审判职权的机关以及看守所、监狱管理机关在2010年12月1日以前作出并已发生法律效力的不予确认职务行为违法的法律文书不服，未依据修正前的国家赔偿法规定提出申诉并经有权机关作出侵权确认结论，直接向人民法院赔偿委员会申请赔偿的，不予受理。

第五条 公民、法人和其他组织对在2010年12月1日以前发生法律效力的赔偿决定不服提出申诉的，人民法院审查处理时适用修正前的国家赔偿法；但是仅就修正的国家赔偿法增加的赔偿项目及标准提出申诉的，人民法院不予受理。

第六条 人民法院审查发现2010年12月1日以前发生法律效力的确认裁定、赔偿决定确有错误应当重新审查处理的，适用修正前的国家赔偿法。

第七条 赔偿请求人认为行使侦查、检察、审判职权的机关以及看守所、监狱管理机关及其工作人员在行使职权时有修正的国家赔偿法第十七条第（一）、（二）、（三）项、第十八条规定情形的，应当在刑事诉讼程序终结后提出赔偿请求，但下列情形除外：

（一）赔偿请求人有证据证明其与尚未终结的刑事案件无关的；

（二）刑事案件被害人依据刑事诉讼法第一百九十八条的规定，以财产未返还或者认为返还的财产受到损害而要求赔偿的。

第八条 赔偿请求人认为人民法院有修正的国家赔偿法第三十八条规定情形的，应当在民事、行政诉讼程序或者执行程序终结后提出赔偿请求，但人民法院已依法撤销对妨害诉讼采取的强制措施的情形除外。

第九条 赔偿请求人或者赔偿义务机关认为人民法院赔偿委员会作出的赔偿决定存在错误，依法向上一级人民法院赔偿委员会提出申诉的，不停止赔偿决定的执行；但人民法院赔偿委员会依据修正的国家赔偿法第三十条的规定决定重新审查的，可以决定中止原赔偿决定的执行。

第十条 人民检察院依据修正的国家赔偿法第三十条第三款的规定，对人民法院赔偿委员会在2010年12月1日以后作出的赔偿决定提出意见的，同级人民法院赔偿委员会应当决定重新审查，并可以决定中止原赔偿决定的执行。

第十一条 本解释自公布之日起施行。

最高人民法院关于审理行政赔偿案件若干问题的规定

1. 2021年12月6日最高人民法院审判委员会第1855次会议通过
2. 2022年3月20日公布
3. 法释〔2022〕10号
4. 自2022年5月1日起施行

为保护公民、法人和其他组织的合法权益，监督行政机关依法履行行政赔偿义务，确保人民法院公正、及时审理行政赔偿案件，实质化解行政赔偿争议，根据《中华人民共和国行政诉讼法》（以下简称行政诉讼法）《中华人民共和国国家赔偿法》（以下简称国家赔偿法）等法律规定，结合行政审判工作实际，制定本规定。

一、受案范围

第一条 国家赔偿法第三条、第四条规定的“其他违法行为”包括以下情形：

（一）不履行法定职责行为；

（二）行政机关及其工作人员在履行行政职责过程中作出的不产生法律效果，但事实上损害公民、法人或者其他组织人身权、财产权等合法权益的行为。

第二条　依据行政诉讼法第一条、第十二条第一款第十二项和国家赔偿法第二条规定，公民、法人或者其他组织认为行政机关及其工作人员违法行使行政职权对其劳动权、相邻权等合法权益造成人身、财产损害的，可以依法提起行政赔偿诉讼。

第三条　赔偿请求人不服赔偿义务机关下列行为的，可以依法提起行政赔偿诉讼：

（一）确定赔偿方式、项目、数额的行政赔偿决定；

（二）不予赔偿决定；

（三）逾期不作出赔偿决定；

（四）其他有关行政赔偿的行为。

第四条　法律规定由行政机关最终裁决的行政行为被确认违法后，赔偿请求人可以单独提起行政赔偿诉讼。

第五条　公民、法人或者其他组织认为国防、外交等国家行为或者行政机关制定发布行政法规、规章或者具有普遍约束力的决定、命令侵犯其合法权益造成损害，向人民法院提起行政赔偿诉讼的，不属于人民法院行政赔偿诉讼的受案范围。

二、诉讼当事人

第六条　公民、法人或者其他组织一并提起行政赔偿诉讼中的当事人地位，按照其在行政诉讼中的地位确定，行政诉讼与行政赔偿诉讼当事人不一致的除外。

第七条　受害的公民死亡，其继承人和其他有扶养关系的人可以提起行政赔偿诉讼，并提供该公民死亡证明、赔偿请求人与死亡公民之间的关系证明。

受害的公民死亡，支付受害公民医疗费、丧葬费等合理费用的人可以依法提起行政赔偿诉讼。

有权提起行政赔偿诉讼的法人或者其他组织分立、合并、终止，承受其权利的法人或者其他组织可以依法提起行政赔偿诉讼。

第八条　两个以上行政机关共同实施侵权行政行为造成损害的，共同侵权行政机关为共同被告。赔偿请求人坚持对其中一个或者几个侵权机关提起行政赔偿诉讼，以被起诉的机关为被告，未被起诉的机关追加为第三人。

第九条　原行政行为造成赔偿请求人损害，复议决定加重损害的，复议机关与原行政行为机关为共同被告。赔偿请求人坚持对作出原行政行为机关或者复议机关提起行政赔偿诉讼，以被起诉的机关为被告，未被起诉的机关追加为第三人。

第十条　行政机关依据行政诉讼法第九十七条的规定申请人民法院强制执行其行政行为，因据以强制执行的行政行为违法而发生行政赔偿诉讼的，申请强制执行的行政机关为被告。

三、证　　据

第十一条　行政赔偿诉讼中，原告应当对行政行为造成的损害提供证据；因被告的原因导致原告无法举证的，由被告承担举证责任。

人民法院对于原告主张的生产和生活所必需物品的合理损失，应当予以支持；对于原告提出的超出生产和生活所必需的其他贵重物品、现金损失，可以结合案件相关证据予以认定。

第十二条　原告主张其被限制人身自由期间受到身体伤害，被告否认相关损害事实或者损害与违法行政行为存在因果关系的，被告应当提供相应的证据证明。

四、起诉与受理

第十三条　行政行为未被确认为违法，公民、法人或者其他组织提起行政赔偿诉讼的，人民法院应当视为提起行政诉讼时一并提起行政赔偿诉讼。

行政行为已被确认为违法，并符合下列条件的，公民、法人或者其他组织可以单独提起行政赔偿诉讼：

（一）原告具有行政赔偿请求资格；

（二）有明确的被告；

（三）有具体的赔偿请求和受损害的事实根据；

（四）赔偿义务机关已先行处理或者超过法定期限不予处理；

（五）属于人民法院行政赔偿诉讼的受案范围和受诉人民法院管辖；

（六）在法律规定的起诉期限内提起诉讼。

第十四条　原告提起行政诉讼时未一并提起行政赔偿诉讼，人民法院审查认为可能存在行政赔偿的，应当告知原告可以一并提起行政赔偿诉讼。

原告在第一审庭审终结前提起行政赔偿诉讼，符合起诉条件的，人民法院应当依法受理；原告在第一审庭审终结后、宣判前提起行政赔偿诉讼的，是否准许由人民法院决定。

原告在第二审程序或者再审程序中提出行政赔偿请求的，人民法院可以组织各方调解；调解不成的，告知其另行起诉。

第十五条　公民、法人或者其他组织应当自知道或者应当知道行政行为侵犯其合法权益之日起两年内，向赔偿义务机关申请行政赔偿。赔偿义务机关在收到赔偿申请之日起两个月内未作出赔偿决定的，公民、法人或者其他组织可以依照行政诉讼法有关规定提起行政赔偿诉讼。

第十六条　公民、法人或者其他组织提起行政诉讼时一并请求行政赔偿的，适用行政诉讼法有关起诉期限的规定。

第十七条　公民、法人或者其他组织仅对行政复议决定中的行政赔偿部分有异议，自复议决定书送达之日起十五日内提起行政赔偿诉讼的，人民法院应当依法受理。

行政机关作出有赔偿内容的行政复议决定时，未告知公民、法人或者其他组织起诉期限的，起诉期限从公民、法人或者其他组织知道或者应当知道起诉期限之日起计算，但从知道或者应当知道行政复议决定内容之日起最长不得超过一年。

第十八条　行政行为被有权机关依照法定程序撤销、变更、确认违法或无效，或者实施行政行为的行政机关工作人员因该行为被生效法律文书或监察机关政务处分确认为渎职、滥用职权的，属于本规定所称的行政行为被确认为违法的情形。

第十九条　公民、法人或者其他组织一并提起行政赔偿诉讼，人民法院经审查认为行政诉讼不符合起诉条件的，对一并提起的行政赔偿诉讼，裁定不予立案；已经立案的，裁定驳回起诉。

第二十条　在涉及行政许可、登记、征收、征用和行政机关对民事争议所作的裁决的行政案件中，原告提起行政赔偿诉讼的同时，有关当事人申请一并解决相关民事争议的，人民法院可以一并审理。

五、审理和判决

第二十一条　两个以上行政机关共同实施违法行政行为，或者行政机关及其工作人员与第三人恶意串通作出的违法行政行为，造成公民、法人或者其他组织人身权、财产权等合法权益实际损害的，应当承担连带赔偿责任。

一方承担连带赔偿责任后，对于超出其应当

承担部分，可以向其他连带责任人追偿。

第二十二条　两个以上行政机关分别实施违法行政行为造成同一损害，每个行政机关的违法行为都足以造成全部损害的，各个行政机关承担连带赔偿责任。

两个以上行政机关分别实施违法行政行为造成同一损害的，人民法院应当根据其违法行政行为在损害发生和结果中的作用大小，确定各自承担相应的行政赔偿责任；难以确定责任大小的，平均承担责任。

第二十三条　由于第三人提供虚假材料，导致行政机关作出的行政行为违法，造成公民、法人或者其他组织损害的，人民法院应当根据违法行政行为在损害发生和结果中的作用大小，确定行政机关承担相应的行政赔偿责任；行政机关已经尽到审慎审查义务的，不承担行政赔偿责任。

第二十四条　由于第三人行为造成公民、法人或者其他组织损害的，应当由第三人依法承担侵权赔偿责任；第三人赔偿不足、无力承担赔偿责任或者下落不明，行政机关又未尽保护、监管、救助等法定义务的，人民法院应当根据行政机关未尽法定义务在损害发生和结果中的作用大小，确定其承担相应的行政赔偿责任。

第二十五条　由于不可抗力等客观原因造成公民、法人或者其他组织损害，行政机关不依法履行、拖延履行法定义务导致未能及时止损或者损害扩大的，人民法院应当根据行政机关不依法履行、拖延履行法定义务行为在损害发生和结果中的作用大小，确定其承担相应的行政赔偿责任。

第二十六条　有下列情形之一的，属于国家赔偿法第三十五条规定的“造成严重后果”：

（一）受害人被非法限制人身自由超过六个月；

（二）受害人经鉴定为轻伤以上或者残疾；

（三）受害人经诊断、鉴定为精神障碍或者精神残疾，且与违法行政行为存在关联；

（四）受害人名誉、荣誉、家庭、职业、教育等方面遭受严重损害，且与违法行政行为存在关联。

有下列情形之一的，可以认定为后果特别严重：

（一）受害人被限制人身自由十年以上；

（二）受害人死亡；

（三）受害人经鉴定为重伤或者残疾一至四级，且生活不能自理；

（四）受害人经诊断、鉴定为严重精神障碍或者精神残疾一至二级，生活不能自理，且与违法行政行为存在关联。

第二十七条　违法行政行为造成公民、法人或者其他组织财产损害，不能返还财产或者恢复原状的，按照损害发生时该财产的市场价格计算损失。市场价格无法确定，或者该价格不足以弥补公民、法人或者其他组织损失的，可以采用其他合理方式计算。

违法征收征用土地、房屋，人民法院判决给予被征收人的行政赔偿，不得少于被征收人依法应当获得的安置补偿权益。

第二十八条　下列损失属于国家赔偿法第三十六条第六项规定的“停产停业期间必要的经常性费用开支”：

（一）必要留守职工的工资；

（二）必须缴纳的税款、社会保险费；

（三）应当缴纳的水电费、保管费、仓储费、承包费；

（四）合理的房屋场地租金、设备租金、设备折旧费；

(五)维系停产停业期间运营所需的其他基本开支。

第二十九条 下列损失属于国家赔偿法第三十六条第八项规定的“直接损失”:

(一)存款利息、贷款利息、现金利息;

(二)机动车停运期间的营运损失;

(三)通过行政补偿程序依法应当获得的奖励、补贴等;

(四)对财产造成的其他实际损失。

第三十条 被告有国家赔偿法第三条规定情形之一,致人精神损害的,人民法院应当判决其在违法行政行为影响的范围内,为受害人消除影响、恢复名誉、赔礼道歉;消除影响、恢复名誉和赔礼道歉的履行方式,可以双方协商,协商不成的,人民法院应当责令被告以适当的方式履行。造成严重后果的,应当判决支付相应的精神损害抚慰金。

第三十一条 人民法院经过审理认为被告对公民、法人或者其他组织造成财产损害的,判决被告限期返还财产、恢复原状;无法返还财产、恢复原状的,判决被告限期支付赔偿金和相应的利息损失。

人民法院审理行政赔偿案件,可以对行政机关赔偿的方式、项目、标准等予以明确,赔偿内容确定的,应当作出具有赔偿金额等给付内容的判决;行政赔偿决定对赔偿数额的确定确有错误的,人民法院判决予以变更。

第三十二条 有下列情形之一的,人民法院判决驳回原告的行政赔偿请求:

(一)原告主张的损害没有事实根据的;

(二)原告主张的损害与违法行政行为没有因果关系的;

(三)原告的损失已经通过行政补偿等其他途径获得充分救济的;

(四)原告请求行政赔偿的理由不能成立的其他情形。

六、其　　他

第三十三条 本规定自 2022 年 5 月 1 日起施行。《最高人民法院关于审理行政赔偿案件若干问题的规定》(法发〔1997〕10 号)同时废止。

本规定实施前本院发布的司法解释与本规定不一致的,以本规定为准。

最高人民法院关于审理涉执行司法赔偿案件适用法律若干问题的解释

1. *2021 年 12 月 20 日最高人民法院审判委员会第 1857 次会议通过*
2. *2022 年 2 月 8 日公布*
3. *法释〔2022〕3 号*
4. *自 2022 年 3 月 1 日起施行*

为正确审理涉执行司法赔偿案件,保障公民、法人和其他组织的合法权益,根据《中华人民共和国国家赔偿法》等法律规定,结合人民法院国家赔偿审判和执行工作实际,制定本解释。

第一条 人民法院在执行判决、裁定及其他生效法律文书过程中,错误采取财产调查、控制、处置、交付、分配等执行措施或者罚款、拘留等强制措施,侵犯公民、法人和其他组织合法权益并造成损害,受害人依照国家赔偿法第三十八条规定申请赔偿的,适用本解释。

第二条 公民、法人和其他组织认为有下列错误执行行为造成损害申请赔偿的,人民法院应当依法受理:

(一)执行未生效法律文书,或者明显超出

生效法律文书确定的数额和范围执行的；

（二）发现被执行人有可供执行的财产，但故意拖延执行、不执行，或者应当依法恢复执行而不恢复的；

（三）违法执行案外人财产，或者违法将案件执行款物交付给其他当事人、案外人的；

（四）对抵押、质押、留置、保留所有权等财产采取执行措施，未依法保护上述权利人优先受偿权等合法权益的；

（五）对其他人民法院已经依法采取保全或者执行措施的财产违法执行的；

（六）对执行中查封、扣押、冻结的财产故意不履行或者怠于履行监管职责的；

（七）对不宜长期保存或者易贬值的财产采取执行措施，未及时处理或者违法处理的；

（八）违法拍卖、变卖、以物抵债，或者依法应当评估而未评估，依法应当拍卖而未拍卖的；

（九）违法撤销拍卖、变卖或者以物抵债的；

（十）违法采取纳入失信被执行人名单、限制消费、限制出境等措施的；

（十一）因违法或者过错采取执行措施或者强制措施的其他行为。

第三条 原债权人转让债权的，其基于债权申请国家赔偿的权利随之转移，但根据债权性质、当事人约定或者法律规定不得转让的除外。

第四条 人民法院将查封、扣押、冻结等事项委托其他人民法院执行的，公民、法人和其他组织认为错误执行行为造成损害申请赔偿的，委托法院为赔偿义务机关。

第五条 公民、法人和其他组织申请错误执行赔偿，应当在执行程序终结后提出，终结前提出的不予受理。但有下列情形之一，且无法在相关诉讼或者执行程序中予以补救的除外：

（一）罚款、拘留等强制措施已被依法撤销，或者实施过程中造成人身损害的；

（二）被执行的财产经诉讼程序依法确认不属于被执行人，或者人民法院生效法律文书已确认执行行为违法的；

（三）自立案执行之日起超过五年，且已裁定终结本次执行程序，被执行人已无可供执行财产的；

（四）在执行程序终结前可以申请赔偿的其他情形。

赔偿请求人依据前款规定，在执行程序终结后申请赔偿的，该执行程序期间不计入赔偿请求时效。

第六条 公民、法人和其他组织在执行异议、复议或者执行监督程序审查期间，就相关执行措施或者强制措施申请赔偿的，人民法院不予受理，已经受理的予以驳回，并告知其在上述程序终结后可以依照本解释第五条的规定依法提出赔偿申请。

公民、法人和其他组织在执行程序中未就相关执行措施、强制措施提出异议、申请复议或者申请执行监督，不影响其依法申请赔偿的权利。

第七条 经执行异议、复议或者执行监督程序作出的生效法律文书，对执行行为是否合法已有认定的，该生效法律文书可以作为人民法院赔偿委员会认定执行行为合法性的根据。

赔偿请求人对执行行为的合法性提出相反主张，且提供相应证据予以证明的，人民法院赔偿委员会应当对执行行为进行合法性审查并作出认定。

第八条 根据当时有效的执行依据或者依法认定的基本事实作出的执行行为，不因下列情形而认定为错误执行：

（一）采取执行措施或者强制措施后，据以执行的判决、裁定及其他生效法律文书被撤销或者变更的；

（二）被执行人足以对抗执行的实体事由，系在执行措施完成后发生或者被依法确认的；

（三）案外人对执行标的享有足以排除执行的实体权利，系在执行措施完成后经法定程序确认的；

（四）人民法院作出准予执行行政行为的裁定并实施后，该行政行为被依法变更、撤销、确认违法或者确认无效的；

（五）根据财产登记采取执行措施后，该登记被依法确认错误的；

（六）执行依据或者基本事实嗣后改变的其他情形。

第九条 赔偿请求人应当对其主张的损害负举证责任。但因人民法院未列清单、列举不详等过错致使赔偿请求人无法就损害举证的，应当由人民法院对上述事实承担举证责任。

双方主张损害的价值无法认定的，应当由负有举证责任的一方申请鉴定。负有举证责任的一方拒绝申请鉴定的，由其承担不利的法律后果；无法鉴定的，人民法院赔偿委员会应当结合双方的主张和在案证据，运用逻辑推理、日常生活经验等进行判断。

第十条 被执行人因财产权被侵犯依照本解释第五条第一款规定申请赔偿，其债务尚未清偿的，获得的赔偿金应当首先用于清偿其债务。

第十一条 因错误执行取得不当利益且无法返还的，人民法院承担赔偿责任后，可以依据赔偿决定向取得不当利益的人追偿。

因错误执行致使生效法律文书无法执行，申请执行人获得国家赔偿后申请继续执行的，不予支持。人民法院承担赔偿责任后，可以依据赔偿决定向被执行人追偿。

第十二条 在执行过程中，因保管人或者第三人的行为侵犯公民、法人和其他组织合法权益并造成损害的，应当由保管人或者第三人承担责任。但人民法院未尽监管职责的，应当在其能够防止或者制止损害发生、扩大的范围内承担相应的赔偿责任，并可以依据赔偿决定向保管人或者第三人追偿。

第十三条 属于下列情形之一的，人民法院不承担赔偿责任：

（一）申请执行人提供财产线索错误的；

（二）执行措施系根据依法提供的担保而采取或者解除的；

（三）人民法院工作人员实施与行使职权无关的个人行为的；

（四）评估或者拍卖机构实施违法行为造成损害的；

（五）因不可抗力、正当防卫或者紧急避险造成损害的；

（六）依法不应由人民法院承担赔偿责任的其他情形。

前款情形中，人民法院有错误执行行为的，应当根据其在损害发生过程和结果中所起的作用承担相应的赔偿责任。

第十四条 错误执行造成公民、法人和其他组织利息、租金等实际损失的，适用国家赔偿法第三十六条第八项的规定予以赔偿。

第十五条 侵犯公民、法人和其他组织的财产权，按照错误执行行为发生时的市场价格不足以弥补受害人损失或者该价格无法确定的，可以采用下列方式计算损失：

（一）按照错误执行行为发生时的市场价格

计算财产损失并支付利息，利息计算期间从错误执行行为实施之日起至赔偿决定作出之日止；

（二）错误执行行为发生时的市场价格无法确定，或者因时间跨度长、市场价格波动大等因素按照错误执行行为发生时的市场价格计算显失公平的，可以参照赔偿决定作出时同类财产市场价格计算；

（三）其他合理方式。

第十六条 错误执行造成受害人停产停业的，下列损失属于停产停业期间必要的经常性费用开支：

（一）必要留守职工工资；

（二）必须缴纳的税款、社会保险费；

（三）应当缴纳的水电费、保管费、仓储费、承包费；

（四）合理的房屋场地租金、设备租金、设备折旧费；

（五）维系停产停业期间运营所需的其他基本开支。

错误执行生产设备、用于营运的运输工具，致使受害人丧失唯一生活来源的，按照其实际损失予以赔偿。

第十七条 错误执行侵犯债权的，赔偿范围一般应当以债权标的额为限。债权受让人申请赔偿的，赔偿范围以其受让债权时支付的对价为限。

第十八条 违法采取保全措施的案件进入执行程序后，公民、法人和其他组织申请赔偿的，应当作为错误执行案件予以立案审查。

第十九条 审理违法采取妨害诉讼的强制措施、保全、先予执行赔偿案件，可以参照适用本解释。

第二十条 本解释自2022年3月1日起施行。施行前本院公布的司法解释与本解释不一致的，以本解释为准。

最高人民法院关于人民法院赔偿委员会审理国家赔偿案件适用精神损害赔偿若干问题的意见

1. *2014年7月29日*
2. *法发〔2014〕14号*

2010年4月29日第十一届全国人大常委会第十四次会议审议通过的《全国人民代表大会常务委员会关于修改〈中华人民共和国国家赔偿法〉的决定》，扩大了消除影响、恢复名誉、赔礼道歉的适用范围，增加了有关精神损害抚慰金的规定，实现了国家赔偿中精神损害赔偿制度的重大发展。国家赔偿法第三十五条规定："有本法第三条或者第十七条规定情形之一，致人精神损害的，应当在侵权行为影响的范围内，为受害人消除影响，恢复名誉，赔礼道歉；造成严重后果的，应当支付相应的精神损害抚慰金。"为依法充分保障公民权益，妥善处理国家赔偿纠纷，现就人民法院赔偿委员会审理国家赔偿案件适用精神损害赔偿若干问题，提出以下意见：

一、充分认识精神损害赔偿的重要意义

现行国家赔偿法与1994年国家赔偿法相比，吸收了多年来理论及实践探索与发展的成果，在责任范围和责任方式等方面对精神损害赔偿进行了完善和发展，有效提升了对公民人身权益的保护水平。人民法院赔偿委员会要充分认识国家赔偿中的精神损害赔偿制度的重要意义，将贯彻落实该项制度作为"完善人权司法保障制度"的重要内容，正确适用国家赔偿法第三十五条等相关法律规定，依法处理赔偿请求人提出的精神损害赔偿申请，妥善化解国家赔偿纠纷，切

实尊重和保障人权。

二、严格遵循精神损害赔偿的适用原则

人民法院赔偿委员会适用精神损害赔偿条款，应当严格遵循以下原则：一是依法赔偿原则。严格依照国家赔偿法的规定，不得扩大或者缩小精神损害赔偿的适用范围，不得增加或者减少其适用条件。二是综合裁量原则。综合考虑个案中侵权行为的致害情况，侵权机关及其工作人员的违法、过错程度等相关因素，准确认定精神损害赔偿责任。三是合理平衡原则。坚持同等情况同等对待，不同情况区别处理，适当考虑个案及地区差异，兼顾社会发展整体水平和当地居民生活水平。

三、准确把握精神损害赔偿的前提条件和构成要件

人民法院赔偿委员会适用精神损害赔偿条款，应当以公民的人身权益遭受侵犯为前提条件，并审查是否满足以下责任构成要件：行使侦查、检察、审判职权的机关以及看守所、监狱管理机关及其工作人员在行使职权时有国家赔偿法第十七条规定的侵权行为；致人精神损害；侵权行为与精神损害事实及后果之间存在因果关系。

四、依法认定"致人精神损害"和"造成严重后果"

人民法院赔偿委员会适用精神损害赔偿条款，应当严格依法认定侵权行为是否"致人精神损害"以及是否"造成严重后果"。

一般情形下，人民法院赔偿委员会应当综合考虑受害人人身自由、生命健康受到侵害的情况，精神受损情况，日常生活、工作学习、家庭关系、社会评价受到影响的情况，并考量社会伦理道德、日常生活经验等因素，依法认定侵权行为是否致人精神损害以及是否造成严重后果。

受害人因侵权行为而死亡、残疾（含精神残疾）或者所受伤害经有合法资质的机构鉴定为重伤或者诊断、鉴定为严重精神障碍的，人民法院赔偿委员会应当认定侵权行为致人精神损害并且造成严重后果。

五、妥善处理两种责任方式的内在关系

人民法院赔偿委员会适用精神损害赔偿条款，应当妥善处理"消除影响，恢复名誉，赔礼道歉"与"支付相应的精神损害抚慰金"两种责任方式的内在关系。

侵权行为致人精神损害但未造成严重后果的，人民法院赔偿委员会应当根据案件具体情况决定由赔偿义务机关为受害人消除影响、恢复名誉或者向其赔礼道歉。

侵权行为致人精神损害且造成严重后果的，人民法院赔偿委员会除依照前述规定决定由赔偿义务机关为受害人消除影响、恢复名誉或者向其赔礼道歉外，还应当决定由赔偿义务机关支付相应的精神损害抚慰金。

六、正确适用"消除影响，恢复名誉，赔礼道歉"责任方式

人民法院赔偿委员会适用精神损害赔偿条款，要注意"消除影响、恢复名誉"与"赔礼道歉"作为非财产责任方式，既可以单独适用，也可以合并适用。其中，消除影响、恢复名誉应当公开进行。

人民法院赔偿委员会可以根据赔偿义务机关与赔偿请求人协商的情况，或者根据侵权行为直接影响所及、受害人住所地、经常居住地等因素确定履行范围，决定由赔偿义务机关以适当方式公开为受害人消除影响、恢复名誉。人民法院赔偿委员会决定由赔偿义务机关公开赔礼道歉的，参照前述规定执行。

赔偿义务机关在案件审理终结前已经履行消除影响、恢复名誉或者赔礼道歉义务，人民法

院赔偿委员会可以在国家赔偿决定书中予以说明,不再写入决定主文。人民法院赔偿委员会决定由赔偿义务机关为受害人消除影响、恢复名誉或者向其赔礼道歉的,赔偿义务机关应当自收到人民法院赔偿委员会国家赔偿决定书之日起三十日内主动履行消除影响、恢复名誉或者赔礼道歉义务。赔偿义务机关逾期未履行的,赔偿请求人可以向作出生效国家赔偿决定的赔偿委员会所在法院申请强制执行。强制执行产生的费用由赔偿义务机关负担。

七、综合酌定"精神损害抚慰金"的具体数额

人民法院赔偿委员会适用精神损害赔偿条款,决定采用"支付相应的精神损害抚慰金"方式的,应当综合考虑以下因素确定精神损害抚慰金的具体数额:精神损害事实和严重后果的具体情况;侵权机关及其工作人员的违法、过错程度;侵权的手段、方式等具体情节;罪名、刑罚的轻重;纠错的环节及过程;赔偿请求人住所地或者经常居住地平均生活水平;赔偿义务机关所在地平均生活水平;其他应当考虑的因素。

人民法院赔偿委员会确定精神损害抚慰金的具体数额,还应当注意体现法律规定的"抚慰"性质,原则上不超过依照国家赔偿法第三十三条、第三十四条所确定的人身自由赔偿金、生命健康赔偿金总额的百分之三十五,最低不少于一千元。

受害人对精神损害事实和严重后果的产生或者扩大有过错的,可以根据其过错程度减少或者不予支付精神损害抚慰金。

八、认真做好法律释明工作

人民法院赔偿委员会发现赔偿请求人在申请国家赔偿时仅就人身自由或者生命健康所受侵害提出赔偿申请,没有同时就精神损害提出赔偿申请的,应当向其释明国家赔偿法第三十五条的内容,并将相关情况记录在案。在案件终结后,赔偿请求人基于同一事实、理由,就同一赔偿义务机关另行提出精神损害赔偿申请的,人民法院一般不予受理。

九、其他国家赔偿案件的参照适用

人民法院审理国家赔偿法第三条、第三十八条规定的涉及侵犯人身权的国家赔偿案件,以及人民法院办理涉及侵犯人身权的自赔案件,需要适用精神损害赔偿条款的,参照本意见处理。

最高人民法院关于行政机关工作人员执行职务致人伤亡构成犯罪的赔偿诉讼程序问题的批复

1. *2002年8月5日最高人民法院审判委员会第1236次会议通过*
2. *2002年8月23日公布*
3. *法释〔2002〕28号*
4. *自2002年8月30日起施行*

山东省高级人民法院:

你院鲁高法函〔1998〕132号《关于对行政机关工作人员执行职务时致人伤、亡,法院以刑事附带民事判决赔偿损失后,受害人或其亲属能否再提起行政赔偿诉讼的请示》收悉。经研究,答复如下:

一、行政机关工作人员在执行职务中致人伤、亡已构成犯罪,受害人或其亲属提起刑事附带民事赔偿诉讼的,人民法院对民事赔偿诉讼请求不予受理。但应当告知其可以依据《中华人民共和国国家赔偿法》的有关规定向人民法院提起行政赔偿诉讼。

二、本批复公布以前发生的此类案件，人民法院已作刑事附带民事赔偿处理，受害人或其亲属再提起行政赔偿诉讼的，人民法院不予受理。

此复

附　录

资料补充栏

《民事诉讼法》新旧条文序号对照表[①]

1991 年文本	2007 年修正文本	2012/2017 年修正文本	2021 年修正文本	2023 年修正文本
第 1 条	第 1 条	第 1 条	第 1 条	第 1 条
第 2 条	第 2 条	第 2 条	第 2 条	第 2 条
第 3 条	第 3 条	第 3 条	第 3 条	第 3 条
第 4 条	第 4 条	第 4 条	第 4 条	第 4 条
第 5 条	第 5 条	第 5 条	第 5 条	第 5 条
第 6 条	第 6 条	第 6 条	第 6 条	第 6 条
第 7 条	第 7 条	第 7 条	第 7 条	第 7 条
第 8 条	第 8 条	第 8 条	第 8 条	第 8 条
第 9 条	第 9 条	第 9 条	第 9 条	第 9 条
第 10 条	第 10 条	第 10 条	第 10 条	第 10 条
第 11 条	第 11 条	第 11 条	第 11 条	第 11 条
第 12 条	第 12 条	第 12 条	第 12 条	第 12 条
第 13 条	第 13 条	第 13 条	第 13 条	第 13 条
第 14 条	第 14 条	第 14 条	第 14 条	第 14 条
第 15 条	第 15 条	第 15 条	第 15 条	第 15 条
第 16 条	第 16 条			
			第 16 条	第 16 条
第 17 条	第 17 条	第 16 条	第 17 条	第 17 条
第 18 条	第 18 条	第 17 条	第 18 条	第 18 条
第 19 条	第 19 条	第 18 条	第 19 条	第 19 条
第 20 条	第 20 条	第 19 条	第 20 条	第 20 条
第 21 条	第 21 条	第 20 条	第 21 条	第 21 条
第 22 条	第 22 条	第 21 条	第 22 条	第 22 条
第 23 条	第 23 条	第 22 条	第 23 条	第 23 条
第 24 条	第 24 条	第 23 条	第 24 条	第 24 条
第 25 条	第 25 条	（第 34 条）		
第 26 条	第 26 条	第 24 条	第 25 条	第 25 条
第 27 条	第 27 条	第 25 条	第 26 条	第 26 条
		第 26 条	第 27 条	第 27 条
第 28 条	第 28 条	第 27 条	第 28 条	第 28 条

续表

1991 年文本	2007 年修正文本	2012/2017 年修正文本	2021 年修正文本	2023 年修正文本
第 29 条	第 29 条	第 28 条	第 29 条	第 29 条
第 30 条	第 30 条	第 29 条	第 30 条	第 30 条
第 31 条	第 31 条	第 30 条	第 31 条	第 31 条
第 32 条	第 32 条	第 31 条	第 32 条	第 32 条
第 33 条	第 33 条	第 32 条	第 33 条	第 33 条
第 34 条	第 34 条	第 33 条	第 34 条	第 34 条
（第 25 条）	（第 25 条）	第 34 条	第 35 条	第 35 条
第 35 条	第 35 条	第 35 条	第 36 条	第 36 条
第 36 条	第 36 条	第 36 条	第 37 条	第 37 条
第 37 条	第 37 条	第 37 条	第 38 条	第 38 条
第 38 条	第 38 条	（第 127 条）		
第 39 条	第 39 条	第 38 条	第 39 条	第 39 条
第 40 条	第 40 条	第 39 条	第 40 条	第 40 条
第 41 条	第 41 条	第 40 条	第 41 条	第 41 条
			第 42、43 条	第 42、43 条
第 42 条	第 42 条	第 41 条	第 44 条	第 44 条
第 43 条	第 43 条	第 42 条	第 45 条	第 45 条
第 44 条	第 44 条	第 43 条	第 46 条	第 46 条
第 45 条	第 45 条	第 44 条	第 47 条	第 47 条
第 46 条	第 46 条	第 45 条	第 48 条	第 48 条
第 47 条	第 47 条	第 46 条	第 49 条	第 49 条
第 48 条	第 48 条	第 47 条	第 50 条	第 50 条
第 49 条	第 49 条	第 48 条	第 51 条	第 51 条
第 50 条	第 50 条	第 49 条	第 52 条	第 52 条
第 51 条	第 51 条	第 50 条	第 53 条	第 53 条
第 52 条	第 52 条	第 51 条	第 54 条	第 54 条
第 53 条	第 53 条	第 52 条	第 55 条	第 55 条
第 54 条	第 54 条	第 53 条	第 56 条	第 56 条
第 55 条	第 55 条	第 54 条	第 57 条	第 57 条

① 2017 年《民事诉讼法》修改时只有部分条文内容发生了变动，条文序号没有变化，同 2012 年修正文本一致。——编者注

续表

1991 年文本	2007 年修正文本	2012/2017 年修正文本	2021 年修正文本	2023 年修正文本
		第 55 条	第 58 条	第 58 条
第 56 条	第 56 条	第 56 条	第 59 条	第 59 条
第 57 条	第 57 条	第 57 条	第 60 条	第 60 条
第 58 条	第 58 条	第 58 条	第 61 条	第 61 条
第 59 条	第 59 条	第 59 条	第 62 条	第 62 条
第 60 条	第 60 条	第 60 条	第 63 条	第 63 条
第 61 条	第 61 条	第 61 条	第 64 条	第 64 条
第 62 条	第 62 条	第 62 条	第 65 条	第 65 条
第 63 条	第 63 条	第 63 条	第 66 条	第 66 条
第 64 条	第 64 条	第 64 条	第 67 条	第 67 条
		第 65 条	第 68 条	第 68 条
		第 66 条	第 69 条	第 69 条
第 65 条	第 65 条	第 67 条	第 70 条	第 70 条
第 66 条	第 66 条	第 68 条	第 71 条	第 71 条
第 67 条	第 67 条	第 69 条	第 72 条	第 72 条
第 68 条	第 68 条	第 70 条	第 73 条	第 73 条
第 69 条	第 69 条	第 71 条	第 74 条	第 74 条
第 70 条	第 70 条	第 72～74 条	第 75～77 条	第 75～77 条
第 71 条	第 71 条	第 75 条	第 78 条	第 78 条
第 72 条	第 72 条	第 76～78 条	第 79～81 条	第 79～81 条
		第 79 条	第 82 条	第 82 条
第 73 条	第 73 条	第 80 条	第 83 条	第 83 条
第 74 条	第 74 条	第 81 条	第 84 条	第 84 条
第 75 条	第 75 条	第 82 条	第 85 条	第 85 条
第 76 条	第 76 条	第 83 条	第 86 条	第 86 条
第 77 条	第 77 条	第 84 条	第 87 条	第 87 条
第 78 条	第 78 条	第 85 条	第 88 条	第 88 条
第 79 条	第 79 条	第 86 条	第 89 条	第 89 条
		第 87 条	第 90 条	第 90 条
第 80 条	第 80 条	第 88 条	第 91 条	第 91 条

续表

1991 年文本	2007 年修正文本	2012/2017 年修正文本	2021 年修正文本	2023 年修正文本
第 81 条	第 81 条	第 89 条	第 92 条	第 92 条
第 82 条	第 82 条	第 90 条	第 93 条	第 93 条
第 83 条	第 83 条	第 91 条	第 94 条	第 94 条
第 84 条	第 84 条	第 92 条	第 95 条	第 95 条
第 85 条	第 85 条	第 93 条	第 96 条	第 96 条
第 86 条	第 86 条	第 94 条	第 97 条	第 97 条
第 87 条	第 87 条	第 95 条	第 98 条	第 98 条
第 88 条	第 88 条	第 96 条	第 99 条	第 99 条
第 89 条	第 89 条	第 97 条	第 100 条	第 100 条
第 90 条	第 90 条	第 98 条	第 101 条	第 101 条
第 91 条	第 91 条	第 99 条	第 102 条	第 102 条
第 92 条	第 92 条	第 100 条	第 103 条	第 103 条
第 93 条	第 93 条	第 101 条	第 104 条	第 104 条
第 94 条第 1 款	第 94 条第 1 款	第 102 条	第 105 条	第 105 条
第 94 条第 2、3、4 款	第 94 条第 2、3、4 款	第 103 条	第 106 条	第 106 条
第 95 条	第 95 条	第 104 条	第 107 条	第 107 条
第 96 条	第 96 条	第 105 条	第 108 条	第 108 条
第 97 条	第 97 条	第 106 条	第 109 条	第 109 条
第 98 条	第 98 条	第 107 条	第 110 条	第 110 条
第 99 条	第 99 条	第 108 条	第 111 条	第 111 条
第 100 条	第 100 条	第 109 条	第 112 条	第 112 条
第 101 条	第 101 条	第 110 条	第 113 条	第 113 条
第 102 条	第 102 条	第 111 条	第 114 条	第 114 条
		第 112 条	第 115 条	第 115 条
		第 113 条	第 116 条	第 116 条
第 103 条	第 103 条	第 114 条	第 117 条	第 117 条
第 104 条	第 104 条	第 115 条	第 118 条	第 118 条
第 105 条	第 105 条	第 116 条	第 119 条	第 119 条
第 106 条	第 106 条	第 117 条	第 120 条	第 120 条

续表

1991 年文本	2007 年修正文本	2012/2017 年修正文本	2021 年修正文本	2023 年修正文本
第 107 条	第 107 条	第 118 条	第 121 条	第 121 条
第 108 条	第 108 条	第 119 条	第 122 条	第 122 条
第 109 条	第 109 条	第 120 条	第 123 条	第 123 条
第 110 条	第 110 条	第 121 条	第 124 条	第 124 条
		第 122 条	第 125 条	第 125 条
第 112 条	第 112 条	第 123 条	第 126 条	第 126 条
第 111 条	第 111 条	第 124 条	第 127 条	第 127 条
第 113 条	第 113 条	第 125 条	第 128 条	第 128 条
第 114 条	第 114 条	第 126 条	第 129 条	第 129 条
（第 38 条）	（第 38 条）	第 127 条	第 130 条	第 130 条
第 115 条	第 115 条	第 128 条	第 131 条	第 131 条
第 116 条	第 116 条	第 129 条	第 132 条	第 132 条
第 117 条	第 117 条	第 130 条	第 133 条	第 133 条
第 118 条	第 118 条	第 131 条	第 134 条	第 134 条
第 119 条	第 119 条	第 132 条	第 135 条	第 135 条
		第 133 条	第 136 条	第 136 条
第 120 条	第 120 条	第 134 条	第 137 条	第 137 条
第 121 条	第 121 条	第 135 条	第 138 条	第 138 条
第 122 条	第 122 条	第 136 条	第 139 条	第 139 条
第 123 条	第 123 条	第 137 条	第 140 条	第 140 条
第 124 条	第 124 条	第 138 条	第 141 条	第 141 条
第 125 条	第 125 条	第 139 条	第 142 条	第 142 条
第 126 条	第 126 条	第 140 条	第 143 条	第 143 条
第 127 条	第 127 条	第 141 条	第 144 条	第 144 条
第 128 条	第 128 条	第 142 条	第 145 条	第 145 条
第 129 条	第 129 条	第 143 条	第 146 条	第 146 条
第 130 条	第 130 条	第 144 条	第 147 条	第 147 条
第 131 条	第 131 条	第 145 条	第 148 条	第 148 条
第 132 条	第 132 条	第 146 条	第 149 条	第 149 条
第 133 条	第 133 条	第 147 条	第 150 条	第 150 条

续表

1991 年文本	2007 年修正文本	2012/2017 年修正文本	2021 年修正文本	2023 年修正文本
第 134 条	第 134 条	第 148 条	第 151 条	第 151 条
第 135 条	第 135 条	第 149 条	第 152 条	第 152 条
第 136 条	第 136 条	第 150 条	第 153 条	第 153 条
第 137 条	第 137 条	第 151 条	第 154 条	第 154 条
第 138 条	第 138 条	第 152 条	第 155 条	第 155 条
第 139 条	第 139 条	第 153 条	第 156 条	第 156 条
第 140 条	第 140 条	第 154 条	第 157 条	第 157 条
第 141 条	第 141 条	第 155 条	第 158 条	第 158 条
		第 156 条	第 159 条	第 159 条
第 142 条	第 142 条	第 157 条	第 160 条	第 160 条
第 143 条	第 143 条	第 158 条	第 161 条	第 161 条
第 144 条	第 144 条	第 159 条	第 162 条	第 162 条
第 145 条	第 145 条	第 160 条	第 163 条	第 163 条
第 146 条	第 146 条	第 161 条	第 164 条	第 164 条
		第 162 条	第 165 条	第 165 条
			第 166～169 条	第 166～169 条
		第 163 条	第 170 条	第 170 条
第 147 条	第 147 条	第 164 条	第 171 条	第 171 条
第 148 条	第 148 条	第 165 条	第 172 条	第 172 条
第 149 条	第 149 条	第 166 条	第 173 条	第 173 条
第 150 条	第 150 条	第 167 条	第 174 条	第 174 条
第 151 条	第 151 条	第 168 条	第 175 条	第 175 条
第 152 条	第 152 条	第 169 条	第 176 条	第 176 条
第 153 条	第 153 条	第 170 条	第 177 条	第 177 条
第 154 条	第 154 条	第 171 条	第 178 条	第 178 条
第 155 条	第 155 条	第 172 条	第 179 条	第 179 条
第 156 条	第 156 条	第 173 条	第 180 条	第 180 条
第 157 条	第 157 条	第 174 条	第 181 条	第 181 条
第 158 条	第 158 条	第 175 条	第 182 条	第 182 条
第 159 条	第 159 条	第 176 条	第 183 条	第 183 条

续表

1991 年文本	2007 年修正文本	2012/2017 年修正文本	2021 年修正文本	2023 年修正文本
第 160 条	第 160 条	第 177 条	第 184 条	第 184 条
第 161 条	第 161 条	第 178 条	第 185 条	第 185 条
第 162 条	第 162 条	第 179 条	第 186 条	第 186 条
第 163 条	第 163 条	第 180 条	第 187 条	第 187 条
第 164 条	第 164 条	第 181 条	第 188 条	第 188 条
第 165 条	第 165 条	第 182 条	第 189 条	第 189 条
第 166 条	第 166 条	第 183 条	第 190 条	第 190 条
第 167 条	第 167 条	第 184 条	第 191 条	第 191 条
第 168 条	第 168 条	第 185 条	第 192 条	第 192 条
第 169 条	第 169 条	第 186 条	第 193 条	第 193 条
				第 194 ~ 197 条
第 170 条	第 170 条	第 187 条	第 194 条	第 198 条
第 171 条	第 171 条	第 188 条	第 195 条	第 199 条
第 172 条	第 172 条	第 189 条	第 196 条	第 200 条
第 173 条	第 173 条	第 190 条	第 197 条	第 201 条
第 174 条	第 174 条	第 191 条	第 198 条	第 202 条
第 175 条	第 175 条	第 192 条	第 199 条	第 203 条
第 176 条	第 176 条	第 193 条	第 200 条	第 204 条
		第 194 条	第 201 条	第 205 条
		第 195 条	第 202 条	第 206 条
		第 196 条	第 203 条	第 207 条
		第 197 条	第 204 条	第 208 条
第 177 条	第 177 条	第 198 条	第 205 条	第 209 条
第 178 条	第 178 条	第 199 条	第 206 条	第 210 条
第 179 条第 1 款	第 179 条	第 200 条	第 207 条	第 211 条
第 180 条	第 182 条	第 201 条	第 208 条	第 212 条
第 181 条	第 183 条	第 202 条	第 209 条	第 213 条
	第 180 条	第 203 条	第 210 条	第 214 条
第 179 条第 2 款	第 181 条	第 204 条	第 211 条	第 215 条

续表

1991 年文本	2007 年修正文本	2012/2017 年修正文本	2021 年修正文本	2023 年修正文本
第 182 条	第 184 条	第 205 条	第 212 条	第 216 条
第 183 条	第 185 条	第 206 条	第 213 条	第 217 条
第 184 条	第 186 条	第 207 条	第 214 条	第 218 条
第 185 条	第 187 条	第 208 条	第 215 条	第 219 条
		第 209 条	第 216 条	第 220 条
		第 210 条	第 217 条	第 221 条
第 186 条	第 188 条	第 211 条	第 218 条	第 222 条
第 187 条	第 189 条	第 212 条	第 219 条	第 223 条
第 188 条	第 190 条	第 213 条	第 220 条	第 224 条
第 189 条	第 191 条	第 214 条	第 221 条	第 225 条
第 190 条	第 192 条	第 215 条	第 222 条	第 226 条
第 191 条	第 193 条	第 216 条	第 223 条	第 227 条
第 192 条	第 194 条	第 217 条	第 224 条	第 228 条
第 193 条	第 195 条	第 218 条	第 225 条	第 229 条
第 194 条	第 196 条	第 219 条	第 226 条	第 230 条
第 195 条	第 197 条	第 220 条	第 227 条	第 231 条
第 196 条	第 198 条	第 221 条	第 228 条	第 232 条
第 197 条	第 199 条	第 222 条	第 229 条	第 233 条
第 198 条	第 200 条	第 223 条	第 230 条	第 234 条
第 199 ~ 206 条				
第 207 条	第 201 条	第 224 条	第 231 条	第 235 条
	第 202 条	第 225 条	第 232 条	第 236 条
	第 203 条	第 226 条	第 233 条	第 237 条
第 208 条	第 204 条	第 227 条	第 234 条	第 238 条
第 209 条	第 205 条	第 228 条	第 235 条	第 239 条
第 210 条	第 206 条	第 229 条	第 236 条	第 240 条
第 211 条	第 207 条	第 230 条	第 237 条	第 241 条
第 212 条	第 208 条	第 231 条	第 238 条	第 242 条
第 213 条	第 209 条	第 232 条	第 239 条	第 243 条
第 214 条	第 210 条	第 233 条	第 240 条	第 244 条
第 215 条	第 211 条	第 234 条	第 241 条	第 245 条

续表

1991 年文本	2007 年修正文本	2012/2017 年修正文本	2021 年修正文本	2023 年修正文本
		第 235 条	第 242 条	第 246 条
第 216 条	第 212 条	第 236 条	第 243 条	第 247 条
第 217 条	第 213 条	第 237 条	第 244 条	第 248 条
第 218 条	第 214 条	第 238 条	第 245 条	第 249 条
第 219 条	第 215 条	第 239 条	第 246 条	第 250 条
第 220 条	第 216 条	第 240 条	第 247 条	第 251 条
	第 217 条	第 241 条	第 248 条	第 252 条
第 221 条	第 218 条	第 242 条	第 249 条	第 253 条
第 222 条	第 219 条	第 243 条	第 250 条	第 254 条
第 223 条	第 220 条	第 244 条	第 251 条	第 255 条
第 224 条	第 221 条	第 245 条	第 252 条	第 256 条
第 225 条	第 222 条	第 246 条	第 253 条	第 257 条
第 226 条	第 223 条	第 247 条	第 254 条	第 258 条
第 227 条	第 224 条	第 248 条	第 255 条	第 259 条
第 228 条	第 225 条	第 249 条	第 256 条	第 260 条
第 229 条	第 226 条	第 250 条	第 257 条	第 261 条
第 230 条	第 227 条	第 251 条	第 258 条	第 262 条
第 231 条	第 228 条	第 252 条	第 259 条	第 263 条
第 232 条	第 229 条	第 253 条	第 260 条	第 264 条
第 233 条	第 230 条	第 254 条	第 261 条	第 265 条
	第 231 条	第 255 条	第 262 条	第 266 条
第 234 条	第 232 条	第 256 条	第 263 条	第 267 条
第 235 条	第 233 条	第 257 条	第 264 条	第 268 条
第 236 条	第 234 条	第 258 条	第 265 条	第 269 条
第 237 条	第 235 条	第 259 条	第 266 条	第 270 条
第 238 条	第 236 条	第 260 条	第 267 条	第 271 条
第 239 条	第 237 条	第 261 条	第 268 条	第 272 条
第 240 条	第 238 条	第 262 条	第 269 条	第 273 条
第 241 条	第 239 条	第 263 条	第 270 条	第 274 条
第 242 条	第 240 条	第 264 条	第 271 条	第 275 条
第 243 条	第 241 条	第 265 条	第 272 条	第 276 条
				第 277、278 条

续表

1991 年文本	2007 年修正文本	2012/2017 年修正文本	2021 年修正文本	2023 年修正文本
第 244 条	第 242 条			
第 245 条	第 243 条			
第 246 条	第 244 条	第 266 条	第 273 条	第 279 条
				第 280 ~ 282 条
第 247 条	第 245 条	第 267 条	第 274 条	第 283 条
				第 284 条
第 248 条	第 246 条	第 268 条	第 275 条	第 285 条
第 249 条	第 247 条	第 269 条	第 276 条	第 286 条
第 250 条	第 248 条	第 270 条	第 277 条	第 287 条
第 251 条	第 249 条			
第 252 条	第 250 条			
第 253 条	第 251 条			
第 254 条	第 252 条			
第 255 条	第 253 条			
第 256 条	第 254 条			
第 257 条	第 255 条	第 271 条	第 278 条	第 288 条
第 258 条	第 256 条	第 272 条	第 279 条	第 289 条
第 259 条	第 257 条	第 273 条	第 280 条	第 290 条
第 260 条	第 258 条	第 274 条	第 281 条	第 291 条
第 261 条	第 259 条	第 275 条	第 282 条	第 292 条
第 262 条	第 260 条	第 276 条	第 283 条	第 293 条
第 263 条	第 261 条	第 277 条	第 284 条	第 294 条
第 264 条	第 262 条	第 278 条	第 285 条	第 295 条
第 265 条	第 263 条	第 279 条	第 286 条	第 296 条
第 266 条	第 264 条	第 280 条	第 287 条	第 297 条
第 267 条	第 265 条	第 281 条	第 288 条	第 298 条
第 268 条	第 266 条	第 282 条	第 289 条	第 299 条
				第 300 ~ 303 条
第 269 条	第 267 条	第 283 条	第 290 条	第 304 条
				第 305 条
第 270 条	第 268 条	第 284 条	第 291 条	第 306 条